EL NUEVO COMENTARIO INTERNACIONAL
SOBRE EL NUEVO TESTAMENTO

Las Epístolas *a los* COLOSENSES, *a* FILEMÓN *y a los* EFESIOS

por

F. F. Bruce

Traductor: Reynaldo Gastón Medina
Editor: Guillermo Powell

Copyright © 2021 por Arthur D. and Dianna L. Hurtado Foundation, dba Hurtado Foundation, Fundación Hurtado

Las Epístolas a los Colosenses, a Filemón, y a los Efesios

Título original en inglés: The Epistles to the Colossians, to Philemon, and to the Ephesians.
(The New International Commentary on the New Testament)
Autor: F. F. Bruce
Publicado por William. B. Eerdmans Publishing Co.
2140 Oak Industrial Drive N.E., Grand Rapids, Michigan 49505 © 2002

Traductor: Reynaldo Gastón Medina
Editor: Guillermo Powell
Diseño gráfico: David Bedoian
Tipografía y maquetación: Sonia Martínez

"La Fundación Hurtado se dedica a la traducción de trabajos teológicos en español, posibilitado gracias a las donaciones generosas de sus socios y la gracia de Dios."

"Puede obtener una copia digital de esta obra en www.logos.com/es"

Todos los derechos reservados. Ninguna parte de esta publicación puede ser reproducida, guardada en un sistema de recuperación, o transmitida en cualquier forma o por cualquier medio, electrónico, mecánico, fotocopiado, grabado o de cualquier otra manera, sin el permiso de la editorial o una licencia que permita el copiado restringido.

Publicado por
FUNDACIÓN HURTADO
4536 Longfellow Drive, Plano, Texas 75093-3520
ISBN: 978-1-943840-25-0

A

ROBBIE y JEAN ORR

Contenido

Prefacio del autor — vii
Prefacio a la edición española — ix
Abreviaturas — x
Bibliografía selecta — xvii

COLOSENSES

Introducción a Colosenses — 3
  I. Ciudades del valle de Lico — 3
  II. Asentamiento judío en el valle de Lico — 8
  III. Cristianismo en el valle de Lico — 13
  IV. La "herejía colosense" — 16
  V. La enseñanza de Colosenses — 24
  VI. Algunos temas críticos — 26

Análisis de Colosenses — 31
Colosenses: Texto, exposición y notas — 33
  Colosenses 1 — 33
  Colosenses 2 — 81
  Colosenses 3 — 119
  Colosenses 4 — 157

FILEMÓN

Introducción a Filemón — 175
  I. Autoría — 175
  II. Fecha y procedencia — 177
  III Pablo y Onésimo — 180
  IV. La importancia de la carta — 182

Análisis de Filemón — 187
Filemón: Texto, exposición y notas — 189

EFESIOS

Introducción a Efesios	211
I. Efesios y el corpus paulino	211
II. La parusía y el Espíritu	215
III. Imaginería de Efesios	216
IV. Catolicismo incipiente	218
V. Naturaleza y propósito de Efesios	222
Análisis de Efesios	229
Efesios: Texto, exposición y notas	231
Efesios 1	231
Efesios 2	259
Efesios 3	287
Efesios 4	309
Efesios 5	341
Efesios 6	369
Índices	
Temas principales	389
Autores	395
Referencias bíblicas	403

PREFACIO DEL AUTOR

Cuando se publicó en el año 1954 mi volumen sobre el libro de los Hechos en el Nuevo comentario internacional del Nuevo Testamento, el editor general de la serie, el Profesor Ned B. Stonehouse (fallecido), me invitó a acompañarlo con un comentario sobre Colosenses. El Sr. E. K. Simpson le había enviado hacía algunos años el manuscrito de su comentario sobre Efesios. El plan de la serie exigía que Efesios y Colosenses se trataran dentro de los límites de un solo volumen. Debido principalmente a sus problemas de visión, el Sr. Simpson no pudo aceptar una invitación a agregar un comentario sobre Colosenses a lo que ya había escrito sobre Efesios; por esa razón, cuando terminé mi tarea sobre el libro de Hechos, el Dr. Stonehouse me persuadió para que comenzara a trabajar en Colosenses.

Colosenses fue la primera epístola paulina sobre la que escribí un comentario. Sin haber realizado un estudio intensivo de las epístolas paulinas anteriores, me sentía sin la debida preparación para enfrentarme a Colosenses, mucho más de lo que podía imaginarme en ese momento. Ahora, tras haber escrito comentarios sobre todas las epístolas paulinas con excepción de las pastorales, creo entender mejor lo que implica la interpretación de Colosenses. La revisión de mi comentario sobre esta epístola debería mostrar una evaluación más acertada del lugar que ocupa Colosenses en relación con los principales temas en los que hace hincapié la enseñanza de Pablo.

En cuanto a la idoneidad de unir el comentario sobre Filemón en esta (o en cualquier) serie al comentario sobre Colosenses no es necesario añadir nada más a lo que ya se ha dicho en el prefacio del editor. Pero he aceptado con beneplácito la oportunidad de exponer Efesios junto con Colosenses. El estudio de los dos documentos juntos ha corroborado mi creencia de que Efesios continúa el hilo de pensamiento que se sigue en Colosenses —en particular porque pone de relieve las implicaciones de la función cósmica de Cristo (establecida en Colosenses) para la iglesia, la cual es su cuerpo. A la vez, constituye la cima del paulinismo, porque agrupa los temas más importantes de la enseñanza del apóstol en una presentación unificada *sub specie* æternitatis.

En la primera edición del Nuevo comentario internacional, la exposición se basó en el texto inglés de la American Standard Version de 1901. Para esta edición yo he ofrecido mi propia traducción. No me sorprenderá que parezca tener mucho en común con las versiones anteriores que se usan casi siempre.

A lo largo de la exposición y las notas he señalado las obras que he encontrado más útiles en este estudio. En oportunidades, he aprendido más de los académicos con los que más he discrepado: nos obligan a pensar y repensar.

Por último, debo decir que en 1961 elaboré una exposición versículo por versículo de *La Epístola a los Efesios* (publicada por Pickering & Inglis de London and Glasgow). El comentario sobre Efesios en este volumen no es en manera alguna una revisión de esa obra anterior: ese trabajo sigue siendo una exposición independiente organizada sobre un patrón diferente al presente comentario y concebido para un público lector diferente.

Diciembre 1983 F. F. Bruce

PREFACIO A LA EDICIÓN ESPAÑOLA

La traducción de palabras y frases griegas y hebreas al inglés resulta en una variedad de palabras o frases traducidas de la misma palabra original. Por consiguiente, a través de los años, se han producido una gran cantidad de ediciones en inglés de las Escrituras hebreas y griegas. Lo mismo ha sucedido en español donde gozamos de muchas versiones de la Biblia.

En este comentario, como en otros, el autor considera varias traducciones de los pasajes bíblicos tratados. El propósito es mostrar como una frase o palabra ha sido interpretada por diferentes expertos del texto.

Debido a que existen una buena cantidad de traducciones del texto bíblico en español así como en inglés, en ciertos momentos se ha tomado la libertad de usar varias traducciones españolas en lugar de las que el autor utiliza en inglés, respetando de igual manera la intención del pensamiento del autor.

De igual manera, animamos al lector a que consulte varias versiones de la Biblia en español y compare como estas han traducido esos términos del idioma original. La comparación de textos en las diferentes versiones de la Biblia es un ejercicio de gran valor para el estudiante serio de las Escrituras.

PLANO, TEXAS
NOVIEMBRE, 2021

ARTHUR D. HURTADO, PHD
PRESIDENTE
FUNDACIÓN HURTADO

ABREVIATURAS

AB	Anchor Bible
ad loc.	*ad locum*, at the place or text mentioned
AnBib	Analecta Biblica
ANS	Auslegung Neutestamentlicher Schriften
Ant.	*Antiquities* (Josephus)
AT	Antiguo Testamento
ARSHLL	Acta Regiae Societatis Humaniorum Litterarum Lundensis
ARV/ASV	American Revised Version/American Standard Version (1901)
Asc. Isa.	*Ascension of Isaiah*
ASNU	Acta seminarii neotestamentici Upsaliensis
ATANT	Abhandlungen zur Theologie des Alten und Neuen Testaments
ATR	*Anglican Theological Review*
Att.	*Letters to Atticus* (Cicero)
AUL	Acta Universitatis Lundensis
BAG	W. Bauer-W. F. Arndt-F. W. Gingrich, *Greek-English Lexicon of the New Testament*... (Chicago: University of Chicago Press, 1957).
BBC	*Broadman Bible Commentary*
BGBE	Beiträge zur Geschichte der biblischen Exegese
BGU	Aegyptische Urkunden aus den Museen zu Berlin: Griechische Urkunden
BHT	Beiträge zur historischen Theologie
BJ	Bible de Jerusalem
BJ	*De Bello Judaico* (*Jewish War*, Josephus)
BJRL	*Bulletin of the John Rylands (University) Library*
BST	The Bible Speaks Today
BZ	*Biblische Zeitschrift*

ABREVIATURAS

BZAW	Beiheft zur *Zeitschrift fur die alttestamentliche Wissenschaft*
CB	Coniectanea Biblica
CBC	Cambridge Bible Commentary (on New English Bible)
CBQ	*Catholic Biblical Quarterly*
CD	(Book of) Covenant of Darnascus
CGTC	Cambridge Greek Testament Commentary
C.H	*Corpus Hermeticum*
CIG.	*Corpus inscriptionum Graecarum*
CIJ	*Corpus Inscriptionum Judaicarum*
CIL	*Corpus Inscriptionum Latinarum*
Clem. Hom.	*Clementine Homilies*
CNT	Commentaire du Nouveau Testament
DBSuPP	*Dictionnaire de la Bible: Supplément*
Dial.	*Dialogue with Trypho* (Justin)
Diss.	*Dissertationes* (Epictetus)
EGT	*Expositor's Greek Testament*
EKKNT	Evangelisch-Katholischer Kommentar zum Neuen Testament
Enc. Bib.	*Encylopaedia Biblica*
EPC	Epworth Preachers' Commentaries
Ep. Barn.	*Epístola de Bernabé*
Ep. Clem.	*Epístola de Clemente*
Ep. Diog.	*Epístola a Diogneto*
Ep. Polyc.	*Epístola de Policarpo*
Eph.	*A los efesios* (Ignacio)
EQ	*Evangelical Quarterly*
ERE	*Encyclopaedia of Religion and Ethics*
E.T.	Traducción al inglés
Ev. Th.	*Evangelische Theologie*
ExR	*Exodus Rabba* (rabbinical commentary)
ExT	*Expository Times*
Fam.	*Letters to Family and Friends* (Cicero)
FRLANT	Forschungen zur Religion und Literatur des Alien und Neuen Testaments
FTS	Frankfurter Theologische Studien
GenR	*Genesis Rabba* (rabbinical commentary)

ABREVIATURAS

GNBC	Good News Bible Commentary (Harper & Row)
Haer.	*Contra herejías* (Ireneo)
HCNT	Handcommentar zum Neuen Testament
HE	*Historia Ecclesiastica* (Eusebius; Socrates; Bede)
HNT	Handbuch zum Neuen Testament
Hom.	*Homilías*
HSNT	Die heiligen Schriften des Neuen Testaments
HTR	*Harvard Theological Review*
IB	*Interpreter's Bible*
ibid.	*ibidem* (en el mismo lugar)
IBNTG	*An Idiom Book of New Testament Greek* (C. F. D. Moule)
ICC	International Critical Commentary
IDB	*Interpreter's Dictionary of the Bible*
IG	*Inscriptiones Graecae*
Ign.	Ignacio
ILNT	*Introduction to the Literature of the New Testament* (J. Moffatt)
Int.	*Interpretation*
Iren.	Ireneo
JAAR	*Journal of the American Academy of Religion*
JBL	*Journal of Biblical Literature*
JHS	*Journal of Hellenic Studies*
JÖAI	*Jahreshefte des österreichischen archäologischen Instituts*
JQR	*Jewish Quarterly Review*
JSNT	*Journal for the Study of the New Testament*
JSS	*Journal of Semitic Studies*
JTS	*Journal of Theological Studies*
KEK	Kritisch-Exegetischer Kommentar (Meyer Kommentar)
KJV	King James (Authorized) Version (1611)
Leg. Alleg.	*On the Allegorical Interpretation of the Laws* (Philo)
LBLA	La Biblia de las Américas
LSJ	Liddell and Scott's *Greek-English Lexicon*, revised by H. S. Jones
LUÅ	Lunds Universitets Åkrsskrift
LXX	Septuaginta

ABREVIATURAS

MAMA	*Monumenta Asiae Minoris Antiqua*
Mart. Pol.	*Martirio de Policarpo*
MHT	J. H. Moulton-W. E. Howard-N. Turner, *Grammar of New Testament Greek*, I-IV (Edinburgh: T. & T. Clark, 1906-76)
MM	J. H. Moulton-G. Milligap, *The Vocabulary of the Greek Testament* (London: Hodder & Stoughton, 1930)
MNTC	Moffatt New Testament Commentary
MT	Masoretic Text (of the Hebrew Bible)
MTL	Marshall's Theological Library
NA^{26}	E. Nestle-K. Aland, *Novum Testamentum Graece*, 26th edition
Nat. Hist.	*Natural History* (Pliny the elder)
NCB	New Century Bible
NCIB	New Clarendon Bible
NEB	New English Bible
NF	Neue Folge
NGG	*Nachrichten von der (königlichen) Geselischaft der Wissenschaften zu Göttingen*
NICNT	New International Commentary on the New Testament
NIDNTT	*New International Dictionary of New Testament Theology*
NIGTC	New International Greek Testament Commentary
NVI	Nueva Versión Internacional
NovT	*Novum Testamentum*
NPNF	Nicene and Post-Nicene Fathers
n. s.	nueva serie
NT	Nuevo Testamento
NTC	New Testament Commentary
NTD	Das Neue Testament Deutsch
NTS	*New Testament Studies*
NTSR	New Testament for Spiritual Reading
Or. Sib.	*Oráculos sibilinos*
OTS	*Oudtestamentische Studiën*
P. Amh.	*Amherst Papyri*
Pan.	*Panarion* (Epiphanius)
PC	*Peake's Commentary on the Bible*
PEQ	*Palestine Exploration Quarterly*
P. Fay.	*Fayum Papyri*

ABREVIATURAS

PG	*Patrologia Graeca* (Migne)
PL	*Patrologia Latina* (Migne)
PNTC	Pelican New Testament Commentaries
Polyc.	Policarpo
P. Oxy.	*Oxyrhynchus Papyri*
P. Par.	*Paris Papyri*
Q	Qumran
1QH	*Ḥôḏāyôṯ* (Hymns) from Qumran Cave I
1QIS^a	Complete Isaiah scroll from Qumran Cave I
1QM	*Milḥāmāh* (War) scroll from Qumran Cave I
1QpHab	*Pēšer* (commentary) on Habakkuk from Qumran Cave I
1QS	*Seḏer* (rule) from Qumran Cave I
QDAP	*Quarterly of the Department of Antiquities of Palestine*
RA	*Revue Archéologique*
RB	*Revue Biblique*
Ref	*Refutación de Hipólito* (Hippolytus)
RGG	*Religion in Geschichte und Gegenwart*
RNT	Regensburger Neues Testament
Rom.	*A los romanos* (Ignacio)
RSV	Revised Standard Version
RTR	*Reformed Theological Review*
RV	Revised Version (1881)
RV1909	Reina Valera 1909
RVR60	Reina Valera Revisada 1960
RVV	Religionsgeschichtliche Versuche und Vorarbeiten
SAB	*Sitzungsberichte der preussischen Akademie der Wissenschaften zu Berlin*
SANT	Studien zurn Alten und Neuen Testament
Sat.	*Satires* (Horace; Juvenal)
SBS	Sources for Biblical Study
SBT	Studies in Biblical Theology
SE	*Studia Evangelica*
SIG	*Sylloge Inscriptionum Graecarum* (W. Dittenberger)
SJT	*Scottish Journal of Theology*
SNT	Studien zurn Neuen Testament

SNovT	Supplements to Novum Testamentum
SNTSM	Society for New Testament Studies Monograph Series
SR	*Studies in Religion/Sciences Religieuses*
SSR	*Song of Songs Rabba* (rabbinical commentary)
ST	*Studia Theologica*
STK	*Svensk Teologisk Kvartalskrift*
Strom.	*Stromateis* (Clement of Alexandria)
SUNT	Studien zur Umwelt des Neuen Testaments
SVT	Supplements to *Vetus Testamentum*
Targ. Ps. Jon.	Targum of Pseudo-Jonathan (on the Pentateuch)
TB	Targúm babilonio
TC	Torch Commentaries
TDNT	*Theological Dictionary of the New Testament*, E.T. (G. Kittel-G. Friedrich)
Test. Leví	*Testamento de Leví*
Test. Sol.	*Testamento de Salomón*
Theod.	Teodoción
TJ	Talmud de Jerusalén (Palestino)
TKNT	Theologischer Kommentar zurn Neuen Testament (Herder)
TLZ	*Theologische Literaturzeitung*
TNTC	Tyndale New Testament Commentaries
Tos.	Tosefta
TQ	*Theologische Quartalschrift*
TR	Textus Receptus
Trall.	*To the Trallians* (Ignatius)
TTS	Trierer Theologische Studien
TU	*Texte und Untersuchungen*
TZ	*Theologische Zeitschrift*
UBS³	The United Bible Societies' *Greek New Testament*, 3rd edition
UCL	Catholic University of Louvain publications
VE	*Vox Evangelica*
Vig. Chr.	*Vigiliae Christianae*
VT	*Vetus Testamentum*
WBC	Word Biblical Commentary
WC	Westminster Commentaries

ABREVIATURAS

WH	B. F. Westcott-F J. A. Hoyt, *The New Testament in Greek* (1881)
WMANT	Wissenschaftliche Monographien zurn Alten und Neuen Testament
WSB	Wuppertaler Studienbibel
WTJ	*Westminster Theological Journal*
WUNT	Wissenschaftliche Untersuchungen zurn Neuen Testament
ZBK	Zü1rcher Bibelkornmentar
ZK	Zahn-Kornmentar
ZNW	*Zeitschrift für die neutestamentliche Wissenschaft*

Las abreviaturas (*sigla*) de manuscritos, versiones y citas en notas sobre las lecturas variantes en el texto son aquellas usadas en las ediciones críticas principales del Nuevo Testamento.

BIBLIOGRAFÍA SELECCIONADA

I. COMENTARIOS

Abbott, T. K., *The Epistles to the Ephesians and to the Colossians*, ICC (Edinburgh: T. & T. Clark, 1897).

Allan, J. A., *The Epistle to the Ephesians*, TC (London: SCM, 1959).

Barth, M., *Ephesians*, AB (2 vols.; Garden City, NY. Doubleday, 1974).

Beare, F. W., "The Epistle to the Ephesians," *IB* 9 (New York/Nashville: Abingdon-Cokesbury, 1953), 595-749.

Beare, F. W., "The Epistle to the Colossians," *IB* 10 (New York/Nashville: Abingdon-Cokesbury, 1955), 131-241.

Beet, J. A., *A Commentary on St. Paul's Epistles to the Ephesians*, Philippians and Colossians (London: Hodder & Stoughton, 31902).

Bengel, J. A., *Gnomon Novi Testamenti* [Tübingen, 1773] (London/Edinburgh: Williams & Norgate, 31862), pp. 695-718 ("In Epistolam ad Ephesios"), 733-46 ("In Epistolam ad Colossenses"), 800-02 ("In Epistolam ad Philemonem").

Benoit, P, *Les Épîtres de Saint Paul aux Philippiens, a Philémon, aux Colossiens, aux Éphésiens*, BJ (Paris: du Cerf, 1959).

Bieder, W., *Brief an die Kolosser*, ZBK (Zürich: Zwingli, 1943).

Caird, G. B., *Paul's Letters from Prison*, NC1B (Oxford: University Press, 1976).

Calvin, J., *The Epistles of Paul the Apostle to the Galatians, Ephesians, Philippians and Colossians* [Geneva, 1548], E. T. (Edinburgh: Oliver & Boyd, 1965), pp. 121-226 ("Ephesians"), 297-362 ("Colossians").

Calvin, J., *The Second Epistle of Paul the Apostle to the Corinthians and the Epistles to Timothy, Titus and Philemon* [Geneva, 1549], E.T. (Edinburgh: Oliver & Boyd, 1964), pp. 393-401 ("Philemon").

Cambier, J., *Vie chretienne en Église: L'Épître aux Éphésiens lue aux chrétiens d'aujourd'hui* (Tournai: Desclée. 1966).

Carson, H. M., *The Epistles of Paul to the Colossians and Philemon*, TNTC (London: Inter-Varsity, 21963).

Chadwick, H., "Ephesians," *PC* (London: Nelson,21962), pp. 980-84.

Conzelmann, H., "Der Brief an die Epheser" (pp. 56-91) and "Der Brief an die Kolosser" (pp. 130-54), in *Die kleineren Briefe des Apostels Paulus*, NTD 8 (Göttingen: Vandenhoeck & Ruprecht, 91962).

Dibelius, M., and Greeven, H., *An die Kolosser, Epheser an Philemon*, HNT 12 (Tübingen: Mohr, 31953).

Dodd, C. H., "Ephesians" (pp. 1222-37), "Colossians" (pp. 1250-62), "Philemon" (pp. 1292-94), in *Abingdon Bible Commentary* (New York: Abingdon, 1929).

BIBLIOGRAFÍA

Eadie, J., *A Commentary on the Greek Text of the Epistle of Paul to the Ephesians* (Edinburgh: T. & T. Clark, 31883).
Eadie, J., *A Commentary on the Greek Text of the Epistle of Paul to the Colossians* (Edinburgh: T. & T. Clark, 1856).
Ernst, J., *Die Briefe an die Philipper, an Philemon, an die Kolosser, an die Epheser*, RNT (Regensburg: Pustet, 1974).
Ewald, P., *Die Briefe des Paulus an die Epheser, Kolosser und Philemon*, ZK (Leipzig: Deichert, 21910).
Fitzmyer, J. A., "Philemon," in *Jerome Bible Commentary* (Englewood Cliffs: Prentice Hall, 1968), II, 332–33.
Foulkes, F., *The Epistle of Paul to the Ephesians*, TNTC (London: InterVarsity, 1963).
Friedrich, G., "Der Brief an Philemon," in *Die kleineren Briefe des Apostels Paulus*, NTD 8 (Göttingen: Vandenhoeck & Ruprecht, 91962).
Gaugler, E., *Der Epheserbrief* ANS 6 (Zürich: EVZ, 1966).
Gnilka, J., *Der Epheserbrief* TKNT 10/2 (Freiburg: Herder, 21977).
Grassi, J. A., "Ephesians" (II, 341–49) and "Colossians" (II, 334–40), in *Jerome Bible Commentary* (Englewood Cliffs: Prentice Hall, 1968).
Haupt, E., *Die Gefangenschaftsbriefe*, KEK 8–9 (Göttingen: Vandenhoeck & Ruprecht, 81902).
Hendriksen, W., *The Epistle to the Ephesians*, NTC (Grand Rapids: Baker, 1967).
Hendriksen, W., *The Epistles to the Colossians and Philemon*, NTC (Grand Rapids: Baker, 1965).
Hodge, C., *A Commentary on the Epistle to the Ephesians* (London: Nisbet, 1856; repr. Grand Rapids: Eerdmans, 1950).
Houlden, J. L., *Paul's Letters from Prison*, PNTC (Harmondsworth: Penguin Books, 1970).
Hugedé, N., *Commentaire de l'Épître aux Colossiens* (Geneva: Labor et Fides, 1968).
Hugedé, N., *L'Épître aux Éphésiens* (Geneva: Labor et Fides, 1974).
Johnston, G., *Ephesians, Philippians, Colossians and Philemon*, NCB (London: Nelson, 1967).
Kelly, W., *Lectures on the Epistle of Paul the Apostle to the Ephesians* (London: Morrish, 1870).
Kelly, W., *Lectures on the Epistle of Paul the Apostle to the Colossians* (London: Morrish, 1869).
Knox, J., "The Epistle to Philemon," *IB* 10 (New York/Nashville: Abingdon-Cokesbury, 1955), 553–73.
Leaney, A. R. C, *The Epistles to Timothy, Titus and Philemon*, TC (London: SCM, 1960).
Lehmann, R., *L'Épître à Philémon: Le christianisme primitif et l'esclavage*, Commentaires bibliques (Geneva: Labor et Fides, 1977).
Lightfoot, J. B., *Saint Paul's Epistles to the Colossians and to Philemon* (London: Macmillan, 1875).
Lindemann, A., *Der Kolosserbrief*, ZBK (Zilrich: Zwingli, 1983).
Lock, W., *The Epistle to the Ephesians*, WC (London: Methuen, 1929).
Lohmeyer, E., *Die Briefie an die Philipper, Kolosser und an Philemon*, KEK 9 (Göttingen: Vandenhoeck & Ruprecht, 91953).
Lohse, E., *Colossians and Philemon*, E.T., Hermeneia (Philadelphia: Fortress, 1971).
MacPhail, S. R., *Colossians: With Introduction and Notes* (Edinburgh: T. & T. Clark, 1911).
Martin, R. P, "Ephesians," *BBC* 11 (Nashville: Broadman, 1972), 125–77.
Martin, R. P, *Colossians: The Church's Lord and the Christian's Liberty* (Exeter: Paternoster, 1972).
Martin, R. P, *Colossians and Philemon*, NCB (London: Oliphants, 1974).

Masson, C., *L'Épître aux Éphésiens*, CNT 9 (Paris/Neuchâtel: Delachaux et Niestlé, 1953), 133-228.
Masson, C., *L'Épître aux Colossiens*, CNT 10 (Paris/Neuchâtel: Delachaux et Niestlé, 1950), 85-159.
Meinertz, M., and Tillmann, F., *Die Gefangenschaftsbriefe*, HSNT 7 (Bonn: Hanstein, 1931).
Mitton, C. L., *Ephesians*, NCB (London: Oliphants, 1976).
Moule, C. F. D., *The Epistles of Paul the Apostle to the Colossians and to Philemon*, CGTC (Cambridge: University Press, 1957).
Moule, C. F. D., "Colossians and Philemon," *PC* (London: Nelson, 21962), pp. 990-95.
Moulton, H. K., *Colossians, Philemon and Ephesians*, EPC (London: Epworth, 1963).
Müller, J. J., *The Epistles of Paul to the Philippians and to Philemon*, NICNT (Grand Rapids: Eerdmans, 1955).
Mussner, F, "The Epistle to the Colossians," in J. Gnilka and F. Mussner, *Philippians and Colossians*, E.T., NTSR (London. Sheed & Ward, 1971).
O'Brien, P. T., *Colossians, Philemon*, WBC (Waco, TX: Word, 1982).
Oesterley, W. O. E., "The Epistle of Paul to Philemon," *EGT* IV (London: Hodder & Stoughton, 1910), 203-17.
Peake, A. S., "The Epistle of Paul to the Colossians", *EGT* III (London: Hodder & Stoughton, 1903), 475-547.
Radford, L. B., *The Epistle to the Colossians and the Epistle to Philemon*, WC (London: Methuen, 21946).
Rienecker, F., *Der Brief an die Epheser*, WSB (Wuppertal: Brockhaus, 41975).
Robbins, R. F., "Philemon." *BBC* 11 (Nashville: Broadman, 1972), 377-88.
Robinson, J. A., *St. Paul's Epistle to the Ephesians* (London: Macmillan, 2 1914).
Salmond, S. D. F., "The Epistle of Paul to the Ephesians," *EGT* III (London: Hodder & Stoughton, 1903), 201-395.
Schlatter, A., "Die Briefe an die Galater, Epheser, Kolosser und Philemon," in *Erläuterungen zum Neuen Testament*, 7 (Stuttgart: Calwer Verlag, 61963), 152-352.
Schlier, H., *Der Brief an die Epheser: Ein Kommentar* (Düsseldorf: Patmos, 1957).
Schnackenburg, R., *Der Brief an die Epheser*, EKKNT (Neukirchen-Vluyn: Benziger, 1982).
Schweizer, E., *The Letter to the Colossians*, E.T. (Minneapolis: Augsburg, 1982).
Scott, E. F., *The Epistles to the Colossians, to Philemon and to the Ephesians*, MNTC (London: Hodder & Stoughton, 1930).
Simpson, E. K., "The Epistle to the Ephesians," in E. K. Simpson and F. F. Bruce, *The Epistles of Paul to the Ephesians and to the Colossians*, NICNT (Grand Rapids: Eerdmans, 1957).
Soden, H. von, "Die Briefe an die Kolosser, Epheser, Philemon," *HCNT* 3.1 (Freiburg/Leipzig: Mohr, 21893).
Staab, K., *Die Gefangenschaftsbriefe*, RNT 7 (Regensburg: Pustet, 31959).
Strack, H. L., and Billerbeck, P., *Kommentar zum Neuen Testament aus Talmud und Midrasch*, III (München: Beck, 1926).
Stuhlmacher, P., *Der Brief an Philemon*, EKKNT (Neukirchen-Vluyn: Benziger, 1975).
Synge, F. C., *St. Paul's Epistle to the Ephesians* (London: SPCK, 1941).
Synge, F. C., *Philippians and Colossians*, TC (London: SCM, 195 1).
Thomas, W. H. G., *Studies in Colossians and Philemon* (Grand Rapids: Eerdmans, 21973).
Thompson, G. H. P, *The Letters of Paul to the Ephesians, to the Colossians and to Philemon*, CBC (Cambridge: University Press, 1967).

Vincent, M. R., *The Epistles to the Philippians and to Philemon*, ICC (Edinburgh: T. & T. Clark, 31922).
Vine, W. E., *The Epistles to the Philippians and Colossians* (London: Oliphants, 1955).
Westcott, B. F, *St. Paul's Epistle to the Ephesians*, ed. J. M. Schulhof (London: Macmillan, 1906).
White, R. E. O., "Colossians," *BBC* 11 (Nashville: Broadman, 1971), 217-56.
Williams, A. L., *The Epistles ... to the Colossians and to Philemon*, Cambridge Greek Testament (Cambridge: University Press, 1907).
Zerwick, M., *The Epistle to the Ephesians*, E.T., NTSR (London: Burns & Oates, 1969).

II. OTRAS OBRAS

Baggott, L. J., *A New Approach to Colossians* (London: Mowbray, 1961).
Bandstra, A. J., *The Law and the Elements of the World* (Kampen: Kok, 1964).
Banks, R. J., *Paul's Idea of Community* (Exeter: Paternoster, 1980).
Barth, M., *The Broken Wall* (London: Collins, 1960).
Barth, M., *Israel und die Kirche im Brief des Paulus an die Epheser* (München: Kaiser, 1959).
Bell, G. K. A., and Deissmann, A. (ed.), *Mysterium Christi* (London: Longmans, 1930).
Benoit, P, "Body, Head and Pleroma in the Epistles of the Captivity" (1956), E.T. in *Jesus and the Gospel*, II (London: Darton, Longman & Todd, 1974), 51-92.
Best, E., *One Body in Christ* (London: SPCK, 1955).
Bornkamm, G., "The Heresy of Colossians" (1948), E.T. in *Conflict at Colossae*, ed. Francis and Meeks (see below), pp. 123-45.
Bornkamm, G., "Die Hoffnung im Kolosserbrief-Zugleich ein Beitrag zur Frage der Echtheit des Briefes," in *Studien zum Neuen Testament und zur Patristik, Festschrift fir Erich Klostermann = TU* 77 (Berlin, 1961), 56-64.
Bujard, W., *Stilanalytische Untersuchungen zum Kolosserbrief*, SUNT 11 (Göttingen: Vandenhoeck & Ruprecht, 1973).
Burger, C., *Schöpfung und Versöhnung: Studien zum liturgischen Gut im Kolosser- und Epheserbrief*, WMANT 46 (Neukirchen-Vluyn: Neukirchener, 1975).
Cadbury, H. J., "The Dilemma of Ephesians," *NTS* 5 (1958-59), 91-102.
Caird, G. B., *Principalities and Powers: A Study in Pauline Theology* (Oxford: Clarendon, 1956).
Caragounis, C. C., *The Ephesian Mysterion: Meaning and Content*, CB: NT 8 (Lund: Gleerup, 1977).
Carr, W., *Angels and Principalities*, SNTSM 42 (Cambridge: University Press, 1981).
Cerfaux, L., *Christ in the Theology of St. Paul*, E.T. (London: Nelson, 1959).
Cerfaux, L., *The Christian in the Theology of St. Paul*, E.T. (London: Nelson, 1967).
Cerfaux, L., *The Church in the Theology of St. Paul*, E.T. (London: Nelson, 1959).
Chadwick, H., "Die Absicht des Epheserbriefes," *ZNW* 51 (1960), 145-53.
Chavasse, C., *The Bride of Christ* (London: Faber, 1941).
Coutts, J., "The Relationship of Ephesians and Colossians," *NTS* 4 (1957-58), 201-07.
Cross, F. L. (ed.), *Studies in Ephesians* (London: Mowbray, 1956).
Crouch, J. E., *The Origin and Intention of the Colossian Haustafel*, FRLANT 109 (Göttingen: Vandenhoeck & Ruprecht, 1972).
DeBoer, W. P., *The Imitation of Paul* (Kampen: Kok, 1962).

BIBLIOGRAFÍA

Dibelius, M., *Die Geisterwelt im Glauben des Paulus* (Göttingen: Vandenhoeck & Ruprecht, 1909).

Dodd, C. H., *New Testament Studies* (Manchester: University Press, 1953).

Duncan, G. S., *St. Paul's Ephesian Ministry* (London: Hodder & Stoughton, 1929).

DuPlessis, I. J., *Christus as Hoof van Kerk en Kosmos* (Groningen: V. R. B. Kleine der A 3-4, 1962).

Dupont, J., *Gnosis: La connaissance religieuse dans les épîtres de Saint Paul*, UCL II.40 (Louvain: Nauwelaerts/Paris: Gabalda, 1949).

Dupont, J., *La réconciliation dans la théologie de Saint Paul* (Bruges: Desclée, 1953).

Ellis, E. E., *Prophecy and Hermeneutic in Early Christianity*, WUNT 18 (Tübingen: Mohr/ Grand Rapids: Eerdmans, 1978).

Ernst, J., *Pleroma und Pleroma Christi* (Regensburg: Pustet, 1970).

Fischer, K. M., *Tendenz und Absicht des Epheserbriefts*, FRLANT 111 (Göttingen: Vandenhoeck & Ruprecht, 1973).

Foerster, W., "Die Irrlehrer des Kolosserbriefes," in *Studia Biblica et Semitica* T. C. Vriezen dedicata, ed. W. C. van Unnik and A. S. van der Woude (Wageningen: Veenman, 1966), pp. 71-80.

Foulkes, F., *Study Guide to Ephesians* (London: Inter-Varsity, 1968).

Francis, F. O., and Meeks, W. A. (ed.), *Conflict at Colossae*, SBS 4 (Missoula, MT: Scholars Press, 1975).

Gabathuler, H. J., *Jesus Christus: Haupt der Kirche—Haupt der Welt*, ATANT 45 (Zurich: Zwingli Verlag, 1965).

Goodenough, E. R., "Paul and Onesimus," *HTR* 22 (1929), 181-83.

Goodspeed, E. J., *The Formation of the New Testament* (Chicago: University Press, 1926).

Goodspeed, E. J., *The Key to Ephesians* (Chicago: University Press, 1956).

Goodspeed, E. J., *The Meaning of Ephesians* (Chicago: University Press, 1933).

Gundry, R. H., "Sōma" in *Biblical Theology*, SNTSM 29 (Cambridge: University Press, 1976).

Hanson, S., *The Unity of the Church in the New Testament: Colossians and Ephesians*, ASNU 14 (Uppsala: Almquist & Wiksells, 1946).

Harrison, P. N., "Onesimus and Philemon," *ATR* 32 (1950), 268-94.

Harrison, P. N., *Paulines and Pastorals* (London: Villiers, 1964).

Hengel, M., *Between Jesus and Paul*, E.T. (London: SCM, 1983).

Holtzmann, H. J., *Kritik der Epheser- und Kolosserbriefe* (Leipzig: Engelmann, 1872).

Hort, F. J. A., *Prolegomena to St. Paul's Epistles to the Romans and the Ephesians* (London: Macmillan, 1895).

Käsemann, E., "Epheserbrief," *RGG* II (Tübingen: Mohr, 31958), cols. 517-20; "Kolosserbrief," *RGG* III (31959), cols. 1727-28.

Käsemann, E., "Ephesians and Acts," in *Studies in Luke-Acts*, ed. L. E. Keck and J. L. Martyn (Nashville, TN: Abingdon, 1966), pp. 288-97.

Käsemann, E., "Das Interpretationsproblem des Epheserbriefes," *TLZ* 86 (1961), cols. 1-8.

Käsemann, E., *Leib und Leib Christi*, BHT 9 (Tübingen: Mohr, 1933).

Kirby, J. C., *Ephesians, Baptism and Pentecost* (London: SPCK, 1968).

Knox, J., *Philemon among the Letters of Paul* (Chicago: University Press, 1935; Nashville, TN: Abingdon/London: Collins, 21959).

Knox, W. L., *St. Paul and the Church of the Gentiles* (Cambridge: University Press, 1939).

Knox, W. L., *Some Hellenistic Elements in Primitive Christianity* (London: Milford, 1944).

BIBLIOGRAFÍA

Lähnemann, J., *Der Kolosserbrief: Komposition, Situation und Argumentation*, SNT (Gütersloh: Mohn, 1971).
Lähnemann J., and Böhm, G., *Der Philemonbrief: Zur didaktischen Erschliessung eines Paulus-Briefes* (Gütersloh: Mohn, 1973).
Lampe, G. W. H., *The Seal of the Spirit* (London: SPCK, 1951).
Lincoln, A. T., *Paradise Now and Not Yet*, SNTSM 43 (Cambridge: University Press, 1981).
Lucas, R. C., *Fullness and Freedom: The Message of Colossians and Philemon*, BST (Leicester: Inter-Varsity, 1980).
Mackay, J. A., *God's Order: The Ephesian Letter and This Present Time* (New York: Macmillan/London: Nisbet, 1953).
Manson, T. W., *Studies in the Gospels and Epistles* (Manchester: University Press, 1962).
Martin, R. P., "An Epistle in Search of a Life-Setting," *ExT* 79 (1967–68), 296–302.
Martin, R. P., *Reconciliation: A Study of Paul's Theology*, MTL (London: Marshall, 1981).
Meinertz, M., *Der Philemonbrief und die Persönlichkeit des Apostels Paulus* (Düsseldorf: Schwann, 1921).
Merklein, H., *Das kirchliche Amt nach dem Epheserbrief*, SANT 33 (München: Kösel, 1973).
Michaelis, W., *Versöhnung des Alls* (Bern: Siloah, 1950).
Minear, P. S., *Images of the Church in the New Testament* (London: Lutterworth, 1960).
Mitton, C. L., *The Epistle to the Ephesians: Its Authorship, Origin and Purpose* (Oxford: Clarendon, 1951).
Mitton, C. L., *The Formation of the Pauline Corpus of Letters* (London: Epworth, 1955).
Moule, H. C. G., *Colossian Studies* (London: Hodder & Stoughton, 1898).
Moule, H. C. G., *Ephesian Studies* (London: Hodder & Stoughton, 1900).
Munck, J., *Paul and the Salvation of Mankind*, E.T. (London: SCM, 1959).
Munro, W., *Authority in Paul and Peter*, SNTSM 45 (Cambridge: University Press, 1983).
Murphy-O'Connor, J. (ed.), *Paul and Qumran* (London: Chapman, 1968).
Mussner, F. *Christus, das All und die Kirche*, TTS 5 (Trier: Paulinus, 1968).
O'Brien, P. T., *Introductory Thanksgivings in the Letters of Paul*, SNovT 49 (Leiden: Brill, 1977).
Odeberg, H., *The View of the Universe in the Epistle to the Ephesians*, AUL NF 1.29.6 (Lund: Gleerup, 1934).
Ollrog, W.-H., *Paulus und seine Mitarbeiter*, WMANT 50 (NeukirchenVluyn: Neukirchener, 1979).
Percy, E., *Der Leib Christi in den paulinischen Homologoumena und Antilegomena*, LUÅ 1.38.1 (Lund: Gleerup, 1942).
Percy, E., *Die Probleme der Kolosser- und Epheserbriefe*, ARSHLL 39 (Lund: Gleerup, 1946).
Pokorný, P., *Der Epheserbrief und die Gnosis* (Berlin: Evangelische Verlagsanstalt, 1965).
Preiss, T., *Life in Christ*, E.T., SBT 13 (London: SCM, 1954),
Ramsay, W. M., *Cities and Bishoprics of Phrygia*, I–II (Oxford: University Press, 1895–1897).
Ramsay, W. M., *The Church in the Roman Empire before A.D. 170* (London: Hodder & Stoughton, 51897).
Robertson, A. T., *Paul and the Intellectuals* (Garden City, NY Doubleday, 1928).
Robinson, J. A. T., *The Body: A Study in Pauline Theology*, SBT 5 (London: SCM, 1952).
Roon, A. van, *The Authenticity of Ephesians*, SNovT 39 (Leiden: Brill, 1974).
Rowland, C., *The Open Heaven* (London: SPCK, 1982).

BIBLIOGRAFÍA

Rutherfurd, J., *St. Paul's Epistles to Colossae and Laodicea* (Edinburgh: T. & T. Clark, 1908).
Schille, G., *Frühchristliche Hymnen* (Berlin: Evangelische Verlagsanstalt, 1965).
Schlier, H., *Christus und die Kirche im Epheserbrief*, BHT 6 (Tübingen: Mohr, 1930).
Schlier, H., *Principalities and Powers in the New Testament*, E.T. (New York: Herder, 1961).
Schweizer, E., "Die Elemente der Welt," in *Verborum Veritas*, ed. O. Böcher and K. Haacker (Wuppertal: Brockhaus, 1970), pp. 245-59.
Schweizer, E., "Zur Frage der Echtheit des Kolosser- und des Epheserbriefes," *ZNW* 47 (1956), 287.
Steinmetz, F.-J., *Protologische Heilszuversicht: Die Strukturen des soteriologischen und christologischen Denkens im Kolosser- und Epheserbrief*, FTS 2 (Frankfurt: Knecht, 1969).
Stendahl, K. (ed.), *The Scrolls and the New Testament* (London: SCM, 1958).
Stott, J. R. W., *God's New Society: The Message of Ephesians*, BST (Leicester: Inter-Varsity, 1979).
Vielhauer. P., *Oikodome: Das Bild vom Bau in der christlichen Literatur vom Neuen Testament bis Clemens Alexandrinus* (Karlsruhe-Durloch: Tron, 1939).
Wickert, U., "Der Philemonbrief-Privatbrief oder Apostolisches Schreiben?" *ZNW* 52 (1961), 230-38.
Wiles, G. P., *Paul's Intercessory Prayers*, SNTSM 24 (Cambridge: University Press, 1974).
Zeilinger, F., *Der Erstgeborene der Schöpfung: Untersuchungen zur Formalstruktur und Theologie des Kolosserbriefes* (Wien: Herder, 1974).

LA EPÍSTOLA A LOS COLOSENSES

INTRODUCCIÓN A COLOSENSES

I. CIUDADES DEL VALLE DE LICO

Colosas, el hogar de la iglesia a la que Pablo dirigió la Carta a los Colosenses, era una ciudad ubicada en el valle de Lico en la región occidental de Anatolia (Asia menor). En dicha carta se mencionan además dos ciudades vecinas, situadas también en el valle de Lico —Laocidea y Hierápolis (Col. 2:1; 4:13, 15-16).

El río Lico[1] (hoy Çürüksu) es un afluente del río Meandro (Büyük Menderes en la actualidad). El territorio por el que corría el Lico en la antigüedad era la parte sudoeste del reino de Frigia. Con la decadencia del imperio hitita después del año 1200 a.c., Frigia se convirtió en la principal potencia de Anatolia, pero se debilitó por la invasión cimeria por el año 700 a.c., y tuvo que someterse a la hegemonía de Lidia. Cuando Ciro el grande venció a Creso, el rey lidio, en 547 a.c. y capturó su capital, Sardis, Frigia pasó a formar parte del imperio persa y permaneció así hasta la conquista de Alejandro Magno en 334 a.C. y los años siguientes. En la división del imperio de Alejandro posterior a su muerte la zona sudoeste de Frigia se rindió finalmente a la monarquía seléucida.

Un poder expansionista nuevo, el reino de Pérgamo, se levantó en la parte norte de este territorio después del año 283 a.c., cuando Filetero, el gobernador de Pérgamo bajo Lisímaco (que fue gobernante por algún tiempo de Macedonia y parte de Anatolia), declaró unilateralmente la independencia. Sus sucesores a partir del 241 a.C. se adjudicaron el título de rey. Entre los años 227 y 230 a.C., la región norte de Frigia fue ocupada por los gálatas, inmigrantes celtas de Europa, que entraron por primera vez en Anatolia en calidad de soldados mercenarios invitados por el rey de Bitinia.

Cuando Antíoco III heredó el trono seléucida en 221 a.c. tuvo que volver a conquistar grandes áreas de su reino en Anatolia que el rey de Pérgamo había anexado. En esta tarea contó con la ayuda de Aqueo, el hermano de su madre, un comandante militar muy capaz. Pero en cuanto Aqueo recuperó esas áreas se proclamó gobernador independiente de ellas y se hizo coronar como rey en Laodicea en el año 220 a.C. Antíoco tuvo que establecer una alianza temporal con Pérgamo para derrotar a Aqueo, que fue capturado y muerto en Sardis

---

1. Debe distinguirse del Lico en Lidia (la actual Kum Çayi), un afluente del Hermo (ahora Gediz Nehri), y del que se halla en el Ponto, al norte de Anatolia (la moderna Kelkit Çayi).

en 214 a.C.² A lo largo del siguiente cuarto de siglo el valle de Lico continuó siendo parte del reino seléucida.

En el año 192 a.C., Antíoco III cruzó el mar Egeo e intervino en los asuntos de las ciudades estado griegas, y como resultado de ello, tuvo un enfrentamiento con Roma, que hacía poco se había proclamado libertadora y protectora de esos estados. Así comenzó el prolongado declive de su reino. Los romanos lo expulsaron de Grecia, lo persiguieron en Asia y lo derrotaron en la batalla de Magnesia en 190 a.C. Dos años más tarde lo obligaron a aceptar los términos de la paz de Apamea (una ciudad frigia cerca del nacimiento del río Meandro), en virtud de los cuales, tuvo que entregar la mayor parte de sus posesiones en Anatolia, muchas de las cuales (incluyendo la región sudoeste de Frigia) se las había cedido al rey de Pérgamo, un fiel aliado de Roma.³

El último rey de Pérgamo, Atalo III, murió sin dejar herederos en 133 a.C., y legó su reino al estado romano. Cuando los romanos accedieron a aceptar el legado, reconstituyeron el reino de Pérgamo como la provincia de Asia. A partir de ese momento, las ciudades del valle de Lico quedaron sujetas a la autoridad del procónsul romano de Asia (sin contar los tres años que siguieron al 88 a.C., en los que Mitrídates V, rey del Ponto, obligó a los romanos a abandonar la provincia, y el tiempo que duró la breve invasión de los partos a Anatolia en 40 a.C.).

Colosas estaba situada en la ribera meridional del Lico. La grafía *Kolossai*, que aparece en algunos manuscritos neotestamentarios, podría representar una pronunciación más antigua y posiblemente frigia. De ser así, la forma *Kolossai* refleja tal vez un esfuerzo por darle al topónimo una etimología artificial.⁴

En los relatos históricos que se conservan, Colosas aparece por primera vez en Herodoto, que cuenta que Jerjes, en su marcha en dirección sur contra la Grecia continental en el año 480 a.C., "llegó a Colosas, una gran ciudad de Frigia, situada en un lugar donde el río Lico se hunde en un abismo y desaparece. El río, después de fluir de forma subterránea por unos quince estadios, reaparece de nuevo y... desemboca en el Meandro".⁵ Esta declaración se basa en una información malentendida o distorsionada. Colosas se hallaba al inicio de un desfiladero empinado, de casi cuatro kilómetros de largo, por el que desciende vertiginosamente el Lico desde lo más alto hasta lo más profundo del valle. En algunos puntos de la parte superior del desfiladero el agua penetra en el lecho de piedra caliza y desaparece, y esto podría explicar la leyenda de un flujo subterráneo.

Ochenta años más tarde Ciro el joven, marchando en dirección oriental desde Sardis con un ejército de mercenarios en su puja por el trono persa, cruzó el Meandro y, después de un día de camino a través de Frigia, llegó a

---

2. Polibio, *History* 5.48.12; 8.15-21.
3. Polibio, *History* 21.45.
4. Como si estuviera relacionado con κολοσσός, "estatua".
5. Herodoto, *History* 7.30.

Colosas, "una ciudad habitada, grande y próspera", en la que se quedó durante siete días".[6]

El estatus de autonomía civil del que gozaba Colosas bajo los reyes de Seleucia y de Pérgamo lo conservaron bajo los romanos. Se ha inferido a veces de los escritos de Estragón que, a principios de la era cristiana, la importancia de Colosas había disminuido y se había convertido en una de varias ciudadelas poco importantes, pero la inferencia es inválida debido a una laguna en el texto de Estragón en este punto.[7] Se han hallado inscripciones que confirman que Colosas retenía su importancia en los siglos II y III d.C.[8] Plinio el Viejo (que murió en el 70 d.C.) la incluye en una lista de ciudades famosas de Frigia (aunque esta lista fue extraída de una fuente más antigua).[9]

En 1835, W. J. Hamilton descubrió el lugar donde estaba situada Colosas. Volvió a identificar sus ruinas y acrópolis al sur del río y su necrópolis en la ribera septentrional. Más tarde, la iglesia bizantina de San Miguel el *Archistratēgos*, destinada a ser destruida a manos de invasores turcos en 1189, fue erigida en la ribera septentrional. Según W. M. Ramsay, sus ruinas todavía eran "claramente visibles en 1881".[10] Se mantuvo como el centro religioso del distrito después que la población de Colosas se trasladó a Chonai (la actual Honaz), tres millas al sur, al pie del monte Cadmo (Honaz Dağ). El lugar donde se hallaba Colosas permanece desocupado, y eso lo convierte en una perspectiva atractiva para los arqueólogos.

Laodicea (cerca de la actual Eskihisar, cinco millas al noroeste de Denizli)[11] fue fundada por el rey seléucida Antíoco II y le dio el nombre en honor a su esposa Laodicea en algún momento entre su ascenso al trono en 261 a.C. y su divorcio de ella ocho años más tarde. Al igual que Colosas, estaba situada en la ribera meridional del Lico, a dieciséis o dieciocho kilómetros río abajo. Según Plinio el Viejo, se fundó en el lugar de un antiguo asentamiento que inicialmente se llamó Dióspolis y luego Roas.[12] El nombre hace una sus primeras apariciones en la historia cuando Aqueo, tras rebelarse contra su sobrino Antíoco III, se hizo coronar rey allí en 220 a.C.

Laodicea adquirió importancia rápidamente, hasta el punto de rivalizar con Colosas. Al igual que esta, retuvo su estatus civil bajo los romanos. De

---

6. Jenofonte, *Anabasis* 1.2.6.

7. Estrabón, *Geography* 12.576. Colosas no es una de las πολίσματα de las que Estrabón solo hace una ligera mención.

8. Véanse *MAMA* VI (Manchester, 1939), xi, 15-18; W. M. Ramsay, *Cities and Bishoprics of Phrygia*, I (Oxford, 1895), 208-34; D. Magie, *Roman Rule in Asia Minor*, I (Princeton, 1950), 126-27; II (Princeton, 1950), 985-86.

9. Plinio, *Hist. Nat.* 5.145.

10. *Cities and Bishoprics of Phrygia*, I, 215. A Miguel se le llama ἀρχιστράτηγος ("comandante en jefe",) en las versiones griegas de Dn. 8:11 (cf. por el sentido, aunque no por la palabras, Dn. 10:21; 12:1) y en varios apócrifos griegos (p. ej., *Testament of Abraham* 1; 9).

11. Véanse *MAMA* VI, x-xi, 1-14; W. M. Ramsay, *Cities and Bishoprics of Phrygia*, I 32-83; D. Magie, *Roman Rule in Asia Minor*, I 127; II, 986-87.

12. Plinio, *Hist. Nat.* 5.105.

Cicerón, a cuya jurisdicción se añadieron esta parte de Frigia y otros territorios durante su proconsulado en Cilicia (51-50 a.C.), sabemos que Laodicea fue el centro de un *conventus* o circunscripción judicial[13] (a la que pertenecieron Hierápolis, y más tarde, Cibira), y que también fue un centro de operaciones financieras y bancarias.[14] Estrabón dio testimonio de su prosperidad económica a principios del siglo I d.C.[15] Se vio afectada por terremotos en repetidas ocasiones. Uno de ellos ocurrió en el principado de Augusto: Tiberio, el hijastro del emperador, presentó ante el senado romano un alegato para aliviar la situación de sus ciudadanos, junto con los de Tiatira y Quío (que sufrieron en el mismo terremoto).[16] Otro terremoto devastó la zona que gobernaba Nerón por la época en que se escribió la carta a los colosenses (60 d.C.); Laodicea fue destruida, pero usaron sus propios recursos para reconstruirla sin ayuda de Roma.[17] Además de su riqueza natural, Laodicea se benefició de la munificencia de algunos de sus hijos agradecidos.[18] Al parecer, fue también el principal centro médico de Frigia.[19]

Cuando se reorganizó el sistema provincial del imperio romano a finales del siglo IV, Laodicea se convirtió en la sede del gobierno de la provincia recién constituida de Frigia Pacatiana.[20]

Hierápolis significa "la ciudad santa".[21] Comenzó tal vez como un asentamiento adjunto al templo de la Gran Madre. Se cree que el rey Eumenes II de Pérgamo (197-160 a.C.) le otorgó por primera vez el estatus de ciudad (*polis*), pero lo más probable es que fuera una fundación seléucida que se remonta a la época de Antíoco I (281-261 a.C.).[22] Estaba situada en un camino que se apartaba de la ruta principal de Iconio a Éfeso en Laodicea y que conducía al noroeste a través de las montañas de Filadelfia, Sardis y el valle del Hermo —el camino que eligió Jerjes para dirigirse a Sardis después de marcharse de

---

13. Cicerón, *Att.* 5.15.
14. Cicerón, *Fam.* 3.5.
15. Estrabón, *Geography* 12.578.
16. Suetonio, *Tiberius* 5.
17. Tácito, *Annals* 14.27.1.
18. Estrabón menciona especialmente a Hieron y la familia del orador Zenón a este respecto.
19. El "colirio" (κολλύριον) de Ap. 3:18 era probablemente una preparación elaborada con un polvo frigio extraído de una piedra del lugar (Galen, *On the Preservation of Health* 6.12). La escuela de medicina en o cerca de Laodicea estaba tal vez patrocinada por el templo *Mēn* Karou a unos 20 kilómetros al oeste de la ciudad, pero no hay pruebas que confirmen la teoría de que el nombre de *Mēn* Karou fue helenizado como *Asklēpios* (W. M. Ramsay, *Cities and Bishoprics of Phrygia*, I, 52).
20. De ahí la nota al pie adjunta a 1 Timoteo en los manuscritos posteriores y que aparece traducida en KJV: "La primera epístola a Timoteo fue escrita desde Laodicea, que es la ciudad más importante de la Frigia Pacatiana".
21. Debe distinguirse de la Hierápolis cerca de Sínada, en Frigia Salutaris, a unos 113 kilómetros al nordeste (donde Avircio Marcelo fue obispo a finales del siglo II).
22. Véanse W. M. Ramsay, *Cities and Bishoprics of Phrygia*, I, 84-121; D. Magie, *Roman Rule in Asia Minor*, I 127-28; II, 987-88; F. Kolb, "Zur Geschichte der Stadt Hierapolis in Phrygien: Die Phylenschriften im Theater," *Zeitschrift für Papyrologie und Epigraphik* 15 (1974), 255-70.

Colosas.[23] Miraba hacia Laodicea desde una explanada a 91 metros de altura en la ribera septentrional del Lico. En la llanura debajo de la explanada el río Lico desemboca en el Meandro. Detrás del lugar, nace un manantial de aguas termales minerales que cubre las rocas que hay debajo con depósitos de limo y produce formaciones de estalactitas que le han dado al lugar su nombre turco de Pamukkale ("castillo de algodón").

Existía la creencia de que cueva de la que brota el manantial era una entrada al inframundo y se decía que los sacerdotes eunucos de la Gran Madre eran los únicos seres vivos a los que no podía asfixiar el dióxido de carbono que se generaba en la cueva.[24] Desde un punto de vista más práctico, los visitantes iban a bañarse en las aguas termales y su presencia enriquecía la prosperidad de la ciudad.

En la historia del pensamiento humano lo que verdaderamente hace famosa a la ciudad es el hecho de haber sido la cuna (c. 50 d.C.) del filósofo estoico Epícteto.

La principal actividad a la que se dedicaban esas ciudades era la manufactura y preparación de telas de lana. De hecho, esa era también la principal actividad de todas las ciudades en las cuencas del Meandro y del Hermo, por cuanto tenían excelente comunicación con los puertos egeos a través de los cuales exportaban sus mercaderías. Aunque las ciudades del valle de Lico comenzaron a producir esas mercaderías después que las ciudades más antiguas de Jonia y Lidia, no tardaron en hacerse famosas por la alta calidad de sus productos. La lana negra brillante de Laodicea se consideraba incluso mejor que la de Mileto, la cual gozó de gran celebridad por su excelencia en todo el Cercano Oriente desde el siglo VI a.C. hasta bien entrada la era cristiana.[25] Hierápolis en particular era famosa por la superioridad de sus procesos de teñido. Al color del producto colosense se le dio el nombre de *colossinus*, una palabra que usó Plinio el Viejo para describir el color de la flor del ciclamen.[26]

Los habitantes frigios del valle de Lico fueron helenizados pero de manera gradual, con excepción de los que vivían en las ciudades. Las ciudades nuevas de Laodicea y Hierápolis eran griegas desde su fundación. Cuando quedaron sujetas a la autoridad romana después del año 133 a.C., las ciudades se romanizaron pero en menor medida, pero ninguna de ellas fue reconstituida como una colonia romana, a diferencia de lo que sí ocurrió con varias ciudades ubicadas más al este.[27]

23. Herodoto, *History* 7.31.
24. Estrabón, *Geography* 12.579. Véase W. C. Brice, "*A Note on the Descent into the Plutonium of Hierapolis of Phrygia*", *JSS* 23 (1978), 226-27.
25. Estrabón, *Geography* 12.578.
26. Plinio, *Hist. Nat.* 21.51.
27. Hacia la época de Augusto, el Asia proconsular disfrutaba de tanta paz que no requería la presencia estabilizadora de nuevas colonias romanas; en el sur de Galacia, por otro lado, la amenaza de agitaciones por parte de las tribus homonadenses en la zona del Tauro y desde otras direcciones provocaron la creación de las colonias de Antoquía de Pisidia y de Listra en el año 6 d.C.

II. ASENTAMIENTO JUDÍO EN EL VALLE DE LICO

Algunos asentamientos judíos en la zona occidental de Anatolia se remontan a fechas bastante tempranas: En la época del profeta Abdías, al parecer, había exiliados judíos en la ciudad lidia de Sardis.[28] Según Josefo, Seleuco I (312-281 B.C.), iniciador de la dinastía seléucida, les otorgó a los judíos plenos derechos civiles en todas las ciudades que fundó[29] (es conveniente tomar en consideración lo que Josefo y otros escritores intentan señalar cuando mencionan el disfrute por parte de los judíos de plenos derechos civiles en una ciudad helenística). Se dice que Antíoco II (261-248 a.c.) plantó colonias en las ciudades de Jonia.[30] Pero al asentamiento judío en Frigia, por un número considerable de razones, debe asignársele una fecha a finales del siglo III a.c., cuando Antíoco III, tras haber recuperado a Frigia y a Lidia de los pergamenses y de su rebelde tío Aqueo, le ordenó a su sátrapa Zeuxis que enviara de Babilonia a dos mil familias judías, con sus propiedades, como colonos militares a las guarniciones y otros lugares vitales de esas dos regiones anatolias. Debían proporcionárseles casas y tierras cultivables, debía eximírseles de impuestos durante diez años y debían tener derecho de vivir bajo sus propias leyes.[31]

No hay ninguna razón para dudar de la credibilidad esencial de este informe de Josefo ni del edicto real que representa. La carta del rey a Zeuxis, dice M. Rostovtzeff, "nos muestra sin duda con exactitud el procedimiento normal que seguían los seléucidas cuando fundaban una colonia".[32] Al asentamiento debe asignársele una fecha poco después de 213 a.C., cuando Frigia y Lidia fueron reincorporadas al imperio de Antíoco. Hubo un Zeuxis que se desempeñó como sátrapa de Babilonia por el año 220 a.C., y podría ser el mismo Zeuxis que fue sátrapa de Lidia entre los años 201 y 190 a.C.[33]

Si nos preguntáramos por qué los judíos babilonios se propusieron a Antíoco como el tipo de colonos que ayudarían a estabilizar las áreas desafectas de su imperio, una referencia enigmática en 2 Macabeos podría sugerir una respuesta. Se dice que Judas Macabeo animó a sus tropas en una ocasión en que se vieron amenazados por un ejército seléucida mucho mayor, recordándoles "la batalla con los gálatas que tuvo lugar en Babilonia, en la que 8,000 judíos en total entraron en acción junto con 4,000 macedonios, y cuando los macedonios se vieron en apuros, los ocho mil derrotaron a ciento veinte mil enemigos,

---

28. La Sefarad en Ab. 20, al igual que la *Sapardu* acadia y la antigua ciudad persa *Sfarda*, probablemente se aproximan a la pronunciación lidia.
29. Josefo, *Ant.* 12.119.
30. Josefo, *Ant.* 12.125.
31. Josefo, *Ant.* 12.149.
32. M. Rostovtzeff, *Social and Economic History of the Hellenistic World*, I (Oxford, 1951), 492. Véase también, en el mismo sentido, A. Schalit, "*The Letter of Antiochus III to Zeuxis regarding the Establishment of Jewish Military Colonies in Phryga and Lydia*", *JQR* 50 (1959-60), 289-318 (le asigna una fecha a la carta entre 212 y 205 a.C.).
33. Polibio, *History* 5.45ss.; 12.1, 24; 21.16, 24.

gracias al auxilio que les llegó del cielo, y se hicieron con un gran botín" (2Mac. 8:20).[34] Esta tradición, que obviamente no ha perdido nada en la narración (especialmente en lo tocante a las cifras que se ofrecen) se relaciona tal vez con la primera parte del reino de Antíoco III. Los gálatas solían alquilar sus servicios como mercenarios; presumiblemente en esa ocasión los mercenarios gálatas se comprometieron a trabajar para uno de los enemigos de Antíoco. La ayuda que le prestaron los judíos babilonios podría haber incentivado a Antíoco a acomodar a cierto número de ellos en Frigia y en Lidia como garantes de la paz de esos territorios.

Los cambios políticos por los que pasó el valle de Lico sucesivamente bajo el imperio de Pérgamo y Roma no representaron casi ninguna diferencia para los judíos que residían allí. Incluso la conquista por parte de Mitrídates del Asia proconsular en el año 88 a.C., y la guerra de veinticinco años que siguió, no les causó mucha perturbación.[35] Casi inmediatamente después del final de las guerras mitridáticas hay pruebas que demuestran la existencia de una población judía grande y próspera en el valle de Lico y en otros lugares de Frigia.

En el año 62 a.c. Lucio Valerio Flaco, procónsul de Asia, incautó los ingresos del tributo anual de medio siclo que los judíos de su provincia, en común con los varones judíos de veinte o más años alrededor del mundo, aportaban para el mantenimiento del templo en Jerusalén. Su acción estaba en consonancia con la prohibición oficial de la exportación de oro y plata desde el imperio a países extranjeros. De hecho, es probable que por el uso y la costumbre, o tal vez por un edicto senatorial, se haya hecho una excepción respecto al tributo judío al templo, y en todo caso podría alegarse que a partir del año 63 a.C., Judea comenzó a formar parte del imperio y no siguió siendo un país extranjero. Flaco fue llevado a los tribunales en 59 a.C. acusado de actuar de forma ilegal en el asunto; Cicerón lo defendió con un discurso que todavía se conserva.[36] Cicerón adujo que la provincia estaba empobreciéndose por la exportación de tanta riqueza año tras año; por tanto, debemos estar preparados para alguna exageración en el estimado de las sumas de dinero que se manejaban.

En Apamea, según Cicerón, el oro, que equivalía a poco menos de cien libras romanas (libræ), fue incautado; en Laodicea poco más de veinte libras.[37]

---

34. Véase J. A. Goldstein, *II Maccabees*, AB (Garden City, N.Y., 1983), págs. 331-34.

35. In 88 a.C. Mitrídates asaltó la isla de Cos y se apoderó de ochocientos talentos que los judíos del Asia proconsular habían depositado allí por razones de seguridad (junto con un dinero que Cleopatra III de Egipto había depositado allí en 102 a.C.). Josefo, a quien le debemos esta información (*Ant.* 14.112-13), la deriva de Estrabón, pero Estrabón habla de "los judíos" de forma general. Josefo infiere (y tal vez tiene razón) que fueron los judíos de Asia, y añade que el dinero era "de Dios" —es decir, que eran los tributos anuales del templo de Jerusalén. Pero ochocientos talentos serían equivalentes casi a cinco millones de monedas de medio siclo: Si la cifra es exacta, debe haber incluido más que los ingresos del tributo de medio siclo durante un año.

36. Cicerón, *Pro Flacco*. Al parecer, Flaco fue absuelto.

37. *Pro Flacco* 68. Véase A. J. Marshall, "*Flaccus and the Jews of Asia*" (Cicero, *Pro Flacco* 28.67-69)", *Phoenix* 29 (1975), 139-54.

Dado que en esta época la norma pompeyana de treinta y seis *aurei*, (denarios de oro) para la *libra* de oro, estaba en vigor, y el *aureus* se consideraba equivalente a veinticinco dracmas o denarios, se ha calculado que en Apamea se recaudaron casi cuarenta y cinco mil monedas de medio siclo (didracma) y más de nueve mil en Laodicea. Estas cifras no significan que solo hubiera respectivamente cuarenta y cinco mil y nueve mil varones judíos de la edad adecuada residentes en Apamea y Laodicea, porque estas ciudades eran centros a los que se llevaba el dinero que se recaudaba en los distritos circundantes para convertirlo en una forma más manejable y enviarlo posteriormente a Jerusalén. Pero aun cuando se conceda que pudiera haber alguna exageración, la población judía de Frigia era considerable.

Más tarde en el mismo siglo, la recaudación y la exportación del medio siclo fueron expresamente salvaguardadas por decretos que promulgaron sucesivamente Julio César[38] y Augusto.[39] El hombre de confianza de Augusto, Marco Vipsanio Agripa, tomó medidas específicas en el año 14 a.C. (a petición de Herodes) para proteger a los judíos de Asia Menor contra cualquier injerencia en este privilegio (y también contra la comparecencia forzosa ante los tribunales en los días de reposo).[40]

Josefo cita una carta que le enviaron los magistrados de Laodicea por el año 45 a.C. a un alto funcionario romano, posiblemente el procónsul de Asia, para confirmar que, siguiendo sus directrices, ellos no impedirían la libertad de los residentes judíos para guardar el día de reposo y otras prácticas de su religión.[41] Entre los años 2 y 3 d.C., Augusto emitió un comunicado completo sobre los derechos judíos en esa parte del imperio y fue publicado en Ancyra (en la actualidad Ankara), la capital de la provincia de Galacia.[42]

Después del año 70 d.C., el pago del medio siclo fue destinado al mantenimiento del templo de Júpiter Capitolino en Roma;[43] por lo demás, los judíos de la dispersión continuaron gozando de sus privilegios. Hay pruebas documentales en Alejandría[44] y en Antioquía de Siria[45] que lo confirman; y la situación no era diferente en ningún otro lugar de las provincias orientales. W. M. Ramsay creyó descubrir pruebas de una estipulación específica que salvaguardaba los privilegios judíos en Apamea, en la inscripción de una tumba del siglo III d.C. en la que se ordenaba que nadie debía ser sepultado

---

38. Josefo, *Ant.* 16.162-63, donde Augusto, para confirmar este derecho, cita la jurisprudencia establecida por César, su padre adoptivo.
39. Filón, *Legation to Gaius* 155-57.
40. Josefo, *Ant.* 16.27-65.
41. Josefo, *Ant.* 14.241-43.
42. Josefo, *Ant.* 16.162-65. Con respecto a todo esto, véase E. M. Smallwood, *The Jews under Roman Rule* (Leiden, 1976), págs. 120-43.
43. Cf. I. A. F. Bruce, "Nerva and the *Fiscus Iudaicus*", *PEQ* 96 (1964), 34-45; E. M. Smallwood, *The Jews Under Roman Rule*, págs. 371-85.
44. Josefo, *Ant.* 12.121.
45. Josefo, *BJ* 7.100-11. Véase E. M. Smallwood, *The Jews under Roman Rule*, págs. 358-68.

ASENTAMIENTO JUDÍO EN EL VALLE DE LICO

en la tumba salvo su dueño, Aurelius Rufus, y su esposa Aurelia Tatiana. "Si alguien actúa [en contra de esta orden]", concluye la inscripción, "conoce la ley de los judíos":[46] Ramsay pensó en primera instancia que "la ley de los judíos" aquí no podía ser la ley mosaica, sino una regulación local certificada ante las autoridades de la ciudad, para proteger los privilegios de la comunidad judía respecto a los servicios funerarios.[47] Esto podría ser así, pero dos inscripciones en tumbas judías de mediados del siglo III procedentes de Blaundo y de Acmonia en la región centro occidental de Frigia, invocan para el infractor "las maldiciones escritas en Deuteronomio" (presumiblemente en Dt. 28:15-68);[48] por consiguiente, la "ley de los judíos" en la inscripción de Apamea podría ser perfectamente la ley mosaica. (Una inscripción similar procedente de Hierápolis, de alrededor del 220 d.C., estipula que para cualquier sepultura no autorizada debía pagarse una multa a la comunidad judía en esa ciudad).[49]

A partir de un estudio comparativo de algunas inscripciones griegas en Frigia, Ramsay dedujo que las comunidades judías locales se caracterizaban por un grado de laxitud religiosa excepcional en la diáspora —es decir, que los miembros de las familias judías podían combinar el oficio (o al menos el título de rector de la sinagoga[50] con una participación responsable en los cultos paganos. Las pruebas, empero, no son tan claras. Por ejemplo, Ramsay citó de una inscripción procedente de Acmonia una referencia a una tal Julia Severa que recibió honores de la sinagoga local[51] y se menciona en las monedas locales de Nerón, Agripina y Popea por haber ocupado un cargo municipal junto con su esposo Servenius Capito (digamos, entre los años 54 y 65 d.C.).[52] Era muy difícil ocupar esa magistratura sin tener alguna participación en los cultos locales, o incluso en el culto imperial. Pero Julia Severa, al parecer, era descendiente de Herodes[53] y los miembros de la familia de Herodes no eran judíos típicos.

En la inscripción en la que se menciona a Julia Severa se hace referencia a Gaius Tyrronius Cladus como un presidente vitalicio de la sinagoga. A juicio de Ramsay, "el nombre desconocido Tyrronius... podía tomarse sin excepción como judío",[54] y a continuación, sacó conclusiones de dudosa solidez a partir de

---

46. *CIJ* 774.
47. Ramsay, *Cities and Bishoprics of Phrygia*, II (Oxford, 1897), 538, 669.
48. *CIJ* 760; *MAMA* VI, §§ 335, 335a (pág. 116).
49. *CIJ* 775.
50. Existen pruebas, sin embargo, de que el título de ἀρχισυνάγωγος podía poseerlo un gentil, el presidente de una asamblea no judía; véase G. H. R. Horsley (ed.), *New Documents illustrating Early Christianity* (Macquarie University, North Ryde, New South Wales, 1981), § 5, págs. 26-27.
51. *CIJ* 766.
52. *Cities and Bishoprics of Phrygia*, II, 649-50.
53. Cf. E. M. Smallwood, *The Jews under Roman Rule*, pág. 479. En *CIG* 4033 se hace referencia a un miembro de la familia, Tiberius Severus, como el "descendiente de reyes y tetrarcas" (βασιλέων καὶ τετραρχῶν ἀπόγονον).
54. *Cities and Bishoprics of Phrygia*, II, 650

sus hallazgos en otras inscripciones —un método que él mismo admitió que era "conjetural e incierto", y en el que cada paso era más ambiguo que el anterior.[55] Cabe pensar que existía cierta conformidad externa con los ritos paganos que algunos judíos influyentes en Frigia habían establecido; pero esto no sería suficiente para sacar conclusiones acerca de las formas de sincretismo que tal vez se reflejaban en las creencias y prácticas censuradas en la carta a los colosenses.

La influencia de los asentamientos judíos en el folclore de Frigia está bien ilustrada por la aceptación que tuvo la historia de Noé en Apamea[56] como una leyenda religiosa local. Es probable que antes que comenzara la colonización judía en la zona ya existiera una leyenda local sobre un diluvio, pero bajo la influencia judía se fusionó con la narración de Génesis. En las monedas de Apamea del siglo III d.C. aparece un arca con la inscripción *NŌE* (la forma griega del nombre Noé en la Septuaginta), flotando en el agua; en ella hay dos figuras humanas, y otras dos, un varón y una mujer de pie junto a ella; en la parte superior se ve un cuervo, y encima de él una paloma con una rama de olivo en el pico. Por tanto, la representación incluye dos fases de la historia —en una, Noé y su esposa están en el arca; en la otra, se hallan en tierra seca, dando gracias por su preservación.[57]

Los Oráculos Sibilinos dan testimonio del contexto frigio para la historia de Noé:

> En la tierra de Frigia se encuentra la empinada montaña de Kelainé, llamada Ararat, en donde tienen su origen los manantiales del gran Marsias. El arca permaneció en la cumbre de esa altura cuando las aguas disminuyeron.58

El Marsias o Cataractes (el actual Dinar-su) nace en un receso debajo de la acrópolis de la antigua Celenas; corre a través de Apamea (la moderna Dinar), y, en las afueras de esta ciudad, desemboca en el Meandro. No cabe duda de que el autor de los libros sibilinos identifica la acrópolis de Celenas con el monte Ararat.

---

55. *Ibid.*
56. La palabra de la LXX para arca (Κιβωτός) aparece como otro nombre de Apamea en las monedas y en Estrabón, *Geography* 12.8.13, 576 (Ἀπάμεια ἡ Κιβωτὸς λεγομένη).
57. Véase W. M. Ramsay, *Cities and Bishoprics of Phrygia*, II, 669-72.
58. *Or. Sib.* 1.261-65:
ἔστι δέ τι Φρυγίης ἐπὶ ἠπείροιο Κελαινῆς
ἠλίβατον τανύηκες ὄρος, Ἀραρὰτ δὲ καλεῖται,
Μαρσύου ἔνθα φλέβες μεγάλου ποταμοῖο πέφυκαν,
τοῦ δὲ κιβωτὸς ἔμεινεν ἐν ὑψηλοῖο καρηνῷ
ληξάντων ὑδάτων.

III. CRISTIANISMO EN EL VALLE DE LICO

La inclusión de Frigia entre los lugares de los que procedían los peregrinos judíos que fueron a Jerusalén para la fiesta de Pentecostés posterior a la muerte y la resurrección de Jesús (Hch. 2:10) podría tener por objeto preparar al lector para la ulterior evangelización de esa región.[59] Aunque no fuera así, Frigia fue evangelizada durante el cuarto de siglo que transcurrió a partir de esa fecha. En la Frigia galática ("la región de Frigia y Galacia" que se menciona en Hch. 16:6) las ciudades de Antioquía de Pisidia e Iconio —la última ciudad [es decir, la más oriental] de Frigia", tal como la llama Jenofonte[60] —fueron evangelizadas por Bernabé y Pablo en el año 47 o 48 d.C. (Hch. 13:14–14:4). En cuanto a la Frigia asiática, situada más al oeste, incluyendo el valle de Lico, fue evangelizada unos cuantos años después, durante el ministerio efesio de Pablo (52-55 d.C.), cuando "todos los que vivían en Asia oyeron la palabra del Señor, tanto judíos como griegos" (Hch. 19:10).

Pablo no fue el que evangelizó el valle de Lico, de Colosenses 2:1 puede inferirse claramente que él no conocía personalmente las iglesias de aquel lugar. Había conocido sin duda a algunos miembros específicos de esas iglesias, como, por ejemplo, a Filemón de Colosas, que, al parecer, era uno de sus convertidos (ese es el sentido natural del recordatorio que le hace en Flm. 19b: "tú mismo te me debes a mí"). La predicación del evangelio y la institución de las iglesias en el valle de Lico era obviamente obra de Epafras, a quien Pablo llama su "consiervo"[61] y "compañero de prisión".[62]

Es posible que cuando Pablo viajó por tierra desde el oriente hasta Éfeso para continuar su ministerio allí en el año 52 d.C., lo hiciera por el valle de Lico. Cuando Lucas dice que llegó a Éfeso después de recorrer "las regiones superiores" (Hch. 19:1), tal vez se refería a la ruta del Lico. La frase "regiones superiores" podría referirse a cualquier distrito en el interior del país con relación a Éfeso y a la región costera. Pero es más probable que no tomara la ruta de Lico sino un camino más elevado situado más hacia el norte, que salía de la carretera que conduce al valle de Lico en Apamea y se acercaba a Éfeso por el norte del monte Mesogis (Aydin *Dağlari*), no por la parte sur, como sí ocurría con la ruta del Lico.[63]

---

59. Las diferencias entre la lista de lugares de Lucas y otras listas similares que se han comparado con la suya son suficientes para sugerir que él no la copió de alguna fuente literaria (astrológica o de otro tipo) sino que él mismo fue el responsable de la selección de los topónimos (cf. B. M. Metzger, "*Ancient Astrological Geography and Acts 2:9-11*", New Testament Studies [Leiden, 1980], págs. 46-56).
60. Jenofonte, *Anabasis* 1.2.19.
61. Col. 1:7 (véanse las págs. 39-40).
62. Flm. 23 (véase la pág. 206).
63. Véase W. M. Ramsay, *The Church in the Roman Empire before A.D. 170* (Londres, 1897), pág. 94. Es menos probable que "las regiones superiores" (τὰ ἀνωτερικὰ μέρη) deban considerarse otra referencia a "la región de Galacia y de Frigia" por la que se dice que Pablo pasó en su viaje hacia el oeste en Hch. 18:23.

INTRODUCCIÓN A COLOSENSES

Una deducción razonable a partir del relato de Lucas es que, aunque la sede central de Pablo estuvo en Éfeso durante los años de la evangelización del Asia proconsular, sus colaboradores (como Epafras en el valle de Lico) se mantuvieron activos en otras partes de la provincia. Es probable que las siete "iglesias de Asia" a las que fue dirigido el Apocalipsis de Juan, y otras iglesias de Asia, fueran instituidas durante ese período fértil.[64]

La única información directa que proporciona el Nuevo Testamento acerca del cristianismo en el valle de Lico se encuentra en las cartas a los Colosenses y a Filemón, y en la carta a la iglesia de Laodicea en Apocalipsis 3:14-22. Este último documento muestra la manera en que las iglesias del valle de Lico disfrutaban también de la prosperidad general de su entorno; esto, por ende, muestra la cortante descripción de su testimonio. Entre los diversos tonos de colorido local en la carta está la tibieza por la que se reprende a la iglesia; en contraste con Hierápolis con sus manantiales termales medicinales o con Colosas con su refrescante suministro de agua fría, Laodicea tenía que traer su agua a través de tuberías de piedra de alta presión de los manantiales termales en Denizli, a unos ocho kilómetros de distancia, y cuando llegaba a Laodicea ya estaba tibia. Es probable que al igual que el agua que, según se dice, los aldeanos de Eçirli extraen actualmente de los manantiales termales de Pamukkale, tenían que dejarla en recipientes de piedra hasta que se enfriara.[65]

Entre 1961 y 1963 se hicieron excavaciones en el lugar donde se hallaba Laodicea. El descubrimiento más impresionante fue el de un ninfeo con fuentes públicas. Después que un terremoto lo destruyera a finales del siglo V, se reparó el edificio para usarlo como un lugar de reunión cristiano.[66]

Algún tiempo después de la escritura de la carta a los Colosenses, las palabras de Pablo a Timoteo "ya sabes que todos los que están en Asia me han vuelto la espalda" (2 Tim. 1:15) dan a entender que hubo muchos que se desviaron de su enseñanza. Algo en este mismo sentido podría inferirse de la advertencia a los líderes de la iglesia en Éfeso en Hechos 20:29-30 que de entre ellos mismos "se *levantarían* algunos hablando cosas perversas para arrastrar a los discípulos tras ellos".

En lo que respecta a las iglesias del valle de Lico, su fe recibió un nuevo estímulo en la última parte del siglo I con la inmigración de algunos creyentes

---

64. De la carta de Policarpo a la iglesia filipense (11:3) se ha inferido a veces que el evangelio llegó por primera vez a Esmirna después que Pablo había escrito Fil. 4:15; pero es muy probable que cuando Policarpo dice "nosotros [los esmirniotas] todavía no habíamos conocido a Dios", no se refiera a la época en la que se escribió la carta de Pablo a los Filipenses sino a la época en la que el evangelio llegó a Filipos por primera vez. "No hay por qué dudar de que al origen de la iglesia cristiana deba asignársele una fecha dentro del período 53-56" (C. J. Cadoux, *Ancient Smyrna* [Oxford, 1938], pág. 310).

65. Cf. G. Weber, "*Die Hochdruck-Wasserleitung von Laodicea ad Lycum*", *Jahrbuch des kaiserlich-deutschen archäologischen Instituts* 13 (1898), 1-13; 19 (1904), 95-96; M. J. S. Rudwick y E. M. B. Green, "*The Laodicean Lukewarmness*", *ExT* 69 (1957-58), 176-78.

66. Cf. J. des Gagniers, etc., *Laodicée du Lycos, Le nymphée, Campagnes 1961-1963*, *Université Laval Recherches Archéologiques*, Série I (Québec, 1969).

palestinos cuya relación con el movimiento cristiano se remontaba a los primeros años. Entre estos estaban Felipe y algunas, al menos, de sus cuatro hijas profetisas, cuyas tumbas se mencionan en Hierápolis hacia el final del siglo II.[67] Existe cierta confusión en Eusebio o en sus fuentes entre el apóstol Felipe y el evangelista Felipe, pero no cabe duda de que se trata de Felipe el evangelista, con el que Pablo y sus compañeros pasaron varios días en Cesarea en el año 57 d.C. antes de completar su fatídico viaje a Jerusalén (Hch. 21:8-14). No es extraño que más adelante se dedicara una iglesia en honor a Felipe en Hierápolis.[68]

Cuando Ignacio, obispo de Antioquía, fue llevado a Roma por el año 110 a.C. para entregarlo a las fieras en el Coliseo, pasó por Asia Menor.[69] No está claro si su escolta militar optó por atravesar el valle de Lico o tomar la carretera superior que se bifurcaba exactamente en Apamea y continuaba hasta el norte del monte Mesogis. Si atravesaron el valle de Lico, tuvieron que girar hacia el norte en Laodicea, pasar por Hierápolis y seguir la ruta de Jerjes a Filadelfia y Esmirna. Ignacio no menciona en sus cartas ninguna ciudad por la que hubieran pasado antes de llegar a Filadelfia.

En la primera mitad del siglo II el obispo de Hierápolis era Papias,[70] contemporáneo de Policarpo, obispo de Esmirna, y tal vez, al igual que Policarpo, un oyente de Juan, "el discípulo del Señor".[71] Aun cuando la inteligencia de Papias fuera tan limitada como Eusebio consideraba (y probablemente no lo era)[72] la pérdida de sus cinco volúmenes de *"Exégesis de los oráculos del Señor"* resulta muy lamentable. Independientemente del valor histórico de los restos de la tradición oral que él recopiló en estos volúmenes, sería útil conocer cuáles eran.

Otro obispo de Hierápolis, en la segunda mitad del mismo siglo, fue Claudio Apolinar, que por el año 172 d.C. le presentó al emperador Marco Aurelio una obra en defensa de la fe cristiana. Esta obra se ha perdido, al igual

67. Eusebio, *HE* 3.31.2-5; 3.39.9; 5.24.2, citando a Polícrates de Éfeso y al montanista Proclo. Véase P. Corssen, *"Die Töchter des Philippus"*, *ZNW* 2 (1901), 289-99.
68. La existencia de su iglesia está confirmada por una inscripción local que conmemora a "Eugenio el joven, archidiácono y presidente del apóstol santo y glorioso y divino, Felipe" (E. A. Gardner, "Inscriptions copied by [C. R.] Cockerell in Greece, II", *JHS* 6 [1885], § 71, pág. 346; W. M. Ramsay, *Cities and Bishoprics of Phrygia*, II, § 419, p. 552). Sobre la ciudad, fuera de los muros, se encuentran los vestigios sustanciales del *Martyrion* de Felipe, una estructura octagonal del siglo V. M. Hengel no excluyó la posibilidad de que el apóstol Felipe y el evangelista Felipe fueran la misma persona (*Between Jesus and Paul*, E.T. [Londres, 1983], pág. 14).
69. Véase la pág. 184.
70. Eusebio, *HE* 2.15.2; 3.36.2; 3.39.1-17.
71. En lo que generalmente se conoce como el prólogo anti-marcionista al evangelio de Juan, a Papias, al parecer, se le llama "el discípulo amado de Juan". Véase J. Regul, *Die antimarcionitischen Evangelienprologe* (Freiburg, 1969), págs. 99-197. Ireneo afirma que él era un discípulo de Juan (*Haer.* 5.33.4); Eusebio virtualmente lo niega (*HE* 3.39.2).
72. "Era un hombre de inteligencia muy escasa, como lo atestiguan sus propias palabras" (*HE* 3.39.13), pero "sus propias palabras" podrían ser el fruto de su depreciación a la hora de autoevaluarse (cf. J. R. Harris, *Testimonies*, I [Cambridge, 1916], 119-20).

que otras obras suyas, incluyendo cinco volúmenes *"Against the Greeks" (Contra los griegos)*, dos volúmenes *"Against the Jews" (Contra los judíos)*, dos volúmenes *"On the Truth" (Sobre la verdad)*, y uno o más tratados contra los montanistas.[73]

Los montanistas surgieron en Frigia poco después de la mitad del siglo II.[74] Su líder, Montano, profetizó que la nueva Jerusalén descendería pronto del cielo y se asentaría cerca de Pepuza, una ciudad a unas treinta millas al norte del valle de Lico, entre los ríos Meandro y Senaros (Banaz Çayi). Desde su lugar de origen, el montanismo era conocido en otras partes del mundo cristiano como la herejía frigia.

Pero la ortodoxia siguió siendo sólida en el valle de Lico, sobre todo en Laodicea. Un sínodo que se celebró en Laodicea por el año 363 d.C. promulgó sesenta reglas, los "cánones de Laodicea", que fueron reconocidos por los concilios de la iglesia posteriores como la base del derecho canónico.[75]

IV. LA "HEREJÍA COLOSENSE"

A los destinatarios de la carta a los Colosenses se les previene contra una "tradición humana" que se describe como "filosofía y vana ilusión" (Col. 2:8). En las palabras que siguen en ese capítulo se dan indicaciones más detalladas acerca de esta "tradición". A partir de esta advertencia normalmente se ha inferido que por aquellos días existía una forma particular de enseñanza en el valle de Lico que estaba influyendo en la iglesia de Colosas y otras iglesias vecinas. Superficialmente, era una enseñanza atractiva, pero la realidad es que tendía a socavar el evangelio. De ahí que se considerara necesario prevenir a la iglesia.

En un estudio titulado "Were There False Teachers in Colossae?" (¿Hubo falsos maestros en Colosas?),[76] M. D. Hooker cuestionó esta percepción de la situación. La profesora Hooker no respondió a su propia pregunta con un dogmático "no", pero sugirió que la información podía justificarse si el objetivo de Pablo era equipar a sus lectores para enfrentar las presiones de la sociedad contemporánea y sus frecuentes supersticiones, del mismo modo que "un pastor cristiano de la Inglaterra del siglo XX podría considerar necesario recordarles a los que estaban a su cuidado que Cristo era mayor que cualquier fuerza astrológica".[77] Sin embargo, el lenguaje de la carta señala una forma específica de enseñanza contra la que se pone en guardia a los lectores, y la razón más natural para ponerlos en guardia era que existía el peligro de que

---

73. Eusebio, *HE* 4.26.1; 4.27.1; 5.5.4; 5.16.1; 5.19.1-2.
74. Eusebio, *HE* 5.3.4; 5.16.1–18.1.
75. Fueron traducidas y comentadas por H. R. Percival en *NPNF* 14, págs. 123-60. (Véase la pág. 109 más adelante con n. 127.)
76. En *Christ and Spirit in the New Testament*, ed. B. Lindars y S. S. Smalley (Cambridge, 1973), págs. 315-31.
77. *Ibid.* pág. 323.

se dejaran convencer por ella. De ahora en adelante y por conveniencia, nos referiremos a esta enseñanza como la "herejía colosense".

La "tradición humana" contra la que se previene a los cristianos colosenses no es una tradición "conforme a Cristo" sino una tradición "conforme a los 'principios elementales (stoicheia) del mundo'". Ellos mismos obviamente habían estado sometidos a esos principios elementales en otro tiempo, pero, a través de su unión con Cristo por medio de la fe, habían "muerto" a esos principios y ya no estaban obligados a obedecerlos (Col. 2:20). Los "principios elementales" o "fuerzas elementales" aquí juegan el mismo papel que en el argumento de Gálatas 4:3, 9, donde se explica que si los cristianos se someten a la circuncisión y otros requisitos similares de la ley judía se hacen nuevamente esclavos de las "fuerzas elementales". Por tanto, en el argumento que nos ocupa ahora, si se someten a las prohibiciones "no manipules, no gustes, no toques" regresarían al estado de servidumbre a las fuerzas elementales del que los destinatarios de la carta ya habían sido liberados por su nueva vida en Cristo.

El contexto deja claro que las prohibiciones implican cierto grado de ascetismo que no suele asociarse con la tradición judía. Dichas prohibiciones tienen que ver con cosas que son éticamente neutrales, no con cosas que de suyo son pecaminosas. La comida, según Pablo, es éticamente neutral, y la expresión "¡no manipules, no gustes, no toques!" es una manera vívida de denotar varios tipos de restricciones alimentarias. La negación voluntaria de uno mismo en lo que respecta a la comida puede ser un ejercicio espiritual útil, y en ocasiones, puede obedecer a razones relacionadas con la caridad cristiana,[78] pero lo que aquí se censura es una forma de ascetismo en aras del propio ascetismo, cuando se practica como un deber religioso. Su asociación con la adoración angélica (Col. 2:18) y la "apariencia de religión" (Col. 2:23) podrían ofrecernos más ayuda para identificar su naturaleza y propósito.

Pero la mayor ayuda, al parecer, es la que proporciona la referencia al judaísmo en la expresión "día de fiesta, o luna nueva, o día de reposo" (Col. 2:16). Los días de fiesta y las nuevas lunas no solo los guardaban los judíos sino también algunos que no eran judíos, pero el día de reposo era distintivamente judío. La observancia por parte de los gálatas de "los días, los meses, las estaciones y los años" era una señal de su renovada e inoportuna sujeción a las "fuerzas elementales débiles e inútiles" (Gá. 4:9-10), y eso mismo podría decirse de los cristianos en Colosas o en cualquier otro lugar si permitían que los obligaran a observar los "días de fiesta, la nueva luna o el día de reposo".

Otra referencia judía puede reconocerse en Colosenses 2:11, donde a la purificación interior simbolizada en el bautismo cristiano se le llama "una circuncisión no hecha por manos" —tal vez en un deliberado contraste con la circuncisión judía.

Cuando nos valemos de esas indicaciones para intentar reconstruir el esbozo de la herejía colosense, resulta natural que nos preguntemos si la

---

78. Cf. Ro. 14:20-21; 1Co. 8:13.

reconstrucción guarda alguna semejanza con los sistemas de pensamiento de algo que ya se conoce.

Juan Calvino, con su mente aguda y bien informada, identificó a los defensores de la herejía como judíos —pero judíos de una tendencia especulativa, que "inventaron un acceso a Dios a través de los ángeles, y propusieron muchas teorías de esa naturaleza, como las que aparecen en los libros de Dionisio sobre la *jerarquía celestial*, extraídas de la escuela de los platonistas".[79] La "jerarquía celestial" del pseudo Dionisio constaba de nueve categorías de ángeles, por cuya mediación Dios dispuso que los seres humanos se elevaran a una comunión más íntima con él.[80] Su presentación de este esquema refleja una perspectiva muy posterior a la del siglo I, pero la idea que él elaboró acerca de una gradación de intermediarios parece sin duda que estuvo presente en la herejía colosense.

En épocas más recientes ha habido una tendencia a reconocer que la influencia no fue platónica sino más bien pitagórica. En 1970 Eduard Schweizer encontró analogías con la herejía colosense en un documento neo-pitagórico del siglo I a.c., en el que identificó la presencia de todos los temas de la herejía salvo la observancia del día de reposo. La mención de la observancia del día de reposo en la enseñanza en Colosas le sugirió que se trataba de una rama judía del neo-pitagorismo en la que se le otorgaba un lugar central a la purificación del alma de todo lo terrenal y su ascensión al éter superior, la morada de Cristo.[81]

Dos generaciones atrás se consideraba que la herejía tenía su origen en un mito iraní acerca de la redención, cuyas ideas principales fueron reconstruidas por Richard Reitzenstein en 1921.[82] Reitzenstein presentó varios pasajes de Colosenses para ilustrar su reconstrucción, pero con el paso de los años se hizo cada vez más evidente que el "misterio de redención" iraní, más que una reconstrucción era una invención suya.

En un estudio minucioso publicado en 1917 Martin Dibelius encontró semejanzas detalladas con la herejía en los anales de la iniciación en los misterios de Isis que se conservan en la obra *"Metamorfosis"* del escritor latino

---

79. J. Calvino, *The Epistles of Paul the Apostle to the Galatians, Ephesians, Philippians and Colossians* (1548), E.T. (Edinburgh, 1965), págs. 297-98.
80. Pseudo-Dionysio, *Celestial Hierarchy* 1.1 (*PG* 3, cols. 119-22).
81. E. Schweizer, "Die 'Elemente der Welt' Gal 4, 3.9; Col 2, 8.20", en *Verborum Veritas*, ed. O. Böcher y K. Haacker (Wuppertal, 1970), págs. 245-59, reimpreso en su obra "*Beiträge zur Theologie des Neuen Testaments*" (Zürich, 1970), págs. 83-95; cf. *TDNT* 9, pág. 850, n. 208 (*s.v.* ψυχή), y su obra "*Colossians*", págs. 131-33. En cuanto al texto neo-pitagórico (conservado por Alejandro Polihistor) véase H. Diels—W. Kranz, *Fragmente der Vorsokratiker*, I (Berlin, 1952), pág. 448, línea 33, pág. 451 y línea 19. (Un solo tema del texto neo-pitagórico, la abstinencia sexual, no se menciona explícitamente en los datos de Colosenses, ni siquiera en Col. 2:21, μὴ ἅψῃ [a pesar del sentido de ἅπτεσθαι en 1Co. 7:1], tal como propuso A. R. C. Leaney, "*Colossians ii.21-23*", *ExT* 64 [1952-53], pág. 92; el contexto de Col. 2:21 sugiere que se trata de restricciones alimentarias).
82. R. Reitzenstein, *Das iranische Erlösungsmysterium* (Bonn, 1921); cf. su obra "*Hellenistic Mystery Religions*", E.T. (Pittsburgh/Edinburgh, 1978).

del siglo II Apuleyo de Madaura.[83] No eran, por supuesto, los misterios de Isis lo que atraía a los cristianos colosenses; lo único que hizo Dibelius fue exponer una serie de analogías llamativas. Estas analogías nos recuerdan que hay un parecido genérico entre las acciones o términos técnicos de muchas formas de iniciación, independientemente del culto místico o la sociedad secreta en los que se inicien las personas.

Si se preguntara hasta qué punto algún tipo de iniciación formaba parte de la herejía colosense, la respuesta la encontramos en Colosenses 2:18, donde, al parecer, el falso maestro le atribuye una importancia especial a "las cosas que él ha visto en su iniciación".[84]

Algunos de los movimientos gnósticos del siglo II incluían una iniciación —recordemos a los naasenos[85]— y es fácil catalogar la herejía colosense como una forma de gnosticismo incipiente del siglo I. Sin embargo, no es fácil relacionarlo con cualquiera de las formas particulares del gnosticismo desarrollado que conocemos a partir de los escritos de Ireneo o Hipólito (o más recientemente) de los textos de Nag Hammadi. Es posible que el uso cristológico del término *plērōma* en Colosenses tuviera el propósito de refutar las ideas gnósticas asociadas con ese término;[86] pero resulta imposible asegurar si dicho término se usó técnicamente en la herejía colosense o, de ser así, en qué sentido preciso se utilizó.

No tendría nada de extraordinario que en la expansión de un sistema de gnosticismo incipiente se le dieran cabida a algunos elementos del cristianismo. Un ejemplo de ese tipo de expansión se ha detectado en el contenido de dos de los textos de Nag Hammadi —*Eugnostos el bienaventurado* y *La Sofía de Jesucristo*. *Eugnostos* adopta la forma de una epístola didáctica que un maestro les dirige a sus discípulos; la Sofía adopta la forma de un discurso esclarecedor que el Cristo resucitado les ofrece a sus seguidores. Aunque *Eugnostos* no tiene ningún contenido cristiano explícito, su esencia se incorpora en la *Sofía* y se cristianiza por medio de expansiones.[87]

Pero es preciso definir qué es el gnosticismo, e incluso el "gnosticismo incipiente", antes que puedan usarse estos términos de manera inteligente en un estudio como el nuestro. Una definición acertada de gnosticismo es la que

---

83. M. Dibelius, "*The Isis Initiation in Apuleius and Related Initiatory Rites*" (1917), E.T. en "*Conflict at Colossae*", ed. F. O. Francis y W. A. Meeks (Missoula, MT, 1975), págs. 65-121. Cf. Apuleyo, *Metamorphoses* 11.20-23.

84. Véase la exposición *ad loc.* (págs. 107-111 con sus notas).

85. Veáse Hipólito, *Ref.* 5.8.4 (cf. R. M. Grant, *Gnosticism: An Anthology* [Londres, 1961], págs. 106-07; W. Foerster, *Gnosis: A Selection of Gnostic Texts*, I [Oxford, 1972], 270-71).

86. En el Valentinianismo el πλήρωμα significa la totalidad de los eones, la esfera divina completa, de la que cayó la Sofía (Ireneo, *Haer.* 1.1.3).

87. Los dos tratados aparecen convenientemente dispuestos en columnas paralelas en la traducción de D. M. Parrott, en *The Nag Hammadi Library in English*, ed. J. M. Robinson (Leiden, 1977), págs. 206-28; las expansiones cristianas en la Sofía, por tanto, pueden reconocerse fácilmente. Cf. M. Krause, "*The Christianization of Gnostic Texts*", en *The New Testament and Gnosis*, ed. A. J. M. Wedderburn y A. H. B. Logan (Edinburgh, 1983), págs. 187-94.

propuso Gershom Scholem —y es la que más se ajusta al estudio que nos ocupa ahora por cuanto él tuvo presente de manera especial lo que llamó "gnosticismo judío". Definió el gnosticismo como un "movimiento religioso que proclamaba un esoterismo místico para los elegidos basado en una iluminación y la adquisición de un conocimiento superior de cosas celestiales y divinas —un conocimiento superior que es "sotérico" y también "esotérico".[88]

Es obvio que algunos círculos en el campo misionero de Pablo le concedían mucho valor al conocimiento (*gnosis*) en el sentido de progreso intelectual. Fue con el fin de desalentar esa actitud que el apóstol les dijo a los corintios que, a diferencia del poder edificante del amor, el conocimiento solamente envanece: "Si alguno cree que sabe algo, no ha aprendido todavía como debe saber" (1Co. 8:1-2). Esto nos recuerda el comentario que hizo Sócrates de que el oráculo de Delfos, cuando lo llamó el más sabio de todos los hombres, debe haber querido decir que él sabía que no sabía nada, mientras que otros tampoco sabían, pero pensaban que sí.[89] Mas cuando el conocimiento se cultivaba en aras del propio conocimiento, como ocurría en algunos sectores de la iglesia de Corinto, es posible reconocer "en qué suelo tan propicio estaban a punto de caer las semillas del gnosticismo".[90]

Aunque la herejía colosense era esencialmente judía, no es el claro legalismo judaizante de los gálatas lo que se trasluce en Colosenses, sino una forma de misticismo que tentaba a sus adeptos a considerarse una élite espiritual.

Hubo sin duda movimientos dentro del judaísmo en los que se procuraba alcanzar un conocimiento más alto. Era muy poco probable que los que estaban atrapados en esos movimientos no se dejaran influenciar por algunas tendencias contemporáneas como el gnosticismo incipiente y el neo-pitagorismo. Un grupo de judíos que pretendía tener un conocimiento superior y revelaciones especiales era la orden esenia. El obispo Lightfoot, con su perspicacia característica, reconoció algunos elementos del esenismo en la herejía colosense: de hecho, sus tres disertaciones sobre los esenios, incluidas hace más de cien años en su comentario sobre Colosenses,[91] proporcionaron uno de los relatos más confiables sobre los esenios hasta el descubrimiento de los textos de Qumrán en 1947 y los años siguientes sacaron a luz un caudal de literatura procedente de una rama importante de la orden esenia.[92] Los miembros de la comunidad de Qumrán le daban repetidas gracias a Dios por otorgarles el conocimiento de sus "maravillosos misterios" que permanecían ocultos para todos los que no eran iniciados.[93] Y en su acción de gracias

---

88. G. G. Scholem, *Jewish Gnosticism, Merkabah Mysticism, and Talmudic Tradition* (New York, 1960), pág. 1.
89. Platón, *Apología de Sócrates* 21A-23B.
90. R. Law, *The Tests of Life* (Edinburgh, 1914), pág. 28.
91. J. B. Lightfoot, *Colossians and Philemon*, págs. 349-419.
92. Cf. E. M. Yamauchi, "Qumran and Colosse", *Bibliotheca Sacra* 121 (1964), 141-52.
93. P. ej., 1QH 2.13: "tú has hecho de mí un intérprete del conocimiento en los maravillosos misterios" (*rāzê pele'*).

tenían en cuenta el conocimiento que poseían del propósito secreto de Dios y el momento de su realización. Dios les había manifestado su propósito a los profetas de la antigüedad, pero muchos de sus detalles, y sobre todo el momento en que se cumpliría, habían permanecido ocultos. Ese momento ahora estaba acercándose: le había sido revelado al Maestro de justicia, junto con otros detalles de la interpretación de los oráculos proféticos, y lo que le fue revelado, él se lo comunicó a sus seguidores.[94] Con respecto a estos misterios, Daniel había dicho: "Ninguno de los impíos comprenderá, pero los entendidos (*maśkîlîm*) comprenderán" (Dan. 12:10). Los varones de Qumrán, que se consideraban los elegidos del tiempo del fin, creían que esta promesa se había cumplido en ellos.[95]

Es poco probable que la comunidad de Qumrán tuviera miembros, incluso miembros asociados, entre los judíos de Frigia; un estilo de vida como el de Qumrán habría resultado sin duda muy difícil de seguir en ese ambiente. Pero la comunidad de Qumrán, y la orden más amplia de los esenios, representaban una tendencia muy vasta a la que a veces se le ha dado el nombre de inconformismo judío. La existencia de esta tendencia está confirmada en el occidente hasta Roma; algunas características de la práctica judía allí tenían una naturaleza marcadamente "inconformista", y continuaron en las generaciones posteriores en el cristianismo romano.[96]

Buscar en los movimientos dentro del judaísmo los orígenes de la herejía colosense es un procedimiento más sabio que presuponer influencias directas de la cultura iraní o la griega. Había sin duda cierto grado de sincretismo religioso en las comunidades judías de Frigia, pero algunos de los rasgos de la herejía colosense que se habían considerado sincréticos son en realidad características que tienden a repetirse en las experiencias místicas que pertenecen a una gran variedad de tradiciones religiosas. Y no solo en el inconformismo judío sino también en lo que estaba destinado a establecerse como el judaísmo normativo estaba presente, ya en el siglo I a.C., una forma de misticismo religioso que habría de permanecer durante siglos.

Esta es la forma conocida como el misticismo de la *merkabá*, en razón del lugar que le daba a los ejercicios encaminados a facilitar el acceso a la visión de la carroza celestial (*merkābāh*), en la que Dios estaba visiblemente entronizado —la visión que se le concedió a Ezequiel cuando recibió el llamado

---

94. Cf. 1QpHab 7.1-5 (sobre Hab. 2:3); CD 1.11-12.
95. Cf. 1QH 12.11-12: "y a mí, que soy un instructor (*maśkîl*), me has hecho conocerte a ti, Dios mío, por medio del Espíritu que me has dado para que more dentro de mí, y he escuchado lo que es digno de confianza respecto a tu maravilloso consejo secreto (*sôḏ*) por tu santo espíritu."
96. Cf. M. Black, *The Scrolls and Christian Origins* (Londres, 1961), págs. 75-88, 164-72; también las págs. 99-101, 113-15, donde Hipólito, en *Apostolic Tradition* 21.5 (el orden del bautismo), aduce pruebas para demostrar que los rasgos de inconformidad sobrevivieron al judaísmo romano y pasaron al cristianismo romano; véase además R. J. Zwei Werblowsky, "On the Baptismal Rite according to St. Hippolytus", *Studia Patristica* 2 = *TU* 64 (Berlín, 1957), 93-105.

a su ministerio profético (Ez. 1:15-26).[97] Para alcanzar esa visión, era esencial observar puntillosamente las *minutiæ* de la ley, sobre todo la ley de purificación.

Además, aparte de lo que la ley le exigía a todo judío piadoso, era necesario que se preparara también con un período de ascetismo que, según diversas estimaciones, tenía una duración de doce o de cuarenta días. Luego, para intentar la ascensión celestial, era indispensable la función mediadora de los ángeles; por tanto, no convenía provocar su hostilidad, porque la ascensión conllevaba grandes peligros.

Hay un relato bien conocido en la tradición rabínica acerca del privilegio de entrar en el paraíso que les fue concedido en una ocasión al rabí Aqiba y a tres de sus colegas.[98] Aqiba fue el único de los cuatro que regresó ileso. En cuanto a los demás, uno murió, otro se volvió loco y el tercero cayó en apostasía. La apostasía de Eliseo Ben Abuyá probablemente ilustra los peligros de la ascensión mística aún mejor que lo que les aconteció a sus dos infortunados compañeros porque incluso para alguien que lograra salir ileso físicamente, existía el peligro de que quedara tan desequilibrado por la experiencia que ya no fuera capaz de distinguir la verdad del error.

Es inevitable recordar que el propio Pablo en una ocasión tuvo (al parecer, de manera involuntaria) una experiencia mística de este tipo, los detalles de la cual no pudo o no se atrevió a divulgar. Para que no la olvidara, tuvo que soportar por el resto de su vida las molestias que la causaba un "aguijón" en su carne (2Co. 12:2-9). Independientemente de lo que haya sido su aflicción física, Pablo aprendió a aceptarla como una medida profiláctica contra el orgullo espiritual que tendía a acosar a los que habían logrado la ascensión celestial. Ese orgullo espiritual constituía obviamente una tentación fuerte para los que habían compartido la experiencia mística relacionada con la herejía colosense: Pablo describe a uno de ellos que se jactaba de las visiones que había visto durante esa experiencia como alguien "hinchado sin causa por su mente carnal" (Col. 2:18).[99]

Según Gershom Scholem, la máxima autoridad del siglo XX en cuanto al misticismo de la *merkabá*, originalmente fue "una variación judía de una de las principales preocupaciones de los gnósticos y de los herméticos de los siglos II y III: la ascensión del alma desde la tierra, a través de las esferas de los planetas hostiles —ángeles y gobernantes del cosmos— y el regreso a su hogar divino en la "plenitud" de la luz de Dios, un regreso que, para la mentalidad gnóstica,

---

97. Cf. G. G. Scholem, *Major Trends in Jewish Mysticism* (Jerusalén, 1941, 1955/New York, 1971), págs. 39-78; *Jewish Gnosticism, Merkabah Mysticism, and Talmudic Tradition* (New York, 1965); "*Merkabah Mysticism*", *Encyclopaedia Judaica*, 11 (Jerusalén, 1971), col. 1386-89. C. Rowland examina la importancia de este elemento en el mundo del pensamiento del cristianismo primitivo en "*The Influence of the First Chapter of Ezekiel on Jewish and Early Christian Literature*" (dis. Cambridge, 1974); *The Open Heaven* (Londres, 1982). Véase la pág. 31, nota.
98. *Jaguigá* en Tos. 2.3-4; *Jaguigá* en el TB 14b; *Jaguigá* en el TJ 77b; *SSR* 1.4.
99. Véase la pág. 111 con las notas 136 y 137.

significaba redención.¹⁰⁰ De acuerdo con la definición de Scholem sobre el gnosticismo (que se mencionó antes), el misticismo de la *merkabá* puede describirse, usando sus propias palabras, como un "gnosticismo judío".¹⁰¹ El mundo del trono en el que el místico de la *merkabá* se esforzaba por entrar era para él "lo que el *plērōma*, la plenitud", la esfera luminosa de la divinidad y sus potencias, eones, arcontes {o arcontes} y dominaciones era para los místicos helenísticos y los primeros místicos cristianos que aparecen en la historia de la religión bajo los nombres de gnósticos y herméticos.¹⁰²

La descripción más antigua de la ascensión celestial en la literatura de esta tradición mística tal vez se encuentra en 1 Enoc 14:8-23, que probablemente pertenece a la primera parte del siglo I a.C. Enoc describe aquí su vuelo ascendente hacia la morada de Dios, la "Gran Gloria" sentada en la carroza-trono llevada por los querubines. La descripción se basa, en parte, en el relato de Ezequiel sobre su visión inaugural, y en parte, en la visión de Daniel sobre el Anciano de días (Dn. 7:9-10).

Con el paso del tiempo, se elaboraron los detalles. Enoc habla de dos casas celestiales, con el salón del trono de Dios situado en la segunda y más alta de las dos; pero algunas descripciones posteriores de la ascensión aluden a los siete cielos que había que atravesar,¹⁰³ cada uno de los cuales estaba controlado por su arconte,¹⁰⁴ mientras que dentro del séptimo cielo el mítico debía atravesar siete salones o palacios (*hêḳālôt*),¹⁰⁵ cada uno de los cuales estaba custodiado por su guardián angélico.¹⁰⁶ Solo después de haber transitado con éxito todo este camino, el místico podía contemplar el trono de gloria. Antes del trono de gloria estaban los ángeles de la presencia divina que cantaban las alabanzas de Dios; la participación en su adoración y la repetición de los himnos que entonaban era un premio que valoraban sobremanera los que habían terminado la ascensión. Esto es, al menos, una parte de lo que implica la "adoración de los ángeles" de Colosenses 2:18, pero no hay nada reprensible en

---

100. G. G. Scholem, *Major Trends*, pág. 48.

101. Cf. el título de la obra de Scholem que se citó en n. 88 supra, también el título del capítulo 2 en *Major Trends* ("*Merkabah Mysticism and Jewish Gnosticism*", págs. 39-78).

102. *Major Trends*, p. 43.

103. Pablo ubica el paraíso en el tercer cielo (2Co. 12:2-3). En el *Test. Leví* 2.7-9 hay, al parecer, una fusión de una recensión anterior que hablaba de tres cielos con otra que hablaba de siete. Con respecto a los siete cielos, cf. *Asc. Isa.* 6:13; 7:13–9:42; *Jaguigá* del TB 12b; *Pesikta Rabati* 98b. En 3Bar. 2-11 hay cinco cielos (cf. *Apocalipisis de Sofonías* en Clemente de Alejandría, *Stromateis* 5.11.77.2); en 2En. 9-22 hay diez.

104. K. Preisendanz, *Papyri Magicae Graecae*, II Leipzig, 1931), 160, reproduce la inscripción de un amuleto del siglo V d.C. en la que se mencionan los nombres de seis de los cielos y sus respectivos arcontes.

105. Algunos de los principales tratados reciben sus nombres de estos "palacios": los Hejalot *Menores*, los Hejalot *Mayores*, el *Libro de los Hejalot* (editado con una traducción al inglés de H. Odeberg: *3 Enoch or the Hebrew Book of Enoch* [Cambridge, 1928]); el *Treatise of the Hekhaloth* (traducido al alemán por A. Wünsche en *Aus Israels Lehrhallen*, III [Leipzig, 1909], 33-47).

106. De la obra de Orígenes, *Against Celsus* 7.40, puede inferirse que ya desde Celso (*c*. 180 d.C.) los nombres de los guardianes celestiales aparecían en el ritual de la secta gnóstica de los ofitas.

la acción del pueblo de Dios cuando, "con los ángeles y arcángeles, y con toda la compañía celestial", "alaban y magnifican" su "glorioso Nombre... diciendo, santo, santo, santo, Señor Dios de los ejércitos, los cielos y la tierra están llenos de tu gloria".[107] Sin embargo, la necesidad de aplacar a los poderes angélicos durante la ascensión mística pudiera haber implicado una ofrenda de adoración *a* los ángeles además de participar en la adoración ofrecida *por* ellos.[108] Por otra parte, donde existía la más mínima tendencia al sincretismo, era casi inevitable que los siete cielos bajo sus respectivos arcontes, o los siete palacios custodiados por sus respectivos guardianes, se relacionaran con las siete esferas planetarias regidas por sus respectivos señores. Los que atravesaban los siete reinos en los que esos poderes ejercían su dominio, debían guardarse mucho de ofenderlos; de otro modo, aunque tuvieran éxito y completaran el viaje ascendente, podrían verse obstaculizados o dañados en el camino de regreso.

No puede demostrarse que la herejía colosense incluyera una forma temprana del misticismo de la *merkabá*, pero la ascensión celestial implícita en Colosenses 2:18 era, al parecer, de la misma naturaleza de la experiencia que buscaban los místicos de la merkabá. La herejía colosense obviamente apoyaba la afirmación de que la plenitud de Dios solo podía percibirse por medio de experiencias místicas que exigían una preparación ascética. La respuesta de Pablo a esa afirmación es que la plenitud de Dios reside en Cristo, y por tanto, los que están unidos a él por la fe tienen acceso directo en él a esa plenitud y no tienen necesidad de someterse al rigor ascético que a los cristianos colosenses se les recomendaba que practicaran, con los peligros espirituales que dicho rigor conllevaba.[109]

V. LA ENSEÑANZA DE COLOSENSES

La enseñanza de la carta a los Colosenses tiene que ver con los aspectos del evangelio que principalmente se veían amenazados por la herejía colosense —a

---

107. "*El orden de la ... Santa Comunión*," *Libro de oración común*. Seres celestiales proclaman el Trisagio en Isa. 6:3; Ap. 4:8 (en Apocalipsis se presupone que la alabanza de la iglesia en la tierra refleja la de los santos en lo alto). En el *Apocalipsis de Abraham* 17, Abraham canta un himno de alabanza que le enseñó un ángel. La liturgia judía se apoderó de algunos himnos que primero aparecieron como himnos angélicos en la tradición mística, como la composición del acróstico alfabético que comienza con $Hā\,’adderet\ w^eh\bar{a}\,’emûnāh\ l^ehay\,’ôlāmîm$ (que se conoce como "el cántico de los ángeles" por excelencia), que se cantaba en las fiestas sagradas. Véase también la pág. 119, n. 123.

108. En cuanto a la opinión de que θρησκεία τῶν ἀγγέλων (Col. 2:18) significa "participación en la liturgia angélica) (tomando el genitivo como subjetivo, no como objetivo), véase F. O. Francis, "*Humility and Angel Worship in Col. 2:18*", *Conflict at Colossae*, págs. 176-81; A. J. Bandstra, "*Did the Colossian Errorists need a Mediator?*" en *New Dimensions in New Testament Study*, ed. R. N. Longenecker y M. C. Tenney (Grand Rapids, 1974); también C. Rowland, "*Apocalyptic Visions and the Exaltation of Christ in the Letter to the Colossians*", *JSNT* 19 (octubre 1983), 73-83.

109. Cf. C. A. Evans, "*The Colossian Mystics*", *Biblica* 63 (1982), 195-205.

LA ENSEÑANZA DE COLOSENSES

saber, la singularidad de la persona de Cristo, en quien residía la plenitud de la deidad; la perfección de la obra redentora y reconciliadora que él llevó a cabo por medio de su muerte en la cruz, y la libertad espiritual que disfrutaban todos los que por la fe estaban unidos a él.

La carta evidentemente fue provocada por las noticias que Epafras había traído del valle de Lico al lugar donde Pablo estaba prisionero; Tíquico, un miembro del equipo de Pablo, estaba a punto de partir para el Asia proconsular y se le confió la entrega de la carta.[110]

El antídoto para la "tradición humana" que, según Epafras, los cristianos colosenses estaban dispuestos a aceptar (Col. 2:8), era la reafirmación de la única tradición digna de confianza, la verdadera doctrina de Cristo. Para exponer la doctrina, se usan las palabras de lo que parece haber sido un himno cristiano primitivo (Col. 1.15-20). En dos estrofas paralelas este himno reverencia a Cristo como la imagen de Dios, aquel por quien fue creado el universo y por quien también el universo ha sido, o finalmente será, reconciliado con Dios.[111] Esto implica que el universo que Dios creó se había alejado de él, y por tanto, era necesario restaurar la buena relación entre ambos. Al parecer, es en este sentido que se hace especial hincapié en los "principados y potestades", fuerzas en el mundo espiritual, que obviamente se incluyen también entre los objetos de la obra creativa y reconciliadora de Cristo.[112]

En Colosenses 2:8 se formula una advertencia contra la "tradición humana" que, según se ha dicho, está en sintonía con "las fuerzas elementales del mundo".[113] Resulta difícil no relacionar estas "fuerzas elementales" (*stoicheia*) con los "principados y potestades" —por no decir, identificarlas abiertamente— y la protesta contra la "adoración de los ángeles" en Colosenses 2:18 se refiere probablemente a estas mismas fuerzas. En Colosenses 2:14-15 se describe de manera vívida a Cristo en la cruz cancelando las deudas que había contraído su pueblo al quebrantar la ley, y a la vez, derrotando a los "principados y potestades" y haciendo manifiesta su impotencia.[114] Esto implica que para "reconciliar" a los principados y potestades tenía que pacificarlos por su victoria sobre ellos, y también implica que el culto a ellos les imponía a sus devotos un código estricto de prácticas. Se hace hincapié en la superioridad de Cristo con relación a esas fuerzas, como creador y conquistador, con el fin de poner de relieve lo absurdo de la idea de que su pueblo es cautivo de ellas, despojadas de poder y desacreditadas como lo están ahora. Su pueblo ha muerto con él y ha sido resucitado a una nueva vida con él: su vida es la de ellos —de hecho, él es su vida. Por consiguiente, su victoria sobre las potestades es de ellos también: ¡dejen, pues, que gocen de la libertad que él ha conquistado para ellos!

---

110. Col. 4:7-8 (véanse las págs. 161-62).
111. Véanse las págs. 49-69.
112. Col. 1:16, 20 (véanse las págs. 55, 67).
113. Véanse las págs. 88-91.
114. Véanse las págs. 99-103.

Un afianzamiento firme en la cristología, pues, y en sus implicaciones prácticas para la vida cotidiana de los creyentes era la mejor defensa contra el atractivo ilusorio de la herejía colosense. Esta, al parecer, es también la explicación más aceptable de la ausencia casi total de cualquier referencia al Espíritu Santo en esta carta,[115] en contraste con la mayoría de las cartas paulinas, incluyendo Efesios. La función que se le asigna al Espíritu en otras cartas se le asigna al Cristo resucitado en Colosenses. Por consiguiente, si en otros lugares el Espíritu que mora en el creyente es la garantía de la gloria venidera (Ro. 8:11, 14-16, 23; 2Co. 5:5; Ef. 1:13-14), en esta carta el Cristo morador es la "esperanza de gloria" de su pueblo (Col. 1:27). Pero una y otra vez en Pablo encontramos afirmaciones análogas que alegan que, ya sea el Cristo resucitado o ya sea el Espíritu, les comunican a los creyentes las bendiciones de la salvación. "El Espíritu transmite lo que Cristo otorga".[116] Teóricamente y en principio el Cristo morador y el Espíritu morador son distinguibles, pero desde el punto de vista práctico y experimental, no pueden separarse. Pablo habló de lo que él sabía que era cierto en su propia vida y en las vidas de sus convertidos; y una de las cosas más importantes que él sabía que era cierta era que el Cristo exaltado les impartía su vida y su poder por medio del Espíritu. En lo que respecta a su actividad, pues, el Cristo exaltado y el Espíritu morador eran uno, aun cuando en lo demás fueran distintos.[117] Si, cuando les escribió a los colosenses, Pablo destacó el ministerio actual de Cristo y no el del Espíritu, fue porque él sabía qué ministerio debía destacar para ayudar a esos lectores en particular en su situación vigente.[118]

VI. ALGUNOS TEMAS CRÍTICOS

No debe alegarse en contra de la autoría paulina de Colosenses que una herejía como la se refuta en la carta no puede haber surgido antes del siglo II d.C. Si la "herejía colosense" mostraba las características desarrolladas que expusieron el Valentinianismo u otro de los sistemas gnósticos en algunos de los papiros de Nag Hammadi o que Ireneo e Hipólito atacaron, entonces a la carta difícilmente podría asignársele una fecha en el siglo I. Pero, si la herejía puede identificarse como gnóstica, su gnosticismo es muy incipiente y (tal como se

---

115. La única excepción es la referencia que hace Epafras al "amor en el Espíritu" de los cristianos colosenses (Col. 1:8).

116. C. H. Pinnock, *"The Concept of Spirit in the Epistles of Paul"* (dis. Manchester, 1963), pág. 105.

117. Cf. F. F. Bruce, *"Christ and Spirit in Paul"*, *BJRL* 59 (1976-77), 259-85 (especialmente 274-76).

118. Tal como señaló E. Schweizer (*TDNT* 9, p. 650, *s.v.* ψυχή), al comentar sobre la ausencia de una doctrina del alma en Colosenses y Efesios, "el autor obviamente desarrolla la controversia en función de la cristología y no de la antropología" —ni siquiera, podría añadirse, de la pneumatología.

ha argumentado) predominantemente judío en sus tendencias.

Otro argumento que se ha esgrimido en contra de la autoría paulina se reduce a la sensación de que el autor de las cartas a los gálatas, a los corintios y a los romanos no podría haberse adaptado, como sí lo hace el autor de Colosenses, a la situación con la que trata esta carta. Pero esto impone una limitación injustificada a la inteligencia, la versatilidad y la originalidad de Pablo.[119] El apóstol que había adoptado la política de hacerse "todo para todos" por amor al evangelio no era incapaz de confrontar la falsa *gnōsis* y la *askēsis* mundana que se enseñaban en Colosas con la verdadera *gnōsis* y la *askēsis* espiritual de Cristo.

Se ha dicho que en esta carta Pablo hace dos cosas a la vez: actúa como apologista del cristianismo ante el mundo intelectual del paganismo, y al mismo tiempo defiende la verdad del evangelio dentro de la iglesia. En su función de apologista ante los gentiles, tal vez haya sido el primero en enfrentarse a sus adversarios paganos en su propio terreno y haciendo uso de su lenguaje con un sentido cristiano, con el fin de demostrar que los problemas para los que ellos habían buscado infructuosamente una respuesta en otros lugares tenían su solución en el evangelio.[120]

Este uso del vocabulario característico de la enseñanza falsa en lo que se ha dado en llamar un sentido "desinfectado"[121] explica en cierto modo la diferencia en la terminología que se ha observado entre esta carta (y en Efesios) por un lado y las epístolas "capitales" por el otro. Es posible que como reacción ante la enseñanza falsa Pablo también desarrollara su imagen anterior de la comunión cristiana en función de la relación mutua que existe entre los distintos miembros u órganos de un mismo cuerpo hasta el punto (que se alcanza en Colosenses y Efesios) de contemplar a la iglesia como el cuerpo del que Cristo es la cabeza. De esta manera no solo se describe gráficamente la comunión viva entre los miembros sino también la dependencia de Cristo por parte de todos ellos para recibir vida y poder, y se defiende la supremacía de Cristo contra un sistema de pensamiento que amenazaba con derribarlo de su excelencia. Concedemos, pues, que el "cuerpo" se usó en Colosenses y en Efesios en relación con la "cabeza", y no (como en las cartas anteriores) con el "espíritu";[122] pero esto no proporciona ninguna razón convincente para negar que el escritor de las cartas anteriores pudiera haber sido también el autor de estas dos.

---

119. Aunque la justificación por medio de la fe es un aspecto fundamental para el pensamiento de Pablo, no constituye la totalidad de su mensaje. El paulinismo no debe equipararse tan exclusivamente con el tema en el que se hace hincapié en Gálatas y Romanos que las percepciones colectivas y cósmicas de Colosenses y Efesios puedan considerarse no paulinas. En el verdadero paulinismo hay lugar para ambas, y un evangelio que no les dé cabida a ambas estará desequilibrado y será defectuoso. Véase O. A. Dilschneidder, *Das christliche Weltbild* (Gütersloh, 1951).

120. Véase H. Chadwick, *"All Things to All Men"*, NTS 1 (1954-55), 261-75.

121. H. Chadwick, *"All Things to All Men"*, pág. 272.

122. Pero obsérvese la colocación típica de "un cuerpo" y "un Espíritu" Ef. 4:4 (pág. 311).

INTRODUCCIÓN A COLOSENSES

Una vez más, una parte de las peculiaridades estilísticas de esta carta se relaciona con sus notas constantes de acción de gracias y afirmaciones de fe, que probablemente reflejan el lenguaje de la confesión y la adoración del cristianismo primitivo.[123] Por lo demás, existen pruebas en la carta de que el nombre de Timoteo no aparece junto al de Pablo en el preámbulo solo por cortesía, sino porque él era, en cierta medida, coautor de la misma (más en el caso de Colosenses que en el de cualquier otra carta que incluya su nombre en el preámbulo).[124] Eduard Schweizer, que considera que esta carta no es ni paulina ni post-paulina, descubre en la mención de Timoteo una pista de su posible autoría. Reconoce que Pablo se alegró de respaldarla con su firma al final de la misma e hizo algunas contribuciones personales (como en Col. 1:23). Según Schweizer, el tratamiento que se le da a la ley en Colosenses es más positivo que en Pablo: al describir la ley como una "sombra" de la realidad que se encarnó en Cristo (Col. 2:17) se le confiere a la ley un estatus más elevado que el que Pablo permitiría.[125] Pero si Pablo y Timoteo fueron, en cierta medida, coautores de una carta, lo más probable es que aunque el estilo literario pudiera ser de Timoteo, la autoría definitiva sería de Pablo.

Algunos eruditos, representados principalmente por H. J. Holtzmann en el siglo diecinueve[126] y Charles Masson en el veinte,[127] reconocieron elementos indudablemente paulinos en Colosenses, y para tratar de explicar la presencia de otros elementos que consideraban no paulinos supusieron que la carta que Pablo les envió a los colosenses era más corta que la que ahora tenemos en nuestras manos. La carta más corta fue utilizada por el paulinista que se supone que escribió la carta a los efesios. Entonces, este paulinista, no contento con haber compuesto una obra maestra como Efesios, interpoló pasajes de Efesios en la verdadera carta a los colosenses, junto con algunas advertencias contra el gnosticismo, y produjo así el documento ampliado que ha llegado a nosotros como la carta a los Colosenses. Valiéndose de esta hipótesis, Holtzmann intentó explicar el curioso fenómeno de que, en ciertos pasajes sustancialmente comunes a las dos cartas, algunas veces Colosenses, otras Efesios, parece ser la más antigua. Pero el comentario de A. S. Peake sobre la formulación de Holtzmann, "la complejidad de la hipótesis obra fatalmente

---

123. De manera notable en el himno de Col. 1:15-20 (págs. 49-69).
124. Véase el comentario sobre Col. 1:3 (págs. 36-37).
125. E. Schweizer, *The Letter to the Colossians*, E.T. (Minneapolis/London, 1982), págs. 15-24.
126. H. J. Holtzmann, *Kritik der Epheser und Kolosserbriefe* (Leipzig, 1872). El núcleo auténtico que reconoció Hotzman estaba compuesto por Col. 1:1-5, 6a, 7, 8, 9a, 10 (en parte), 13, 19-20 (en parte), 21-23 (en parte), 25, 29; 2:1, 2a, 4, 5, 6, 7b, 8, 9 (en parte), 11 (en parte), 12-14, 16, 18b, 20, 21, 22a, 23b; 3:3, 12, 13, 17; 4:2-5 (en su mayor parte), 6-8, 10-11, 12 (en gran parte), 13-15.
127. C. Masson, *L'Épître de Saint Paul aux Colossiens*, CNT 10 (Neuchâtel/Paris, 1950), 86 *et pássim*. El argumento de Masson es independiente del de Holtzmann, aunque sus conclusiones son generalmente similares.

ALGUNOS TEMAS CRÍTICOS

en su contra",[128] puede aplicarse también a la formulación de Masson y otros escritores más recientes.

Sin embargo, la hipótesis sigue cobrando vida de una forma o de otra. Johannes Weiss pensaba que esa hipótesis resolvería no solo este problema concreto sino también otras dificultades en la crítica neotestamentaria.[129] Juan Knox pensaba que la formulación de Holtzmann se había descartado con demasiada rapidez.[130] P. N. Harrison identificó tres pasajes en Colosenses (1:9b-25; 2:8-23; 3:14-16) que, con una o dos porciones menos relevantes, él creía que habían sido insertados en el texto original de Colosenses por el autor de Efesios. En consonancia con Juan Knox y con E. J. Goodspeed, afirmó que el autor de Efesios era Onésimo.[131] Según él, el estilo y el vocabulario de los pasajes interpolados (especialmente Col. 2:8-23) no eran paulinos, pero sí bastante semejantes a Efesios en estos aspectos. Después de escribir Efesios, sugirió, Onésimo "se sintió impulsado a añadir a esta carta [Colosenses], que tanto significaba para él, lo que creía sinceramente que el apóstol habría añadido si hubiera sabido lo que el futuro tenía reservado para el pueblo de Cristo.[132]

Sin dejarse envolver por hipótesis tan complejas, hubo otros que descubrieron pruebas de la influencia de Efesios sobre Colosenses. F. C. Synge encontró muy pocos que secundaran su teoría de que Efesios era una carta genuina de Pablo y Colosenses una imitación endeble de esta.[133] En un estudio comparativo más minucioso, J. Coutts defiende la prioridad de Efesios y alega que si se afirma que una carta depende de la otra desde el punto de vista literario, un pasaje de Colosenses (p. ej., 2:19) podría derivarse en su totalidad de un solo pasaje de Efesios (p. ej., 4:15b-16), mientras que el pasaje de Efesios (4:15b-16), en caso de que sea dependiente, tendría que derivarse de tres pasajes de Colosenses (no solo de 2:19, sino también de 2:7 y 2:2). La reiterada aparición de esta situación, junto con las pruebas (tal como él las interpretó) de que Colosenses alude de forma pasajera e incluso abrupta a algunas declaraciones doctrinales que se desarrollan detalladamente en Efesios, descartó la opinión de "que Efesios dependía directamente de Colosenses", aunque dejó abierta la posibilidad de que la relación entre las dos cartas "sea más complicada que el hecho de que cualquiera de ellas dependa de la otra".[134]

Winsome Munro defiende una relación más complicada en lo que respecta a los códigos domésticos en ambas cartas (Col. 3:18–4:1; Ef. 5:21–

---

128. A. S. Peake, *Critical Introduction to the New Testament* (Londres, 1909), pág. 52.
129. J. Weiss, *Earliest Christianity* (1937), E.T., I (New York, 1959), 150.
130. J. Knox, *Christ the Lord* (Chicago, 1945), pág. 102, n. 20.
131. Véanse las págs. 184, 223.
132. P. N. Harrison, *Paulines and Pastorals* (Londres, 1964), págs. 65-78 (las palabras citadas proceden de la pág. 77).
133. F. C. Synge, *St. Paul's Epistle to the Ephesians* (Londres, 1941); *Philippians and Colossians* (Londres, 1951), págs. 51-57.
134. J. Coutts, "The Relationship of Ephesians and Colossians," *NTS* 4 (1957-58), 201-07 (las palabras citadas proceden de la pág. 201).

6:9).¹³⁵ Munro está de acuerdo con la mayor parte del argumento de C. L. Mitton de que Efesios depende predominantemente de Colosenses, pero afirma que "Colosenses 3:18-4:1 depende de, y por tanto, es posterior a, Efesios 5:21-6:9" (según alega después, Ef. 5:21-6:9 es una interpolación tardía en el texto de Efesios).¹³⁶

De hecho, el código doméstico de Colosenses 3:18-4:1 pertenece a la tradición parenética del círculo paulino, así como el himno de Colosenses 1:15-20 pertenece a la tradición litúrgica. Cuando descubrimos que los argumentos a favor de que Efesios depende de Colosenses son tantos como los que favorecen que Colosenses depende de Efesios, podemos concluir que la relación entre las dos cartas no es puramente literaria, sino que ambas tomaron forma al mismo tiempo en el círculo de Pablo y sus colaboradores. La única persona que debe reconocerse como autor es Pablo, independientemente del papel que haya desempeñado Timoteo o cualquier otro de sus compañeros que estaban con él en ese momento.

En cuanto a la fecha y el lugar donde fue escrita, debe evitarse todo dogmatismo. El confinamiento romano de Pablo a principios de los años 60 es el entorno que hemos preferido aquí —en gran medida porque permite la existencia de un período de tiempo suficiente para el desarrollo del pensamiento de Pablo a partir de la etapa representada por su correspondencia con los corintios. Resulta muy difícil darle a la carta a los Colosenses una fecha en el mismo período de la correspondencia corintia, lo cual sería necesario si se asignara a una cárcel efesia. Si asignamos la carta al encarcelamiento de Pablo en Cesarea es mucho menos difícil, pero no hay nada en las pruebas internas ni en la tradición que permita alegar algo en favor de esta opinión; y no es fácil imaginar que Onésimo hiciera un viaje desde el valle de Lico hasta Cesarea.¹³⁷

---

135. Véase la pág. 369, n. 4.
136. W. Munro, *Authority in Paul and Peter* (Cambridge, 1983), págs. 27-37 (las palabras citadas proceden de la pág. 31).
137. Véanse las págs. 177-80 y las notas 11, 12, 13, 14, 15 y 16. El argumento más logrado que yo conozco a favor del origen cesareo de Colosenses, Efesios y Filemón es el que presenta B. Reicke, "*Caesarea, Rome and the Captivity Epistles*," en *Apostolic History and the Gospel*, ed. W. W. Gasque y R. P. Martin (Exeter/Grand Rapids, 1970), págs. 277-86 (sobre todo las págs. 278-82).

Adición a la n. 97 (pg. 22). Véanse también P.S. Alexander, Introducción a 3 Enoc en The Old Testament Pseudepigrapha. Ed. J. H. Charlesworth, I (Garden City, N.Y., 1983), 223-54; "Comparing Merkavah Mysticism and Gnosticism," Journal of Jewish Studies 35 (1984), 1-18 P. Schäfer, "New Testament and Hekhalot Literature," Journal of Jewish Studies 35 (1984), 19-25.

ANÁLISIS DE COLOSENSES

I. PREÁMBULO (1:1-2)

II. LA PERSONA Y LA OBRA DE CRISTO (1:3-23)
 1. Acción de gracias por las noticias acerca de la fe de los colosenses (1:3-8)
 2. Oración por el bienestar espiritual de los colosenses (1:9-14)
 3. Himno en honor de Cristo (1:15-20)
    (1) Cristo, el agente en la creación (1:15-16)
    (2) Señor del universo y cabeza de la iglesia (1:17-18a)
    (3) Cristo, el agente en la reconciliación (1:18b-20)
 4. Los pecadores son reconciliados con Dios (1:21-23)

III. EL MINISTERIO DE PABLO (1:24–2:7)
 1. Administración del ministerio divino (1:24-29)
 2. Preocupación por los cristianos del valle de Lico (2:1-5)
    (1) Reafirmación de las oraciones de Pablo por ellos (2:1-3)
    (2) Su temor de que puedan dejarse engañar (2:4-5)
 3. Mantener la tradición de Cristo (2:6-7)

IV. LA ENSEÑANZA FALSA Y SU ANTÍDOTO (2:8–3:4)
 1. La suficiencia absoluta de Cristo (2:8-15)
    (1) La plenitud de Cristo (2:8-10)
    (2) La nueva circuncisión (2:11-12)
    (3) El triunfo de Cristo (2:13-15)
 2. ¡Protejan su libertad! (2:16-19)
    (1) Libertad en lo que respecta a la alimentación y los días de fiesta (2:16-17)
    (2) Libertad en lo que respecta al ascetismo y la adoración de los ángeles (2:18-19)
 3. Han muerto con Cristo; por tanto ... (2:20-23)
 4. Han resucitado con Cristo; por tanto ... (3:1-4)

V. LA VIDA CRISTIANA (3:5–4:6)
1. "Despojarse" (3:5-11)
2. "Revestirse" (3:12-17)
3. "Sujetarse" (3:18–4:1)
   (1) Mujeres y maridos (3:18-19)
   (2) Hijos y padres (3:20-21)
   (3) Esclavos y amos (3:22–4:1)
4. "Velar y orar" (4:2-6)

VI. NOTAS PERSONALES (4:7-17)
1. Los mensajeros de Pablo (4:7-9)
2. Saludos de los compañeros de Pablo (4:10-14)
3. Mensajes para varios amigos (4:15-17)

VII. SALUDO FINAL Y BENDICIÓN (4:18)

TEXTO, EXPOSICIÓN Y NOTAS

COLOSENSES 1

I. PREÁMBULO (1:1-2)

1 *Pablo, apóstol de Cristo Jesús por la voluntad de Dios, y nuestro hermano Timoteo,*
2 *a los santos y fieles hermanos en Cristo en Colosas: gracia a vosotros y paz de parte de Dios nuestro Padre.[1]*

1 Al igual que en la carta a Filemón, y en contraste con la de los efesios, Pablo menciona también a Timoteo cuando saluda a los cristianos de Colosas. De manera similar, el nombre de Timoteo aparece vinculado a Pablo en los preámbulos de 2 Corintios, Filipenses, Filemón y (junto con el de Silvano) en los preámbulos de 1 y 2 Tesalonicenses. Es posible que Timoteo le sirviera como amanuense a Pablo en la escritura de estas cartas, pero esa razón no sería suficiente para mencionar su nombre en el preámbulo. (Tercio no tiene cabida en el preámbulo de la carta a los romanos). A partir de Colosenses 4:7-14 se ve claramente que cuando escribió esta carta, Pablo contaba con la presencia de algunos otros compañeros suyos: el hecho de que mencionara solamente a Timoteo junto con él en el preámbulo se debe a que Timoteo participaba en el ministerio del apóstol de forma permanente.

Timoteo era oriundo de Listra en Licaonia (la moderna Zoldera, cerca de Hatunsaray), su madre era judía y su padre griego. Se convirtió al cristianismo durante la primera visita de Bernabé y Pablo a su ciudad natal (Hch. 14:8-20). Cuando Pablo pasó de nuevo por allí uno o dos años más tarde se sintió impresionado con el desarrollo espiritual de Timoteo y lo reclutó como colaborador principiante en su servicio apostólico; y para regularizar

---

1. Las palabras "y el Señor Jesucristo" (cf. RV60) aparecen en ℵ A C F G y en la mayoría de los manuscritos en cursivas (que muestran el texto bizantino); se omiten en B D K L Ψ con los códices latinos más antiguos, la Peshitta siríaca y el Ambrosiastro. Véase la pág. 35, n. 6.

su estatus religioso anómalo, lo circuncidó (Hch. 16:1-3). Timoteo se unió voluntariamente a Pablo y le sirvió a partir de ese momento como un devoto ayudante (la calidad de su devoción puede deducirse del homenaje agradecido que Pablo le tribula en Fil. 2:20-22).

El título "apóstol" se reserva para Pablo; no se comparte con Timoteo — ni siquiera con Epafras, que (como puede inferirse del v. 7) fue el primero que llevó el evangelio a Colosas. Pablo era el único apóstol de los colosenses, aun cuando nunca los hubiera visitado personalmente. Él había recibido ese encargo de manera independiente y directa de parte del Señor resucitado, mientras que Timoteo y Epafras y otros más, por mucho que los amara y los honrara como "colaboradores", eran solo sus asistentes, que habían sido llamados para que lo ayudaran en la doble tarea de predicar el evangelio y establecer iglesias. Cuando, como ocurre en 1 Tesalonicenses 2:6, se hace referencia a otros individuos (por ejemplo, Silvano y Timoteo) como "apóstoles de Cristo", ese título se usa en un sentido más amplio, en el que el apostolado no se basa en un encargo inmediato de Cristo, sino "en la predicación del evangelio genuino, bajo la dirección del Espíritu Santo, ya sea en unión con Pablo o independientemente de la misión de Pablo".[2]

Pablo se identifica a sí mismo como "apóstol de Cristo" en los preámbulos de todas las cartas paulinas que se conservan exceptuando las de Filemón, Tesalonicenses y Filipenses. La frase "por la voluntad de Dios" modifica al sustantivo "apóstol" en los preámbulos de 1 Corintios, 2 Corintios, Efesios, Colosenses y 2 Timoteo. Dicha frase se aplica no solo al encargo que recibió en el camino a Damasco (cf. Gá. 1:15-16) sino al cumplimiento total de ese encargo.

2 Las personas a las que se les envía la carta se describen como "santos y fieles hermanos en Cristo". La palabra "santos" los distingue como miembros del pueblo santo de Dios, a quienes él escogió y apartó para sí mismo.[3] La frase "fieles hermanos" podría traducirse como "hermanos creyentes", pero si el

---

2. D. W. B. Robinson, *"Apostleship and Apostolic Succession"*, *RTR* 13 (1954), 38. Con respecto al apostolado en la iglesia primitiva, véanse también J. B. Lightfoot, *Galatians* (Londres, 1865), págs. 92-101; E. D. Burton, *Galatians*, ICC (Edimburgo, 1921), págs. 363-84; K. H. Rengstorf, *TDNT* 1, págs. 407-77 (*s.v.* ἀπόστολος); H. Riesenfeld, *RGG* 1, págs. 497-99 (*s.v.* *"Apostel"*); D. Müller y C. Brown, *NIDNTT* 1, págs. 126-37 (*s.v.* *"Apostle"*); E. Käsemann, *"Die Legitimität des Apostels"*, *ZNW* 41 (1942), 33-71; T. W. Manson, *The Church's Ministry* (Londres, 1948). págs. 31-52; A. Fridrichsen, *The Apostle and his Message* (Uppsala, 1947); H. von Campenhausen, *"Der urchristliche Apostelbegriff"*, *ST* 1 (1948-49), 96-130; H. Mosbech, *"Apostolos in the New Testament,"* *ST* 2 (1949-50), 166-200; J. Munck, *"Paul, the Apostles and the Twelve"*, *ST* 3 (1950-51), 96-110; E. Lohse, *"Ursprung und Prägung des christlichen Apostolats"*, *TZ* 9 (1953), 259-75; G. Klein, *Die zwölf Apostel* (Göttingen, 1961); R. Schnackenburg, *"Apostles before and during Paul's Time"*, en *Apostolic History and the Gospel*, ed. W. W. Gasque y R. P. Martin (Exeter/Grand Rapids, 1970), págs. 287-303; C. K. Barrett, *The Signs of an Apostle* (Londres, 1970), y *Shaliah* and Apostle, en *Donum Gentilicium*, ed. C. K. Barrett, E. Bammel, y W. D. Davies (Cambridge, 1978), págs. 88-102; W. Schmithals, *The Office of Apostle in the Early Church*, E.T. (Londres, 1971); J. H. Schütz, *Paul and the Anatomy of Apostolic Authority* (Cambridge, 1975); R. W. Heron, *"The Origin of the New Testament Apostolate"*, *WTJ* 45 (1983), 101-31.

3. Véase Ef. 2:19, con exposición y notas (págs. 280-82).

adjetivo significara "creyente", no añadiría nada al sentido, mientras que en Colosenses 1:7; 4:7, 9 sí comporta claramente el significado más completo de "fiel" cuando califica el término "hermano" o un sustantivo similar.

El preámbulo de una carta antigua normalmente constaba de tres elementos: el nombre del remitente o de los remitentes, el nombre del destinatario o los destinatarios y un mensaje de salutación. La salutación que los judíos solían usar era "¡paz!" (heb. *shālôm*) o, de manera más completa, "¡misericordia y paz!" (cf. 2Bar. 78:2). La forma "gracia y paz"[4] es típicamente paulina: ambos términos tienen una connotación plenamente cristiana. La gracia es la benevolencia incondicional de Dios hacia todos los seres humanos, hombres y mujeres, que se expresa de manera contundente en la obra salvadora de Cristo (cf. v. 6); la paz es el estado de la vida —paz con Dios (cf. v. 20) y paz de los unos con los otros (cf. Ef. 2:14-18)— que disfrutan los que verdaderamente han experimentado la gracia divina.

Las palabras que siguen confirman la fuerza cristiana de la frase "gracia y paz". La salutación "gracia a vosotros y paz" se usa de manera independiente y sin ningún tipo de ampliación solamente en 1 Tesalonicenses 1:1. La ampliación normalmente tiene esta forma: "de Dios vuestro Padre y del Señor Jesucristo" (es posible que la salutación completa, incluyendo estas palabras, se haya empleado por primera vez en la adoración cristiana y que posteriormente se extrajera de un contexto litúrgico para usarla como una salutación epistolar).[5] No resulta fácil explicar por qué las palabras "y el Señor Jesucristo" se omiten en la salutación de Colosenses.[6] De cualquier modo, todo lo que esa frase pudiera comunicar se expone detalladamente en la celebración de la persona y la obra de Cristo más adelante en la carta (cf. vv. 13-20).

II. LA PERSONA Y LA OBRA DE CRISTO (1:3-23)

1. Acción de gracias por las noticias acerca de la fe de los colosenses (1:3-8)

3   *Damos gracias a Dios, el Padre de nuestro Señor Jesucristo, siempre que oramos por ustedes,*
4   *porque hemos oído de vuestra fe en Cristo Jesús y del amor que tenéis por todos los santos,*

---

4. Gk. χάρις καὶ εἰρήνη, como en Ro. 1:7; 1Co. 1:3; 2Co. 1:2; Gá. 1:3; Ef. 1:2; Fil. 1:2; 1Ts. 1:2; 2Ts. 1:2; Tit. 1:4 (ampliado a χάρις ἔλεος εἰρήνη 1Ti. 1:2; 2Ti. 1:2); Flm. 3.

5. Cf. E. Lohmeyer, "*Probleme paulinischer Theologie, I. Briefliche Grussüberschriften*", *ZNW* 26 (1927), 158-73; también G. Friedrich, "*Lohmeyers These über 'das paulinische Briefpräskript' kritisch beleuchtet*", *ZNW* 46 (1955), 272-74.

6. Véase el n. 1 supra. La propia exclusividad de esta lectura habla a su favor; hubo una tendencia muy fuerte a asimilar la fraseología a la práctica usual de Pablo.

COLOSENSES 1:3

5   *a causa de la esperanza que está reservada para vosotros en el cielo. De esta esperanza ya habéis oído en el verdadero mensaje del evangelio.*
6   *que ha llegado a vosotros, y que así como está dando fruto constantemente y creciendo en todo el mundo, así también ha estado haciéndolo en vosotros desde el día que lo oísteis y conocisteis la gracia de Dios en verdad.*
7   *Es así cómo lo aprendisteis de nuestro amado consiervo Epafras, que es un fiel ministro de Cristo para vosotros;[7]*
8   *fue él quien nos informó acerca de vuestro amor en el Espíritu.*

3   En las cartas griegas una expresión de agradecimiento ocasionalmente sigue al preámbulo.[8] Esa acción de gracias inicial es una característica particular del estilo epistolar de Pablo (se omite llamativamente en Gálatas).[9] La nota de agradecimiento resulta especialmente conspicua en esta carta. En el pasaje que nos ocupa, la acción de gracias está entrelazada (al igual que otras acciones de gracias al inicio de las cartas paulinas) con un informe sobre la oración intercesora.[10]

Aun cuando el nombre de otro individuo aparezca junto al de Pablo en el preámbulo de una carta, la acción de gracias que sigue normalmente se expresa en singular: *"Yo doy gracias a Dios"*. Esto implica que la mención del nombre de la otra persona junto con el de Pablo es solo un gesto de cortesía; Pablo es el verdadero autor de la carta. Pero en esta carta, al igual que en las dos que les dirige a los tesalonicenses, la acción de gracias se expresa en plural. La razón para ello en el caso de 1 y 2 Tesalonicenses es que Silvano es coautor de ambas; por tanto, a partir de las palabras que leemos aquí ("damos gracias a Dios") podemos inferir con mucha razón que Timoteo, hasta cierto punto, comparte con Pablo la responsabilidad de la autoría.

---

7. La lectura variante "nuestra" (ἡμῶν) tiene a su favor la formidable combinación de P^{46} con las autoridades alejandrinas y occidentales; la lectura bizantina "vosotros" (ὑμῶν) está confirmada en C Ψ y las versiones latina, siriaca y otras. En un contexto en el que cualquiera de las lecturas tiene sentido, el peso de las pruebas textuales debe ser decisivo. Sin embargo, UBS y NA26 prefieren ὑμῶν. En los MSS griegos hay una confusión constante entre las distintas formas de ἡμεῖς ("nosotros") y las formas correspondientes de ὑμεῖς ("vosotros"), y eso se debe, en parte, a la pronunciación idéntica de los dos pronombres en el griego helenístico posterior, y en parte, a la preferencia retórica del pronombre inclusivo "nosotros" sobre el pronombre "vosotros". En un caso como el que nos ocupa la confusión podría remontarse aún más allá de nuestras primeras pruebas textuales —incluso (posiblemente) al hecho de que el autor dictara la forma correcta y el copista escribiera la otra.

8. Cf. P. Schubert, *Form and Function of the Pauline Thanksgivings* (Berlín, 1939); P. T. O'Brien, *Introductory Thanksgivings in the Letters of Paul* (Leiden, 1977), págs. 62-104. En cuanto a una acción de gracias epistolar dirigida a una deidad inmediatamente después de la salutación inicial, cf. BGU II. 423, según la cita de A. Deissmann, *Light from the Ancient East*, E.T. (Londres, 1927), págs. 179-83 (acción de gracias "al Señor Serapis").

9. Cf. Ro. 1:8-9; 1Co. 1:4; Ef. 1:16; Fil. 1:3-4; 1Ts. 1:2; 2Ts. 1:3; Flm. 4.

10. Cf. G. P. Wiles, *Paul's Intercessory Prayers* (Cambridge, 1974). En cuanto a la certeza de una oración incesante en contextos de ese tipo, cf. Ro. 1:9; 1Co. 1:4; Ef. 1:15; Fil. 1:3-4; 1Ts. 1:2; 3:10 (νυκτὸς καὶ ἡμέρας); 2Ts. 1:3, 11; Flm. 4.

4 Es de labios de Epafras (tal como aparece en el v. 8) que ellos recibieron las noticias acerca del progreso espiritual de los cristianos colosenses.

A medida que se enumeran las razones para dar gracias, se hace patente la tríada conocida de virtudes cristianas —fe, amor, esperanza— que aparecen agrupadas de manera similar en otros lugares de los escritos paulinos (cf. 1Co. 13:13; también Ro. 5:1-5; Gá. 5:5-6; 1Ts. 1:3; 5:8) y en otros pasajes del NT (cf. Heb. 10:22-24; 1Pe. 1:21-22).[11] Las tres en este caso no están coordinadas de forma exacta: la fe en Cristo de los colosenses y el amor hacia sus hermanos creyentes se basan en la esperanza que está reservada para ellos en los cielos. La frase "fe en Cristo Jesús" no indica en primer lugar que Cristo Jesús sea el objeto de su fe sino que él es el contexto vivo en el que ellos ejercitan su fe. Es decir, que la fe a la que se hace referencia es la fe que ellos poseen como hombres y mujeres que están "en Cristo" (cf. v. 2) o "en Cristo Jesús", incorporados en él (cf. Col. 2:19).[12]

5 El énfasis en la esperanza nos recuerda que la salvación que los creyentes ya disfrutamos en Cristo tiene un aspecto futuro. La esperanza es de ellos aquí y ahora; su cumplimiento aún está por venir en la era de la resurrección. Pablo anima a sus lectores en otros lugares a esperar ese cumplimiento en el día de la *parusía* de Cristo; en este sentido alude a la salvación como algo que está "más cerca de nosotros ahora que cuando creímos" (Ro. 13:11). No debe permitirse que una evaluación correcta de la "escatología realizada" eclipse la perspectiva de esa "revelación de los hijos de Dios" que "la creación aguarda con anhelo ardiente" (Ro. 8:19). Esta esperanza cristiana formaba parte del tema central del evangelio tal como fue proclamado originalmente en Colosas: al estar "reservada en los cielos", no puede ser otra cosa que el propio Cristo, que vive allí a la diestra de Dios y a la vez, mora en cada uno de los miembros de su pueblo como su "esperanza de gloria" (Col. 1:27; 3:1-4).[13]

La descripción de la proclamación cristiana como "el verdadero mensaje del evangelio" (lit., "la palabra de verdad del evangelio") se repite y se amplía en Efesios 1:13, "el mensaje de la verdad, el evangelio de vuestra salvación". En el léxico cristiano, de hecho, "la verdad" y "el evangelio" son

---

11. Cf. también *Ep. Bern.* 1:4; 11:8; *Ep. Polic.*, 3:2-3. "La tríada de la fe, la esperanza y el amor es la quintaesencia de la vida que Dios da en Cristo" (G. Bornkamm, *Paul*, E.T. [Londres/New York, 1971], pág. 219). A. M. Hunter (*Paul and his Predecessors* [Londres, 1961], págs. 33-35) y otros han mantenido que la tríada pertenece al vocabulario del cristianismo pre-paulino. Véase también R. Reitzenstein, *Die Formel Glaube, Liebe, Hoffnung bei Paulus*, NGG, philologische-historische Klasse (1916), pág. 393.

12. La preposición aquí es ἐν, no εἰς (tal como aparece en Col. 2:5, τῆς εἰς Χριστὸν πίστεως ὑμῶν, donde Cristo es el objeto de la fe de ellos). En cuanto a ese uso de ἐν después de πίστις cf. Ef. 1:15 (muy semejante al pasaje que nos ocupa ahora); también Gá. 3:26; 5:6; 1Ti. 1:14; 3:13; 2Ti. 1:13; 3:15. En la mayoría de estos pasajes, tal vez en todos, lo que se pone de relieve es, al parecer, la esfera de la fe y no al objeto de la misma de la fe (cf. C. F. D. Moule, *IBNTG*, pág. 81).

13. Cf. v. 23, "la esperanza del evangelio". Véanse también C. F. D. Moule, *The Meaning of Hope* (Londres, 1954); J. E. Fison, *The Christian Hope* (Londres, 1954); J. Moltmann, *The Theology of Hope*, E.T. (Londres, 1967). Véase además el comentario sobre el v. 27 más adelante.

términos intercambiables: obedecer a la verdad (Ro. 2:8; Gá. 5:7) y obedecer al evangelio (Ro. 10:16) son expresiones idénticas. (Véase también "la verdad del evangelio" en Gá. 2:5, 14).

6 La afirmación de que el evangelio está "dando fruto y creciendo", podría ser un reflejo de la parábola de nuestro Señor acerca del sembrador (Mr. 4:8 par.) —no porque alguno de los evangelios canónicos estuviera disponible cuando se compuso la carta, sino porque circulaban resúmenes de la enseñanza de Jesús, de forma oral o tal vez en alguna forma escrita. No es necesario presumir que el vocabulario relativo a la fructificación presuponga una interpretación gnostizante de la parábola en la enseñanza que estaba impartiéndoles a los colosenses.[14] Se ha señalado que ese mismo verbo se encuentra al final del decimotercer tratado del *Corpus Hermeticum*, donde aparece una referencia al hecho de "segar los buenos frutos de la verdad, una cosecha inmortal"; pero si hay algún préstamo aquí (lo cual es dudoso), es por parte del Hermético.[15] (La elección que hace Pablo de las palabras no apoya las interpretaciones que excluyen la idea del desarrollo que se deriva de la parábola y las parábolas afines).

El mensaje del evangelio, que estaba produciendo en Colosas el fruto vigoroso y siempre creciente de la vida y el testimonio cristianos, estaba haciendo lo mismo, dice el apóstol, en todo el mundo. La carta fue escrita (probablemente) en Roma, pero además de la propagación por parte del propio Pablo del evangelio desde Jerusalén hasta Ilírico, y ahora en la ciudad imperial, había otros heraldos que también estaban proclamando ese mismo evangelio en el extranjero. "Todo el evangelio para todo el mundo", podría haber sido el lema de Pablo, y si en algunas ocasiones el lenguaje que utiliza para expresar esta idea parece superar la que realmente se había logrado, fue con la mirada de un profeta que divisó el recorrido abarcador del mensaje de vida que rivaliza con el de los cuerpos celestiales del que habló el salmista: "Por toda la tierra ha salido su voz, y hasta los confines del mundo sus palabras" (Ro. 10:18, citando el Sal. 19:4).[16]

Cuando se les recuerda a los colosenses que ellos "*conocieron* la gracia de Dios en verdad", podría interpretarse que la conocían de verdad; sin embargo, lo más probable es que la frase "en verdad" sea equivalente a "con verdad": la gracia divina que experimentaron estaba acompañada por la verdad.[17] Al

---

14. Cf. W. L. Knox, *St. Paul and the Church of the Gentiles* (Cambridge, 1939), pág. 149 n.
15. *C.H.* 13.22a (καρποφορήσαντος ἐκ τῆς ἀληθείας τὰ ἀγαθά, τὰ ἀθάνατα γενήματα); cf. W. L. Knox, *Some Hellenistic Elements in Primitive Christianity* (Londres, 1944), pág. 94.
16. Cf. v. 23; Ro. 1:8; 1Ts. 1:8. J. Munck interpreta la terminología universal de esos pasajes (especialmente Ro. 10:18) como un reflejo de la convicción de Pablo respecto a la importancia escatológica de su ministerio (*Paul and the Salvation of Mankind*, E.T. [Londres, 1959], págs. 43-55, 275-79, etc.).
17. Es decir, la preposición ἐν posee una fuerza comitativa, o sea, denota compañía; cf. Col. 4:2 (ἐν εὐχαριστίᾳ); Ef. 4:19 (ἐν πλεονεξίᾳ), etc. Véase K. G. Kuhn, "The Epistle to the Ephesians in the Light of the Qumran Texts", E.T. en J. Murphy-O'Connor (ed.), *Paul and Qumran* (Londres,

alcanzar el conocimiento personal de Cristo, conocieron la gracia y la verdad que, tal como afirma el prólogo del cuarto evangelio, "vinieron por medio de Jesucristo" (Jn 1:17).[18]

7 Lo que era cierto respecto al progreso del evangelio en otros lugares también era cierto en Colosas: los cristianos de esa ciudad habían continuado creciendo en espiritualidad y en número desde el día que oyeron por primera vez y creyeron al evangelio. El evangelio les habló de la gracia de Dios, a la que habían tenido acceso en Cristo, y cuando declararon su lealtad a Cristo como Señor y Salvador experimentaron de manera personal y unida la realidad de esa gracia. El predicador de quién oyeron por primera vez el mensaje salvador tenía por nombre Epafras. Pablo hace referencia a él con afecto y palabras de encomio, como un amado colega en el servicio de Dios,[19] que había ido a Colosas y a las ciudades vecinas como representante suyo y como ministro fiel de Cristo.

Epafras vuelve a mencionarse en Colosenses 4:12 y en Filemón 23. Su nombre es una forma abreviada de Epafrodito. En otros lugares del corpus paulino encontramos a un cristiano filipense llamado Epafrodito (Fil. 2:25; 4:18), pero no hay ninguna razón que permita asegurar que se trata del mismo individuo.[20] En Filemón 23 Epafras se describe como un compañero de prisión de Pablo,[21] pero no sabemos nada acerca de las circunstancias que lo hicieran acreedor de esta descripción. De todas formas, él había cumplido bien su responsabilidad como evangelista del valle de Lico, porque había iglesias florecientes en esa área —en Hierápolis y Laodicea así como en Colosas— que testificaban de la calidad duradera de su trabajo.

8 Hacía poco que Epafras había visitado a Pablo y a Timoteo y les había contado cómo les iba a estas iglesias. Una gran parte de sus noticias eran buenas y alentadoras, pero algunos aspectos de la vida de la iglesia en Colosas resultaban inquietantes, y fue esto lo que incentivo a Pablo y a Timoteo a escribirles especialmente a los cristianos de esa ciudad. Ante todo, sin embargo, se centraron en las cosas buenas que Epafras les había contado: "nos informó",

---

1968), págs. 119-20.

18. Cf. Jn 1:14, donde πλήρης χάριτος καὶ ἀληθείας es probablemente una traducción de *raḇ ḥeseḏ we 'ĕmeṯ* en la revelación del nombre divino en Éx. 34:6.

19. El apóstol usa el término σύνδουλος ("consiervo"), que también empleó para referirse a Tíquico en Col. 4:7. T. R. Glover considera que la afición de Pablo por los términos compuestos con σύν es una peculiaridad que pone de relieve parte de su carácter: "la relación más preciada para Pablo es la que encuentra con hombres que comparten cosas con él. El trabajo, la vida "atlética", el yugo, la esclavitud, la imitación, —todas estas son expresiones de su relación con Jesucristo, la esencia misma de la vida; ¡cuánto más preciado le resulta entonces descubrir que sus amigos participan junto con él de esa gran lealtad!" (*Paul of Tarsus* [Londres, 1925], pág. 180).

20. Tal como hace Glover (*Paul of Tarsus*, pág. 179) cuando añade los dos términos compuestos con los que Pablo describe a Epafrodito (συνεργός, συστρατιώτης, ambos en Fil. 2:25) a los dos con los que describe a Epafras (σύνδουλος y συναιχμάλωτος, Flm. 23) usa cuatro para referirse a él.

21. Al igual que Aristarco, a quien se le llama de manera similar συναιχμάλωτος en Col. 4:10.

les dijeron, "de vuestro amor en el Espíritu". Ese es el "amor de Dios" que, según Romanos 5:5, "ha sido derramado en nuestros corazones por medio del Espíritu Santo"; es el amor mutuo implantado y fomentado dentro de ellos por el Espíritu que vive en su interior y que los une con un vínculo vivo.

Esta es la única referencia explícita al Espíritu de Dios en la carta. La ausencia de cualquier referencia a él en otros lugares resulta muy llamativa porque hay varios puntos en los que podría haberse mencionado su actividad de manera natural. Donde las demás cartas de Pablo hablan de la presencia del Espíritu con los creyentes como la garantía de su resurrección y de su herencia eterna (Ro. 8:11, 15-17; Ef. 1:13-14), esta carta alude al Cristo que mora en ellos como su esperanza de gloria (v. 27). Pero la presencia y el ministerio del Espíritu están implícitos aquí y allá en Colosenses —por ejemplo, en contraste con la "carne" como la fuente del verdadero conocimiento.[22]

2. Oración por el bienestar espiritual de los colosenses (1:9-14)

9 *Por tanto, desde el día que escuchamos estas noticias, en lo que a nosotros respecta, ofrecemos oraciones y súplicas incesantes por vosotros, para que seáis llenos del conocimiento de la voluntad de Dios con toda sabiduría y comprensión espiritual.* [23]

10 *Oramos para que andéis como es digno del Señor, para que le agradéis en todo, deis fruto en toda buena obra y crezcáis en el conocimiento de Dios;*

11 *que seáis fortalecidos con todo poder según su gloriosa potencia, y obtengáis así toda paciencia y perseverancia.*

12 *Y deis gracias con gozo*[24] *al Padre, que os ha capacitado*[25] *para compartir*

---

22. Como en Col. 2:18. Cf. el adjetivo πνευματικός en v. 9.

23. Gr. ἐν πάσῃ σοφίᾳ καὶ συνέσει πνευματικῇ, donde ἐν puede considerarse comitativa (cf. n. 17 supra) o instrumental ("por medio de toda sabiduría ..."). Es posible que el adjetivo πνευματικῇ modifique a σοφίᾳ y también a συνέσει, pero el sustantivo σοφία sin ningún calificativo se usa en los escritos de Pablo para referirse a la sabiduría divina (cf. v. 28 más adelante). Véase la pág. 241, n. 68.

24. Gr. μετὰ χαρᾶς εὐχαριστοῦντες, pero μετὰ χαρᾶς podría relacionarse estrechamente con los sustantivos del versículo anterior ὑπομονὴν καὶ μακροθυμίαν, remplazando a καὶ χαρᾷ "para lograr una variedad de expresión" (K. G. Kuhn, "The Epistle to the Ephesians in the Light of the Qumran Texts", pág. 119). Al igual que καρποφοροῦντες, etc. (vv. 10-11), εὐχαριστοῦντες se refiere a los colosenses.

25. Gr. ἱκανώσαντι, que en unas cuantas autoridades (sobre todo occidentales, pero incluyendo las versiones sahídica, armenia y etíope) se sustituye por καλέσαντι ("llamado"). B combina las dos lecturas, καλέσαντι καὶ ἱκανώσαντι ("llamado y capacitado"). א y B, con algunas otras autoridades, usa como complemento ὑμᾶς ("os"), que NA26 and UBS prefieren alegando que la lectura mayoritaria ἡμᾶς ("nos") es probablemente una asimilación del v. 13. La preferencia por ὑμᾶς podría defenderse si la cláusula se interpreta en el mismo sentido que Ef. 2:19 (συμπολῖται τῶν ἁγίων); si se interpreta así, aquellos a los que va dirigida serían cristianos gentiles y no cristianos judíos (véase la pág. 280).

la herencia de los santos en el reino de la luz.
13 *Él es quien nos rescató del dominio de las tinieblas y nos trasladó al reino del Hijo que ama,*
14 *el Hijo en quien tenemos redención,* [26] *el perdón de nuestros pecados.*

9 Pablo y Timoteo vuelven a dar testimonio de sus constantes oraciones por los cristianos colosenses —oraciones que han sido redobladas desde la llegada de Epafras con las noticias de su progreso. El breve informe del v. 3 sobre sus oraciones es ampliado ahora.

Su oración por los colosenses, entonces, es que ellos alcancen el pleno conocimiento de la voluntad de Dios[27] por medio de la sabiduría que imparte su Espíritu, y de este modo, puedan agradarle en todo y vivir de la manera que conviene a sus hijos. Aunque solo se menciona explícitamente al Espíritu Santo una vez en esta carta (v. 8), hay una alusión a su *modus operandi* en la frase "comprensión espiritual". La sabiduría y la comprensión que Pablo y Timoteo desean ver en los cristianos colosenses no pueden separarse del conocimiento de Dios y de su voluntad —un conocimiento que, tal como afirmaron los profetas de Israel, es un aspecto esencial de la auténtica religión del corazón.[28] Tanto esta carta como la carta acompañante a los efesios tienen mucho que decir respecto a este conocimiento como un medio para promover la vida espiritual.[29] Este conocimiento no es un ejercicio puramente espiritual, no es una *gnosis* teosófica como la que propugnaron los maestros que intentaron desviar la iglesia colosense. Los colosenses deben haberse quedado impresionados con la naturaleza y la importancia del verdadero conocimiento antes que se les advirtiera contra ese "falsamente llamado conocimiento" que estaba obligándoseles a aceptar.[30] El verdadero conocimiento se basa en la

---

26. Muchos manuscritos en cursiva añaden διὰ τοῦ αἵματος αὐτοῦ ("por medio de su sangre"), un préstamo de Ef. 1:7, que ha sido perpetuado por TR y RV60.
27. En cuanto al conocimiento de la voluntad de Dios, cf. Ro. 12:2 (también Hch. 22:14). A partir de Ro. 2:18 podría inferirse que "conocer la voluntad" (a saber, de Dios) era una expresión habitual en la terminología del judaísmo helenístico.
28. Cf. Os. 2:20; 6:3, 6.
29. Cf. Col. 1:28; 2:1-3; 3:10.
30. Tal vez una razón para la preferencia de Pablo por ἐπίγνωσις (cf. Ro. 1:28; 3:20; 10:2; Fil. 1:9, además de algunos ejemplos en Colosenses, Efesios y las Pastorales) es su deseo de establecer un contraste con la tan cuestionada γνῶσις. Esto es más probable que la opinión de que él usó una palabra clave de sus adversarios, por medio de la cual ellos diferenciaban el conocimiento más avanzado que enseñaban de la γνῶσις común (así W. L. Knox, *Some Hellenistic Elements in Primitive Christianity*, pág. 150; cf. MM, pág. 237). No puede decirse con certeza si la fuerza del prefijo ἐπί aquí es intensiva (J. B. Lightfoot, *Colossians and Philemon*, págs. 137-38), directiva (J. A. Robinson, *St. Paul's Epistle to the Ephesians* [Londres, 1904], págs. 248-54), o *"ingresiva* —o aún mejor— *decisiva*" (R. E. Picirelli, "The Meaning of 'Epignosis'", *EQ* 47 [1975], 85-93), o que, de hecho, tenga cualquier valor especial: no es posible establecer una regla que abarque todos los casos. En muchas, por no decir en todas, las ocasiones en las que aparece el sustantivo ἐπίγνωσις en el NT, al igual que el verbo ἐπιγινώσκω, "se usa casi como un término técnico para referirse al conocimiento decisivo de Dios que está implícito en la conversión a la fe cristiana" (R. Bultmann,

religión práctica; es ese conocimiento el que, tal como afirmaron los escritores sapienciales veterotestamentarios, comienza con una actitud adecuada hacia Dios: "El temor del Señor es el principio del conocimiento" (Pr. 1:7).[31] El conocimiento correcto conduce a la conducta correcta:[32] Dios entregó al mundo pagano a "una mente depravada para que hicieran las cosas que no convienen" (Ro. 1:28) porque, según Pablo, "ellos estimaron que no valía la pena tomar en cuenta el conocimiento de Dios".

10 Si los cristianos colosenses están llenos de este conocimiento correcto, vivirán y actuarán de un modo digno de la santidad de aquel a quien ellos confiesan como su Señor.[33] La frase "como es digno del Señor" o "digno de Dios" (cf. 1Ts. 2:12; 3Jn. 6; también Mt. 10:37; Sab. 3:5) es una fórmula que aparece con frecuencia en las inscripciones en la provincia de Asia; según Deissmann, parece haber sido popular en Pérgamo.[34] Si los paganos valoraban la importancia que tenía el hecho de rendir un culto que fuera digno de las deidades que eran objeto de su devoción, con mucha más razón, los cristianos deben rendir el culto espiritual de una vida de obediencia al Dios vivo y verdadero y a su Hijo Jesucristo.[35] De esta manera, el fruto aceptable de las buenas obras brotaría con mayor abundancia de la semilla que fue sembrada en sus corazones,[36] y a la vez, progresarían cada vez más en el conocimiento de Dios, porque la obediencia al conocimiento de Dios que ya hemos recibido es una condición necesaria e inevitable para que podamos recibir más conocimiento.

11 Los autores prosiguen orando para que los colosenses sean dotados no solo de conocimiento sino también de poder, conforme a la medida de la "potencia gloriosa" de Dios (lit., "la potencia de su gloria").[37] El poder que anhelan ver manifestado en la vida de sus lectores es el poder del propio Dios —nada menos. En Efesios esta idea se explicita aún más: Pablo describe allí la "grandeza inconmensurable" del poder divino que Dios les imparte a los

---

TDNT 1, pág. 707 (*s.v.* γινώσκω, etc.]). Véase J. Dupont, *Gnosis: La connaissance religieuse dans les épîtres de saint Paul* (Louvain/París, 1949).

31. Cf. Sal. 111:10; Pr. 9:10.

32. Cf. Fil. 1:9-10; también Ro. 12:2; 15:14; 1Co. 1:6; 2:6-16; 3:2; 2Co. 8:7; 11:6; Fil. 3:10; Flm. 6.

33. Gr. περιπατῆσαι ἀξίως τοῦ κυρίου. El uso ético de περιπατέω es un hebraísmo (cf. Heb. *hālak*) habitual en las cartas paulinas y joánicas, equivalente al término helenístico más idiomático ἀναστρέφομαι (cf. Ef. 2:3). Pero el περιπατέω ético lo usan también algunos escritores helenísticos (p. ej., Menandro, Filodemo, Epícteto) donde no cabe pensar que hubiera alguna influencia semítica.

34. A. Deissmann, *Bible Studies*, E.T. (Edimburgo, 1909), pág. 248.

35. Cf. Ro. 12:1. En la frase εἰς πᾶσαν ἀρεσκείαν ("agradándole en todo") ἀρεσκεία tiene un sentido más elevado que el término "servilismo", que es lo que frecuentemente significa. Algunas semejanzas con este sentido más alto se encuentran en Filón. Deissmann (*Bible Studies*, pág. 224) cita un ejemplo de una inscripción del Bósforo de fecha incierta; MM (pág. 75) ofrece una de *P. Oxy.* 729 (siglo II d.C.). Podríamos traducirlo: "para poder agradarle en todos los sentidos".

36. Cf. v. 6 supra (pág. 38 y n. 15).

37. Con respecto a esta función adjetival del genitivo τῆς δόξης (un hebraísmo) cf. v. 27; Ro. 8:21; 2Co. 4:4, 6; Ef. 1:18; 3:16.

creyentes en función del poder que él ejerció cuando resucitó a Cristo de entre los muertos y lo exaltó al lugar de supremacía universal a su diestra (Ef. 1:20). Nunca antes se había manifestado el poder divino con tanta claridad: con esta descripción como la "potencia de la gloria de Dios" podemos comparar la declaración paulina que se lee en otro lugar de que "Cristo resucitó de entre los muertos por la gloria del Padre" (Ro. 6:4).

Esa dotación de poder divino los capacitará para que permanezcan firmes frente a las dificultades y la oposición y cualquier otra cosa que pueda sobrevenirles para probar la calidad de su fe. La perseverancia paciente es un aspecto del fruto del Espíritu (Gá. 5:22).[38] Era una cualidad muy apreciada entre los estoicos, pero en el NT se relaciona con otra cualidad que no es tan característica del estoicismo —el gozo.[39] Hacía ya mucho tiempo que el propio Pablo había aprendido a combinar el gozo con la perseverancia paciente. Un estoico en el cepo habría soportado la incomodidad con calma y sin quejarse, pero, ¿le habrían oído también "cantar himnos a Dios", como hicieron Pablo y Silas en la cárcel de Filipos (Hch. 16:25)? Epícteto, de hecho, elogia el ejemplo de Sócrates, el cual compuso un panegírico en la cárcel;[40] pero ese ejemplo que tantos admiraban, muy pocos lo seguían. El cristianismo primitivo y el estoicismo muestran cierto parecido en cuanto a algunas características éticas, pero el poder que los cristianos recibían de Dios les otorgaba algo que estaba muy por encima de lo que el estoicismo podía impartir. La virtud estoica de la autosuficiencia[41] dista mucho de ese hábito mental al que Pablo se refiere cuando dice que había aprendido a contentarse en cualquier circunstancia de la vida, porque el contentamiento de Pablo estaba acompañado de una exuberancia gozosa que inundaba a las demás personas.

---

38. La paciencia (ὑπομονή) y la perseverancia (μακροθυμία) son parientes cercanas: en la segunda se acentúa la nota de firmeza y capacidad de permanencia. En el *Testamento de José* 2:7 José cuenta que él se mantuvo firme (ἐμακροθύμησα) en todas sus pruebas, y añade que la "μακροθυμία es una gran medicina y la ὑπομονή proporciona muchas cosas buenas". "El hombre misericordioso persevera (μακροθυμεῖ)", según Proverbios 19:11 (es decir, es lento para la ira). "Con mucha paciencia" (ἐν πολλῇ μακροθυμίᾳ) para con los impenitentes Dios pospone el día del castigo (Ro. 9:22; cf. 2:4); y esta, al igual que otras cualidades éticas, debe reflejarse en sus hijos: "el amor (en él o en ellos) μακροθυμεῖ, es decir, es paciente (1Co. 13:4). Cf Col. 3:12.

39. Gozo (χαρά), al igual que μακροθυμία, es también un elemento en el fruto del Espíritu (Gá. 5:22).

40. *Dis.* 2.6.26.

41. Gr. αὐτάρκεια. El estoico ideal, según Horacio, es *in se ipso totus teres atque rotundus* (*Sat.* 2.7.86); la αὐτάρκεια de Pablo (2Co. 9:8) era la suficiencia de Cristo y no su propia suficiencia; lo expresa en función de su poder para enfrentarse (αὐτάρκης εἶναι) a todas las condiciones de la existencia mortal por medio de su habilitador divino (Fil. 4:11-13). En cuanto al estoicismo y el cristianismo primitivo, véanse R. Bultmann, "*Das religiöse Moment in der ethischen Unterweisung des Epiktet und das Neue Testament*", ZNW 13 (1912), 97-110, 177-91; A. Bonhöffer, *Epiktet und das Neue Testament* (Giessen, 1911); E. Bevan, *Stoics and Sceptics* (Oxford, 1913:; D. S. Sharp, *Epictetus and the New Testament* (Londres, 1914)); M. Pohlenz, *Paulus und der Stoa* (Darmstadt, 1964); también H. D. Betz, *Der Apostel Paulus und die sokratische Tradition* (Tübingen, 1972).

12 En nuestra traducción anterior adoptamos la puntuación que adjunta la frase "con gozo" al verbo "dar gracias"; sin embargo, también sería posible adjuntarla a las palabras que preceden, tomando el "gozo" como una tercera cualidad que se menciona junto con la "paciencia y la perseverancia".

La paciencia, la perseverancia y el gozo deben contar siempre con la compañía de un espíritu agradecido. En el cristianismo, como bien se ha dicho, la teología es la gracia, y la ética es la gratitud.[42] Si la acción y la actitud de Dios hacia su pueblo se han caracterizado por la gracia, la respuesta por parte de su pueblo, en su vida y en su conducta, así como en su pensamiento y en su palabra, debe estar caracterizada por la gratitud.[43] Nada menos que eso es adecuado si se tiene en cuenta que él los ha capacitado para compartir la herencia de sus santos.[44]

¿Quiénes son estos "santos" de Dios cuya herencia comparten ahora los creyentes colosenses? La opinión más antigua es que son seres humanos —tal vez los miembros del pueblo de Dios en la era veterotestamentaria, acompañados ahora por sus hermanos y hermanas de la era cristiana, sin los cuales "no pueden perfeccionarse" (Heb. 11:40), o bien, los primeros seguidores (judíos) de Cristo, acompañados ahora por cristianos gentiles, como aquellos a los se envía la carta (cf. Ef. 1:12-13, "nosotros, que fuimos los primeros en esperar en Cristo... también vosotros..."). Pero una opinión alternativa es que son ángeles, "santos" de Dios en el reino de la luz.[45] Podrían encontrarse usos semejantes de este término en otros lugares de los escritos paulinos —por ejemplo, en la referencia a "la venida de nuestro Señor Jesús con todos sus santos" (1Ts. 3:13), donde resulta difícil pasar por alto el reflejo de Zacarías 14:5, "y vendrá el Señor tu Dios, y todos los santos con él".[46]

Esta opinión alternativa ha recibido el apoyo de los textos de Qumrán. En el "Himno de los iniciados" que concluye la *Regla de la comunidad* se lee que al pueblo escogido de Dios "él le ha dado una porción en la herencia de los santos y ha unido su asamblea con los hijos del cielo" (donde los santos" y los "hijos del cielo" claramente son ángeles).[47] Al parecer, esta bendición ya se les había otorgado; no se trata, pues, de algo que deban esperar después de la muerte, como el justo en el libro de la Sabiduría, cuyos perseguidores se ven

---

42. Cf. T. Erskine, *Letters* (Edimburgo, 1877), pág. 16.
43. Cf. Col. 3:15.
44. Gr. τῷ ἱκανώσαντι ὑμᾶς εἰς τὴν μερίδα ... τῶν ἁγίων. C. H. Dodd lo compara con Job 31:2 LXX, ἐμέρισεν ὁ θεὸς ἀπάνωθεν καὶ κληρονομία ἱκανοῦ ἐξ ὑψίστων ("La determinación de Dios es desde lo alto, y la herencia del Todo-Suficiente desde las alturas"). Allí, al igual que en algunos otros pasajes de la LXX ἱκανός es un nombre divino, que representa al término hebreo *Shaddai* (traducido normalmente como "Omnipotente"). Dodd sugiere además que el uso que hace Pablo del verbo ἱκανόω ("capacitar") aquí y en 2Co. 3:5-6 refleja este septuaginismo (*The Bible and the Greeks* [Londres, 1935], págs. 15-16).
45. Cf. E. Lohse, *Colossians and Philemon*, págs. 35-36.
46. A. R. C. Leaney considera que los "hijos de Dios" en Ro. 8:19-21 son los ángeles ("*The Righteous Community in St. Paul*", SE 2 = TU 87 [Berlín, 1963], págs. 441-46).
47. 1QS 11.7-8.

forzados a preguntar con desesperación: ¿Por qué se le ha contado entre los hijos de Dios? Y, ¿por qué tiene su herencia entre los santos? (Sab. 5:5).[48]

Estas dos alternativas tienen un paralelismo exegético en Daniel 7:18, 22, donde los "santos del Altísimo" que habrán de recibir el reino eterno después del colapso de los imperios mundanos paganos suele considerarse (y con mucha razón) que son el pueblo judío, o el remanente fiel del pueblo judío, pero algunos intérpretes más recientes los identifican con seres angélicos (traduciendo la frase de Dn. 7:27 como "el *ejército* de los santos...").[49]

Sin embargo, el sentido en el que se usa el sustantivo "santos" en otros lugares de la carta (cf. v. 2 supra) debe tal vez definir su significado aquí.[50] Se ha alegado también que, en las dos ocasiones en las que aparece una expresión similar en dos discursos paulinos en Hechos, se refiere claramente a seres humanos que "han sido santificados" (Hch. 20:32; 26:18, "santificados por la fe en mí").[51]

En tiempos pasados, Dios le deparó a su pueblo santo, al pueblo que él eligió, una herencia terrenal, una tierra a la que pudiera entrar y poseer. Pero la herencia de la que se habla aquí pertenece a un plano más elevado y es más duradera que cualquier Canaán terrestre.[52] Al igual que los destinatarios de la carta a los efesios, estos cristianos colosenses ya no son "extranjeros ni peregrinos", aunque eran gentiles de nacimiento; han renacido en la familia de Dios, gracias a su Padre que todo lo puede (cf. Ef. 2:19).

13 Esta herencia tiene sus cimientos en el reino de la luz;[53] es irradiada por el resplandor del Sol de justicia y brilla en los corazones de los miembros de su pueblo. Contrasta con el reino al que ellos pertenecían anteriormente, a saber, el "dominio de las tinieblas". No hay ninguna razón para intuir aquí un reflejo del dualismo zoroástrico.[54] Tampoco debemos

---

48. Cf. Lc. 20:36, donde los que alcanzan la resurrección son "iguales a los ángeles (ἰσάγγελοι) y son hijos de Dios".

49. Cf. M. Noth, "*The Holy Ones of the Most High*" (1955), E.T. en *The Laws in the Pentateuch and Other Studies* (Edimburgo, 1966), págs. 215-28; L. Dequeker, "'*The Saints of the Most High' in Qumran and Daniel*", *OTS* 18 (1973), 108-87.

50. Cf. E. Schweizer, *Colossians*, pág. 51; P. T. O'Brien, *Colossians, Philemon*, págs. 26-27. Véase también el comentario sobre el v. 26 más adelante.

51. Hechos 26:18 (tomado del informe sobre el encargo que recibió Pablo en el camino a Damasco) presenta afinidades muy estrechas con el pasaje que estamos estudiando, por ejemplo, al referirse al hecho de "volverse de la oscuridad a la luz y del poder (ἐξουσία) de Satanás a Dios" y de recibir "el perdón de los pecados" (ἄφεσις ἁμαρτιῶν) y una "herencia (κλῆρος, al igual que aquí) entre los que han sido santificados por la fe" en Cristo. Si, tal como generalmente se acepta, entre las fuentes de Lucas no estaban las cartas paulinas, sería interesante preguntar cuál es la fuente de esta reproducción tan exacta del lenguaje paulino.

52. En cuanto a algunas referencias no paulinas a esta herencia celestial cf. Heb. 11:8-16; 1Pe. 1:4.

53. La frase ἐν τῷ φωτί al final del v. 12 no modifica a τῶν ἁγίων (como si los "santos en luz" fueran una categoría especial de santos); denota el entorno de la herencia.

54. Cf. C. A. A. Scott, "*The Dualistic Element in the Thinking of St. Paul*", *ExT* 23 (1911-12), 488-92, 560-64.

pensar en una influencia por parte de Qumrán, aunque las similitudes con este tipo de lenguaje abundan en los textos de Qumrán.[55] La declaración de una antítesis ética en función de la luz y las tinieblas (en la que la luz se relaciona con la bondad y la verdad, las tinieblas con el mal y la falsedad) está demasiado generalizada para que presupongamos en una referencia como la que nos ocupa la influencia de cualquier sistema único de pensamiento en el que estos términos desempeñaran un papel destacado. Es posible sin duda que la enseñanza a la que los cristianos colosenses estaban siendo expuestos usara la "luz" y las "tinieblas" de la misma forma que había usado la "sabiduría" y el "conocimiento"; pero existe un buen precedente bíblico para ese uso si nos remontamos a la separación de la luz y las tinieblas en la historia de la creación de Génesis 1:4. Otros ejemplos paulinos son 2 Corintios 6:14; 1 Tesalonicenses 5:5; Efesios 5:8-14.

La frase "el dominio de las tinieblas", que leemos aquí, aparece en el relato de Lucas sobre el arresto del Señor en Getsemaní, donde él les dice a los hombres que habían venido a prenderlo: "Cuando estaba con vosotros cada día en el templo, no me echasteis mano; pero esta es vuestra hora y el dominio de las tinieblas"[56] (Lc. 22:53). Estas palabras hacen referencia a las fuerzas siniestras reunidas contra él para librar un combate decisivo en la esfera espiritual.[57] El poder tenebroso sí tuvo la oportunidad de levantarse contra el Hijo del Hombre, pero fue una oportunidad muy breve, y terminó siendo derrotado. En virtud de su conquista, entonces, Cristo reivindicó su autoridad para invadir el dominio de las tinieblas y rescatar a los que hasta ese momento habían estado fuertemente sujetos al control de sus guardianes.[58] Dichos guardianes, "los gobernantes de este mundo de tinieblas", como se les llama en Efesios 6:10, son probablemente los principados y los poderes a los que los cristianos de Colosas se sentían tentados a tributarle algún tipo de homenaje. Pero ¿por qué debían hacer tal cosa? Ya habían sido rescatados de la esfera dominada por esos principados, y trasladados al dominio del Hijo victorioso de Dios. No había necesidad, pues, de que siguieran temiendo a esas fuerzas que, según se creía, controlaban los destinos de los seres humanos: su traslado al reino de la luz era una obra totalmente consumada.

En la afirmación de que los creyentes ya formamos parte del reino del amado Hijo de Dios,[59] tenemos un ejemplo de una escatología verdaderamente realizada. Lo que para ellos todavía es futuro en lo que respecta a la plenitud

---

55. El texto principal de Qumrán es 1QS 3.17–4.26, donde los seres humanos son repartidos entre el reino del príncipe de la luz y el del ángel de las tinieblas (dándole a estos términos una interpretación ética). Cf. 1QM, donde la guerra que se librará al final de los tiempos será entre los hijos de la luz y los de las tinieblas.
56. Gr. ἡ ἐξουσία τοῦ σκότους, como aquí.
57. Cf. las referencias "al príncipe de este mundo" Jn. 12:31; 14:30; 16:11.
58. Cf. Mr. 3:27 (par. Mt. 12:29).
59. Lit., "el hijo de su amor" (τοῦ υἱοῦ τῆς ἀγάπης αὐτοῦ), un genitivo adjetival, un semitismo como τὸ κράτος τῆς δόξης αὐτοῦ en el v. 11 (cf. pág. 42, n. 37).

de su consumación ya se ha hecho una realidad en ellos. "A los que justificó también glorificó" (Ro. 8:30). El hecho de que Dios haya comenzado una buena obra en ellos es la garantía de que la consumará en el día de Jesucristo (cf. Fil. 1:6). Como una confirmación por adelantado de que se trata de una experiencia auténtica y no de una ficción jurídica, han recibido aquí y ahora un anticipo de la gloria que aún ha de revelarse. Los creyentes todavía no han recibido la plenitud futura de la "herencia de los santos en luz", pero el acto por el cual Dios los ha capacitado para recibirla ya ha tenido lugar. El reino divino tiene este doble aspecto a lo largo del NT. Ya hizo su entrada en el mundo por medio de la obra de Cristo (cf. Mt. 12:28 par. Lc. 11:20); pero en un día futuro se manifestará en la plenitud de la gloria que confiere la *parusía* de Cristo. A los que aguardan con ansia una participación abundante en la resurrección en ese orden celestial que el cuerpo mortal presente de carne y sangre no pueden heredar,[60] se les asegura desde ahora que este orden ya es suyo. Esta seguridad la obtienen (como Pablo dice en otro lugar) del Espíritu que mora en su interior o (como leemos en el v. 27 más adelante) del Cristo que habita en ellos.

Al parecer, Pablo tiende a distinguir estos dos aspectos del reino celestial porque reserva la expresión más común, "el reino de Dios", para referirse a su consumación futura,[61] mientras que alude a su fase actual por medio de otro término como "el reino de Cristo". De este modo, en 1 Corintios 15:24 después que Cristo reina hasta que todas las cosas son puestas debajo de sus pies, le entrega el reino a Dios el Padre; su obra soberana de mediación se fusiona entonces con el dominio eterno de Dios.[62]

14 Los que han tenido acceso a esta nueva esfera de gozo comienzan a disfrutar inmediatamente de los principales beneficios que su gobernante obtuvo para ellos. En él, recibieron su redención, con el perdón de sus pecados —en él, porque si han logrado hacer realidad *en* ellos lo que fue hecho *para* ellos es únicamente porque son partícipes de la vida resucitada de Cristo.[63]

La "redención" que poseen en Cristo es algo que él ha obtenido para ellos; y pone claramente de manifiesto que necesitaban que se les rescatara de la vida de servidumbre que llevaban antes.[64] El precio del rescate no se

---

60. 1Co. 15:50.
61. Así también, 1Co. 6:9-10; 15:50; Gá. 5:21. Otros ejemplos paulinos de ἡ βασιλεία τοῦ θεοῦ son Ro. 14:17; 1Co. 4:20; Col. 4:11 (véase la pág. 165 más adelante); 1Ts. 2:12; 2Ts. 1:5; estos hacen una referencia más general. Ef. 5:5 habla del "reino que es de Cristo y de Dios" (τῇ βασιλείᾳ τοῦ Χριστοῦ καὶ θεοῦ); aquí, los dos aspectos, están unidos (cf. 2Ti. 4:1).
62. Cf. G. Vos, *The Pauline Eschatology* (Grand Rapids, 1952), págs. 236-60; también W. D. Davies, *Paul and Rabbinic Judaism* (Londres, 1948), pág. 296.
63. Cf. J. A. T. Robinson, *The Body* (Londres, 1952), págs. 45-46.
64. Sobre la "redención" (ἀπολύτρωσις) cf. E. Büchsel, *TDNT* 4, p. 351-56 (*s.v.* λύω, λύτρον, etc.); J. Schneider y C. Brown, *NIDNTT* 3, págs. 177-223 (*s.v.* "*Redemption*"); B. B. Warfield, *The Person and Work of Christ* (Filadelfia, 1950), págs. 429-75; E. K. Simpson, *Words Worth Weighing in the Greek New Testament* (Londres, 1944), págs. 8-9; L. Morris, *The Apostolic Preaching of the Cross* (Londres, 1965), págs. 11-64; S. Lyonnet and L. Sabourin, *Sin, Redemption and Sacrifice* (Roma, 1970), págs. 61-296.

menciona aquí de forma explícita, pero resulta obvio no solo a partir del pasaje paralelo en Efesios 1:7 ("en él tenemos nuestra redención, por medio de su sangre"), sino también de otros textos paulinos en los que se expresa la misma idea, sobre todo en Romanos 3:24-25, donde se lee que los creyentes son justificados gratuitamente por la gracia de Dios "por medio de la redención que es en Cristo Jesús, a quien Dios exhibió públicamente como un instrumento de expiación por su sangre a través de la fe".[65] Queda claro que el precio que Cristo pagó por la emancipación que su pueblo disfruta en él fue su vida, la cual ofreció voluntariamente en la cruz.

Adolf Deissmann se pregunta si esta "manumisión" es "simplemente un acto único que se realizó una sola vez y para siempre en el pasado" o también (como él considera probable) "un acto de liberación que cada persona que se convierte experimenta de nuevo cuando es incorporada a Cristo".[66] La respuesta es que ambas cosas son ciertas: Cristo logró la redención para su pueblo una vez y para siempre, pero cada uno de ellos individualmente hace suya esa redención cuando se une a él por medio de la fe.

La bendición acompañante, "el perdón de los pecados", aunque se lee a menudo en el NT, es menos frecuente en Pablo: aparece en el corpus paulino solo aquí y en Efesios 1:7.[67] Por lo general, Pablo prefiere hablar en términos de justificación, la cual abarca todo lo que tiene que ver con el perdón o la remisión de los pecados pero incluye mucho más. Es probable que aquí y en Efesios 1:7 tengamos la reproducción de lo que ya era el lenguaje cristiano que se empleaba habitualmente para referirse a las bendiciones otorgadas en Cristo, posiblemente de forma de una confesión de fe primitiva.[68]

---

65. Cf. C. E. B. Cranfield, *The Epistle to the Romans*, ICC, I (Edimburgo, 1975), 205-11; E. Käsemann, *Commentary on Romans*, E.T. (Grand Rapids, 1980), págs. 95-101.
66. A. Deissmann, *Light from the Ancient East* (Londres, 1927), pág. 330.
67. Gr. τὴν ἄφεσιν τῶν ἁμαρτιῶν (en Ef. 1:7, τὴν ἄφεσιν τῶν παραπτωμάτων). Cf. Mt. 26:28; Mr. 1:4; Lc. 1:77; 3:3; 24:27; Hch. 2:38; 5:31; 10:43; 13:38; 26:18. Pablo usa el verbo correlativo ἀφίημι en este sentido solamente en la pregunta del Sal. 32:1 (31:1 LXX) en Ro. 4:7. Con ἄφεσις puede compararse el uso que hace Pablo de πάρεσις en Ro. 3:25, respecto a "pasar por alto" los pecados cometidos en el pasado. Cf. el uso de χαρίζομαι en Col. 2:13; 3:13.
68. E. Percy señala que ninguno de los términos característicamente paulinos, como la justificación o la desestimación de las ofensas, se adaptaría tan bien a la solemne dicción litúrgica de este pasaje como ἄφεσις τῶν ἁμαρτιῶν (*Die Probleme der Kolosser- und Epheserbriefe* [Lund, 1946], págs. 85-86). Además, es posible que haya habido una razón especial para unir tan estrechamente la redención y el perdón aquí si los teóricos colosenses previeron el surgimiento de otros que, según Ireneo (*Hær.* 1.21.2), distinguían el "perdón de los pecados", como una fase preliminar, de la "redención", como la fase perfecta —aquellos fueron recibidos en el bautismo instituido por el Jesús "humano", estos provenían del Cristo "divino" que descendió sobre él.

3. Himno en honor de Cristo (1:15-20)

(1) Cristo el agente en la creación (1:15-16)

15 *Él es la imagen del Dios invisible,*
   el primogénito antes de toda creación,
16 *porque en él fueron creadas todas las cosas,*
   las cosas en el cielo y las cosas en la tierra,
   las cosas visibles e invisibles,
   ya sean tronos o dominios,
   ya sean principados o poderes,
   todo ha sido creado por medio de él y para él.

(2) Señor del universo y cabeza de la iglesia (1:17-18a)

17 *Él ciertamente es antes de todas las cosas,*
   Y en él todas las cosas forman un todo coherente;
18 *Él es también la cabeza del cuerpo, la iglesia.*

(3) Cristo, el agente en la reconciliación (1:18b-20)

Él es el principio,[69]
el primogénito de entre los muertos,[70]
para que en todo él sea preeminente,
19 *porque se decretó que en él habitara toda la plenitud*
20 *y que por medio de él [Dios] reconciliara todas las cosas consigo mismo,*[71]
   habiendo hecho la paz por medio de la sangre de su cruz,
   [por medio de él],[72] *ya sean las que están en la tierra o las que están en los cielos.*

La oración por el bienestar espiritual de los colosenses le da paso ahora a uno de los pasajes cristológicos grandiosos del NT, y lo que marca la transición es el recordatorio en los vv. 13 y 14 de la redención y el perdón que han experimentado y su traslado al reino del Hijo amado de Dios. Esta mención del Hijo de Dios conduce a una declaración de la función que desempeña en la creación y en la reconciliación. Esta declaración, podemos estar seguros, no se introdujo aquí con el único propósito de producir un efecto retórico.

---

69. Gr. ἀρχή, al que P^{46} B y algunos otros testimonios anteponen el artículo ἡ.

70. Gr. πρωτότοκος ἐκ τῶν νεκρῶν. P^{46} ℵ* y uno o dos testigos más omiten ἐκ (cf. Ap. 1:5, ὁ πρωτότοκος τῶν νεκρῶν).

71. Esto presupone la grafía εἰς αὐτόν (en consonancia con Griesbach) en lugar de εἰς αὐτόν (véase la pág. 74 más adelante, con el n. 165).

72. δι' αὐτοῦ, una repetición del principio del versículo, omitido por B D* F G etc., junto con la versión latina y la sahídica, pero presente en P^{46} ℵ A C D y la mayoría de los testimonios, junto con la versión siríaca y la bohaírica.

Ocupa esta posición porque una valoración inteligente de la doctrina de Cristo es la mejor salvaguarda contra la mayoría de las formas de enseñanza herética, y ciertamente contra la que amenazaba en aquel momento la paz de los cristianos colosenses.

Estos seis versículos presentan una forma de prosa rítmica que se encuentra en una gran parte de la himnodia cristiana primitiva.[73] La repetición de algunas palabras y frases claves pone de relieve el arreglo estrófico. Al parecer, hay dos estrofas principales, *(1)* vv. 15-16, y *(3)* vv. 18b-20, y la transición entre ellos la proporcionan *(2)* vv. 17-18a.[74] Cada estrofa comienza con la expresión "Él es" (lit. "quien es")[75] y muestran las palabras y frases claves "primogénito",[76] "porque en él",[77] "por medio de él",[78] y "todas las cosas".[79] Las líneas que marcan la transición comienzan y terminan con "él ciertamente es" o

---

73. Los primeros en reconocer un himno estructurado en estos versículos fueron E. Norden, *Agnostos Theos* (Berlín/Leipzig, 1913), págs. 250-54, y E. Lohmeyer, *Die Briefe an die Philipper, an die Kolosser und an Philemon* (Göttingen, 1930), págs. 40-68. De toda la vasta y cada vez más abundante literatura que ha aparecido con posterioridad (además de los comentarios *ad loc.*), podrían mencionarse G. Harder, *Paulus und das Gebet* (Gütersloh, 1936), págs. 46-51; E. Käsemann, "*A Primitive Christian Baptismal Liturgy*" (1949), E.T. en *Essays on New Testament Themes* (Londres, 1964), págs. 149-68; C. Maurer, "*Die Begründung der Herrschaft Christi über die Mächte nach Col 1, 15-20*", en *Wort und Dienst, Jahrbuch der Theologischen Schule Bethel*, NF 4 (1955), 79-93; J. M. Robinson, "*A Formal Analysis of Colossians 1:15-20*," *JBL* 76 (1957), 270-87; E. Bammel, "*Versuch zu Col 1, 15-20*", *ZNW* 52 (1961), 88-95; H. Hegermann, "*Der Hymnus in Col 1*", in *Die Vorstellung vom Schöpfungsmittler im hellenistischen Judentum und Urchristentum, TU* 82 (Berlín, 1961), 88-157; E. Larsson, *Christus als Vorbild* (Uppsala, 1962), págs. 188-96; R. P. Martin, "*An Early Christian Hymn (Col. 1:15-20)*", *EQ* 36 (1964), 195-205; "*Reconciliation and Forgiveness in the Letter to the Colossians*", en *Reconciliatian and Hope*, ed. R. J. Banks (Exeter. 1974), págs. 104-24 (especialmente 108-16); "*Some Reflections on New Testament Hymns*", en *Christ the Lord*, ed. H. H. Rowdon (Leicester, 1982), págs. 37-49; H. J. Gabathuler, *Jesus Christus: Haupt der Kirche—Haupt der Welt* (Zürich, 1965); R. Deichgräber, *Gotteshymnus und Christushymnus in der frühen Christenheit* (Göttingen, 1967), págs. 143-55; N. Kehl, *Der Christushymnus im Kolosserbrief* (Stuttgart, 1967); J. T. Sanders, *The New Testament Christological Hymns* (Cambridge, 1971), págs. 12-14, 75-87; P. Benoit, "*L'hymne christologique de Col 1, 15-20*", en *Christianity, Judaism and Other Greco-Roman Cults*, ed. J. Neusner, I (Leiden, 1975), 226-63; W. McCown, "*The Hymnic Structure of Colossians 1:15-20*", *EQ* 51 (1979), 156-62; P. Beasley-Murray, "*Colossians 1:15-20: An Early Christian Hymn Celebrating the Lordship of Christ*", en *Pauline Studies*, ed. D. A. Hagner and M. J. Harris (Exeter/Grand Rapids, 1980), págs. 169-83; M. Hengel, "*Hymns and Christology*", E.T. en *Between Jesus and Paul* (Londres, 1983), págs. 78-96.

74. En cuanto a esta distribución, véanse P. Benoit, "*L'hymne christologique ...*", pág. 229; P. Beasley-Murray, "*Colossians 1:15-20*", pág. 170.

75. Gr. ὅς ἐστιν (vv. 15a, 18b).

76. Gr. πρωτότοκος (vv. 15b, 18b).

77. Gr. ὅτι ἐν αὐτῷ (vv. 16a, 19).

78. Gr. δι' αὐτοῦ (vv. 16 fin., 20a). Podría añadirse εἰς αὐτόν (vv. 16 fin., 20a), pero véase la pág. 49, n. 71, y la pág. 67, n. 165.

79. Gr. τὰ πάντα (vv. 16 bis, 20a). Obsérvese también la repetición quiástica de ἐν τοῖς οὐρανοῖς καὶ ἐπὶ τῆς γῆς (v. 16)/εἴτε τὰ ἐπὶ τῆς γῆς εἴτε τὰ ἐν τοῖς οὐρανοῖς (v. 20).

"él es también" (idéntico en griego),[80] la anterior resume la estrofa precedente, la segunda le da paso a la estrofa siguiente.

La primera estrofa celebra el papel que Cristo desempeñó en la creación, y muy probablemente en calidad de Sabiduría de Dios. Este tema cristiano primitivo, que ejerció una importante influencia en el pensamiento cristológico de la iglesia, no estaba restringido al círculo paulino, y tal vez no se originó allí. Se pone de manifiesto en el poema de Hebreos (Heb. 1:2b-3a), en el prólogo del cuarto Evangelio (Jn. 1:1-5) e incluso en el Apocalipsis (Ap. 3:14). La segunda estrofa celebra el papel de Cristo en la nueva creación, sobre todo en lo tocante a su obra de reconciliación. En lo que respecta a la antigua y a la nueva creación disfruta por igual del estatus de "primogénito" (vv. 15, 18). Si la primera estrofa, que celebra su función como Sabiduría creativa, circuló de manera independiente antes que se incorporara a esta carta, es posible que proporcionara el modelo que se usó para construir la segunda estrofa.[81] En cuanto a si cada una de las estrofas existió o no como una composición independiente, por la naturaleza del caso, solo pueden hacerse conjeturas. Si cualquiera de ellas ya existía, entonces podría haber sido ampliada para adaptarla al argumento de la carta.[82] La presencia y la identidad de tales ampliaciones son necesariamente cuestiones aún más conjeturales. Lo que a nosotros nos interesa, de todas formas, es el texto, tal y como aparece ante nuestros ojos, en el único contexto en el que nos ha llegado.[83]

Aquí, pues, se presenta a Cristo como el agente de Dios en la plenitud de su propósito misericordioso hacia la raza humana, que comenzó en la obra primigenia de la creación, continuó en la redención realizada a mediados de la historia y terminará con la nueva creación en la que se consumará el propósito divino.

(1) Cristo, el agente en la creación (1:15-16)

15 Según se dice, Cristo es, pues, "la imagen del Dios invisible". Pablo ya había dicho en 2 Corintios 4:4,[84] que él es "la imagen de Dios", en un contexto

---

80. Gr. καὶ αὐτός ἐστιν (vv. 17, 18).

81. Cf. P. Benoit, "*L'hymne christologique ...*," págs. 248-50. En NA26 los vv. 15-18a están impresos de forma de poema; no así los vv. 18b-20, que aparecen como una prosa común.

82. Muchos opinan (p. ej. P. Benoit) que las líneas con sangría en la traducción supra son añadiduras a una composición que ya existía.

83. R. P. Martin alega lo que ahora es una opinión mayoritaria —que los vv. 15-20 "forman un himno compacto e independiente escrito en alabanza del Cristo cósmico, el Señor de la creación y de la redención" (*Colossians: The Church's Lord and the Christian's Liberty* [Exeter, 1974], pág. 39). M. D. Hooker no está convencido de que hubiera un "himno" que ya existía, pero sugiere que el pasaje "pudo... haber sido desarrollado y formulado... con el fin de demostrar que tanto la creación como la redención se consuman en Cristo por cuanto él remplazó a la ley judía" ("*Were there False Teachers in Colossae?*" en *Christ and Spirit in the New Testament*, ed. B. Lindars y S. S. Smalley [Cambridge, 1973], págs. 316-17, 329).

84. Gr. εἰκὼν τοῦ θεοῦ (cf. aquí, εἰκὼν τοῦ θεοῦ τοῦ ἀοράτου).

que aparentemente refleja la experiencia de conversión del apóstol. Pablo reconoció al que se le reveló en el camino a Damasco como Jesucristo, el Hijo de Dios; ¿y qué tal si en ese mismo momento también lo reconoció como la *imagen* de Dios?[85] Cuando Ezequiel, muchos años antes, recibió su visión de Dios, él vio sobre un trono en medio de un resplandor semejante al del arcoíris "una figura con apariencia humana" (Ez. 1:26). Pablo tuvo una experiencia similar cuando reconoció "la gloria de Dios en la faz de Cristo" (2Co. 4:6). En ese caso, el apóstol aquí no está simplemente repitiendo las palabras de otra persona, sino que está expresando lo que su propia experiencia confirmó que era la verdad.

Decir que Cristo es la imagen de Dios equivale a decir que en él la naturaleza y el ser de Dios han sido perfectamente revelados —que en él lo invisible se ha hecho visible. "Nadie ha visto a Dios jamás", dice el cuarto evangelista, "el unigénito de Dios, que está en el seno del Padre, él lo ha dado a conocer". Más adelante, el mismo Evangelio informa que el propio Cristo dice: "El que me ha visto a mí ha visto al Padre" (Jn. 14:9). En otra carta, Pablo afirma que, desde la creación del mundo, el eterno poder y la divinidad del Creador invisible se han "percibido claramente en las cosas que han sido creadas" (Ro. 1:20). Pero ahora, Dios ha concedido una manifestación de su eterno poder y divinidad que supera a cualquier otra: "la luz del evangelio de la gloria de Cristo" ha brillado en los corazones de su pueblo por medio de la misma palabra creadora que al principio hizo que de las tinieblas resplandeciera la luz (2Co. 4:4-6). El escritor de Hebreos declara la misma verdad cuando describe a Cristo, el Hijo de Dios, como el "resplandor[86] de su gloria y la expresión exacta de su ser" (Heb. 1:3).

Ningún lector de las escrituras veterotestamentarias, al leer las palabras que ahora están ante nosotros, podría dejar de recordar que Génesis 1:26-27 afirma que Dios creó al hombre, como varón y hembra, "a su propia imagen". La desfiguración de la imagen divina en la humanidad puede haber sido causada por el pecado, no obstante, en el orden de la creación sigue siendo cierto que la humanidad es "la imagen y gloria de Dios" (1Co. 11:7).[87] Esta imagen de Dios en la humanidad, además, es una copia o un reflejo de la imagen arquetípica — es decir, del Hijo amado de Dios.[88] Y por tanto, como se nos dice más adelante,

---

85. Cf. S. Kim, *The Origin of Paul's Gospel* (Tübingen, 1981), págs. 137-62. En contra de J. Jervell, Imago Dei (Göttingen, 1960), págs. 171-336, y otros, Kim niega que Pablo haya tomado prestado el concepto de εἰκών de la iglesia helenística; apoya además la autoría paulina de Col. 1:15-20 y alega que la cristología adámica y la cristología sapiencial de Pablo se derivaron de su cristología de la εἰκών, no viceversa.

86. Gk. ἀπαύγασμα, que se usa para referirse a la sabiduría en Sab. 7:26, donde esta se describe como un "reflejo de la luz eterna, un espejo inmaculado de la obra de Dios y una imagen (εἰκών) de su bondad".

87. Gr. ἀνὴρ... εἰκὼν καὶ δόξα θεοῦ ὑπάρχων, donde, en razón del contexto, Pablo usa el término ἀνήρ (hombre a diferencia de la mujer) y no ἄνθρωπος (hombre como varón y hembra), que es la palabra de Gn. 1:26-27 (LXX) en la que se basa su declaración.

88. J. B. Lightfoot (*Colossians, ad loc.*) señala las repetidas veces que Filón usa el término

cuando se eliminan los estragos del pecado y aparece el nuevo hombre, este se renueva conforme a la imagen de su Creador (Col. 3:10).

Podríamos señalar de paso que existe una estrecha relación entre la doctrina de la creación del hombre conforme a la imagen divina y la doctrina de la encarnación de nuestro Señor. El hecho de que el hombre en el orden de la creación refleje la imagen de su Creador es lo que hizo posible que el Hijo de Dios asumiera una naturaleza humana y mostrara en esa humanidad la gloria del Dios invisible.

Cristo, además de ser la imagen de Dios, es el "primogénito de toda creación" —o, tal como se tradujo anteriormente, "primogénito antes de toda creación".[89] El objetivo de esta segunda versión tiene por objeto clarificar la fuerza de la frase genitiva, "de toda creación" y no puede interpretarse como si él fuera el primero de todos los seres creados. Por el contrario, se subraya inmediatamente que fue por él que toda la creación se hizo realidad.[90] Lo que esto quiere decir es que el Hijo de Dios, que existía "antes que todas las cosas" (v. 17), ejerce el privilegio de la primogenitura como Señor de la creación, el que fue divinamente constituido "heredero de todas las cosas" (Heb. 1:2). Él estaba allí cuando comenzó la obra de la creación, y fue para él y también por medio de él que fue consumada.[91]

El título "primogénito" evoca la fraseología del Salmo 89:27, donde Dios dice respecto al rey David: "Yo también lo haré mi primogénito, el más excelso de los reyes de la tierra".[92] Pero el título le corresponde a Cristo no solo como Hijo de David, sino también como la Sabiduría de Dios.[93] En la literatura

---

εἰκών como una descripción del λόγος (véase además el comentario sobre Col. 3:10, pág. 133, n. 83). "Más allá de la noción tan obvia de semejanza", añade Lightfoot, "la palabra εἰκών implica otras dos ideas: (1) *Representación* ... (2) *Manifestación* ..." (*Colossians*, pág. 145). Véase también E. W. Eltester, *Eikōn im Neuen Testament* (Berlín, 1958), págs. 130-52.

89. Cf. A. Hockel, *Christus der Erstgeborene: Zur Geschichte der Exegese von Kol 1, 15* (Düsseldorf, 1965).

90. Un paralelismo rabínico es la designación *qaḏmônô šel 'ôlām* ("primero del mundo") que la usa el rabino Eleazar, hijo del rabino Simeón, a mediados del siglo II para referirse a Dios (*GenR* 38.7 sobre Gn. 11:2).

91. Un paralelismo con este uso "exclusivo" de un superlativo que se cita con frecuencia en la literatura inglesa es el pareado IV.323-24 del *"Paraíso perdido"* de Milton: Adán, el mejor de los hombres que fueron sus hijos; Eva, la más bella de las mujeres que nacieron hijas suyas.

A. W. Argyle señala que la mayoría de los comentaristas se contentan con citar como un paralelismo bíblico griego la frase πρῶτός μου ἦν (Jn 1:15) y propone uno más estrecho tomado de 2Re. 19:43 en la LXX (que no aparece en el lugar correspondiente en el TM, 2Sa. 19:43), πρωτότοκος ἐγὼ ἢ σύ "Yo nací antes que vosotros" ("πρωτότοκος πάσης κτίσεως [Colossians i.15]". *ExT* 66 [1954-55], 61-62).

92. Este pasaje veterotestamentario se refleja también en Ap. 1:5 (véase la pág. 49, n. 70), donde "altísimo" (Heb. 'elyôn, LXX ὑψηλός) se traduce como ἄρχων.

93. C. E. Burney, "Christ as the APXH of Creation", *JTS* 27 (1925-26), 160-77, descubre en πρωτότοκος πάσης κτίσεως una alusión a las palabras que usa la Sabiduría para darse a conocer en Prov. 8:22, YHWH qānānî rēʾšît darkô. "El Señor me engendró, al principio de su camino". Entonces, en razón del uso rabínico en el siglo III del término rēʾšît ("principio") en Prov. 8:22 para justificar el de *bᵉrēʾšît* ("en el principio") en Gn. 1:1 (véase la pág. 56 más adelante con la n. 112),

sapiencial veterotestamentaria, la sabiduría, en el mejor de los casos, es la personificación de un atributo divino o de la santa ley,[94] pero los que escribieron el NT sabían que, cuando hablaban de la Sabiduría en términos personales, se referían a un individuo que estaba verdaderamente vivo, a un individuo cuyo ministerio cuando residió en la tierra santa era todavía recordado por muchos. Para todos esos escritores, como también para Pablo, Cristo era la Sabiduría encarnada y personal (no personificada) de Dios.[95]

Al igual que ocurre con todos los presagios veterotestamentarios directos o indirectos acerca de nuestro Señor (incluyendo el propio concepto mesiánico), los escritores del NT interpretan este en función del hecho histórico y personal de Cristo, y no viceversa. Por esta razón, no consideran que el conocido pasaje de Proverbios 8:22-31, donde la Sabiduría personificada habla de su presencia en la creación del mundo, sea una profecía de la que puedan extraerse conclusiones cristológicas, por mucho que se inspiren en su fraseología para describir a Cristo como la Sabiduría de Dios. Algunos escritores cristianos posteriores se vieron envueltos en una vergüenza innecesaria cuando trataron de extraer una exégesis cristológica del pasaje.[96] Lo que Pablo y sus contemporáneos dan a entender en primer lugar no es que la Sabiduría personificada de los libros veterotestamentarios sea realmente Cristo, sino que ese Cristo —el Cristo que vivió en la tierra como un hombre, que murió y resucitó, "a quien Dios hizo sabiduría nuestra" (1Co. 1:30)— es el mismo que era antes de toda creación, el Cristo preexistente y cósmico.[97]

Burney procede a abordar Col. 1:15-18 como una exposición elaborada de Gn. 1:1, en la que Pablo se esfuerza por demostrar que Cristo agota todos los significados que pudieran extraerse del término *rē'šît* (o de su cognado *rō'š*, "cabeza") —"que él podría ser preeminente en todas las cosas". Véase también W. D. Davies, *Paul and Rabbinic Judaism* (Londres, 1948), págs. 147-76.

94. Esto es válido incluso respecto al λόγος de Filón, a pesar de que este recibe el epíteto πρωτόγονος (*Confusion of Tongues* 146); el λόγος de Filón, a diferencia del de Juan, nunca se hizo carne ni habitó entre los hombres.

95. Al igual que en 1Co. 1:24; cf. C. A. A. Scott, *Christianity according to St. Paul* (Cambridge, 1927), págs. 264-65. La pregunta en cuanto a la manera en que los primeros pensadores cristianos imaginaron el desempeño por parte de Cristo de su papel como Sabiduría celestial podría responderse mejor haciendo referencia a sus propios discursos ocasionales en cumplimiento de esa función. Cf. J. R. Harris, *The Origin of the Prologue to St. John's Gospel* (Cambridge, 1917); *The Origin of the Doctrine of the Trinity* (Manchester, 1919).

96. Los seguidores de Atanasio se sintieron particularmente desconcertados por la fraseología de la LXX, Κύριος ἔκτισέ με ("el Señor me *creó*"), que parecía beneficiar a los arrianos y otros herejes.

97. En cuanto a la naturaleza cristiana primitiva de esta afirmación, véase F. V. Filson, *The New Testament against its Environment* (Londres, 1950), págs. 61-62. Más recientemente, J. D. G. Dunn alegó que la doctrina de la preexistencia de Cristo (como el Verbo de Dios) no aparece en el NT antes del cuarto Evangelio, que la presentación que hace Pablo de él como la Sabiduría de Dios sí implica una doctrina de la encarnación, pero es una doctrina que considera que él es la encarnación de la actividad creadora y salvadora de Dios pero no que sea verdaderamente preexistente (*Christology in the Making* [Londres, 1980], págs. 176-96, 258-68). Véase también A. T. Hanson, *The Image of the Invisible God* (Londres, 1982).

La idea de la preexistencia no es desconocida en el pensamiento judío.[98] La encontramos, por ejemplo, en estudios posteriores acerca del Mesías[99] y en el Hijo del Hombre preexistente de la literatura de Enoc.[100] Pero para la mente de los que los analizaban, esos seres preexistentes eran en gran medida ideales; la preexistencia aquí se le atribuye a un hombre que había vivido y había muerto en Palestina durante los últimos cincuenta años.[101] Este no es el único lugar en las cartas paulinas en el que se afirma o se da a entender la preexistencia de Cristo,[102] y Pablo tampoco es el único escritor neotestamentario que la enseña. Esa misma enseñanza aparece en Hebreos (Heb. 1:2; 10:5-9) y en el cuarto Evangelio (Jn. 1:1-2; 8:58), mientras que en el Apocalipsis, Jesús es el Alfa y la Omega, el primero y el último, la raíz de David y también su descendiente (Rev. 1:17; 2:8; 22:13, 16).

Pero Pablo no habla solamente de un Cristo preexistente, sino también de un Cristo cósmico: es decir, descubre en Cristo "la clave de la creación, declarando que todas las cosas son o están en él".[103] Cualesquiera que sean las figuras de la literatura judía, canónica o de otro tipo, a las que se les haya adjudicado una preexistencia, a ninguna de ellas podría atribuírsele una actividad ni un sentido cósmicos como los que se le atribuyen al Cristo preexistente aquí.[104] Ni tampoco este es el único lugar en el que Pablo hace esta adjudicación: en 1 Corintios 8:6 el apóstol ya había declarado que los cristianos tienen "un solo Señor, Jesucristo, por quien son todas las cosas, y por medio del cual existimos nosotros", mientras que en Romanos 8:19-21 indica que la redención que Cristo garantizó obra a favor no solo de sus beneficiarios inmediatos, "los hijos de Dios", sino también, a través de ellos, a favor de toda la creación.[105]

16 Cristo, pues, es anterior a toda la creación y, en calidad de primogénito del Padre, es heredero de todo. Pero hay más: es "en él" que fueron creadas todas las cosas. Si se pregunta por qué se emplea aquí la preposición

---

98. Cf. R. G. Hamerton-Kelly, *Pre-existence, Wisdom and the Son of Man* (Cambridge, 1973).

99. Un ejemplo será suficiente: La preexistencia del Mesías se deducía de las palabras de Sal. 72:17, "¡Que su nombre se perpetúe mientras dure el sol!" (lit., "... antes que el sol"), donde el verbo *yinnôn* ("que permanezca") se tomaba como un nombre propio y la cláusula se interpretaba como: "antes que el sol su nombre era Yinnon" (TB *Sanhedrin* 98b, citando la escuela de R. Yannai).

100. Cf. T. W. Manson, "*The Son of Man in Daniel, Enoch and the Gospels*" (1950), en *Studies in the Gospels and Epistles*, ed. M. Black (Manchester, 1962), págs. 123-45; M. D. Hooker, *The Son of Man in Mark* (Londres, 1967), págs. 33-48; P. M. Casey, *The Son of Man* (Londres, 1979), págs. 99-112.

101. "El Mesías celestial de los apocalipsis es una figura sin vida, revestida de una luz inaccesible. El Cristo resucitado de Pablo, en cambio, es una persona a quien un ser humano puede amar; de hecho, es una persona a quien Pablo ciertamente amaba" (J. G. Machen, *The Origin of Paul's Religion* [New York, 1921], págs. 194-95).

102. Cf. 2Co. 8:9; Fil. 2:6-7.

103. A. M. Hunter, *Interpreting Paul's Gospel* (Londres, 1954), pág. 60.

104. "El Mesías de los apocalipsis… no se toma como un ser asociado con Dios en la creación del mundo" (Machen, *Origin*, p. 194).

105. Pero véase la pág. 44, n. 46.

"en" y no la frase más usual "por medio de", la respuesta, al parecer, es que Cristo es el principio "en" el cual, según Génesis. 1:1, "Dios creó el cielo y la tierra". Esto no es una simple suposición: en el v. 18 se le llama expresamente "el principio". La frase "en él" parece identificar a Cristo con la "esfera" en la que tiene lugar la obra de la creación; podríamos compararlo con Efesios 1:4, donde leemos que los miembros del pueblo de Dios fuimos escogidos "en él" antes del comienzo del tiempo. La creación de Dios, al igual que su elección, tiene lugar "en Cristo" y no aparte de él.[106]

Cuando el apóstol dice que todas las cosas fueron creadas "por medio de él", tal como leemos al final del v. 16, presenta a Cristo como el agente del que Dios se valió para formar el universo.[107] Esto lo corrobora el escritor de Hebreos cuando afirma que fue por medio del Hijo que Dios hizo los mundos (Heb. 1:2), y el cuarto evangelista, quien declara con su inflexibilidad habitual que "todas las cosas fueron hechas por medio de él, y sin él nada de lo ha sido hecho, fue hecho". (John 1:3).[108]

Esto no es igual a la doctrina de Filón de la función del *logos* en la creación. El *logos* de Filón está prácticamente identificado con el "mundo inteligible" que Dios concibió en su mente como un plano para el mundo material;[109] su designación como primogénito de Dios es puramente metafórica.[110] Y aunque no resulta difícil observar afinidades entre el lenguaje de Pablo aquí y la terminología estoica, la idea de Pablo no se deriva del estoicismo sino del Génesis[111] y de la literatura sapiencial veterotestamentaria, en la que la que se personifica a la Sabiduría y se le atribuyen las funciones de evaluar al Creador y ser su artífice maestro[112] (aunque, para Pablo, "artífice maestro" ya no es una figura del lenguaje, sin una descripción del verdadero papel que desempeña el Cristo personal preexistente).

Así, pues, el agente por medio del cual se llevó a cabo la obra divina de la redención es el mismo por quien tuvo lugar el acto divino de la creación

---

106. Cf. E. Haupt, *Der Brief an die Kolosser* (Göttingen, 1897), págs. 30-31 respecto a la frase ἐν αὐτῷ en Col. 1:16 y Ef. 1:4.

107. Gr. διά, al igual que en 1Co. 8:6; Heb. 1:2; Jn. 1:3, que se citan en las exposiciones anteriores.

108. En cuanto a la puntuación de Jn. 1:3-4 véase B. M. Metzger, *A Textual Commentary on the Greek New Testament* (Londres/New York, 1971), págs. 195-96.

109. Filón, *On the Making of the World* 20-23.

110. Cf. pág. 54, n. 94.

111. Donde Dios habla y la creación se materializa; cf. Sal. 33:6, "Por la palabra del Señor fueron hechos los cielos...."

112. Heb. ʼāmôn (Pr. 8:30). La traducción "artífice maestro" (ʼōmēn; cf. Nm. 11:12, donde significa "padre nutricio") fue propuesta por el rabino Hoshaiah (en la primera mitad del siglo III), y revocalizó el término ʼāmôn de la manera conveniente (*GenR* 1.1 sobre Gn. 1:1; véase la pág. 53, n. 93). El ἀμήν de Ap. 3:14 (donde el Cristo resucitado se autodenomina "el Amén... el principio de la creación de Dios") refleja tal vez el ʼāmôn de Pr. 8:30. Hoshaiah, como también ocurre en el judaísmo normativo en general, identificó la sabiduría con la *tôrāh*, "el instrumento deseable con el que fue creado el mundo" (R. Aqiba en *Pirqê ʼAbôt* 3.18). Véase también la pág. 59, n. 125.

en el principio. Su relación con el universo creado en función de mediador le proporciona al evangelio de la salvación un entorno que ayuda a su pueblo a valorar mucho más ese evangelio.[113] Para los que han sido redimidos por Cristo, el universo no tiene terrores finales; ellos saben que su Redentor es también el creador, el gobernante y su meta final.

Es probable que con especial referencia a la "herejía colosense" se ponga ahora de relieve que, si todas las cosas fueron creadas por Cristo, entonces los poderes espirituales a los que dicha herejía concedía tanto protagonismo deben haber sido creados por él también. Los moradores de las esferas superiores, al igual que los habitantes de la tierra, le deben su ser a su poder creador —las fuerzas invisibles del mundo espiritual, así como el orden visible y material.[114] Visibles o invisibles, Cristo fue su creador original, y él es quien puede disponer o prescindir finalmente de todos ellos.

Los primeros cristianos contaban con la autoridad de su Señor para creer en ángeles buenos y malos. Aquí se subraya que, sean buenos o sean malos, todos ellos están sujetos a Cristo por igual. Es posible que en razón de la situación en Colosas, Pablo estuviera pensando en poderes hostiles y no amistosos; pero el primer argumento del que se vale para tratar de reducirlos a sus dimensiones correctas ante los ojos de los cristianos es el hecho de que ellos deben su existencia al Salvador de los cristianos.[115]

Podría decirse que, en total, hay cinco clases de príncipes angélicos que se distinguen en el NT —a saber, tronos, principados, autoridades, poderes y dominios.[116] Estos representan probablemente los órdenes más altos del reino angélico, pero la diversidad de formas en las que se combinan los términos en el NT nos previene contra cualquier intento de reconstruir una jerarquía

---

113. I. Henderson, *Myth in the New Testament* (Londres, 1952), págs. 31-32, señala que la doctrina de la creación no puede "desmitificarse" y expresarse en términos existenciales, cualquier esfuerzo en ese sentido la eliminaría por completo. Como resultado de ello, la cristiandad no tendría nada que decir acerca de la relación de Dios con el mundo material, "que incluye, debemos recordar, la relación de Dios con el hombre que, en razón del cuerpo que posee, también forma parte, en cierto sentido, del mundo material".

114. W. Michaelis considera que el adjetivo ὁρατά incluye toda la esfera terrenal, con las estrellas y los demás fenómenos celestiales, mientras que ἀόρατα se refiere exclusivamente a los "poderes" (*TDNT* 5, p. 369, *s.v.* ὁράω, etc.).

115. Otro argumento, que el apóstol presenta en Col. 2:15, es que estos poderes fueron derrotados por ese mismo Salvador. "Pablo subraya repetidamente que Cristo puso a TODOS ellos, es decir, a estos poderes cósmicos, bajo su poder y los volvió inocuos" (M. Dibelius, "*The Isis Initiation in Apuleius and Related Initiatory Rites*" (1917), E.T. en *Conflict at Colossae*, ed. E. O. Francis and W. A. Meeks [Missoula, MT, 1975], pág. 82).

116. Gr. θρόνοι, ἀρχαί, ἐξουσίαι, δυνάμεις, κυριότητες. Cf. Milton, *Paradise Lost* 5.601: "Tronos, dominios, principados, virtudes, poderes". Las cuatro órdenes que se mencionan aquí son θρόνοι, κυριότητες, ἀρχαί y ἐξουσίαι. Los "tronos" podrían guardar cierta relación con los veinticuatro ancianos de Ap. 4:4 que están sentados en tronos. Véanse además G. B. Caird, *Principalities and Powers* (Londres, 1956); H. Schlier, *Principalities and Powers in the New Testament*, E.T. (Freiburg/Londres, 1961); W. Carr, *Angels and Principalities* (Cambridge, 1981), especialmente las págs. 47-85.

establecida para ellos.[117] Lo que se destaca aquí es que los príncipes angélicos más altos, al igual que el resto de la creación, están sujetos a Cristo, por cuanto es en él, por medio de él y para él que ellos fueron creados.[118] Fueron creados *en* él, porque todos los designios y actividades del Padre (incluyendo los de la creación) se centran en el Hijo; fueron creados *por medio de* él, porque él es el agente divino en la creación; fueron creados *para* él, porque él es la meta a la que todos ellos tienden.[119]

El concepto de Cristo como la meta de la creación desempeña un papel esencial en la cristología paulina y, de hecho, en la soteriología. El impacto que esto produce es aún mayor cuando se tiene en cuenta que la persona que se presenta como meta de la creación era Jesús de Nazaret, crucificado hacía muy poco en Jerusalén, cuya aparición a Pablo como el Señor resucitado en el camino a Damasco despertó en él el amor y la fe irresistibles que reorientaron por completo su mentalidad y su conducta, y a partir de ese momento, continuaron siendo el móvil dominante de su vida. Cualquier esfuerzo por entender la cristología de esta carta sin tomar en consideración este compromiso personal de Pablo con Cristo nos haría llegar al tipo de conclusiones que el propio Pablo desecha por ser "conformes a las fuerzas elementales del mundo, y no según Cristo" (Col. 2:8).[120]

Esto distingue la enseñanza de Pablo acerca de Cristo como la meta de la creación de todos los paralelismos judíos que se han aducido para ella.[121] Todo lo que había sido revelado acerca de Dios anteriormente ha recibido ahora una iluminación nueva de la realidad de Cristo y de la fe en Cristo — no solo en lo que respecta a la actividad salvífica de Dios sino también a su función como Creador del universo y Señor de la historia. La manera en que Dios pasa por alto el curso de la historia para cumplir su propósito es un punto en el que se hace especial hincapié a lo largo del AT, pero aquí se pone de relieve la relación tan vital que guarda el cumplimiento de su propósito con la persona y la obra de Cristo. Así, también, en Efesios 1:10 el apóstol declara que el propósito que Dios concibió en Cristo antes del comienzo del tiempo,

---

117. En Col. 2:10, 15 (al igual que en Ef. 3:10; 6:12), se resumen de una manera más concisa como "principados y potestades" (ἀρχαὶ καὶ ἐξουσίαι).

118. El tiempo de la forma verbal "fueron creadas" (ἐκτίσθη) al principio del v. 16 es aoristo, y se refiere al acto de la creación en sí; el tiempo de "ha sido creado" (ἔκτισται) al final del versículo es perfecto, y se refiere al resultado permanente del acto creativo.

119. En cuanto a la suma de varios sintagmas preposicionales para expresar la relación de Dios o de Cristo con el universo, cf. Ro. 11:36; 1Co. 8:6; Ef. 4:6. Si relacionáramos esas construcciones con formulaciones estoicas —comparándolas, por ejemplo, con el apóstrofe de Marco Aurelio a la naturaleza: ἐκ σοῦ πάντα, ἐν σοὶ πάντα, εἰς σὲ πάντα (*Meditaciones* 4.23) — estaríamos prestándole más atención a la forma de las palabras que a su sustancia. La intención de Pablo es tan diferente de la de los filósofos estoicos como el Dios del que habla Pablo, del mundo del alma panteísticamente concebido del estoicismo.

120. Cf. E. Percy, *Die Probleme*, pág. 72.

121. Por ejemplo, TB *Sanhedrin* 98b expone la opinión de R. Yohanan (d. A.D. 279) de que el mundo fue creado con miras al Mesías.

y que se consumará cuando haya llegado la época prefijada, es que todas las cosas, en el cielo y en la tierra, sean reunidas en Cristo. O, tal como Pablo lo había expuesto algún tiempo atrás, es por medio de la función mediadora del dominio mundial de Cristo que el reino eterno de Dios será establecido definitivamente (1Co. 15:24-28).[122]

(2) Señor del universo y cabeza de la iglesia (1:17-18a)

17 Una reafirmación de la preexistencia y la importancia cósmica de Cristo resume ahora la enseñanza de los vv. 15 y 16: "él es antes de todas las cosas, y forman un todo coherente en él". "En el principio Dios creó el cielo y la tierra", dice Génesis; pero en ese principio, según Juan, que fue el principio de todas las cosas creadas, el Verbo divino ya existía (Jn. 1:1). Por mucho que forcemos nuestra imaginación, nunca llegaremos a un punto en el que podamos decir con Arrio, "hubo un tiempo en el que él no existía",[123] porque él es "antes de todas las cosas"[124] —una frase que no solo declara su prioridad temporal respecto al universo, sino que también sugiere que es superior a él (tal como ya había dejado entrever el título "primogénito").

La declaración de que "todas las cosas *forman un todo coherente* o se mantienen unidas[125] en él, le añade algo a lo que ya se había dicho acerca de su intervención en la creación. Lo que se hizo realidad a través de él, permanece siendo por él. De manera similar, en Hebreos 1:2-3, los mundos no solo fueron hechos por medio del Hijo de Dios, sino que él también los sostiene por su palabra todopoderosa y activa. El verbo griego que se traduce como "cohesionar, mantener unido" aparece como un término platónico y estoico: según Filón, el material del cuerpo humano "se cohesiona y es vivificado por la providencia de Dios".[126] Ben Sirá afirma que por la palabra de Dios "todas las cosas se mantienen unidas" (Sir. 43.26).[127] Pero para Pablo el Cristo vivo, que murió para redimir a su pueblo, es el sustentador del universo y el principio unificador de la vida del mismo.

18 Hasta aquí, Pablo ha expuesto la doctrina de Cristo en términos que él comparte con otros escritores neotestamentarios —términos que, de hecho, pueden haber pertenecido a una catequesis o confesión cristiana generalizada,

---

122. Véase anteriormente, pág. 47 con la n. 62.
123. Gr. ἤ ποτε ὅτε οὐκ ἦν, una proposición explícitamente anatematizada en el credo de Nicea (325 d.C.)
124. Gr. πρὸ πάντων, una frase que denota importancia prioritaria en Stg. 5:12; 1Pe. 4:8 (cf. C. F. D. Moule, *IBNTG*, pág. 74).
125. Gr. συνέστηκεν. Esto también podría evocar Pr. 8:30 si R. B. Y. Scott tiene razón al interpretar ʾāmôn en ese versículo como "un vínculo vivo" o un "lazo vital" ("Wisdom in Creation: The ʾĀmôn of Proverbs viii.30", *VT* 10 [1960], 213-23). En la LXX ʾāmôn se traduce como ἁρμόζουσα ("alguien que encaja o complementa"), femenino en correspondencia con σοφία.
126. Filón, *Who is Heir of Divine Things?* 58.
127. Gr. ἐν λόγῳ αὐτοῦ σύγκειται πάντα (Heb. ûḇiḏʿḇārâw yippāʾēl rāṣôn, "y por sus palabras es hecha [su] voluntad").

aun cuando imprima en ellos la huella de su propia experiencia y de su pensamiento. Pero ahora hace una contribución a la cristología apostólica que es distintivamente suya y dice que este Cristo "es también la cabeza del cuerpo, la iglesia".

Los que admiten que los vv. 15-20 son un himno prepaulino que fue incluido en el argumento de esta carta, creen, por lo general, que la frase "la iglesia" es una glosa que añadió el escritor de la carta para dejar claro en qué sentido debía tomarse "el cuerpo" (lo cual puede ser cierto), y muchos piensan que en la forma original del himno el cuerpo era el *kosmos*.[128] Esta carta sin duda presenta a Cristo como cabeza del *kosmos* por cuanto él es su creador y quien lo gobierna —cabeza, en particular, "de todo poder y autoridad" (Col. 2:10). Pero cuando la cabeza y el cuerpo se usan como términos correlativos, la relación fisiológica ocupa el primer plano, y hasta ahora no se ha demostrado que el *kosmos* haya sido concebido alguna vez como el cuerpo de Cristo en *este* sentido.

El uso del cuerpo como una figura de la vida común y la interdependencia de un grupo político o social no era nada extraño en la antigüedad. Encuentra una expresión clásica en la fábula de Menenio Agripa, quien convenció a los plebeyos separados de Roma para que regresaran y vivieran entre los patricios alegando que, si las demás partes del cuerpo conspiraban para privar de alimentos al estómago porque no trabajaba, muy pronto se verían sufriendo a causa de ello.[129] Además, el estoicismo veía el poder divino como el alma del mundo, que informaba al universo material del mismo modo que el alma individual informa al cuerpo[130] —una opinión que se resume de manera sucinta en la estrofa de Alexander Pope:

---

128. En cuanto a ese punto de vista, véase E. Schweizer, "*Die Kirche als Leib Christi in den paulinischen Antilegomena*", en *Neotestamentica* (Zürich, 1963), págs. 293-316. E. Käsemann, para quien la composición original no es solo prepaulina sino también precristiana, piensa que el tema de la misma era el Redentor gnóstico, identificado con el hombre arquetípico, y que "la iglesia" y otras adiciones formaban parte de su adaptación como una liturgia bautismal cristiana ("*A Primitive Christian Baptismal Liturgy*"). H. A. Wagenführer, *Die Bedeutung Christi für Welt und Kirche* (Leipzig, 1941), pág. 62, toma la frase τῆς ἐκκλησίας como una glosa editorial que se introdujo en el texto de Colosenses —para esto no hay ninguna prueba textual. N. Kehl, *Der Christushymnus*, pág. 41, rechaza la idea de que el cuerpo sea el *kosmos* (y se niega a tratar τῆς ἐκκλησίας como una adición a la composición original) alegando que, si el universo ya está relacionado con Cristo como su cabeza, no es necesario que sea reconciliado con Dios. (Pero en Col. 2:10 él es "la cabeza de todo principado y poder", y algunos de estos al menos son hostiles). Véase también I. J. DuPlessis, *Christus as Hoof van Kerk en Kosmos* (Groningen, 1962).

129. Livy, *History* 2.32.9-12.

130. Los estoicos también aplicaban la analogía del cuerpo al estado, en el que cada ciudadano tenía una función que cumplir como miembro de un cuerpo. Según W. L. Knox (*St. Paul and the Church of the Gentiles*, pág. 161), los acontecimientos políticos de la época helenística modificaron la forma de esta analogía, desviando la atención de los deberes mutuos y centrándola en la importancia superior de la cabeza: "es bastante probable que esta transición se llevara a cabo en Alejandría a favor de los ptolomeos antes de convertirse en un método conveniente para adular a los emperadores romanos". "Knox deriva el concepto que tiene Pablo de la iglesia como el cuerpo de

Todos son partes de un estupendo todo,
Cuyo cuerpo es la naturaleza, y Dios el alma.[131]

No obstante, debemos buscar en otro lugar la fuente de la presentación de Pablo de la iglesia no solo como un cuerpo organizado sino como el cuerpo de Cristo —"*somos* un *solo* cuerpo en Cristo" (Ro. 12:5).

El primer lugar (en orden cronológico) donde Pablo habla de la iglesia de esta manera es 1 Corintios 12:12-27.[132] Esta sección comienza con las palabras: "Porque así como el cuerpo es uno, y tiene muchos miembros, y todos los miembros del cuerpo, aunque son muchos, constituyen un solo cuerpo, así también es Cristo. Pues por un mismo Espíritu todos fuimos bautizados en un solo cuerpo —ya judíos o griegos, ya esclavos o libres— y a todos se nos dio a beber del mismo Espíritu". Y se resume al final del pasaje (en el v. 27) con la siguiente declaración: "Ahora bien, vosotros sois el cuerpo de Cristo, y cada uno individualmente un miembro de él". En estas palabras Pablo se esfuerza por grabar en las mentes de los cristianos corintios que, por el hecho de ser miembros de Cristo, tienen deberes mutuos e intereses comunes que no pueden desatender.

Uno o dos años después, en Romanos 12:4-5, él declaró que "así como en un cuerpo tenemos muchos miembros, pero no todos los miembros tienen la misma función, así nosotros, aunque somos muchos, somos un solo cuerpo en Cristo, e individualmente miembros los unos de los otros". Pablo aquí está pensando en la variedad de servicios que prestan los distintos miembros de la iglesia, de acuerdo con sus respectivas habilidades, para ayudar todos juntos a edificar a la comunidad a la que pertenecen.

En aquellas primeras cartas, en las que la terminología relativa al cuerpo y sus partes constitutivas se usó para expresar las relaciones y obligaciones mutuas de los miembros de la iglesia,[133] no se dice que Cristo sea la cabeza del cuerpo: la cabeza se menciona de forma incidental como uno de los muchos miembros del cuerpo (1Co. 12:21). Pero en esta carta (y en Efesios)[134] Cristo, como cabeza, mantiene una relación exclusiva con su cuerpo, que es la iglesia.

La palabra "cabeza" se emplea en sentido figurado de diversas maneras. Cuando se usa en relación con el "cuerpo", pensamos naturalmente en la conexión orgánica que existe entre la cabeza y el cuerpo, pero incluso en este caso es importante tener en cuenta los sentidos especiales que se le dan a la

---

Cristo de esta idea común de los estoicos.

131. Pope, *Essay on Man*, i.267-68.

132. En 1Co. 6:15 dice que los cuerpos de los creyentes son "miembros de Cristo"; pero la idea de un cuerpo colectivo no está explícita ahí. De hecho, cualquiera que "se une al Señor, se vuelve un solo espíritu con él" (1Co. 6:17), no "un cuerpo" (pero en cuanto a la estrecha asociación entre "un espíritu" y "un cuerpo", véanse 1Co. 12:13; Ef. 4:4).

133. Cf. también 1Co. 10:16-17; 11:29 (y, en términos más generales, 1Co. 8:12; 2Co. 5:14; Gá. 3:27-28; 4:14).

134. Cf. Ef. 1:23; 2:16; 4:4, 12, 16; 5:23, 30.

"cabeza" en los escritos de Pablo. Entre estos sentidos especiales se destaca el que se le da en 1Co 11:3, donde Cristo es la cabeza de cada varón, el varón es la cabeza de la mujer y Dios es la cabeza de Cristo". En estas tres cláusulas el término "cabeza" debe interpretarse mejor como "fuente" u "origen" (la afirmación de que "el varón es cabeza de la mujer" hace referencia a la formación de Eva del costado de Adán en Gn. 2:21-22).[135] En el texto que nos ocupa ahora, donde leemos que Cristo es "la cabeza del cuerpo, la iglesia", aparte de la obvia relación orgánica entre el cuerpo y la cabeza, subyace la idea de que Cristo es la fuente de la vida de la iglesia, y probablemente también (de acuerdo con otro sentido figurado del término "cabeza") que él es Señor de la iglesia.

En lo que respecta a la relación orgánica, Cristo junto con su pueblo se consideran una entidad viva: Cristo es la cabeza, que comunica vida y ejerce el control y la dirección; su pueblo es su cuerpo, individualmente sus miembros y órganos, que están sujetos a su control, obedecen sus orientaciones y llevan a cabo su obra. Y la vida que anima el conjunto es su vida resucitada, la cual él comparte con su pueblo.

Cuando nos fijamos en la manera en que Pablo desarrolla el concepto de la iglesia como cuerpo de Cristo, resulta muy poco probable que hubiera derivado dicho concepto del pensamiento estoico,[136] y menos probable aún que hubiera sido influenciado por ideas gnósticas.[137] Pablo estaba familiarizado con las elucubraciones rabínicas que imaginaban a todos los seres humanos como miembros de Adán,[138] y nosotros conocemos la presentación que hace de la antítesis entre lo que significa estar "en Adán" y estar "en Cristo".[139] Pero no tenemos por qué pensar que su descripción de todos los creyentes como miembros de un solo cuerpo —el cuerpo de Cristo— se hubiera formado por analogía con este tipo de divagación. En realidad, tanto la elucubración rabínica como la descripción de Pablo tienen su origen en la antigua forma hebrea de pensamiento a la que comúnmente se le ha llamado "personalidad corporativa".[140] Los hombres y las mujeres, por la vía del nacimiento natural,

---

135. Cf. S. Bedale, "The Meaning of κεφαλή in the Pauline Epistles", *JTS* n.s. 5 (1954), 211-15.

136. Cf., además de W. L. Knox (n. 130 supra), T. Schmidt, *Der Leib Christi* (Leipzig, 1919); G. Johnston, *The Doctrine of the Church in the New Testament* (Cambridge, 1943), pág. 87. Aun en el caso de que el lenguaje de Pablo estuviera influenciado por la terminología estoica, los conceptos que expresa por medio de su lenguaje no son estoicos.

137. Cf. H. Schlier, *Christus und die Kirche im Epheserbrief* (Tübingen, 1930). págs. 37-60; E. Käsemann, *Leib und Leib Christi* (Tübingen, 1933), págs. 138-59; R. Bultmann, *Theology of the New Testament*, E.T., I (Londres, 1951), 178-79.

138. Cf. W. D. Davies, *Paul and Rabbinic Judaism*, págs. 53-55.

139. Cf. Ro. 5:12-19; 1Co. 15:21-22, 45-49.

140. Cf. A. Schweitzer, *The Mysticism of Paul the Apostle*, E.T. (Londres, 1931), *pássim* (el aspecto particular de la personalidad corporativa sobre el que Schweitzer basa su argumento es la solidaridad predestinada del Mesías con el pueblo mesiánico o elegido, un concepto que él deriva de la literatura apocalíptica); E. Best, *One Body in Christ* (Londres, 1955), págs. 93-95, 203-07. La expresión "personalidad corporativa" se originó, al parecer, con H. W. Robinson, "*The Hebrew*

participan de la vida de Adán (cuyo nombre significa "humanidad") y por tanto, puede decirse que están "en Adán"; como herederos de la nueva creación, por su renacimiento espiritual, participan de la vida resucitada de Cristo ("el segundo Adán") y por ende, están "en Cristo". Es esta existencia "en Cristo" a la que se refiere Pablo de manera vívida en su presentación de la iglesia como el cuerpo de Cristo.[141] El germen de este concepto en la mente de Pablo puede hallarse sin duda en las palabras de Cristo que él oyó en el camino a Damasco —palabras que el Cristo resucitado usó para identificarse con sus seguidores: "¿por qué me persigues?" (Hch. 9:4; 22:7; 26:14).[142]

El origen del concepto, sin embargo, es menos importante que la intención de Pablo al usarlo. Lo utiliza cuando desea realzar ciertos aspectos de la relación entre los miembros de la iglesia, o entre la iglesia y Cristo; cuando desea realzar algunos otros aspectos, emplea otra terminología. Desde otros puntos de vista, por ejemplo, la iglesia se ve como la novia de Cristo,[143] o como el edificio del cual él es el cimiento o la piedra angular,[144] etc. Algunos teólogos, de hecho, tratan el concepto de la iglesia como el cuerpo de Cristo de manera diferente a esos otros conceptos, y aunque admiten que son metafóricos, insisten en que el término "cuerpo de Cristo" debe interpretarse "ontológica y objetivamente".[145]

Pero si tuvieran razón, podríamos continuar haciendo afirmaciones acerca de la relación de la iglesia con Cristo, sobre la analogía de la relación que el cuerpo humano, con sus partes y sus funciones, mantiene con la cabeza, más allá de lo que Pablo tiene que decir. Es preferible reconocer que Pablo habla de la iglesia como el cuerpo de Cristo con algunos propósitos bien definidos,

---

Conception of Corporate Personality", en *Werden und Wesen des Alten Testaments*, BZAW 66, ed. P. Volz, etc. (Giessen, 1936), págs. 49-62, reimpreso como *Corporate Personality in Ancient Israel*, ed. J. Reumann (Edimburgo, 1982); cf. J. W. Rogerson, "The Hebrew Concept of Corporate Personality: A Re-examination", JTS n.s. 21 (1970), 1-16.

141. Cf. E. Percy, *Der Leib Christi* (Lund, 1942), págs. 18-43. Entre otros esfuerzos por encontrar la fuente del uso paulino del término "cuerpo de Cristo" respecto a la iglesia podría señalarse el de A. E. J. Rawlinson ("*Corpus Christi*", in *Mysterium Christi*, ed. G. K. A. Bell y A. Deissmann [Londres, 1930], págs. 225-44), quien lo ubica en la presentación eucarística del cuerpo de Cristo, y el de C. Chavasse (*The Bride of Christ* [Londres, 1940], págs. 70-72), quien lo ubica en la unión nupcial del novio y la novia en "una sola carne". Pero tanto la aplicación eucarística (1Co. 10:16b-17) como la nupcial (Ef. 5:28-31) del pensamiento de Pablo sobre este tema se derivan de su concepto de la iglesia como el cuerpo de Cristo y no *viceversa*.

142. Cf. J. A. T. Robinson, *The Body* (Londres, 1952), pág. 58. En esta época tan temprana la única implicación habría sido la de la solidaridad entre Cristo y su pueblo, sin ninguna idea específica acerca de Cristo como la cabeza que clama en nombre de los miembros (cf. Agustín, *Sermón* 279:1: "cuando los miembros todavía estaban en la tierra, la cabeza clamaba en el cielo"). Véanse también D. E. H. Whiteley, *The Theology of St. Paul* (Oxford, 1964), págs. 193-94; R. H. Gundry, "*Sōma*" en Biblical Theology (Cambridge, 1976), pág. 240.

143. Cf. 2Co. 11:2; Ef. 5:22-32.
144. Cf. 1Co. 3:11; Ef. 2:20.
145. E. L. Mascall, *Christ, the Christian and the Church* (Londres, 1946), pág. 112; véase la evaluación de E. Best, *One Body in Christ*, págs. 98-101.

y seguir su ejemplo en el uso de ese lenguaje con estos mismos propósitos. Podemos darnos cuenta de que esas presentaciones que realzan la relación vital entre Cristo y la iglesia son más adecuadas que otras (no existe ninguna relación orgánica entre un edificio y su piedra angular o su albardilla); por esta razón, las analogías de la cabeza y el cuerpo y del marido y la mujer reflejan un conocimiento especialmente sólido de la realidad.[146]

Por consiguiente, cuando hablamos de la iglesia como el cuerpo de Cristo, la concebimos vitalizada por su presencia permanente con ella y su vida resucitada en ella; la concebimos energizada por su poder; podríamos (sin traspasar los límites legítimos) concebirla incluso como el instrumento del que él se vale para llevar a cabo su obra en la tierra.[147] Pero considerarla una extensión de su encarnación excede los límites permitidos por la exposición paulina del cuerpo. Hay solidez en el argumento de que su encarnación no puede disociarse de su sacrificio expiatorio, y que el sacrificio ofrecido una vez y para siempre no puede tener ninguna "extensión" en la vida de la iglesia. Además, la visión de la iglesia como la extensión de su encarnación no le presta la debida atención al contraste entre la impecabilidad de él y la pecaminosidad de la iglesia.[148]

El concepto de la iglesia como el cuerpo de Cristo nos ayuda a entender por qué Pablo puede afirmar no solo que los creyentes están "en Cristo" sino también que Cristo está en ellos. Están "en Cristo" porque son miembros de su cuerpo, "bautizados en Cristo" (Gá. 3:27; cf. Ro. 6:3); él está en ellos porque su vida resucitada es la que los anima. En forma similar, en la analogía orgánica de Juan 15:1-8, los pámpanos están en la vid y la vid, a su vez, está en los pámpanos.[149]

(3) Cristo, el agente en la reconciliación (1:18b-20)

La cabeza del cuerpo que es la iglesia es el Cristo *resucitado*. Tanto en la resurrección como en la creación recibe los títulos de "el principio"[150] y "el

---

146. T. E. Torrance, si bien reconoce que todos los términos que emplea el NT para hablar de la iglesia "deben usarse para corregirse y modificarse mutuamente en nuestro entendimiento y en cualquier análisis cabal", alega que el cuerpo debe considerarse "el concepto central y más importante" (*Royal Priesthood* [Edimburgo, 1955], pág. 29).

147. Cf. E. Schweizer, *Das Leben des Herrn in der Gemeinde und ihren Diensten* (Zürich, 1946); T. W. Manson, *The Church's Ministry* (Londres, 1948); T. E. Torrance, *Royal Priesthood*, págs. 23-42. E. Best, sin embargo, objeta a esto alegando que la metáfora del cuerpo en el NT "tiene que ver con el interior y no con el exterior" (*One Body in Christ*, págs. 113, 137, 157-58, 188). D. Cairns llega al punto de decir "que probablemente sería incluso un error afirmar que la iglesia continúa la misión de Cristo" (*SJT* 8 [1955], 422, en una revisión de Best, *One Body in Christ*).

148. Cf. A. M. Hunter, *Interpreting Paul's Gospel* (Londres, 1954), pág. 43.

149. Cf. L. S. Thornton, *The Common Life in the Body of Christ* (Londres, 1944), pág. 144; también su ensayo "*The Body of Christ in the New Testament*", en *The Apostolic Ministry*, ed. K. E. Kirk (Londres, 1946), págs. 53-111.

150. Gr. ἀρχή, como en Pr. 8:22 (véase la pág. 53, n. 93). En cuanto al origen helenístico, véase A. Ehrhardt, *The Beginning* (Manchester, 1968).

primogénito".¹⁵¹ Su resurrección marcó su triunfo sobre todas las fuerzas que mantenían esclavizados a los seres humanos.¹⁵² Aquella primera mañana del día de resurrección contempló el amanecer de una nueva esperanza para la humanidad. ¹⁵³ Cristo es ahora "el primogénito entre muchos hermanos"¹⁵⁴; "las primicias de los que durmieron"¹⁵⁵; su resurrección es el heraldo de la gran cosecha de resurrección de su pueblo. Pero los que anuncian aquí y ahora la resurrección venidera son los que lo conocen como la resurrección y la vida y disfrutan de la vida eterna mediante su participación en él.¹⁵⁶ El que fue "declarado Hijo de Dios con poder... por su resurrección de entre los muertos" (Ro. 1:4) ejerce la primacía tanto en la nueva creación como en la antigua; el propósito divino, por tanto, se ha cumplido "para que él sea preeminente¹⁵⁷ en todo".¹⁵⁸

19 La afirmación de que Dios decretó la preeminencia de Cristo sobre todo orden de existencia se repite ahora con diferentes palabras —palabras que pueden haber sido concebidas para apelar con una fuerza peculiar a los cristianos colosenses en su situación presente. "Se decretó que en él habitara toda la plenitud". Hemos adoptado la expresión impersonal "se decretó" como una traducción provisional, pero el verbo griego no es impersonal: significa "decretó", "le agrado", y supone un sujeto. Entonces, ¿quién o qué tuvo a bien? Cuando el beneplácito o la voluntad es de Dios, hay un precedente para la omisión del nombre explícito de Dios: "le agrado" significaría "a Dios le agradó" (cf. LBLA: "agradó *al Padre* que en él habitara toda la plenitud"). Por otra parte, la cláusula tal como se lee ofrece un sujeto explícito para el verbo: "a la plenitud le agradó habitar en él (cf. NVI: "Porque a Dios le agradó habitar en él con toda su plenitud").¹⁵⁹ No es posible determinar con certeza si "Dios" o "la plenitud" es el sujeto más probable: P. Benoit, por ejemplo, prefiere considerar que es "Dios";¹⁶⁰ E. Käsemann declara que esta construcción es "inadmisible" (por razones exegéticas y teológicas, no gramaticales).¹⁶¹ Pero aún antes de

---

151. Gr. πρωτότοκος (como en el v. 15); cf. Ap. 1:5 (p. 49, n. 70).
152. Cf. Heb. 2:14-15; 1Jn. 3:8b.
153. Cf. 1Pe. 1:3.
154. Ro. 8:29 (πρωτότοκος ἐν πολλοῖς ἀδελφοῖς); cf. Ro. 8:11.
155. 1Co. 15:20 (ἀπαρχὴ τῶν κεκοιμημένων), 23 (ἀπαρχὴ Χριστός).
156. Cf. Jn. 3:15-16, 36; 6:51; 10:27-28; 11:25-26.
157. Gr. πρωτεύων. En Ap. 1:17; 2:8; 22:13, el Cristo que murió y está vivo de nuevo habla como ὁ πρῶτος καὶ ὁ ἔσχατος. Según TB *Pᵉ sahim* 5a, la escuela de R. Ishmael (por deducción a partir de Is. 41:27) enseñaba que *rī'šôn* ("el primero") es el nombre del Mesías.
158. M. Dibelius descubre una alusión a las dos creaciones en el v. 18a: él, que es la cabeza del cuerpo, el *kosmos* (tal como está implícito en los vv. 15-17), es ahora también la cabeza del cuerpo, la iglesia (pero en ese caso, cabría haber esperado la conjunción καί antes de τοῦ σώματος).
159. Gr. ὅτι ἐν αὐτῷ εὐδόκησεν πᾶν τὸ πλήρωμα κατοικῆσαι (el infinitivo de aoristo pudiera ser ingresivo). Es posible que un deseo de suavizar la construcción que interpreta ὁ θεός o ὁ πατήρ como sujeto de εὐδόκησεν fue lo que causó el término conjetural de H. Venema, κατοικίσαι (para κατοικῆσαι): "A Dios le agradó hacer que toda la plenitud habitara en él".
160. P. Benoit, "*L'hymne christologique*," p. 256.
161. E. Käsemann, "*A Primitive Christian Baptismal Liturgy*", pág. 158.

decidir cuál de las dos construcciones es la más probable, debemos considerar el significado de "plenitud" en esta cláusula. En lo que respecta a la intención del escritor de la carta, su significado es indudable: el mismo sentido se repite con mayor profundidad en Colosenses 2:9: "es en él [es decir, en Cristo] que reside corporalmente toda la plenitud de la deidad". Si se interpreta que lo que expresa Colosenses 1:19 es que "a la plenitud de la deidad le agradó habitar en él" (presumiblemente, en el momento de su exaltación), esto equivale a decir que al propio Dios (NVI "su plenitud [de Dios]") le agradó habitar en él. No existe, pues, ninguna diferencia sustancial entre las dos construcciones.

La palabra griega traducida como "plenitud" (*plērōma*) es un término que Pablo y otros escritores neotestamentarios usan con diversos sentidos.[162] Se ha pensado que la fuerza peculiar de su uso aquí se debe al modo en que probablemente la empleaban en un sentido técnico los maestros heréticos en Colosas. A mediados del siglo II, los gnósticos de la escuela Valentiniana usaron la palabra para denotar la totalidad de los eones (entidades o emanaciones divinas),[163] y es concebible que tuviera ese mismo significado en las formas incipientes de gnosticismo a mediados del siglo IV. No debemos olvidar jamás que no tenemos ningún conocimiento de la herejía colosense aparte de las inferencias extraídas con la mayor cautela posible del argumento y la fraseología de esta carta, pero en nuestro contexto presente sería lógico pensar que la herejía imaginaba poderes intermedios entre el Dios supremo y el mundo de los seres humanos, de manera que cualquier comunicación entre Dios y el mundo, en una u otra dirección, tenía que pasar por las esferas que estaban bajo el control de dichos poderes. Los que creían esto tendrían cuidado de tratar

---

162. En los evangelios sinópticos se usa el término πλήρωμα para referirse al remiendo que se pone para "cubrir" la rotura en el vestido viejo (Mt. 9:16 par. Mr. 2:21) y a las sobras con las que se llenaron varias cestas después de las alimentaciones milagrosas (Mr. 6:43; 8:20). En Ro. 11:12, 25 se usa con referencia a la suma total de creyentes judíos y gentiles respectivamente. En Ro. 13:10 se emplea para hablar del amor como el "cumplimiento" de la ley; en Ro. 15:29 respecto a la "plenitud" de la bendición de Cristo con la que Pablo espera visitar a Roma. En 1Co. 10:26 aparece en una cita del Sal. 24:1 (23:1 en la LXX) acerca de lo que llena la tierra. En Gá. 4:4 y Ef. 1:10 denota la consumación de un período determinado de tiempo (y en consecuencia, la llegada de una época; cf. Hch. 2:1, συμπληροῦσθαι). Y aún quedan los pasajes en los que tiene un significado teológico y cristológico. En Jn. 1:16 se usa respecto a la "plenitud" de Cristo (su fuente inagotable de gracia) de la que su pueblo recibe todo lo que puede satisfacer sus necesidades espirituales. Además de la "plenitud" de la deidad que se menciona en el texto que nos ocupa ahora y en Col. 2:9, en Ef. 3:19 se habla de la "plenitud" de Dios y en Ef. 4:13 de la "plenitud" de Cristo (en el sentido de la madurez cristiana que los creyentes deben alcanzar como miembros de su cuerpo). En cuanto a la controvertida fuerza de la palabra en Ef. 1:23 (donde parece referirse a la iglesia en su relación con Cristo), véanse el comentario y las notas *ad loc.* (págs. 255-57). Cf. J. Ernst, *Pleroma und Pleroma Christi* (Regensburg, 1970).

163. Cf. Ireneo, *Haer.* 1.1.1, etc.; traducción en R. M. Grant, *Gnosticism: An Anthology* (Londres, 1961), págs. 163-81. E. Percy duda de que πλήρωμα fuera un término técnico en la herejía colosense, tal como suele suponerse; y sugiere que Pablo pudo haber escogido la palabra de manera independiente para destacar la supremacía de Cristo frente a la falsa enseñanza (*Die Probleme*, págs. 76-77).

a esos poderes con el respeto debido. Pero todo este aparato teosófico se ve socavado aquí por una afirmación simple y directa: la totalidad de la esencia y el poder divinos reside en Cristo. Él es el único y todo suficiente intermediario entre Dios y el mundo de los seres humanos, y todos los atributos de Dios —su espíritu, palabra, sabiduría y gloria— se revelan en él.

20 A Dios le agradó, además, reconciliar[164] todas las cosas consigo mismo[165] por medio de Cristo. La plenitud de la energía divina se manifiesta en Cristo tanto en obra de la reconciliación como en la de la creación. En las palabras que siguen (vv. 21-22) esta actividad reconciliadora se aplica particularmente a la humanidad redimida, pero aquí salta primero a la vista su referencia universal. En la reconciliación, al igual que en la creación, la obra de Cristo tiene una importancia cósmica:[166] el propósito eterno de Dios (tal como se lee en Ef. 1:10) es reunir todas las cosas en él.[167]

Si "todas las cosas", en el cielo y en la tierra, fueron creadas por medio de él (v. 16), y a pesar de ello "todas las cosas" —"ya sea las que están en la tierra o las que están en los cielos"— tienen que ser reconciliadas con Dios por medio de él, puede inferirse que todas las cosas se han alejado de su Creador. En Romanos 8:19-23 Pablo dice que la creación fue involuntariamente "sometida a la vanidad", pero que está destinada a "ser libre de su esclavitud de corrupción y obtener la gloriosa libertad de los hijos de Dios". Dado que la libertad de los hijos de Dios es fruto de la obra redentora de Cristo, esa misma obra redentora es la que garantiza la liberación de la creación de su esclavitud de corrupción. Ese argumento anterior es similar al actual, pero aquí no se trata simplemente de una esclavitud de corrupción sino de una hostilidad positiva que está implícita por parte del universo creado. El universo ha estado en conflicto con su Creador, y necesita reconciliarse con él: el conflicto debe ser remplazado por la paz. Esta paz la logró Cristo por medio del derramamiento de su sangre en la cruz.[168]

---

164. Aquí y en el v. 22 el verbo traducido como "reconciliar" es ἀποκαταλλάσσω, que también se encuentra en Ef. 2:16 (véase el comentario *ad loc.*) y en ningún otro lugar del NT. Se ha pensado que es una acuñación paulina (cf. E. Büchsel, *TDNT* 1, p. 258, *s.v.* ἀλλάσσω); pero esto resulta dudoso. Se trata obviamente de una forma intensificada de καταλλάσσω, que aparece en Ro. 5:10 (dos veces); 2Co. 5:18, 19, 20 (también en 1Co. 7:11, pero no con un sentido teológico allí); el sustantivo correspondiente καταλλαγή se usa en Ro. 5:11; 11:15; 2Co. 5:18-19. Véanse J. Dupont, *La réconciliation dans la théologie de saint Paul* (Bruges/Paris, 1953); R. P. Martin, *Reconciliation: A Study of Paul's Theology* (Londres, 1981), sobre todo las págs. 111-26.

165. El contexto exige el espíritu áspero (αὐτόν = ἑαυτόν), aunque en la mayoría de las ediciones aparece impreso el espíritu suave. "En Col. i.20, δι' αὐτοῦ ἀποκαταλλάξαι τὰ πάντα εἰς αὐτόν, resulta sorprendente que no aparezca el pronombre variante ἑαυτόν y que los editores no hayan escrito αὑτόν, que, al parecer, el sentido lo exige para diferenciar a *Cristo*, al que se hace alusión en δι' αὐτοῦ, de *Dios*, con quien (probablemente) se efectúa la reconciliación" (C. F. D. Moule, *IBNTG*, p. 119).

166. Cf. 2Co. 5:19 (κόσμον καταλλάσσων ἑαυτῷ); Ap. 5:13 (πᾶν κτίσμα).

167. Ef. 1:10 es, pues, un comentario sobre Col. 1:16 (εἰς αὐτόν): todo fue creado con miras a Cristo.

168. Cf. Ef. 2:13, 16, donde la reconciliación de los gentiles y los judíos en un nuevo

Se ha pensado que esta nota de reconciliación universal implica la reconciliación final con Dios no solo de los seres humanos sino también de los poderes espirituales hostiles —de lo cual podría concluirse, de hecho, que Pablo se adelantó a la teoría de Orígenes que los ángeles caídos se benefician de la redención realizada por Cristo.[169] Sin embargo, si aceptamos que este argumento es de Pablo, tenemos que interpretarlo a la luz de su enseñanza general sobre el tema, pero es muy difícil forzar lo que dice para derivar de ese lenguaje un concepto de reconciliación universal en el sentido en el que suele usarse esa frase en la actualidad. La aplicación de la idea de reconciliación en el sentido normal a los ángeles caídos va en contra de la analogía de la Escritura; y en cuanto a Pablo, él piensa, más bien, en un vaciamiento de toda vitalidad de los poderes espirituales hostiles por medio de la obra de Cristo y la fe de su pueblo.[170] Y aún respecto a la raza humana, si dedujéramos de estas palabras que hasta el último hombre o mujer, independientemente de sus antecedentes morales o de sus actitudes hacia Dios, disfrutarán finalmente de la felicidad eterna, estaríamos (para no decir más) cargando las palabras con un significado más grande que el que ellas pueden soportar.[171]

La paz que logró la muerte de Cristo puede aceptarse libremente, o puede ser impuesta a la fuerza. Esta reconciliación del universo incluye lo que de otro modo podría caracterizarse como una pacificación. Los principados y potestades del universo cuya conquista se describe en Colosenses 2:15 no se rinden de buen grado a la gracia divina sino que son obligados a sujetarse a un poder que no pueden resistir. Todo en el universo ha sido sometido a Cristo por cuanto todo fue creado para él. Por medio de su obra reconciliadora "el

---

hombre se lleva a cabo ἐν τῷ αἵματι τοῦ Χριστοῦ... διὰ τοῦ σταυροῦ. Dios es quien hace la paz por medio de Cristo: el participio nominativo εἰρηνοποιήσας concuerda en cuanto al sentido, por no decir en cuanto a la forma, con el sujeto de εὐδόκησεν, y si el sujeto es πᾶν τὸ πλήρωμα, esto (que es la plenitud de la deidad, según se explica en Col. 2:9) es equivalente en cuanto a su significado a ὁ θεός. El verbo compuesto εἰρηνοποιέω (cf. el adjetivo εἰρηνοποιός en Mt. 5:9) aparece solo aquí en el NT; en el pasaje similar en Ef. 2:15 se leen las dos palabras separadas ποιῶν εἰρήνην (con Cristo como sujeto). La "sangre de su cruz" (la traducción literal de τοῦ αἵματος τοῦ σταυροῦ) alude a su muerte por crucifixión, con cierto énfasis en el carácter sacrificial de su muerte. Cf. J. Behm, *TDNT* 1, págs. 174-75 (*s.v.* αἵμα); L. Morris, *The Apostolic Preaching of the Cross*, págs. 112-28.

169. Orígenes, *Comentario sobre Juan* 1.35.

170. Cf. J. Denney, *The Death of Christ* (Londres, 1907), págs. 194-200. E. Percy (*Die Probleme*, pág. 95) afirma que Col. 1:21 debe interpretarse a la luz de Col. 2:15. Ambos pasajes presuponen cierta hostilidad por parte de estos poderes hacia Dios y hacia Cristo; son limitados por medio del sometimiento (cf. 1Co. 15:28), y la victoria de Cristo los ha reducido a la condición de ἀσθενῆ καὶ πτωχὰ στοιχεῖα (cf. Gá. 4:9). Cf. también J. Michl, "Die Versöhnung Kol 1, 21", *TQ* 128 (1948), 442-62; B. N. Wambacq, "Per eum reconciliare ...", *RB* 55 (1948), 35-42; P. T. O'Brien, "Col. 1:20 and the Reconciliation of All Things", *RTR* 35 (1974), 45-53.

171. Cf. A. M. Hunter, *Interpreting Paul's Gospel*, pág. 54; para la opinión contraria, es decir, que las palabras se refieren a la reconciliación universal en el sentido pleno de la restauración de las relaciones amistosas, véase W. Michaelis, *Versöhnung des Alls: Die frohe Botschaft von der Gnade Gottes* (Bern, 1950), págs. 25-30.

ejército de lo alto en lo alto"[172] y los seres humanos pecadores en la tierra han sido definitivamente sometidos a la voluntad de Dios y, en última instancia, solo pueden servir a su propósito, ya sea que les agrade o no. La voluntad del Padre es que todas las cosas "en el cielo y en la tierra y debajo de la tierra" se unan y doblen sus rodillas ante el nombre de Jesús y lo reconozcan como Señor (Fil. 2:10-11).

4. Los pecadores son reconciliados con Dios (1:21-23)

21 *A vosotros también, que antes estabais lejos y eras de ánimo hostil, tal como lo mostraban[173] vuestra malas obras,*

22 *él, sin embargo, os ha reconciliado[174] en el cuerpo de su carne, por medio de su muerte, para presentaros santos, sin mancha e irreprochables delante de él,*

23 *—siempre y cuando permanezcáis firmemente cimentados y constantes en vuestra fe y sin moveros de la esperanza del evangelio que habéis oído. Este evangelio ha sido predicado en toda la creación debajo del cielo; de este evangelio yo, Pablo, fui hecho ministro.*

21 El propósito principal de la obra pacificadora de Cristo,[175] sin embargo, se pone claramente de relieve en los hombres y las mujeres que han oído el mensaje de reconciliación y se han sometido de buen grado, aceptando con gratitud la amnistía que el mensaje proclama.[176] Este sin duda es el aspecto anterior de la reconciliación en el pensamiento de Pablo. La introducción del himno a Cristo que aparece antes de este pasaje indica que la reconciliación personal aquí debería mencionarse después de la reconciliación cósmica, a la que se hace alusión en la última estrofa del himno; pero lo más probable es que, para Pablo, la reconciliación cósmica fuera un corolario de la reconciliación personal. En Romanos 5:1-11 los que han sido justificados por la fe son los que tienen paz con Dios, porque junto con la justificación recibieron también la reconciliación.

---

172. Is. 24:21.

173. Gr. ἐν τοῖς ἔργοις τοῖς πονηροῖς, las ἔργα son πονηρά porque son el fruto de una enemistad interna con Dios (cf. G. Harder, *TDNT* 6, pág. 557. n. 73, *s.v.* πονηρός). De ahí que ἐν, la "factótum" entre las preposiciones griegas, se traduzca supra como "tal como lo mostraban"; esto excluye toda suposición de que la enemistad fuera el resultado de las malas obras.

174. Con respecto a la lectura mayoritaria ἀποκατήλλαξεν, el aoristo pasivo ἀποκατηλλάγητε ("fuisteis reconciliados") aparece en P^{46} B e Hilario. La lectura en voz pasiva supone la presencia de un anacoluto después del acusativo ὑμᾶς al comienzo del v. 21, pero por esa razón podría considerarse original. Las variantes ἀποκαταλλαγέντες (D* F G b Iren. lat Ambst) y ἀποκατήλλακται (33) tal vez sean intentos de enmendar el anacoluto; de ser así, la lectura mayoritaria pudiera representar un esfuerzo más exitoso.

175. Si lo que debe leerse es ἀποκατήλλαξεν, las palabras que siguen indican que el sujeto ahora es Cristo, no Dios.

176. Cf. 2Co. 5:18-20.

A Pablo lo han criticado por analizar el perdón divino separándolo en dos elementos constitutivos, a saber, la justificación y la reconciliación,[177] y sus principales críticos han sido los que se oponen de manera absoluta a emplear categorías jurídicas para expresar este perdón. Pablo, empero, tenía muy pocas opciones en este respecto: no solo había heredado el concepto de Dios como Juez de toda la tierra, sino que, en su propia experiencia, había entrado conscientemente por medio de Cristo en una relación correcta con Dios y había adquirido un estado de paz con él que nunca había podido alcanzar en los días de su celo por la ley. En este concepto tampoco falta la enseñanza de Jesús: Pablo habla del día del juicio y les habla a sus oyentes de lo que les garantizará su exculpación en ese día y lo que llevará a su condenación. La distinción entre justificación y reconciliación, en la que la prioridad lógica se le da a la justificación, tiene su origen en la idea de que la paz, para merecer ese nombre, debe basarse en la justicia. Para que los seres humanos puedan reconciliarse con Dios, para que puedan disfrutar de la paz con él, deben tener la seguridad de que el que no tendrá por inocente al culpable, los ha aceptado a ellos, a pesar de ser pecadores. Los que otrora eran culpables han sido justificados con él por medio del mérito de otro; los que otrora eran hostiles han sido hechos amigos suyos; el amor de Dios, revelado en Cristo, ha sido derramado y fluye en sus corazones.

Estas palabras van dirigidas a las personas en cuyas vidas ha ocurrido esto. En otro tiempo estuvieron alejadas[178] de Dios, en rebelión contra él. El pecado no solo es una desobediencia a la voluntad de Dios, escinde también de manera radical la comunión de los hombres y las mujeres con él y los obliga a vivir "sin Dios en el mundo" (Ef. 2:12). Los que se encuentran alejados del único en quien puede hallarse la verdadera paz también están alejados de los demás, y llevan vidas solitarias en un universo que consideran hostil. La barrera que el pecado coloca entre ellos y Dios es también una barrera entre ellos y los demás seres humanos. Si esta carta declara que su alienación de Dios fue abolida por la obra redentora de Cristo, la carta acompañante a los efesios declara que su alienación con los otros seres humanos también es abolida por esa obra redentora.[179]

22 Pero ahora un gran cambio ha tenido lugar: los que antes estaban lejos de Dios ahora están cerca de él; los que antes eran sus enemigos ahora están en paz con él, porque Cristo los ha reconciliado con Dios "en el cuerpo

---

177. Cf. J. Knox, *Chapters in a Life of Paul* (Londres, 1954), págs. 146-55.

178. Pero no en el sentido de que la relación que individualmente mantenían con Dios no hubiera sido en algún momento la del alejamiento. Aquí, al igual que en Ef. 2:12 y 4:18, el participio perfecto pasivo ἀπηλλοτριωμένος es equivalente al adjetivo ἀλλότριος. En cuanto a su ánimo hostil (τῇ διανοίᾳ), debe observarse que en el NT, así como en la LXX, esta palabra se corresponde con el término hebreo *lēḇ, lēḇāḇ*, "corazón". Véase C. Masson, *L'Épître aux Éphésiens* (Neuchâtel/Paris, 1953), pág. 159, n. 3.

179. Véase especialmente Ef. 2:13-22, con la exposición y las notas (págs. 273-86).

de su carne, por medio de su muerte".[180] El acto histórico que se llevó a cabo a favor de ellos una vez y para siempre por la muerte de Cristo guarda una estrecha relación con lo que ocurre en su propia experiencia cuando alcanzan la paz con Dios, cuando la obra que fue realizada *por* ellos se hace realidad *en* ellos. Si en el v. 20 dice que fue la sangre de Cristo la que obtuvo la reconciliación, aquí dice que los seres humanos fueron reconciliados "en el cuerpo de su carne". Ambas expresiones se refieren a la ofrenda que él hizo de sí mismo en la muerte (al igual que lo hacen juntos en la eucaristía); pero aquí se hace hincapié en el hecho de que Cristo sufrió la muerte en su cuerpo físico[181] ("el cuerpo de su carne" obviamente es un hebraísmo que tiene ese significado).[182] Es muy probable que fuera necesaria cierta insistencia en la verdadera encarnación de Cristo para corregir una tendencia de la herejía colosense; y más particularmente, estas palabras subrayan que existe un vínculo necesario entre su encarnación y su muerte expiatoria. Es por eso que en Romanos 8:3, Pablo dice que Dios logró "lo que la ley, debilitada por la carne, no pudo hacer" cuando "enviando a su propio Hijo en semejanza de carne de pecado y como ofrenda por el pecado, condenó al pecado *en la carne*". La encarnación del Hijo de Dios fue real y necesaria para la demostración de la justicia de Dios al otorgarles su paz a los pecadores. Los que han recibido su paz ya tienen acceso directo a él[183] y lo tendrán en toda su plenitud cuando finalmente lleguen a su presencia,[184] santos, sin mancha y libres de todos los cargos en su contra. "En Cristo el acusado queda libre de toda acusación; no recibe condenación sino libertad".[185] La declaración de justificación a favor del creyente aquí y ahora anticipa la declaración del día del juicio: la santidad de vida que obra progresivamente el Espíritu aquí y ahora, llegará a su perfección de gloria en la *parusía* de Cristo.

---

180. El pronombre posesivo realza la fuerza del artículo (διὰ τοῦ θανάτου).

181. La preposición ἐν cumple probablemente una función instrumental: el cuerpo de carne de Jesús fue el medio por el cual él llevó a cabo la reconciliación a través de su muerte. En Ef. 2:16 leemos que él reconcilió a judíos y gentiles "con Dios en un cuerpo por medio de la cruz", donde ἐν ἑνὶ σώματι denota la nueva unidad de la que se les hizo partícipes. Podría haber cierta indeterminación de pensamiento entre los dos significados de σῶμα. "El pensamiento que encuentra una clara expresión en Ef. 2:16, de que los seres humanos que van a ser reconciliados son incluidos en el cuerpo de Cristo, y que eso ocurrió en el mismo momento en que Cristo murió por ellos en la cruz, también subyace claramente tras las palabras de Col. 1:22, ἐν τῷ σώματι τῆς σαρκὸς αὐτοῦ" (E. Percy, *Die Probleme*, pág. 382).

182. Heb. *bigᵉwiyyat bᵉśārō* en 1QpHab 9.3 (sobre Hab. 2:7) es el equivalente verbal exacto de ἐν τῷ σώματι τῆς σαρκὸς αὐτοῦ aquí. Véase también 4Q 169.2.6; Sir. 23:17; 1En. 102:5. Véanse K. G. Kuhn, "*New Light on Temptation, Sin and Flesh in the New Testament*" (1952), E.T. en *The Scrolls and the New Testament*, ed. K. Stendahl (Londres, 1958), pág. 107. Véase además el comentario sobre Col 2:11.

183. Compárese con la secuencia de bendiciones que se derivan de la justificación por medio de la fe en Ro. 5:1-11.

184. Gr. παραστῆσαι. Se refiere a la *parousia* de Cristo; el mismo verbo admite este sentido escatológico en el v. 28; cf. Ro. 14:10; 2Co. 4:14; 11:2; Ef. 5:27.

185. A. Deissmann, *Paul*, E.T. (Londres, 1926), pág. 168.

23 Esta es, pues, la perspectiva que tienen ante sí los cristianos colosenses, siempre y cuando se mantengan firmes sobre el único fundamento de la fe.[186] Si el evangelio enseña la perseverancia final de los santos, también enseña que los santos son los que perseveran hasta el fin —en Cristo. La perseverancia es la demostración de la realidad. El lenguaje que se usa aquí podría sugerir que el entusiasmo inicial de los lectores estaba decayendo, y que corrían el peligro de dejarse mover del cimiento estable de la esperanza cristiana. De hecho, aferrarse a la esperanza es una condición indispensable a través del NT para alcanzar la meta de la plenitud de la salvación que habrá de ser revelada en la *parusía* de Cristo.[187] Es difícil distinguir entre la esperanza como una actitud interna y el objeto de la esperanza: en algunas ocasiones se destaca la primera idea, y en otras la segunda.[188] Una implica la otra. La esperanza, en ambos sentidos, constituye un elemento esencial del evangelio[189] —ese evangelio que (tal como ya se ha subrayado) está extendiéndose y produciendo fruto en todo el mundo, tras haber sido proclamado (como se afirma aquí en lo que podría ser una prolepsis profética) "en toda la creación debajo del cielo".[190] La catolicidad del evangelio es una señal de su origen y poder divinos[191] el hecho de que Pablo, el antiguo perseguidor, hubiera sido constituido ministro del evangelio era a sus ojos un milagro de la gracia celestial.[192] En una carta de autoría conjunta la expresión "yo Pablo" indica que en este punto el propio apóstol asume la responsabilidad directa de lo que dice.[193] Pablo considera que su ministerio personal está estrechamente ligado al plan de Dios para la salvación del mundo.[194]

---

186. Con respecto al fundamento, véase 1Co. 3:11.

187. Cf. I. H. Marshall, *Kept by the Power of God* (Londres, 1969).

188. Cf. G. Bornkamm, "*Die Hoffnung im Kolosserbrief—Zugleich ein Beitrag zur Frage der Echtheit des Briefes,*" en *Studien Zum Neuen Testament und zur Patristik* (Berlín, 1961), págs. 56-64; él considera que la segunda idea es predominante en Colosenses, mientras que la primera es característica de Pablo.

189. Especialmente en razón de la *parusía*; cf. Ef. 1:18; Heb. 3:6; 6:11; 10:23; 1Pe. 1:13; 1Jn 3:3.

190. Véase el comentario sobre el v. 6 supra; cf. Ro. 10:18.

191. Cf. A. S. Peake, *Colossians*, pág. 513.

192. Cf. 1Co. 15:9-10; Ef. 3:7-8; 1Ti. 1:12-14.

193. Cf. 1Ts. 2:18.

194. Cf. Ro. 11:13; Ef. 3:2-6; véase también J. Munck, *Paul and the Salvation of Mankind*, págs. 25-68.

III. EL MINISTERIO DE PABLO (1:24-2:7)

1. Administración de Pablo del misterio divino (1:24-29)

24 Ahora me alegro de mis sufrimientos[195] por vosotros, y completo en mi carne lo que falta de las aflicciones de Cristo en favor de su cuerpo, que es la iglesia.
25 He sido hecho ministro de la iglesia conforme a la administración que Dios me dio pensando en vosotros, para dar a conocer plenamente la palabra de Dios.
26 Este es el misterio que ha estado oculto durante siglos y generaciones,[196] pero que ahora ha sido manifestado a sus santos,
27 a los que Dios escogió para darles a conocer las riquezas gloriosas de este misterio[197] entre los gentiles —que es[198] Cristo en vosotros, la esperanza de la gloria.
28 Él es a quien nosotros predicamos, cuando instruimos a todos y enseñamos a todos[199] con toda sabiduría, a fin de poder presentarlos a todos perfectos en Cristo.[200]
29 Este ciertamente es el fin por el que yo trabajo, esforzándome según su poder que obra poderosamente en mí.

24 La acción de gracias inicial de Pablo le da paso ahora a un relato sobre su cuidado pastoral para las personas a las que se dirige.[201]

Los sufrimientos que padece a lo largo de su servicio apostólico los padece por el bien de ellos. Puede alegrarse incluso de sus sufrimientos[202]

---

195. El pronombre implícito μου ("mi") se hace explícito después de τοῖς παθήμασιν en ℵ 81 y algunos manuscritos en cursiva.
196. Lit., "desde los siglos y desde las generaciones" (ἀπὸ τῶν αἰώνων καὶ ἀπὸ τῶν γενεῶν), donde la preposición ἀπό tiene el significado temporal de "desde"; no se sugiere que los siglos y las generaciones fueran entidades de las que se ocultó el misterio, como sí lo fue de los "gobernantes de este siglo" en 1Co. 2:8. Cf. Ef. 3:9, ἀπὸ τῶν αἰώνων (pág. 296).
197. Gr. τὸ πλοῦτος τῆς δόξης τοῦ μυστηρίον τούτου (τῆς δόξης se omite en P^{46}). En cuanto al genitivo τῆς δόξης que se usa para modificar ("gloriosa"), cf. v. 11 supra, τὸ κράτος τῆς δόξης αὐτοῦ, (véase la pág. 42, n. 37). Pablo particularmente suele usar el sustantivo πλοῦτος con un genitivo dependiente (cf. Col. 2:2; Ro. 2:4; 9:23; 2Co. 8:2; Ef. 1:7; 2:7; 3:8). Con respecto a "este misterio", en varios testigos occidentales (D* F G b cod. de la vg. Ambst) se lee "el misterio de Dios" (τοῦ θεοῦ por τούτου), tal vez bajo la influencia de Col. 2:2. En cuanto a τούτου en ℵ* aparece τοῦ ("el misterio que es entre los gentiles").
198. Con respecto a ὅ ("que"), de acuerdo con el antecedente μυστήριον, en ℵ C D H I Ψ y la mayoría de los manuscritos en cursiva se lee ὅς ("quien"), atraído por el género de Χριστός.
199. Algunos testigos occidentales (D* F G) y otros (33 614 629 etc.) omiten "todos los hombres" (πάντα ἄνθρωπον) después de "enseñando" (διδάσκοντες).
200. Χριστῷ es ampliado a Χριστῷ Ἰησοῦ, en ℵ D H Ψ junto la mayoría de manuscritos en cursiva.
201. Cf. Ro. 1:8-10 para una transición similar.
202. Cf. Ro. 5:3, καυχώμεθα ἐν ταῖς θλίψεσιν.

por el beneficio que estos les reportan a sus convertidos —los que debían su conversión a su testimonio directo o, como en el caso de los colosenses, al testimonio de uno de sus colegas. Él sabía que, al soportar esos sufrimientos a favor del pueblo de Cristo, participaba también de los sufrimientos de Cristo —una participación que, tal como les había dicho a sus amigos en Filipos, deseaba conocer de un modo más pleno (Fil. 3:10). "Porque", como les dijo a los cristianos de Corinto, "así como participamos abundantemente en los sufrimientos de Cristo, así también por medio de Cristo tenemos abundante consuelo" (2Co. 1:5). Los sufrimientos que había padecido en su ministerio le permitían compadecerse de sus hermanos creyentes cuando sufrían, y podía compartir con ellos también el consuelo que había experimentado constantemente de parte de Dios. De su encuentro en el camino a Damasco aprendió no solo que Cristo sufría en su pueblo sino también que él mismo, que había hecho sufrir a otros por ser cristianos, de ahora en adelante tendría que sufrir mucho por el nombre de Cristo (Hch. 9:16).

Aquí, sin embargo, parece ir más lejos. "En mi propia persona",[203] dice el apóstol, "estoy completando las aflicciones de Cristo que aún faltan por padecer —completándolas[204] por el bien de su cuerpo, la iglesia".[205]

Esta notable declaración puede entenderse mejor si tenemos en cuenta la indeterminación en el pensamiento hebreo entre la personalidad individual y la personalidad colectiva.[206] La descripción de Isaías del Siervo de Yahvé

---

203. Gr. ἐν τῇ σαρκί μου, "en mi carne."
204. Gr. ἀνταναπληρῶ. La función de ἀντί en este verbo compuesto es objeto de discusión. J. B. Lightfoot (*ad loc.*) lo traduce como "por mi parte, yo completo", "yo complemento", y alega, basándose en algunas apariciones clásicas y helenísticas del verbo, que "eso significa que el abastecimiento procede de una fuente opuesta a la deficiencia". T. K. Abbott (*ad loc.*) señala, por otro lado, que en los dos lugares en el NT donde se usa el verbo ἀναπληρόω con ὑστέρημα como complemento (1Co. 16:17; Fil. 2:30), el abastecimiento también procede de una fuente distinta de la deficiencia; no es necesario el prefijo ἀντί para indicarlo. Cf. también 2Co. 9:12; 11:9, donde se emplea un prefijo diferente (προσαναπληρόω ὑστέρημα/ὑστερήματα). Con respecto a ἀναπληρόω véase también *C.H.* 13.1, τὰ ὑστερήματα ἀναπλήρωσον, "completo lo que falta (en mi conocimiento)". Resulta más simple considerar que el prefijo ἀντί aquí sugiere correspondencia: a la deficiencia corresponde el abastecimiento. Véase también la pág. 76, n. 209. En cuanto a la historia de la interpretación de Col. 1:24b véase J. Kremer, *Was an den Leiden Christi noch mangelt* (Bonn, 1956).
205. Gr. ὑπὲρ τοῦ σώματος αὐτοῦ, ὅ ἐστιν ἡ ἐκκλησία. La preposición ὑπέρ ("a favor de") podría traducirse en un sentido más general como "en lugar de" cuando el contexto así lo indica, como probablemente ocurre aquí. Cf. E. K. Simpson, *"Note on the Meaning of YΠEP in Certain Contexts", The Pastoral Epistles* (Londres, 1954), págs. 110-12; L. Morris, "Additional Note on ὑπέρ in Galatians 3:13", en *The Apostolic Preaching of the Cross*, págs. 62-64; M. J. Harris, *"Prepositions and Theology in the Greek New Testament"*, *NIDNTT* 3, págs. 1196-97. P. Benoit observa en la cláusula explicativa ὅ ἐστιν ἡ ἐκκλησία un aporte editorial del redactor de Efesios o de algún otro discípulo de Pablo ("*L'hymne christologique*", pág. 254 con n. 44).
206. Cf. C. F. D. Moule, *Colossians and Philemon*, pág. 76, respecto a la teoría de que la intención aquí es referirse al Cristo colectivo; R. Yates," *A Note on Colossians 1:24"*, *EQ* 42 (1970), 88-92. Véase también la pág. 62, n. 140.

presenta un ejemplo relevante. En un pasaje al menos, el Siervo es una entidad colectiva, el Israel de Dios (Is. 49:3):

"Tú eres mi siervo, Israel,
en quien yo me glorificaré."

Pero Israel en su conjunto demostró que era un siervo desobediente, y la profecía del triunfo del Siervo a través del sufrimiento estaba destinada a encontrar su cumplimiento en una sola persona, en la que el Israel idealmente obediente se hace realidad. En el NT esta persona se identifica con Jesús,[207] quien por su obediencia, pasión y victoria sobre la muerte cumplió lo que estaba escrito respecto al Siervo, y por esa razón, es proclamado como una luz para las naciones, como el agente de la gracia libertadora de Dios en todo el mundo. Pero la identidad del Siervo, cuyo alcance se redujo hasta que se concentró solamente en nuestro Señor, ha vuelto a ampliar su exaltación desde entonces y se ha colectivizado en su pueblo. Para usar el ejemplo más notable, Pablo y Bernabé en Antioquía de Pisidia les anunciaron a los miembros de la sinagoga judía allí que, como resultado de su oposición al evangelio, a partir de ese momento se volverían a los gentiles. Y basaron su autoridad para actuar de este modo en este el cántico del Siervo que citamos anteriormente (Is. 49:6):

"Porque así nos ha mandado el Señor, diciendo,
'Te he puesto como luz para los gentiles,
a fin de que lleves la salvación hasta los confines de la tierra'"
(Hch. 13:47).

Es decir, la misión del Siervo de alumbrar a las naciones deben llevarla a cabo los representantes de Cristo.

El presente contexto descarta cualquier sugerencia de que la reconciliación efectuada por la muerte de Cristo deba completarse. Pablo y sus colegas predicadores, tras haber recibido la paz que fue hecha "por medio de la sangre de la cruz", cumplen ahora su ministerio cuando les presentan a otros esa paz para que la acepten. Pero mientras llevan a cabo ese ministerio padecen sufrimientos por amor de Cristo, y por medio de esos sufrimientos participan en las aflicciones de Cristo.[208] A partir de las palabras de Pablo podría inferirse que estaba ansioso por recibir una cuota mayor que la que le correspondía de esas aflicciones para que fuera menor la que les tocara a sus convertidos y a los

---

207. Cf. Hch. 3:13; Ro. 4:25; Heb. 9:28; 1Pe. 2:22-25.

208. Las θλίψεις τοῦ Χριστοῦ aquí son idénticas a los παθήματα de Pablo ὑπὲρ ὑμῶν ("por vosotros gentiles", no solo "por vosotros colosenses"). En ningún otro lugar en el NT se usan las palabras relacionadas con el verbo θλίβω para referirse a la pasión personal de Cristo. W. Michaelis considera que la frase θλίψεις τοῦ Χριστοῦ aquí significa "aflicciones *por* Cristo" (*TDNT* 5, pág. 933 con n. 20, *s.v.* πάθημα). Cf. E. Best, *One Body in Christ*, pág. 132 ("los sufrimientos del Mesías… son los sufrimientos que están padeciendo sus discípulos, persecuciones directas o indirectas"); L. P. Trudinger, "*A Further Brief Note on Colossians 1:24*", *EQ* 45 (1973), 36-38.

demás hermanos cristianos. Esa actitud refleja la importancia especial que le concedía a su vocación de servir y sufrir.

En la mente de Pablo tal vez estuviera presente el concepto rabínico de los dolores de parto mesiánicos que había que soportar en los últimos días —desde la nueva perspectiva cristiana de Pablo, en el período previo a la parusía.[209] Jesús, el Mesías, había sufrido en la cruz; ahora, su pueblo, los miembros de su cuerpo, tenían una cuota de aflicción que debían soportar, y Pablo estaba dispuesto a padecer tanto como fuera posible de estas aflicciones en su propia "carne".[210] Para los seguidores de Cristo, la aflicción que experimentaban eran el preludio de la gloria que se manifestaría en su advenimiento, y el incomparable y "eterno peso de gloria" que podían esperar era de tal magnitud que las dificultades presentes, en comparación con ello, se describían como "leves y pasajeras" (2Co. 4:17).

25 Este, en todo caso, era el juicio de Pablo. El apóstol sabía que había sido llamado al servicio de la iglesia para llevar a cabo una administración excepcional.[211] Esta administración, que Cristo le había confiado, era (en sus propias palabras) el "cumplimiento" de la palabra o mensaje de Dios. La palabra de Dios se cumple en este sentido cuando se proclama libremente en el mundo y se acepta con fe; y por ende, logra su propósito.[212] La responsabilidad de Pablo era llevar a cabo esta administración ejerciendo su apostolado especial a favor de los gentiles, entre los cuales estaban incluidos los colosenses. En las palabras del pasaje paralelo en Efesios, "A mí... se me concedió esta gracia: anunciar a los gentiles las inescrutables riquezas de Cristo" (Ef. 3:8); y los colosenses se contaban entre los beneficiarios de la misión apostólica de Pablo, aun cuando él nunca los hubiera visitado personalmente.

---

209. Cf. E. Best, *One Body in Christ*, p. 136; R. J. Bauckham, "*Colossians 1:24 Again: The Apocalyptic Motif*," *EQ* 47 (1975), 168-70.

210. Cf. J. A. T. Robinson, *The Body*, p. 70, donde se considera que el prefijo ἀντί indica la disposición de Pablo "a pagar *en lugar de ellos*... la cuota de sufrimiento que aún les quedaba por pagar". C. F. D. Moule (*IBNTG*, p. 71) está de acuerdo con su interpretación (ἀντί "puede anticipar la fuerza de la preposición ὑπέρ que sigue"), pero admite la hipótesis preferida en n. 204 supra, de que ἀντί "podría implicar simplemente que la totalidad *remplaza* la falta". Ignacio (*Ephesians* 8.1; *Trall.* 13.3) alude a su inminente martirio como una ofrenda a favor de sus amigos cristianos, pero no lo describe como parte del sufrimiento de Cristo. Por otro lado, la "*Carta de las iglesias de Viena y León*" (Eusebio, *HE* 5.1) dice explícitamente que Cristo sufre en los mártires.

211. Gr. οἰκονομία, que también se usa para denotar el servicio especial de Pablo en 1Co. 9:17 y, más particularmente, en Ef. 3:2, 9, donde (al igual que aquí) el apóstol alude a sí mismo como un administrador del misterio divino, es decir, del propósito divino de reunir a los creyentes gentiles con los creyentes judíos en una sola comunidad, como coherederos de las promesas de Dios y miembros del cuerpo de Cristo.

212. Cf. Ro. 15:19, donde Pablo, a principios del año 57 d.C., afirmó que había "predicado en toda su plenitud (Gr. πεπληρωκέναι, 'cumplido') el evangelio de Cristo" desde Jerusalén hasta Ilírico. J. Munck (*Paul and the Salvation of Mankind*, pág. 48) compara el pasaje que nos ocupa ahora y Ro. 15:19 (junto con 2Ti. 4:17, "que por mí se cumpliera cabalmente [πληροφορηθῇ]la proclamación del mensaje y que todos los gentiles oyeran") con la consumación de la πλήρωμα τῶν ἐθνῶν en Ro. 11:25.

26 El apóstol amplía ahora el mensaje que se le ha confiado. Es un "misterio" —es decir, algo que hasta ahora había estado oculto pero que ahora es revelado,[213] y de manera especial (en términos bíblicos) algún aspecto del propósito divino. A lo largo de los siglos y generaciones pasadas este misterio específico permaneció desconocido, pero ahora ha sido revelado al pueblo de Dios, sobre todo por medio del propio Pablo. Esto no implica necesariamente que no se haya hecho ninguna referencia a él en las escrituras del AT. La palabra "misterio", tal como la usan Pablo y otros escritores del NT, tiene un trasfondo veterotestamentario en la parte del libro de Daniel que está redactada en arameo.[214] El misterio divino se expone allí en dos etapas: la primera como un misterio (como cuando Nabucodonosor vio en su sueño la gran imagen descrita en Dn. 2:31-35) y luego, por medio de su interpretación (como cuando Daniel en Dn. 2:37-45 le explica el sueño al rey —una explicación que había recibido por revelación directa de parte de Dios). Este patrón de misterio-interpretación caracteriza el principio exegético que aparece en los comentarios bíblicos de la comunidad de Qumrán. De acuerdo con este principio, Dios les dio a conocer su propósito a los profetas de la antigüedad, pero les ocultó una parte vital de la información (sin la cual la palabra profética permanecería siendo un "misterio") —a saber, el *momento* en que se cumpliría ese propósito (y también, la identidad de las personas que tendrían que ver, de un lado o del otro, con su realización). Lo que no se les dio a conocer a los profetas, según creía la comunidad de Qumrán, le fue revelado al Maestro de justicia, y este se lo comunicó a sus discípulos: ellos, por tanto, conocían, y se mostraban humildemente agradecidos por conocer cosas que se les habían ocultado a los sabios y a los entendidos.

27 Para Pablo el momento de la revelación llegó en el camino a Damasco, aunque no comprendió instantáneamente toda la importancia de lo que se le había revelado: tuvo que procesarlo y valorarlo a lo largo de su experiencia apostólica. Fue Cristo en persona quien se lo reveló haciendo especial referencia al papel que debía desempeñar en la misión de Pablo a favor de los gentiles. "Dios", como él dice, "tuvo a bien revelar a su Hijo en mí para que yo lo anunciara entre los gentiles" (Gá. 1:15-16).

El propósito salvador de Dios fue un tema importante de los profetas del AT, y también previeron que en ese plan no solo estaban incluidos los israelitas sino también los gentiles.[215] Pero la manera en que se cumpliría ese

---

213. Cf. Ro. 16:25; 1Co. 2:7-10.

214. El término arameo *rāz*, una palabra derivada del iraní (traducida al griego como μυστήριον); la interpretación es *pᵉšar* en arameo (Heb. *pēšer*, como en Ec. 8:1), traducida como σύγκρισις en griego. Cf. F. F. Bruce, *Biblical Exegesis in the Qumran Texts* (Grand Rapids/Londres, 1960), págs. 7-11.

215. Véase la cadena de citas veterotestamentarias de Pablo en este sentido en Ro. 15:9-12; cf. también Is. 49:6, que se cita en Lc. 2:32 y Hch. 13:47 (véanse las págs. 75-76). Los profetas hablaron de Cristo y de su salvación (1Pe. 1:10; Ef. 2:17) y a Abraham se le proclamó el evangelio (Gá. 3:8), pero antes de la aparición de Cristo nadie entendió cómo se cumplirían sus palabras. "Los

propósito —por medio de la inclusión de los creyentes gentiles y judíos por igual en la vida común del cuerpo de Cristo— no se dio a conocer; permaneció siendo un secreto, un misterio, hasta el momento en que habría de cumplirse, y ahora Pablo, como administrador de este misterio, descubre ante sus lectores la maravilla del mismo para que la gloria de las riquezas de la gracia de Dios dispensada con tanta generosidad pueda suscitar en ellos una adoración agradecida. Si esta gracia les hubiera sido revelada solamente a los judíos creyentes, tal vez no habría producido el mismo asombro; ellos, a fin de cuentas, eran el pueblo mesiánico. Pero los que no son judíos están incluidos también, e incluidos en igualdad de condiciones con los judíos; y es un motivo de sumo gozo para Pablo, como también lo es su obligación divinamente impuesta, "dar a conocer las riquezas gloriosas de este misterio entre los gentiles".[216]

"El misterio de Dios" (Col. 2:2) es el propio Cristo; en él, el *deus absconditus* se ha hecho el *deus revelatus*. Pero la administración especial de Pablo de este misterio incluye su revelación a los gentiles. "Cristo está en *vosotros*", les asegura a sus lectores colosenses, "Cristo está en vosotros (incluso en vosotros gentiles) como vuestra esperanza de gloria". La frase "en vosotros" podría significar "en medio vuestro" (como una comunidad) o "dentro de vosotros" (como individuos). Ninguno de los dos sentidos debe excluirse, pero la idea de que Cristo mora en cada creyente individualmente concuerda totalmente con el pensamiento paulino. El Cristo morador y el Espíritu morador son conceptos prácticamente intercambiables para Pablo (cf. Ro. 8:10-11), aunque en otros lugares es al Espíritu morador al que él presenta como la esperanza o la garantía de la gloria futura. En esta carta, sin embargo, Pablo se expresa en términos cristológicos, y les habla a los lectores de la esperanza que está vinculada al Cristo que mora en ellos. El hecho de que aquí y ahora, por ser miembros de su cuerpo, la vida resucitada de Cristo esté dentro de ellos, les proporciona una base firme para confiar en que participarán de la plenitud de la gloria que habrá de manifestarse el día de "la revelación de los hijos de Dios" (Ro. 8:19).[217]

---

apóstoles son los primeros en conocer lo que habían dicho los profetas" (H. J. Holtzmann, *Kritik der Epheser- und Kolosserbriefe* [Leipzig, 1872], pág. 212).

216. Cf. la ampliación de esta idea en Ef. 3:2-12. La diferencia en el uso del término μυστήριον en las dos cartas no es tan grande como algunos exégetas han pensado. De acuerdo con M. Dibelius, el "misterio" en Col. 1:26-27 es "das eschatologisch-mystische Christusgeheimnis" (*An die Kolosser*, pág. 84); según C. L. Mitton, es la morada de Cristo en su pueblo (*The Epistle to the Ephesians* [Oxford 1951], págs. 88-89). El "misterio" de Efesios, por otro lado, es la aceptación de los gentiles por parte de Dios, lo cual, dice Dibelius, "no es ningún μυστήριον para Pablo". (Por supuesto que no, porque está siendo cumplido en su ministerio). Pero el μυστήριον no es simplemente la aceptación de los gentiles; incluye su incorporación junto con los creyentes judíos en la comunidad del Mesías. Y en Col. 1:26-27 la atención no se centra solamente en la morada de Cristo en su pueblo sino más específicamente en su morada en los creyentes *gentiles*. Cf. G. Bornkamm, *TDNT* 4, pág. 820, n. 145 (*s.v.* μυστήριον); E. Percy, *Die Probleme*, págs. 379-82.

217. Cf. Col. 3:4; también Ro. 5:2; 1Co. 2:7; 2Co. 4:17; 1Ts. 2:12; 2Ts. 1:10; 2:14.

28 Este Cristo, cuya vida fluye en todos los miembros de su pueblo, es el que el apóstol y sus colegas proclaman. Es la suma y la sustancia de su mensaje, ya sea acerca de las nuevas de salvación que anuncian en el mundo para traer a la fe a hombres y mujeres, o acerca de la enseñanza que les imparten a los que han creído, porque cuando vinieron a Cristo por primera vez no aprendieron todo lo que debían saber; ese fue solo el comienzo. Él es sin duda la encarnación de la sabiduría divina, pero la exploración de la sabiduría que reside en él es una tarea que dura toda la vida, y aun así los más esclarecidos de los mortales solo pueden "conocer en parte" (1Co. 13:9). Es necesario, pues, no solo predicar el evangelio sino también, después que han creído el evangelio, "instruir a todos y enseñar a todos con toda sabiduría".

La repetición de "todos" es enfática. No hay ninguna parte en la enseñanza cristiana que deba reservarse para una élite espiritual. Toda la verdad de Dios es para todo el pueblo de Dios. Un escritor neotestamentario posterior, discrepando con una secta que creía en un grado especial de conocimiento para unos cuantos favorecidos, en contraste con el grupo para el que las verdades a medias elementales eran suficientemente buenas, les asegura incluso a los "niños" entre sus lectores cristianos que, en razón de la unción que han recibido del Santo, todos ellos tienen acceso al verdadero conocimiento".[218] Y cabría la posibilidad de que en esta época anterior hubiera surgido una situación similar en el valle de Lico, donde ciertos maestros promulgaban una forma de "sabiduría" más elevada que cualquier cosa que enseñaban Pablo y sus colegas, una forma de sabiduría que no todos podían apreciar, y por esa razón, consideraban que los que la aceptaban y adoptaban su jerga eran intelectualmente superiores a los demás. Por el contrario, dicen Pablo y Timoteo, cuando nosotros proclamamos a Cristo ponemos toda la sabiduría al alcance de todas las personas, y nuestro propósito es presentar a cada creyente ante Dios en un estado de plena madurez espiritual. No debe haber excepciones; entre los logros cristianos no hay ninguno, por alto que sea, que no sea asequible para todos los creyentes por el poder de la gracia celestial.[219]

La presentación de todos los hombres "perfectos" o en un estado de plena madurez en Cristo se prevé probablemente que tendrá lugar en su *parusía*.[220] A los cristianos de Tesalónica se les asegura que ellos son la esperanza, el gozo y la corona de sus padres en la fe "en la presencia de nuestro Señor Jesús en su *parusía* (1Ts. 2:19-20), y se pide en oración que puedan ser enteramente santificados y mantenerse irreprensibles, en espíritu, alma y cuerpo para "la parusía de nuestro Señor Jesucristo" (1Ts. 5:23).[221] Es entonces que la obra de

---

218. En 1Jn. 2:20, se lee πάντες (al igual que en ℵ B P Ψ 398 y la versión sahídica) en lugar de πάντα.

219. La acumulación de varios usos y compuestos de πᾶς ("todo") es una figura retórica eficaz que aparece repetidamente en los escritos paulinos y de otros autores neotestamentarios. Cf. Col. 3:11; Ef. 1:23; 2Co. 9:8, etc.

220. El tiempo es aoristo (παραστήσωμεν), al igual que en el v. 22 (véase la pág. 79, n. 184).

221. En 1Ts. 5:23 los verbos ἁγιάσαι y τηρηθείν son aoristos, y la mención explícita de

la gracia en la vida de los creyentes se consumará, y alcanzarán la perfecta conformidad con la semejanza de Cristo. Cuando venga "lo que es perfecto" [222], el pueblo de Cristo verá "cara a cara" y no oscuramente, como en un espejo de metal; conocerán plenamente, como ellos mismos son conocidos, y no en parte como ahora (1Co. 13:12). Pero esta perspectiva de gloria, que es la perfección de la santidad, se le ofrece a *todo* su pueblo.

29 Para lograr esta bienaventurada consumación, tan devotamente deseada, Pablo dedicaba todas sus fuerzas.[223] Su obra apostólica no terminaba con la conversión de sus oyentes. Ese era el principio; el fin no se alcanzaría hasta el día de Cristo, y la calidad de su ministerio se probaría entonces por la calidad y la madurez de los que presentara como sus hijos espirituales. Mucho gozo tendría si eran creyentes auténticos y dignos, pero mucha vergüenza si no lo eran. Por tanto, no es nada extraño que trabajara y agonizara por su crecimiento en gracia pensando en este día de evaluación y recompensa. Pero aquí reconoce que la fuerza que necesita para llevar a cabo esta labor infatigable no es suya; es la fuerza que obra poderosamente dentro de él su omnipotente Señor.[224]

---

la *parusía* indica la época a la que se hace referencia. La santificación comienza con el nuevo nacimiento, progresa a lo largo de la vida cristiana con la ayuda del Espíritu Santo, y es consumada en la *parusía*. Cf, 2Co. 3:18; 1Jn 3:2.

222. Gr. τὸ τέλειον (1Co. 13:10). Cf. Ef. 4:13, donde el ἀνὴρ τέλειος es, al parecer, el cuerpo completo de Cristo.

223. Gr. κοπιῶ, una palabra fuerte que sugiere la idea de trabajar hasta el punto del cansancio o del agotamiento (cf. 1Co. 4:12; 15:10; Gá. 4:11; Fil. 2:16, y el uso similar del sustantivo κόπος en 1Co. 15:58; 2Co. 6:5; 11:23, 27; 1Ts. 2:9; 3:5; 2Ts. 3:8). Véase J. Munck, *Paul and the Salvation of Mankind*, pág. 108 con nota 4.

224. Gr. κατὰ τὴν ἐνέργειαν αὐτοῦ τὴν ἐνεργουμένην ἐν ἐμοὶ ἐν δυνάμει. El participio presente ἐνεργουμένην debe interpretarse probablemente en voz media y no pasiva, aunque aquí el sentido no se ve afectado comoquiera que se interprete. El poder de Dios es el que obra dentro de Pablo, y por tanto, si la forma se considera pasiva, Dios es el operador implícito (como en Fil. 2:13, θεὸς... ὁ ἐνεργῶν). Cf Ef. 3:20 (pág. 306). En cuanto al sentido general, cf. Ef. 3:7, κατὰ τὴν ἐνέργειαν τῆς δυνάμεως αὐτοῦ. Pablo usa el término ἐνέργεια para referirse al poder sobrenatural

COLOSENSES 2

2. Preocupación por los cristianos del valle de Lico (2:1-5)

(1) Reafirmación de las oraciones de Pablo por ellos (2:1-3)

1   Porque quiero que sepáis cuán grande es el conflicto en el que estoy envuelto por vosotros y por los que están en Laodicea, y por todos los que no hemos visto cara a cara,[1]
2   para que sean alentados sus corazones mientras permanecen unidos[2] en amor, con miras a [obtener] todas las riquezas de la plenitud del entendimiento —a saber, el conocimiento del misterio de Dios, es decir, de Cristo,[3]
3   en quien están escondidos todos los tesoros se la sabiduría y el conocimiento.

1 El esfuerzo que Pablo estaba haciendo y el conflicto espiritual en el que estaba envuelto[4] a favor de sus convertidos incluía no solo a los que él

---

1. Lit., "los que no han visto mi rostro en (la) carne" (ὅσοι οὐχ ἑόρακαν τὸ πρόσωπόν μου ἐν σαρκί).

2. Gr. συμβιβασθέντες, una "construcción lógica", la forma masculina concuerda con el pronombre sobrentendido "ellos" (que sin duda se expresa en la perífrasis αἱ καρδίαι αὐτῶν, "sus corazones"). En א D Ψ y en la mayoría de los manuscritos en cursivas se lee la forma verbal gramáticamente correcta συμβιβασθέντων (en concordancia con αὐτῶν).

3. Gr. εἰς ἐπίγνωσιν τοῦ μυστηρίου τοῦ θεοῦ, Χριστοῦ. Esta lectura (la más satisfactoria) aparece en P^{46} B, y está confirmada por Hilario, Pelagio y el pseudo Jerónimo. D* y algunas otras autoridades occidentales ofrecen el mismo sentido con la lectura ampliada ὅ ἐστιν Χριστός en lugar de Χριστοῦ. Otras autoridades omiten Χριστοῦ o θεοῦ, o insertan la conjunción καί para dar a entender que es "el misterio de Dios y Cristo", lo cual se amplía de diversas maneras, como "el misterio de Dios el Padre y de Cristo" (441 1908) o incluso como "el misterio de Dios y el Padre y de Cristo" (en D K y en la mayoría de los manuscritos en cursivas), o cambian Χριστοῦ por [τοῦ] ἐν Χριστῷ, "el misterio de Dios [que está] en Cristo" (33). La lectura de P^{46} B constituye el punto de partida para todas las variantes. Debemos considerar Χριστοῦ en aposición con μυστηρίου —el propio Cristo es el misterio de Dios. Podemos encontrar un análisis muy útil de este pasaje, con una presentación clara y detallada de las pruebas, en B. M. Metzger, *The Text of the New Testament* (Oxford, 1964), págs. 236-38. J. N. Darby, *The New Testament: A New Translation* (Londres, 1871), *ad loc.*; W. Kelly, *Lectures on Colossians* (Londres, 1869), pág. 40; y E. Lohmeyer, *ad loc.*, toman Χριστοῦ como una glosa temprana y aceptan solo los textos en lo que se lee simplemente "el misterio de Dios" (D H P 31 424**); la frase que sigue ἐν ᾧ (v. 3) significa entonces "en el cual".

4. Gr. ἡλίκον ἀγῶνα ἔχω. El sustantivo ἀγών (cf. Fil. 1:30; 1Ts. 2:2; 1Ti. 6:12; 2Ti. 4:7) y el verbo derivado ἀγωνίζομαι (cf. 1Co. 9:25; Col. 1:29; 4:12; 1Ti. 4:10; 6:12; 2Ti. 4:7) están tomados del ámbito de los concursos deportivos y se aplican a la actividad misionera y pastoral. Cf. V. C. Pfitzner, *Paul and the Agon Motif* (Leiden, 1967), págs. 109-29. F. Field, *Notes on the Translation of the New Testament* (Cambridge, 1899), pág. 195, sugiere (de manera muy poco convincente) que la expresión aquí puede estar basada en una reminiscencia de Is. 7:13 LXX: "¿Os parece poco

conocía personalmente, y que habían aceptado el evangelio cuando lo oyeron de sus labios; sino también a los que, al igual que los cristianos colosenses, se habían convertido a través del ministerio de los colegas y ayudantes de Pablo,[5] En esta categoría se encontraban los cristianos de la ciudad vecina de Laodicea[6] y de otros lugares del valle de Lico,[7] que, al parecer, debían la salvación de sus almas a Epafras.

El conflicto se libra en el ámbito espiritual; la oposición es la enseñanza falsa a la que estaban expuestas las iglesias del valle de Lico.

2 Este conflicto espiritual exigía una oración constante para que los corazones de estos cristianos jóvenes fueran fortalecidos[8] y para que ellos se mantuvieran firmemente unidos[9] en amor cristiano. Solo así (sin importar lo que algunos maestros pretendieran) podrían alcanzar las riquezas de la experiencia espiritual que es fruto de un pleno discernimiento[10] de la revelación divina. Aunque otros pudieran desviarlos con charlas engañosas sobre misterios; había un solo misterio que estaba por encima de todos los demás —el misterio del propósito amoroso de Dios, manifestado únicamente en Cristo— y el interés de Pablo era que ellos llegaran a conocer este misterio incomparable y lo reconocieran como una presencia que moraba en ellos.

En contra de todos los que luchaban por intelectualizar la fe cristiana hablando del conocimiento (*gnōsis*) como si fuera un fin en sí mismo, Pablo subraya que no es posible conocer la revelación de Dios si no se cultiva el amor fraternal dentro de la comunidad. A la iglesia corintia, que necesitaba de manera especial aprender esta lección, le había recordado que "el conocimiento (*gnōsis*) envanece, pero el amor edifica" (1Co. 8:1), y más adelante, en Efesios. 3:17-18 se deja bien claro que solo cuando los cristianos están "arraigados y cimentados en *amor*" es que pueden "comprender *con todos los santos*" la plenitud de la revelación divina.[11] Y esta revelación es personal: Cristo mismo

---

causarles conflictos (ἀγῶνα παρέχειν) a los seres humanos? ¿Por qué pues le causáis conflictos (ἀγῶνα παρέχετε) al Señor?".

5. Algunos de ellos tal vez habían conocido a Pablo en otro lugar (p. ej., en Éfeso); es por eso que a partir de lo que se lee en la carta de Filemón es posible inferir que Pablo conocía personalmente a Filemón y a algunos miembros de su familia (véase además sobre Arquipo, Col. 4:17); pero la mayoría de los cristianos colosenses seguían siendo desconocidos para él.

6. Con respecto a Laodicea (cf. Col. 4:16; Ap. 1:11; 3:14-22) véase la introducción, pág. 5.

7. Incluyendo, sin duda, a Hierápolis (cf. Col. 4:14); de hecho, 104 424 y algunos otros manuscritos en cursiva insertan aquí la expresión καὶ τῶν ἐν Ἱεραπόλει.

8. Gr. παρακαλέω, "alentar", "fortalecer". Con respecto a su uso con καρδία como el objeto del aliento cf. Col. 4:8; Ef. 6:22; 2Ts. 2:17.

9. Gr. συμβιβάζω. El punto de vista de M. Dibelius (*ad loc.*) de que el participio pasivo συμβιβασθέντες significa "instruidos" aquí ("durch Belehrung in Liebe") recibe cierto respaldo del uso en otros lugares, especialmente en la LXX (cf. la cita de Is. 40:13 en 1Co. 2:16); pero la analogía de Col. 2:19 (con Ef. 4:16) es crucial para el significado presente "unidos" o "entrelazados".

10. Gr. σύνεσις ("comprensión"), como en Col. 1:9, implica la capacidad para distinguir lo verdadero de lo falso. Allí, al igual que aquí, σύνεσις se usa cerca de ἐπίγνωσις (véase la pág. 41, n. 30).

11. Ef. 3:17-18 no es documentalmente dependiente de Col. 2:2 (ni de 2:19); es una expresión independiente y más completa de la misma idea. En cuanto a la frase "en amor" (ἐν

es el misterio de Dios revelado —Cristo, con quien ellos ahora se han hecho uno solo. "Todas las promesas de Dios encuentran su sí en él" (2Co. 1:20). El conocimiento de Cristo es el camino real que conduce a la percepción de la sabiduría divina.

3 Porque es en Cristo que todos los tesoros de la sabiduría[12] y el conocimiento divinos están guardados. Se mantenían guardados en oculto, pero ahora que Cristo ha venido han sido revelados para los que han creído en él. Como en una ocasión hizo con los corintios, así también ahora Pablo les dice a los colosenses que Cristo es la Sabiduría de Dios.[13] En él está encerrado el verdadero conocimiento que contrasta con la *gnōsis* falsificada de los falsos maestros.

(2) Su temor de que puedan dejarse engañar (2:4-5)

4   *Lo que quiero decirles es lo siguiente: que nadie los engañe con palabras persuasivas;*
5   *porque aunque estoy ausente en el cuerpo, sin embargo estoy con vosotros en el espíritu, regocijándome al ver vuestra buena disciplina y la firmeza de vuestra fe en Cristo.*

4-5 "Lo que quiero decirles es lo siguiente", dice Pablo, "no dejéis que nadie os convenza con argumentos plausibles.[14] Aunque personalmente estoy ausente de vosotros, estoy con vosotros en espíritu, y me regocijo cuando observo vuestra buena conducta cristiana y vuestra firme fe cristiana".[15]

El sentido paulino de estar espiritualmente presente con sus amigos ausentes podría resultar extraordinariamente fuerte y vívido. El ejemplo más notable se encuentra tal vez en 1 Corintios 5:3-5, donde él se alude como presente en espíritu en una reunión de la iglesia en Corinto (en momento en el

---

ἀγάπη) cf. Ef. 4:15.

12. La frase "tesoros de la sabiduría" (θησαυροὶ τῆς σοφίας) aparece en Sir. 1:25; aquí, Pablo añade "y conocimiento" (καὶ γνώσεως), "echándole una mirada de reojo a los rasgos distintivos del gnosticismo" (W. D. Davies, *Paul and Rabbinic Judaism* [Londres, 1948], pág. 173). A pesar de la ubicación de θησαυρός y de ἀπόκρυφος, no puede afirmarse a ciencia cierta que exista aquí un reflejo consciente de Is. 45:3 LXX, θησαυροὺς σκοτεινούς, ἀποκρύφους ἀοράτους ἀνοίξω σοι (cf. E. Hauck, *TDNT* 3, pág. 138, *s.v.* θησαυρός).

13. Véase la pág. 51 (sobre Col. 1:15).

14. τοῦτο λέγω ἵνα μηδεὶς ὑμᾶς παραλογίζηται κτλ. C. F. D. Moule (*IBNTG*, p. 145) señala que la función de ἵνα aquí es imperativa, no final (télica), y en ese caso el significado sería: "estoy diciendo esto *a fin de que* nadie pueda desviaros".

15. Gr. τὸ στερέωμα τῆς εἰς Χριστὸν πίστεως ὑμῶν, "la solidez de vuestra fe en Cristo". El término στερέωμα de la LXX es la traducción de la palabra hebrea *rāqîa'*, "firmamento", en Gn. 1:6-8. H. Chadwick sugiere que el uso de este término aquí, aunque posiblemente se trata de una metáfora militar, podría reflejar el papel importante que desempeñaba en el pensamiento gnóstico el στερέωμα o barrera entre la esfera superior y la inferior ("All Things to All Men", *NTS* 1 [1954-55], 272-73). Véanse las págs. 275-76 con las notas 113 y 114, sobre Ef. 2:14.

que él se hallaba en Éfeso), con el objeto de desempeñar una función decisiva en un acto solemne de disciplina. El apóstol aquí afirma estar espiritualmente presente en una iglesia lejana con un propósito mucho más feliz. Mientras que en el caso de Corinto le aseguró su presencia espiritual a una iglesia con la que estaba bien familiarizado, aquí le asegura lo mismo a una iglesia en la que nunca había estado corporalmente presente. La contemplación de la fe y la conducta de los colosenses le hace sentir muy complacido: tal era la intensidad, podríamos inferir, de la imagen de la vida y el carácter de aquellos creyentes que había recibido de Epafras.

3. Mantener la tradición de Cristo (2:6-7)

6   *Por tanto, de la manera que recibisteis a Cristo Jesús el Señor, continúen andando en él.*

7   *Arraigaos y edificaos en él, firmemente establecidos en vuestra fe, tal como se os ha enseñado, rebosando de gratitud.*[16]

6 Esta breve declaración nos presenta el concepto de la tradición en el cristianismo apostólico. La idea de tradición, junto con la terminología que se usa para expresarla, es común en el judaísmo, donde se refiere especialmente a la entrega de la ley oral y su interpretación de una generación a otra. El resumen más conocido de la entrega judía de la tradición en los siglos que precedieron al año 70 d.C. nos cuenta que "Moisés recibió la Torá del Sinaí, y la entregó a Josué, y Josué a los ancianos,[17] y los ancianos a los profetas, y los profetas la entregaron a los hombres de la gran sinagoga" (tradicionalmente establecida en la época de Esdras). De uno de los últimos sobrevivientes de la "gran sinagoga", Simón el Justo,[18] la recibió Antígono de Soco, y luego, fue entregada, a su vez, a algunos pares sucesivos de eruditos, de generación en generación, hasta llegar a Hillel y Shammai (*c.* 10 a.C.).[19] Esta fue la "tradición de los ancianos" que Jesús denunció porque en la práctica anulaba ciertos principios esenciales de la ley divina que intentaba salvaguardar y aplicar. "Dejáis el mandamiento de Dios", dijo, "y os aferráis a la tradición de los hombres"[20] (Mr. 7:8).

Pablo usa esta misma frase, "la tradición de los hombres", con referencia a la enseñanza por la que los cristianos colosenses estaban en peligro de ser engañados, y de manera implícita la compara con la tradición de Cristo que ellos habían recibido cuando oyeron por primera vez el evangelio. Cuando el

---

16. Antes de ἐν εὐχαριστίᾳ B D H y la mayoría de los manuscritos en cursiva insertan ἐν αὐτῇ ("en ella"); ℵ D* insertan ἐν αὐτῷ ("en él"). P Ψ remplazan ἐν εὐχαριστίᾳ por ἐν αὐτῇ.
17. Es decir, los ancianos de Jos. 24:31; Jue. 2:7.
18. Probablemente el sumo sacerdote Simón II (*c.* 200 a.C.).
19. *Pirqê ʾAbôt* 1.1.
20. Gr. τὴν παράδοσιν τῶν ἀνθρώπων ("tradición humana"), como en Marcos 7:8.

apóstol dice que "recibieron" a Cristo Jesús como su Señor,[21] usa el verbo que se empleaba específicamente para denotar la recepción de algo que se entregaba por la vía de la tradición.[22] En otras palabras, Cristo era la "tradición" que los colosenses habían recibido, y esto debía ser para ellos una salvaguarda suficiente que les impidiera seguir la "tradición de los hombres" (v. 8). Se hace hincapié en la continuidad de la transmisión de la verdad cristiana, en relación con la doctrina y la práctica por igual.[23] La enseñanza que se les entregó a los colosenses encarna el testimonio apostólico, que procedió de Cristo, cuya autoridad es suprema, y mantiene su pureza por su presencia que mora en ellos.[24]

7 Por tanto, procuren que su manera de pensar y su vida se ajusten continuamente a esta enseñanza. Si echan raíces profundas en la verdad tal como se halla en Jesús, no sería fácilmente derribada su fe.[25] La fe en Cristo les daría una estabilidad que nada podría quebrantar. Y entonces, firmemente cimentados[26] en la revelación del misterio divino (es decir, el propio Cristo), no estarían expuestos a la incertidumbre y la duda, sino que tendrían sobradas ocasiones para rebosar de gratitud hacia Dios.[27] Esta gratitud es la manifestación espontánea de la presencia y el poder divinos dentro de ellos en razón de la comunión diaria que disfrutan con Cristo; y es una señal de que verdaderamente viven en la nueva era.

Los protestantes a veces pasan por alto esta mejor interpretación que puede dársele a la "tradición" en el NT, aunque también puede dársele otra peor; es bueno reconocer y aferrarse a la tradición verdadera, y al mismo tiempo rechazar toda tradición que vaya en contra del evangelio.

---

21. Gr. ὡς οὖν παρελάβετε τὸν Χριστὸν Ἰησοῦν τὸν κύριον. J. B. Lightfoot traduce las últimas cinco palabras como "al Cristo, es *decir*, Jesús el Señor", y sugiere que esta expresión "podría parecer que va dirigida contra la tendencia a separar al Cristo celestial del Jesús terrenal, como si la conexión solo fuera transitoria" (*Colossians and Philemon*, pág. 112).

22. Gr. παραλαμβάνω (equivalente al término hebreo *qibbēl*, que se usa en la primera cláusula de la cita del *Pirqê 'Abôt* supra). Aparece en este sentido en Col. 4:17; 1Co. 11:23; 15:1, 3; Gá. 1:9, 12; Fil. 4:9; 1Ts. 2:13; 4:1; 2Ts. 3:6 (en cuanto al sustantivo correspondiente παράδοσις en un sentido cristiano cf. 1Co. 11:2; 2Ts. 2:15; 3:6). En 1Co. 11:23 y 15:3 παραλαμβάνω va acompañado del verbo correlativo παραδίδωμι, "entregar" (el equivalente del verbo hebreo *māsar* que se emplea de esta manera en la cita anterior del *Pirqê 'Abôt*); cf. Lc 1:2; Hch. 6:14; 16:4; Ro. 6:17; 1Co. 11:2; 2Pe. 2:21; Jud. 3.

23. Cf. O. Cullmann, "*Kyrios* as Designation for the Oral Tradition concerning Jesus", *SJT* 3 (1950), 180-97; "The Tradition", en *The Early Church*, E.T. (Londres, 1956), págs. 55-99; R. P. C. Hanson, *Tradition in the Early Church* (Londres, 1962); F. F. Bruce, *Tradition Old and New* (Exeter, 1970).

24. En otros lugares fuera de esta carta, la presencia moradora es normalmente la del Espíritu Santo.

25. Con respecto a ἐρριζωμένοι, "arraigados", Cf. Ef. 3:17 (ἐρριζωμένοι καὶ τεθεμελιωμένοι); en ambos lugares la figura botánica va acompañada de otra relacionada con la arquitectura (aquí ἐποικοδομούμενοι).

26. Gr. βεβαιούμενοι (Cf. la voz activa de βεβαιόω cuyo sujeto es Dios en 1Co. 1:8; 2Co. 1:21).

27. Véase el comentario sobre Col. 1:12 (εὐχαριστοῦντες), pág. 44 con las notas 42, 43.

IV. LA ENSEÑANZA FALSA Y SU ANTÍDOTO (2:8-3:4)

1. La suficiencia absoluta de Cristo (2:8-15)

¿En qué consistía esta *gnōsis* que estaban tratando de inculcar en los cristianos colosenses con esos argumentos engañosos? La respuesta a esta pregunta debe obtenerse, en la medida en que sea posible, de esta sección de la carta, porque es aquí donde Pablo aborda de una manera exhaustiva y específica la enseñanza errónea que estaban ofreciendo a sus lectores, y es aquí también, donde él receta el antídoto correcto. Pero no podemos asegurar que hayamos comprendido todas las características de la controvertida enseñanza, porque Pablo pudo haber presupuesto un conocimiento de ella por parte de la iglesia colosense que no tienen sus lectores en el siglo XX. Al parecer, dicha enseñanza era esencialmente judía, pero incluía algunos rasgos con afinidades paganas. Sus rasgos paganos iban más allá de los principios que, en una época anterior, los cristianos judaizantes se habían esforzado por injertar en la fe de las iglesias jóvenes de Galacia. Por las características de la enseñanza a la que Pablo tuvo que oponerse en Galacia podría decirse que provenía de "creyentes judíos que pertenecían al partido de los fariseos", los cuales insistían en que era necesario circuncidar a los gentiles convertidos y "ordenarles que guardaran la ley de Moisés" (Hch. 15:5); los que la propagaban en Galacia probablemente tenían la intención de poner las iglesias paulinas bajo el control de los líderes de la iglesia de Jerusalén.[28] Jerusalén no juega ningún papel en el análisis de Colosenses. La ley judía ciertamente ocupa un lugar en él, pero aparece vinculada a un ascetismo que no era típico de la corriente dominante de la vida judía.

Esos rasgos que tienen afinidades paganas no son necesariamente de origen pagano. Son análogos a ciertos aspectos de las religiones mistéricas (si se usa ese término en un sentido bastante amplio), en los que se buscaba protección de la intimidación cósmica —de los terrores de la existencia en un mundo que estaba dirigido por poderes hostiles e implacables. Para referirse a esos poderes en esta carta se usa el término *stoicheia* — "elementos" o "fuerzas elementales".[29] En un universo gobernado por esas fuerzas, "el hombre encontró dos métodos para hacer soportable su existencia: debía adorar a los elementos, para que no lo dañaran, o confiarse a una deidad que gobernara los elementos y guardara a sus protegidos de cualquier amenaza por parte de los *stoicheia*".[30] De las dos alternativas así declaradas por Martin Dibelius, parece que los cristianos colosenses estaban dispuestos a abrazar la primera,

---

28. Cf. F. F. Bruce, *The Epistle to the Galatians* (Grand Rapids/Exeter, 1982), págs. 19-32 *et pássim*.

29. Véase el comentario sobre Col. 2:8, 20, donde se hace referencia a los στοιχεῖα (págs. 88-90, notas 42, 43).

30. M. Dibelius, "The Isis Initiation in Apuleius and Related Initiatory Rites", E.T. en *Conflict at Colossae*, ed. F. O. Francis y W. A. Meeks (Missoula, MT, 1975), pág. 79.

aunque Pablo recomienda la segunda: la fe en el Señor celestial que, no solo es el creador de los poderes cósmicos sino que ha demostrado, por su victoria en la cruz, que es quien los domina.

Había tendencias dentro del judaísmo rabínico con características que no se diferenciaban de algunos aspectos de la iniciación mistérica entre los paganos. Una tendencia que se destaca entre las demás era el "misticismo de la *mercabá*" —la práctica de técnicas para experimentar la visión de Dios, entronizado en su carroza celestial (*merkābāh*), que se le concedió a Ezequiel cuando fue llamado al ministerio profético (Ez. 1:26-28).[31] Cabe recalcar que la observancia meticulosa de la ley sagrada era indispensable para alcanzar esa experiencia, pero otra condición esencial también era un régimen especial de autodisciplina. En la literatura del misticismo de la *mercabá* los ángeles desempeñan una función mediadora (como también ocurre, al parecer, en la herejía colosense). Además, era casi inevitable que a los que experimentaban la visión de Dios de esta manera debía considerárseles, o ellos mismos debían considerarse, miembros de una élite espiritual.[32]

Si tenemos en cuenta que en la herejía colosense comúnmente se han detectado (y sin duda, con razón) ciertas características de un gnosticismo incipiente, resulta pertinente señalar que las principales autoridades en lo que respecta al misticismo de la *mercabá* se han referido a él como una forma de "gnosticismo judío".[33] En la atmósfera sincrética de Frigia, también, los judíos y los cristianos se vieron confrontados por la hipótesis, subyacente tras muchas formas del pensamiento gnóstico, de que el espíritu y la materia eran antitéticos entre sí, y por tanto, no era concebible ningún contacto directo entre el Dios supremo y el universo creado. Si esta hipótesis subyacía tras la herejía colosense, algunos puntos en los que Pablo hace hincapié cuando la refuta, pueden entenderse con mayor facilidad.

Ahora bien, un sistema de pensamiento basado en esa hipótesis estaba destinado a socavar el evangelio. Si Dios y el mundo material no pueden tener una relación directa, el mundo no puede haber sido creado por Dios. Y tampoco es concebible que la Sabiduría de Dios se haya encarnado en un "cuerpo de carne" (Col. 1:22), ni que el Hijo de Dios haya "nacido de una mujer" (Gá. 4:4). La comunicación entre Dios los y seres humanos en la tierra no puede ser

---

31. Cf. G. Scholem, *Major Trends in Jewish Mysticism* (Londres, 1955); G. Quispel, "Ezekiel 1:26 in Jewish Mysticism and Gnosis", *Vig. Chr.* 34 (1980), 1-13.

32. De ahí la humillante aflicción que le impidió a Pablo "enaltecerse" después de su ascensión y su visión (2Co. 12:7).

33. Cf. el título de la obra de G. Scholem, *Jewish Gnosticism, Merkabah Mysticism and Talmudic Tradition* (New York, 1965). Algunas características de un gnosticismo incipiente también se han detectado en los textos de Qumrán; cf. B. Reicke, "Traces of Gnosticism in the Dead Sea Scrolls?" *NTS* 1 (1954-55), 137-41; O. Cullmann, "The Significance of the Qumran Texts for Research into the Beginnings of Christianity", en *The Scrolls and the New Testament*, ed. K. Stendahl (Londres, 1958), págs. 18-32; pero también E. M. Yamauchi, *Pre-Christian Gnosticism* (Grand Rapids, 1973), págs. 143-62.

directa: debe lograrse a través de una serie de intermediarios.[34] Es posible que la herejía colosense no haya llegado a todas esas conclusiones lógicas a partir de la presuposición gnóstica, pero sí es probable que haya previsto la existencia de una serie de intermediarios entre Dios y el mundo de los humanos, mediante los cuales debían tener lugar las comunicaciones en ambas direcciones.

En contra de la negación implícita de la doctrina bíblica de la creación, Pablo ya declaró que el universo fue creado en, por y para Cristo. En contra de la oferta tentadora de una sabiduría más alta, subrayó que todos los tesoros de la sabiduría y el conocimiento son asequibles en Cristo. En contra de la creencia en una serie indefinida de intermediarios entre Dios y nuestro mundo, el apóstol presenta a Cristo como la encarnación personal de la plenitud de la deidad. En contra de la idea de que estos intermediarios deben recibir alguna cuota de homenaje de parte de los que tienen que usarlos para acercarse a Dios, Pablo afirma que Cristo triunfó sobre todos ellos y ya no pueden exigir ninguna lealtad de los que Cristo redimió. El conjunto completo de las enseñanzas que a los cristianos colosenses se les instaba a aceptar era una renovación de viejos patrones de pensamiento y conducta que Cristo había dejado obsoletos; no debían recibir ningún respaldo de los hombres y mujeres que habían muerto con Cristo y resucitado junto con él para andar en novedad de vida.

(1) La Plenitud de Cristo (2:8-10)

8   *Mirad que nadie os haga cautivos por medio de su filosofía y hueca ilusión, según la tradición humana, conforme a las fuerzas elementales del mundo, y no según Cristo;*
9   *porque es en él que reside toda la plenitud de la deidad en realidad corporal,*
10 *y vosotros habéis hallado vuestra plenitud en él —en él, que es la cabeza de todo principado y poder.*

8 Tras haber animado a sus lectores a permanecer firmemente anclados en Cristo y en el evangelio, Pablo les aconseja ahora que no cambien esta postura inexpugnable por ninguna forma plausible de persuasión. No hay ninguna razón para inferir a partir de este lenguaje que el apóstol estuviera pensando en algún maestro en particular;[35] les advierte contra cualquier intento de desviarlos imponiéndoles argumentos. El verbo que aparece como "hacer cautivo" (muy poco frecuente)[36] se ha traducido también como

---

34. Estos intermediarios podrían ser gobernantes (ἄρχοντες) de las regiones cósmicas a través de las cuales tenían que pasar los que iban a iniciarse para alcanzar la visión de Dios (cf. M. Dibelius, "The Isis Initiation", pág. 93; compara la experiencia de los πνευματικοί entre los esenios nazarenos, tal como lo describe Hipólito, *Ref.* 5:8-9).

35. Cf. C. Masson, *ad loc.*

36. Gr. συλαγωγέω. BAG cita dos apariciones tardías, una de Heliodoro (siglo III d.C.) con el significado de "secuestrar" y otra de Aristéneto (siglo V d.C.) con el significado de "saquear". Cf. el uso similar de αἰχμαλωτίζω en 2Ti. 3:6.

COLOSENSES 2:8

"robar" o "secuestrar": ¿Quería el apóstol decir acaso: "no permitáis que nadie os saquee" o "no permitáis que nadie os arrebate como *si fuerais* un botín"? En términos generales, la segunda alternativa es más contundente y debe preferirse: los colosenses están en peligro de ser llevados en cautiverio, y es necesario alertarlos para que no se conviertan en presa de los que desean quitarles su libertad. Los embaucadores espirituales contra los cuales se les pone en guardia no inculcaban una forma de vida impía ni inmoral: el error de cualquier enseñanza de ese tipo habría sido inmediatamente desenmascarado. La enseñanza que ellos promulgaban era más bien una mezcla de los elementos más elevados de la religión que no les resultaban desconocidos ni a los judíos ni a los paganos; en realidad, era una filosofía. Pablo no condena la filosofía como tal, sino este tipo de filosofía en particular —que induce a los creyentes a abandonar la simplicidad de su fe en Cristo. "A todo lo que tenía que ver con las teorías acerca de Dios y del mundo y el sentido de la vida humana se le llamaba "filosofía" en esa época, no solo en las escuelas paganas sino también en las escuelas judías de las ciudades griegas".[37]

A pesar de todo su atractivo, esta filosofía no era más que una ilusión hueca.[38] Si los colosenses la abrazaban, lejos de beneficiarse, serían perjudicados por ella. Los que sabían qué eran esas fuerzas elementales cuando "recibieron a Cristo Jesús el Señor" no podían encontrarla aceptable; era una tradición humana[39] que echaba por tierra las verdades esenciales de la fe y la vida cristianas. Parecía buena, atraía el instinto religioso natural, pero no tenía nada que ofrecerles a los cristianos. No era una enseñanza "según Cristo" — en consonancia con la tradición que habían recibido de él (v. 6)— sino una enseñanza conforme a los "elementos (*stoicheia*) del mundo (*kosmos*)".[40]

---

37. A. Schlatter, *Erläuterungen zum Neuen Testament*, Teil 7 (Stuttgart, 1963), pág. 275. Compara la descripción de Josefo de las diversas sectas judías (incluyendo a los zelotes) como φιλοσοφίαι (*BJ* 2.118-66; *Ant.* 18.9-25).

38. En el texto griego, κενῆς ἀπάτης entra dentro de la misma categoría de las φιλοσοφίας. La "filosofía" y la "hueca ilusión" son idénticas.

39. Una "tradición humana" podría ser judía, gentil o ambas cosas a la vez; cf. Mr. 7:8, donde se trata de una tradición judía (véase la pág. 84 supra); 1Pe. 1:18, donde el estilo de vida pagano que tenían antes los destinatarios se describe como πατροπαράδοτος ("recibida por tradición de vuestros padres").

40. Gr. τὰ στοιχεῖα τοῦ κόσμου (cf. Gá. 4:3). El sustantivo στοιχεῖα se refiere básicamente a las cosas que están colocadas una junto a la otra en una fila; se usa (*inter alia*) respecto a las letras del alfabeto, y entonces, como el aprendizaje del abecedario es la primera lección cuando se nos enseña a escribir, el término ha adoptado el significado de "rudimentos", "principios básicos" (cf. Heb. 5:12, los "rudimentos" del evangelio). Además, puesto que las letras del alfabeto se consideraban los "elementos" con los que se construían las palabras y las oraciones, στοιχεῖα, por extensión, denota los "elementos" del mundo material (como en 2Pe. 3:10, 12); Filón emplea la frase τὰ στοιχεῖα τοῦ κόσμου en este sentido (*Age of the World* 109). En otros lugares, (*Contemplative Life* 3) Filón habla de los griegos que veneran los cuatro στοιχεῖα (tierra, agua, aire y fuego) y les dan nombres divinos (Demetrio, Poseidón, Hera, Hefesto); y en otro lugar más dice que "algunos han deificado los cuatro στοιχεῖα —tierra, agua, aire y fuego— mientras que otros han deificado el sol, la luna y los demás planetas y estrellas fijas; otros solo el cielo; otros el mundo entero", y menciona los

COLOSENSES 2:8

Hay dos cartas paulinas donde se usa este término *stoicheia* (traducido como "rudimentos" en RVR1960, "principios elementales" en LBLA, RVR2015, "principios de este mundo" en NVI, RVC, "elementos del mundo" en JBS). La otra es la carta a los Gálatas. En Gá. 4:3, 9, los *stoicheia* son las fuerzas que regulaban la vida judía bajo la ley y la vida pagana en el servicio de "seres que por naturaleza no son dioses". La observancia del calendario sagrado judío por parte de los convertidos gálatas puso claramente de manifiesto que habían vuelto a someterse al dominio de los *stoicheia*: "Observáis los días, los meses, las estaciones y los años" (Gá. 4:10). La regulación de esas divisiones del calendario por parte de los cuerpos celestes podría implicar algún tipo de relación con los planetas.[41] (A partir de Col. 2:16 cabría inferir que la herejía colosense prescribía observancias similares del calendario). De nuevo aquí, el argumento de Gálatas les ha sugerido a muchos exégetas que los *stoicheia* en esa carta están estrechamente relacionados (por no decir totalmente identificados) con los ángeles mediante los cuales se dice que fue promulgada la ley (Gá. 3:19).[42] A la objeción de que algunos de estos significados no fueron confirmados para el término *stoicheia* hasta algún tiempo después[43] podría

---

nombres con los que se adora a los elementos (*Decálogo* 53). En Sabiduría 13:2 se mencionan los diversos elementos que reciben la adoración de los que no conocen a Dios, pero no les llama στοιχεῖα sino πρυτάνεις κόσμου ("gobernantes del mundo"). Con relación al uso paulino del término στοιχεῖα véanse, además de los comentarios sobre Gálatas y Colosenses, G. Delling *TDNT* 7, págs. 683-86 (*s.v.* στοιχεῖον); H. H. Esser, *NIDNTT* 2, págs. 452-53 (*s.v.* "Law"); E. Percy, *Die Probleme*, págs. 156-67; J. Blinzler, "Lexikalisches zu dem Terminus τὰ στοιχεῖα τοῦ κόσμου bei Paulus", en *Studiorum Paulinorum Congressus 1961* 17-18 (Rome, 1963), II, 429-43; A. J. Bandstra, *The Law and the Elements of the World* (Kampen, 1964); E. Schweizer, "Die Elemente der Welt Gal 4, 3.9; Col 2, 8.20," in *Beiträge zur Theologie des Neuen Testaments* (Zürich, 1970), págs. 147-63.

41. A. D. Nock, *Early Gentile Christianity and its Hellenistic Background* (New York, 1964), pág. 98, n. 4: "En los στοιχεῖα convergen ideas judías y planetarias". Nock señala una analogía (aunque no una identidad) entre la esclavitud a los στοιχεῖα, contra la cual se previno a las iglesias de Galacia y de Colosas, y la esclavitud a los dioses planetarios (p. ej., al destino), de los cuales, según el tratado de Poimandres, el primero del Corpus Hermeticum, los seres humanos pueden escapar mediante el conocimiento de la verdad; para escapar, el alma abandona el cuerpo y asciende a través de las esferas celestiales (*C.H.* 1.15, 19-26). (Esta ascensión, de hecho, tiene probablemente más en común con la herejía colosense que con la forma de liberación que presenta Pablo). Cf. también G. Bornkamm, "The Heresy of Colossians" (1948), E.T. en *Conflict at Colossae*, ed. Francis y Meeks, pág. 139, n. 9 (entre otras cosas, llama la atención sobre el paralelismo que existe entre los στοιχεῖα y los siete *Amesha Spentas* avésticos, un paralelismo que establecieron R. Reitzenstein y H. H. Schaeder y se refleja en la traducción sogdiana de στοιχεῖα en Gá. 4:3 en la palabra *amahraspands*, un término que usaba el maniqueísmo para denotar los elementos).

42. Cf. la referencia a la adoración de los ángeles en el v. 18 más adelante (págs. 107-110 con las notas 116-27). Es posible que la herejía colosense tuviera rasgos en común con la enseñanza de Cerinto, según el cual, si podemos confiar en Epifanio (*Pan.* 28), no solo la ley sino también los profetas fueron inspirados por seres angélicos, el dador angélico de la ley era uno de los ángeles que hicieron el mundo (κόσμος).

43. En cuanto al significado de "cuerpos celestes", cf. (probablemente) *Ep. Diog.* 7:2 (mediados del siglo II d.C.); en Diógenes Laercio, *Lives of Philosophers* 6.102 (siglo III d.C.) τὰ δώδεκα στοιχεῖα son los signos del zodíaco. En *Test. Sal.* 8:1-2; 18:1-2 (siglo IV d.C.) στοιχεῖον se usa junto con δαίμων y πνεῦμα para referirse a un ser espiritual. Véanse además M. Dibelius, *Die*

responderse en parte alegando que la frase "los elementos del mundo" *en este sentido* es una contribución paulina original al vocabulario religioso. En la providencia divina hubo un tiempo en el que los *stoicheia* desempeñaron una función supervisora en la vida del pueblo de Dios, como el ayo[44] que cuidaba al niño nacido libre hasta que llegaba a la mayoría de edad. La mayoría de edad del pueblo de Dios coincidió con el advenimiento de la fe en Cristo: permanecer bajo el control de los *stoicheia* después de eso constituía una señal de inmadurez espiritual.

Así, también, la forma de enseñanza que estaba extendiéndose en Colosas era algo que pertenecía a una etapa de la experiencia anterior a la conversión; por lo tanto, más allá de lo que pudiera ser su verdadera naturaleza, aceptarla ahora sería una señal de retroceso espiritual. Tal como Pablo continúa asegurándoles, ellos le habían dicho un largo adiós a todas esas fuerzas cuando murieron con Cristo para comenzar una nueva vida en él.[45] Antes, cuando estaban "en la carne",[46] no podían deshacerse del dominio de los poderes que controlan el orden mundial actual que se opone a Dios. Pero ahora vino uno que venció esos poderes y liberó a los seres humanos de su influencia;[47] es, por ende, una necedad que los que han experimentado esta liberación vuelvan atrás y se sometan de nuevo al yugo de estos tiranos desacreditados. Ahora que, a cambio, le han prometido lealtad al gobernante de un nuevo orden, el cual derrotó los poderes hostiles; ¡que su voluntad y su enseñanza sean su norma de vida de aquí en adelante!

9 Los maestros del error probablemente enseñaban que la plenitud del ser divino estaba distribuida entre una jerarquía de poderes espirituales, a través de los cuales llegaba a este mundo:[48] los cristianos, empero, tenían algo mejor. Ellos tenían a Cristo, la revelación personal del Padre, el único mediador entre Dios y los seres humanos, en quien (por ser verdaderamente hombre) se había encarnado la plenitud de la deidad.[49] Para demostrar que

---

Geisterwelt im Glauben des Paulus (Göttingen, 1909); E. Percy, *Die Probleme*, págs. 156-67; para una conclusión diferente de las de ellos, véase A. J. Bandstra, *The Law and the Elements of the World* (Kampen, 1964).

44. Gr. παιδαγωγός (Gá. 3:24).
45. Véase el v. 20 más adelante.
46. Cf. Ro. 8:9, donde ἐν σαρκί se contrasta con ἐν πνεύματι (véase el v. 13 más adelante).
47. Cf. Mr. 3:27; Lc. 11:20.
48. Esto implicaría que ellos se anticiparon, en cierta medida, a la doctrina valentiniana de la πλήρωμα en el siglo II (véase la pág. 66 con la nota 163). M. Dibelius ("The Isis Initiation in Apuleius", págs. 63ss.) hace referencia al viaje cultual y místico *per omnia... elementa* de Lucio (Apuleius, *Metamorphoses* 11.23).
49. Gr. ὅτι ἐν αὐτῷ κατοικεῖ πᾶν τὸ πλήρωμα τῆς θεότητος σωματικῶς. Los términos ἐν αὐτῷ, κατοικέω, and πᾶν τὸ πλήρωμα son repeticiones de los que ya encontramos en el himno cristológico (Col. 1:19). De hecho, J. M. Robinson (*Int.* 10 [1956], 349, en la revisión de *IB* 11) describe el pasaje completo (vv. 9-15) como "una homilía claramente bautismal sobre el himno kerigmático y antignóstico que aparece en Col. 1:15-20". G. Bornkamm ("The Heresy of Colossians", pág. 125) piensa que la herejía podría haber aceptado la declaración de Col. 2:9 "con la única diferencia de que *no contrapusiera* la frase ἐν αὐτῷ a la morada de la πλήρωμα divina en los στοιχεῖα, sino que

no había ninguna imposibilidad inherente en la naturaleza de las cosas que le impidiera a Dios comunicarse directamente con este mundo, el que compartía la naturaleza divina se había hecho carne y moraba con los seres humanos. El adverbio (que significa "corporalmente") al final del v. 9 implica sin duda su encarnación, pero es posible que conlleve algo del sentido que transmite el sustantivo "cuerpo" en el v. 17 —la sustancia en lugar de la sombra (de ahí la traducción supra: "en realidad corporal").[50]

10 No solo eso, sino que los cristianos, a causa de su unión con él, participaban de su vida. Si la plenitud de la deidad residía en él, esa plenitud también se les había impartido a ellos. Existe una afinidad entre el sentido de lo que dice aquí y el lenguaje del prólogo joánico: "de su plenitud todos hemos recibido gracia sobre gracia" (Jn. 1:16). Sin él, los integrantes de su pueblo serían por siempre *disjecta membra* —estarían incompletos, y no podrían alcanzar el verdadero fin de su existencia. Pero junto con él, incorporados a él, se unen con él en un lazo vivo en el que él y ellos se complementan mutuamente (aunque ellos no sean esenciales para su plenitud como él sí lo es para la de ellos).[51]

Además, aquel con quien están unidos los cristianos, y en quien están completos, es la "cabeza sobre todo principado y poder".[52] Al igual que en Colosenses 1:16 aquí también se afirma que él es la cabeza de todos los principados y potestades que fueron creados por medio de él, es decir, él es la fuente de su existencia, y por ende, también su gobernante. Pero la relación entre la cabeza y el cuerpo probablemente no está implícita aquí. Cualquiera que haya sido la intención original del himno cristológico de Colosenses 1:15-20, es bastante improbable que Pablo o cualquiera de sus colegas deseara sugerir que los principados y las potestades, o el mundo al que

---

considerara la plenitud divina en Cristo implícita *en su relación con los elementos*". En ningún otro lugar del NT aparece el sustantivo θεότης. J. B. Lightfoot (*ad loc.*) cita con mucho acierto dos pasajes de Plutarco para ilustrar la diferencia entre ese término y θειότης (también aparece una sola vez en el NT, en Ro. 1:20): *On the obsolescence of oracles* 415C (donde se dice que algunos δαίμονες después de un largo período de prueba alcanzaron la θεότης) y *On the malice of Herodotus* 857A (donde se usa el término θειότης respecto a la inspiración divina en los seres humanos). Cf. también E. K. Simpson, *Words Worth Weighing in the Greek New Testament* (Londres, 1946), págs. 12-13, respecto a la idoneidad del uso de θειότης con referencia a la *mano* de Dios en la creación pero de θεότης con referencia a la revelación de su *faz* en Cristo.

50. Gr. σωματικῶς. En cuanto al punto de vista preferido supra, cf. G. B. Caird, ad loc. ("en realidad sólida"). Véase también P. T. O'Brien, ad loc. Según L. Cerfaux, Christ in the Theology of St. Paul, E.T. (New York, 1959), pág. 427, "Todo el poder santificador de la divinidad en este mundo se concentró en Cristo y en su cuerpo resucitado"; Cerfaux hace referencia a J. Dupont, Gnosis (Louvain, 1949), págs. 420-93, respecto a un estudio de "todo el conjunto de ideas y fórmulas estoicas", incluyendo σῶμα y sus derivados, que Pablo adoptó y modificó.

51. G. B. Caird (*ad loc.*) considera que lo que eso significa es que la plenitud de vida ejemplificada en el Cristo resucitado ya la poseen los cristianos *"en él,* es decir, en unión con su humanidad representativa e inclusiva".

52. Gr. ὅς ἐστιν ἡ κεφαλὴ πάσης ἀρχῆς καὶ ἐξουσίας. En cuanto a la opinión de que "todo principado y poder" debe interpretarse como el cuerpo del que Cristo es la cabeza, véase E. Lohmeyer, *ad loc.*; H. Lietzmann, *The Beginnings of the Christian Church*, E.T. (Londres, 1949), pág. 215.

ellos pertenecían, constituían, de alguna manera, el cuerpo del que Cristo es cabeza. Lo que se pone de relieve aquí, así como el himno cristológico que evoca el pasaje que nos ocupa, es la primacía de Cristo sobre toda la creación, incluyendo los principados y los poderes.[53]

Se ha argumentado que lo único que indica esta cláusula es que Cristo es por encima de todo gobierno y autoridad.[54] Pero a partir de las referencias a los principados y los poderes en el himno cristológico y, más particularmente, en la celebración de la victoria de Cristo sobre ellos, según el v. 15, podemos llegar a la conclusión de que la cláusula proporciona más información. Si las fuerzas en el mundo espiritual, a las que se hace referencia de forma general como "principados y potestades", desempeñaban verdaderamente algún papel en la forma de pensar de los colosenses, entonces sí hay otra razón para hacer mención de "todo principado y poder" en el v. 10. Los que están unidos a Cristo no tienen por qué rendir homenaje a esas fuerzas sobre las que él reivindicó su preeminencia.

(2) La nueva circuncisión (2:11-12)

11 *En él también fuisteis circuncidados con una circuncisión no hecha por manos, al quitar el cuerpo de la carne[55]—es decir, con la circuncisión de Cristo—*

12 *cuando fuisteis sepultados con él en el bautismo.[56] En el bautismo,[57] también fuiste resucitados con él por la fe en el poder de Dios, que lo resucitó de entre los muertos.[58]*

11 Si tan solo recordaran su bautismo, y todo lo que este suponía e implicaba, serían liberados de ese sincretismo incoherente.

---

53. Véanse las págs. 55-56 supra.
54. Véase W. Carr, *Angels and Principalities* (Cambridge. 1981), pág. 81.
55. Gr. τοῦ σώματος τῆς σαρκός. Después de τοῦ σώματος ℵ² D¹ Ψ junto con la mayoría de los manuscritos en cursiva y las versiones siriacas insertan τῶν ἁμαρτιῶν (cf. KJV: "el cuerpo de los pecados de la carne").
56. Nuestros testigos varían entre βαπτισμῷ (P⁴⁶ ℵ² B D* F G etc.) y βαπτίσματι (ℵ* A C D² Ψ con la mayoría de los manuscritos en cursiva). Para referirse al bautismo cristiano (al igual que para el bautismo de Juan) la forma que normalmente se emplea en el NT es βάπτισμα. En Mc. 7:4 y en Heb. 9:10 (sin duda) y en Heb. 6:2 (probablemente) el término βαπτισμός se usa respecto a las abluciones ceremoniales. Por esta razón es más probable que el término original βαπτισμῷ aquí se hubiera cambiado por βαπτίσματι y no lo contrario.
57. Gr. ἐν αὐτῷ. Esto podría significar "en quien" (con el antecedente "Cristo"), pero no es tan probable porque está claro que αὐτῷ debe tomarse junto con συνηγέρθητε ("fuisteis resucitados con él") tal como ya se había hecho con συνταφέντες, y si se adjunta la frase "en quien" a "fuisteis resucitados" la construcción resultaría sobrecargada.
58. Gr. ἐκ νεκρῶν en B D F G y en muchos manuscritos en cursiva se lee como ἐκ τῶν νεκρῶν.

El bautismo que habían recibido implicaba una circuncisión espiritual —"una circuncisión no hecha por manos". Aún en el AT se hacía hincapié en el carácter simbólico de la señal externa de la circuncisión: lo que Dios realmente deseaba no era la señal externa en sí misma, sino la "circuncisión del corazón" (Dt. 10:16; 30:6; Jer. 4:4), una purificación interior que para Pablo, era la verdadera circuncisión.[59] Pero el israelita que comprendía la importancia capital de la "circuncisión del corazón", normalmente no se consideraba por esa razón exento del requerimiento de la circuncisión física;[60] pero ahora, la obra de Cristo ha agotado de tal manera la importancia de la ordenanza original (y de toda la ley ceremonial) que esta ha quedado remplazada para siempre.[61] La elección del lenguaje por parte de Pablo aquí sería especialmente idónea si la circuncisión fuera la única característica del sincretismo que estaban inculcando en la iglesia de Colosas. La circuncisión hecha por manos[62] (que por estar limitada a los varones, resultaba de todas formas inadecuada para el nuevo orden en Cristo)[63] ya no ocupaba ningún lugar; la muerte de Cristo había efectuado la limpieza interior que los profetas relacionaron con el nuevo pacto,[64] y de la que este bautismo cristiano era la señal visible.

A esta circuncisión espiritual también se le llama "la circuncisión de Cristo". Esta frase podría denotar la circuncisión que Cristo padeció o (preferiblemente) la circuncisión que Cristo efectuó.[65] Si la primera opción es

---

59. Cf. Ro. 2:28-29; Fil. 3:3.

60. Cf. Filón, *Migration of Abraham* 92; Josefo, *Ant.* 20.34-48. Algunos miembros de la escuela de Hillel sostenían, en sus debates con la escuela de Shammai, que el bautismo de los prosélitos era suficiente para los convertidos gentiles aparte de la circuncisión (TB *Yḇāmôṯ* 46a); pero más que una normativa práctica, esto era simplemente un tema de debate.

61. Justino Mártir alegoriza la narración acerca de la circuncisión de los israelitas a manos de Josué con cuchillos de pedernal (Jos. 5:2-3) y dice que denota la circuncisión espiritual que los cristianos reciben de manos del verdadero Josué (Jesús), "de la idolatría y toda forma de perversidad, con piedras afiladas, es decir, por medio de las palabras de los apóstoles de aquél que es la piedra angular cortada sin ayuda de manos" (*Dial.* 114). La apologética antijudaica cristiana primitiva agrupaba la circuncisión, el sacrificio y el día de reposo como las cosas que habían sido abolidas por Cristo (cf. V. Burch, "Circumcision of the Heart", *ExT* 29 [1917-18], 330-31; J. R. Harris, *Testimonies* II [Cambridge, 1920], págs 105-06). O. Cullmann sostiene que la interpretación del bautismo cristiano como una derogación de la circuncisión judía "no es simplemente un expósito teológico que apareció en una fecha posterior al apologeta Justino"; dicha interpretación está explícita en nuestro presente texto e implícita en otros lugares del NT (*Baptism in the New Testament*, E.T. [Londres, 1950], págs. 56-57).

62. Cf. Ef. 2:11, περιτομῆς ἐν σαρκὶ χειροποιήτου. La expresión negativa ἀχειροποίητος era casi un término técnico que empleaba el cristianismo primitivo para denotar las realidades del nuevo orden, y no solo en lo que respecta a la nueva circuncisión (como aquí) sino también al nuevo templo (Mr. 14:58) y a la resurrección corporal (2Co. 5:1).

63. El hecho de que en Cristo no haya circuncisión ni incircuncisión (cf. Col. 3:11) abroga la diferencia no solo entre judío y gentil sino también entre varón y mujer, en el sentido de Gá. 3:28.

64. Cf. Jer. 31:31-34; Ez. 36:25-27.

65. "La circuncisión de Cristo es, pues, la circuncisión que pertenece a Cristo, que es él quien la da, y que produce perdón de pecados y hace posible que las personas vivan éticamente de una manera nueva" (E. Schweizer, *Colossians, ad loc.*, p. 143). En cuanto al punto de vista de

correcta, no se refiere principalmente a la circuncisión que recibió a los ocho días de nacido como cualquier otro niño judío (Lc. 2:21) sino a su crucifixión, de la que su circuncisión en la infancia fue, a lo sumo, una previsión simbólica. En ese caso, el "despojamiento"[66] del cuerpo de la carne"[67] denotará lo que Cristo hizo en su muerte; el bautismo se interpreta (al igual que en Ro. 6:3-4) como una participación simbólica en la muerte de Cristo. "Esta circuncisión del Cristo se reproduce sacramentalmente en los miembros de la comunidad por medio del bautismo".[68]

Si, en cambio, la "circuncisión de Cristo" es la circuncisión que él efectúa, es decir, la limpieza interior producida por su muerte, resurrección y presencia moradora en los que están unidos a él por la fe, entonces, el "despojamiento del cuerpo de carne" se refiere a la experiencia bautismal del creyente (descrita en Ro. 6:6 como la crucifixión de "nuestro viejo hombre" y la destrucción del "cuerpo de pecado"). Para ello, debemos considerar que nuestro antiguo ser con sus deseos y tendencias está muerto, y ese será el preludio necesario para poder revestirnos de la nueva naturaleza —para revestirnos de Cristo en su vida resucitada.[69] De lo que el creyente se despoja es de "toda la personalidad dispuesta y orientada a rebelarse contra Dios".[70]

12 El bautismo de los creyentes también podría interpretarse como su participación en la sepultura de Cristo.[71] El "despojamiento del cuerpo de carne" y su sepultura para hacerlo desaparecer de la vista ponen igualmente de relieve que la vida antigua había quedado atrás. Participaron de la muerte de Cristo, y también participaron de su sepultura. De manera similar, en Romanos 6:3-14 Pablo alega que los que han sido sepultados con Cristo "por medio del bautismo para muerte" deben llevar a partir de ahí una vida nueva en él, y no continuar esclavizados al pecado.

---

que "es mejor considerar que la afirmación denota la circuncisión que Cristo padeció, es decir, su crucifixión", véase P. T. O'Brien, *ad loc.* (pág. 117).

66. Gr. ἀπέκδυσις. No hay constancia de ningún caso independiente de este término compuesto; podría ser de acuñación paulina. Cf. el verbo ἀπεκδύομαι en el v. 15 y en Col. 3:9. El prefijo doble comunica un énfasis especial: "despojar por completo".

67. Cf. Col. 1:22 respecto a τὸ σῶμα τῆς σαρκός (pág. 71 con la nota 182).

68. E. Käsemann, "A Primitive Christian Baptismal Liturgy", pág. 162.

69. Cf. Col. 3:9-10; Ef. 4:22-24; Ro. 13:14. En Ro. 6:6; Gá. 2:20; 5:24 Pablo habla de "crucificar" en lugar de "despojarse".

70. J. A. T. Robinson, *The Body*, pág. 31.

71. Podría considerarse que la sepultura de Cristo le puso el sello a su muerte y simbolizó su entrada en el reino de los muertos (según entrevén algunos intérpretes en Ef. 4:9-10). Su propio bautismo en el Jordán fue un anticipo simbólico de su descenso a la muerte y al Seol; cf. las referencias que hizo a su próxima pasión usando términos relacionados con el bautismo (Mr. 10:38-39; Lc. 12:50). En cuanto a la imaginería empleada, véase A. R. Johnson, "Jonah 2:3-10", en *Studies in Old Testament Prophecy*, ed. H. H. Rowley (Edinburgh, 1950), págs. 82-102, especialmente la pág. 102.

El bautismo no solo proclama que el viejo orden ya pasó y terminó; proclama también que se ha inaugurado un nuevo orden. El convertido no permanece en el agua bautismal, sale de ella para "andar en novedad de vida" (Ro. 6:4). El bautismo, pues, implica una participación en la resurrección de Cristo, así como en su muerte y en su sepultura.[72]

Pablo presenta la resurrección de Cristo como la demostración suprema del poder de Dios. Los que han resucitado con Cristo lo han hecho por medio de la fe en el poder divino que lo levantó de entre los muertos, y de ahí en adelante ese poder los energiza y mantiene la vida nueva dentro de ellos —la vida nueva que no es otra cosa que la vida resucitada de Cristo que circula por todos los miembros de su cuerpo.[73] En él ellos ya disfrutan de la vida eterna, la vida de la era venidera.

Todo este concepto es total y característicamente paulino. Es posible que en este lugar (junto con Col. 3:1 y Ef. 2:6) la idea de la participación del creyente en la vida resucitada de Cristo se exprese con más claridad que en cualquier otro pasaje de las cartas paulinas, pero suponer que un paulinista, y no Pablo, fue el autor de esta fraseología, es suponer también que otro individuo aparte de Pablo pudiera haber expresado un pensamiento central de Pablo con más claridad que él mismo.[74]

Y que conste: es por medio de la fe que el creyente se despide de la vida antigua y emprende la nueva. El sacramento del bautismo no le debe su eficacia al agua ni a la sepultura simbólica del convertido en ella, sino a la acción salvífica de Cristo y a la obra regeneradora de Dios, que dan lugar a esa unión por fe con el Señor resucitado de la cual el sacramento es la señal y el sello.[75]

(3) El triunfo de Cristo (2:13-15)

13 *¡Sí!, cuando[76] estabais muertos en vuestros pecados, por cuanto erais*

---

72. Cf. Col. 3:1; Ef. 2:6; Ro. 6:4-5. Aunque Ro. 6:5 ubica la plena participación del creyentes en la resurrección de Cristo en el futuro, la "novedad de vida" ya está presente y se espera que encuentre su expresión ética aquí y ahora.

73. Cf. Ef. 1:19-23 respecto al desarrollo de este concepto de la ἐνέργεια [acción, operación] divina, que aquí es el objeto de la fe. (Cf. Col. 1:29 en cuanto a la ἐνέργεια divina manifestada en el ministerio del apóstol).

74. Cf. E. Percy, *Die Probleme*, pág. 113.

75. Cf. J. S. Stewart, *A Man in Christ* (Londres, 1935), págs. 171, 192. En cuanto al tema central y la interpretación de los vv. 11-12 véase también G. W. H. Lampe, *The Seal of the Spirit* (Londres, 1951), págs. 5, 56, 83, 85 *et pássim*.

76. Gr. καὶ ὑμᾶς ... συνεζωοποίησεν, una expresión con la que puede compararse καὶ ὑμᾶς ... ἀποκατήλλαξεν en Col. 1:21-22. Así como el himno cristológico va seguido de una aplicación personal para los lectores, así también ocurre con esta "homilía bautismal" sobre el himno (cf. pág. 92, nota 50), y en una construcción análoga.

gentiles incircuncisos,⁷⁷ él os dio⁷⁸ vida conjuntamente con él. Nos perdonó⁷⁹ todos nuestros delitos;

14 *canceló el documento de deuda que había contra nosotros, ordenanzas y todo,⁸⁰ la deuda que nos era adversa; la quitó de en medio, clavándola en la cruz.⁸¹*

15 *Despojó⁸² a los principados y potestades, e hizo de ellos un espectáculo*

77. Lit., "en los delitos y la incircuncisión de vuestra carne" ([ἐν] τοῖς παραπτώμασιν καὶ τῇ ἀκροβυστίᾳ τῆς σαρκὸς ὑμῶν). Antes de cada uno de estos dativos instrumentales en varios testigos aparece la preposición ἐν.

78. Gr. ὑμᾶς, que retoma el pronombre ὑμᾶς en καὶ ὑμᾶς, pero en P⁴⁶ B y en algunos otros testigos se lee ἡμᾶς, anticipando el pronombre ἡμῖν que aparece en la cláusula que sigue, mientras que muchos (incluyendo ℵ D F G Ψ y la mayoría de los manuscritos en cursivas) omiten el pronombre por completo.

79. Con respecto a ἡμῖν, en ℵ K* L P y algunos otros testigos se lee ὑμῖν.

80. Gr. τὸ καθ' ἡμῶν χειρόγραφον τοῖς δόγμασιν. La traducción supra trata τοῖς δόγμασιν como un dativo de compañía ("ordenanzas y todo"). E. Percy (*Die Probleme*, págs. 88-90) toma τοῖς δόγμασιν junto con la cláusula siguiente ὃ ἦν ὑπεναντίον ἡμῖν, y de esa manera, la expresión significa "el acta que nos era contraria, la cual, en virtud de las ordenanzas, testificaba contra nosotros". En su opinión, "las ordenanzas son los mandamientos mosaicos". Sin embargo, desde el punto de vista sintáctico resulta incómoda la combinación de τοῖς δόγμασιν con la cláusula adjetival que sigue, a pesar de los paralelismos que Percy aduce. Según él, en cualquier otra construcción, la cláusula ὃ ἦν ὑπεναντίον ἡμῖν constituye una repetición superflua de καθ' ἡμῶν. J. A. T. Robinson (*The Body*, pág. 43, nota 1) considera que καθ' ἡμῶν significa "en nuestro nombre", una sugerencia atrayente que se aceptaría con más presteza si ese mismo sentido pudiera establecerse para κατά con el genitivo (el uso de esta construcción con verbos relacionados con el juramento y la aseveración no es una analogía suficiente). El mismo escritor (*ibid.*) interpreta τὸ... χειρόγραφον τοῖς δόγμασιν como "nuestro apoyo a las ordenanzas". C. F. D. Moule (*IBNTG*, pág. 45) admite el carácter plausible e ingenioso de esta interpretación, y al parecer, la considera preferible a la de Percy, la cual implica "demasiada violencia en el orden de las palabras"; pero el propio Moule traduce la frase como "el documento con sus decretos (lo que significa, aparentemente, un documento que contiene, o consta de, decretos)". E. Lohse, quien piensa que "tras los vv. 14-15 subyace "un fragmento de una confesión formulada por medio de las frases de un himno", sugiere que el autor de Colosenses podría haber insertado las palabras τοῖς δόγμασιν para "subrayar que con el perdón de los pecados, quedaron invalidadas todas y cada una de las demandas de los "elementos del universo" (στοιχεῖα τοῦ κόσμου)" (*ad loc.*, págs. 106-07). De manera similar, R. P. Martin considera que las palabras τοῖς δόγμασιν (y también ὃ ἦν ὑπεναντίον ἡμῖν) fueron insertadas por Pablo en el fragmento de un himno en alabanza del Redentor (para aclarar el sentido especial en el que desea que se entienda τὸ χειρόγραφον" ("Reconciliation and Forgiveness in the Letter to the Colossians", en *Reconciliation and Hope*, ed. R. Banks [Exeter, 974], págs. 116-20). Cf. Ef. 2:15, ἐν δόγμασιν ("que consta de ordenanzas").

81. El sujeto de συνεζωοποίησεν, (v. 13) es Dios, y no hay nada que indique formalmente un cambio de sujeto antes del final del v. 15. De ahí que algunas traducciones (p. ej., RSV) y algunos comentaristas (p. ej., Lohse) consideren que el sujeto siempre es Dios. Pero la descripción de lo que se llevó a cabo en la cruz (vv. 14-15) implica de manera más natural que el sujeto es Cristo (J. B. Lightfoot, *ad loc.*, ubica el cambio de sujeto en ἦρκεν ἐκ τοῦ μέσου [v. 14b]). Un cambio de sujeto se haría patente con más naturalidad si reconocemos que en los vv. 14 y 15 la cita de un himno que celebra con términos gráficos la obra redentora de Cristo en la cruz (así R. P. Martin, "Reconciliation and Forgiveness in ... Colossians," págs. 116-23).

82. Gr. ἀπεκδυσάμενος, el verbo correspondiente a ἀπέκδυσις (v. 11). Se ha discutido mucho acerca de la fuerza de este participio de aoristo medio. En Colosenses 3:9 ἀπεκδυσάμενοι significa

COLOSENSES 2:13

público, triunfando sobre ellos⁸³ por medio de ella/él.⁸⁴

13 Sí, insiste el apóstol, esto es lo que les ha sucedido a ustedes.⁸⁵ Ustedes estaban espiritual y moralmente muertos cuando eran paganos. Pero ahora Dios ha vuelto a darles vida —vida en Cristo, quien también murió y volvió a vivir.⁸⁶ Su vida nueva, de hecho, forma parte de la vida nueva que Cristo recibió cuando Dios lo levantó de entre los muertos. Y con esta nueva vida con Cristo que han recibido, Dios los ha limpiado para siempre de su pasado. Él ha perdonado⁸⁷ gratuitamente todos sus pecados, y no solo los

---

"habiéndose despojado", como en el caso de una prenda de vestir. Por esa razón, algunos que toman τὰς ἀρχὰς καὶ τὰς ἐξουσίας como el complemento de ἀπεκδυσάμενος aquí, de los poderes hostiles cuando estos se aferraban a él en la cruz como una camisa de Neso. Esta era la opinión general de los padres griegos, y cuenta con la aprobación de J. B. Lightfoot (*ad loc.*).

Por otra parte, ἀπεκδυσάμενος podría usarse de forma intransitiva, con el sentido de "habiéndose despojado", "habiéndose desnudado" (con τὰς ἀρχὰς καὶ τὰς ἐξουσίας entonces como el complemento de ἐδειγμάτισεν solamente). En ese caso lo que Cristo se quitó fue su "cuerpo de carne" (cf. v. 11); este era el punto de vista general de los padres latinos y fue confirmado recientemente por C. A. A. Scott, *Christianity according to St. Paul* (Cambridge, 1927), págs. 34-37; E. Käsemann, *Leib und Leib Christi* (Tübingen, 1933), pág. 139; W. L. Knox, *St. Paul and the Church of the Gentiles* (Cambridge, 1939), pág. 169 n.; G. H. C. Macgregor, "Principalities and Powers: The Cosmic Background of St. Paul's Thought", *NTS* 1 (1954-55), 23; J. A. T. Robinson, *The Body*, págs. 41-42; R. P. Martin, "Reconciliation and Forgiveness in ... Colossians," págs. 121-23. Es posible, sin embargo, que la voz media aquí indique simplemente el interés personal del sujeto en la acción del verbo; de hecho, en el griego helenista no faltan ejemplos de la voz media de esos verbos en un sentido activo (cf. A. Oepke, *TDNT* 2, p. 319, *s.v.* δύω, etc.; *BAG*, *s.v.* ἀπεκδύομαι). De ser así, el sentido sería "habiendo desarmado completamente" (cf. E. Lohmeyer, *ad loc.*, "habiendo despojado de su dignidad"; E. Schweizer, *ad loc.*). "Estos poderes angélicos fueron despojados de todo el poder que habían tenido cuando se eliminaron los cargos que la ley había presentado contra los hombres, y con ellos también, las demandas de la propia ley" (E. Percy, *Die Probleme*, pág. 98).

83. Gr. θριαμβεύσας αὐτούς donde αὐτούς es una adición lógica que se refiere a los ἀρχαί y ἐξουσίαι aunque los trata como seres personales, no como abstracciones. En cuanto a la figura de una procesión triunfal, cf. 2Co. 2:14, τῷ... θριαμβεύοντι ἡμᾶς donde "nosotros", sin embargo, no somos los cautivos derrotados sino el séquito del conquistador, los testigos gozosos de su victoria. (El acusativo después de θριαμβεύω está confirmado en ambos sentidos). W. Carr sostiene que el acusativo αὐτούς aquí tiene la misma fuerza que ἡμᾶς en 2Co. 2:14, los principados y los poderes son el ejército de Cristo, el ejército celestial de Col. 1:16, que lo sigue y proclama "¡él triunfó!" (*Angels and Principalities*, pág. 63); esto es poco probable.

84. Gr. ἐν αὐτῷ, "por ella" (la cruz) si el sujeto es Cristo; "en él" (Cristo) si el sujeto es Dios.

85. Obsérvense los aoristos sucesivos: περιετμήθητε (v. 11), συνταφέντες (v. 12), συνηγέρθητε (v. 12; Col. 3:1), συνεζωοποίησεν (v. 13), ἐδειγμάτισεν (v. 15), ἀπεθάνετε (v. 20; Col. 3:3). Obsérvese también cuántos de ellos contienen el prefijo συν-, para indicar que lo mismo que fue realizado por los creyentes también ha sido realizado en ellos, y de ese modo, se consideran participantes con Cristo de su muerte, sepultura y resurrección.

86. Aquí tenemos una breve paráfrasis de Ro. 6:1-11, aunque en este caso solo se menciona el aspecto "realizado" de la resurrección de los creyentes con Cristo, sin el contrapeso del aspecto futuro de ἐσόμεθα de Ro. 6:5.

87. Gr. χαρισάμενος. El verbo χαρίζομαι se usa en Ef. 4:32 para referirse al perdón que Dios les otorga a los seres humanos, al igual que aquí (cf. χάρισμα en Ro. 6:23), y también al perdón que se dispensan los seres humanos entre sí (como en Col. 3:13; cf. 2Co. 2:10). En cuanto al uso similar

suyos, sino también los nuestros.⁸⁸ Pablo subrayó que los judíos, que habían recibido la ley divina por revelación, y los paganos, que no la habían recibido —al menos no de la misma manera— estaban igualmente en quiebra delante de Dios y tenían la misma necesidad de su gracia perdonadora.⁸⁹ Los judíos habían desobedecido su voluntad en la forma en que ellos la conocían (la ley); los paganos también la habían desobedecido en la forma en que la conocían (la voz interna de la conciencia), pero, al igual que el acreedor de la parábola trató a sus dos deudores, "cuando no tenían con qué pagarle, los perdonó⁹⁰ generosamente a ambos" (Lc. 7:42).

14 Los pecados que ahora han sido perdonados representaban, por así decir, un cúmulo de deudas que los que las habían contraído estaban obligados a reconocer pero no podían jamás albergar la esperanza de saldarlas. Habían quebrantado las ordenanzas de la ley, y nada de lo que hicieran podía ofrecer una reparación adecuada. Pero Cristo hizo borrón y cuenta nueva y les otorgó la posibilidad de un nuevo comienzo. Tomó ese reconocimiento de deuda firmado⁹¹ que se erigía como testigo perpetuo contra ellos y lo canceló por medio de su muerte.⁹² Podría decirse incluso que él tomó el documento, las

---

de ἀφίημι y ἄφεσις cf. pág. 48, nota 67 (sobre Col. 1:14). Véase también la nota 89 más adelante.

88. La oración comienza con καὶ ὑμᾶς, refiriéndose especialmente a los lectores gentiles, pero la segunda persona pronto le cede el paso a la primera persona plural más general, porque tanto los judíos circuncisos como los gentiles incircuncisos han experimentado el perdón divino. El cambio de pronombre podría sin duda tener su origen en la incorporación de un himno que hablaba de "nosotros" en un contexto que aludía a "vosotros", pero puede explicarse fácilmente sin esa hipótesis. Cf. Ef. 2:1-8, con la transición de ὑμᾶς en el v. 1 a ἡμᾶς en el v. 5.

89. Cf. Ro. 1:18–3:20 donde se expone la quiebra moral, primero de los paganos y después de los judíos, y se hace claramente patente la misma necesidad que tienen ambos de la gracia justificadora de Dios.

90. Gr. ἐχαρίσατο. Este uso de χαρίζομαι para denotar la cancelación gratuita de una deuda podría influir en el uso del mismo verbo en el v. 13 (véase la nota 86 supra) para denotar el perdón divino. Con respecto a παραπτώματα véase la pág. 240 con la nota 62 (sobre Ef. 1:7).

91. Gr. χειρόγραφον, "manuscrito, acta", un término (que también aparece en Plutarco y en Artemidoro) muy común en los papiros, entre los cuales muchos χειρόγραφα originales se han conservado (cf. A. Deissmann, *Bible Studies*, E.T. [Edimburgo, 1909], pág. 247; MM, pág. 687). J. A. T. Robinson (*The Body*, pág. 43, nota 1) describe este χειρόγραφον como "nuestro acuerdo escrito de guardar la ley, nuestro certificado de la deuda que tenemos con ella" (Robinson lo compara a los compromisos orales de Éx. 24:3; Dt. 27:14-26). Pero nuestra incapacidad para guardar la ley convirtió este certificado en un documento que se esgrimía en contra nuestra para demostrar nuestra culpabilidad; es este documento, que representa el poder que la ley tiene sobre nosotros, y no la propia ley, lo que Pablo considera que Cristo canceló. Esto es muy preferible a la opinión de Lohmeyer de que el χειρόγραφον es un pagaré (un *Schuldschein*) que Adán le dio al diablo en el paraíso en el momento de la caída del hombre (*ad loc.*, 116-17; cf. G. Megas, "Das χειρόγραφον Adams: Ein Beitrag zu Kol 2, 13-15", *ZNW* 27 [1928], 305-20). O. Blanchette, "Does the Cheirographon of Col. 2:14 represent Christ himself?" *CBQ* 23 (1961), 306-12 (una idea que acepta parcialmente A. J. Bandstra, *The Law and the Elements of the World*, págs. 158-63), aduce una supuesta identificación cristiana primitiva del χειρόγραφον con el cuerpo de Cristo, que ciertamente fue clavado en la cruz. J. A. T. Robinson, al parecer, se acerca más al sentido del pasaje; cf. también C. F. D. Moule, *ad loc.*

92. Él lo eliminó (ἦρκεν ἐκ τοῦ μέσου); esta eliminación se llevó a cabo en dos pasos: lo anuló (ἐξαλείψας), y lo clavó en la cruz (προσηλώσας αὐτὸ τῷ σταυρῷ). Según Deissmann (*Paul*,

COLOSENSES 2:15

ordenanzas y todo, y lo clavó a su cruz como un acto de desafío triunfal frente a esos poderes que usaban esas cosas para chantajear a los seres humanos exigiéndoles lealtad.

Podría haber aquí una alusión al hecho de que la propia acusación de nuestro Señor había sido fijada a su cruz. Jesús clava la acusación contra su pueblo en la cruz del mismo modo que su propia acusación había sido clavada allí. Por consiguiente, su pasión victoriosa los libera de su ruina y esclavitud. Tal como lo expresa Krishna Pal:

> Jesús por ti un cuerpo toma,
> Carga con tu culpa y rompe tus cadenas
> Para saldar toda tu espantosa deuda—
> ¿Podrás tú, acaso, olvidar ese amor?

15 Por medio de su cruz, Cristo libera a su pueblo no solo de la culpa del pecado sino de su dominio sobre ellos. "Él destruye el poder del pecado cancelado". No se limitó a eliminar el historial de las deudas de los miembros de su pueblo, subyugó también los poderes que usaban esa acusación condenatoria que poseían como un medio para tenerlos bajo control. El propio instrumento

---

E.T. [Londres, 1926], pág. 172), los documentos de deuda en los papiros ilustran el uso popular de esta doble figura: primero se anulaba el documento y luego se eliminaba. Cf. dos peticiones sucesivas en la oración judía 'Abinu Malkenu: "¡Nuestro Padre, nuestro Rey!, borra nuestras transgresiones, y hazlas desaparecer de delante de tus ojos. ¡Nuestro Padre, nuestro Rey!, elimina en tus abundantes misericordias todo el historial de nuestras deudas" (S. Singer, *The Authorised Daily Prayer Book* [Londres, 1939], pág.56). En cuanto al audaz concepto de que el χειρόγραφον haya sido clavado en la cruz, Deissmann piensa en la cancelación de un bono o un documento similar cuando se traza sobre el texto la letra griega X (*Light from the Ancient East*, E.T. [Londres, 1927], pág. 333). El verbo griego que se usa para referirse a esa acción es χιάζω (que viene de *ji*, el nombre de la letra). Pero no está claro que σταυρός sugiriera la forma de esa letra. Con respecto a la supuesta "'antigua costumbre' de traspasar el documento con un clavo" (aducida por J. Pearson, *An Exposition of the Creed* [(1659) Oxford, 1890], pág. 373) véase F. Field, *Notes on Translation*, págs. 195-96; Pearson no encuentra ninguna verdadera autoridad para ello, y piensa más bien en la costumbre de colgar el botín de guerra en los templos (pero es poco probable que Pablo haya tenido en cuenta esa analogía aquí).

El *Evangelio de la verdad* (20:4-35) del Nag Hammadi, en lo que podría considerarse una interpretación valentiniana primitiva de este pasaje (vinculado con Ap. 5:1-7), habla del "libro vivo de los vivos" en el que se daba testimonio del pensamiento del Padre antes de la fundación del universo, el libro que "nadie era capaz de tomar porque está reservado para aquel que lo tomará y será inmolado". De cuantos creyeron en la salvación, ninguno hubiera podido manifestarse si no hubiera aparecido en este libro. Por esta razón, el misericordioso, el fiel, Jesús, aceptó con paciencia los sufrimientos hasta que tomó ese libro, porque él sabe que su muerte es vida para muchos. Del mismo modo que en un testamento se oculta antes de abrirse la fortuna del amo de la casa que ha fallecido, así (sucede) con la Totalidad, que permanece oculta en tanto que el Padre de la Totalidad era invisible... Es por eso que Jesús apareció, se revistió de ese libro, fue clavado en un madero y publicó el decreto del Padre sobre la cruz. ¡Oh sublime enseñanza! Y aunque lo cubre la vida eterna, se humilló hasta la muerte. Después de despojarse de esos harapos perecederos, se vistió de una incorruptibilidad que nadie puede arrebatarle. Tras haber penetrado las regiones vacías de los terrores, atravesó las que estaban desnudas a causa del olvido, proclamando, por cuanto era el conocimiento y la perfección, las cosas que están en el corazón del [Padre]..." (traducido por G. W. MacRae, en *The Nag Hammadi Library in English*, ed. J. M. Robinson [Leiden, 1977], pág. 39).

de desgracia y de muerte por el que las fuerzas hostiles pensaron que finalmente tenían a Cristo en sus manos y que lo habían vencido para siempre, él lo usó para derrotarlas e invalidarlas. Mientras estaba suspendido en la cruz, con las manos y los pies clavados en el madero en un estado de aparente debilidad, aquellas fuerzas imaginaron que lo tenían a su merced, y se arrojaron sobre él con intenciones hostiles. Pero lejos de padecer sus ataques sin oponer resistencia, se enfrentó a ellas y las dominó, las despojó de la armadura en la que confiaban y las exhibió en alto en sus manos extendidas, mostrándole al universo que ellas eran impotentes pero que él poseía una fuerza invencible. Al parecer, esa es la imagen que describen estas palabras.[93]

Si hubieran entendido la verdad, esos "gobernantes de este siglo" —si hubieran conocido (como Pablo lo expresa en otra carta) la sabiduría oculta de Dios que predestinó la gloria de Cristo y de su pueblo— "no habrían crucificado al Señor de gloria" (1Co. 2:8).[94] Pero ahora están destronados e incapacitados, y el madero vergonzoso se ha convertido en la carroza triunfal del vencedor, delante de la cual son llevados sus cautivos en una humillante procesión, los confesores involuntarios e impotentes de la superioridad de su poder.[95]

La cruz de Cristo, en resumen, es la respuesta a la teosofía que estaba seduciendo las mentes de los miembros de la iglesia de Lico. ¡Cuán absurdo resultaba ahora cualquier homenaje que se les rindiera a esos principados y potestades que, según afirmaban, controlaban la comunicación de Dios con este mundo y de este mundo con Dios! Esa comunicación la controla una sola persona —el que reivindicó su soberanía sobre los principados y potestades. Su envidiosa enemistad con los seres humanos ya no podía tolerarse más, y por ende, fueron apaciguados[96] por uno que era más fuerte que ellos.[97] Por mucho poder que otrora ejercieran, ahora no eran más que las "fuerzas débiles, inútiles y elementales" que Pablo dice que son en Gálatas. 4:9.

---

93. En cuanto a ἐδειγμάτισεν ("hizo una exhibición pública") cf. H. Schlier, *TDNT* 2, págs. 31ss. (*s.v.* δείκνυμι, δειγματίζω). A. T. Hanson ve una relación tipológica entre el uso del término aquí y el ahorcamiento ejemplar (παραδειγματίζω) de los cabecillas de la apostasía de Baal-peor (Nm. 25:4 LXX): "Moisés castigó a los gobernantes colgándolos... en un madero, mientras que Cristo venció a los poderes colgado él mismo de un madero" (*Studies in Paul's Technique and Theology* [Londres, 1974], pág. 153 *et pássim*).

94. En contra del punto de vista (adoptado aquí) de que ἄρχοντες τοῦ αἰῶνος τούτου en 1Co. 2:8 son poderes espirituales, véase W. Carr, *Angels and Principalities*, págs. 118-20; Carr ve en ellos una referencia a Pilatos y a Caifás.

95. En Ef. 3:10 los principados y los poderes son espectadores de la sabiduría multifacética de Dios manifestada en la iglesia; pero no se hace ningún hincapié en su hostilidad (véase la pág. 298 con la nota 68).

96. En cuanto al apaciguamiento, véase la pág. 68, nota 170 (sobre Col. 1:21).

97. Cf. el poder desmesurado del "hombre fuerte armado" en Mt. 12:29 par. Lc. 11:21-22; del diablo en Jn. 12:31 (junto con 14:30 y 16:11); Heb. 2:14 (donde la participación de la "sangre y la carne" y la obtención de la victoria "por medio de la muerte" resultan especialmente significativos); y de la propia muerte en 1Co. 15:26. La conquista de Col. 2:15 podría considerarse el primer paso de esa victoria progresiva que termina con la destrucción del "postrer enemigo".

Los principados y los poderes que ocupaban un espacio tan amplio en la herejía colosense tal vez no desempeñan ningún papel en la concepción del mundo de la mayoría de nuestros contemporáneos —aunque el número de los que aceptan la invitación a "planificar con los planetas" en las columnas de los diarios conocidos o a ver los programas astrológicos por televisión podrían aconsejarnos que no debemos emplear términos tan categóricos para hacer ese tipo de declaraciones. Los seres angélicos mediante los cuales, según se afirma, la ley fue promulgada quizás no signifiquen nada para los hombres y las mujeres modernos. Aunque los nombres de los ángeles y los demonios puedan resultarles desconocidos, muchas de esas personas se dan cuenta inusitadamente que existen fuerzas "demoníacas" poderosas y malignas que actúan en su contra, a las que no son capaces de dominar ni por su propia fuerza individual ni uniendo su fuerza a la de otros. Estas fuerzas podrían ser monstruos que ellos mismos han creado, podrían ser horrores subliminales sobre los que no poseen ningún control deliberado. "Seguimos siendo conscientes de que, aparte de la victoria de Cristo, el hombre es una víctima indefensa en un cosmos hostil. Nos sirve de poco consuelo que el destino inexorable que en otros tiempos se explicaba en función de la influencia de las estrellas, concebidas como demonios personales, ahora se explique en función del determinismo sicológico, físico o económico. Todavía nos preguntamos cómo puede alguien triunfar sobre un factor hereditario maligno, o cómo puede ser libre y victorioso en un mundo de leyes rígidas y de necesidades científicas. Seguimos sufriendo la "intimidación astronómica" —es decir, el terror ante la insignificancia del hombre y la enormidad del universo material que lo rodea".[98] Además, somos sumamente conscientes de nuestra participación inevitable en situaciones ante las que nuestro sentido moral retrocede— pero, ¿podemos hacer algo efectivo al respecto?[99] Y en cuanto al evangelio, podríamos considerarnos títeres en las manos de un destino ciego y antipático. Y, ¿qué diferencia habría entre resistir y ser aplastados antes de tiempo, o aceptar y que nos aplasten un poco después?

El mensaje que Pablo les proclamó a los colosenses sigue siendo el único mensaje de esperanza vigente para todos los que se sienten frustrados y desesperados. Cristo crucificado y resucitado es Señor de todos: todas las fuerzas del universo están sujetas a él, no solo las benignas sino también las hostiles. Todas ellas están sujetas a aquel por quien fueron creadas, y las fuerzas hostiles también están sujetas a aquel por quien fueron conquistadas. Por tanto, cuando nos unimos a él somos liberados de la esclavitud a la que ellas nos habían sometido, gozamos de perfecta libertad y vencemos a los

---

98. G. H. C. Macgregor, "Principalities and Powers", pág. 27; cita en el mismo sentido gran parte de A. D. Galloway, *The Cosmic Christ* (Londres, 1951), pág. 28. Cf. R. Bultmann, *Jesus Christ and Mythology*, E.T. (Londres, 1960), pág. 21, sobre el lenguaje moderno no mitológico acerca de los "poderes demoníacos que rigen la historia, corrompiendo la vida política y social".

99. Cf. J. S. Stewart, "On a Neglected Emphasis in New Testament Theology", *SJT* 4 (1951), 296-97.

poderes malignos por medio de nuestra participación en la victoria de Cristo. La redención que está en Cristo es una redención cósmica; su virtud sanadora fluye hasta los más remotos confines de la creación. Pero también es una redención personal y particular: el conquistador entronizado a la diestra de Dios, que está por encima del universo y lo llena con su presencia, también está entronizado como rey en el corazón de cada creyente. Aunque "todavía no vemos que todas las cosas están sujetas a él" (Heb. 2:8), se nos asegura que, en virtud de su acción redentora, toda la creación finalmente "será liberada de la corrupción que la esclaviza y obtendrá la gloriosa libertad de los hijos de Dios" (Ro. 8:21). Y aquí y ahora, los que ya gozan de esa libertad comparten la convicción de Pablo de "que ni la muerte ni la vida,... ni principados,... ni poderes,... ni ninguna otra cosa en toda la creación, podrá separarnos del amor de Dios en Cristo Jesús Señor nuestro" (Ro. 8:38-39).

2. ¡Protejan su libertad! (2:16-19)

La nueva enseñanza incluía una disciplina ascética que combinaba restricciones alimentarias y regulaciones acerca de ciertas fechas particulares con una forma de adoración a los ángeles, y por esa razón, Pablo les advierte a los cristianos colosenses sobre la necesidad de proteger en esos frentes específicos la libertad que ya tienen en Cristo.

(1) Libertad en lo que respecta a la alimentación y los días de fiesta (2:16-17)

16 Por tanto, no permitáis que nadie se constituya en vuestro juez en temas relacionados con la comida y[100] la bebida, o en cuanto a día de fiesta, o luna nueva o día de reposo.
17 Estas cosas[101] son sombra de lo que he de venir, pero la sustancia es de Cristo.

16 No permitan que nadie se constituya en su juez, les dice Pablo, en temas relacionados con la comida y la bebida. El apóstol ya había usado esta expresión para dirigirse a una comunidad cristiana a la que pertenecían personas de diferentes prácticas y tradiciones respecto a estos asuntos: "que el que no come no juzgue al que come" (Ro. 14:3). Pero ahora no está refiriéndose simplemente a un intento de imponerles leyes dietéticas judías a los creyentes gentiles, ni tampoco a la prohibición de comer la carne de los

---

100. καί aparece aquí en P46 B 1739 1881 y en algunas otras autoridades; la lectura mayoritaria es ἤ (א A C D F G I Ψ etc.).
101. Gr. ἅ ("las cuales cosas"), que se remplaza por el pronombre singular ὅ en B F G 614 y en algunos otros testigos.

animales que se habían sacrificado a las deidades paganas —un tema que ya había discutido en su correspondencia con la iglesia de Corinto (1Co. 8:1-13; 10:19-30). Las leyes dietéticas judías no incluían las bebidas, la referencia aquí es a regulaciones más estrictas de naturaleza ascética, que posiblemente implicaban la abstención de la carne animal, del vino y de las bebidas fuertes[102] (como lo hacían los nazareos). De todas formas, Pablo establece el principio de la libertad cristiana en todos esos asuntos, en el espíritu de su Maestro quien, por medio de una sola expresión general, "declaró limpios todos los alimentos" (Mr. 7:19).

En otros lugares, al abordar estos asuntos, el apóstol introduce otro principio que podría imponerle una limitación voluntaria a nuestra libertad cristiana —el principio del respeto por la consciencia delicada de un "hermano más débil" (Ro. 14:13-21; 1Co. 8:7-13). Pero este principio es aplicable cuando los cristianos tratan de hacer valer su libertad a toda costa (incluso a costa de la caridad cristiana); en Colosas, empero, era precisamente la libertad cristiana la que era necesario reafirmar ante los esfuerzos engañosos por socavarla.

Y no permitan que nadie se constituya en su juez, prosigue diciendo, respecto a días de fiesta. La observancia del calendario sagrado, al igual que la observancia de las leyes dietéticas levíticas, era obligatoria para los judíos. Pero los cristianos están libres de cualquier obligación de ese tipo. Si un cristiano decide abstenerse de cierta clase de alimentos y bebidas, o apartar ciertos días o períodos para observarlos, conmemorarlos, o dedicarse a la meditación de manera especial, está bien: son temas que deben dilucidarse entre la consciencia del individuo y Dios. Con referencia a esas mismas cuestiones Pablo escribe en otra carta: "Cada cual esté plenamente convencido en su propia mente. El que observa el día, lo observa para honrar al Señor. Y también el que come, come para honrar al Señor, porque le da gracias a Dios; y el que se abstiene, se abstiene para honrar al Señor y le da gracias a Dios" (Ro. 14:5-6). Pero los cristianos que los toman como preceptos religiosos obligatorios están dando un paso atrás. Cuando las iglesias de Galacia se decidieron a adoptar la observancia de "días, meses, estaciones y años" especiales, Pablo les dijo que con esa decisión se habían puesto de nuevo bajo el yugo de las ordenanzas elementales "débiles e inútiles" que regulaban estas divisiones del tiempo (Gá. 4:9-10). El apóstol usa ahora un argumento similar en favor de la iglesia colosense, a la que los innovadores criticaban por no observar los días de fiesta, las nuevas lunas ni los días de reposo.

Casi todas las culturas tenían sus días festivos, y muchas de ellas celebraban la aparición de la luna nueva (que normalmente era importante para el ordenamiento del calendario), pero el día de reposo era peculiarmente judío. Es, pues, probable que los días de fiesta a los que se hace referencia aquí sean los del año judío, y que la luna nueva aluda a la celebración del primer día

---

102. Estaría en consonancia con la idea que subyace tras una gran parte del ascetismo religioso si se recomendara esa renuncia como un medio para facilitar la visión de Dios.

del mes (Nm. 10:10; 28:11-15).[103] Al igual que se les había dicho a los gálatas en una época anterior, se les dice ahora a los colosenses que los que observan estas ocasiones como una obligación reconocen la vigencia de la autoridad de los poderes que arbitraron esas regulaciones —los poderes que fueron decisivamente subyugados por Cristo.

Si las generaciones siguientes a los apóstoles hubieran tenido en cuenta esta lección, habría habido menos fricciones que las que hubo en la iglesia respecto a los cálculos divergentes de la fecha del día de resurrección (ya sea durante la decimocuarta controversia o más tarde).[104] Era, sin duda, incómodo (como todavía lo es) que los cristianos tuvieran que emplear diferentes procedimientos para determinar de año en año el aniversario de la pasión y resurrección de su Señor cuando deseaban conmemorar los acontecimientos relacionados con la salvación, pero el ajuste de dichas discrepancias es un asunto de conveniencia. Y las controversias en torno al día de reposo entre los cristianos terminarían para siempre si se tuviera seriamente en cuenta el mandato: "No permitáis que nadie se constituya en vuestro juez respecto al día de reposo".[105]

17 ¿Por qué debían negarse a recibir órdenes respecto a estos asuntos? Porque esas cosas pertenecían a un orden transitorio. Las prescripciones jurídicas de antaño no eran más que una sombra;[106] con la venida de Cristo y la proclamación del evangelio ellos tienen ahora la realidad. Esta analogía de la sombra de la ley y la realidad del evangelio se desarrolla en la carta a los hebreos, en la que se hace especial referencia a los ritos sacrificiales.[107] Eduard

---

103. Es poco probable que el calendario que se les recomendó a los colosenses que guardaran fuera el que se observaba en la comunidad de Qumrán (el calendario del libro de los jubileos), porque la luna nueva no cumplía ninguna función en él. El mes en el libro de los jubileos de Qumrán era un mes natural de treinta días, que no tenía en cuenta las fases de la luna. Pero incluso los fariseos y los saduceos, que compartían el calendario lunisolar de 354 días en un año (con las intercalaciones adecuadas para corregir la discrepancia que aumenta rápidamente con el año solar), estaban en desacuerdo en varios detalles, incluyendo la fecha precisa de ciertas festividades. Cf. L. Finkelstein, *The Pharisees* (Philadelphia, 1946), págs. 115-18, 601-02; A. Jaubert, "Le calendrier des Jubilés", *VT* 3 (1953), 250-64; 7 (1957), 35-61; J. Morgenstern, "The Calendar of the Book of Jubilees, *VT* 5 (1955), 34-76; R. T. Beckwith, "The Significance of the Calendar for Interpreting Essene Chronology and Eschatology", *Revue de Qumran* 10 (1980), 167-202.

104. En cuanto a la decimocuarta controversia, véase Eusebio, *HE* 5.23.1-24.18. Con respecto a una controversia posterior sobre los cálculos romanos y celtas del día de Resurrección, véase Beda, *HE* 3.25. El historiador eclesiástico Sócrates muestra una actitud más paulina en cuanto a estos temas: "Dado que nadie puede presentar un mandato escrito como autoridad, es obvio que los apóstoles dejaron que cada uno actuara con entera libertad en ese asunto, a fin de que cada cual pudiera hacer lo que es bueno pero no por temor ni por obligación" (*HE* 5.22).

105. La *onus probandi* se encuentra en los que alegan que el día de reposo semanal no está incluido en esta referencia. Cuando el día de reposo se menciona en el AT o en el NT sin ninguna calificación contextual, se trata del día de reposo semanal.

106. Véase S. Schulz, *TDNT* 7, pág. 398 (*s.v.* σκιά D2); H.-J. Schoeps, *Aus frühchristlicher Zeit* (Tübingen, 1950), pág. 163.

107. Cf. Heb. 8:5; 10:1, σκιὰν ... ἔχων ὁ νόμος τῶν μελλόντων ἀγαθῶν.

Schweizer alegó que "al hablar de la ley, Pablo nunca usó la imagen relativamente inocua de la sombra de lo que ha de venir",[108] porque su evaluación de la ley en relación con el evangelio era mucho más negativa. Pero cuando Pablo no está polemizando contra el legalismo, sí usa un lenguaje que no está tan alejado del contraste entre sombra y realidad. Así, en 1 Corintios 5:7-8, el sacrificio de Cristo es la realidad que fue prefigurada por la pascua en Egipto, y la fiesta de los panes sin levadura que siguió a la pascua se usa como una representación de la vida cristiana que el sacrificio de Cristo hace posible.

Al desarrollar este argumento, es posible que Pablo haya adaptado principios que había aprendido a lo largo de su formación rabínica. Muchos judíos consideraban que sus festivales y las temporadas sagradas eran presagios de la era mesiánica. Hay textos rabínicos que tratan el día de reposo como un anticipo de esa era futura[109]—la era que, para Pablo y otros cristianos, ya ha venido en Cristo.

Cabría esperar que Pablo hubiera dicho que "la sustancia es Cristo" y no que "la sustancia es de Cristo"; de hecho, se ha sugerido que la frase "de Cristo" aquí podría enmendarse y remplazarse por "Cristo".[110] Pero la palabra que se emplea en el sentido de "sustancia" es la palabra griega que comúnmente significa "cuerpo (sōma)", y el uso de este término en el contexto para denotar el cuerpo de Cristo podría haber influido en la elección del genitivo en lugar del nominativo: es en calidad de miembros del cuerpo de Cristo que su pueblo posee ahora la sustancia, y por tanto, pueden descartar alegremente la sombra.

(2) Libertad en lo que respecta al ascetismo y la adoración de los ángeles (2:18-19)

18 No permitáis que nadie os descalifique[111] deleitándose en la "humildad"

---

108. E. Schweizer, *Colossians*, pág. 156.

109. E. Lohmeyer (*ad loc.*) cita de ˋAbot de-Rabbi Nathan 2 (siglo II d.C. [¿?]) un comentario sobre el título del Sal. 92 ("Salmo: cántico para el día de reposo") que lo interpreta como "ese día que es todo de reposo, en el que no se come ni se bebe... sino que los justos se sientan con coronas en sus cabezas y se renuevan con la visión de la Shejiná" (cf. Heb. 4:9). Strack-Billerbeck, *Kommentar* 4, págs. 839-40, mencionan otras referencias en el mismo sentido.

110. Cf. E. Schweizer, *ad loc.* (págs. 157-58). J. B. Lightfoot (*ad loc.*) traduce la expresión griega τὸ δὲ σῶμα τοῦ Χριστοῦ como "pero la sustancia pertenece a Cristo". Los esfuerzos que se han hecho para interpretar σῶμα τοῦ Χριστοῦ aquí como el "cuerpo de Cristo" en el sentido paulino característico han resultado insatisfactorios; tal como ocurre con la traducción que se ha sugerido: "pero (permitid) que el cuerpo de Cristo (juzgue esos asuntos)", la cual G. Farmer cita como aceptable en "Mr. Robson on the Lord's Supper", *ExT* 6 (1894-95), 137, y como ocurre también con la puntuación que encontró H. Grotius en un manuscrito sin identificación: τὸ δὲ σῶμα τοῦ Χριστοῦ μηδεὶς ὑμᾶς καταβραβευέτω, "pero no permitáis que nadie os excluya a vosotros, (a vosotros que sois) el cuerpo de Cristo" (G. Farmer, "Grotius", *ExT* 17 [1905-06], 430, donde también se menciona la cita que hace Grotius de Focio: "el cuerpo de Cristo, es decir, la verdad".

111. Gr. μηδεὶς ὑμᾶς καταβραβευέτω. El verbo compuesto καταβραβεύω es muy raro (véase Col. 3:15 respecto a la forma simple βραβεύω) y literalmente significa "darle un fallo desfavorable" a un competidor en una competencia atlética, y ese fallo es el árbitro (βραβεύς) quien lo da. En

y en la adoración de los ángeles —las cosas que vio^{112} en su iniciación— envanecido sin causa por su mente carnal,
19 *y no asiéndose a la cabeza,^{113} de la cual todo el cuerpo, nutrido y ajustado por medio de las articulaciones y los ligamentos, crece con el crecimiento que procede de Dios.*

18 No permitan que nadie los descalifique, continúa diciendo Pablo, haciendo gala de una humildad superior. A algunos individuos les agrada hacer ostentación de una piedad excepcional. Pretenden haber encontrado el camino que conduce a un plano más elevado de experiencia espiritual, como si hubieran sido iniciados en misterios sagrados que les dan una ventaja infinita sobre los que no han sido iniciados. Hay otros que muestran un deseo exagerado de ser acogidos por esas personas, porque este tipo de argumento impresiona a los que siempre se dejan engañar por la idea de un "núcleo".^{114} Sin embargo (dice el apóstol), no permitan que esas personas los desvíen. Por todas sus altivas pretensiones, por todo el placer que encuentran en humillarse a sí mismas y adorar a los ángeles, por todo su alarde de haber recibido una comprensión especial de la realidad divina, esas personas solo están envanecidas por el orgullo de sus mentes carentes de espiritualidad, porque perdieron el contacto con el que sí es la verdadera cabeza y la fuente de la vida y el conocimiento.

La humildad es una virtud cristiana,^{115} pero la "humildad" que profesaban las personas a las que se alude aquí era una humildad falsa. El

---

todos los pasajes citados el verbo compuesto se usa para denotar la idea de privar a alguien de algo que podría haber poseído, como por ejemplo, una oportunidad de competir (de ahí "descalificar" en RSV) o un premio (βραβεῖον, como en 1Co. 9:24; Fil. 3:14) otorgado por sobresalir en una competencia (de ahí "os prive de vuestro premio" en RVR60; así también J. B. Lighfoot, W. M. Ramsay etc.). F. Field (*Notes on Translation*, pág. 196) considera ociosa la idea de un "premio"; el verbo, entonces, significará "dictar un fallo negativo contra" y por tanto "condenar" (un sinónimo más fuerte de κρίνω en el v. 16). Cf. T. K. Abbott, *ad loc.*, págs. 265-66; H. N. Bate, *A Guide to the Epistles of St. Paul* (Londres, 1926), págs. 139-40, nota 1.

112. Gr. ἃ ἑόρακεν (ἑώρακεν). En ℵ^2 C D^2 Ψ y en la mayoría de los manuscritos en cursivas aparece μή antes del verbo; en F G se lee οὐκ. La negación también aparece en lat sir. Véase la pág. 110, nota 130.

113. Gr. οὐ κρατῶν τὴν κεφαλήν, después de lo cual D* y la versión siriaca harcleana añaden el término epexegético Χριστόν.

114. Cf. C. S. Lewis, "El núcleo" (1944), en *Screwtape Proposes a Toast and Other Pieces* (Londres, 1965), págs. 28-40.

115. Con respecto a la humildad (ταπεινοφροσύνη) véase Col. 3:12 (pág. 154, nota 127). Según Hermas (*Shepherd*, Vision 3.10.6-7), la humildad (ταπεινοφροσύνη), casi en el sentido de "mortificación," incluyendo el ayuno, es necesaria para recibir revelaciones en una visión. La traducción supra, "deleitándose en la humildad", considera que la expresión griega θέλων ἐν ταπεινοφροσύνῃ es un septuagintalismo (que refleja el uso hebreo de la preposición b^e con el verbo ḥāpēṣ, "deleitarse en").C. F. D. Moule ((*IBNTG*, p. 183) compara el Sal. 112:1 (111:1 LXX), donde ἐν ταῖς ἐντολαῖς αὐτοῦ θελήσει σφόδρα traduce la expresión hebrea b^{e}miṣwôṯāyw ḥāpēṣ m^{e}'ōd ("se alegrará en gran manera con sus mandamientos"). E. Percy (*Die Probleme*, pág. 145) también cita el *Testamento de Aser* 1:6, ἐὰν οὖν ἡ ψυχὴ θέλει ἐν καλῷ ("si, pues, el alma se deleita en el bien"). J. B. McClellan, "Colossians II. 18: A Criticism of the Revised Version and an Exposition", *Expositor*,

individuo verdaderamente humilde no es consciente de su humildad, y menos aún se deleita o se enorgullece de ella. Podríamos recordar a Uriah Heep y otros de su tribu que hacían alarde de "humildad", aunque su "humildad" no siempre adoptaba la forma de ascetismo o "mortificación" del cuerpo, como obviamente ocurría en el caso que nos ocupa.

En cuanto a la adoración de los ángeles, podría decirse que esta práctica va más allá de una especulación acerca de los ángeles que era común en varios círculos judíos (como por ejemplo, los esenios y los apocalipticistas), la cual reivindicaba la participación en la adoración ofrecida por el ejército celestial, y denotaba un verdadero culto a los ángeles. Aunque es posible que Pablo estuviera pensando en primer lugar en las fuerzas elementales, o en los principados y potestades a los que había hecho alusión anteriormente, aquí, al parecer, se refiere a los ángeles de una manera más general, como una clase. Algunos, de hecho, como Ernst Percy, sugieren que la "adoración de los ángeles" no es más que otra forma de designar la sujeción al legalismo, puesto que esta implicaba una sujeción a los ángeles por medio de los cuales se introdujo la ley. "Por su legalismo y su ascetismo los herejes estaban adorando a los ángeles y no a Dios".[116] Pero es necesario algo más que esto para justificar la expresión fuerte de Pablo acerca de un culto a los ángeles "que ocupa un lugar central en el plan de la salvación".[117]

En algunas teofanías veterotestamentarias el ángel de Yahvé constituye una extensión de la personalidad de Yahvé; habla como Yahvé y se le da el mismo trato que a Yahvé.[118] Algo similar reaparece en el concepto de un ángel superior en fases posteriores de la tradición de la merkabá, donde a Metatrón, "el príncipe de la presencia" (que se menciona en el Talmud babilónico como el ángel del que Dios dice en Éx. 23:21, "mi nombre está en él"),[119] se le llama "el Yahvé menor" o "el Señor menor".[120] Ese mismo ángel es conocido como Yahoel en el *Apocalipsis de Abraham* del siglo II (un apelativo que, según dice él, le dio el Dios supremo "en virtud del nombre inefable que mora en mí").[121] En una época incluso anterior, en el fragmento *Melquisedec* de la cueva 11 en Qumrán, Melquisedec aparece como el "Dios" que juzga "en medio de los dioses" (Sal. 82:1) y que "juzga a los pueblos" (Sal. 7:8), el Dios cuyo reino

---

series 7, 9 (1910), 388, prefiere relacionar estrechamente θέλων con καταβραβευέτω, "que nadie os condene en lo que respecta a..."; θέλων, en su opinión, expresa la actitud *hoc uolo, sic iubeo, stet pro ratione uoluntas* (Juvenal, *Sat.* 6.223). Tal como sugirió Hort, no es necesario sin duda enmendar el texto y remplazarlo por ἐν ἐθελοταπεινοφροσύνῃ ("con humildad voluntaria"), y este sustantivo es una acuñación conjetural con un sello similar a ἐθελοθρησκεία en el v. 23 (véase la pág. 117, nota 163).

116. E. Percy, *Die Probleme*, pág. 168.
117. E. Percy, *Die Probleme*, pág. 155; presenta un análisis completo de la θρησκεία τῶν ἀγγέλων en las págs. 149-69.
118. P. ej., Jue. 6:12-24.
119. TB *Sanhedrin* 38b; cf. también *Hagigah* 15a; ʿAbodah Zarah 3b.
120. 3 Enoc 12:5 ("el Yahvé menor").
121. *Apocalipsis de Abraham* 10.

se anuncia en Isaías 52:7. Melquisedec aquí es el príncipe angélico que, con la sentencia que dicta contra los ejércitos de Belial, inaugura la era de liberación para los justos.[122] De Qumrán también (cueva 4) procede una liturgia angélica que repite el tema, "Alabad a Dios, vosotros todos los ángeles", y exhorta a los ángeles, con muchos nombres, a ofrecer diversas formas de adoración a Dios.[123] La exhortación formaba parte de la liturgia del holocausto que se ofrecía cada día de reposo a lo largo del año (según el calendario de Qumrán): la liturgia del pueblo de Dios en la tierra tiene por objeto reproducir la que los ángeles presentan ante el trono celestial. Esa liturgia podría perfectamente llamarse "la adoración de los ángeles" —aunque los ángeles allí no son los objetos de la adoración sino más bien, los iniciadores y los modelos de adoración.[124]

Se ha sugerido que esta característica de la herejía colosense reflejaba una tendencia local que persistió por varios siglos. Es por eso que W. M. Ramsay cita del Canon 35 del sínodo de Laodicea (c. 363 d.C.) y del comentario de Teodoreto sobre esta carta (*ad loc.*) palabras que indican que algunos cristianos frigios y pisidios mantuvieron la práctica de orar a los ángeles a pesar de la prohibición eclesiástica oficial.[125] (En siglos posteriores la práctica que antes había sido condenada como idólatra fue reconocida como un acto de piedad bajo la forma particular de la veneración del arcángel Miguel, al que se consideró, a partir del siglo IX, el autor de un fenómeno natural en las cercanías de Colosas —"el milagro de Khonai", como lo llama Ramsay).[126] No obstante, es muy poco probable que las prácticas que atestiguan los cánones de Laodicea y Teodoreto se relacionen directamente con la situación a la que Pablo hace referencia aquí.[127]

---

122. 11QMelq.
123. 4Q ŠirŠabb (cf. J. Strugnell, "The angelic liturgy at Qumrân: 4Q Serek Šîrôṯ 'Ôlaṯ Šaššabbāṯ", *SVT* 7 [1960], 318-45). De la cueva 4 de Qumrán se han identificado otros tres manuscritos de esta liturgia y uno de Masada.
124. Véase la introducción, pág. 24 con la nota 108. J. B. McClellan, "Colossians II. 18", págs. 385-98, alega que τῶν ἀγγέλων no es ni un genitivo objetivo después de θρησκεία ("adoración ofrecida a los ángeles") ni un genitivo subjetivo ("adoración ofrecida por los ángeles"); lo que indica, más bien, es que la adoración procede de (está determinada por) los ángeles": la religión ceremonial [u ordenanzas] de los ángeles". El término θρησκεία se refiere normalmente a la práctica religiosa (cf. Stg. 1:27 respecto a la θρησκεία de la cristiandad). K. L. Schmidt, *TDNT* 3, pág. 157 (*s.v.* θρησκεία), establece una comparación con Eusebio, *HE* 6.41.2, donde los perseguidores paganos se comportan como si el maltrato a los cristianos constituyera la θρησκεία τῶν δαιμονίων, "la adoración de sus divinidades". Véase también A. L. Williams, "The Cult of the Angels at Colossae", *JTS* 10 (1909), 413-38.
125. W. M. Ramsay, *The Church in the Roman Empire before A.D. 170* (Londres, 1897), pág. 477.
126. *The Church in the Roman Empire*, pág. 490. Khonai (Χῶναι) es el nombre del lugar que los turcos llaman Honaz, casi 5 kms. al sur de la ubicación de Colosas. Esas leyendas, en las que aparece un santo o ángel cristiano, a menudo se remontan a los tiempos paganos, y el santo o el ángel desplazaron una divinidad más antigua o *genius loci*.
127. Cabe destacar que en Colosenses hay un interés mayor que en cualquier otra carta paulina por la relación de los ángeles con Cristo. Cf. Heb. 1:4-14; 2:2, 5, 9, 16, y la sugerencia de

La dificultad para traducir el v. 18 tal como aparece dio lugar a diversas enmiendas conjeturales. La principal dificultad la presentó el participio que tradujimos supra como "en su iniciación".[128] Antes de 1912, nunca se le había atribuido al verbo ese significado, que en la literatura griega se interpretaba como "investigar".[129] (El intento de darle este sentido en el presente contexto fue, sin duda, lo que provocó la inserción temprana de una negación en la cláusula adjetival anterior, e hizo que se tradujera como "investigando cosas que no ha visto").[130] Pero en 1912 y 1913 Martin Dibelius y W. M. Ramsay,[131]

T. W. Manson de que Hebreos se ocupa de un desarrollo bastante posterior de la misma situación que se aborda en Colosenses (*Studies in the Gospels and Epistles* (Manchester, 1962), págs. 242-58. (Cf. pág. 169, nota 73.)
128. Gr. ἐμβατεύων.
129. Cf. 2Mac. 2:30, "Es un deber del historiador original explorar el terreno (ἐμβατεύειν)."
130. Cf. pág. 107, nota 112. F. Field, *Notes on Translation*, págs. 197-98 y J. B. McClellan, "Colossians II. 18", págs. 393-98 defendieron esta lectura y esta interpretación. Resulta más fácil explicar la inserción editorial de la cláusula negativa (en la que ἐμβατεύων no se entendió de la manera correcta) que su eliminación. Algunos eruditos se han sentido atraídos por la estratagema sencilla (que propusieron por primera vez Alexander More y Étienne de Courcelles) de separar el sufijo -κεν de ἑώρακεν y convertirlo en un prefijo para ἐμβατεύων, para que la expresión se lea como ἃ ἑώρα (el imperfecto del verbo en lugar del perfecto) κενεμβατεύων ("hablando vanamente de lo que vio"). J. B. Lightfoot llevó el proceso de corrección un poco más adelante, y propuso como texto original ἑώρᾳ (o αἰώρᾳ) κενεμβατεύων, "caminando por el vacío mientras está suspendido en el aire" (es decir, "entregándose airosamente a vanas especulaciones"). E. Percy (*Die Probleme*, págs. 173-74) opta por seguir a Lightfoot. Una corrección similar a la de Lightfoot, ἀέρα κενεμβατεύων, "pisando en vano el aire" (es decir, "caminando por al aire vacío") fue la que sugirió C. Taylor, "A Conjectural Emendation of Colossians II. 18", *Journal of Philology* 7 (1877), 130-33. "La conjetura brillante de Taylor", tal como la llama H. N. Bate (*Guide to Epistles of Paul*, pág. 142, nota 1), contó con la aprobación de E. J. A. Hort (*Notes on Select Readings* [Cambridge y Londres, 1882], pág. 127), pero J. W. Burgon la satirizó como algo "que (si algún sentido tiene) también podría significar 'avanzar sobre un fundamento vano para ofrecer una conjetura vacía'" (*The Revision Revised* [Londres, 1883], pág. 356). "Eso fue ingenioso, pero no muy sabio", dijo J. R. Harris que consideró que la "encantadora simplificación" de Taylor era una "solución muy simple y convincente" (*Sidelights on New Testament Research* [Londres, 1908], pág. 200). Más adelante, Harris sugirió que Pablo estaba pensando en la comedia de Aristófanes titulada "Las nubes", de manera especial en la línea 225, donde Sócrates (al que el poeta describe como un asceta) dice ἀεροβατῶ καὶ περιφρονῶ τὸν ἥλιον, "camino por el aire y paso por alto el sol" (San Pablo y Aristófanes, *ExT* 34 [1922-23], 151-56). Esto lo llevó a imaginar que περιφροσύνη podría haber sido la lectura original en este versículo y en el v. 23 (véase la pág. 107, nota 115), en lugar del sustantivo ταπεινοφροσύνη de todos nuestros textos. Todas las correcciones que se basan en el término conjetural κενεμβατεύων tienen que enfrentarse al obstáculo de que se trata de una palabra desconocida, aunque κενεμβατέω es totalmente clásico cuando se interpreta como "entregarse a vanas especulaciones" (es respecto a esta palabra que Plutarco, Luciano, etc. fueron citados en BAG, *s.v.* κενεμβατεύω, y no respecto a κενεμβατεύω). Aunque Lightfoot defiende κενεμβατεύω como una formación "inobjetable", Field (*loc. cit.*) la desecha como una palabra fantasma, una *vox nulla*, "las leyes inviolables que regulan esta clase de verbos compuestos que acuñan κενεμβατεῖν como la única forma legítima, por cuanto es la única que existe.
131. Dibelius, *An die Kolosser* (Tübingen, 1912), *ad loc.*; W. M. Ramsay, "Ancient Mysteries and their Relation to St. Paul", *Athenaeum*, January 25, 1913, págs. 106-07; *The Teaching of Paul in Terms of the Present Day* (Londres, 1913), págs. 286-304.

casi de forma simultánea, reconocieron que el verbo se había usado aquí en el mismo sentido que tenía en algunas inscripciones que se han publicado recientemente y que proceden del santuario de Apolo en Claros, a pocas millas al noroeste de Éfeso.[132] El efecto del verbo del modo en que Pablo lo emplea aquí, dice Ramsay, "depende del hecho de que era un término religioso familiar para los lectores frigios".[133] Estrictamente hablando, no denota la iniciación en sí misma, sino la etapa siguiente, es decir, la entrada en el área sagrada para presenciar los misterios.[134] Estos misterios pudieran perfectamente describirse, sin embargo (tal como se lee en nuestra traducción), como "las cosas que vio en su iniciación".[135] Los lectores entenderían la sugerencia de que la persona a la que hacía alusión había "entrado" formalmente en su experiencia más elevada, como alguien que es admitido a los ritos secretos de los que estaba excluida la gente vulgar, y ahora estaba evocando esa iluminación superior para apoyar su enseñanza.

Más allá de lo que pueda haber sido la naturaleza precisa de la experiencia mística por la que pasó este maestro, la manera en que se aprovecha de ella forma un contraste sorprendente con la reticencia apologética de Pablo cuando habla del hecho tan extraño que le sucedió en una ocasión cuando "fue arrebatado al paraíso" y "escuchó cosas que al hombre no es dado expresar" (2Co. 12:3-4). Como consecuencia de eso, Pablo adquirió una discapacidad humillante para impedir, como él dice, "que se enalteciera por la grandeza de las revelaciones" (2Co. 12:7); pero la persona a la que se hace referencia aquí, carente de una visitación de ese tipo, no pudo resistir la tentación de "dejarse envanecer... por su mente carnal"[136] cuando contempló sus visiones extraordinarias —y todo ello en vano.

Su "mente carnal" literalmente es "la mente de su carne"[137]—una locución notable, en total desacuerdo con el concepto griego general de la relación entre

132. Véase el testimonio que ofrece M. Dibelius, "The Isis Initiation in Apuleius", págs. 83-88; en las págs. 85-86 Dibelius cita seis inscripciones de Claros que contienen el verbo ἐμβατεύω u otros términos relacionados tomados de los informes de T. Macridy: "Altertümer von Notion," *JÖAI* 8 (1905), 155-73; "Antiquités de Notion, II," *JÖAI* 15 (1912), 36-67.

133. W. M. Ramsay, *The Teaching of Paul*, pág. 300.

134. De manera similar, F. O. Francis, "Humility and Angel Worship in Col. 2:18", en *Conflict at Colossae*, págs. 166-67. Por otro lado, A. D. Nock toma ἃ ἑόρακεν como complemento de ἐμβατεύων, "relatando en detalle lo que ha visto" ("The Vocabulary of the New Testament, *JBL* 52 [1933], 132), "explayándose sobre lo que ha visto" ("Hellenistic Mysteries and Christian Sacraments," *Mnemosyne*, series 4, 5 [1952], 200).

135. Dos inscripciones del informe de 1905 (véase la nota 132 supra) contienen las palabras μυηθέντες καὶ ἐνβατεύσαντες (II 2); μυηθέντες ἐνεβάτευσαν (IV 4), "tras haber sido iniciados hicieron su entrada". Las personas aludidas eran delegados (θεοπρόποι) de distintos lugares que venían a Claros a obtener una respuesta oracular de Apolo.

136. εἰκῇ antes de φυσιούμενος intensifica la idea de la futilidad que expresa el verbo; el envanecimiento es un ejercicio infructuoso.

137. Gr. ὑπὸ τοῦ νοὸς τῆς σαρκὸς αὐτοῦ (cf. Ro. 8:6-7, τὸ φρόνημα τῆς σαρκός). El νοῦς es la parte de la mente humana que puede distinguir entre el bien y el mal, reconocer y responder a las demandas de Dios (cf. Ro. 7:21-26; 12:2), pero puede permanecer sujeta a las viejas perspectivas no

cuerpo y mente. La "mente sensual" (según la traducción de RSV) es la mente dominada por las percepciones sensoriales (incluyendo las que recibe en estado de éxtasis). El uso peculiar que hace Pablo del término "carne" denota la actitud y la perspectiva propias de la antigua naturaleza, antes que la gracia regeneradora del Espíritu Santo haya surtido efecto. En los creyentes incluso puede subsistir esta tendencia anticuada: es por eso que a los cristianos de Corinto, a pesar de su conversión a la fe en Cristo, Pablo les dijo en la carta que les escribió que "todavía eran carnales" en sus pensamientos y acciones, "niños en Cristo", "comportándose como hombres ordinarios" que aún no eran aptos para que se les tratara como espirituales (1Co. 3:1-3).

19 Este envanecimiento y este orgullo en las experiencias religiosas privadas tienen lugar cuando el creyente no mantiene el contacto con la cabeza. Aquí, al menos, es mejor considerar la "cabeza" y el "cuerpo" en su relación fisiológica mutua. Cada parte del cuerpo funciona correctamente mientras está bajo el control de la cabeza: si escapa de su control y comienza a actuar de manera independiente, las consecuencias pueden resultar muy alarmantes. Es, pues, bajo la dirección de Cristo que las distintas partes de su cuerpo funcionan de manera conjunta y armoniosa, por cuanto participan de la vida de Cristo que es común a todas ellas y crecen hasta llegar a la madurez bajo la acogedora tutela de Dios,[138] nutridas y unidas entre sí por medio de las "articulaciones y ligamentos".[139]

A pesar del argumento que Dibelius desarrolló en consonancia con su exposición de Colosenses 1:18 y 2:10 para demostrar que el cuerpo al que se hace referencia aquí es el cosmos,[140] es preferible, con mucho, tomar el pasaje actual en el mismo sentido que Efesios 4:16, y considerar que el cuerpo es la iglesia.[141] La interpretación de Dibelius, según la cual los falsos maestros se aferraban a los miembros del cuerpo cósmico (es decir, a los principados y los poderes) y no a Cristo como cabeza de ese cuerpo, introduce en el argumento un elemento que no solo no es paulino sino que tampoco es en realidad coherente con su contexto. Lo que probablemente quiere indicarse aquí es

---

regeneradas mientras vivimos κατὰ σάρκα. Véase J. Behm, *TDNT* 4, págs. 958-59 (*s.v.* νοῦς); BAG (*s.v.* νοῦς); J. Goetzmann, *NIDNTT* 3, págs. 122-30 (*s.v.* "Reason"); J. A. T. Robinson, *The Body*, pág. 25, nota 2. Cf. Ef. 4:17, 23 (págs. 329, 332).

138. Gr. αὔξει τὴν αὔξησιν τοῦ θεοῦ, complemento cognado o acusativo interno. Cf. Ef. 4:15-16 (págs. 326-27).

139. Gr. διὰ τῶν ἁφῶν καὶ συνδέσμων. Cf. Ef. 4:16, διὰ πάσης ἁφῆς. Es posible que en ambos lugares Pablo estuviera desarrollando un concepto de la interconexión de las articulaciones y ligamentos corporales que ya había comenzado a tomar forma en su mente como figura de la dependencia mutua y la cooperación armoniosa de los creyentes como miembros del cuerpo de Cristo. Con respecto a σύνδεσμος cf. Col. 3:14; Ef. 4:3.

140. *An die Kolosser, ad loc.*, y el comentario sobre el v. 10 supra. C. L. Mitton, *The Epistle to the Ephesians* (Oxford, 1951), pág. 84, cita el punto de vista de Dibelius con evidente aprobación.

141. Cf. Col. 3:15, "en un solo cuerpo." Véase C. F. D. Moule, "A Note on Eph. 1:22, 23", *ExT* 60 (1948-49), 224: "Dudo mucho que exista alguna diferencia esencial entre los dos usos" (es decir, de σῶμα en Ef. 4:16 y Col. 2:19 respectivamente).

que los falsos maestros, al no mantener contacto con el que es la cabeza de su cuerpo la iglesia, no forman parte de ese cuerpo, porque es de la cabeza, es decir, de Cristo, que todos los miembros del cuerpo reciben su capacidad para funcionar correcta y armoniosamente entre sí.

3. Han muerto con Cristo; por tanto... (2:20-23)

20 *Si[142] habéis muerto con Cristo a (la sujeción a) las fuerzas elementales del mundo,[143] ¿por qué, como si aún vivierais en el mundo, os sometéis a regulaciones como—*
21 *"¡No manipules!, ¡no gustes!, ¡no toques!,*
22 *con referencia a cosas que están destinadas a perecer con el uso que se hace de ellas —según los mandamientos y las enseñanzas de los hombres?*
23 *Esas regulaciones tienen cierta reputación de sabiduría para con su presunta religión y ascetismo[144] y[145] severidad para el cuerpo, pero no tienen ningún valor contra los placeres de la carne.[146]*

Pablo ya les había dicho a los colosenses que eran partícipes de la muerte de Cristo (v. 11). Ahora alude de nuevo a esta realidad crucial y la aplica a ellos de forma práctica. Ustedes han muerto con Cristo (dice): y en esa muerte con él (que es lo que ocurrió en su bautismo), terminó definitivamente su antigua relación de esclavitud a las fuerzas elementales del mundo. Esa existencia anterior, que estas fuerzas dominaban, llegó a su final. Desde su punto de vista, ustedes están muertos. ¿Por qué, entonces, continúan sirviéndolas como si esa existencia anterior aún estuviera vigente?[147] Se someten a sus regulaciones restrictivas: "¡Quiten de ahí las manos! ¡No coman eso! ¡No toquen aquello

---

142. Después de εἰ ‫ א‬y algunos manuscritos en cursivas insertan οὖν (tal vez siguiendo el modelo de Col. 3:1).
143. Gr. ἀπὸ τῶν στοιχείων τοῦ κόσμου, "de debajo de los elementos del mundo" (J. A. T. Robinson, *The Body*, pág. 43).
144. Gr. ταπεινοφροσύνη (como en el v. 18). F G con algunos testigos latinos antiguos añaden τοῦ νοός ("de la mente").
145. καί se omite en P^{46} B 1739 y en algunos otros testigos.
146. Gr. οὐκ ἐκ τιμῇ τινι πρὸς πλησμονὴν τῆς σαρκός. La dificultad para traducir esta expresión ha dado lugar a algunos intentos de corregirla. El v. 23 se ha descrito como un texto "irremediablemente alterado" (W. Carr, *Angels and Principalities*, pág. 81); de hecho, J. Moffatt habla del "estado alterado del texto" de los vv. 17-23 (*ILNT*, pág. 156). La dificultad puede deberse en parte al uso de términos técnicos: según G. Bornkamm, "en Col. 2:23 aparecen cinco palabras claves de la herejía colosense"; y añade que en la última expresión del versículo la ironía de Pablo cambia un concepto de los herejes por su contrario ("The Heresy of Colossians", pág. 134). Véanse las págs. 117-18, nota 166.
147. El estilo del argumento en el v. 20 es similar al del reproche que Pablo le hace a Pedro en Gálatas 2:14.

otro!".¹⁴⁸ E imaginan que ese tipo de ascetismo es la verdadera santidad. Pero, ¡qué equivocados están! Piensen en esto solamente: todas las cosas con las que tienen que ver estas prohibiciones son cosas materiales que pertenecen a este orden transitorio relacionado con el tiempo y los sentidos. Son cosas que perecen con el uso. El hecho de manipularlas, de comerlas o cualquier otra acción semejante conlleva su destrucción. Cuando la comida se ingiere deja de ser comida. Aunque estas no son las cosas que más importan por cuanto no son las realidades definitivas, constituían el interés principal de esas enseñanzas y mandamientos humanos. Los temas que ofrecen los mandamientos y las enseñanzas de Cristo para atraer nuestra atención son mucho más importantes que estos. Por supuesto, concedo que la aceptación de estas prohibiciones parece muy buena: produce una impresión favorable en muchas personas y sugiere que hemos alcanzado un nivel alto de sabiduría desde el que podemos despreciar el mundo material. Hay algo muy engañoso en toda esta piedad voluntaria, esta autohumillación y este trato duro del cuerpo. Pero, ¿nos reporta eso algún beneficio real? Permítanme asegurarles que no. La aceptación de todas estas restricciones ascéticas no sirve de nada cuando tenemos que luchar de verdad contra los apetitos de la "carne". De hecho, el ascetismo más riguroso puede coexistir con un orgullo espiritual insoportable, una de las "obras de la carne" que resulta muy sutil y difícil de vencer.¹⁴⁹ Estás andando por el camino equivocado, por el camino que nunca podrá conducirte a tu verdadera meta —un camino, además, que les está vedado a todos los creyentes en Cristo que saben lo que significa haber participado de su muerte.

20 La idea de que el creyente muere con Cristo aparece en las cartas paulinas anteriores. Pablo lo expresa muy enfáticamente cuando dice: "Con Cristo he sido crucificado" (Gá. 2:20).¹⁵⁰ En Romanos 6:1-14 la propuesta de que los creyentes continúen pecando para darle a la gracia de Dios la oportunidad de manifestarse de manera sobreabundante, fue refutada por el argumento de que los que han muerto al pecado no pueden seguir viviendo en pecado. El bautismo proclama la muerte del creyente con Cristo: "todos los que fuimos bautizados en Cristo Jesús fuimos bautizados en su muerte" (Ro. 6:3). La finalidad de esa "muerte con Cristo" fue confirmada cuando fueron "sepultados con Cristo" —de donde ahora "han resucitado con Cristo" para comenzar una nueva "vida en Cristo".¹⁵¹ Así como la muerte corta el vínculo

---

148. Es asombroso que algunos comentaristas, en la antigüedad y más recientemente, hayan considerado que fue el propio Pablo quien impuso las prohibiciones del v. 21. Esa fue la opinión de Hilario, Ambrosio y Pelagio; Jerónimo y Agustín, sin embargo, sí captaron el verdadero sentido. Estas prohibiciones no son los mandamientos negativos del Decálogo, ni tampoco la ampliación de los mismos en la ley oral de la tradición rabínica, pero sí son las restricciones establecidas en la filosofía ascética que aquí se impugna.

149. Compárese con la desagradable compañía en la que se encuentran los ὑπερήφανοι en Ro. 1:30.

150. Cf. también 2Co. 4:10-12; 2Ti. 2:11.

151. Cf. Col. 2:11-12.

que une a un esclavo con su amo, su "muerte con Cristo" cortó el vínculo que los unía al pecado.[152] Del mismo modo que la muerte corta el vínculo que une a una mujer con su marido, la "muerte en Cristo" cortó el vínculo que los unía a las ordenanzas de la ley.[153] El argumento que se les presenta aquí a los cristianos colosenses es que, así como la muerte corta el vínculo que une a un súbdito con su señor, la "muerte en Cristo" que ellos experimentaron cortó el vínculo que los obligaba a servir a los principados y potestades. ¿Por qué, pues, deben continuar sometiéndose a las normas[154] que han impuesto esos poderes? Todas estas normas y regulaciones pertenecen a la esfera de la "carne"[155]—la vida antigua que llevaban antes de ser cristianos—y solo en esa esfera poseen alguna validez de carácter obligatorio. Los que "no andan conforme a la carne, sino conforme el Espíritu" (Ro. 8:4) ya no están obligados a obedecerlas.

21 ¿De qué tipo son esas obligaciones que imponen las fuerzas elementales? Son totalmente negativas: "No, no, no". Hay una etapa en el desarrollo de los niños en la que es necesario ordenarles que no hagan esto o no toquen aquello, antes que puedan entender las razones de esas prohibiciones. Pero cuando llegan a la madurez y son capaces de valorar los puntos de vista de sus padres, contemplan la vida desde un ángulo responsable y hacen lo que es correcto sin tener que ajustarse a una lista de prohibiciones como las que sí son adecuadas y necesarias para los años de la infancia. Estas supuestas directrices trataban de mantener a los cristianos colosenses en andadores; Pablo les anima a disfrutar de la libertad con la que Cristo los hizo libres.[156] La imposición de prohibiciones desde fuera no puede hacer nada para crear o desarrollar una nueva vida en nuestro interior. "Unas cuantas normas negativas no resultan útiles para el mantenimiento y el crecimiento de la vida cristiana, porque la vida no se nos ofrece solo para que la aceptemos, sino también para que tomemos posesión de ella. La vida cristiana no radica en la abstinencia, ni en el placer, ni en la inmersión mística en un simbolismo externo, como en los misterios de la Grecia oriental —no radica en estas cosas, sino en la apropiación de la persona y la obra de Cristo. El cristiano debe vivir de nuevo la experiencia del Cristo; debe morir con él, resucitar con él, mantenerse unido a él en una vida interminable y en constante crecimiento.[157]

---

152. Ro. 6:16-23.
153. Ro. 7:1-6; cf. Gá. 2:19.
154. Gr. τί... δογματίζεσθε? De manera similar, las normas relacionadas con el calendario a las que las iglesias de Galacia estaban dispuestas a someterse formaban parte del dominio de las στοιχεῖα según Gá. 4:8-10, donde esas fuerzas se describen como τοῖς φύσει μὴ οὖσιν θεοῖς (supuestos dioses que en realidad no son dioses).
155. Respecto al uso de σάρξ véase Ro. 7:5, 14-25; 8:3-4; Gá. 3:3; Ef. 2:11; cf. E. Schweizer, *TDNT* 7, págs. 125-38 (*s.v.* σάρξ); A. Sand, *Der Begriff "Fleisch" in den paulinischen Hauptbriefen* (Regensburg, 1967). Véase además el comentario sobre el v. 23 más adelante (págs. 117-18).
156. Compárese con el argumento de Pablo en Gá. 3:23–4:7.
157. J. Iverach, "The Epistle to the Colossians and its Christology", *ExT* 25 (1913-14), 208.

22 Por otra parte, todas las cosas implícitas en estos tabúes son objetos perecederos del mundo material, destinados a desaparecer con el propio uso que se hace de ellos.[158] Esto se hace claramente patente en lo que respecta a los alimentos: los alimentos dejan de existir como tales en el mismo momento en que son digeridos. Los corintos tenían un dicho: "La comida es para el estómago y el estómago para la comida"; sin embargo, Pablo añade: "Dios destruirá tanto al uno como a la otra" (1Co. 6:13). Pero los corintios que sintetizaban su punto de vista en estas palabras tal vez no estaban pensando solo en la comida, sino en las relaciones sexuales: estas también, se sobrentendía, eran funciones corporales, tan irrelevantes ética y religiosamente como la comida o la bebida. Es posible, pues, que el ascetismo que se recomendaba en Colosas incluyera la abstención de las relaciones sexuales (incluso dentro del matrimonio) así como de diversos tipos de comida o bebida.[159] Cabría pensar que era así, pero la referencia a "cosas que están destinadas a perecer por el propio uso que se hace de ellas" no sería aplicable a las relaciones sexuales; lo que Pablo pensaba acerca del efecto duradero de estas, incluso de las más casuales, puede inferirse a partir de 1Co. 6:15-20.

Y lo que es más, estos tabúes no están ordenados por Dios: son impuestos "conforme a mandamientos y enseñanzas humanas". Detrás de esta frase se encuentra la fraseología de Isaías 29:13, donde el Dios de Israel le dice a su pueblo: "vuestros corazones están lejos de mí, y vuestro temor de mí no es más que un mandamiento de hombre aprendido de memoria". Jesús citó estas palabras al referirse a la "tradición de los ancianos", en virtud de la cual, aseveró él, los escribas de su época habían invalidado la palabra de Dios.[160] Su uso del texto dio lugar al arsenal de "testimonios" mediante los cuales los primeros

---

158. Gr. ἅ ἐστιν πάντα εἰς φθορὰν τῇ ἀποχρήσει. Plutarco y Dionisio de Halicarnaso usan el término ἀπόχρησις en este sentido. Se emplea a veces para denotar "abuso", pero esta acepción resulta inadecuada en el presente contexto. La afirmación de que las cosas a las que se hace referencia desaparecen por el simple hecho de usarlas en la forma correcta y normal pone de relieve el carácter transitorio de las mismas. Por tanto, hacer que esos asuntos transitorios y perecederos resulten tan importantes en la enseñanza religiosa demuestra una falta grave de sentido de la proporción. Lightfoot lo compara con Séneca (*On the Blessed Life* 7), "in ipso usu sui periturum" ("destinadas a perecer por el propio uso que se hace de ello"), lo cual coincide exactamente con el argumento de Pablo aquí. Cf. BAG (*s.v.* ἀπόχρησις) para un ejemplo similar del verbo ἀποχράομαι en Polibio.

159. Se ha pensado que la primera de las tres prohibiciones (μὴ ἅψῃ μηδὲ γεύσῃ μηδὲ θίγῃς) se refiere a las relaciones sexuales en razón del uso que se hace del mismo verbo 1Co. 7:1 (καλὸν ἀνθρώπῳ γυναικὸς μὴ ἅπτεσθαι); cf. A. R. C. Leaney, "Colossians ii.21-23 (The Use of Πρός)," *ExT* 64 (1952-53), 92 (él sugiere que μηδὲ θίγῃς "alude al tipo de tabúes que se mencionan en Lev. 11:24 ss"). En la *uenerabilis continentia* que se le prescribió a Lucio antes de su iniciación en los misterios de Isis, y que Dibelius ("The Isis Initiation in Apuleius", pág. 89) aduce como una analogía con el ascetismo colosense, la abstención de carne animal y de vino están específicamente ordenadas (Apuleius, *Metamorphoses* 11.23).

160. Marcos 7:6-7 (véase el comentario sobre el v. 6 supra). El texto de Isa. 29:13 en la LXX que Marcos cita, διδάσκοντες ἐντάλματα ἀνθρώπων καὶ διδασκαλίας, es claramente la fuente de las palabras de Pablo κατὰ τὰ ἐντάλματα καὶ διδασκαλίας τῶν ἀνθρώπων.

apologetas cristianos explicaron la reticencia judía a aceptar el evangelio.[161] Pablo, pues, repite las palabras del profeta aquí pero con la implicación de que estos tabúes frustran la enseñanza pura de Dios con su enfoque emancipador.

23 Estas prohibiciones conllevan una reputación de sabiduría, es cierto. El pensamiento humano las relaciona con algunas escuelas de filosofía ascética, como la de los pitagóricos,[162] y los que las inculcan y practican alcanzan una veneración que, a fin de cuentas, no les resulta nada costosa. Pero no existe necesariamente ninguna conexión entre ese ascetismo excepcional y el verdadero espíritu del evangelio. A diferencia del culto espiritual que el cristianismo verdadero ordena en armonía con la voluntad de Dios, "buena, aceptable y perfecta" (Ro. 12:1-2), esta "presunta religión"[163] es un "culto de fabricación propia", según la expresión de Deissmann,[164] o una "religión falsa", como dice Bate.[165] El término que Pablo usa implica que estas personas creían que estaban ofreciéndole voluntariamente a Dios algo adicional a sus requisitos básicos —una devoción supererogatoria por medio de la cual esperaban adquirir mayor mérito ante sus ojos. Lejos de reportar alguna utilidad[166] en la lucha contra los placeres de la "carne",[167] como afirmaban sus defensores, este

---

161. Cf. Justin, *Dialogue with Trypho* 48, 140.

162. E. Schweizer ("Versöhnung des Alls," en *Jesus Christus in Historie und Theologie*, ed. G. Strecker [Tübingen, 1975], págs. 494-99; *Colossians*, págs. 130-33) encuentra afinidades con la herejía colosense en un pitagorismo judío confirmado ya en el siglo I a.C. Véase la introducción, págs. 17-18.

163. Gr. ἐθελοθρησκεία, esta es la primera de "cinco palabras claves de la herejía colosense" que G. Bornkamm ("The Heresy of Colossians," pág. 134) discierne en este versículo, las otras son (b) ταπεινοφροσύνη, (c) ἀφειδία σώματος, (d) τιμή, (e) πλησμονή. El *hápax legómenon* ἐθελοθρησκεία se ha considerado una acuñación paulina por analogía con ἐθελοδουλεία, que Platón y otros usaron con el sentido de "sujeción voluntaria" (cf. MM, *s.v.* ἐθελοθρησκεία). J. R. Harris ("St. Paul and Aristophanes", págs. 133-34) conjeturó νεφελοθρησκεία ("adoración de las nubes"), indicando que en "Las nubes" 316 de Aristófanes, se alaba a las nubes como divinidades dignas de adoración. Esta conjetura pertenece a la región aristofánica de Νεφελοκοκκυγία, "nube-cuco-tierra".

164. Deissmann, *Paul*, E.T. (Londres, 1926), pág. 118 (él lo contrasta con el λογικὴ λατρεία de Ro. 12:1).

165. H. N. Bate, *Guide to Epistles of Paul*, pág. 143.

166. Gr. οὐκ ἐν τιμῇ τινι, "no en ningún honor", "no de algún valor" (cf. J. Schneider, *TDNT* 8, pág. 177, *s.v.* τιμή).

167. Gr. πρὸς πλησμονὴν τῆς σαρκός. Bornkamm (véase la nota 163 supra) observa en el término πλησμονή ("plenitud", "llenura") la refutación irónica de Pablo de la afirmación que hacen los herejes de estar llenos (πληροῦσθαι) del poder divino en virtud de su iniciación. Véase G. Delling, *TDNT* 6, págs. 133-34 (*s.v.* πίμπλημι etc.). Se ha cuestionado la traducción de πρός como "contra" en este contexto (respecto a lo cual podría citarse el precedente de Lightfoot). Sería natural atribuirle a la preposición el sentido de "conducir", pero esto supondría añadir algunas palabras adicionales (en la mente, o escritas): la ἐθελοθρησκεία y las demás cosas "tienen una apariencia de sabiduría, pero carecen de todo valor"; [solo conducen] a los apetitos de la carne". Véase B. Reicke, "Zum sprachlichen Verständnis von Kol 2, 23", *ST* 6 (1953), 39-53; B. Hollenbach, "Col. ii. 23: Which Things lead to the Fulfillment of the Flesh", *NTS* 25 (1978-79), 254-61. A. R. C. Leaney, "Colossians ii.21-23", le da a la preposición πρός el sentido de "en comparación con" (cf. Ro. 8:18): "pero no son de ningún valor en comparación con los verdaderos apetitos de la carne" (es decir, "este ascetismo de manufactura humana... no le rinde más servicio a Dios que el que le rinde el hecho de

ascetismo podía ir acompañado, y a menudo ocurría así, de un engreimiento desmedido, y de ese modo, les resultaba extremadamente difícil a los que lo habían aceptado admitir la verdad de que, ante los ojos de Dios, ellos eran pecadores que necesitaban desesperadamente la salvación que él les ofrecía. Cuando recomendaron el duro trato del cuerpo como un remedio contra los apetitos carnales ellos se basaron en la antítesis griega entre cuerpo y alma. Pero Pablo no pensaba de esa manera. Cuando el apóstol habla de "severidad para el *cuerpo*", se refiere al cuerpo en su sentido ordinario; pero cuando habla de los "placeres de la *carne*", se refiere a la vieja naturaleza adámica en su rebeldía contra Dios.[168] Un ingrediente principal de esa rebelión es el espíritu orgulloso de la autosuficiencia que no tiene nada ver que con el cuerpo en su sentido ordinario, sino que tiene su origen en la voluntad. Y el ascetismo que Pablo menosprecia alienta esta satisfacción particular de la "carne" en lugar de hacerla morir.[169]

---

vivir en la carne"). Véase también P. L. Hedley, "Ad Colossenses 2, 20-3, 4," *ZNW* 27 (1928), 211-16. Encontramos una declaración muy útil de la situación en C. F. D. Moule, *ad loc.* (págs. 108-10); entre las diversas posibilidades que menciona, él prefiere la interpretación de Lightfoot.

168. Cf. E. Percy, *Die Probleme*, p. 262; J. A. T. Robinson, *The Body*, pág. 27.
169. Cf. E. Percy, *Die Probleme*, pág. 139.

COLOSENSES 3

4. HAN RESUCITADO CON CRISTO; POR TANTO... (3:1-4)

1 Así que, si habéis resucitado con Cristo, buscad las cosas de arriba, donde Cristo está sentado a la diestra de Dios.
2 Centrad vuestra mente, no en las cosas de la tierra.
3 Porque habéis muerto; y vuestra vida está escondida con Cristo en Dios.
4 Cuando Cristo, vuestra[1] vida, se manifieste, entonces vosotros también seréis manifestados con él en gloria.

El apóstol les recuerda a los colosenses que ellos no solo murieron con Cristo. Sino que también fueron resucitados de entre los muertos con él —tal como ya se les había dicho antes (Col. 2:12). Cuando Cristo abandonó la tumba, fue exaltado hasta lo sumo, y ahora está entronizado en gloria, a la diestra de Dios. ¿Qué implica esto para los que por medio de la fe se han unido con él en su muerte y resurrección? Continúan viviendo en la tierra con sus cuerpos mortales, pero han adoptado una nueva forma de vida. La fuerza motriz que los impulsa a seguir esa forma de vida es él quien se la imparte desde la gloria en la que reside actualmente. Todos los intereses de los miembros de su pueblo —que ahora participan de su vida resucitada— están centrados en él; de hecho, son los propios intereses de Cristo que ahora son también suyos. Deben, pues, buscar las cosas que pertenecen a la esfera celestial, la esfera en la que él reina; sus mentes, sus actitudes, sus ambiciones, todos sus puntos de vista deben caracterizarse por el vínculo vivo que mantienen con el Cristo ascendido. La conclusión es ineludible. Murieron con Cristo, y ahora viven con él y en él. Sus vidas están íntimamente relacionadas con la suya; están, en otras palabras, bien custodiadas por él, escondidas con toda seguridad en Dios. Porque él vive, su pueblo también vive; él es la vida de su pueblo, y por tanto, la vida de ellos es tan eterna como la suya. El mundo no puede ver la verdadera vida de su pueblo en estos momentos, como tampoco puede ver al Cristo exaltado, pero vendrá un día en el que Cristo será revelado en gloria, y entonces, aquellos cuya vida está ahora escondida con él serán inevitablemente revelados con él y compartirán su gloria.

1 Los lectores sabían (al menos teóricamente) que, al igual que a todos sus hermanos cristianos en el mundo entero, a ellos se les había dado una vida nueva con Cristo cuando estaban espiritualmente muertos —que habían sido "resucitados con él por medio de la fe en el poder de Dios" (Col. 2:12).

---

1. El peso de las pruebas está ligeramente a favor de ὑμῶν ("vuestra"), tal como aparece en P^{46} ℵ C D* F G P Ψ etc., frente a ἡμῶν ("nuestra"), según se lee en B D H y la mayoría de los manuscritos en cursivas.

Cada vez que recordaran su bautismo y lo que este significaba, debían sentirse nuevamente impactados por la realidad de su participación en la muerte y la resurrección de Cristo, y sacar las conclusiones lógicas y prácticas. Si su muerte con Cristo cortó los vínculos que los unían al antiguo orden terrenal, que estaba tratando de imponerles su dominio otra vez, los nuevos vínculos que estableció su resurrección con Cristo los habían unido a un orden nuevo y celestial, a ese reino espiritual en el que Cristo su Señor era soberano.

La referencia que hace Pablo en sus escritos a la posición actual de supremacía de Cristo diciendo que él está "a la diestra de Dios",[2] suele ser una repetición del lenguaje de alguna confesión primitiva de fe que, según cabe suponer, les resultaba familiar a sus lectores. La ascensión de Cristo a la diestra de Dios era un elemento esencial y constante en la predicación apostólica primitiva.[3] Tiene sus raíces en la interpretación mesiánica del Salmo 110:1, uno de los *testimonia* apostólicos más antiguos.[4] En él se cita un oráculo de Yahvé dirigido a alguien a quien el salmista llama "mi Señor": "Siéntate a mi diestra, hasta que ponga a tus enemigos por estrado de tus pies".

En los evangelios sinópticos Jesús cita este oráculo en dos ocasiones. Durante su discusión con los escribas y el partido farisaico en el recinto del templo, Jesús les preguntó por qué debían decir que el Mesías era hijo de David si en este salmo David lo llama "mi Señor" (Mr. 12:35-37). Cabe suponer que todos ellos aceptaban que la persona aludida en el oráculo divino era el Mesías davídico. Y otra vez, durante el interrogatorio ante el sumo sacerdote y sus colegas que tuvo lugar a raíz de su detención en Getsemaní, le preguntaron si él era el Mesías, "el Hijo del Bendito", y él replicó: "Yo soy, y veréis al Hijo del Hombre sentado a la diestra del Todopoderoso, y viniendo con las nubes del cielo" (Mr. 14:61-62).[5] La forma de su respuesta podría sugerir el siguiente sentido: "Si 'Mesías' es el término que ustedes insisten en usar, entonces, solo puedo decir que "sí": pero si debo elegir mis propias palabras, entonces permítanme decir que ustedes tendrán la respuesta a su pregunta cuando vean al Hijo del Hombre sentado a la diestra del Altísimo, y viniendo con las nubes del cielo". Fue la forma de las palabras que él escogió —y tal vez en particular su obvia identificación con aquel que era "como un hijo de hombre" y que, según Daniel 7:13-14, recibió el dominio eterno y universal del Anciano de Días[6]—lo que les permitió a sus jueces declararlo culpable de blasfemia. Con esa declaración, afirmaron ellos, se había igualado al Altísimo. Pero después

---

2. Cf. Ro. 8:34; Ef. 1:20.
3. Cf. Hch. 2:33-35; 5:31; 7:55-56; Heb. 1:3, 13; 8:1; 10:12; 12:2; 1Pe. 3:22; Ap. 3:21.
4. Cf. D. M. Hay, *Glory at the Right Hand: Psalm 110 in Early Christianity* (Nashville/New York, 1973).
5. Hay algunas características importantes en los pasajes paralelos de Mt. 26:64 y Lc. 22:69, especialmente la manera en que recalcan que esa sesión comenzará inmediatamente (ἀπ' ἄρτι, Mateo; ἀπὸ τοῦ νῦν, Lucas).
6. Cf. F. F. Bruce, *New Testament History* (Londres, 1982), págs. 188-89; *The Hard Sayings of Jesus* (Londres, 1983), págs 245-47.

de su resurrección, los apóstoles proclamaron que la entronización que tanto anhelaba ciertamente había tenido lugar: Cristo reinaba ahora como rey a la diestra del Todopoderoso, y permanecería reinando así hasta que todas las fuerzas adversas en el universo se hubieran sometido a él.[7]

Los apóstoles sabían muy bien que empleaban un lenguaje figurado cuando se referían a la exaltación de Cristo en esos términos: al igual que sus sucesores en el siglo XX no pensaban en ningún lugar en el que había un trono literal a la diestra de Dios. La impresión estática que causan las representaciones artísticas convencionales de la sesión celestial de Cristo obscurece la imagen dinámica neotestamentaria del Cristo exaltado que recorre por su Espíritu todo el mundo, venciendo y para vencer.[8] La manera en que Pablo interpretaba esta sesión celestial puede deducirse a partir de otros términos que él emplea en sus escritos para transmitir la misma idea: Cristo ha recibido "el nombre que es sobre todo nombre, para que al nombre de Jesús se doble toda rodilla... y toda lengua confiese que Jesucristo es Señor" (Fil. 2:10-11): "ascendió mucho más arriba de todos los cielos, para poder llenarlo todo" (Ef. 4:10). Por haber sido elevado a la posición de máxima soberanía sobre el universo, impregna el universo con su presencia.

Esta referencia a la exaltación de Cristo —el visto bueno de la aprobación divina a su obra salvadora— no se incluye aquí con un propósito ornamental. Pablo está a punto de comenzar la sección parenética de su carta, y sus secciones parenéticas por lo general presuponen el contenido de la predicación apostólica.[9] Lo que Dios ha hecho por su pueblo en Cristo constituye el principal argumento e incentivo de la vida cristiana. La enseñanza apostólica o *didajé* puede distinguirse de la predicación o *kerigma de la mercavá*, pero se basa en la predicación —de todas formas, la distinción entre ambas no debe forzarse demasiado. Cualesquiera que sean las afinidades que puedan encontrarse entre las exhortaciones éticas de Pablo y las de los moralistas contemporáneos, el hincapié que estos hacen en los escritos de Pablo está supeditado al hecho de que esos escritos se basen directamente en la obra de Cristo.[10] Los creyentes murieron con Cristo y fueron resucitados con él a una nueva vida, esa es la razón por la que su conducta a partir de ese momento debe ser diferente.

¿Qué implicaciones prácticas tiene, entonces, el hecho de haber resucitado con Cristo? En primer lugar, los creyentes ahora no tienen una vida privada propia. Su vida es la vida de Cristo, la cual él mantiene vigente a la diestra de Dios y comparte con todo su pueblo.[11] Los intereses de su pueblo, por tanto, deben ser los intereses de Cristo. En vez de esperar hasta el día postrero

---

7. Cf. 1Co. 15:24-28.
8. Martin Lutero alude de forma satírica "a ese cielo de los fanáticos (*Schwärmer*) con su silla de oro y Cristo sentado junto al Padre, vestido con una túnica coral y una toga de oro, ¡tal como a los pintores les encanta representarlo! (*Werke*, Weimarer Ausgabe 23, pág. 131).
9. Cf. Ro. 6:1-11; 1Co. 5:7-8, etc.
10. Cf. W. D. Davies, *Paul and Rabbinic Judaism* (Londres, 1948), págs. 88, 112, 136.
11. Cf. Ro. 8:10; Gá. 5:25.

para recibir la vida de la resurrección, los que han sido resucitados con Cristo poseen esa vida aquí y ahora. La nueva creación[12] —la "regeneración"[13]— ya ha comenzado en ellos. Espiritualmente —es decir, "en Cristo"— ya pertenecen a la era venidera y disfrutan de la vida de esta.

2   Pongan la mira en las cosas de arriba, dice Pablo; centren sus mentes en eso[14] y permitan que regule todos sus puntos de vista. Los gnósticos también creían en que debía ponerse la mira en las cosas de arriba. Se preocupaban seriamente por vivir en un plano más elevado que el mundano. Pero Pablo se refiere a un plano más elevado que el de ellos. Busquen las cosas más altas (dice) —cosas más altas que los principados y potestades que dominan las esferas planetarias, porque Cristo ascendió por encima de ellos.[15] No permitan que sus ambiciones sean terrenales, que se centren en cosas pasajeras e inferiores. No contemplen la vida y el universo desde la perspectiva de estos planos inferiores; contémplenlo desde la perspectiva exaltada de Cristo. Juzguen todo de acuerdo con los estándares de esa nueva creación a la que ahora pertenecen, no de acuerdo con los del viejo orden del que se han despedido para siempre.[16]

3   Porque, ¡miren!, ustedes han *muerto* respecto a ese viejo orden.[17] La idea resulta tan extraña que es preciso repetirla y subrayarla. Ustedes *murieron*, les digo, y en cuanto a la vida nueva en la que han entrado, su verdadera morada es donde se halla el propio Cristo. "Cuando nuestro Precursor triunfó, 'él llevó consigo a un lugar seguro la vida espiritual de todo su pueblo'".[18]

En muchas culturas existe la creencia generalizada de que la vida de una persona está vinculada a algún objeto externo, un "símbolo de vida".[19] Este objeto, al que, de hecho, a veces se hace referencia como la "vida" de la persona, suele esconderse en un lugar seguro porque se cree que, mientras permanezca intacto, no puede sobrevenirle ningún mal a esa persona. Aunque esa idea no está presente en la mente de Pablo aquí, la creencia podría funcionar como una parábola de la verdad que él expresa. La vida del creyente está "escondida" y a salvo con Cristo. Su bienestar depende del suyo. La verdadera vida de su pueblo es una extensión de la vida indisoluble que él posee en la presencia del Padre.

---

12. Cf. 2Co. 5:17; Gá. 6:15.
13. Cf. Mt. 19:28
14. Gr. La expresión τὰ ἄνω φρονεῖτε (una variante de τὰ ἄνω ζητεῖτε en el v. 1) es prácticamente igual a φρονεῖν τὰ θεοῦ en Mr. 8:33, como τὰ ἐπὶ τῆς γῆς (φρονειν) lo es a (φρονεῖν) τὰ τῶν ἀνθρώπων.
15. Cf. Ef. 1:20-21.
16. Cf. 2Co. 5:16.
17. Cf. Ro. 6:6-11.
18. E. K. Simpson, *The Pastoral Epistles* (Londres, 1954), pág. 63, citando de una fuente que no especifica.
19. E. S. Hartland en *ERE* 8 (Edimburgo, 1915), 44-57 (*s.v.* "*Life-Token*"); cf. C. M. Draper, "'*Your Life is Hid with Christ in God' (Colossians III. 3)*", *ExT* 27 (1915-16), 427.

COLOSENSES 3:4

Sus vidas no solo están escondidas "con Cristo", sino "con Cristo en Dios" —"una muralla doble, toda divina".[20] La expresión "en Dios" resulta inusual en el corpus paulino, en comparación con "en Cristo" o "en el Señor". De la iglesia tesalonicense se dice que es "en Dios el Padre" y en "el Señor Jesucristo" (1Ts. 1:1; 2Ts. 1:1). Un paralelismo más cercano a la fraseología que nos ocupa aparece en Efesios 3:9, donde leemos que el "misterio" que Pablo recibió y proclamó estuvo "escondido desde la eternidad en Dios". El propósito divino encerrado en ese misterio, según dice el apóstol, fue concebido en Cristo desde toda la eternidad (Ef. 1:4, 9-10); y de hecho, está encarnado en Cristo (Col. 2:2). La vida de los creyentes, pues, está escondida "con Cristo" porque ellos murieron con él y han sido resucitados con él, y está escondida "en Dios" porque el propio Cristo tiene su ser en Dios[21] y por ende, los que pertenecen a él también tienen su ser en Dios.[22]

4 "Sus vidas, como ustedes saben, está escondida de manera segura con Cristo", dice Pablo, "aunque a los ojos del mundo, espiritualmente hablando, carecen de medios de subsistencia. Pero cuando Cristo, la verdadera vida de todos los miembros de su pueblo, se manifieste en la *merkabá de su parusía,* entonces los que comparten su vida compartirán su epifanía gloriosa".[23]

Cristo su vida. El apóstol que dijo: "para mí el vivir es Cristo" (Fil. 1:21), no piensa que eso es cierto solo para él. Cristo es la vida de todos los que están unidos a él por medio de la fe, los miembros de su pueblo.

Pero Cristo no solo es la vida de ellos; al ser su vida, él es también su esperanza. El Cristo que mora en ellos y que ahora es su esperanza de gloria[24] es el Cristo que cuando se manifieste en su parusía hará que esa gloria se convierta en una realidad para ellos. La revelación interior de su gloria salvadora que ya habían recibido es la señal de una revelación más completa que aún está por venir, la grandiosa consumación de la unión entre Cristo y su pueblo. "El mismo hombre que daba gracias todos los días porque 'a Dios le había complacido revelar a su Hijo' en él también esperaba el día 'en el que Cristo, que es nuestra vida, aparecerá'".[25] Ese es el día que, según dice Pablo en otra carta, toda la creación aguarda con ansiedad.[26] Hasta ahora se mantiene sujeta a

---

20. H. C. G. Moule, *Colossian Studies* (Londres, 1898), pág. 190.
21. Cf. Jn. 1:18, ὁ ὢν εἰς τὸν κόλπον τοῦ πατρός.
22. Cf. J. S. Stewart, *A Man in Christ* (Londres, 1935), págs. 171-72. Deissmann dice: "la fe de Pablo es entonces la unión con Dios que se establece en comunión con Cristo; y describe a los cristianos como ἔνθεοι ἐν Χριστῷ Ἰησοῦ (*Paul*, E.T. [Londres, 1926], págs. 164-65). Pero su esfuerzo por ilustrar esta relación espiritual valiéndose de un diagrama geométrico (pág. 298) no ayuda en realidad a entender el pensamiento de Pablo.
23. Aunque el término παρουσία se usa en los *homologúmenos* paulinos (cf. 1Co. 15:23; 1Ts. 2:19; 3:13; 4:15; 5:23; 2Ts. 2:1), se remplaza por ἐπιφάνεια en las cartas pastorales (1Ti. 6:14; 2Ti. 1:10; 4:1, 8; Tit. 2:13); las dos palabras aparecen juntas en 2Ts. 2:8 (τῇ ἐπιφανείᾳ τῆς παρουσίας αὐτοῦ, "con el esplendor de su venida").
24. Cf. Col. 1:27.
25. J. S. Stewart, *A Man in Christ*, pág. 202.
26. Ro. 8:19.

la esclavitud de la frustración: la palabra "vanidad", tal como vio el Predicador, está escrita en grande sobre ella.[27] Pero lo que el Predicador no vio fue que la creación sería liberada un día del ciclo frustrante de cambio y corrupción, y participaría de la libertad gloriosa de los hijos de Dios.[28] Esta libertad gloriosa se manifestará el día en que ellos sean revelados, porque la revelación del Hijo de Dios en gloria conlleva la revelación de los hijos e hijas de Dios en esa misma gloria[29] —la gloria que le pertenece a él por derecho y a ellos por la gracia que los une con él.

Un escritor neotestamentario posterior expresa la misma idea con su fraseología característica: "Hermanos, ahora somos hijos de Dios y aún no se ha manifestado lo que habremos de ser, pero sabemos que, cuando él se manifieste, seremos semejantes a él porque le veremos como él es" (1Jn. 3:2). Los que participan de la gloria revelada de Cristo llegan a ser semejantes a él, tal como Pablo, de hecho, vuelve a indicar cuando le dice a la iglesia en Filipos que su ciudadanía está en los cielos, de donde esperamos a un Salvador, el Señor Jesucristo, el cual transformará el cuerpo de nuestra humillación para que sea semejante al cuerpo de su gloria" (Fil. 3:20-21). Y, ¿qué es esto sino la plenitud de la santificación cristiana? Aquí y ahora, en consonancia con la enseñanza de otras cartas paulinas, la acción del Espíritu Santo en el interior de los miembros del pueblo de Cristo es reproducir su semejanza en las vidas de ellos,[30] pero la consumación de esta obra santificadora tendrá lugar en el día de Cristo.[31] De hecho, la presencia y la actividad del Espíritu aquí y ahora es la garantía que tienen los creyentes de la herencia que les está reservada para ese día.[32] En esta carta, como ya hemos visto, esta función la desempeña el Cristo que mora en ellos, la "esperanza de gloria" de su pueblo. El día de la revelación y gloria solo consumará y manifestará públicamente algo que ya es cierto —a saber, que los cristianos murieron con Cristo y han sido resucitados con él, y en él son participantes de la era venidera.[33]

Pablo no sugiere cuándo amanecerá el día de revelación y gloria. Se desconoce la fecha del mismo, pero su advenimiento es seguro. Este acto consumador en la serie de acontecimientos salvíficos está garantizado por los que ya han sido cumplidos. A los que Dios de antemano conoció "también los predestinó a ser hechos conforme a la imagen de su Hijo, para que él sea el primogénito entre muchos hermanos; y a los que predestinó, también los

---

27. Ec. 1:2, etc. Es posible que Pablo haya tenido presente el Eclesiastés (LXX) cuando dijo que la creación estaba sujeta a la ματαιότης (Ro. 8:20).
28. Ro. 8:21.
29. Ro. 8:19, τὴν ἀποκάλυψιν τῶν υἱῶν τοῦ θεοῦ.
30. Cf. 2Co. 3:18.
31. Cf. 1Ts. 5:23.
32. Cf. Ef. 1:14, donde el Espíritu es la ἀρραβὼν τῆς κληρονομίας ἡμῶν.
33. Cf. C. H. Dodd, *The Apostolic Preaching and its Developments* (Londres, 1936), págs. 147-48; W. D. Davies, *Paul and Rabbinic Judaism*, pp 318-19; O. Cullmann, *Salvation in History*, E.T., (Londres, 1967), págs. 255-68.

llamó; y a los que llamó, también los justificó; y a los que justificó, también glorificó" (Ro. 8:29-30). El día de gloria puede ser futuro (tal como implica el tiempo pasado del verbo "glorificó")[34] pero su llegada es tan segura como si ya estuviera aquí. Para los que ponen su fe en él, Cristo ya es su gloria, tan ciertamente como es su esperanza: la esperanza y la gloria forman parte de la vida que todos los miembros de su pueblo tienen en él.

Con esta reafirmación de la esperanza cristiana, el apóstol concluye la sección más estrictamente teológica de la carta.

V. LA VIDA CRISTIANA (3:5-4:6)

La enseñanza contenida en las secciones anteriores de la carta se aplica ahora en la práctica de manera detallada. Al igual que ocurre en las demás cartas, la conjunción "por tanto" indica el paso de una sección a otra.[35]

Para exponer su enseñanza ética, Pablo obviamente usa estructuras muy difundidas entre los primeros cristianos. El origen de estas estructuras podría remontarse a la enseñanza ética del propio Jesús. Pero Pablo hace hincapié en la conexión lógica que existe entre la teología y la práctica. No inculca la doctrina cristiana con el único fin de que sus lectores puedan tener una comprensión intelectual firme de la misma, insiste también en que deben expresarla en la vida cristiana.[36] Por otra parte, su enseñanza ética nunca queda suspendida en el aire: está sólidamente cimentada en la revelación salvadora de Dios en Cristo. Si su teología es una teología de gracia, la respuesta práctica a esa gracia es la gratitud —una gratitud que se demuestra por medio de las acciones y también de las palabras.[37]

Aquí, pues, el apóstol enuncia las máximas cristianas generales: hay viejas prácticas que es preciso abandonar y una nueva forma de vida que es preciso adoptar. Deben "despojarse" de lo viejo y "revestirse" de lo nuevo — una figura de lenguaje asociada con las vestiduras nuevas que el creyente usaba en el momento de su bautismo.[38]

Al parecer, la iglesia comenzó desde muy temprano a clasificar su instrucción ética en categorías que pudieran facilitar su enseñanza y

---

34. El aoristo ἐδόξασεν podría ser una imitación del perfecto profético hebreo (cf. Jud. 14, citando 1 Enoch 1:9, ἰδοὺ ἦλθεν κύριος).

35. Con νεκρώσατε οὖν aquí cf. Ro. 12:1 (παρακαλῶ οὖν ὑμᾶς); Ef. 4:1 (παρακαλῶ οὖν ὑμᾶς). Col. 3:5-4:6 expone las implicaciones que tiene para la vida terrenal la mentalidad celestial que se inculca en Col. 3:1-4; cf. A. T. Lincoln, *Paradise Now and Not Yet* (Cambridge, 1981), págs. 130-31.

36. Cf. Jn. 13:17, "Si sabéis esto, seréis felices si lo practicáis".

37. "En el Nuevo Testamento, la religión es gracia, y la ética es gratitud" (T. Erskine, *Letters* [Edinburgh, 1877], pág. 16).

38. Según Clemente de Alejandría, los βαπτιζόμενοι desechaban sus vestiduras viejas y se ponían las nuevas (*Pedagogue* 2.6.23.4).

memorización, y para presentar cada una de ellas se empleaba una especie de palabra clave. El aumento constante en el número de creyentes gentiles sugirió que era conveniente que ellos recibieran los elementos de la ética cristiana de una forma que les permitiera asimilarlos con facilidad.[39] Estas formas catequéticas pueden observarse en varias cartas neotestamentarias, pero su recurrencia no debe atribuirse a la dependencia que una carta pueda tener de otra, sino a la deuda que todas ellas tienen con una *parádosis* común de enseñanza práctica.[40] De estas formas con sus palabras claves peculiares hay cuatro que pueden discernirse aquí —a saber, los párrafos que amplían los mandatos de "despojarse" (Col. 3:5-11); "revestirse" (Col. 3:12-17); "sujetarse" (Col. 3:18-4:1) y "velar y orar" (Col. 4:2-6).

1. "Despojarse" (3:5-11)

5   Por tanto, tratad vuestros[41] miembros terrenales como muertos —la fornicación, la impureza, las pasiones, los malos deseos[42] y la avaricia, que es idolatría.
6   Es por causa de estas cosas[43] que la ira de Dios viene [sobre los desobedientes].[44]
7   En otro tiempo vosotros también os comportasteis de esa manera, cuando vivíais en esas prácticas;
8   pero ahora debéis desechar también todas estas cosas —la ira, el enojo, la malicia. Apartad la calumnia y el lenguaje soez de vuestras bocas.[45]
9   No mintáis los unos a los otros, puesto que habéis desechado el "viejo hombre" con sus acciones.
10 y os habéis vestido del "nuevo hombre", el cual se va renovando conforme a

---

39. Cf. A. Seeberg, *Der Katechismus der Urchristenheit* (Leipzig, 1903); G. Klein, *Der älteste christliche Katechismus* (Berlin, 1909); P. Carrington, *The Primitive Christian Catechism* (Cambridge, 1940); A. M. Hunter, *Paul and his Predecessors* (Londres, 1961), págs. 52-57; E. G. Selwyn, *The First Epistle of St. Peter* (Londres, 1946), Essay II (págs. 363-466); C. H. Dodd, *Gospel and Law* (Cambridge, 1951); G. B. Caird, *The Apostolic Age* (Londres, 1955), págs. 109-13; R. Schnackenburg, *The Moral Teaching of the New Testament*, E.T. (New York, 1965); L. Nieder, *Die Motive der religiös-sittlichen Paränese in den paulinischen Gemeindebriefen* (München, 1956).
40. Cf. Ro. 12:1-13:14; Gá. 5:13-26; Ef. 4:17–6:18; 1Ts. 4:1-12; Heb. 13:1-17; Stg. 1:2–4:12; 1Pe. 1:13–4:11.
41. ὑμῶν se inserta después de τὰ μέλη en ℵ A C D F G H y la mayoría de los manuscritos en cursiva; se omite en P^{46} ℵ* B C* Ψ y en algunos los manuscritos en cursiva (de cualquier manera, significa "vuestros miembros").
42. Gr. ἐπιθυμίαν κακήν (κακήν se omite en P^{46} F G).
43. Gr. δι' ἅ (en C* vid D* F G se lee δι' ὅ; διὰ ταῦτα γάρ en P^{46}).
44. Lit., "sobre los hijos de desobediencia", ἐπὶ τοὺς υἱοὺς τῆς ἀπειθείας, que se omite en P^{46} B D* vid lat[b] co[sa] Clemente Cipriano Ambrosiastro. Es probable que la cláusula se añadiera en una etapa temprana de la transmisión bajo la influencia de Ef. 5:6.
45. F G lat[vet vg.codd] co Ambrosiastro añaden μὴ ἐκπορευέσθω (inspirándose en Ef. 4:29).

COLOSENSES 3:5

la imagen de su Creador con el fin de alcanzar el verdadero conocimiento.

11 *Aquí no hay[46] griego ni judío, circuncisión ni incircuncisión, bárbaro, escita, esclavo ni[47] libre; sino que Cristo es todo[48] y en todos.*

Ahora que son hombres y mujeres nuevos en Cristo, dice el apóstol, vivan como hombres y mujeres nuevos. Ya se han despedido de su vida antigua; por tanto, han terminado con todas las cosas que la caracterizaban. Ya que han muerto con Cristo, actúen, hablen y piensen de una manera que deje bien claro que esta "muerte" no es una simple figura de lenguaje, sino un acontecimiento real que ha cortado los vínculos que los ataban al dominio del pecado. En fin, sean (en la práctica) lo que ahora son (por la acción divina).

Existe una verdadera *ascesis* cristiana, que es muy diferente de la *ascesis* que a los colosenses se les instaba que adoptaran. La *ascesis* cristiana consiste en renunciar a todas las tendencias y aficiones pecaminosas, para que la nueva naturaleza, divinamente implantada en el ser interior, se ponga de manifiesto a través de los buenos frutos de una vida santa.

5 Aunque el primero de los cuatro párrafos éticos contiene la palabra clave "desechad" (v. 8), el párrafo comienza con el mandato equivalente "haced morir" o, como también podría traducirse, "considerad muertos".[49] "Considerad como muertos los 'miembros' de vuestro cuerpo que participan de la naturaleza de la antigua vida terrenal". Pablo no se refiere aquí a los verdaderos miembros del cuerpo humano, ni se expresa en el mismo sentido que Jesús cuando dijo que había que cortar la mano o el pie culpables o que era preciso extraer el ojo infractor si la entrada en la vida no podía obtenerse de otra manera. Esto, al parecer, lo deja claro la aposición del sustantivo "miembros" con la lista de vicios que sigue.[50] Sin embargo, esta aposición es tan abrupta que se han hecho esfuerzos por mitigar la dificultad de la construcción valiéndose de recursos que, de todos modos, no han resultado convincentes. Así, pues, Lightfoot

---

46. D* F G 629 lat^(vet vg.codd) Hilario Ambrosiastro insertan ἄρσεν καὶ θῆλυ (inspirándose en Gá. 3:28).

47. El asíndeton βάρβαρος, Σκύθης, δοῦλος, ἐλεύθερος se rompe con la inserción de la conjunción καί antes de ἐλεύθερος en A D* F G 629.

48. Gr. τὰ πάντα (τά se omite en ℵ* A C y en unos cuantos manuscritos en cursiva).

49. Gr. νεκρώσατε. Este es el ejemplo neotestamentario de νεκρόω en este sentido (se emplea en el participio perfecto pasivo de νενεκρωμένος en Ro. 4:19 y Heb. 11:12 para describir el cuerpo de Abraham en su vejez como "prácticamente muerto"). En Ro. 6:11 λογίζεσθε... νεκρούς ("consideraos muertos") es sinónimo de νεκρώσατε aquí, con la excepción de que νεκρώσατε es aoristo y λογίζεσθε es presente (debe haber un acto inicial decisivo que le dé paso a una actitud estable). Cf. el sentido similar de θάνατον en Ro. 7:4; 8:13; en otros pasajes del NT este verbo tiene el sentido literal de "hacer morir".

50. G. Bornkamm, en consonancia con W. Bousset (*Hauptprobleme der Gnosis* [Göttingen, 1907], pág. 229, y R. Reitzenstein, *Das iranische Erlösungsmysterium* [Bonn, 1921], pág. 161, n. 2), considera que los cinco vicios que se mencionan aquí son los "miembros" del hombre viejo, los cuales componen su esencia, según el "esquema iraní-gnóstico de cinco elementos", así como las cinco virtudes del v. 12 son los "miembros" que componen la esencia del hombre nuevo ("The Heresy of Colossians", en *Conflict at Colossae*, ed. Francis and Meeks [Missoula, MT, 1975], pág. 133).

hace un punto y aparte después de "tratad vuestros miembros terrenales como muertos" y toma los sustantivos que siguen ("la fornicación, la impureza...") como "acusativos prospectivos" regidos por algún verbo como, por ejemplo, "desechar" en el v. 8.[51] Según este enfoque, Pablo quería que los acusativos dependieran directamente del verbo "desechar", pero antes de llegar al verbo, introdujo cláusulas intermedias que provocaron un cambio en la estructura de la oración. Esas inconsistencias en la construcción (*anacolutos*), sin duda, no son nada "extrañas" en el estilo epistolar de Pablo; pero en este lugar, si hubiera querido que los acusativos dependieran directamente del verbo "desechar", es casi seguro que habría puesto ese verbo delante de ellos.[52] Pero aún menos convincente es el recurso de Charles Masson, que toma el sustantivo "miembros" como un vocativo e interpreta el pasaje de la siguiente manera: "Vosotros, miembros [del cuerpo de Cristo] debéis, por tanto, considerar muertas las cosas que están en la tierra —la fornicación, la impureza, etc.".[53]

Lo que encontramos aquí es más bien una ampliación del sentido ordinario del término "miembros". Estas personas habían usado sus miembros corporales como instrumentos de pecado en su vida antigua (cf. Ro. 6:19), por ese motivo, esos miembros se toman aquí como representantes de los distintos tipos de pecado que cometían esas personas valiéndose de ellos. En Romanos 7:23 Pablo hace referencia a "la ley del pecado que mora en mis miembros"; aquí, va más allá e identifica, de manera práctica, los miembros con los pecados de los cuales ellos en otro tiempo habían sido los instrumentos.[54] Pero lo que Pablo sin duda tiene en su mente es las prácticas y las actitudes a las que sus lectores habían dedicado su actividad corporal y su fuerza en la vida antigua. De estas, el apóstol menciona primeramente la fornicación, la impureza, las pasiones, los malos deseos y la avaricia, comenzando por la más ostensible hasta llegar a la menos ostensible. Estas cosas tenían que ser consideradas muertas. Los creyentes habían muerto con Cristo, y por tanto, el dominio de los viejos hábitos e instintos había quedado destruido. Pero esta ruptura de la antigua relación a causa de la muerte podría expresarse también en el sentido inverso: si, desde un punto de vista, los creyentes han muerto a estas cosas, entonces, desde otro punto de vista, estas cosas están muertas en lo que

---

51. J. B. Lightfoot, *ad loc.* (pág. 211). Con respecto a esto, A. S. Peake dice con mucha razón: "Es cierto que la aposición de μέλη y la lista de pecados que sigue resulta extraña, pero no tan extraña que haga preferible esta construcción tan forzada" (*ad loc.*).

52. Como en Ro. 13:12; Ef. 4:22, 25; cf. Stg. 1:21; 1Pe. 2:1.

53. CNT, *ad loc.* Ese uso absoluto de μέλη en este sentido sería tolerable solo si en el contexto inmediato se hiciera hincapié en la membresía de ellos en el cuerpo de Cristo.

54. Esta transición de pensamiento "se explica fácilmente por razones psicológicas con la irrupción de diversas asociaciones cuando se usa una palabra gráfica" (M. Dibelius, *ad loc.*). Con este uso ampliado de la palabra "miembros" podría compararse con el uso de la palabra "cuerpo" en Ro. 6:6 ("el cuerpo de pecado"); 7:24 ("este cuerpo de muerte"). Según N. A. Dahl (*"Der Epheserbrief und der erste Korintherbrief"*, en *Abraham unser Vater*, ed. O. Betz, M. Hengel, y P. Schmidt [Leiden/Köln, 1963], pág. 72), los vicios que se mencionan son los miembros del "cuerpo de carne" que se desechó en el bautismo. Cf. Col. 2:11, con la explicación (págs. 103-04 supra).

COLOSENSES 3:5

respecta a los creyentes: ya no pueden hacer valer sus reclamos de la manera en que solían hacerlo. Por ese motivo, en Romanos 6:11, Pablo exhorta a sus lectores a considerarse muertos para el pecado pero vivos para la justicia, mientras que en Romanos 8:13 dice: "si por el Espíritu hacéis morir las obras de la carne, viviréis" (las "obras de la carne" son las cosas que se mencionan aquí en Col. 3:5).[55]

Se ha dicho que podría acusarse a Pablo de inconsistencia en cuanto a su oscilación entre la idea de que el cristiano ha muerto con Cristo y la idea de que todavía tiene que "hacer morir" los viejos hábitos malos, o considerarse muerto a sí mismo. "Está tratando con una idea teológica abstracta que no concuerda con los hechos de la vida, y en su esfuerzo por confirmarla se ve envuelto en constantes problemas".[56] Esta crítica le hace muy poca justicia a la realidad de la unión del creyente con Cristo y la recepción de una nueva vida en él, lo cual es mucho más que una "idea teológica abstracta". La dificultad surge más bien de la circunstancia de que los creyentes, en la realidad y en la experiencia consciente, viven en dos planos a lo largo de toda su vida mortal: desde el punto de vista espiritual, ya pertenecen a la era venidera, pero desde el punto de vista temporal, participan de esta era presente; espiritualmente, están unidos a Cristo a la diestra de Dios, pero temporalmente, viven en la tierra. La impartición de la nueva naturaleza por parte de Cristo no produce la aniquilación inmediata de la antigua naturaleza hereditaria; mientras vive en este mundo, la vieja naturaleza persiste como una fuerza latente que puede entrar en acción en cualquier momento. De ahí la tensión que procede, no de ninguna inconsistencia entre las premisas de Pablo y su reconocimiento de los hechos de la vida humana, sino de las condiciones conocidas de la existencia cristiana.

El creyente murió al mundo con Cristo (Col. 2:20; 3:3) cuando se despojó en él de su antigua naturaleza (Col. 2:11; 3:9) y fue libertado del pecado Ro. 6:6-7, 11, 18, 22); por otra parte, el creyente todavía está en el mundo en un cuerpo mortal y sigue expuesto a tentaciones pecaminosas. De ahí esta antinomia en el pensamiento del apóstol; de ahí su transición del indicativo al imperativo y de vuelta al indicativo:[57] "¡Sean lo que son!".[58]

Al pasar de las manifestaciones externas del pecado a los antojos del corazón —de las acciones incorrectas a los sentimientos internos que las motivan— Pablo sigue el mismo método de nuestro Señor, que en el sermón del Monte indica que el homicidio tiene su origen en un pensamiento de enojo, y el adulterio en una mirada lasciva (Mt. 5:21-22, 27-29). Las listas de vicios eran comunes entre los moralistas paganos y en la polémica contra el paganismo de

---

55. Cf. Gá. 5:16.
56. E. F. Scott, *ad loc.* (págs. 65-66). En una obra posterior, *Paul's Epistle to the Romans* (Londres, 1947), Scott mostró una valoración más fiel del pensamiento de Pablo.
57. En la literatura joánica predomina el indicativo.
58. Por ejemplo, en 1Co. 5:7-8, se exhorta a los cristianos a ser "masa nueva" por cuanto ellos *son* "sin levadura". Cf. págs. 357-59 (sobre Ef. 4:22-24).

los propagandistas judíos.⁵⁹ Listas de ese tipo aparecen repetidamente en las cartas de Pablo (cf. Ro. 1:29-31; 1Co. 5:11; 6:9-10; Gá. 5:19-21; Ef. 5:3-4), y reciben un significado especial del contexto cristiano en el que se encuentran.

La fornicación,⁶⁰ que ocupa el primer lugar en la lista de pecados, recibe la misma preeminencia entre las "obras de la carne" que se enumeran en Gálatas 5:19-21. Alude principalmente al tráfico con rameras, pero se usa también como un término casi técnico para referirse a las relaciones sexuales dentro de las categorías prohibidas⁶¹ y, de manera más general, a todo tipo de irregularidad sexual. En su primera acepción era tan común en la antigüedad greco-romana que, salvo cuando se llevaba al exceso, no se consideraba especialmente reprensible. Algunas de las iglesias de Pablo tuvieron dificultades para abandonar la tolerancia con que la aceptaban cuando estaban en el paganismo; de ahí sus advertencias específicas contra ella: "Huid de la fornicación" (1Co. 6:18); "absteneos de la fornicación" (1Ts. 4:3).

La impureza⁶² tiene una gama más amplia de significados que la fornicación. Incluye el uso indebido del sexo, pero puede aplicarse a diversas formas del mal moral: Demóstenes, por ejemplo, la usa para referirse al que, simulando ser amigo de un hombre, comete perjurio para causarle una lesión.⁶³

La palabra que se traduce como "pasión" abarca una variedad de emociones y afectos, pero cuando aparece en un contexto de este tipo denota "pasiones deshonrosas",⁶⁴ tal como se indica de manera explícita en Romanos 1:26. Así también la palabra traducida como "deseo" denota un deseo intenso, bueno o malo, pero aquí se califica expresamente como "malo". (Aun cuando se omita el adjetivo, como ocurre en algunos testigos textuales, el contexto sería suficiente para indicar que se trata de un deseo malo, que, de hecho, es el significado habitual de la palabra en los escritos de Pablo).⁶⁵

El clímax de la lista que nos ocupa es la avaricia, que, al igual que en Efesios 5:5, se equipara con la idolatría.⁶⁶ La avaricia es idolatría porque hace

---

59. En cuanto a esas listas de vicios (y de virtudes, como en el v. 12) véase A. Vögtle, *Die Tugend- und Lasterkataloge im Neuen Testament* (München, 1936); S. Wibbing, *Die Tugend- und Lasterkataloge im Neuen Testament und ihre Traditionsgeschichte* (Berlín 1959).

60. Gr. πορνεία, de πόρνη ("ramera").

61. Tal vez como en las cláusulas exceptivas mateanas (Mt. 5:32; 19:9); en el decreto apostólico (Hch. 15:20, 29; 21:25); y en 1Co. 5:1.

62. Gr. ἀκαθαρσία, que ocupa el segundo lugar entre las "obras de la carne" en Gá. 5:19. Cf. Ro. 1:24; 6:19; Ef. 4:19; 5:2; 1Ts. 4:17.

63. Demóstenes, *Against Midias* 119. Cf. 1Ts. 2:3, donde, según han pensado algunos, ἀκαθαρσία denota una falta de integridad más general.

64. Gr. πάθη ἀτιμίας. Cf. Ro. 7:5, τὰ παθήματα τῶν ἁμαρτιῶν.

65. Véase la pág. 126, nota 42. Para un mejor sentido de ἐπιθυμία véase Fil. 1:23 (sobre el deseo de Pablo de partir de esta vida y estar con Cristo); 1Ts. 2:17 (sobre el anhelo de los escritores de volver a ver a sus amigos). La palabra está estrechamente relacionada con πάθος (al igual que aquí) en 1Ts. 4:5, μὴ ἐν πάθει ἐπιθυμίας.

66. La palabra (πλεονεξία) denota no solamente el deseo de poseer más de lo tiene el individuo, sino más de lo que debe tener, especialmente lo que pertenece a otra persona. Este deseo desordenado puede convertirse en la pasión dominante de la vida de un individuo, y llegar

que el individuo ponga su afecto en las cosas terrenales y no en las cosas de arriba, y por ende, que ponga algún otro objeto de deseo en el lugar que Dios debe ocupar en los corazones de los miembros de su pueblo. Así, por ejemplo, en Filipenses 3:19-20 el contraste que se establece es entre los que "piensan solo en las cosas terrenales" y los que tienen su ciudadanía en el cielo. La pecaminosidad excesiva de la avaricia le fue revelada a Pablo, según Romanos 7:7-13, cuando tomó conciencia del mandamiento que dice "no codiciarás" (y aún en el caso de que ese pasaje no sea realmente autobiográfico, la validez de su argumento no se ve afectada). Los pecados que preceden a la avaricia en el listado aparecen normalmente en ese tipo de listas, y eran, sin duda, pecados respecto a los cuales era preciso poner sobre aviso a los convertidos del paganismo; pero la avaricia es más peligrosa porque puede adoptar una variedad de formas respetables.

6 Tal como Pablo pone de relieve en otros lugares, y sobre todo en su gran acusación contra el mundo pagano en Romanos 1:18-32, estos vicios conllevan la retribución divina.[67] Dios escribió su sentencia contra esos pecados no solo en la ley que recibió Israel, sino también en la consciencia y la naturaleza de los seres humanos, a fin de que no puedan violarla con impunidad. La retribución se manifiesta en las consecuencias inevitables en las que incurren los que eligen libremente un modus vivendi que desprecia la ley del Creador. La frase textualmente dudosa "sobre los desobedientes" (lit., "sobre los hijos de desobediencia"),[68] que puede haber sido importada de Efesios 5:6, denota a aquellos cuyas vidas se caracterizan por desafiar la ley de Dios y la resultante sujeción a su ira; la expresión "hijos obedientes" (lit., "hijos de obediencia") en 1 Pedro 1:14 transmite la idea opuesta.[69]

7 Ustedes mismos solían practicar estos vicios,[70] Pablo les recuerda a los colosenses; ustedes también se contaban entre "los desobedientes". Este no es el único pasaje en el NT donde inmediatamente después de una lista de

---

hasta el punto de transformarse, sin duda, en εἰδωλολατρεία. En Mr. 7:22 se incluye, junto con la fornicación, el adulterio, el homicidio, y otros vicios, entre las "maldades" que salen del corazón humano y causan la verdadera contaminación. Está estrechamente relacionada con la πορνεία en 1Co. 5:10-11; 6:9-10, y con ἀκαθαρσία en Ef. 4:19; 5:3. En 1Ts. 4:6 πλεονεκτέω, al parecer, denota intenciones ilícitas para con los miembros del sexo femenino de la familia de otra persona.

67. Gr. ὀργή. Con respecto a la ὀργή divina en el NT véase G. Stählin, *TDNT* 5, págs. 422-47 (*s.v.* ὀργή); cf. también los comentarios sobre Romanos de C. E. B. Cranfield (págs. 108-12) y E. Käsemann (págs. 37-38).

68. La locución υἱοὶ τῆς ἀπειθείας (cf. Ef. 2:2; 5:6) es probablemente un hebraísmo (al igual que τέκνα... ὀργῆς en Ef. 2:3). Deissmann (*Bible Studies*, E. T, [Edimburgo, 1909], págs. 163-66) se muestra reacio a llamar a esas expresiones hebraísmos puros y simples, y prefiere considerarlas "formaciones analógicas" de frases hebreas similares que la LXX traduce literalmente (la diferencia no es gran cosa).

69. Gr. τέκνα ὑπακοῆς.

70. Gr. ἐν οἷς καὶ ὑμεῖς περιεπατήσατέ ποτε. Si la frase ἐπὶ τοὺς υἱοὺς τῆς ἀπεθείας se retiene, ἐν οἷς significa "entre los cuales" (masculino); si se omite, ἐν οἷς significa "en los cuales" (neutro, refiriéndose, al igual que δι' ἃ al principio de la cláusula anterior, a los vicios que se mencionan en el v. 5).

vicios paganos se les recuerda a los lectores que no hace mucho tiempo sus propias vidas se caracterizaban por esas cosas.[71] Fue, en gran parte, por esta razón que los críticos de Pablo consideraron que había sido imprudente y poco práctico el hacer hincapié en la libertad del evangelio en relación con ese tipo de personas. La libertad del evangelio, según pensaban, podía ser muy buena para los judíos y los temerosos de Dios que habían aprendido a reconocer la ley de Dios en sus vidas, pero los que habían abandonado la inmoralidad pagana hacía tan poco tiempo debían ser sometidos a un período de prueba antes de aceptarlos como miembros en plena comunión de la iglesia. La política de Pablo era diferente: a pesar de que estas personas en otro tiempo fueron paganas, habían recibido ahora una nueva naturaleza; estaban en Cristo y Cristo moraba en ellas. Si aceptaban la lógica de este nuevo estado, si se consideraban muertos a sus antiguos deseos y vivos para Dios en Cristo, entonces, la vida de Cristo que ahora estaba llegando a la madurez en su interior se manifestaría en un nuevo patrón de conducta.

8 Por tanto, les dice el apóstol, desechen[72] todos esos viejos hábitos, del mismo modo que desecharían un traje anticuado que ya no les sirve. Y una colección repulsiva de hábitos es, sin duda: la ira, el enojo,[73] la malicia,[74] y el lenguaje que acompaña a estas cosas, la calumnia y las palabras soeces.[75] Deshágansede todo eso; no permitan que sus bocas se contaminen con el lenguaje injurioso y sucio que solía brotar fácilmente de ellas.

9 Otra cosa que contaminaba sus bocas era la mentira: solían decir mentiras como si fuera algo natural, pero le han puesto fin a esa conducta.[76] Se

---

71. Cf. 1Co. 6:9-11; también Ro. 6:19-21; Tit. 3:3; 1Pe. 4:1-5.

72. Gr. ἀπόθεσθε (Cf. Ro. 13:12; Ef. 4:22, 25; Heb. 12:1; Stg. 1:21; 1Pe. 2:1 para este uso ético; el uso literal con referencia a las prendas de vestir se encuentra en Hch. 7:58). En cuanto a la representación de la conducta o del carácter como una vestidura, cf. Job 29:14; Sal. 35:26; 109:29; 132:9; Isa. 11:5; 59:17; Ro. 13:12, 14; 1Ts. 5:8. En 1Co. 15:53-54; 2Co. 5:2-4 la idea se amplía y alude al hecho de despojarse del cuerpo antiguo (terrenal) y revestirse de uno nuevo (celestial).

73. Gr. ὀργή, θυμός. Los dos términos tienen significados semejantes, y ambos pueden usarse en un sentido más noble y en un sentido menos noble. Con respecto al uso de ὀργή en el sentido de la retribución divina, véase el comentario sobre el v. 6 supra, pero a los seres humanos se les pide que sean "lentos para la ira, porque la ira del hombre no obra la justicia de Dios" (Stg. 1:19-20). En Ro. 2:8 θυμός se usa junto con ὀργή para referirse a la retribución divina contra los que "obedecen a la injusticia"; pero en otros lugares Pablo la menciona como algo que los cristianos deben evitar. Para Platón, θυμός es el elemento "enérgico" del alma humana que el elemento racional tiene que controlar, del mismo modo que el pastor tiene que controlar al perro ovejero (*Republic* 4.440D). Aristóteles dice que la θυμός sin control "parece, de hecho, que oye la voz de la razón, pero la oye de manera equivocada, como los siervos impetuosos que salen corriendo antes de oír lo que se les dice, o como los perros que comienzan a ladrar antes de comprobar si se trata o no de un amigo" (*Nicomachean Ethics* 7.6.1.1149a3). Tanto a θυμός como a ὀργή puede aplicárseles el mandato de Efesios 4:26: "Airaos (ὀργίζεσθε) sin pecar" (véase la pág. 335 más adelante). En cuanto a la definición estoica de ὀργή véase H. Kleinknecht, *TDNT* 5, pág. 384, nota 6 (*s.v.* ὀργή).

74. Gr. Κακία, la actitud del que desea hacer o hace daño a otro.

75. Gr. βλασφημία, αἰσχρολογία (el segundo término, que significa lenguaje obsceno o injurioso) aparece solo aquí en el NT).

76. El imperativo presente μὴ ψεύδεσθε implica "no continúen mintiendo". En cuanto a la

les dio sus lenguas para que digan la verdad; para que se los reconociera como hombres y mujeres de palabra.

¡Miren!, prosigue diciendo el apóstol, han desechado[77] al "viejo hombre" que antes eran, junto con las prácticas en las que solía complacerse.[78] En Colosenses 2:11-22 se hizo hincapié en esto, porque según se lee allí, el bautismo que ellos recibieron no consistió, de hecho, en eliminar un trozo insignificante de tejido corporal, como sí ocurría con la antigua circuncisión, sino en eliminar todo el "cuerpo de carne" —la renuncia de la naturaleza pecaminosa en su totalidad. Esto ya lo habían hecho, en principio al menos, y de la misma manera se habían vestido de una nueva naturaleza.[79] Pero, ¿qué era esa nueva naturaleza? Era el "nuevo hombre" que estaba renovándose de continuo[80] con vistas a aumentar de forma progresiva el verdadero conocimiento[81] renovándose en conformidad con la imagen del Creador.

10 Cuando Pablo habla de la renovación del nuevo hombre, lo que intenta comunicar es prácticamente lo mismo que cuando dice en 2 Corintios 4:16: "aunque nuestra naturaleza exterior va decayendo, nuestra naturaleza interior se renueva de día en día". La vida y el poder de Cristo dentro de nosotros, por tanto, están renovándose constantemente, porque la semejanza de Cristo está haciéndose cada vez más manifiesta en la vida del creyente.[82]

En la frase "conforme a la imagen de su Creador" es imposible pasar por alto la alusión a Génesis 1:27, donde leemos que el primer Adán fue creado por Dios "a imagen suya".[83] Pero el primer Adán se ve ahora como el "viejo

estructura de las prohibiciones cf. C. F. D. Moule, *IBNTG*, págs. 20-21.

77. Gr. ἀπεκδυσάμενοι (Cf. Col. 2:15 y, respecto al sustantivo ἀπέκδυσις, Col. 2:11). Este verbo es más enérgico que ἀποτίθεμαι (v. 8); su sentido se expresa en diferentes metáforas en Ro. 6:6 (ὁ παλαιὸς ἡμῶν ἄνθρωπος συνεσταυρώθη); 8:12 (ὀφειλέται ἐσμὲν οὐ τῇ σαρκί, τοῦ κατὰ σάρκα ζῆν). Cf. Ef. 4:23 (pág. 332).

78. Este pasaje fue el que le sugirió a Juan Bunyan la imagen del personaje siniestro de "Adán Primero", que "moraba en la ciudad de Engaño", cuya invitación a ir con él y ser su siervo y yerno Fiel estuvo "un tanto inclinado" a aceptar, hasta que observó las palabras escritas en su frente: "Despojaos del hombre viejo con sus obras" (*The Pilgrim's Progress*, Part 1).

79. Es posible que la herejía colosense tuviera algo que ver con el concepto del nuevo hombre. Con el uso de ἐνδύομαι ("vestirse") W. L. Knox lo relaciona con *GenR* 50.2 (sobre Gn. 19:1), donde se dice que los hombres de Gn. 18:16 se "vistieron" de ángeles (*St. Paul and the Church of the Gentiles* [Cambridge, 1939], nota en la pág. 173).

80. El participio (ἀνακαινούμενον) está en tiempo presente. Cf. Ef. 4:23, "renovaos (ἀνανεοῦσθαι) en el espíritu de vuestra mente"; Ro. 12:2, "transformaos (μεταμορφοῦσθε) por medio de la renovación (ἀνακαίνωσις) de vuestra mente".

81. Gr. εἰς ἐπίγνωσιν. Cf. Col. 1:9 (pág. 41, nota 30).

82. Cf. 2Co. 3:18.

83. Cf. Col. 1:15 (págs. 51-52, notas 84, 85, 86, 87 y 88). Lightfoot (*ad loc.*) cita de Filón (*On the Formation of the World* 6), la parte donde dice que la palabra (λόγος) de Dios es "el modelo arquetípico, la 'forma' de las 'formas'" (ἰδέα τῶν ἰδεῶν), y se describe al primer hombre como "la imagen de la imagen" (εἰκὼν εἰκόνος). La frase "su Creador" (τοῦ κτίσαντος αὐτόν) no implica que Cristo personalmente sea un ser creado, aunque no es posible separarlo del "nuevo hombre" de quien los creyentes se han "revestido"; el nuevo hombre que es creado es la persona nueva en la que cada creyente se convierte cuando renace como un miembro de la nueva humanidad o nueva

hombre" que el creyente debe desechar para poder vestirse del nuevo hombre, el "postrer Adán". No hay tampoco ninguna duda acerca de la identidad del nuevo hombre. Pablo ya les había dicho a los corintios que, así como "el primer Adán fue hecho un ser viviente" (Gn. 2:7), "el postrer Adán fue hecho espíritu que da vida... el primer Adán era de la tierra, un hombre hecho del polvo; el segundo Adán es del cielo" ... y "así como hemos traído la imagen del hombre hecho del polvo, traeremos también la imagen del hombre del cielo" (1Co. 15:45-49).[84] El "postrer Adán" o "nuevo hombre", vale decir, es en realidad Cristo. Por eso, en Gálatas 3:27, en lugar de decirles a sus lectores (como aquí) que se habían revestido del "nuevo hombre", Pablo les dice claramente: "todos los que fuisteis bautizados en Cristo, de Cristo os habéis revestido".[85] "Revestirse de Cristo" es el corolario necesario del hecho de estar "en Cristo".

El concepto de Cristo como el segundo Hombre, el postrer Adán, la cabeza de una nueva creación así como el primer Adán lo había sido de la vieja creación, es absolutamente bíblico, y no es necesario buscar su origen fuera de la tradición bíblica. La era venidera en el AT[86] y en el judaísmo posbíblico,[87] se describe como una nueva creación, y en esa nueva creación (al igual que en la vieja) el dominio se le confiere divinamente a "uno semejante a un hijo de hombre" (Dn. 7:13). En el NT este "semejante a un hijo de hombre" se identifica con Jesús.[88] Aunque la presentación de Jesús como el segundo Adán en el NT es predominantemente paulina,[89] no lo es de manera exclusiva: puede encontrarse en los evangelios,[90] en Hebreos[91] y en Apocalipsis.[92] Del mismo modo que la posteridad del primer Adán, en razón de su solidaridad con él en

---

creación (2Co. 5:17; Gá. 6:15). Cf. Ef. 4:24, "revestíos del nuevo (καινός, no νέος como aquí), que ha sido creado según Dios en verdadera justicia y santidad". Cf. Ignacio, *Ef.* 20:1, para una mención explícita del "nuevo (καινός) hombre Jesucristo"; también la *Ep. Bern.* 16:8, donde se lee que los creyentes "fuimos hechos nuevos (καινοί), creados otra vez desde el principio" (ἐξ ἀρχῆς), y la *Ep. Diog.* 2:1, donde se lee que Diogneto "se ha convertido, por así decir, en un nuevo hombre desde el principio" (ὥσπερ ἐξ ἀρχῆς καινὸς ἄνθρωπος).

84. Con respecto a φορέσομεν ("traeremos") en P^{46} y la mayoría de los testigos se lee φορέσωμεν ("traigamos"). C. H. Dodd sugiere que la "doctrina paulina del Hombre celestial, o segundo Adán, tiene detrás la cristología primitiva del "Hijo del Hombre". El Hombre celestial es el "nuevo hombre" que el creyente adopta cuando pasa a ser miembro de la iglesia, y el "hombre perfecto" en el cual crece toda la iglesia" (*According to the Scriptures* [Londres, 1953], pág. 121).

85. Con este indicativo (ἐνεδύσασθε) compárese el imperativo de Ro. 13:14, "vestíos (ἐνδύσασθε) del Señor Jesucristo".

86. P. ej., en Is. 65:17.

87. Véase el análisis exhaustivo de W. D. Davies en *Paul and Rabbinic Judaism*, págs. 36-57.

88. Cf. Mr. 13:26; 14:62; Ap. 1:7, 13.

89. Cf. M. Black, "The Pauline Doctrine of the Second Adam", *SJT* 7 (1954), 170-79.

90. P. ej., en las narraciones sinópticas de la tentación, donde están implícitos una comparación y un contraste entre el fracaso del primer Adán en el huerto y la victoria del segundo Adán en el desierto (obsérvese también la referencia a las fieras en Mr. 1:13).

91. Especialmente en Heb. 2:5-9 donde el dominio mundial que se le prometió a Adán en Gn. 1:26-30 será ejercido por Cristo, según el Sal. 8:4-6.

92. P. ej., Ap. 12:5; él permite que los confesores fieles participen de su dominio (Ap. 2:26-28) y les da acceso "al árbol de vida que está en el paraíso de Dios" (Ap. 2:7).

la vieja creación, participó de su transgresión, así también el pueblo de Cristo, en razón de su solidaridad con él en la nueva creación, participa de la redención y la vida eterna que él ha obtenido.[93]

Como resultado de haberse revestido del nuevo hombre el individuo adquiere un nuevo conocimiento. El "conocimiento" (*gnōsis*) que se les proponía a los colosenses era algo distorsionado e imperfecto en comparación con el verdadero conocimiento al que tenían acceso los que, en virtud de su unión con Cristo, habían sido transformados por la renovación de sus mentes. Este verdadero conocimiento era, en resumidas cuentas, nada menos que el conocimiento de Dios en Cristo, es decir, el conocimiento más alto al que los seres humanos pueden aspirar.

11 En esta nueva creación no solo se eliminan las actitudes y los hábitos viejos y pecaminosos; las barreras que dividían a los seres humanos entre sí también son destruidas. Había barreras raciales, como la que existía entre los gentiles[94] y los judíos, la cual era también una barrera religiosa, tal como lo indica la referencia a la circuncisión y a la incircuncisión. Había barreras culturales, que separaban a los griegos de los bárbaros —o, en las circunstancias del siglo I d.C., a los que se hallaban fuera de los límites de la civilización greco-romana, como los escitas, de los que estaban dentro. Había barreras sociales, como la que existía entre los esclavos y las personas libres. Fuera de la comunión cristiana, esas barreras seguían siendo infranqueables, y había cristianos de un lado y del otro. Desde el punto de vista del antiguo orden, estos cristianos se clasificaban atendiendo a su posición en este lado de las barreras o del otro. Pero dentro de la comunidad de la nueva creación —"en Cristo"— estas barreras eran irrelevantes; de hecho, no existían.

Este pasaje guarda una estrecha semejanza con Gálatas 3:28, donde Pablo afirma que para los que han sido bautizados en Cristo y se han revestido de Cristo "no hay judío ni griego, no hay esclavo ni libre, no hay hombre ni mujer; porque todos sois uno en Cristo Jesús". La elección de la antítesis allí tiene por objeto, al parecer, reafirmar la abolición de los privilegios religiosos que disfrutaban los judíos en el judaísmo sobre los gentiles, los privilegios de las personas libres sobre los esclavos, de los hombres sobre las mujeres.[95] Aquí, empero, la fraseología es más general.

La obliteración en Cristo de la distinción religiosa entre judíos y gentiles fue uno de los logros más notables del evangelio en unas cuantas décadas. Su

---

93. Cf. Ro. 5:12-19 con J. Murray, *The Imputation of Adam's Sin* (Grand Rapids, 1959). En la *Ep. Bern.* 6:11-12 el "nuevo tipo" de humanidad que Dios creó por medio de la remisión de los pecados recibe el cumplimiento de la promesa de la creación: "y ejerza dominio" (Gn. 1:26).

94. Aquí, al igual que en otros lugares (p. ej. Ro. 1:16; 2:9-10; 3:9; 1Co. 1:24; 10:32; 12:13; Gá. 3:28), Ἕλλην se usa en el sentido más amplio respecto a los gentiles en contraste con los judíos.

95. Cf. F. F. Bruce, *The Epistle to the Galatians* (Grand Rapids/Exeter, 1982), págs. 187-90. En ambos lugares W. A. Meeks reconoce una fórmula bautismal que hace hincapié en la reunificación en Cristo de los que se oponen entre sí ("*The Image of the Androgyne: Some Uses of a Symbol in Earliest Christianity*", *History of Religions* 13 [1973-74], 165-208, especialmente 180-83).

excelencia se celebra de manera especial en los primeros tres capítulos de Efesios. Ninguna cortina de hierro en la actualidad presenta una barrera más severa que la que presentaba la pared intermedia de separación entre judíos y gentiles. En cuanto a los gálatas, al igual que ahora a los colosenses, Pablo, sin duda, consideró necesario hacer hincapié en la abolición de esta distinción en vista de los elementos de la enseñanza que estaba tratando de contrarrestar tanto en una situación como en la otra. "No hay distinción entre griego y judío" ni en lo que respecta a su necesidad de salvación ni en lo que respecta a la gracia de Dios que a ambos se les ha otorgado de forma imparcial; "porque Dios ha encerrado a todos en desobediencia, para mostrar misericordia a todos" (Ro. 3:22; 10:12; 11:32). Las idiosincrasias naturales y raciales que puedan sobrevivir solo coadyuvan a la variedad viva del pueblo de Cristo, pero no crean ni perpetúan ninguna diferencia en la condición espiritual.

Cuando existen diferencias culturales, el evangelio las ignora. El propio Pablo sentía que estaba en deuda "con los griegos y con los bárbaros, con los sabios y con los necios" (Ro. 1:14) —es decir, con hombres y mujeres de todas las clases y condiciones. Los griegos dividían a la raza humana en dos grupos —los griegos y los bárbaros (aquellos cuya lengua no era el griego). Con la extensión del área de la civilización griega, especialmente después de la conquista romana, cuando "la Grecia cautiva hizo cautivo a su salvaje captor",[96] algunos pueblos como los romanos, que no eran de nacionalidad griega, pasaron a formar parte de la civilización greco-romana más amplia del mundo mediterráneo. Fuera de esta área civilizada se encontraban los bárbaros, y entre los bárbaros, los escitas habían sido considerados durante mucho tiempo un pueblo particularmente extravagante. "Escita" no se usa aquí como una antítesis de "bárbaro", sino que intensifica, más bien, el concepto que expresa el término "bárbaro". Desde la invasión escita del Creciente Fértil hacia fines del siglo VII a.C.,[97] "escita" se había usado como sinónimo de barbarie. En los siglos V y IV a.C., los esclavos escitas ejercieron funciones policiales en Atenas; y en la comedia ática, los policías escitas son personajes cómicos en razón de la tosquedad de sus modales y de su habla.[98] Pero el evangelio anula las fronteras culturales; en la iglesia cristiana no hay cabida para tales fronteras.

Esto mismo es válido respecto a la diferencia entre esclavo y libre. Para los griegos, al igual que para los romanos, un esclavo ante la ley no era una persona sino una propiedad. Aristóteles definió a un esclavo como "una herramienta viva, del mismo modo que una herramienta es un esclavo inanimado".[99] Pero dentro de la comunidad de los creyentes los esclavos, al igual que las personas libres, eran hermanos y hermanas "por quienes Cristo murió".[100] Pablo sí hizo

---

96. *Graecia capta ferum cepit captorem* (Horacio, *Epístolas* 2.1.156).
97. Cf. Sof. 1:2-6; 2:4-6; Jer. 1:14-15; 4:5-31; Herodoto, *Historia* 1.103-06; E. M. Yamauchi, *Foes from the Northern Frontier* (Grand Rapids, 1982), págs. 63-129.
98. Cf. Aristófanes, *Lysistrata* 451ss.; *Thesmophoriazusae* 1017ss.
99. Ética Nicomaquea 8.11.6.1161b4.
100. Cf. Ro. 14:15.

algo muy revolucionario cuando envió de regreso a Onésimo a su antiguo amo Filemón "no ya como esclavo, sino como más que un esclavo —como un hermano amado", porque al antiguo vinculo temporal entre ellos ahora se había añadido el vínculo que los unía "en el Señor" (Flm. 16).[101] Filemón todavía podía recibir obediencia por parte de Onésimo, pero ahora sería la obediencia que le rendiría con mucho gusto un hermano cristiano a otro. La antigua relación se transforma en la nueva. "Podríamos decir que la distinción de la función social permanece pero la distinción de clase ha quedado destruida —porque ambos son hermanos en Cristo. Solo cuando lo segundo se añade a lo primero se produce el esnobismo y se engendra el malestar entre los que cumplen diferentes funciones sociales".[102] (De manera similar, cuando Pablo dice en Gálatas 3:28 que en Cristo "no hay 'hombre ni mujer'", no intenta afirmar que los papeles y las capacidades del hombre y la mujer hayan sido derogados, sino que cualquier desigualdad que exista entre ellos en cuanto a su estatus religioso o la función que cumplen ha sido eliminada).

Fue por esto tal vez que el evangelio hizo su impacto más profundo en el mundo pagano. Un esclavo podía ocupar una posición de liderazgo en una iglesia cristiana en virtud de su estatura y habilidad espirituales, y los miembros libres de la iglesia aceptarían con humildad y agradecimiento su dirección.[103] En épocas de persecución los esclavos demostraron que podían enfrentar la prueba y sufrir por su fe con tanta valentía como los romanos nacidos libres. La joven esclava Blandina y su ama sufrieron en la persecución que estalló contra las iglesias del valle de Ródano en el año 177 d.C., pero la heroína de la persecución fue la joven, cuyo desempeño como "noble atleta" en el combate del martirio impresionó a amigos y a enemigos por igual.[104] En la arena de Cartago en el año 202 d.C. los espectadores se sintieron profundamente conmovidos cuando la matrona romana Perpetua y su esclava Felicitas se enfrentaron tomadas de la mano a una misma muerte por una misma fe.[105] ¿Qué diferencia real podría haber para un cristiano entre esclavos y libres?[106]

El mensaje de estas palabras, empero, no ha pasado de moda. Nuestro mundo está cruzado y entrecruzado por barreras de distintos tipos, y nuestra vida muestra cicatrices de las animosidades que albergan los que están de un lado contra los que están del otro. Pero en Cristo estas barreras tienen que derrumbarse —las cortinas de hierro, las barreras raciales, las distinciones de clase, las divisiones nacionales y culturales, el partidismo político y sectario.

---

101. Véanse las págs. 199-202.
102. E. Best, *One Body in Christ*, pág. 27.
103. Existen pruebas que confirman que los obispos romanos Pius (c. 150 d.C.) y Callistus (217-222) habían sido originalmente esclavos.
104. Eusebio, *HE* 5.1.17-19, 37-42.
105. *The Passion of S. Perpetua*, ed. J. A. Robinson (Cambridge, 1891).
106. El humanitarismo estoico defendía el ideal de la hermandad universal en la que los esclavos tenían los mismos derechos que las personas libres. Podemos recordar a Epícteto. Pero, ¿de ese estoicismo incluso surgió alguna Blandina o alguna Felicitas?

No es difícil reformular, en función de las divisiones de la vida moderna, la declaración de Pablo de que "por un mismo Espíritu todos fuimos bautizados en un solo cuerpo —judíos o griegos, esclavos o libres" (1Co. 12:13). En la unidad de ese cuerpo, las viejas fisuras no tienen lugar: Cristo es todo, y en todos.[107] El Cristo que vive en cada miembro de su pueblo es el Cristo que los unifica. La manifestación universal de esta "restauración de la imagen original de la creación"[108] es un hecho todavía futuro; pero qué bueno y agradable es contemplar aquí y ahora que ese día de la revelación de los hijos e hijas de Dios se adelanta y nuestro mundo dividido se ve desafiado por un testimonio que es más elocuente que toda nuestra predicación y se siente obligado a exclamar, como en los días de Tertuliano: "¡Vean cómo se aman!".[109]

2. "Revestirse" (3:12-17)

12 *Por lo tanto, como escogidos de Dios, santos y amados, revestíos de un corazón compasivo, de bondad, humildad, benignidad, paciencia,*

13 *soportándoos unos a otros y perdonando cualquier queja[110] que alguno pueda tener contra otro; Como el Señor[111] os perdonó, perdonad vosotros también.*

14 *Y sobre todas estas cosas revestíos de amor, el vínculo perfecto.[112]*

15 *Que la paz de Cristo,[113] a la que fuisteis llamados en un solo[114] cuerpo, actúe como árbitro en vuestros corazones; y sed agradecidos.*

16 *Que la palabra de Cristo[115] more abundantemente en vosotros, enseñándoos e instruyéndoos los unos a los otros con toda sabiduría, cantando con acción*

---

107. Cf. el "nuevo hombre" de Ef. 2:15, con el comentario *ad loc.* de E. F. Scott: "Cristo fue el Adán de un nuevo tipo de seres humanos, entre los cuales lo único que importaba era su participación común en la vida de Cristo (cf. Col. 3:11). En él, como centro, la raza debía reunirse" (*The Epistles of Paul to the Colossians, to Philemon and to the Ephesians* [Londres, 1930], pág. 172).

108. J. A. T. Robinson, *The Body*, pág. 83.

109. Tertuliano, *Apología* 39.7.

110. Gr. μομφήν ("queja"), en lugar del cual en D* se lee el término cognado μέμψιν (en F G se lee ὀργήν, "ira").

111. En lugar de κύριος, en ℵ C D Ψ y la mayoría de los manuscritos en cursivas se lee Χριστός, en ℵ* lat$^{vg.codd}$ se lee θεός, en minúsculo 33 se lee θεὸς ἐν Χριστῷ (bajo la influencia de Ef. 4:32). La presencia de κύριος está confirmada por una amplia variedad de tipos de textos, representados por P^{46} A B D* F G lat.

112. Gr. σύνδεσμος τῆς τελειότητος (en cuanto a la última palabra, en los testigos occidentales, D* F G lat$^{vet\ vg.codd}$ Ambrosiastro, se lee ἑνότητος, probablemente bajo la influencia de Ef. 4:3; Richard Bentley prefirió esta lectura).

113. Con respecto a Χριστοῦ, en ℵ^2 C^2 D^2 Ψ y la mayoría de los manuscritos en cursivas se lee θεοῦ (probablemente bajo la influencia de Fil. 4:7).

114. En P^{46} B y algunos otros testigos se omite ἑνί (tal vez por haplografía después de ἐν).

115. En cuanto a Χριστοῦ, en ℵ* I 1175 y algunos otros testigos se lee κυρίου, en A C* y varios testigos más se lee θεοῦ.

de gracias en vuestros corazones a Dios, con salmos, himnos y cánticos inspirados por el Espíritu.[116]

17 *Todo lo que hacéis, de palabras o de obra, hacedlo*[117] *todo en el nombre del Señor Jesús,*[118] *dando gracias por medio de él a Dios el Padre.*

Como personas que se han revestido del "nuevo hombre", continúa diciendo el apóstol, los cristianos deben cultivar y manifestar las cualidades propias de esa nueva naturaleza. Esas cualidades, tal como nosotros las entendemos, son las que se pusieron de manifiesto de manera preeminente en la vida de Jesús; no es nada extraño, pues, que cuando Pablo en otro lugar desea recomendar el conjunto completo de las gracias cristianas, las resuma diciendo: "vestíos del Señor Jesucristo" (Ro. 13:14).

12 Los creyentes en Cristo son el pueblo escogido de Dios.[119] Así como a los que él escogió en la época del AT "para ser pueblo suyo de entre todos los pueblos que están sobre la faz de la tierra", se les ordenó que "procuraran" guardar sus mandamientos (Dt. 7:6-11) y que fueran santos, como él era santo (Lv. 11:44, etc.), así también los hombres y mujeres de la nueva creación, sus almas escogidas, a quienes ha apartado para sí y en cuyos corazones ha derramado su amor, deben manifestar inevitablemente algo de su naturaleza. Jesús hizo hincapié en este punto en el sermón del Monte cuando dijo que los pacificadores serían llamados hijos de Dios, y que los miembros de la familia de Dios debían ser compasivos al igual que su Padre celestial (Mt. 5:9; Lc. 6:36).[120] Aquí, pues, y probablemente como una repetición de la enseñanza de Jesús, Pablo les pide a sus lectores que "se revistan" de compasión, de bondad, de humildad, de benignidad y de paciencia —gracias que se hallaban perfectamente combinadas en el carácter y en la conducta de su Maestro.

La frase "corazón compasivo" literalmente significa "entrañas de compasión"[121] (porque las emociones afectivas en el lenguaje de la Biblia tienen su sede en las entrañas). De la palabra griega para "entrañas" se deriva un verbo que se usa en reiteradas ocasiones para referirse a la compasión que mostraba Jesús hacia las personas necesitadas, como por ejemplo, cuando

---

116. Gr. ψαλμοῖς, ὕμνοις, ᾠδαῖς πνευματικαῖς, con asíndeton; $C^3 D^2 Ψ$ con la mayoría de los manuscritos en cursivas insertan καί antes de ὕμνοις y de ᾠδαῖς (probablemente bajo la influencia de Ef. 5:19).

117. El imperativo (ποιεῖτε, "hacedlo") no aparece en el texto griego; puede sobrentenderse claramente de la cláusula adjetival ὅ τι ἐὰν ποιῆτε.

118. Gr. κυρίου Ἰησοῦ, en lugar de lo cual, en A C D* F G se lee Ἰησοῦ Χριστοῦ y en $א^{(2)} D^2$ y en algunos otros testigos se lee κυρίου Ἰησοῦ Χριστοῦ.

119. Gr. ὡς ἐκλεκτοὶ τοῦ θεοῦ, ἅγιοι καὶ ἠγαπημένοι. En cuanto a la relación entre la elección y la santidad, véanse Ef. 1:4 (pág. 235); 1Pe. 1:2; respecto a la conexión entre ser elegido por Dios y ser amado por Dios, véanse 1Ts. 1:4; 2Ts. 2:13.

120. Cf. Ef. 4:32; 5:1

121. Gr. σπλάγχνα οἰκτιρμοῦ. En cuanto a la ubicación de las dos palabras (en una relación paratáctica) cf. Fil. 2:1, σπλάγχνα καὶ οἰκτιρμοί.

"sintió compasión" de la multitud que no tenía pastor en Marcos 6:34.[122] En cuanto al sustantivo que se traduce como "compasión", Pablo lo usa cuando les ruega a los cristianos romanos "por las misericordias de Dios" (Ro. 12:1)[123] y cuando, en su carta a los corintios, llama a Dios "Padre de misericordias" (2Co. 1:3).[124] Tal como es el padre, así son los hijos.

La "bondad"[125] (uno de los nueve aspectos del "fruto del Espíritu" en Gá. 5:22) es también una cualidad de Dios. "Probad y ved que el Señor es bueno", dice el salmista (Sal. 34:8).[126] Jesús les dijo a sus oyentes que fueran bondadosos porque Dios es "bondadoso para con los ingratos y perversos", y los que lo imitan en esto "serán hijos del Altísimo" (Lc. 6:35). Su "bondad y severidad" se hacen patentes en sus tratos con los seres humanos (Ro. 11:22); su bondad tiene por objeto guiarlos al arrepentimiento (Ro. 2:4) y a sus hijos se les insta a "permanecer en su bondad" (Ro. 11:22).

La verdadera humildad (que contrasta con el orgullo que imita la humildad a la que la herejía colosense le daba tanta importancia) no se consideraba una virtud en la antigüedad pagana; la palabra significaba "mezquindad".[127] La actitud veterotestamentaria es diferente: el que quiere caminar con Dios debe humillarse a sí mismo (Mi. 6:8), porque él prefiere morar con los "contritos y humildes de espíritu" (Is. 57:15). La humildad es especialmente adecuada para los seguidores de Cristo, que era "manso y humilde de corazón" (Mt. 11:29),[128] y una comunidad en la que se cultiva esta gracia es muy probable que esté exenta de las tensiones que surgen del orgullo y la presunción.

La benignidad,[129] que forma parte (al igual que la bondad) del fruto del Espíritu (Gá. 5:23), es la cualidad que tradicionalmente se ha traducido como "mansedumbre". Moisés era "muy manso" (Nm. 12:3)[130] en el sentido de que, cuando se le hizo objeto de una crítica inmerecida, no se dejó arrastrar por la ira, sino que intercedió ante Dios por los que lo habían ofendido. "Los mansos heredarán la tierra", según el Salmo 37:11[131] —un dicho que se repite en las bienaventuranzas mateanas (Mt. 5:5) —de lo que tal vez podría inferirse que los agresivos se destruirán mutuamente y dejarán el campo libre para los mansos. Jesús era "manso" (Mt. 11:29), pero perfectamente capaz de indignarse. Pablo les ruega a sus amigos corintios "por la mansedumbre y la tolerancia de Cristo"

---

122. Gr. σπλαγχνίζομαι (cf. Mr. 8:1; 9:22; Lc. 10:33; 15:20).
123. Gr. διὰ τῶν οἰκτιρμῶν τοῦ θεοῦ.
124. Gr. ὁ πατὴρ τῶν οἰκτιρμῶν.
125. Gr. χρηστότης.
126. Sal. 33:8 LXX, ὅτι χρηστὸς ὁ κύριος (citado en 1Pe. 2; 3).
127. Cf. Col. 2:18 (pág. 117, nota 115). Un buen ejemplo del sentido peyorativo de ταπεινοφροσύνη lo ofrece Josefo, *BJ* 4.494, donde se usa para referirse a la "ruindad" cuando les negó a los guardias pretorianos un regalo que se les había prometido en su nombre.
128. Gr. πραΰς εἰμι καὶ ταπεινὸς τῇ καρδίᾳ.
129. Gr. πραΰτης.
130. LXX πραΰς σφόδρα (Heb. ʿānāw mᵉʾōd).
131. Sal. 36:11 LXX, donde οἱ πραεῖς traduce el término hebreo ʿᵃnāwîm.

(2Co. 10:1),[132] pero si las palabras que siguen a ese ruego constituyen una expresión de mansedumbre y tolerancia, cabría preguntarnos qué les habría dicho si no se hubiera visto limitado por esas gracias. No obstante, esas gracias se ponen de relieve en su preocupación amorosa por sus convertidos —una preocupación igualada por la indignación que siente contra los que estaban tratando de desviarlos.

La benignidad está estrechamente relacionada con la paciencia,[133] la quinta de las virtudes que se mencionan aquí. La paciencia también es parte del fruto del Espíritu (Gá. 5:22); al igual que la compasión y la bondad es una cualidad de Dios que debe reflejarse en los que llevan su imagen. En la revelación del nombre divino en Éxodo 34:6 la paciencia aparece junto a la compasión y a la misericordia. En el NT Dios se muestra paciente no solo con su pueblo escogido (Lc. 18:7) sino también con los impenitentes (Ro. 2:4); en su paciencia pospone el día de la retribución (Ro. 9:22). El amor es paciente, dice Pablo (1Co. 13:4), y les pide a sus amigos cristianos que se muestren pacientes los unos con los otros y con todos (Ef. 4:2; 1Ts. 5:14).

13 La paciencia, la tolerancia y el perdón de los unos para con los otros deben caracterizar todas las relaciones entre ellos.[134] ¿No inculcó acaso el propio Jesús el principio del perdón incansable e incesante, hasta "setenta veces siete" (Mt. 18:22)? Y aún más, ¿no habían sido ellos perdonados en una medida mucho mayor que la que tal vez tendrían que emular al perdonar a los demás? La lección del perdón ilimitado, Jesús la enseñó por medio de su ejemplo y no solo como un precepto. En su enseñanza, además, había dejado claro que los que buscan el perdón de Dios deben estar dispuestos a perdonar a los demás.[135] Eso, por supuesto, no quiere decir que el perdón humano sea una obra que se haga acreedora del perdón divino —la iniciativa en el perdón parte de Dios— pero un espíritu inmisericorde constituye un verdadero impedimento para la recepción de su perdón. Es por eso que en el pasaje paralelo de Efesios 4:32 se les pide a los lectores que sean amables y compasivos entre ellos, perdonándose unos a otros, "así como también Dios os perdonó en Cristo". De hecho, Pablo reproduce la insistencia de Jesús en

---

132. Gr. διὰ τῆς πραΰτητος καὶ ἐπιεικείας τοῦ Χριστοῦ.

133. Gr. μακροθυμία (cf. Col. 1:11, pág. 43 con la nota 38). En la versión antigua (RV1909) se traduce como "largo de ánimo"; implica perseverancia bajo la provocación.

134. La sucesión de participios de presente (ἀνεχόμενοι ἀλλήλων καὶ χαριζόμενοι ἑαυτοῖς ...) es típica de los mandatos éticos ampliados en el NT. El uso del participio en un sentido imperativo era una costumbre helenística; cf. J. H. Moulton, MHT, I (Edimburgo, 1906), 180-83; D. Daube, *"Appended Note: Participle and Imperative in I Peter"*, en E. G. Selwyn, *The First Epistle of St. Peter* (Londres, 1946), págs. 467-88; H. G. Meecham, *"The Use of the Participle for the Imperative in the New Testament,"* ExT 58, 1946-47), 207-08. Cf. Ro. 12:9-19; 13:11; Ef. 4:2-3; 1Pe. 2:18; 3:1, 7-9. En ἀλλήλων... ἑαυτοῖς debe observarse un ejemplo de variación estilística. La invasión del reflexivo en el pronombre recíproco es una característica helenística (cf. v. 16), como también lo es la invasión de la tercera persona del pronombre reflexivo en la primera y segunda personas (cf. C. F. D. Moule, *IBNTG*, págs. 119-20).

135. Cf. Mt. 6:14-15; 18:23-35; Mr. 11:25.

la estrecha relación que existe entre el perdón de Dios para con nosotros y nuestro perdón para con los demás, y las palabras que emplea sugieren que es posible que conociera la oración del Señor.[136]

14 Sobre todas estas cosas —añade Pablo— revestíos de la gracia que une todas las demás gracias, a saber, la gracia suprema del amor.[137] En Gálatas 5:6 el amor es la expresión activa de la fe que justifica; en Gálatas 5:22 es el fruto principal del Espíritu; en 1 Corintios 13:13 es la gracia cristiana soberana; en Romanos 13:9-10 todos los mandamientos se resumen en uno solo: "Amarás a tu prójimo como a ti mismo".[138] El amor es el cumplimiento de la ley de Dios porque solo le hace bien al prójimo. En todos estos pasajes, la ética de Pablo se deriva directamente de la enseñanza de Jesús, según el cual, toda la ética del AT dependía de los dos mandamientos gemelos de amar a Dios y amar a nuestro prójimo. Aquí se presupone que el amor de Dios en Cristo hacia los seres humanos y la respuesta de estos a su amor constituyen la base del amor mutuo que a los lectores de la carta se les insta a practicar. Es por ese amor que el cuerpo de Cristo se edifica; "el amor", tal como lo traduce Moffatt, "es el vínculo de la vida perfecta".[139]

15 Del amor el apóstol pasa a la paz. Cabe destacar que en Efesios 4:3 el vínculo es la paz. Este es uno de los detalles ocasionales que indican que las dos cartas proceden de la misma mente y que se escribieron aproximadamente por la misma época. Si, en la mente del autor, la idea general del amor y la paz estaba relacionada con la idea de un vínculo aglutinador que unía a los creyentes en una sola vida común y que se manifestaba en las gracias cristianas, esto explicaría de manera suficiente el uso de expresiones similares, aunque divergentes.

"Que la paz de Cristo actúe como árbitro[140] en vuestros corazones", dice Pablo. Cuando hay fuerzas hostiles que es necesario mantener a raya, la paz de Dios *guarda*[141] el corazón del creyente, como en Filipenses 4:7. Pero aquí, la

136. Cf. Mt. 6:12 par. Lc. 11:4. El verbo griego que se usa allí y en los textos citados en la nota 135 es ἀφίημι, mientras que aquí (y en Ef. 4:32) es χαρίζομαι, al igual que en Col. 2:11 (véanse las págs. 98-99, notas 86, 89). En cuanto al argumento de que Pablo tenía conocimiento de la oración del Señor, véanse E. F. Scott, *ad loc.* (págs. 72-73); A. M. Hunter, *Paul and his Predecessors* (Londres, 1961), págs. 50-51; W. D. Davies, *Paul and Rabbinic Judaism* (Londres, 1948), pág. 139.

137. Cf. Ef. 4:3, σύνδεσμος τῆς εἰρήνης. Simplicio (*Epícteto* 208a) dice que los pitagóricos consideraban que la amistad (φιλία) era el σύνδεσμος πασῶν τῶν ἀρετῶν, "vínculo de todas las virtudes". Filón, con un énfasis diferente, dice que "honrar al único Dios es el filtro de amor (φίλτρον) más eficaz, el vínculo (δεσμός) indisoluble de la benevolencia unificadora" (*Special Laws* 1.52).

138. Cf. Gá. 5:14 (citando también Lv. 19:18).

139. "El amor… mantiene a los cristianos unidos fraternalmente bajo las presiones de toda la vida común. El amor reprime los temperamentos egoístas y recios que mantienen separadas a las personas y por ende conspiran contra la madurez de la sana comunión. Τελειότης aquí es la expresión total de la vida divina en la comunidad, desprovista de palabras amargas y de sentimientos de ira, y libre de los desagradables defectos de la inmoralidad y la deshonestidad. El argumento es análogo al de Mateo 5:43-48" (J. Moffatt, *Love in the New Testament* [Londres, 1929], pág. 191).

140. Gr. βραβεύω (solo aquí en el NT) es el verbo simple del que se deriva el compuesto καταβραβεύω, que se usa en Col. 2:18 (véase la pág. 107, nota 111).

141. Gr. φρουρέω.

referencia es a la vida común de los miembros del cuerpo de Cristo; cuando las diferencias amenazan con surgir entre ellos, debe aceptarse que la paz de Cristo[142] actúe como árbitro. Si los miembros están sujetos a Cristo, la paz que él imparte debe regular las relaciones que mantienen entre ellos. No fue para contender sino para vivir en paz que Dios los llamó en la unidad del cuerpo de Cristo.[143] La paz en este sentido ocupa un lugar prominente en el fruto del Espíritu (Gá. 5:22). En un cuerpo sano prevalece la armonía entre las distintas partes que lo componen. Los cristianos, tras ser reconciliados con Dios[144] y disfrutar de la paz con él por medio de Cristo,[145] es natural que deban vivir en paz entre ellos.[146] Las contiendas surgen inevitablemente cuando los seres humanos no están en contacto con el único de quien procede la verdadera paz; pero no hay ninguna razón por la que los que han recibido la paz que Cristo instauró por su muerte en la cruz mantengan entre ellos relaciones que no sean pacíficas.

"Y sed agradecidos", añade el apóstol, porque la conducta cristiana (para resumir lo que se dijo antes) puede considerarse la respuesta de agradecimiento a la gracia de Dios. Uno de los cargos en la acusación de Pablo contra el mundo pagano en su carta a los romanos es que "aunque conocían a Dios, no lo honraron como a Dios ni le dieron gracias"[147] (Ro. 1:21). Si la humanidad entera debe manifestarle su gratitud a Dios por los dones de su creación y providencia, ¿cuánta más gratitud deben rendirle los que han recibido el don indescriptible de la gracia?

16 ¿Qué significa el mandato: "Que la palabra de Cristo more en abundancia en vosotros"? ¿Debe interpretarse la frase "en vosotros" como "dentro de vosotros" (de forma individual) o como "entre vosotros" (de forma comunitaria)? Tal vez no sería sensato descartar por completo cualquiera de las dos alternativas, aunque, atendiendo al contexto, podría predominar el sentido colectivo. ¡Que se le dé un amplio margen a la proclamación del mensaje cristiano y a la impartición de la enseñanza cristiana en sus reuniones! La enseñanza cristiana debe basarse en la enseñanza del propio Jesús; debe ser inconfundiblemente "la palabra de Cristo".[148] "Moraría abundantemente" en su comunidad y en sus corazones si prestaban atención a lo que escuchaban, si

---

142. Deissmann describe ἡ εἰρήνη τοῦ Χριστοῦ como el "genitivo místico", y el sentido de la frase es "la paz que es vuestra en unión con Cristo" (*Paul*, p. 163).

143. Cf. 1Co. 7:15. Con las palabras "fuisteis llamados en un solo cuerpo", cf. la expresión más completa de Ef. 4:4. La iglesia es la comunidad de aquellos a quienes Dios ha llamado (cf. 1Co. 1:9; 1Ts. 2:12).

144. Cf. Col. 1:21-22.

145. Cf. Ro. 5:1.

146. Cf. Mr. 9:50; 2Co. 13:11; 1Ts. 5:13—y no solo entre ellos, sino también, en la medida de lo posible, con todas las personas (Ro. 12:18).

147. Gr. εὐχαριστέω, con lo cual cf. εὐχάριστοι γίνεσθε aquí.

148. Esto hace que el genitivo en ὁ λόγος τοῦ Χριστοῦ sea subjetivo (la palabra procedente de Cristo); es menos probable que pueda ser objetivo (la palabra respecto a Cristo), con lo cual cf. Ro. 10:17, διὰ ῥήματος Χριστοῦ.

se inclinaban ante su autoridad, si asimilaban sus lecciones y las reflejaban en su vida cotidiana.

La puntuación de esta oración es motivo de discusión, pero se entiende mejor si la frase "con toda sabiduría" se adjunta a "enseñar e instruir" (y no a la expresión "more abundantemente") y las palabras "con salmos, himnos y cánticos espirituales" modifican al verbo "cantar" (y no a "enseñar e instruir").[149]

Los cristianos colosenses, al igual que los de Roma,[150] debían ser capaces de enseñarse mutuamente;[151] pero al impartir esa enseñanza tenían que actuar con sabiduría y con tacto. Si carecían de sabiduría o de tacto, la enseñanza, por muy bien intencionada que fuera, podía provocar una reacción contraria a la prevista.

Independientemente del enfoque que se adopte respecto a la puntuación o la construcción de la oración, la colocación de las dos cláusulas de participio (tal como aparecen en el texto griego), "enseñando e instruyendo..." y "cantando..."[152] sugiere que el canto podría ser un medio de edificación mutua así como una vía para alabar a Dios. En 1 Corintios 14:26 Pablo afirma que, cuando los cristianos acuden a sus reuniones preparados con un salmo o cualquier otro ejercicio espiritual, deben tener en cuenta los requisitos esenciales de la utilidad general y del buen orden. En el pasaje que nos ocupa, así como en el que guarda una estrecha semejanza con él en Efesios 5:19, es probable que se recomienden las alabanzas de forma antifonal o los solos de canto en las reuniones.

Recordamos el informe de Plinio el joven al emperador Trajano (111-112 d.C.) sobre la forma en que los cristianos se reunían en Bitinia en un día determinado antes del amanecer y "recitaban un himno antifonal a Cristo como Dios";[153] o la descripción de Tertuliano ochenta o noventa años más tarde sobre el ágape en el que "después de haber traído agua para las manos y luces, invitaron a cada uno de los comensales a cantarle a Dios en presencia de los demás de algo que conocía de las Escrituras o de lo que brotaba de su propio corazón".[154]

Se ha preguntado algunas veces si la mención de "salmos, himnos y cánticos espirituales" clasifica la alabanza en tres categorías estrictas. Es muy poco probable que la intención sea establecer una división fuertemente marcada, aunque los "salmos" podrían ser extraídos del salterio veterotestamentario (que le ha proporcionado un instrumento importante a la alabanza cristiana desde

---

149. Así en las ediciones sucesivas del *Novum Testamentum Græcum* de Nestle (también la RSV).
150. Cf. Ro. 15:14 (también Heb. 5:12).
151. Gr. ἑαυτούς, aquí en el sentido de ἀλλήλους (cf. pág. 141, nota 134), no, como en el margen de la ARV, "enseñándoos y amonestándoos a vosotros mismos".
152. Los participios pueden tener una fuerza imperativa, como en el v. 13 (pág. 141, n. 134).
153. Plinio, *Epístolas* 10.96; *quasi deo* debería tal vez traducirse "como a un dios".
154. Tertuliano, *Apología* 39:18. Cf. pág. 353, nota 62.

tiempos remotos),[155] los "himnos" podrían ser cantos cristianos (algunos de los cuales se reproducen, de forma total o parcial, en el texto del NT),[156] y los "cánticos espirituales" podrían ser palabras espontáneas que se cantan "en el Espíritu"[157] y expresan aspiraciones santas.

Está claro que cuando los primeros cristianos se reunían para adorar no se limitaban a discernir la presencia de Cristo en el partimiento del pan sino que también le dirigían oraciones y alabanzas de una manera en la que tácitamente, y a veces expresamente, reconocían que él no era inferior a Dios. Si a los cristianos colosenses se les exhorta aquí a cantar *a Dios* en sus corazones, en el pasaje paralelo de Efesios se habla de "cantar y alabar en vuestros corazones *al Señor*" (aludiendo, presumiblemente, a Cristo). Para que el canto se dirija verdaderamente a Dios, la voz debe expresar la alabanza del corazón. Aquí también se hace hincapié en la necesidad de tener un espíritu agradecido, aunque la frase que se traduce como "con acción de gracias" podría significar "con gracia" o "en estado de gracia".[158]

---

155. Es poco probable que los ψαλμοί, los ὕμνοι y los ᾠδαὶ πνευματικαί se limiten a tres tipos de composición que se especifican en los títulos hebreos de los salmos veterotestamentarios —*mizmōrîm*, *t*ʿ*hillîm* y *šîrîm* respectivamente. Pero tampoco debe forzarse el sentido etimológico de los términos, aun cuando ψαλμός inevitablemente indica que se trata de una canción que se entona con el acompañamiento de un instrumento de cuerdas (el salterio o el laúd) que se rasguean con la mano (así Gregorio de Nisa, *On the Titles of the Psalms*, PG 44.493B). Si bien ese rasgueado de las cuerdas es el sentido original de ψάλλω (respecto al cual cf. Ef. 5:19), el verbo se usa en el NT con el significado de "cantar salmos" (1Co. 14:15; Stg. 5:13; también, probablemente, la cita del Sal. 18:49 [17:50 LXX] par. 2 Sa. [2 Reyes LXX] 22:50 en Ro. 15:9). Cf. págs. 352-53.

156. Como por ejemplo, el *Magnificat* (Lc. 1:46-55), el *Benedictus* (Lc. 1:68-79), y el *Nunc Dimittis* (Lc. 2:29-32), que se han usado en la alabanza cristiana desde los primeros siglos. Se han reconocido otros cánticos o porciones de cánticos en los himnos cristológicos de Col. 1:15-20; Fil. 2:6-11 y 1Ti. 3:16, en el himno bautismal de Ef. 5:14 (véase la pág. 376, nota 44), y en los textos del Apocalipsis (donde el coro celestial entona himnos que repite la iglesia en la tierra). Véanse R. P. Martin, *Carmen Christi: Philippians ii.5-11* (Cambridge, 1967); "*Some Reflections on New Testament Hymns*", en *Christ the Lord*, ed. H. H. Rowdon (Leicester, 1982), págs. 37-49; R. Deichgräber, *Gotteshymnus und Christushymnus in der frühen Christenheit* (Göttingen, 1967); J. T. Sanders, *The New Testament Christological Hymns* (Cambridge, 1971); M. Hengel, "*Hymn and Christology*", *Studia Biblica* 3 = *JSNT Sup.* 3 (Sheffield, 1980), págs. 173-97, reimpreso en *Between Jesus and Paul* (Londres, 1983), págs. 78-96.

157. "Inspirados por el Espíritu", (como en la traducción supra. Cf. 1 Cor. 14:15, ψαλῶ τῷ πνεύματι. Después de la época neotestamentaria siguieron entonándose cantos espirituales; cf. el *Himno de la estrella* (Ignacio, *Ef.* 19:2-3) y las *Odas de Salomón* —sin mencionar algunas composiciones gnósticas como el *Himno de la perla* (*Hechos de Tomás* 108-13) y el *Himno de Cristo (Hechos de Juan 94-96)*.

158. En Westcott-Hort la puntuación aparece después de ἐν [τῇ] χάριτι, como si quisiera decir "enseñándoos e instruyéndoos los unos a los otros con salmos e himnos y cánticos espirituales con gracia" (seguido de "cantando en vuestros corazones a Dios"). Dibelius (*ad loc.*) infiere del artículo en ἐν [τῇ] χάριτι que la frase significa algo parecido a "en estado de gracia" (en su segunda edición de 1927 optó por el significado "con gracias"). La LBLA probablemente tiene razón al traducir "con acción de gracias" (relacionando el término εὐχάριστοι en el v. 15 con εὐχαριστοῦντες en el v. 17). Cf. Heb. 12:28, donde la χάρις ("gratitud") es necesaria para poder ofrecer a Dios una adoración aceptable "con reverencia y temor".

17 Por último, estos mandatos generales se resumen en una exhortación de alcance universal que cubre todos los aspectos de la vida.

El NT no contiene un código detallado de normas para el cristiano. Los códigos de normas, tal como Pablo explica en otro lugar,[159] son adecuados para el período de inmadurez durante el cual los hijos de Dios todavía están bajo guardianes y tutores; pero los hijos que han llegado a la mayoría de edad conocen la voluntad de su padre sin tener necesidad de que se ponga en sus manos una larga lista de las cosas que "deben" y "no deben" hacer.[160] Lo que el NT sí ofrece es un conjunto de principios básicos para la vida cristiana que pueden aplicarse a diversas situaciones que los creyentes tienen que enfrentar a medida que estas surgen. Por tanto, después de responder la pregunta de los cristianos corintios acerca de los alimentos ofrecidos a los ídolos, Pablo sintetiza su consejo en las siguientes palabras: "ya sea que comáis, que bebáis o que hagáis cualquier otra cosa, hacedlo todo para la gloria de Dios" (1Co. 10:31). Algunas frases que actualmente se emplean en la adoración, como por ejemplo, "para la gloria de Dios" o (como aquí) "en el nombre del Señor Jesús", adquirían una relevancia práctica al aplicarlas a las preocupaciones de la vida común.

Cuando el cristiano (ya sea de la era apostólica o de cualquier otra generación) se enfrenta a una cuestión moral, es posible que no encuentre una palabra explícita de Cristo que se relacione con los detalles particulares de la situación. Pero podría preguntarse: "¿Cuál es la conducta cristiana que debo seguir aquí? ¿Puedo hacer esto sin comprometer mi confesión cristiana? ¿Puedo hacerlo (por así decir) 'en el nombre del Señor Jesús' —cuya reputación está en juego en la conducta de sus seguidores reconocidos? Y además, ¿puedo dar gracias por medio de él[161] a Dios el Padre por la oportunidad de hacer esto?". Aun en ese caso, la forma correcta de actuar podría ser poco clara, pero este tipo de preguntas, hechas con honestidad, suelen ofrecer una orientación ética más segura que la que algunas regulaciones especiales pueden ofrecernos. A menudo resulta fácil evitar ciertas regulaciones especiales, pero es menos fácil evitar una exposición tan completa del deber cristiano como la que presenta este versículo. En el NT y en el AT por igual se insiste en que nuestra relación con Dios abarca y controla toda la vida, y no solo las ocasiones que frecuentemente se describen como "religiosas" en el sentido estricto de la palabra.

3. "Sujetarse" (3:18–4:1)

---

159. P. ej., en Gá. 3:23–4:7.
160. Como las prohibiciones de Col. 2:21.
161. En cuanto a dar gracias a Dios por medio de Cristo, cf. Ro. 1:8; 7:25; 16:27, y sobre todo Ef. 5:20 (pág. 354, n. 64).

En varias secciones éticas de las cartas neotestamentarias se enseña el deber cristiano de la deferencia mutua.[162] Así pues, en la sección de Efesios análoga a Colosenses 3:18-4:1 se le ordena a la esposa cristiana que muestre deferencia hacia su esposo, y para ello, el apóstol usa una expresión particular del deber general que a todos los cristianos se les anima a cumplir de someterse los unos a los otros. "Someteos los unos a los otros en el temor de Cristo —las mujeres [en particular] estén sometidas a sus propios maridos como al Señor" (Ef. 5:21-22).[163]

Aquí en Colosenses, sin embargo, el párrafo presenta una división más definida entre las instrucciones generales precedentes ("revestíos") y las directrices específicas para el hogar cristiano. No cabe duda de que en Colosenses 3:18-4:1 los principios generales de la conducta cristiana expuestos en el párrafo anterior (Col. 3:12-17) se aplican al contexto específico del hogar cristiano, pero la exposición del tema "sujetaos" se limita a ese contexto.

El hogar (*la familia*) era reconocido como un elemento estabilizador en la sociedad antigua, y los tratados sobre la administración del hogar eran comunes.[164] El hogar era más amplio que el núcleo familiar del mundo occidental actual: incluía a todos los que estaban bajo la autoridad del que era su cabeza. En la época del NT la cabeza de un hogar podía ser una mujer, como Lidia de Filipos (Hch. 16:15), Cloé de Corinto, que puede o no haber sido una cristiana (1Co. 1:11), y Ninfas en el valle de Lico (Col. 4:15). Pero por lo general, la cabeza del hogar era un hombre, que ejercía dentro de él la autoridad de un esposo, un padre y un amo.[165]

Al igual que en la sociedad en general, en la comunidad cristiana, al parecer, el hogar era la unidad o célula básica. Cuando la familia tenía un tamaño conveniente, el hogar podía ampliarse con ciertos fines mediante la inclusión de hermanos creyentes que se unían a sus miembros de vez en cuando para formar junto con ellos, la "iglesia" en la casa de fulano (de alguno de ellos).[166] Si la cabeza del hogar se convertía al cristianismo, aparentemente era normal que todos los miembros de la familia siguieran su ejemplo aceptando la nueva fe y recibiendo el bautismo, aunque no siempre ocurría así, y en 1 Corintios 7:12-16 se hace referencia a las tensiones que pudieran provocar las lealtades religiosas divididas entre miembros de la familia.

En las obras literarias que tratan acerca de la administración familiar, los códigos de conducta doméstica eran una característica habitual. Estos códigos preceptuaban los deberes mutuos de los esposos y las esposas, los padres y los hijos, los amos y los esclavos, etc. El antólogo bizantino Estobeo

---

162. Cf. Ro. 12:9-16; Fil. 2:3-4.
163. Véase la pág. 382.
164. De esos tratados περὶ οἰκονομίας, el más conocido es el de Jenofonte, "*Oeconomicus*" ("*Sobre los deberes de la vida doméstica*").
165. En términos latinos él era el *paterfamilias*, que ejercía la *patria potestas*.
166. Cf. R. J. Banks, *Paul's Idea of Community: The Early House Churches in their Historical Setting* (Exeter/Grand Rapids, 1980).

cita algunos dichos muy interesantes de autores antiguos con relación a estos deberes mutuos.[167] En diversos lugares del NT aparecen resúmenes similares de deberes domésticos; el de Col. 3:18-4:1 es el ejemplo más antiguo que se conserva de un resumen cristiano de ese tipo. La relación que guarda con los que se encuentran en otros pasajes de las cartas neotestamentarias sugiere que esa instrucción formaba parte de un cuerpo bastante bien definido de la catequesis que se les impartió a los convertidos desde los primeros tiempos.[168]

Aunque muchos de los aspectos éticos que se ponen de relieve en estos resúmenes cristianos pueden compararse con los que se encuentran en algunas fuentes judías y estoicas,[169] podría decirse con toda razón que la adición de una frase como "en el Señor" (vv. 18, 20) "los cristianiza de la forma más simple posible",[170] porque esa adición introduce una diferencia en especie y no solo en grado. He aquí una dinámica nueva y poderosa:

Esta es la piedra famosa
Que todo lo convierte en oro.[171]

Si el discípulo estoico preguntaba por qué debía comportarse de una forma particular, su maestro sin duda le diría que era "conveniente" porque estaba en consonancia con la naturaleza.[172] Cuando un cristiano hacía la misma pregunta, se le decía que ese comportamiento era "conveniente en el Señor";[173] los miembros de la comunidad de fe deben vivir de esa manera por amor a Cristo. Las palabras añadidas, por simples que sean, transforman todo el enfoque ético.

Se ha dicho que la inclusión de este tipo de resúmenes de las responsabilidades domésticas aquí y en Efesios 5:22-6:9, da "una idea de los valores de la vida familiar ordinaria".[174] Eso, empero, es quedarse corto, porque

---

167. Estobeo, *Antologías* 4.19, 23-26.

168. Cf. Ef. 5:22-6:9; 1Ti. 6:1-2; Tit. 2:1-10; 1Pe. 2:13-3:7. De entre la rica bibliografía sobre el tema podría mencionarse a K. Weidinger, *Die Haustafeln: Ein Stück urchristlicher Paränese* (Leipzig, 1928); E. G. Selwyn, *The First Epistle of St. Peter*, págs. 419-39; O. J. E. Seitz, "*Lists, ethical*", *IDB* 3, págs. 137-39; D. Schroeder, "*Lists, ethical*", *IDB* Sup. Vol., págs. 546-47; P. Stuhlmacher, "*Christliche Verantwortung bei Paulus und seinen Schülern*", *Ev. Th.* 28 (1968), 165-86; J. E. Crouch, *The Origin and Intention of the Colossian Haustafel* (Göttingen, 1972); W. Schrage, "*Zur Ethik der neutestamentlichen Haustafeln*", *NTS* 21 (1974-75), 1-22; W. Lillie, "*The Pauline House-tables*", *ExT* 86 (1974-75), 179-83; D. Lührmann, "*Neutestamentliche Haustafeln und antike Ökonomie*", *NTS* 27 (1980-81), 83-97; W. Munro, *Authority in Paul and Peter* (Cambridge, 1983).

169. C. H. Dodd compara la exposición paulina de los deberes con la ética social de Hierocles el estoico (*New Testament Studies* [Manchester, 1953], págs. 116-17).

170. W. K. L. Clarke, *New Testament Problems* (Londres, 1929), pág. 159.

171. George Herbert, *The Elixir* (el poema entero es un comentario de forma de plegaria sobre las palabras "por amor a ti").

172. El estilo de vida estoico podría sintetizarse como ὁμολογουμένως ζῆν, "vivir en armonía (con la naturaleza)". La conducta conforme a la naturaleza era καθῆκον, "adecuada" (cf. ἃ οὐκ ἀνῆκεν, Ef. 5:4).

173. Cf. v. 18, ὡς ἀνῆκεν ἐν κυρίῳ.

174. C. H. Dodd, *New Testament Studies*, pág. 81. Pero no hay ningún contraste así entre la postura de estos dos pasajes y la de 1Co. 7:32-34 como sugiere Dodds, ni tampoco hay necesidad

normalmente es en las relaciones más estrechas y más familiares de la vida diaria que la realidad de nuestra profesión cristiana se manifiesta.

Lutero llamó a estos códigos domésticos los *Haustafeln*, y se ha hecho costumbre referirse a ellos en inglés mediante una traducción literal (o demasiado literal) del alemán como las "tablas de la casa" o "tablas del hogar". Se dividen aquí en tres pares correlativos.

(1) Mujeres y maridos (3:18-19)

18 *Mujeres, estad sujetas a vuestros maridos,[175] como conviene en el Señor.*
19 *Maridos, amad a vuestras mujeres[176] y no las tratéis con dureza.*

El primero de los tres pares trata acerca de los deberes mutuos de las mujeres y los maridos.

18 Cuando la iglesia no existía, la familia funcionó durante mucho tiempo como una unidad social establecida. La iglesia fue la nueva creación de Dios, y proporcionó un contexto en el que los principios de la nueva creación pudieron ponerse en práctica. En la iglesia, por tanto, las mujeres y los hombres tenían el mismo estatus, y también los esclavos y las personas libres, y asimismo, los gentiles y los judíos. Pero la estructura de la familia ya existía, y el cristianismo primitivo no tenía la intención de desestabilizar a la sociedad, lo cual podría haber ocurrido si se cambiaba radicalmente la estructura familiar. Esa estructura, de carácter jerárquico, quedó inalterada, salvo por la introducción del nuevo principio, "como conviene en el Señor" —que de hecho iba a ser más revolucionario en su efecto que lo que generalmente se preveía en el primer siglo del cristianismo. El marido, el padre y el amo continuaron ejerciendo su autoridad, pero solo "como convenía en el Señor", y las mujeres, los hijos y los esclavos domésticos continuaron reconociendo esa autoridad — de manera similar, "como convenía en el Señor".

Ni aquí ni en ningún otro pasaje del NT se sugiere que la mujer sea natural o espiritualmente inferior al hombre, ni que la esposa sea inferior al marido.[177]

---

de explicar el cambio de tono en función de la "segunda conversión" de Pablo o su reorientación escatológica. El tono de 1 Corintios 7 se debe en gran medida a la situación en Corinto, y menos se dice acerca de la subordinación en 1 Corintios 7 que en los códigos domésticos. En 1 Corintios 7 se hace hincapié en la interdependencia (cf. 1Co. 11:11).

175. Gr. τοῖς ἀνδράσιν sin el genitivo del pronombre; ὑμῶν se añade después de ἀνδράσιν en D* F G, mientras que en L y muchos manuscritos en cursivas se inserta ἰδίοις ("[vuestros propios]") antes de ἀνδράσιν (cf. Ef. 5:22; Tit. 2:5; Pe. 3:1).

176. Gr. τὰς γυναῖκας sin el genitivo del pronombre, pero ὑμῶν se inserta después de γυναῖκας en C² D* F G, mientras que en ℵ se lee τὰς ἑαυτῶν γυναῖκας y en 1175 τὰς γυναῖκας ἑαυτῶν. Cf. Ef. 5:25 (pág. 355, nota 71).

177. Cf. J. Foster, "*St. Paul and Women*", *ExT* 62 (1950-51), 376-78; G. B. Caird, "*Paul and Women's Liberty*", *BJRL* 54 (1971-72), 268-81; R. Scroggs, "*Paul and the Eschatological Woman*", *JAAR* 40 (1972), 283-303; "*Paul and the Eschatological Woman: Revisited*", *JAAR* 42 (1974), 532-

La frase "como conviene" tiene un tono enteramente estoico; pero deja de ser estoica cuando se cristianiza por medio de las palabras que se añaden: "en el Señor".[178] Cuando la relación entre el hombre y la mujer, el esposo y la esposa, se contempla en el contexto que expresan dichas palabras, la dignidad esencial de las mujeres en general, y de las esposas en particular, se coloca sobre un cimiento estable.

Pablo creía que en la creación existía un orden jerárquico, y que de acuerdo con ese orden el hombre era la "cabeza" de la mujer (1Co. 11:3).[179] Pero cuando expresa su opinión personal, en lugar de repetir los códigos cristianos domésticos, demuestra estar adelantado a su época por la liberalidad con la que insiste en la igualdad de derechos entre esposas y esposos, sobre todo en lo que respecta a su relación marital (1Co. 7:3-4).

19 La subordinación de la mujer a su marido tiene, como contrapartida, la obligación del marido de amar a su mujer. Y no se trata simplemente de un sentimiento de afecto ni de una atracción sexual; ese amor implica que debe preocuparse activa e incesantemente por el bienestar de su esposa.[180] La cláusula acompañante, "y no las tratéis con dureza",[181] pone de relieve el significado del mandato positivo con mayor precisión al prohibir la actitud y el trato contrarios. La magnitud de la autoridad que, desde el punto de vista jurídico, el esposo ejercía sobre su esposa hacía que esta tuviera muy pocas esperanzas de recibir, por la vía judicial, cualquier reparación por la conducta dura o insensata de su esposo. Pero ese tipo de situación no debía surgir en un hogar cristiano: la tolerancia y el perdón que se exigieron en la sección anterior de la carta, junto con la compasión, la bondad, la humildad, la benignidad y la paciencia prohibían que un hombre cristiano tratara con dureza a ninguna persona, y mucho menos a su propia esposa.

37; W. A. Meeks, "*The Image of the Androgyne*"; P. K. Jewett, *Man as Male and Female* (Grand Rapids, 1975); S. B. Clark, *Man and Woman in Christ* (Ann Arbor, 1980).

178. La frase ἐν κυρίῳ se lee cuatro veces en Colosenses (cf. v. 20; 4:7, 17); aparece unas cuarenta veces en el corpus paulino. En cuanto a su aplicación a las relaciones domésticas, cf. 1Co. 7:22, 39; Ef. 6:1; Flm. 16: sintetiza la relación que existe entre los miembros de Cristo —una relación que no remplaza las relaciones terrenales sino que las incluye y las eleva a un plano superior. Cf. C. F. D. Moule, *The Origin of Christology* (Cambridge, 1977), págs. 54-63.

179. El argumento a favor de la subordinación (ὑποτάσσεσθαι) de las esposas a sus maridos se elabora en Ef. 5:23-24 (véase la pág. 384 con la nota 84). Cf. pág. 62 con la nota 135.

180. Pero este sentido del "amor" no se desprende del simple hecho de que el verbo que se emplea sea ἀγαπάω. Este verbo también puede usarse para referirse a un amor indigno o egocéntrico (cf. Jn. 3:19; 2Ti. 4:10; 2Pe. 2:15; 1Jn. 2:15). Lo que le da al verbo su significado más completo es el contexto.

181. Gr. καὶ μὴ πικραίνεσθε πρὸς αὐτάς. Plutarco usa un compuesto de este verbo en su ensayo titulado "*Sobre el control de la ira*" (457a), en el que condena a los que "tratan con dureza a las mujeres" (πρὸς γύναια διαπικραίνονται). Con respecto a la idea general, cf. TB *Baba Mesi'a* 59a: "Rab dijo, 'Uno debe guardarse siempre de agraviar a su esposa, porque sus lágrimas son frecuentes, y por tanto, no tarda en sentirse herida'".

(2) Hijos y padres (3:20-21)

20 Hijos, obedeced a vuestros padres en todo, porque esto es agradable en el Señor.[182]
21 Padres, no irritéis[183] a vuestros hijos, para que no se desalienten.

20 A continuación vienen los deberes mutuos de hijos y padres. A los hijos se les insta a rendirles obediencia absoluta a sus padres, como algo que es aceptable o deleitoso "en el Señor". La traducción de la LBLA, "porque esto es agradable al Señor", se basa en una lectura griega ligeramente diferente.[184] Esta obediencia "en todo"[185] da por sentado que se trata de una familia cristiana: el apóstol no tiene en cuenta aquí el caso en que los padres puedan ordenar algo que se oponga a la ley de Cristo. En un caso así habría que priorizar la ley de Cristo por sobre las órdenes de los padres, pero en un espíritu de amor, no de desafío, porque la ley de Cristo es la ley del amor. En los códigos domésticos, sin embargo, además de los lazos del parentesco natural que une a los padres con los hijos, ellos también están unidos "en el Señor".

21 Si a los hijos se les exhorta a ser obedientes, a los progenitores, y específicamente a los padres,[186] se les pide que no irriten a sus hijos con exigencias tan irracionales que les hagan sentirse desanimados y lleguen a la conclusión de que es inútil tratar de agradar a sus padres. Con respecto a esto Sir Robert Anderson (director del D.I.C. en Scotland Yard en su época) hizo algunos sabios comentarios en un libro poco conocido:

> El extinto Juez Wills, que tenía el corazón de un filántropo y el cerebro de un abogado, solía deplorar la desacertada ley que multiplica tanto los delitos menores que los jóvenes fogosos, sin ninguna intención criminal, se ven atrapados en las redes del derecho penal. Pero las trampas que tienden los estatutos de la legislación moderna palidecen en comparación con las prohibiciones que enfrentan los niños de muchos hogares en todo momento. Y es en contra de esto que va dirigida la prohibición del apóstol: "Vosotros, padres, no irritéis a vuestros hijos".
>
> El único precepto para los hijos es "obedeced a vuestros padres"; que los padres, pues, procuren merecer esa obediencia: y más aún, que hagan que esta les resulte fácil. La ley, que para el cristiano se resume en la palabra "amor", se expresa de forma de prohibiciones para los que carecen

---

182. Gr. ἐν κυρίῳ (como en el v. 18); τῷ κυρίῳ (dativo que depende de εὐάρεστον) se lee en 0198 y en algunos manuscritos en cursivas, incluyendo el 81.

183. Gr. ἐρεθίζετε, que en A C D* F G L 0198 y en algunos manuscritos en cursivas se remplaza por παροργίζετε (bajo la influencia de Ef. 6:4).

184. Véase la nota 182 supra.

185. Gr. κατὰ πάντα (como en el v. 22).

186. Gr. πατέρες podría significar "padres" en sentido general (como en Heb. 11:23), pero la admonición aquí va dirigida al que es cabeza del hogar (en el v. 20 el sustantivo "padres", que se usa para traducir el término griego γονεῖς, definitivamente incluye a la madre).

de ley y para los desobedientes. Y las "prohibiciones" del Sinaí tienen su equivalente en las de la guardería. La gracia nos enseña a guardar sus mandamientos; la ley nos aconseja que no los quebrantemos. Y es sobre la base de este segundo principio que normalmente se educa a los niños. "No seas travieso" es la versión de la misma en la guardería... William Carey... le escribió a su hijo: "Recuerda, un caballero es el personaje que más se aproxima a un cristiano, y el cristiano incluye al caballero". Y si una pequeña parte del esfuerzo que se emplea para enseñar a los niños a no ser traviesos se dedicara a prepararlos para ser caballeros y damas, los padres estarían más cerca de cumplir el precepto apostólico.[187]

Estobeo amplía una reflexión sobre el deber de los hijos con una colección de pasajes tomados de autores antiguos bajo el título general de: "La manera en que los padres deben comportarse con sus hijos". Cita muchos dichos que, en gran medida, siguen el mismo sentido que el código doméstico que nos ocupa ahora, incluyendo estos dos de Menandro: "Un padre que siempre amenaza no recibe mucha reverencia", y "no debe corregirse al niño lastimándolo sino persuadiéndolo".[188] En el marco de esta carta, sin embargo, estas observaciones éticas, aunque eran buenas en su expresión pagana, reciben un significado y un énfasis cristianos que se hacen más explícitos en Efesios 6:4 al añadirle el mandato positivo: "pero criadlos en la disciplina e instrucción del Señor".[189]

(3) Esclavos y amos (3:22-4:1)

22 Esclavos, obedeced a vuestros amos terrenales[190] en todo,[191] no para ser vistos,[192] como los que quieren agradar a los hombres, sino con sinceridad de corazón, temiendo al Señor.[193]
23 Todo lo que hagáis, hacedlo de corazón,[194] como para el Señor[195] y no para los hombres.
24 Debéis saber que es del Señor que recibiréis la recompensa que habéis

---

187. R. Anderson, *The Entail of the Covenant* (Londres, 1914), págs. 20-22.
188. *Antologías* 4.26.7, 13: πατὴρ δ' ἀπειλῶν οὐκ ἔχει μέγαν φόβον (7) y οὐ λυποῦντα δεῖ/ παιδάριον ὀρθοῦν, ἀλλὰ καὶ πείθοντά τι (13).
189. Véanse las págs. 369-70.
190. Gr. τοῖς κατὰ σάρκα κυρίοις ("vuestros amos conforme a la carne").
191. Gr. κατὰ πάντα (cf. v. 20) se omite en P^{46} 81 y en algunos otros manuscritos en cursivas.
192. Gr. ἐν ὀφθαλμοδουλίᾳ (en א C Ψ y la mayoría de los manuscritos en cursivas aparece el plural ἐν ὀφθαλμοδουλίαις).
193. En cuanto a la frase "el Señor" (τὸν κύριον), en P^{46} א^2 D^2 y la mayoría de los manuscritos en cursivas aparece "Dios" (τὸν θεόν).
194. Gr. ἐκ ψυχῆς, como en Ef. 6:6.
195. Después de τῷ κυρίῳ, en A y algunos otros testigos se inserta δουλεύοντες (bajo la influencia de Ef. 6:7); en P^{46} B 1739 se omite la conjunción καί antes de οὐκ ἀνθρώποις.

heredado;[196] *porque*[197] *el amo a quien vosotros servís es Cristo.*

25 *El que hace lo malo, recibirá el pago del mal que ha hecho; no hay favoritismos*[198] *(con vuestro amo celestial).*

4:1 *Amos, tratad a vuestros esclavos con justicia y equidad, sabiendo que vosotros también tenéis un amo en el cielo.*

22-24 A continuación se aborda el tema de los esclavos cristianos. En el contexto de un código doméstico los esclavos de la casa ocupan el primer lugar, y los esclavos en un hogar cristiano de manera especial. Pero las instrucciones que se dan serían aplicables a los esclavos que no cumplían funciones dentro del hogar (por ejemplo, los que se dedicaban a las tareas que tienen que ver con la agricultura o la industria), y a los esclavos de amos paganos.

Tanto en esta carta como en Efesios los mandatos para los esclavos son más extensos que los que se les dan a los amos, y van acompañados de palabras especiales de estímulo. Se ha sugerido que lo que se lee en estos versículos constituye "una reflexión sobre la estructura social de estas iglesias"[199] (con la implicación de que en ellas había más esclavos que amos), lo cual es perfectamente posible. Por otra parte, se ha señalado que "no cabe duda de que los amos aceptarían el contenido de las admoniciones con mayor facilidad que los esclavos".[200]

La carta a Filemón, compañera de esta, ofrece un comentario muy esclarecedor respecto a las responsabilidades mutuas de los esclavos y los amos en el seno de la comunión cristiana, y respecto al efecto transformador que ejercía esta comunión en las relaciones entre ellos.[201] La relación pertenece al orden del mundo presente; es "terrenal" (lit., "conforme a la carne").[202] En la relación más elevada y duradera que ellos tienen en Cristo, los amos y los esclavos creyentes son hermanos. La relación entre esclavos y amos podía mantenerse en la vida del hogar y en el ámbito administrativo: dentro de la iglesia era absorbida por la nueva relación (cf. Col. 3:11). Pablo considera irrelevante la diferencia de estatus entre los esclavos y las personas libres en el nuevo orden (lo cual tal vez era más fácil para él que lo que podía serlo para

---

196. Gr. τῆς κληρονομίας, después de lo cual, en F G y algunos otros testigos occidentales se lee τοῦ κυρίου ἡμῶν Ἰησοῦ Χριστοῦ, ᾧ, "(la herencia) de nuestro Señor Jesucristo, a quien (vosotros servís)."

197. "Porque" (γάρ) se omite en la mayoría de los testigos más antiguos, pero sí aparece en D Ψ y la mayoría de los manuscritos en cursivas.

198. Gr. καὶ οὐκ ἔστιν προσωπολημψία, después de lo cual, en F G I 629 lat^vet se añade παρὰ τῷ θεῷ para completar el sentido (cf. παρ' αὐτῷ en Ef. 6:9).

199. A. Deissmann, *Paul*, pág. 243. Cf. G. B. Caird, *The Apostolic Age* (Londres, 1955), pág. 103. En los códigos domésticos de 1 Pedro (2:18–3:8) se les dan instrucciones solo a los esclavos (2:18-25) no a los amos (véase W. Munro, *Authority in Paul and Peter*, pág. 53).

200. W. A. Meeks, *The First Urban Christians* (New Haven, 1983), pág. 64.

201. Véanse las págs. 180-82. Pero no hay ninguna razón para suponer que en el pasaje que nos ocupa Pablo estuviera pensando especialmente en Onésimo y en Filemón.

202. Gr. κατὰ σάρκα, como en Ef. 6:5 (cf. Flm. 16, ἐν σαρκί).

alguien que servía como esclavo a un amo terrenal). El apóstol es consciente de las ventajas que tiene el hecho de ser libre y no estar esclavizado, y anima al esclavo que tiene la posibilidad de obtener su libertad a aprovechar esa oportunidad; pero si no tiene esa posibilidad, "no importa... porque el que fue llamado por el Señor siendo esclavo, liberto es del Señor; de la misma manera, el que fue llamado siendo libre, esclavo es de Cristo" (1Co. 7:21-22).[203] Si un esclavo cristiano era nombrado líder en la iglesia, tenía derecho a recibir la debida deferencia de su amo cristiano.[204] Pero el esclavo cristiano no podía abusar de esta relación ni convertirla en una excusa para no servir a su maestro con la misma asiduidad; por el contrario, debía servirlo con mayor fidelidad en razón de su nueva relación.

Si un esclavo cristiano tenía un amo que no era creyente, debía servirlo con más fidelidad ahora porque la reputación de Cristo y del cristianismo estaba ligada a la calidad de su servicio.[205] Los esclavos en general trabajaban con mucho ahínco cuando el amo o el capataz tenían puestos sus ojos en ellos;[206] pero se relajaban tan pronto como podían. Y, ¿por qué no? A sus amos no les debían nada. Mucho más culpable es la actitud de los obreros que viven pendientes de la hora para marcharse del trabajo aunque fueron contratados para servir a su empleador y reciben una remuneración fija por su labor. Pero los esclavos cristianos —o los empleados cristianos hoy— tienen el más excelso de todos los motivos para cumplir sus deberes de manera fiel y concienzuda; por encima de todo, ellos son siervos de Cristo, y han de trabajar principalmente para agradarlo a él.[207] Lo que debe motivarlos en primer lugar es el respeto hacia su Señor celestial[208] y no el temor al amo terrenal. Esto animaría a los siervos cristianos a trabajar con fervor y entusiasmo incluso para los amos que fueran severos, desmesurados e ingratos; porque el agradecimiento que no recibieran de ellos, lo recibirían de Cristo.[209] El patrimonio seguro de todos los

---

203. Cf. S. S. Bartchy, ΜΑΛΛΟΝ ΧΡΗΣΑΙ: First-Century Christianity and the Interpretation of I Corinthians 7:21 (Missoula, 1973).

204. Cf. Col. 3:11 (pág. 137 con la nota 103).

205. Cf. 1Tim. 6:1-2; Tit. 2:9-10; 1Pe. 2:18-20.

206. Esta es la interpretación habitual de ὀφθαλμοδουλία ("servir al ojo"), que aparece en el NT solo aquí y en Ef. 6:6. C. F. D. Moule, sin embargo, sugiere que el significado no es "mientras el ojo del amo está sobre ti" sino "que se refiere a lo que el ojo puede ver" (respecto al servicio que se realiza para atraer la atención), en contraste con ἐκ ψυχῆς ("A Note on ὀφθαλμοδουλία," *ExT* [591947-48], 250).

207. Pablo establece un contraste en Gá. 1:10 entre ser un esclavo de Cristo (Χριστοῦ δοῦλος) y agradar a los seres humanos (ἀνθρώποις ἀρέσκειν). Con el compuesto ἀνθρωπάρεσκος (aquí y en Ef. 6:6; también en el Sal. 52 LXX [53 TM]:5; Sal. Sal. 4:7-8, 19) cf. ἀνθρωπαρεσκῆσαι en Ignacio, *Rom.* 2:1.

208. Gk. φοβούμενοι τὸν κύριον (Cf. Ef. 6:5, μετὰ φόβου καὶ τρόμου).

209. Se ha pensado que la expresión "debéis saber" (Gr. εἰδότες, participio) en el v. 24 (así como en el mandato a los amos que sigue en 4:1) indica que Pablo está evocando un patrón de enseñanza que los cristianos conocían bien (cf. J. Munck, *Paul and the Salvation of Mankind*, E.T. [Londres, 1959], págs. 126-27). Cf. Ef. 6:8-9.

que trabajan para Cristo es una rica recompensa;[210] y el siervo cristiano puede trabajar para Cristo cuando sirve a un amo terrenal de un modo que "adorne la doctrina de Dios nuestro Salvador en todo" (Tit. 2:10).

25 Según Pablo, todos los cristianos deberán "comparecer ante el tribunal de Cristo, para que cada uno pueda recibir bien o mal, de acuerdo con lo que haya hecho estando en el cuerpo" (2Co. 5:10).[211] En los códigos domésticos de Colosenses y Efesios estas palabras se aplican especialmente a los esclavos, en Colosenses se hace hincapié en la retribución para los que hacen lo malo y en Efesios en la retribución para los que hacen lo bueno. Sin embargo, no está claro por qué aquí se subraya la retribución para el malhechor. Se ha sugerido que había cierto malestar entre los esclavos de Colosas, y por tanto, se consideró necesario hacer una advertencia; pero no hay ninguna prueba sustancial para esto.[212]

El castigo por la desobediencia es tan cierto como la recompensa por la fidelidad. La salvación en la Biblia es conforme a la gracia, pero el castigo es conforme a las obras, sean buenas o malas, tanto para los creyentes como para los incrédulos. De esto tal vez podría inferirse que, aunque la siembra es ahora, la cosecha será en el futuro —ante el tribunal de Cristo (como en 2Co. 5:10).[213] Podría resultar difícil entender cómo una persona que haya sido bendecida por gracia con la salvación de Dios en Cristo pueda, a pesar de ello, recibir una represalia ante el tribunal divino por algo malo que haya hecho, pero el juicio, de acuerdo con la enseñanza bíblica, debe "comenzar por la casa de Dios" (1Pe. 4:17),[214] y aun cuando se trate de un tribunal doméstico, nada malo que hagan los miembros de la familia de Dios debe, en modo alguno, tomarse a la ligera.

Aunque la declaración de que no hay favoritismos[215] se adjunta aquí a las advertencias dirigidas a los esclavos, en Efesios 6:9 se adjunta a las advertencias

---

210. Esta "recompensa de la herencia" (ἀνταπόδοσις τῆς κληρονομίας) forma parte de la herencia total de gloria que les está reservada a todos los creyentes (cf. Gá. 3:18; 4:1-7; Ef. 1:14; 5:5, etc.); aquí guarda una estrecha relación con los asuntos más prácticos de la vida cotidiana.

211. En 2Co. 5:10 al igual que aquí, el verbo que se traduce como "recibir" es κομίζομαι (voz media); en este caso el malhechor (literalmente) "recibirá el mal que haya hecho" (κομίσεται ὃ ἠδίκησεν), del mismo modo que en Ef. 6:8 "cualquier cosa buena que cada uno haga, esto recibirá (τοῦτο κομίσεται)."

212. Cf. W. A. Meeks, *The First Urban Christians*, pág. 219, nota 80, donde hace referencia a una disertación inédita de Yale de J. M. Bassler, "*The Impartiality of God: Paul's Use of a Theological Axiom*" (1979). Véase la pág. 202, nota 89 (sobre Flm. 18) respecto a la sugerencia de que se trata de Onésimo.

213. Cf. Ro. 14:10-12; 1Co. 3:12-17; 4:4-5.

214. En 1Pe. 4:17 probablemente se hace alusión a Ez. 9:4. Cf. también 1Co. 11:29-32; Heb. 10:30-31.

215. Con προσωπολημψία (también en Ro. 2:11; Ef. 6:9; Stg. 2:1) cf. el *nomen agentis* προσωπολήμπτης (Hch. 10:34) y el verbo προσωπολημπτέω (Stg. 2:9). No hay ninguna prueba de la existencia de estos compuestos anterior a su aparición en el NT; reflejan el término hebreo. *nāśā' pānîm*, "levantar el rostro (de alguien)", es decir, mostrarle favor a una persona, y de ahí, en un sentido peyorativo, mostrar favoritismo. En la LXX se tradujo literalmente como πρόσωπον λαμβάνω, o alguna expresión similar (p. ej., Lv. 19:15; cf. Lc 20:21; Gá. 2:6 en el NT). Aunque οὐκ

dirigidas a los amos. Dios es un árbitro imparcial tanto para los amos como para los esclavos. Es por eso que en la legislación veterotestamentaria se exigía imparcialidad en los pleitos entre ricos y pobres: "no favorecerás al pobre ni complacerás al rico, sino que con justicia juzgarás a tu prójimo" (Lv. 19:15).

ἔστιν προσωπολημψία aquí no va acompañado de ninguna frase aclaratoria, se da a entender algo semejante a παρὰ τῷ θεῷ, como en Ro. 2:11 (οὐ γάρ ἐστιν προσωπολημψία παρὰ τῷ θεῷ); cf. Ef. 6:9, παρ' αὐτῷ.

COLOSENSES 4

1 Si los esclavos, al igual que Onésimo, tienen deberes, también los tienen los amos, como en el caso de Filemón; deben tratar a sus esclavos con justicia y equidad. Son amos en la tierra, pero ellos también tienen un Amo en el cielo: Que traten, pues, a sus siervos con la misma consideración con la que ellos esperan recibir de parte de su Amo celestial. Esa consideración se opone a la actitud amenazadora o despótica que se prohíbe en Efesios 6:9. No se da ningún mandato respecto a la manumisión de los esclavos. Pablo, empero, sí le indica a Filemón de manera inconfundible lo que él espera que haga en relación con Onésimo, pero al mismo tiempo deja bien claro que dicho acto será virtuoso solo si es realizado voluntariamente (Flm. 12-14).

Los códigos domésticos no dan consejos detallados para las complejidades del industrialismo moderno. De hecho, ni siquiera dan consejos detallados para las situaciones críticas que surgirían en el siglo I entre amos y esclavos, cuando uno o ambos pertenecían a la comunión cristiana. No obstante, si en lugar de las exhortaciones más generales que se encuentran en los códigos, se hubieran dado esos consejos detallados, los lectores de otras épocas obtendrían menos ayuda de ellos de la que en realidad reciben. Esos códigos encarnan principios cristianos básicos y duraderos que pueden aplicarse a las estructuras sociales inestables de otros tiempos y de un lugar a otro.[1]

Los códigos domésticos no tenían por objeto abolir o remodelar las estructuras sociales existentes, sino cristianizarlas. En lo que respecta a la esclavitud, la conciencia cristiana general se tardó mucho en asimilar adecuadamente la incompatibilidad esencial de la institución con la ética del evangelio, o de hecho, con la doctrina bíblica de la creación.[2]

4. "Velar y orar" (4:2-6)

2 *Perseverad[3] en la oración; velad en ella con acción de gracias.[4]*
3 *Al mismo tiempo, orad también por nosotros, para que Dios nos abra una puerta para el mensaje, a fin de dar a conocer[5] el misterio de* Cristo,[6] *a*

---

1. A. Richardson, *The Biblical Doctrine of Work* (Londres, 1952), pág. 50.
2. Para una comparación de los códigos domésticos de Colosenses y Efesios, y algunas observaciones adicionales, véanse las págs. 146-49, 355-57.
3. En cuanto al imperativo προσκαρτερεῖτε, unos cuantos testigos (incluyendo I 33 1881) los remplazan por el participio προσκαρτεροῦντες (cf. Ro. 12:12).
4. ἐν εὐχαριστίᾳ se omite en D* Ambrosiastro.
5. Antes de λαλῆσαι, en A se inserta παρρησίᾳ (cf. Ef. 6:19).
6. En lugar de Χριστοῦ, en B* L 614 2495* (con algunos códices latinos y cópticos) se lee θεοῦ (cf. Col. 2:2).

causa del cual⁷ estoy encarcelado,
4 *para que lo manifieste como debo hablar.*
5 *Comportaos sabiamente para con los de afuera, aprovechando la oportunidad presente.*
6 *Que vuestra conversación sea siempre con gracia, sazonada con sal, para que sepáis cómo debéis responder a cada persona.*

2 Tal como se hizo claramente patente en la oración introductoria (Col. 1:3), en la vida cristiana la oración y la acción de gracias nunca pueden desvincularse. El recuerdo de las antiguas misericordias que recibimos no solo produce una alabanza y una adoración espontáneas, sino que también es un poderoso incentivo para una renovada oración de fe. Las palabras de nuestro Señor a los discípulos: "Velad, y orad para que no falléis en la prueba" (Mr. 14:38 par.), tuvieron una relevancia especial para la prueba de fe que tuvieron que afrontar en el futuro inmediato, pero esas palabras también tienen un mensaje para todos los cristianos en todas las épocas. A sus oyentes les enseñó que "debían orar siempre y nunca desmayar" (Lc. 18:1).[8] Los hombres y las mujeres que perseveran en la oración son los que velan constantemente,[9] están atentos a la voluntad de Dios y a las necesidades del mundo y siempre dispuestos a dar cuenta de ellos mismos y de su mayordomía.

3-4 Al igual que en el pasaje paralelo en Efesios 6:18, la exhortación a la oración general conduce a un pedido específico de oración por Pablo y sus colaboradores. El pronombre plural en "orad también por nosotros" se refiere principalmente a Pablo y a Timoteo (cf. Col. 1:1), pero incluye sin duda a los amigos y compañeros que se mencionan más adelante en este capítulo. Pero Pablo es consciente de su necesidad especial de fortaleza y sabiduría espirituales.[10] El encargo que recibió de dar a conocer entre los gentiles al Señor que se le había revelado en el camino a Damasco no concluiría mientras durara la vida terrenal; y sus presentes limitaciones, lejos de impedir el cumplimiento de este encargo, le daban oportunidades imprevistas de llevarlo a cabo. El "misterio de Cristo" que tenía que declarar era el mismo evangelio que había recibido cuando se convirtió "por medio de una revelación de Jesucristo" (Gá. 1:12); de hecho, a la luz de Colosenses 2:2, podríamos tomar la frase "de Cristo" como un genitivo de definición e identificar el misterio con Cristo, el Hijo de Dios, a quien el Padre "tuvo a bien revelarle" en esa ocasión (Gá. 1:16). Para Pablo, predicar el evangelio era predicar a Cristo, y por tanto, dar a conocer

---

7. Gr. δι' ὅ, en lugar del cual, en B G F aparece δι' ὅν ("a causa de quien").
8. Con respecto al uso de προσκαρτερέω en relación con la oración cf. Hch. 1:14; 2:42; 6:4; Ro. 12:12. En Ef. 6:18 el sustantivo προσκαρτέρησις se usa en un sentido similar.
9. Para este uso catequético de γρηγορέω cf. Hch. 20:31; 1Co. 16:13; 1Ts. 5:6; 1Pe. 5:8; Ap. 3:2-3 (véase E. G. Selwyn, *The First Epistle of St. Peter*, págs. 439-61, donde se señala la idoneidad de esta nota para la persecución y también para la escatología). En el pasaje paralelo en Ef. 6:18 se usa el término sinónimo ἀγρυπνέω (véase la pág. 383, nota 89).
10. Cf. καὶ ὑπὲρ ἐμοῦ (Ef. 6:19); también Ro. 15:30-32; 1Ts. 5:25; 2Ts. 3:1-2.

la "sabiduría oculta" de Dios, que fue "predestinada desde antes de los siglos" para la gloria de su pueblo (1Co. 2:7).[11]

A los colosenses, pues, se les pide que oren para que se abra una "puerta" para el mensaje. La figura de una puerta abierta para el mensaje del evangelio (y para el mensajero) aparece en otros lugares del NT; podríamos cotejarlo con 1 Corintios 16:9 (donde Pablo dice que en Éfeso "se... ha abierto una puerta grande para una obra eficaz") y con 2 Corintios 2:12 (donde, dice él, en Troas "se me abrió una puerta en el Señor").[12] A juicio de Deissmann, Pablo tal vez consideró que se trataba de una frase habitual en la conversación general;[13] lo cual podría ser cierto, porque hay expresiones similares conocidas que se derivan del lenguaje contemporáneo. A partir de las últimas palabras del libro de los Hechos y del propio relato del apóstol en Filipenses 1:12-18 ("lo que me sucedió ha redundado en el mayor progreso del evangelio")[14] es obvio que para Pablo sí se abrió una puerta en Roma. Las oportunidades eran grandes, pero la situación exigía una sabiduría especial, ya sea porque Pablo estaba "predicando el reino de Dios y enseñando acerca del Señor Jesucristo" para los que frecuentaban el lugar donde vivía bajo arresto domiciliario (Hch. 28:30-31), o esperando su comparecencia ante el tribunal imperial cuando tuviera lugar la audiencia de su apelación. Allí tendría que responder por las acusaciones que se le imputaban, pero él deseaba hacerlo de un modo que dejara bien claro el contenido y la naturaleza de su predicación apostólica para todos los que oyeran. Estaba en Roma, bajo custodia oficial,[15] por causa de Cristo y del evangelio; era, pues, de suma importancia que, por medio de su defensa ante la corte suprema, promoviera los intereses de Cristo y del evangelio. Él mismo había orado por esto, y les pidió a sus amigos que oraran también.

5 Dejando atrás sus circunstancias personales y volviendo a los principios generales de la conducta cristiana, les pide a sus lectores que se comporten sabiamente en su trato con los que no son cristianos.[16] Estaban propalándose relatos distorsionados sobre algunas conductas y creencias cristianas; era, pues, importante que los cristianos no confirmaran que esas calumnias eran ciertas, sino que las desmintieran por medio de su comportamiento habitual. Es absolutamente cierto que la reputación del

---

11. Cf. Col. 1:26-27 (págs. 77-79 con las notas 213, 214, y 215).

12. Cf. también Hch. 14:27; Ap. 3:8. E. Lohmeyer (*ad loc.*) sugiere que la frase θύρα τοῦ λόγου aquí no denota (como en 1Co. 16:9; 2Co. 2:12) una oportunidad de predicar el evangelio sino de conocer el mensaje correcto que debe proclamarse (cf. Ef. 6:19). E. Percy, *Die Probleme*, págs. 393-94, critica esta interpretación.

13. A. Deissmann, *Light from the Ancient East*, pág. 301, nota 2.

14. Se ha negado que Fil. 1:12-18 hace referencia a la situación en Roma; véase, sin embargo, F. F. Bruce, *Philippians*, GNBC (San Francisco/New York, 1983), págs. 16-22.

15. Gr. δέδεμαι, "estoy encarcelado" (v. 3).

16. Con respecto a οἱ ἔξω ("los de afuera") cf. 1Co. 5:12-13; 1Ts. 4:12. Ellos eran los verdaderos objetivos de la actividad evangelizadora, pero cualquier conducta indigna por parte de los cristianos podía desalentar en ellos cualquier deseo de entrar. Cf. también 1Ti. 3:7, donde el obispo "debe tener buen testimonio de los de afuera" (ἀπὸ τῶν ἔξωθεν).

evangelio está ligada a la conducta de los que aseguran haber experimentado su poder salvador. Los que no leen la Biblia ni escuchan la predicación de la palabra de Dios pueden observar las vidas de los que sí lo hacen y emitir un juicio en ese respecto. ¡Que los cristianos, pues, hagan pleno uso de las oportunidades que les brinda el presente! El mandato aquí de "redimir el tiempo"[17] (tal como se traduce la expresión en las versiones castellanas más antiguas) se aplica, al parecer, al deber que tienen para con los incrédulos (la referencia en Ef. 5:15-16 es más general). Lo que Pablo desea destacar es que, aunque él tiene una oportunidad excepcional de dar testimonio en el corazón mismo del imperio, cada cristiano tiene una oportunidad especial de testificar y debe aprovecharla al máximo mientras esta dura.

6 La gracia y la sabiduría que Pablo desea para su propia comunicación oral también se las recomienda a sus lectores. Ellos no saben cuándo puede pedírseles que den una respuesta acerca de su fe, ya sea en una conversación privada o de una manera más pública. Jesús les prometió a sus discípulos que, cuando tuvieran que hacer una defensa de ese tipo ante un tribunal, él mismo les daría "palabras y sabiduría" (Lc. 21:15),[18] y el relato del libro de los Hechos ilustra repetidamente el cumplimiento de esta promesa. Los que discutían con Esteban, por ejemplo, "no podían resistir a la sabiduría y al Espíritu con que hablaba" (Hch. 6:10).

Si los cristianos hablan siempre con gracia, esta no les abandonará cuando se vean repentinamente ante la necesidad de defender su fe. Pero su discurso tampoco será aceptable si es insípido.[19] De los que son la sal de la tierra[20] cabe esperar razonablemente que tengan algún sabor respecto a su lenguaje.[21] En el uso pagano la "sal" en un contexto así significa "sabiduría, ingenio";[22] aquí tal vez se refiere más bien a la gracia salvadora del sentido común. Las respuestas de algunos de los primeros mártires a sus interrogadores pueden ilustrar lo que se quiere decir; no falta este tipo de sal, por ejemplo, en la narración del juicio de Justino Mártir y sus compañeros. "Nadie que esté en su sano juicio", dice Justino, "se aleja de la verdadera fe para abrazar la falsa". "Haz lo que quieras",

---

17. En cuanto a τὸν καιρὸν ἐξαγοραζόμενοι ("aprovechando bien el tiempo", LBLA) aquí y en Ef. 5:15 véase R. M. Pope, "*Studies in Pauline Vocabulary*", *ExT* 22 (1910-11), 552-54. En un contexto como este, καιρός denota una época crítica, una oportunidad especial, que puede pasar pronto: "aprovéchenla", dice el apóstol, "úsenla mientras dura". En Dn. 2:8 (LXX, Teod.) τὸν καιρὸν ἐξαγοράζετε significa "estáis tratando de ganar tiempo".

18. En los pasajes paralelos, Mr. 13:11 y Mt. 10:11 (cf. Lc. 12:12) es el Espíritu el que habla a través de ellos en esas ocasiones.

19. Cf. J. B. Phillips: "Habladles con amabilidad, pero nunca sentimentalmente" (*The New Testament in Modern English* [Londres, 1972], pág. 424).

20. Cf. Mt. 5:13; Mr. 9:49-50; Lc. 14:34-35.

21. Dado que la sal impide la corrupción, su presencia controlaría el "lenguaje corrompido" (λόγος σαπρός) que se prohíbe en Ef. 4:29 —donde también se ordena que se les imparta gracia a los que escuchan.

22. Cf. Del latín *sales Attici*, que significa "ingeniosidad ática" (p. ej., en Cicerón, *Fam.* 9.15.2).

dicen sus compañeros, "porque nosotros somos cristianos, y los cristianos no ofrecen sacrificios a los ídolos".[23]

Además, la conversación de los cristianos no solo debe ser "oportuna en lo que respecta al tiempo; también debe ser apropiada en lo que respecta a la persona".[24] La importancia que se le concedía en la iglesia primitiva a la respuesta adecuada a las preguntas acerca de la fe está confirmada en diversos pasajes de los evangelios,[25] y también por la exhortación que aparece en 1 Pedro 3:15: "Estad siempre preparados para presentar defensa ante todo el que os demande razón de la esperanza que hay en vosotros, pero hacedlo con mansedumbre y reverencia".

VI. NOTAS PERSONALES (4:7-17)

1. Los mensajeros de Pablo (4:7-9)

7   En cuanto a mis asuntos, todo os lo informará Tíquico, nuestro amado hermano, siervo fiel y consiervo en el Señor.

8   Estoy enviándolo[26] a vosotros con este propósito precisamente, para que tengan noticias de nosotros[27] y conforte vuestros corazones.

9   Lo acompaña Onésimo, nuestro fiel y amado hermano, que es uno de vosotros. Ellos os informarán de todo lo que pasa aquí.[28]

7   La referencia a Tíquico es casi idéntica a la que aparece en Efesios 6:21-22. Él fue obviamente el portador de la carta a los Efesios y de esta, y posiblemente también de una carta a Laodicea (véase el v. 16). Tíquico era oriundo de la provincia de Asia, según nos informa Hechos 20:4, donde se menciona en la lista de los compañeros de viaje de Pablo en su último viaje a Jerusalén. Las cartas de Pablo indican claramente que esos compañeros de viaje eran delegados de iglesias gentiles que llevaban las dádivas de esas iglesias para sus hermanos en Jerusalén; es, pues, muy probable que a Tíquico se le hubiera encargado en esa ocasión llevar las contribuciones de una o de más

---

23. *Hechos de Justino* 5.
24. J. B. Lightfoot, *ad loc.*, sobre ἑνὶ ἑκάστῳ.
25. Cf. nota 18 supra.
26. Gr. ἔπεμψα, "he enviado" (aoristo epistolar).
27. Gr. ἵνα γνῶτε τὰ περὶ ἡμῶν (A B D* F G P 048 33 81 etc.), pero la lectura más difícil, ἵνα γνῷ τὰ περὶ ὑμῶν ("para que conozca lo que a vosotros se refiere"), cuenta con el fuerte respaldo de P^{46} ℵ² C D¹ Ψ y la mayoría de los manuscritos en cursivas con las versiones latina, siriaca y bohaírica (en ℵ* aparece la lectura combinada ἵνα γνῶτε τὰ περὶ ὑμῶν). Ya no es posible decir de la lectura de B etc., como sí dijo Lightfoot, que "la preponderancia de la autoridad antigua está decididamente a su favor" (*ad loc.*); las pruebas están bastante bien equilibradas pero es preciso considerar si esta no es una situación en la que debe tenerse en cuenta el precepto *præstat lectio ardua*.
28. Gr. πάντα... τὰ ὧδε, a lo cual en F G se añade πραττόμενα (cf. Lat. *omnia quae hic aguntur*).

iglesias de Asia. Se menciona también dos veces en las cartas pastorales como mensajero de Pablo (2Ti. 4:12; Tit. 3:12), y aquí, Pablo alude a él como un fiel colega suyo y un siervo leal de Cristo, de hecho, su "consiervo" en el Señor, usando el mismo término que había usado anteriormente para referirse a Epafras (Col. 1:7).[29]

8 Tíquico, al parecer, había visitado a Pablo y a Timoteo en Roma, y ahora iba de regreso a su provincia natal. Era conveniente, entonces, confiarle esta y otras cartas dirigidas a personas que vivían en esa provincia, a las que también podría darles más información acerca de Pablo y de sus compañeros. Además, si aceptamos la lectura variante,[30] tendría la posibilidad de averiguar qué estaba sucediendo en la iglesia colosense, y encontrar sin duda alguna vía para hacerle llegar a Pablo un mensaje con las últimas noticias. Pero más importante que todo eso: una visita de Tíquico sería de gran ayuda para la iglesia porque él les impartiría estabilidad y aliento.

9 Onésimo, a diferencia de Tíquico, no se menciona en la carta a los Efesios; él iba rumbo a Colosas en las circunstancias de las que se da más información en la carta de Filemón.[31] Onésimo era un miembro de la casa de Filemón, un cristiano colosense, y por ese motivo, la iglesia de Colosas se sentía, hasta cierto punto, responsable de él. Durante su ausencia de Colosas, Onésimo entró de algún modo en contacto con Pablo en el lugar donde estaba custodiado, y a través de su ministerio, se convirtió a la fe. Rápidamente demostró que era un devoto asistente y amigo del apóstol mientras estuvo con él, pero cuando el viaje de Tíquico a Asia proporcionó una oportunidad adecuada, Pablo envió en su compañía a Onésimo para que regresara a Filemón en una nueva relación.[32] Era necesario que la diferencia que había separado a los dos hombres que ahora eran hermanos cristianos terminara con una reconciliación.

Pero Onésimo gozaba ahora de una buena reputación como miembro de la iglesia; es probable que se hubiera unido a algunas de las iglesias en casas de Roma. Era, pues, natural que recibiera de parte de la iglesia colosense la misma bienvenida que le darían a cualquier otro visitante cristiano, y sobre todo, a uno que portaba una carta de recomendación de Pablo. Pero su bienvenida sería más calurosa porque la iglesia colosense ya lo conocía como esclavo de Filemón. Dado que Filemón había sido perjudicado personalmente, era necesario, además, que se le enviara una carta privada, invitándole a perdonar a Onésimo y acogerlo de nuevo en su casa. Pero la bienvenida de Onésimo por parte de toda la iglesia de Colosas, en razón del elogio de Pablo, constituiría un estímulo poderoso para que Filemón lo aceptara también.

---

29. Gr. πιστὸς διάκονος καὶ σύνδουλος ἐν κυρίῳ. Cf. Col. 1:7, ἀπὸ Ἐπαφρᾶ τοῦ ἀγαπητοῦ συνδούλου ἡμῶν, ὅς ἐστιν πιστὸς ὑπὲρ ὑμῶν διάκονος τοῦ Χριστοῦ. La analogía de Col. 1:7 sugiere que, si bien Tíquico es ἀδελφός de Pablo, no es διάκονος de Pablo sino de Cristo.

30. Véase la nota 27.

31. Véase las págs. 179-81.

32. Véase la pág. 135 (sobre Col. 3:11).

2. Saludos de los compañeros de Pablo (4:10-14)

10 *Aristarco, mi compañero de prisión, envía sus saludos; y asimismo Marcos, el primo de Bernabé (acerca del cual recibisteis instrucciones: si va a vosotros, dadle la bienvenida);*
11 *y Jesús, llamado Justo. En lo que respecta a los miembros de la circuncisión, estos son mis únicos colaboradores en el reino de Dios; han resultado ser un consuelo para mí.*
12 *Epafras, que es uno de vosotros, siervo de Cristo Jesús,[33] envía sus saludos. Él lucha constantemente por vosotros en sus oraciones, para que estéis firmes,[34] maduros y completos[35] en todo lo que Dios quiere.*
13 *Doy testimonio de que se preocupa mucho[36] por vosotros y por los que están en Laodicea y en Hierápolis.*
14 *Lucas, mi médico amado,[37] os envía sus saludos; y también Demas.*

10 Seis de los amigos de Pablo que están con él mientras escribe esta carta envían ahora sus saludos a la iglesia colosense: tres de ellos son de origen judío (Aristarco, Marcos y Jesús Justo) y tres de origen gentil (Epafras, Lucas y Demas).

Aristarco envía sus saludos también a Filemón (Flm. 24); es la única vez que se menciona en el corpus paulino. En la narración de los Hechos aparece como un nativo de Tesalónica, que estuvo con Pablo en Éfeso y puso en peligro su persona durante el motín desenfrenado que tuvo lugar en el teatro efesio (Hch. 19:29). Más adelante, acompañó a Pablo en su último viaje a Judea (Hch. 20:4), presumiblemente como uno de los dos delegados de la iglesia tesalonicense (el otro fue Segundo), y de nuevo, cuando zarpó de Cesarea rumbo a Italia (Hch. 27:2). No se dice explícitamente que él fuera hasta Roma con Pablo, y algunos han pensado que lo acompañó solo hasta Mira, donde transbordaron (Hch. 27:5-6), y entonces, regresó a Tesalonica.[38] Pero la intención más probable es que debamos entender que lo acompañó hasta Roma[39] —que siguió formando parte de la compañía a la que se alude

---

33. Gr. Χριστοῦ Ἰησοῦ se omite en P^{46} D F G Ψ y en la mayoría de los manuscritos en cursivas; en P y en algunos otros testigos se lee Ἰησοῦ Χριστοῦ.
34. Gr. ἵνα σταθῆτε. En $\aleph^2$ A C D F G Ψ y en la mayoría de los manuscritos en cursivas se lee ἵνα στῆτε ("para que estéis de pie").
35. Gr. πεπληροφορημένοι, donde P^{46} D^1 en la mayoría de los manuscritos en cursivas se lee πεπληρωμένοι.
36. Gr. ἔχει πολὺν πόνον (ℵ A B C P 81 etc.). En cuanto a πόνον hay confirmados diversos sinónimos y cuasi sinónimos: κόπον (D* F G 629), πόθον (104 etc.), ἀγῶνα (6 1739 1881 etc.), ζῆλον (D Ψ y la mayoría de los manuscritos en cursivas).
37. Gr. ὁ ἰατρὸς ὁ ἀγαπητός. En Cod. 33 y en unos cuantos manuscritos en cursivas se omite ὁ ἀγαπητός.
38. Así J. B. Lightfoot, *St. Paul's Epistle to the Philippians* (Londres, 1868), págs. 11, 35.
39. Así C. H. Dodd, *New Testament Studies* (Manchester, 1953), pág. 92.

con las formas verbales correspondientes a la primera persona del plural hasta Hechos 28:16 ("y cuando entramos en Roma..."). De todas formas, estaba con Pablo y Timoteo cuando esta carta estaba a punto de ser enviada, y Pablo hace referencia a él como su "compañero de prisión" —literalmente, su compañero prisionero de guerra.[40] Ramsay sugirió que Aristarco compartió el cautiverio de Pablo voluntariamente, tal vez haciéndose pasar por su siervo.[41] Para alguien que se considerara un soldado de Jesucristo, como ocurría con Pablo,[42] no sería nada extraño que durante su cautividad se viera por un prisionero de guerra.

Marcos, otro de los compañeros de Pablo en aquel momento, también envió saludos. Solo a partir de esta referencia nos enteramos de que Marcos era primo[43] de Bernabé, una información que arroja luz sobre la consideración especial que Bernabé le concede a Marcos en la narración de los Hechos. Hacía entre doce y catorce años que Marcos había disgustado profundamente a Pablo por haberlos abandonado a él y a Bernabé en Perga en vez de seguir con ellos hacia el interior para evangelizar las ciudades del sur de Galacia.[44] Por esta época, no obstante (debido, sin duda, en gran medida a la amable tutela de Bernabé, el "hijo de la consolación", como lo llamaban los apóstoles de Jerusalén),[45] Marcos ya había reconquistado su reputación.[46] No sabemos, empero, cuáles eran las razones por las que había ido a Roma. Es posible que ya hubiera comenzado a acompañar a Pedro en calidad de intérprete o de edecán cuando este apóstol emprendió un ministerio más extenso, pero es muy poco probable que Pedro estuviera en Roma durante la cautividad de Pablo allí; de otro modo, cabría haber esperado que se hiciera alguna referencia a él, aunque fuera indirecta.[47]

El hecho de que Pablo identifique aquí a Marcos en función de su parentesco con Bernabé implica que los cristianos colosenses estaban familiarizados con el nombre de Bernabé, aunque nunca lo habían conocido personalmente.[48] No hay ninguna prueba de que Bernabé hubiera hecho

---

40. Gr. συναιχμάλωτος. En Flm. 23, donde Aristarco y Epafras se mencionan juntos, es a Epafras al que se le llama συναιχμάλωτος. En Ro. 16:7 a Andrónico y a Junias se les describe de ese modo; es posible que se hubieran ganado el derecho a ese título durante el ministerio efesio de Pablo.
41. W. M. Ramsay, *St. Paul the Traveller and the Roman Citizen* (Londres, 1920), pág. 316.
42. Compárese con su aplicación del término συστρατιώτης a Arquipo (Flm. 2) y a Epafrodito (Fil. 2:25).
43. Gr. ἀνεψιός, "primo hermano". En Nm. 36:11 (LXX) las hijas de Zelofehad se casaron con sus ἀνεψιοί ("hijos de sus tíos"); en Tob. 7:2 Tobit y Ragüel son ἀνεψιοί.
44. Hch. 13:13; 15:36-40.
45. Hch. 4:36.
46. La restauración de la confianza de Pablo en Marcos se refleja en 2Ti. 4:11, donde el apóstol dijo que era εὔχρηστος εἰς διακονίαν.
47. Para otros intentos de reconstruir los movimientos de Pablo (y Marcos) por esta época, véanse G. Edmundson, *The Church in Rome in the First Century* (Londres, 1913), págs. 80, 84; T. W. Manson, *Studies in the Gospels and Epistles* (Manchester, 1962), págs. 38-45.
48. Bernabé les resultaba bien conocido (al menos de nombre) a los cristianos corintios también, a juzgar por la referencia que hace Pablo acerca de él en 1Co. 9:6.

alguna visita al Asia proconsular, pero tampoco hay ninguna prueba cierta de cualquiera de sus movimientos después que se marchó a Chipre con Marcos por el año 48 d.C. (Hch. 15:39). El cofundador de las iglesias en la Frigia galáctica (las de Antioquía de Pisidia e Iconio) sería conocido por su reputación al menos en las iglesias de la Frigia asiática que se fundaron con posterioridad.

Los cristianos colosenses ya habían recibido alguna comunicación respecto a Marcos. En consonancia con Lightfoot, es mejor suponer que las "órdenes" procedían del propio Pablo, y que las palabras "si va a vosotros, dadle la bienvenida" sintetizan el contenido de las mismas. No había ningún otro que estuviera en condiciones de darle "órdenes" a una iglesia en el campo misionero de Pablo —ningún otro, sin duda, cuyas órdenes, Pablo respaldaría como lo hace aquí. No hay forma de saber si Marcos viajó a Colosas; de hecho, no tenemos más información acerca de alguna visita que haya realizado a la provincia de Asia (a no ser una inferencia incierta que podría extraerse de 2Ti. 4:11).[49]

11 Jesús, de sobrenombre Justo, también envía sus saludos. Lo único que se conoce acerca de él es que era un cristiano de origen judío, que estaba con Pablo mientras se dictaban estas palabras. Su nombre no aparece en ningún otro lugar, ni siquiera en la carta a Filemón, donde los otros cinco compañeros de Pablo que se mencionan aquí envían de nuevo sus saludos. Jesús es la forma greco-latina de Josué o Yeshua; Justo era un sobrenombre latino común.[50]

Estos tres hombres —Aristarco, Marcos y Jesús Justo— fueron los únicos cristianos de origen judío[51] que cooperaron activamente con Pablo en su testimonio del evangelio en esta época, y los llama "mis colaboradores en el reino de Dios". Cuando Pablo habla del reino de Dios, por lo general se refiere

---

49. A partir de 1Pe. 1:1 podría inferirse que Pedro mostraba un interés especial por los cristianos de Asia y las provincias vecinas, y en 1Pe. 5:13 Marcos les envía saludos.

50. En Hch. 1:23 se hace referencia a otro creyente judío con el nombre adicional de Justo. Cf. J. Munck, *Paul and the Salvation of Mankind*, E.T. (Londres, 1959), pág. 116, nota 2.

51. En cuanto a la construcción οἱ ὄντες ἐκ περιτομῆς οὗτοι μόνοι... véase C. F. D. Moule, *IBNTG*, pág. 31; respecto a su significado, véase J. Munck, *Paul and the Salvation of Mankind*, págs. 106 con la nota 3 y 107 con la nota 1. J. B. Lightfoot (*ad loc*) considera que lo que Pablo dice aquí pone de relieve el "antagonismo de los convertidos de la circuncisión en la metrópoli"; y lo compara con la referencia en Fil. 1:17 a los que "proclaman a Cristo por contención". Pero la declaración no debe tomarse necesariamente como un "comentario pesimista", como dice Deissmann, "expresado en un estado de ánimo comparable con el de las líneas malhumoradas que aparecen en Fil. 2:20-21", a las que tampoco hay que concederles demasiada importancia" (*Light from the Ancient East*, p. 438). Este juicio es muy inmerecido (respecto a Fil. 2:20-21 y también al pasaje que nos ocupa ahora). Y tampoco hay mucho que decir a favor de la nota adicional de Deissmann de que "no puede decirse con certeza que Pablo describiera a los tres hombres como judíos; Aristarco podría ser un pagano convertido al cristianismo" (*ibid.*, n. 3). Y aun en el caso de que Aristarco perteneciera a una iglesia mayormente gentil, el hecho de ser ἐκ περιτομῆς no constituía ningún impedimento para que fuera un miembro de la misma, y hasta un delegado en una ocasión conveniente. A la luz de Hch. 16:3, Timoteo también se contaría entre οἱ ἐκ περιτομῆς que estaban con Pablo en este momento, pero su inclusión como coautor de la carta (Col. 1:1) haría que resultara menos apropiado que se le mencionara aquí.

a su consumación futura,⁵² y esto mismo podría ocurrir aquí: la expresión que emplea podría significar "colaboradores con vistas al reino de Dios". Pero es más probable que se trate de una referencia al presente, como en Romanos 14:17, donde se lee que "el reino de Dios es... justicia y paz y gozo en el Espíritu Santo". Volvemos a recordar que en Hechos 28:30-31 dice que Pablo pasó dos años en Roma "predicando el reino de Dios"; en esta obra contó con la asistencia de estos hombres de origen judío en ese período específico en el transcurso de esos años, y encontró un gran consuelo⁵³ en su presencia y ayuda.⁵⁴

12-13 Pablo también tenía consigo hermanos cristianos de origen gentil, y ellos también igualmente envían sus saludos. El primero que se menciona es Epafras, el propio evangelista y amigo de los colosenses, cuyo nombre ya apareció con anterioridad en esta carta (Col. 1:7). Se le describe como un fiel⁵⁵ siervo de Cristo, dedicado a él y a su pueblo, y muy interesado por el bienestar de sus amados convertidos y amigos en el valle de Lico. A pesar de la distancia que los separaba, no se apartaban nunca de su pensamiento e intercedía intensamente ante Dios por ellos, pidiendo que se mantuvieran firmes, cumpliendo en todo la voluntad de Dios. La oración es un trabajo: y por medio de esa oración fervorosa Epafras trabajaba eficazmente a favor de las iglesias de Colosas, Laodicea y Hierápolis.⁵⁶

14 Los otros dos cristianos gentiles que enviaron sus saludos a Colosas fueron Lucas y Demás. Esta referencia a Lucas es la que nos permite conocer cuál era su profesión: Pablo lo llama "mi médico amado". A partir del siglo II, al menos, se le ha identificado en la tradición con el autor del tercer evangelio y del libro de los Hechos de los Apóstoles. En un tiempo se alegó que el vocabulario de Lucas y Hechos mostraba que el autor había sido un médico.⁵⁷ Las pruebas léxicas que se adujeron no resultan convincentes, pero a pesar de ello, conservan un gran valor ilustrativo. Que el autor de Lucas y Hechos acompañó a Pablo a Roma es la conclusión más natural a la que puede llegarse a partir de la última de las secciones escritas en primera persona del plural del libro de los Hechos. Es por esta referencia también que podemos afirmar con

---

52. Véase la pág. 47, nota 61 (sobre Col. 1:13).
53. Gr. παρηγορία (en ningún otro lugar del NT). "La idea de consolación, de consuelo, en general, predomina en la palabra", tal vez porque ella y sus derivados "se usaban especialmente como términos médicos, en el sentido de 'paliar, aliviar'" (Lightfoot, *ad loc*).
54. Con respecto a estos y otros συνεργοί véanse E. E. Ellis, "*Paul and his Co-Workers*," 0,*NTS* 17 (1970-71), 437-52, reimpreso en *Prophecy and Hermeneutic in Early Christianity* (Grand Rapids/Tübingen, 1978), págs. 3-22; W.-H. Ollrog, *Paulus und seine Mitarbeiter* (Neukirchen, 1979).
55. Con δοῦλος aquí cf. σύνδουλος en Col. 1:7.
56. Para Laodicea cf. Col. 2:1; en cuanto a las tres ciudades, véase la Introducción, págs. 3-8.
57. Sobre todo W. K. Hobart, *The Medical Language* of St. Luke (Dublin, 1882); cf. también A. von Harnack, *Luke the Physician*, E.T. (Londres, 1907), págs. 175-98. Pero para una evaluación crítica de las pruebas, véase H. J. Cadbury, *Style and Literary Method of Luke* (Cambridge, MA, 1920).

toda certeza que Lucas era gentil de nacimiento —tal como parece haber sido el autor de Lucas y Hechos, a juzgar por ciertas pruebas internas.[58]

De Demas se sabe muy poco.[59] Su nombre se menciona junto con el de Lucas como uno de los que envían saludos en Filemón 24 y más adelante en 2 Timoteo 4:10-11. En el segundo pasaje se dice que abandonó a Pablo y se fue a Tesalónica porque amaba "este mundo"[60] —de lo cual podría inferirse que algún interés temporal lo alejó del apóstol en un momento en que este habría valorado mucho su presencia. Solo Lucas permaneció a su lado —para servirle inevitablemente entre otras cosas de amanuense.[61]

3. Mensajes para varios amigos (4:15-17)

15 *Saludad a los hermanos en Laodicea, y a Ninfas y a la iglesia en su[62] casa.*

16 *Cuando la carta se haya leído entre vosotros, asegúrense de que también se lea en la iglesia de los laodiceos, y vosotros, por vuestra parte, leed la carta de Laodicea.*

17 *Decid a Arquipo: —"Cuida el ministerio que has recibido en el Señor, procura cumplirlo".*

15 A los cristianos colosenses se les pide ahora que transmitan los saludos de Pablo y Timoteo a sus hermanos cristianos en la ciudad vecina de Laodicea, que se hallaba situada a unos dieciséis kilómetros al noroeste y (al igual que la propia Colosas) en la ribera septentrional del Lico. Se menciona en particular a un miembro de la iglesia de Laodicea —Ninfas (que a juzgar por el

---

58. Muy poco convincente es el argumento de Deissmann (*Light from the Ancient East*, pág. 438) de que este pasaje no implica necesariamente que Lucas fuera gentil, y asimismo su sugerencia de que Lucas podría ser Lucio, el pariente (συγγενής) de Pablo, que se menciona en Ro. 16:21. Lucas (Gr. Λουκᾶς, lat. *Lucas*) podría ser una forma abreviada o familiar de Lucio, pero Lucio era un prenombre muy común en todo el mundo romano.

59. Demas es una forma abreviada de algunos nombres como Demetrio, Demócrito, Demóstenes.

60. Gr. αἰών. Se entiende como que Demás consideró que los intereses de este siglo eran más apremiantes que los del siglo venidero. Compárense los términos que se utilizan en 1Jn. 2:15; Stg. 4:4 para menospreciar el amor del κόσμος.

61. Con respecto a la relación de Lucas con las cartas pastorales, véanse C. F. D. Moule, "The Problem of the Pastoral Epistles: A Reappraisal", *BJRL* 47 (1964-65), págs. 430-52; *The Birth of the New Testament* (Londres, 1981), págs. 281-82; A. Strobel, "Schreiben des Lukas? Zum sprachlichen Problem der Pastoralbriefe," *NTS* 15 (1968-69), 191-210; N. Brox, "Lukas als Verfasser der Pastoralbriefe?" *Jahrbuch für Antike und Christentum* 13 (1970), 62-77; J. D. Quinn, "The Last Volume of Luke: The Relation of Luke-Acts to the Pastoral Epistles", en *Perspectives on Luke-Acts*, ed. C. H. Talbert (Edimburgo, 1978), págs. 62-75; S. G. Wilson, *Luke and the Pastoral Epistles* (Londres, 1979).

62. Gr. αὐτῆς (B 6 1739 1881 etc. sir[hcl] co[sa]), en lugar del cual se lee αὐτοῦ en D (F G) Ψ con la mayoría de los manuscritos en cursivas y en sir[pesh hcl.mg] y αὐτῶν en ℵ A C P 33 81 etc. co[bo].

nombre es muy probable que se tratara de una mujer)⁶³ —tal vez porque era en su casa que se reunía la iglesia local, o una parte importante de ella.⁶⁴ En el NT se hace referencia frecuentemente a esas iglesias en casas. En algunas ocasiones, la iglesia entera en una ciudad era tan pequeña que podía acomodarse en la casa de uno de sus miembros; pero en otros lugares la iglesia local era muy numerosa, y no había ningún edificio en el que todos los miembros pudieran reunirse con comodidad. Esto sin duda ocurría con la iglesia de Jerusalén. Un grupo de esa iglesia se reunía en la casa de María, la madre de Marcos (Hch. 12:12); y aunque Lucas no alude específicamente a ese grupo como "la iglesia en su casa", podría muy bien haber sido descrita de esa manera. Priscilla y Aquila acostumbraban a ofrecerles la hospitalidad de su hogar a estos grupos en las ciudades donde vivían —en Éfeso, por ejemplo (1Co. 16:19), y en Roma (Ro. 16:5). La presencia de otras iglesias en casas está probablemente implícita en los saludos de Romanos 16:3-16. En la propia Colosas, la casa de Filemón cumplía ese mismo propósito, y podríamos mencionar la iglesia de Lidia en Filipos (Hch. 16:15, 40) y la de Gayo en Corinto (Ro. 16:23), y tal vez también la de Febe en Cencrea, si es a eso a lo que se refiere su condición de "patrona"⁶⁵ de muchos (Ro. 16:1-2). Esas iglesias en casas, al parecer, eran pequeños círculos de hermanos cristianos dentro de la hermandad más amplia de la *ekklēsia* de la ciudad.⁶⁶

16 Se les pide entonces a los colosenses que en cuanto hayan escuchado la lectura de esta carta en una reunión de la iglesia, se la pasen a la iglesia de Laodicea para que sea leída allí también. Es probable que los cristianos laodicenses estuvieran expuestos a las mismas influencias perturbadoras que afectaban a sus hermanos en Colosas, y la enseñanza de esta carta sería de gran utilidad para ambas iglesias. A la vez, se les ordena a los colosenses que consignen cierta carta que viene de Laodicea y la lean en su propia iglesia. Se ha discutido mucho acerca de esta "carta de Laodicea", pero con muy poco provecho. Cabe suponer que se trataba de una carta que Pablo había enviado

---

63. El nombre puede acentuarse de diversas formas, como Νύμφαν, acusativo del sustantivo femenino Νύμφα, o como Νυμφᾶν, acusativo del sustantivo masculino Νυμφᾶς (una forma abreviada de Ninfódoro o algo semejante). El argumento de Lightfoot (*ad loc.*) de que el femenino es "altamente improbable", porque sería un ejemplo de la forma dórica inusual (por esa época), es rebatido por J. H. Moulton, que vio aquí una forma femenina ática con la vocal *alfa* corta (junto con el término ático normal Νύμφη), y no la forma dórica con el alfa larga ("Ninfas," *ExT* 5 [1893-94], 66-67). Los acentos no están marcados en los códices más antiguos, y no se habrían marcado en la carta original.

64. La lectura "su casa (de ella)" no solo está bien confirmada; hubo mucha propensión a cambiarla por "su casa (de él)" o "su casa (de ellos)" (ningún copista antiguo habría cambiado estas lecturas por "su casa (de ella)", y darle así gratuitamente a una mujer prominencia en la iglesia). La ubicación de la casa en Laodicea es una inferencia razonable a partir de su yuxtaposición con Laodicea en el texto.

65. Gr. προστάτις, el equivalente del término latino *patrona*.

66. Cf. A. Deissmann, *Paul*, pág. 214; O. Cullmann, *Early Christian Worship*, E.T. (Londres, 1953), págs. 9-10.

o alguno de sus colaboradores (tal vez por medio de Tíquico), pero de ser así puede haberse perdido muy pronto —demasiado pronto para impedir que se conservara y se incluyera en el corpus paulino a principios del siglo II.[67]

Algunos la identifican con la carta a los Efesios[68] (y quizás con razón, si la iglesia Laodicea era la comunidad más cercana a Colosas que podía recibir una copia de Efesios). En el canon de Marción la carta a los Efesios se titulaba "A los colosenses";[69] pero es posible que la forma de la carta a los Efesios que conocía Marción careciera de las palabras "en Éfeso" en el preámbulo, y encontró lo que parecía ser una indicación de su destino en Colosenses 4:16.[70] Esto es más probable que la sugerencia de que él suprimiera deliberadamente la referencia a Éfeso en Efesios 1:1[71]—tal vez porque la iglesia efesia había rechazado su doctrina o por cualquier otra razón.

Otra sugerencia acerca de la "carta de Laodicea" es la de Edgar J. Goodspeed, que quiso identificarla con la carta a Filemón.[72] Pero si a los cristianos colosenses se les dice que Onésimo es "uno de vosotros" (v. 9), resulta más natural pensar que Filemón, a cuya casa pertenecía Onésimo, era un miembro de la iglesia en Colosas.

En pocas palabras, debemos mantener nuestras dudas respecto a la carta Laodicea. Es posible que la iglesia de Laodicea necesitara una carta con un contenido similar al de la carta a los colosenses; sin embargo, las diferencias entre ambas eran suficientemente grandes para que las instrucciones que se daban en cada carta debieran leerse en la otra iglesia.[73]

---

67. P. N. Harrison sugirió que se perdió en el terremoto del año 60 d.C. (véase la pág. 6 supra). Entonces, prosiguió diciendo, treinta años más tarde Onésimo compuso el documento que ha llegado hasta nosotros como la carta a los Efesios (una opinión que Harrison heredó de E. J. Goodspeed y J. Knox) y, consciente de que la carta de Pablo a los laodiceos se había perdido para siempre, transfirió el título de la misma a este nuevo documento que estaba destinado a remplazarla. La omisión de la referencia original a Laodicea en los primeros manuscritos (sin ningún esfuerzo, al principio, por remplazarlo por otro topónimo) "podría haber sido causada por la reputación menguante de Laodicea" de la cual se da testimonio en Ap. 3:15-19 (*Paulines and Pastorals* [Londres, 1964], p. 55).

68. El primer académico de una época comparativamente moderna que hizo esta identificación fue John Mill en su obra "*Prolegomena*" (1707); véanse A. Fox, *John Mill and Richard Bentley* (Oxford, 1954), pág. 85. Cf. también J. B. Lightfoot, *ad loc.*; A. von Harnack, "*Die Adresse des Epheserbriefes des Paulus*," SAB (1910), págs. 696-709; J. Rutherfurd, *St. Paul's Epistles to Colossae and Laodicea* (Edimburgo, 1908); J. Knabenbauer, *Commentarius en S. Pauli Apostoli Epistolas*, 4 (París, 1912), 7-8; B. W. Bacon, "*St. Paul to the Laodiceans*", *Expositor*, series 8, 17 (1919), 19-35; G. B. Caird, *ad loc.* (véanse las págs. 212-13 más adelante).

69. Cf. Tertuliano, *Against Marcion* 5. 17.

70. Cf. A. Souter, *The Text and Canon of the New Testament* (Londres, 1954), pág. 152.

71. Cf. T. W. Manson, *Studies in the Gospels and Epistles* (Manchester, 1962), págs. 229-30.

72. E. J. Goodspeed, *Introduction to the New Testament* (Chicago, 1937), pág. 224.

73. A. Deissmann, *Light from the Ancient East*, pág. 238. C. P. Anderson, "*Who wrote 'the Epistle from Laodicea'?*" *JBL* 85 (1966), 436-40, sugirió que esta era una carta para Epafras, que versaba sobre problemas que existían en la iglesia de Laodicea y que eran similares a los de la iglesia de Colosas; más tarde, en "*Hebrews among the Letters of Paul*", *SR* 5 (1975-76), 258-66, hizo la sugerencia adicional de que esta era la carta que nosotros conocemos como Hebreos. (Cf. pág. 109, nota 127.)

Esta referencia a una carta que no está incluida (al menos, obviamente) en el canon del NT dio lugar en una fecha posterior a la fabricación de una "carta (espuria) de Pablo a los laodicenses"[74] (del mismo modo que las referencias veterotestamentarias al libro de Jaser y otros "libros perdidos" estimularon la composición de algunas obras que llevan sus títulos).

17 Un mensaje especial se le envía a un tal Arquipo, que, de acuerdo con lo que se lee en Filemón 2, parece que era un miembro de la casa de Filemón, tal vez su hijo. Pero, ¿por qué un mensaje dirigido a él está tan estrechamente relacionado con algunas referencias a la iglesia Laodicea? Lightfoot sugirió que, aunque los padres de Arquipo eran colosenses, él vivía en Laodicea y tenía la responsabilidad pastoral de la iglesia en aquel lugar;[75] sin embargo, no es posible determinar la naturaleza exacta del ministerio que se le había encargado, aunque es poco probable que tuviera algo que ver con la recepción o manumisión de Onésimo.[76] Cualquiera que fuera su ministerio, tenía que llevarlo a cabo con un espíritu de fidelidad cristiana. Presumiblemente él estaría presente en el momento en que se leyera la carta, ya fuera en la iglesia de Colosas o, más tarde, cuando la hubieran enviado a Laodicea. Lo que se buscaba con esto tal vez era causar en él una impresión más honda con la solemnidad de la responsabilidad que tenía que cumplir. ¿No sería un motivo de confusión para él que se le diera a este encargo personal una publicidad así? Podemos estar seguros de que Pablo tuvo esto en cuenta, pero sabía muy bien cómo hacer su ministerio más eficaz.

VII. SALUDO FINAL Y BENDICIÓN (4:18)

18 *El saludo de mi propia mano, de Pablo. Acordaos de mis cadenas. La gracia sea con vosotros.*[77]

---

74. Se conserva en latín; en cuanto al texto griego reconstruido y el análisis, véase J. B. Lightfoot, *Colossians and Philemon*, págs. 274-300; respecto a la introducción y la traducción, véase E. Hennecke, *New Testament Apocrypha*, ed. W. Schneemelcher y R. McL. Wilson, E.T., II (Londres, 1965), 128-32. En el siglo XV se interpolaron dos traducciones inglesas independientes en los manuscritos de las versiones de la Biblia hechas por Wycliff. A. von Harnack le atribuyó a eso un origen marcionista en "*Der apokryphe Brief des Apostels Paulus an die Laodicener, eine marcionitische Fälschung aus der zweiten Hälfte des zweiten Jahrhunderts*," SAB (1923), págs. 235-45. (Se desconoce si la referencia del canon muratoriano a "una supuesta epístola a los laodicenses" implica que el compilador conocía este documento, o que simplemente este título aparecía en el ἀποστολικόν de Marción).

75. J. B. Lightfoot, Colossians and Philemon, págs. 244, 308-10.

76. Con respecto a esta sugerencia, véase J. Knox, *Philemon among the Letters of Paul* (Nashville/New York, 1959), págs. 49-51. Cf. pág. 199.

77. En $\aleph^2$ D Ψ y en la mayoría de los testigos posteriores se añade ἀμήν. Véase la pág. 207, nota 111.

18 Por lo general, Pablo dictaba sus cartas, pero escribía la última o las dos últimas oraciones de su puño y letra para confirmar su autenticidad.[78] Lo que proporcionaba esa confirmación era su caligrafía y no su firma. En la escritura de las cartas en la antigüedad no era habitual que el escritor estampara su nombre al final de ellas; bastaba con que apareciera en el preámbulo. Pero cuando se dictaba toda la carta a un amanuense, no era raro que el propio remitente escribiera las últimas oraciones con el fin de autenticarla.[79] Pablo adjunta aquí su firma, al igual que en 1 Corintios 16:21 y 2 Tesalonicenses 3:17.[80] Si algún colega tenía alguna participación en la composición de la carta, como Silvano en 2 Tesalonicenses y Timoteo en Colosenses, la firma de Pablo lo sellaba todo con su autoridad apostólica.

La súplica, "no olviden que estoy preso" o "acuérdense que la mano que escribe esto es una mano encadenada" (un hecho del que Pablo era plenamente consciente cuando él mismo tomó la pluma), es esencialmente una petición para que no dejen de orar por él.

La breve bendición, "la gracia sea con vosotros"[81], pone fin a la carta.

---

78. Cf. Gá. 6:11. O. Roller alega (de un modo muy poco convincente) que el hecho de que el propio Pablo escribiera expresamente el saludo final da a entender que él escribió la carta entera; de lo contrario, fue el amanuense el que compuso el saludo final (*Das Formular der paulinischen Briefe* [Stuttgart, 1933], págs. 187-91).

79. Cicerón normalmente escribía sus propias cartas, pero cuando usaba a un amanuense indicaba que el final de la carta era de su puño y letra ("*hoc manu mea*", *Att.* 13.28). En una carta dirigida a Ático cita una oración de una carta que había recibido de Pompeya y dice que la oración aparecía "*in extremo, ipsius manu*" (*Att.* 8.1). Deissmann (*Light from the Ancient East*, págs. 171-72) cita como un paralelo el BGU 37, donde una mano diferente (presumiblemente la del autor) al final de la carta añade ἔρρωσο ("hasta siempre") y la fecha. Véanse también los comentarios de Deissmann en *Paul*, pág. 13, sobre algunas implicaciones prácticas del hecho de que las cartas de Pablo normalmente fueran dictadas.

80. Véase también su caligrafía y firma en el cuerpo de la carta a Filemón (v. 19).

81. Esta es la fórmula básica de la bendición paulina; es igual en 1Ti. 6:21; 2Ti. 4:22. En otras cartas la ampliación es variada.

LA EPÍSTOLA A FILEMÓN

INTRODUCCIÓN A FILEMÓN

I. AUTORÍA

La carta a Filemón es una de las dos cartas realmente personales en el NT. La otra es 3 Juan, enviada a un tal Gayo por su amigo "el anciano" (cuyo verdadero nombre no se menciona). En ambas cartas un hombre se dirige a un hombre. En la carta a Filemón, quien se dirige al otro se presenta como Pablo. Aunque Pablo incluye el nombre de Timoteo junto al suyo en el preámbulo, y se envían saludos a los miembros del clan familiar de Filemón, el cuerpo de la carta es una comunicación privada de Pablo a Filemón.

La mayoría de los críticos ha aceptado la autoría paulina. La carta es tan corta que ni aún la más eficiente de las computadoras podría producir un análisis significativo de su estilo y vocabulario.[1] Si existe alguna duda en cuanto a su autenticidad, dicha duda se debe principalmente a su estrecha relación con Colosenses —que a algunos exégetas les resulta imposible aceptar como paulina— porque Colosenses y Filemón, por lo que parece, se escribieron en la misma época y en el mismo lugar, se enviaron al mismo destino y fueron llevadas por el mismo mensajero o los mismos mensajeros.[2] De los seis compañeros de Pablo que envían sus saludos en Colosenses, cinco le envían saludos a Filemón.[3] Aparte de estos, Arquipo se menciona en ambas cartas, y Onésimo obviamente llega a su destino al mismo tiempo que ellas.

Ernest Renan estaba tan seguro de la autenticidad de Filemón que por ello estuvo dispuesto a admitir la autenticidad de Colosenses. "La epístola a los Colosenses", escribió, "aunque llena de excentricidades, no acepta ninguna de las imposibilidades que aparecen en las epístolas a Tito y a Timoteo. Proporciona incluso muchos de los detalles que rechazan la hipótesis [de su pseudonimia] como falsa. Entre ellos sin duda se cuenta su relación con la nota a Filemón. Si la epístola es apócrifa, la nota también lo es; sin embargo, son pocas las páginas [del corpus paulino] que tienen un tono tan pronunciado de sinceridad; solo Pablo, a nuestro parecer, pudo haber escrito esa pequeña obra maestra".[4]

---

1. Cf. A. Q. Morton, *The Times* (Londres), 24 abril, 1963: "aparentemente no hay ninguna razón para excluirla de las obras de Pablo".
2. Col. 4:7-9.
3. Col. 4:10-14; Flm. 23-24.
4. E. Renan, *Saint Paul*, E.T. (Londres, 1889), p. x.

INTRODUCCIÓN A FILEMÓN

Podría argumentarse, no obstante, que la naturaleza romántica de Renan se dejó sensibilizar tanto por el atractivo humano de la carta a Filemón que perdió el filo de su facultad crítica. Ferdinand Christian Baur también valoró el atractivo humano de la carta, pero su facultad crítica conservó su agudeza, y preguntó: "¿Qué tiene que ver la crítica con esta carta breve, atractiva, cortés y amistosa, inspirada por un sentimiento cristiano muy noble, y que nunca se ha visto afectada por el hálito de la sospecha?".[5] Sin embargo, prosigue diciendo, incluso aquí no debe presuponerse la autoría apostólica. Dado que las demás "epístolas de la cautividad" con las que Filemón guarda una relación tan obvia no son auténticamente paulinas, la autenticidad de esta epístola también debe descartarse: es, de hecho (dijo Baur) un romance cristiano en estado embrionario, semejante en este respecto a las *Homilías Clementinas* del siglo III. Las *Homilías Clementinas* demuestran que "el cristianismo es la reconciliación permanente de los que antes, por una u otra causa, estaban separados, pero que por una disposición especial de ciertas operaciones realizadas por la Divina Providencia con ese mismo fin, han sido unidos de nuevo; por medio de su conversión al cristianismo vuelven a conocerse mutuamente, y el uno ve en el otro su propia carne y su propia sangre".[6] Por tanto, la carta a Filemón sugiere que tal vez Onésimo y su amo estuvieron temporalmente separados para que pudieran reunirse y estar juntos por siempre, no ya como esclavo y amo sino como hermanos que se aman en Cristo.

W. C. van Manen, que rechazó la autenticidad de las trece cartas paulinas, incluyendo las cuatro "cartas principales" que Baur aceptó (las cartas a los romanos, a los corintios y a los gálatas), añadió algunas consideraciones propias a los argumentos de Baur en contra de la autenticidad de Filemón. En primer lugar, la ambigüedad de la dirección se opone a una autoría paulina: Pablo y Timoteo dirigen la carta a los tres individuos mencionados y a una iglesia casera, mientras que en su mayor parte es una carta personal de Pablo a Filemón. "Esta doble forma... no es un estilo natural para nadie que esté escribiendo libremente y sin presiones, ya sea a una persona o a muchas".[7] Lo más probable es que el escritor desconocido haya tomado como modelo para su composición una carta enviada por Plinio el joven a su amigo Sabiniano, en la que intercedía a favor de un liberto de este que ofendió a su patrón y buscó los buenos oficios de Plinio para lograr una reconciliación.[8] El escritor de Filemón convierte al liberto en un esclavo, y rescribe la carta con el fin de exponer cuáles son las "relaciones ideales que, a su juicio, es decir, según el punto de vista de los cristianos paulinos, deben subsistir entre los esclavos cristianos y sus amos,

---

5. F. C. Baur, *Paul: his Life and Works*, E.T., II (Londres, 1875), 80.
6. Baur, *Paul*, II, 83.
7. W. C. van Manen, "*Philemon, Epistle to*", *Enc. Bib.*, III (Londres, 1902), col. 3695.
8. Pliny, *Epistles* 9.21. Para traducciones, véanse J. B. Lightfoot, *Colossians and Philemon*, pág. 318; J. Knox, *Philemon among the Letters of Paul* (Londres, 1959), págs. 16-17; E. M. Blaiklock, *From Prison in Rome* (Londres, 1964) 1 págs. 71-72.

y en particular, cuando los esclavos han incurrido en algún tipo de inconducta, como por ejemplo, abandonando en secreto el servicio de su amo".[9]

Esta reconstrucción es hipercrítica e ingenua a la vez. No es necesario darle a un documento una explicación descabellada cuando a primera vista admite una explicación más probable —a saber, que es una carta genuina de Pablo acerca de un esclavo llamado Onésimo, que necesita que el apóstol lo ayude a restaurar la buena relación personal que solía tener con su amo (uno de los amigos de Pablo), y que Pablo naturalmente aprovecha la oportunidad al principio y al final de la carta para enviar saludos y buenos deseos a otros miembros de la familia. En razón de lo que ellos reconocen como la autenticidad transparente de esta carta, algunos académicos que no son capaces de aceptar toda la carta a los Colosenses como paulina se sienten obligados, no obstante, a atribuirle una parte de la misma al apóstol —la parte suficiente, al menos, para hacerle compañía a Filemón.[10]

II. FECHA Y PROCEDENCIA

Si fue Pablo, pues, quién la escribió, la envió desde Roma a principios de la década de los años 60, o tal vez desde algún otro lugar pocos años antes. Más allá de los temas relacionados con este grupo de "cartas de la cautividad" en general, el análisis respecto a Filemón se ha aferrado a dos puntos: (1) la duración del viaje que Onésimo debe haber hecho desde la casa de su amo al lugar donde Pablo estaba confinado, y (2) la solicitud de Pablo para que se le preparara un alojamiento en razón de su esperanza de ser liberado en breve y visitar el valle de Lico.

El tema ha sido analizado de ambas maneras por individuos tan hábiles como G. S. Duncan y C. H. Dodd. El argumento de Duncan a favor de una procedencia efesia, por cuanto Éfeso estaba mucho más cerca de Colosas que Roma (160 kms contra más de 1,600), recibió una respuesta de Dodd, quien pensó que la ciudad más distante era la más probable. Duncan, a su vez, le replicó a Dodd, pero la cuestión sigue sin resolverse.

Con respecto a la decisión de Onésimo de buscar un lugar de refugio, "solo en las circunstancias más desesperadas", dijo Duncan, "así como la carta no nos da ninguna razón para presuponer, un fugitivo de la justicia habría emprendido un viaje por tierra de mil seiscientos kilómetros por carreteras desconocidas y peligrosas, junto con dos viajes por mar con una duración de unos cinco días, y en particular, cuando comparativamente tenía a su alcance

---

9. "Podría añadirse", siguió diciendo van Manen, "que él nos ha dado entonces un comentario práctico sobre textos como Col. 3:22-25; Ef. 6:5-9; 1Co. 7:21-22" (*Enc. Bib.*, col. 3696).

10. Cf. P. N. Harrison, "*Onesimus and Philemon*", ATR 32 (1950), 268-94; *Paulines and Pastorals* (Londres, 1964), págs. 74-78.

una ciudad que sin duda ya conocía, y cuyas dimensiones eran suficientes para brindarle toda la seguridad que probablemente necesitaba".[11]

Respecto a la visita propuesta por Pablo en el v. 22, Duncan prosiguió diciendo:

> Cuán natural sería esa visita en una época en la que sus actividades, temporalmente interrumpidas por su encarcelamiento, se orientaban hacia la evangelización de Asia: no lejos de él mientras se hallaba en Éfeso estaban las iglesias en el valle de Lico que, de manera indirecta, debían su origen sin duda a su obra misionera en la provincia, pero que hasta ahora nunca había visitado, y en al menos una de las cuales, Colosas, las condiciones le daban serios motivos para sentirse ansioso. Por otra parte, qué poco probable era considerar la posibilidad de efectuar esa visita, y mucho menos pensar en un alojamiento allí, cuando estaba preso en Roma... Desde Roma tenía la intención, no de regresar al valle de Lico, sino de continuar viaje a España.[12]

En cuanto al argumento de que lo más probable era que Onésimo hubiera huido a la vecina Éfeso y no a la distante Roma, Dodd dice:

> Esto parece plausible. Pero un momento de reflexión podría convencernos de que de las cosas que estamos hablando aquí no sabemos nada. No podemos saber ni lo que estaba en la mente de Onésimo ni cuales podrían haber sido sus oportunidades de viajar. Si nuestro deseo es conjeturar, entonces también es probable que el esclavo fugitivo, con sus bolsillos forrados a costa de su amo, se dirigiera a Roma porque estaba lejos, así como había ido a Éfeso porque estaba cerca. Pero este encuentro del esclavo fugitivo con el apóstol encarcelado es de todas formas un enigma. ¿Tenía él la intención de acudir a Pablo? ¿Fue acaso el largo brazo de la coincidencia el que provocó esa reunión tan improbable? Ningún argumento seguro puede basarse en un incidente que de ningún modo podemos explicar.[13]

Respecto al argumento de que la petición de Pablo de un alojamiento en Colosas resulta más natural si estaba en Éfeso en ese momento y no en Roma, Dodd dice:

> Este es un verdadero punto a favor de la hipótesis efesia. Al mismo tiempo no sabemos que Pablo mantuviera su intención cuando las circunstancias habían cambiado tanto. Como todos los hombres prácticos, estaba

---

11. G. S. Duncan, *St. Paul's Ephesian Ministry* (Londres, 1929), págs. 72-73; cf. P. N. Harrison, "*Onesimus and Philemon*", p. 271.

12. *St. Paul's Ephesian Ministry*, págs. 74-75; cf. P. N. Harrison, "*Onesimus and Philemon*", pág. 281.

13. C. H. Dodd, "*The Mind of Paul, II*", *BJRL* 18 (1934), 80, reimpreso en *New Testament Studies* (Manchester, 1953), pág. 95.

abierto a un cambio de opinión, tal como en realidad leemos que hizo con frecuencia en el libro de Hechos y en las epístolas. En cuanto a la hipótesis romana, la emergencia de la herejía colosense bien podría haber llevado a Pablo a planificar una visita a Asia antes de emprender nuevos viajes, independientemente de que el plan se haya cumplido o no.[14]

En su respuesta a estos puntos, Duncan añadió poco en el primer caso a lo que había dicho antes (aparte de una alusión a pie de página a la sugerencia de J. Pongrácz de que el templo de Artemis podía haberle ofrecido un lugar de refugio a Onésimo en Éfeso); en el segundo caso concedió que Pablo tal vez cambiara sus planes durante su encarcelamiento en Roma y decidiera visitar Colosas.

Pero mucho antes que pudiera haber llegado a esa ciudad lejana y poco importante en el valle de Lico, ¿no deberíamos darle cabida a las noticias anticipadas que precedieran a su liberación, sus peregrinaciones hacia el este, su llegada posterior a Éfeso o a algún centro de este tipo en Asia? Que alguien en esa situación pidiera alojamiento en Colosas hace pensar en la mentalidad global del siglo veinte y no en las condiciones rigurosas de los viajes en el siglo primero —condiciones que Pablo conocía muy bien (2Co. 11:25 ss.).[15]

En lo tocante a este último punto podría decirse que mucho antes del pensamiento global del siglo veinte la mayoría de los estudiantes de la carta a Filemón, incluyendo algunos que realizaron viajes en condiciones no mucho menos rigurosas que las que Pablo experimentó en el siglo primero, no tuvieron dificultades para creer que Pablo sí reservó desde Roma un alojamiento en Colosas. Y no era solo la herejía colosense la que causaba la preocupación de Pablo. La situación vigente en Asia en general, de la cual se había enterado por Epafras y otros visitantes, podría haberle parecido que exigía su presencia tan pronto como lograra quedar en libertad (si en realidad lo lograba). Sus adversarios allí estaban aprovechándose de su ausencia para obtener el apoyo que necesitaban para consolidar sus principios y socavar la autoridad de Pablo. Aun cuando las cosas todavía no hubieran llegado a la situación extrema que se describe en 2 Timoteo 1:15, donde se lee que "todos los que están en Asia" lo habían abandonado, el inicio de esta tendencia ya era obvio.

En cuanto a un origen cesareo de esta carta,[16] a no ser que pueda establecerse para las cartas acompañantes, no hay nada en Filemón que lo corrobore. Onésimo pudo viajar a Éfeso porque estaba cerca, o bien trabajó

---

14. *Ibid.*
15. G. S. Duncan, "*The Epistles of the Imprisonment in Recent Discussion*", *ExT* 46 (1934-35), 296.
16. Cf. E, Lohmeyer, *Der Kolosser- und der Philemonbrief* (Göttingen, 1957), págs. 172-73.

para pagar su pasaje a Roma porque estaba distante, pero ¿qué podría haberlo llevado a Cesarea?

Si se analiza a Filemón de forma aislada, los argumentos a favor de un origen efesio son sólidos. Pero cuando Filemón se analiza junto con Colosenses, los argumentos a favor de un origen romano tienen más peso.

III. PABLO Y ONÉSIMO

El cuadro que a veces se presenta del encuentro de Pablo con Onésimo como un compañero de prisión resulta engañoso. Uno de los argumentos de S. Duncan en contra de un origen romano para la carta es el cambio radical en las condiciones del encarcelamiento de Pablo que cabría imaginar "si, después de los dos años que pasó en su propia casa rentada (Hch. 28:30), se vio reducido a compartir la misma celda de un esclavo fugitivo".[17]

Pero no es necesario evocar ese cuadro en nuestras mentes. No hay nada en la carta que sugiera que Onésimo estuviera preso: estuvo obviamente libre para emprender un viaje, mientras que Pablo no lo estaba. Podríamos pensar que Pablo todavía vivía bajo arresto domiciliario en su casa alquilada, aunque esposado al soldado que lo custodiaba (que técnicamente, por ende, también estaba preso), cuando Onésimo lo visitó.

E. R. Goodenough recurrió a la ley ateniense para ilustrar la situación.[18] Según esa ley, si la vida de un esclavo peligraba, se le permitía buscar refugio en un altar. Ese altar podía ser el hogar de una familia privada. El jefe de la familia se vería obligado entonces a darle protección mientras trataba de convencerlo para que regresara a su amo; y utilizaría sin duda sus buenos oficios para apaciguar la ira del amo. Si el esclavo se negaba a regresar, el dueño de la casa tenía el deber de subastarlo y entregarle el dinero que había recibido por él a su antiguo amo. Esta ley operó en Egipto bajo la dinastía ptolemaica, y se mantuvo vigente hasta la época del imperio romano, porque influyó en la jurisprudencia de Ulpiano a principios del siglo III. Filón de Alejandría, que conocía la práctica egipcia, modificó la ley deuteronómica del esclavo fugitivo para adaptarla a ella.[19] En su explicación del caso de Onésimo en función de esta disposición ateniense, Goodenough consideró necesario suponer que Pablo se encontraba libre en ese momento, y que su referencia a "sus prisiones" podría

---

17. *St. Paul's Ephesian Ministry*, pág. 73.
18. E. R. Goodenough, *"Paul and Onesimus"*, *HTR* 22 (1929), 181-83.
19. Filón, *On the Virtues* 124 (véanse las notas *ad loc.* de F. H. Colson en la edición de Loeb de Filón, VIII [Cambridge, MA, 1960], 238-39, 447-48). La ley de Dt. 23:15-16 prohibía entregar a un esclavo fugitivo a su amo: "morará contigo, en medio de ti... donde a bien tuviere; no le oprimirás". Los israelitas tenían buenas razones para saber por su propia experiencia que Dios tenía cuidado de los esclavos fugitivos. Para Pablo, esta ley, sin precedentes en el antiguo Cercano Oriente, contaba con la autoridad divina; no obstante, no la invocó sin el consentimiento de Filemón, prefirió que este actuara espontáneamente en la aplicación de la misma.

ser en sentido figurado.[20] Pero si el apóstol estaba bajo arresto domiciliario en su propia casa alquilada, ¿no podría el lugar donde vivía contarse como su "refugio" conforme a lo dispuesto en la ley —suponiendo siempre que dicha disposición era válida en esa ciudad, y que Onésimo se aprovechó de ella?

No hay forma de determinar de qué manera Onésimo llegó hasta Pablo. Es posible que Epafras de Colosas, que estaba visitando al apóstol en ese momento, se encontrara con Onésimo en la ciudad, lo reconociera y lo condujera a Pablo porque sabía que este lo ayudaría en su situación difícil. No podemos estar seguros. Es posible incluso que sea más allá de la evidencia el concluir que Onésimo era un esclavo fugitivo en el sentido normal del término. Su amo tal vez lo había enviado a cumplir algún encargo, y él había excedido el permiso que tenía para estar allí y necesitaba una nota exculpatoria de parte de Pablo suplicándole que lo perdonara por su ausencia indebidamente larga. Nuestra ignorancia de tantos detalles hace que las posibilidades sean numerosas.

La carta arroja poca luz sobre la actitud de Pablo hacia la institución de la esclavitud. En los códigos domésticos de Colosenses y Efesios hay más enseñanzas formales acerca de este tema, pero el pensamiento de Pablo en este respecto encuentra su expresión más clara en las observaciones incidentales que aparecen en 1 Corintios 7:20-24.[21] Lo que hace la carta a Filemón es colocar dicha institución en un contexto en el que el único destino de la misma era languidecer y morir. Si el amo y el esclavo se unían en amor como hermanos en Cristo, la emancipación formal solo sería una cuestión de conveniencia, la confirmación jurídica de su nueva relación. Si la carta fuera un documento sobre la esclavitud, existiría la posibilidad de ilustrarla copiosamente con relatos acerca de las condiciones en el imperio romano a través de los siglos. Podría citarse un anuncio del año 156 a.C. solicitando información sobre dos esclavos fugitivos y ofreciendo una descripción de ellos y de los bienes que llevaban consigo cuando los vieron por última vez,[22] o pudiera hacerse referencia a un collar de bronce de finales del siglo V o principios del siglo VI con una inscripción, que el esclavo de un archidiácono cristiano había usado en Cerdeña.[23]

Pablo no disponía de medios para obligar a Onésimo a que volviese a Filemón: si Onésimo se hubiera negado a hacerlo o hubiera cambiado de opinión al regresar a Frigia, Pablo no habría podido hacer nada al respecto.

---

20. También puso en duda la identidad del esclavo de Filemón con el Onésimo de Col. 4:9 ("*Paul and Onesimus*", pág. 182, n. 7).

21. Véanse las págs. 150-51, 168.

22. *P. Par.* 10; para el texto y la traducción, véase C. F. D. Moule, *Colossians and Philemon*, págs. 34-36.

23. Reproducido en G. H. R. Horsley (ed.), *New Documents illustrating Early Christianity* (Macquarie University, North Ryde, New South Wales, 1981), págs. 140-41, § 91. La inscripción dice: *s[ervus sum] Felicis ar(ch)idiac(oni): tene me ne fugiam*, "soy el esclavo del archidiácono Félix: sujétame para que no huya". Es probable que ya hubiera huido con anterioridad y que lo hubieran capturado; antes de la cristianización de la ley romana, podría habérsele marcado en el rostro.

(La idea de denunciar a Onésimo a las autoridades como un esclavo fugitivo era impensable). El hecho de que Onésimo accediera a volver, y que presumiblemente lo hiciera, debe tomarse como una prueba de que la gracia de Cristo que obraba tan poderosamente en Pablo, y que (según esperaba el apóstol) obraría en Filemón, también estaba obrando en Onésimo. No cabe duda de que a Onésimo le resultaría útil contar con la agradable y alentadora compañía de Tíquico en su camino de regreso: la partida de Tíquico hacia el valle de Lico tal vez le proporcionó a Pablo una oportunidad adecuada para enviar con él a Onésimo.

IV. LA IMPORTANCIA DE LA CARTA

Podríamos obtener una idea más clara de la naturaleza y el propósito de la carta a Filemón si nos formuláramos tres preguntas:

(1) ¿Qué es lo que Pablo pide?
(2) ¿Le fue concedido lo que pidió?
(3) ¿Por qué se conservó la carta?

Desde el punto de vista formal, estas tres preguntas son diferentes, pero materialmente, constituyen tres partes de una sola pregunta integral que incluye el carácter del documento y su lugar en el Nuevo Testamento.

(1) ¿Qué es lo que Pablo pide? Pablo pide que su amigo y convertido, Filemón de Colosas, vuelva a recibir a su esclavo Onésimo sobre una base nueva —no ya como un esclavo sino como un hermano cristiano y como un compañero en el servicio del evangelio al que Filemón, al igual que el propio Pablo, está dedicado. Además, delicadamente pide a Filemón comprender que lo que realmente desearía es que enviara a Onésimo de regreso a él para continuar el servicio personal que ya había comenzado a prestarle.

De hecho, se ha alegado que la petición no iba dirigida a Filemón sino a Arquipo, a quien Pablo y Timoteo también le enviaron sus saludos en el preámbulo de la carta.[24] Juan Knox, quien propone este argumento, considera que está respaldado en el mensaje enigmático dirigido a Arquipo al final de la carta a la iglesia colosense, a la que se le pide que le diga a Arquipo que se asegure de cumplir el ministerio que recibió "en el Señor" (Col. 4:17). Pablo solicita allí la ayuda de la iglesia colosense para persuadir al amo de Onésimo que haga lo que Pablo desea.

---

24. J. Knox, *Philemon among the Letters of Paul* (Chicago, 1935: Nashville, TN/Londres, 1959); cf. también su introducción y exégesis sobre Filemón en *IB* XI (New York, 1955), 555-73, con H. Greeven, "Prüfung der Thesen von J. Knox zum Philemonbrief", *TLZ* 79 (1954), col. 373-78.

LA IMPORTANCIA DE LA CARTA

¿Quién era, entonces, Filemón? Según se dice, Filemón se desempeñaba como sobreveedor de las iglesias del valle de Lico, y vivía en Laodicea. Pablo dispuso que la carta acerca de Onésimo se le entregara primero a Filemón porque él podía usar su influencia con Arquipo; esta era la "carta de Laodicea" que Pablo le pidió a la iglesia de Colosas que consiguiera y leyera (Col. 4:16).

Es muy probable que el ministerio que Arquipo debía cumplir tuviera algo que ver con Laodicea, porque se menciona inmediatamente después de la referencia a la "carta de Laodicea". Pero tras la extraordinaria delicadeza con la que aparece formulada la súplica de Pablo a favor de Onésimo en la carta a Filemón, habría sido una torpeza increíble presionar al amo de Onésimo por nombre en otra carta que iba a leerse en alta voz en una reunión de la iglesia en la que presumiblemente ese individuo estaría presente. Nadie se sentiría incómodo por el discreto elogio de Onésimo en Colosenses 4:9: "Onésimo, amado y fiel hermano, que es uno de vosotros" —tal vez le añadiría un poco más de peso a la súplica de Pablo en la carta a Filemón, pero no pondría al amo de Onésimo en un aprieto. Cualquier intento en ese sentido neutralizaría la diplomacia confiada —y confidencial— de la carta a Filemón.

Esa diplomacia se vería neutralizada con más eficacia aún si la carta a Filemón se leyera en voz alta en presencia de una iglesia congregada. Es cierto que en dicha carta se envían saludos a la iglesia que está en la casa del destinatario y también a Filemón, a Apia y a Arquipo; pero eso no implica que el contenido privado de los vv. 4-21 tuviera que ponerse en conocimiento incluso de esa iglesia casera, y mucho menos de la iglesia más numerosa de la ciudad.

"Es obvio que se está hablando de la casa de Filemón":[25] el nombre de Filemón ocupa el primer lugar entre las personas que se saludan en el preámbulo, y esto en sí mismo es "fatal para la teoría de que Arquipo es el principal destinatario".[26] Filemón es el amo de Onésimo, a quien va dirigida la súplica personal de Pablo. Es poco probable que Knox hubiera llegado a cualquier otra conclusión que no atendiera a su deseo de relacionar el peso de la carta a Filemón con el ministerio encomendado a Arquipo en Colosenses 4:17.

(2) ¿Fue concedido lo que Pablo pidió? Sí; de otro modo la carta a Filemón no habría sobrevivido. El hecho de que haya sobrevivido es un asunto que exige comentario, pues si Filemón hubiera endurecido su corazón y se hubiera negado a perdonar y a recibir a Onésimo, y mucho menos enviarlo de nuevo a Pablo, habría sin duda eliminado la carta.

(3) ¿Por qué se conservó la carta? Esta pregunta nos lleva a las características de la obra de John Knox *"Philemon among the Letters of Paul"* que la convierten en uno de los estudios más importantes y fascinantes de esta carta que jamás se haya publicado.

---

25. E. J. Goodspeed, *Introduction to the New Testament* (Chicago, 1937), p. 111.
26. C. F. D. Moule, *Colossians and Philemon*, pp. 16-17.

INTRODUCCIÓN A FILEMÓN

La obra de Knox adquirió forma en el contexto de la Escuela de estudios del NT de Chicago dirigida por Edgar J. Goodspeed, que fue el primero en proponer que el corpus paulino de diez cartas (es decir, sin contar las tres pastorales) se editó y publicó en Éfeso hacia el final del siglo I d.C., y que el documento que conocemos como la Epístola a los Efesios fue compuesto por el editor como una introducción al corpus.[27] Otros miembros de la escuela realizaron estudios de apoyo, y el libro de Knox pertenece a esta categoría.

Knox acepta la postura general de Goodspeed pero sugiere una razón para la inclusión de Filemón en el corpus de las diez cartas. Fue incluida porque significaba mucho para un hombre que desempeñó un papel prominente en la publicación del corpus —a saber, Onésimo.

Su argumento es el siguiente. Mientras Ignacio, obispo de Antioquía en Siria, era llevado a Roma para ser ejecutado en los alrededores del año 110 d.C., recibió en Esmirna la visita del obispo de Éfeso, que se llamaba Onésimo. Pero, ¿por qué debería relacionarse este Onésimo con el Onésimo al que se había hecho referencia en la carta a Filemón cincuenta años antes?

Porque, según dice Knox, Ignacio demostró su conocimiento de esta carta cuando escribió una epístola de agradecimiento a la iglesia de Éfeso. Su epístola a los efesios es, sin duda, uno de los pocos lugares en la literatura patrística que refleja claramente el lenguaje de la carta a Filemón. No solo eso, sino que la parte de la epístola de Ignacio que refleja el lenguaje de la carta a Filemón es la que menciona al obispo Onésimo —los primeros seis capítulos. En estos seis capítulos el nombre del obispo aparece catorce veces;[28] en los quince capítulos restantes nunca se menciona (aparte de una referencia más general al oficio de obispo: "obedecer al obispo y al presbiterio con una imperturbable tranquilidad mental").[29]

Esta consideración es impactante. Un punto en especial es que, así como Pablo juega con el significado del nombre de Onésimo ("provechoso") cuando le dice a Filemón: "que tenga yo algún provecho de ti" (v. 20), Ignacio, al parecer, también hace lo mismo cuando escribe a la iglesia efesia: "que siempre tenga yo algún "provecho" de ustedes" (2:2).[30]

---

27. E. J. Goodspeed, "*The Place of Ephesians in the First Pauline Collection*", *ATR* 12 (1929-30), 189-212; *Introduction to the New Testament*, págs. 210-19, 222-39; *The Meaning of Ephesians* (Chicago, 1933). Goodspeed también identificó la carta a Filemón con la "carta de Laodicea" de Col. 4:16, pero pensaba que Arquipo y Onésimo, al igual que Filemón, vivían en Laodicea. Arquipo no estaba presente cuando se leyó la carta a los Colosenses con su mensaje para él en la iglesia a la que iba dirigida: "De haber estado en Colosas, ¿por qué los colosenses habrían tenido que "decírselo"? Si se hallaba presente en la reunión de la iglesia, escucharía el mensaje sin que nadie se lo comunicara" (*Introduction*, págs- 109-12). Más adelante, en *The Key to Ephesians* (Chicago, 1956), págs. xiv-xv, Goodspeed aceptó la conclusión de Knox de que Onésimo era el autor de Efesios, como también lo hizo P. N. Harrison (*Paulines and Pastorals*, pp. 31-78).
28. Incluyendo tres veces por nombre (Ignacio, *Eph.* 1:3; 2:1; 6:2).
29. Ignacio, *Eph.* 20:2.
30. Véase la pág. 204 con n. 94 (sobre Flm. 20).

LA IMPORTANCIA DE LA CARTA

Nada de esto demuestra la identificación de los dos Onésimos; cabría pensar simplemente que el nombre del obispo de Éfeso le recordó a Ignacio al Onésimo con el que Pablo trabó amistad.[31] Así como el primer Onésimo, que antes había sido de tan poco provecho, iba a ser en lo sucesivo tan provechoso como su nombre prometía,[32] el Onésimo de Éfeso era eminentemente digno de ese "bien amado nombre".[33] La identificación, empero, no es imposible; podríamos ir más lejos y decir que no es improbable. No sabemos qué edad tenía el Onésimo de Pablo cuando el apóstol escribió acerca de él; pero un hombre joven al final de su adolescencia o alrededor de veinte años en esa época, tendría alrededor de setenta años en el momento en que ocurrió el martirio de Ignacio —una edad posible para un obispo en aquellos días.

Knox se muestra aún más osado en su reconstrucción de la situación. Si (tal como sostiene la escuela de Goodspeed), Éfeso fue el lugar en el que se publicó por primera vez el corpus paulino, a principios del siglo II, entonces el Onésimo de la carta de Ignacio era obispo de Éfeso por esa época y debe haber tenido alguna responsabilidad respecto a la edición del corpus. Y, ¿por qué él mismo no podría haber sido el editor? En ese caso, no hace falta seguir buscando ninguna otra razón para la cuidadosa preservación de la carta a Filemón y su inclusión en el corpus publicado de las cartas de Pablo. Pero si Onésimo fue el editor del corpus, entonces (de acuerdo con la escuela de Goodspeed) él tuvo que ser el autor de la carta canónica a los efesios. De haber sido así, Pablo logró algo más maravilloso de lo que tal vez pensó el día que ganó a Onésimo para la fe en Cristo.

Pero el planteamiento de Goodspeed no ha contado con una amplia aceptación.[34] Para los que no pueden aceptarlo, la reconstrucción de Knox es más fantasiosa que fáctica en ese respecto. Sin embargo, la preservación y la canonización de esta carta privada exigen una explicación. Para Onésimo, esa era su carta de libertad. No es improbable que Onésimo llegara a ser obispo de

---

31. El nombre "Onésimo" se usaba ampliamente a lo largo del mundo greco-romano, y no exclusivamente como un nombre de esclavo. Pueden mencionarse dos ejemplos: en una canción de una farsa atelana que fue interpretada ante el emperador Galba, "Onésimo vino de su casa de campo" (Suetonio, *Galba* 13), y en una inscripción procedente de Eumenia en la Frigia asiática, donde el propietario judío de una tumba (Aurelio Gayo Apella) dice que él la preparó "para sí mismo y para su esposa y madre, y su excelente amigo Onésimo y su esposa" (*CIJ* 761). Aparece incluso como el nombre de una mujer, por cuanto ὀνήσιμος es un adjetivo de dos terminaciones (Horsley, *New Documents*, pág. 89, § 54).

32. Pablo no implica, como piensa Knox, que Onésimo fuera el nuevo nombre cristiano que él le dio a su convertido; no iba a presentarlo en la carta con un nombre que su amo no reconociera. (Véase la pág. 197 con n. 62.)

33. Knox alega que la referencia de Ignacio al "bien amado nombre" (τὸ πολυαγάπητόν σου ὄνομα, *Eph*. 1:1) debe tomarse como una alusión al nombre de su obispo, que fue a Esmirna para saludar a Ignacio en representación de su iglesia: "a toda vuestra comunidad he recibido, en el nombre de Dios, en Onésimo" (*Eph*. 1:3).

34. Véase J. J. Cook, *Edgar Johnson Goodspeed: Articulate Scholar* (Chico, CA, 1981), págs. 9-21.

Éfeso. En ese caso, entonces, más allá de quien haya compilado y publicado el corpus paulino, y dondequiera que lo haya hecho, por primera vez, es muy difícil que Onésimo no estuviera al tanto de ello y que no se asegurara de que su carta paulina encontrara un lugar en la colección.

ANÁLISIS DE FILEMÓN

  I. Preámbulo (1-3)
 II. Acción de gracias por las noticias de la generosidad de Filemón (4-7)
III. Petición de Pablo (8-14)
 IV. Reafirmación de la petición (15-20)
  V. Promesa de una visita (21-22)
 VI. Saludos de parte de los compañeros de Pablo (23-24)
VII. Bendición final (25)

TEXTO, EXPOSICIÓN Y NOTAS

FILEMÓN

I. PREÁMBULO (1-3)

1 *Pablo, prisionero¹ de Cristo Jesús, y nuestro hermano Timoteo, a Filemón, nuestro querido amigo² y colaborador,*
2 *y a nuestra hermana³ Apia y a Arquipo, nuestro compañero de milicia, y a la iglesia que está en tu casa:*
3 *gracia y paz a vosotros de parte de Dios nuestro Padre y del Señor Jesucristo.*

1 Al igual que la carta a los Colosenses, esta también muestra el nombre de Timoteo asociado con el de Pablo en el preámbulo, pero en este caso no cabe duda de que Timoteo comparte la autoría de la misma con el apóstol. A través del cuerpo de esta carta un hombre (Pablo) se dirige a otro hombre (Filemón). Timoteo aparece vinculado a Pablo en la salutación inicial, y no se incluye entre los demás amigos que envían sus saludos en los vv. 23 y 24, porque él era el socio permanente de Pablo en su ministerio.

Pablo le pedirá un favor a Filemón; por esa razón, tiene cuidado de no reafirmar su estatus apostólico, tal como hace en la mayoría de sus preámbulos. Se presenta a sí mismo como un prisionero, un hombre en cadenas; sin embargo, este es también un título honorífico, porque no es simplemente un prisionero del César (lo cual sí era en virtud del derecho romano) sino como un prisionero de Cristo Jesús.⁴ En cadenas o en libertad, seguía siendo un embajador, y si en ese momento su soberano le había ordenado que ejerciera

---

1. Gr. δέσμιος, que D* remplaza por ἀπόστολος, 629 ἀπόστολος δέσμιος, y 323 945 y algunos otros manuscritos en cursivas δοῦλος.
2. Gr. Φιλήμονι τῷ ἀγαπητῷ, después de lo cual D* y uno o dos testigos de la Antigua Latina añaden ἀδελφῷ.
3. Gr. τῇ ἀδελφῇ, que en D² Ψ y la mayoría los manuscritos en cursiva aparece como τῇ ἀγαπητῇ, y 629 con unos cuantos testigos latinos y sir^hel ἀδελφῇ τῇ ἀγαπητῇ.
4. Cf. Ef. 3:1; 4:1.

sus funciones como embajador bajo custodia militar, tenía que obedecer su orden: tal como se lee en el v. 9, Pablo era simultáneamente "embajador y ahora también prisionero de Cristo Jesús".

Lo único que se sabe acerca de Filemón es lo que muestra esta carta.[5] Residía evidentemente en Colosas (otro tanto podría inferirse a partir de la referencia a Onésimo como "uno de vosotros" en Col. 4:9). Pero esta carta da a entender con bastante claridad que, a diferencia de los demás cristianos en el valle de Lico, Pablo conocía personalmente a Filemón y lo contaba entre sus "colaboradores".[6] De hecho, a partir del v. 19b es obvio que había sido convertido por Pablo. Pero respecto al momento y al lugar en que se conocieron solo pueden hacerse conjeturas.

2 Apia y Arquipo, a los que también saluda por nombre, eran presumiblemente miembros de la familia de Filemón, tal vez su esposa y su hijo. El nombre Apia (que no debe confundirse con la Apia[7] romana) está bien confirmado en Frigia y en otros lugares de la Anatolia occidental: se hace memoria de una Apia de Colosas en una lápida sepulcral erigida por su esposo Hermas.[8] Arquipo, por otra parte, es el destinatario de un mensaje enigmático que se lee en Colosenses 4:17 —enigmático para el lector moderno, pero no cabe duda de que él lo entendió muy bien.[9] (La idea de que el mensaje tenía que ver con el tratamiento de Onésimo, como si la súplica de Pablo en esta carta estuviera dirigida a Arquipo y no a Filemón, no cuenta con ningún respaldo).[10] Se hace referencia a él aquí como "nuestro compañero de milicia" o compañero de lucha[11] —un título que Pablo también le da a Epafrodito de Filipos (Fil. 2:25). Podríamos entrever cierta asociación personal con Arquipo en la obra del evangelio, pero no sabemos en qué consistía.

La inclusión de la iglesia en la casa de Filemón entre los receptores de esos saludos iniciales sugiere que algunos de los cristianos en la ciudad se reunían normalmente en ese lugar. Aunque se les saluda de esta manera en el preámbulo, no aparecen como destinarios de la carta: la carta es de carácter privado, y va dirigida solo a Filemón (lo cual resulta obvio por el uso del pronombre singular de segunda persona).[12] La participación de la iglesia —incluso de la iglesia casera de Filemón— en lo que era una responsabilidad

---

5. El nombre aparece con frecuencia en la historia y la literatura griegas.

6. Cf. Col. 4:11 (pág. 166 con n. 54).

7. Las versiones Latinas normalmente lo transcriben como Apia.

8. *CIG* 3, 4380.k.3: "Hermas a Apia [o Apias, dativo Ἀπφιάδι de Ἀπφιάς], su propia esposa, la hija de Trifón, de familia colosense: como recuerdo". Véanse los comentarios de Dibelius-Greeven y Lohse (E.T.), *ad loc.*

9. Véase la pág. 169.

10. Cf. J. Knox, *Philemon among the Letters of Paul* (Nashville/New York, 1959), págs. 49-51.

11. Gr. συστρατιώτης.

12. El pronombre plural ὑμεῖς aparece solamente en el preámbulo (v. 3), en una nota personal más general (v. 22b) y en la bendición (v. 25).

personal de Filemón podría haber sido contraproducente. (El elogio de Onésimo en Col. 4:9 se basa en una razón diferente).[13]

3 El preámbulo termina con la invocación paulina habitual "gracia y paz" —aquí, como de costumbre, "de Dios nuestro Padre y del Señor Jesucristo".[14] El apóstol invoca la gracia y la paz sobre todos los que menciona en el preámbulo junto con Filemón, pero con eso concluye el mensaje para ellos, hasta que vuelve a hacer uso del pronombre personal "vosotros" cuando expresa su esperanza de verlos de nuevo (v. 22b) y en la última bendición de gracia (v. 25).

II. ACCIÓN DE GRACIAS POR LAS NOTICIAS DE LA GENEROSIDAD DE FILEMÓN (4-7)

4 *Doy gracias a mi Dios siempre, haciendo mención de ti en mis oraciones,*
5 *porque oigo de tu amor y lealtad[15] que demuestras hacia el Señor Jesús[16] y hacia todos los santos.*
6 *(ruego) que la generosidad, que es la expresión de tu fe, se haga efectiva en la experiencia de todo lo bueno[17] que es nuestro[18] en Cristo.[19]*
7 *He recibido mucho gozo[20] y consuelo con las noticias de tu amor,[21] porque tú has confortado los corazones de los santos, hermano mío.*

4 El preámbulo va seguido de la expresión paulina habitual de acción de gracias, entrelazada (como de costumbre) con una referencia a una oración de intercesión.[22] La base de la acción de gracias y la sustancia de la oración guardan una relación estrecha con el propósito de la carta.[23] Las cualidades que

---

13. Véase la pág. 162.
14. Véase la pág. 35 con n. 5 (sobre Col. 1:2b).
15. $P^{(vid.)}$ D y varios manuscritos en cursiva invierten el orden: "lealtad y amor" (τὴν πίστιν καὶ τὴν ἀγάπην por τὴν ἀγάπην καὶ τὴν πίστιν).
16. Gr. πρὸς τὸν κύριον Ἰησοῦν. En A C y unos cuantos manuscritos en cursiva se lee εἰς en lugar de πρός, como también ocurre en D*, con la adición de Χριστόν después de Ἰησοῦν. En 629 se lee ἐν Χριστῷ Ἰησοῦ.
17. Con respecto a παντὸς ἀγαθοῦ, en F G y algunos otros testimonios se lee παντὸς ἔργου ἀγαθοῦ (cf. Col. 1:10; también 2Co. 9:8; 2Ts. 2:17; y en las pastorales *pássim*).
18. Gr. ἐν ἡμῖν, que se remplaza por ἐν ὑμῖν en P ℵ F G P 33 1739 1881 etc. lat[a b vg] sir co.
19. A la frase εἰς Χριστόν, ℵ² D F G Ψ con la mayoría de los manuscritos en cursiva, lat sir[pesh] añaden Ἰησοῦν.
20. Gr. χαράν, que en mayoría de los manuscritos en cursiva se remplaza por χάριν ("gracia").
21. Lit., "en tu amor" (ἐπὶ τῇ ἀγάπῃ σου).
22. Con respecto a esta acción de gracias y a esta referencia a la oración, véase P. T. O'Brien, *Introductory Thanksgivings in the Letters of Paul* (Leiden, 1977), págs. 47-61; G. P. Wiles, *Paul's Intercessory Prayers* (Cambridge, 1974), págs. 215-25.
23. Compárese τῶν προσευχῶν μου (v. 4) con τῶν προσευχῶν ὑμῶν (v. 22), σου τὴν ἀγάπην (v. 5) con διὰ τὴν ἀγάπην (v. 9), ἡ κοινωνία (v. 6) con κοινωνόν (v. 17), παντὸς ἀγαθοῦ τοῦ ἐν ἡμῖν (v. 6) con τὸ ἀγαθόν σου (v. 14), τὰ σπλάγχνα τῶν ἁγίων ἀναπέπαυται (v. 7) con ἀνάπαυσόν μου τὰ

dieron lugar a la acción de gracias de Pablo cuando recibió las noticias acerca de Filemón eran las mismas que el apóstol deseaba que él mostrara en el asunto sobre el que estaba escribiéndole; el cumplimiento de su oración por Filemón proporcionaría un contexto muy adecuado para que él estuviera dispuesto a conceder su petición personal.

5 Era probablemente Epafras el que le había dado a Pablo las noticias acerca de Filemón que le causaron tanto gozo, y asimismo, las noticias sobre la iglesia colosense en general. Es posible también que Onésimo le diera a Pablo noticias sobre Filemón y su familia, pero la información de Epafras fue más objetiva. El amor y la lealtad que Filemón demostró, de acuerdo con esta información, eran el resultado práctico de su fe cristiana.[24] La misma palabra (gr. *pistis*) connota las ideas de "fe" y "lealtad"; pero en este caso su significado parece ser "lealtad" o "fidelidad", en primer lugar, por su posición después de "amor" y además, porque va dirigida no solo hacia "el Señor Jesús" (que es el verdadero objeto de la "fe" con el sentido de confianza) sino también hacia su pueblo —"todos los santos".

La diferencia en la construcción entre estas palabras y las de Colosenses 1:4 y Efesios 1:15 ("oyendo de tu fe en Cristo Jesús[25] y tu amor por todos los santos") implica una diferencia en el significado. El amor y la lealtad hacia el pueblo de Cristo[26] ofrece una prueba visible del amor y la lealtad hacia el Cristo invisible.[27]

6 Este versículo presenta varios problemas en la traducción. La versión inglesa ARV, ofrece una traducción bastante literal: "que la participación de tu fe se haga efectiva, en el conocimiento de todo lo bueno que hay en ti, hacia Cristo" (la expresión "que hay en ti" representa una lectura variante de la que presupone la traducción supra: "que hay en nosotros").[28] Pero esa traducción tan literal exige una interpretación detallada.

La "participación" debe entenderse probablemente de manera activa, es decir, que Filemón "comparta" sus recursos con los demás con un espíritu de generosidad que brota de su fe en Cristo.[29] En el contexto, esto es más probable que algunas de las otras interpretaciones, como por ejemplo, "la comunicación de tu fe (a otros)",[30] "la comunión que disfrutas (con otros) por medio de la fe",[31] "la comunión que disfrutas (con Cristo) por medio de la fe",[32]

σπλάγχνα (v. 20).

24. Cf. Gá. 5:6, "la fe (πίστις) que obra por el amor (ἀγάπη)."
25. Ef. 1:15 dice "en el Señor Jesús"; al igual que en Col. 1:4 la preposición es ἐν (véase la pág. 40).
26. Con respecto a los "santos" (ἅγιοι) como un título para los creyentes, cf. Col. 1:2 (págs. 38-39).
27. Cf. 1Jn. 4:20-21.
28. Véase la pág. 191, n. 18.
29. Gr. ἡ κοινωνία τῆς πίστεώς σου.
30. Cf. M. R. Vincent, *ad loc.*
31. Cf. E. Lohmeyer, *ad loc.*; él interpreta πίστεως como un genitivo de origen.
32. Cf. M. Dibelius, *ad loc.*

"tu participación en la fe",[33] o "la participación (que otros tienen) en tu fe".[34] Todos estos significados son posibles para la expresión griega en sí.

De ser así, lo que se pide en la oración para que[35] la generosidad de Filemón sea "eficaz"[36] es que él pueda experimentar la verdad del principio que establece que "el que siembra abundantemente[37], abundantemente también segará" (2Co. 9:6). Si dicha oración es respondida, lo que segará Filemón es el conocimiento[38] y el disfrute de cada una de las bendiciones que los cristianos tenemos en Cristo, según lo expresa 2 Corintios 9:8: "Y Dios puede hacer que toda gracia abunde en vosotros, a fin de que teniendo siempre todo lo suficiente en todas las cosas, abundéis para toda buena obra".[39] Pablo está pensando en una buena obra en particular que Filemón debe realizar, y los recursos que necesita para realizarla no dependen de la prosperidad material sino de la gracia cristiana. Si la traducción correcta de la última parte del versículo es "hacia Cristo"[40] (LBLA nota), entonces, el significado sería, tal como lo interpreta Lightfoot, "y nos conduce a él como meta suprema", y en cuanto a su sentido, no se relacionaría con "lo que es nuestro" sino con "que se haga efectiva...". La expresión "que es nuestro" literalmente se traduce como "lo que (está) en nosotros";[41] podría significar "implantado dentro de cada uno de nosotros" o "que está entre nosotros" (o 'a nuestra disposición') por cuanto somos el pueblo de Cristo". En un contexto en el que se hace hincapié al hecho de compartir, lo más probable sería atribuirle un sentido colectivo, y este sentido se ve reforzado por la traducción "hacia Cristo".[42]

7 El gozo al que Pablo hace referencia era su reacción ante las buenas noticias que había recibido acerca de la generosidad de Filemón.[43] Era natural

---

33. Cf. C. H. Dodd, *ad loc.*
34. Cf. la traducción de Moffatt: "su participación en tu fe leal".
35. La conjunción ὅπως al principio del v. 6 introduce el contenido de la oración de Pablo.
36. Gr. ἐνεργής.
37. La repetición de "abundantemente" connota la repetición de ἐπ' εὐλογίαις ("con bendiciones").
38. Gr. ἐπίγνωσις, y en este respecto, véase la pág. 41 con n. 30 (sobre Col. 1:9). G. B. Caird (*ad loc.*) considera que el significado de este término aquí es "un conocimiento más profundo del bien que debe realizarse".
39. Gr. εἰς πᾶν ἔργον ἀγαθόν, que invita a la comparación con παντὸς ἀγαθοῦ aquí.
40. Gr. εἰς Χριστόν.
41. Gr. τοῦ ἐν ἡμῖν.
42. Esto le da a εἰς Χριστόν el sentido que normalmente se expresa por medio de ἐν Χριστῷ. El cambio de preposición podría atribuirse a una disimilación fonética de ἐν en la frase anterior ἐν ἡμῖν. "La información acerca de la oración intercesora de Pablo podría parafrasearse de la siguiente manera: 'Oro para que tu generosidad, que es fruto de tu fe, te haga conocer y experimentar con más profundidad y eficacia todas las bendiciones que nos pertenecen a los que somos miembros en el cuerpo de Cristo" (P. T. O'Brien, *Introductory Thanksgivings*, pág. 58). Resultaría difícil ofrecer una versión mejor.
43. El aoristo ἔσχον en χαράν ... πολλὴν ἔσχον podría referirse a la reacción de Pablo en el momento en que recibió las noticias, pero continuó regocijándose. Cf. 3Jn. 3, ἐχάρην ... λίαν, del gozo del anciano cuando los hermanos le trajeron noticias de la fidelidad y la hospitalidad de Gayo. Es una coincidencia agradable que las dos cartas verdaderamente personales en el NT se dirijan a

que se regocijara de que uno de sus convertidos mostrara la realidad de su fe por medio de la práctica de la caridad cristiana, pero su gozo iba acompañado de ánimo, por cuanto un hombre que reflejaba esas cualidades era muy probable que accediera a la petición personal que estaba a punto de hacerle. El versículo 7 constituye sin duda una transición de la acción de gracias y la intercesión de los vv. 4-6 al llamado que se expresa en los versículos que siguen.

Filemón, al parecer, tenía una posición económica bastante holgada, y usaba sus recursos para ayudar a sus hermanos cristianos. Pero su benevolencia no solo mostraba su generosidad sino también la manera en la que la practicó: a los que se beneficiaron de ella no se les hizo sentir avergonzados. Además de satisfacer sus necesidades, consoló también sus corazones[44] cuando se percataron del amor que había impulsado su acción.

III. PETICIÓN DE PABLO (8-14)

8 *Por lo tanto, aunque en Cristo tengo plena libertad para señalarte el camino que debes seguir,*

9 *no obstante, prefiero hacerte un ruego por causa del amor que te tengo, y lo hago yo Pablo, en mi condición de embajador —aunque ahora también prisionero— de Cristo Jesús.*

10 *te ruego, pues, por mi hijo, en cuyo padre me he convertido en el lugar de mis prisiones.[45] Me refiero a Onésimo.*

11 *En otro tiempo te resultó de muy poco provecho, pero ahora, nos es provechoso a ti y a mí igualmente.[46]*

12 *Te lo vuelvo a enviar, y en él estoy enviándote mi propio corazón.[47]*

13 *Me agradaría retenerlo conmigo, para que me sirviera en lugar tuyo en la prisión en que me hallo por causa del evangelio.*

14 *Pero no quise hacer nada sin tu consentimiento, para que tu buena obra hacia mí no fuera, por así decirlo, una obligación sino una iniciativa voluntaria.*

---

hombres tan afines en su generosidad.

44. Gr. σπλάγχνα ("entrañas"), como en los vv. 12, 20. Cf. Col. 3:12 (pág. 140 con n. 121).

45. Se hace hincapié en el carácter personal de la nota por medio del pronombre ἐγώ antes de ἐγέννησα (A lat\u1d43) o de μου después de δεσμοῖς (א C D Ψ con la mayoría de los manuscritos en cursivas).

46. Gr. καὶ σοὶ καὶ ἐμοί. La primera conjunción καί se omite en א A C D y en la mayoría de los manuscritos en cursivas.

47. Gr. ὅν ἀνέπεμψά σοι, αὐτόν, τοῦτ' ἔστιν τὰ ἐμὰ σπλάγχνα. El pronombre relativo ὅν se repite virtualmente en αὐτόν, que es por tanto enfático ("el propio Onésimo"). En diferentes posiciones, y con algunas modificaciones en la redacción, en algunos testimonios (incluyendo א C D Ψ con la mayoría de los manuscritos en cursivas y las versiones latinas) se añade προσλαβοῦ, "recibir" (del v. 17), para el que αὐτόν, τοῦτ' ἔστιν τὰ ἐμὰ σπλάγχνα es entonces el complemento.

8 Pablo podría, por supuesto, haber ejercido su autoridad como apóstol de Cristo y haberle ordenado a Filemón que hiciera lo que él deseaba —que era, además, lo correcto[48] para Filemón. Pero no tenía intención de hacer semejante cosa; no es así cómo un amigo aborda a otro. Sin embargo, no se abstuvo de indicar que, si hubiera querido imponer su autoridad, tenía plena libertad para hacerlo. La palabra que aquí se traduce como "libertad" es el sustantivo que normalmente se emplea para referirse a la "libertad de expresión" o la "audacia para actuar",[49] el término griego *parrhēsia*. En un estudio del uso neotestamentario de esta palabra, W. C. van Unnik considera que la presentación que hace Pablo de dicho término aquí es un ejemplo típico de "franqueza" entre los cristianos. "Pablo, que según los estándares mundanos, está muy por debajo del acaudalado Filemón, y está preso, cuenta con la audacia suficiente para ordenarle[50] a Filemón que cumpla con su deber, pero se abstiene de ejercer ese derecho; aquí también la "libertad de expresión" de la que goza Pablo es "en Cristo".[51]

9 Las órdenes suelen producir molestia, independientemente de quien vengan, pero es difícil oponerse al ruego de un amigo, especialmente si se hace expresamente "por amor". El Señor, de quien Pablo es un embajador, puede exigir obediencia con suprema autoridad, pero incluso él prefiere rogarle a su pueblo "por amor", lo cual se aviene mejor a su naturaleza.[52] El embajador, investido con la autoridad del Señor, seguirá el ejemplo de su Señor. En las traducciones españolas, Pablo no alude a sí mismo como embajador, sino como un anciano. Es cierto que la palabra griega aquí tiene el sentido de "anciano" en la lengua clásica; difiere en una letra de la palabra que significa "embajador" (que procede de la misma raíz, porque los embajadores normalmente eran entrados en años)".[53] Si Pablo se refirió a sí mismo aquí como un hombre anciano (que, con una edad de alrededor de sesenta años, tenía derecho a serlo), entonces, su ruego, al parecer, se basaba en la piedad y también en el amor, y podría pensarse que el sentimiento de piedad del lector se profundizaría al considerar que dicho ruego no solo provenía de un anciano, sino también de alguien que estaba preso por causa del evangelio. Sin embargo, más allá de lo que Filemón

---

48. Gr. τὸ ἀνῆκον. Cf. Col. 3:18 (p. 148, nn. 171, 172).

49. Gr. παρρησία (cf. Col. 2:15; Ef. 3:12; 6:19, 20).

50. Gr. ἐπιτάσσειν, que aparece como "señalar" en la traducción supra; es, sin embargo, una palabra contundente. Cf. el uso paulino del sustantivo correspondiente ἐπιταγή en 1Co. 7:6, "Digo esto por vía de concesión, no como una orden (κατ' ἐπιταγήν)", y en 2Co. 8:8 (donde el tono no es distinto al del pasaje que nos ocupa), "no digo esto como un mandamiento (κατ' ἐπιταγήν), sino para probar... la sinceridad de vuestro amor".

51. W. C. van Unnik, "*The Christian's Freedom of Speech in the New Testament*", *BJRL* 44 (1961-62), 474.

52. Cf. Jn. 14:15, 23. Para Pablo, al igual que para Jesús, "el amor es el cumplimiento de la ley" (Ro. 13:10; Gá. 5:14; Mr. 12:29-31, citando a Dt. 6:4-5 y a Lv. 19:18); cuando la ley se cumple por amor, no se cumple "de manera obligatoria sino espontáneamente".

53. La palabra aquí es πρεσβύτης, mientras que la palabra que normalmente se usa respecto a un "embajador" es πρεσβευτής (cf. el verbo πρεσβεύω en 2Co. 5:20; Ef. 6:20).

FILEMÓN 10

y otros pudieran pensar, Pablo no veía su condición de "prisionero de Cristo Jesús" como una desgracia, ni como una situación que demandara compasión; para él era un motivo de orgullo. Por consiguiente, cabe esperar que el término que usa conjuntamente con este sea también un título de honor; y algunas versiones (en inglés) más recientes tienen probablemente razón al preferir la traducción "embajador" y no "anciano". No hay necesidad de recurrir a una enmienda hipotética del griego;[54] en este período las dos palabras, o al menos las dos ortografías, eran prácticamente intercambiables.[55] Pablo, de hecho, alude aquí a la misma condición doble que señala en Efesios 6:20, donde dice que a causa del evangelio, él es "un embajador en cadenas".[56]

10 Al rogar (como él dice) "por mi hijo", Pablo emplea, tal vez deliberadamente, una frase que puede interpretarse de varias maneras. Las palabras podrían significar "mi ruego es acerca de mi hijo"; y eso, por supuesto, era cierto. Onésimo es el tema de su carta. Pero las palabras también podrían significar "mi ruego es por mi hijo" en el sentido de "estoy rogándote que me des a mi hijo".[57] Y el modo en que Pablo amplía su ruego deja bien claro que esto es sin duda lo que quiere decir, pero lo expresa con tacto para que cuando Filemón acceda a su ruego sienta que está actuando por iniciativa propia.

Pablo solía referirse a sus convertidos como sus "hijos": Timoteo es "mi hijo amado y fiel en el Señor" (1Co. 4:17; cf. 1Ti. 1:2; 2Ti. 1:2); Tito es "mi verdadero hijo en la común fe" (Tit. 1:4); los cristianos corintios son "mis hijos amados" y se siente libre para dirigirles una admonición paternal (1Co. 4:14), y los cristianos gálatas son "hijitos míos",[58] por quienes de nuevo sufro dolores de parto hasta que Cristo sea formado en vosotros" (Gá. 4:19). Por tanto, Onésimo se describe aquí como el hijo que él ha adquirido —literalmente, "engendrado" en y a pesar de su encarcelamiento actual. Cuando Onésimo vino a verlo, o lo llevaron para que lo viera, en el lugar donde estaba detenido, Pablo lo ayudó a recibir la gracia libertadora de Cristo y, con ello, se granjeó la gratitud de su afecto. Pero ¿quién (Filemón quizás se preguntaba) es este hijo de quien Pablo escribe? Y entonces, finalmente revela la identidad del hijo: ¡es Onésimo! J. B. Phillips pone de relieve la paradoja cuando parafrasea el anuncio de Pablo

---

54. R. Bentley supuso πρεσβευτής aquí.
55. Bentley J. B. Lightfoot y E. Lohmeyer (*ad loc.*) aducen ejemplos del uso de πρεσβύτης con el sentido de "embajador" —p. ej., 1Mac. 14:22 ℵ, πρεσβῦται Ἰουδαίων ("embajadores de los judíos"); *Hom. Clem.*, *Ep. Clem.* 6, ὁ τῆς ἀληθείας πρεσβύτης ("el embajador de la verdad").
56. πρεσβεύω ἐν ἁλύσει (Cf. Pág. 413).
57. En el uso clásico παρακαλῶ σε περὶ τοῦ ἐμοῦ τέκνον significaría "te ruego acerca de mi hijo"; pero J. Knox señala que un "estudio de los casos relativamente infrecuentes en los que παρακαλῶ fue seguido de esta preposición [περί] en el griego tardío demostrará que περί a menudo, por no decir normalmente, designaba el contenido de la petición" (*Philemon among the Letters*, p. 19). Cita la afirmación de Apiano (*Punic Wars* 136) de que los pobres de Roma le pidieron tierras al César cuando regresó a la capital (τῶν ἀπόρων... περὶ γῆς παρακαλούντων), y menciona ejemplos similares tomados de los papiros.
58. En muchos testimonios aparece aquí el diminutivo τεκνία μου (en los demás textos citados la palabra es τέκνον).

diciendo: "Sí, me he convertido en padre a pesar de estar encerrado bajo llave, y el nombre de mi hijo es —¡Onésimo!".

11 Onésimo llevaba un nombre que solía usarse comúnmente como un adjetivo que significa "útil" o "provechoso".[59] Era bastante habitual darles a los esclavos nombres de este tipo[60] —no porque realmente fueran útiles o provechosos, sino con la esperanza de que, si se les daba ese nombre, su naturaleza o su conducta pudieran llegar a armonizar con él. Tras haber mencionado a Onésimo, Pablo procede a jugar con el significado de su nombre, usando un sinónimo y un antónimo de otra raíz.[61] "Aunque por su nombre es provechoso", dice él, "yo sé que para ti fue todo lo contrario —de muy poco provecho, por no decir, un completo inútil. Pero ahora ha cambiado y está en condiciones de ser sumamente provechoso para ti, tal como ha demostrado serlo para mí". Con el conocimiento que tenemos del pensamiento de Pablo, cabría preguntar de qué manera Onésimo podía ser provechoso para Filemón si este lo enviaba de regreso para que continuara al servicio de Pablo. La respuesta es sencilla: Onésimo sería provechoso para Filemón si realizaba los servicios que él mismo deseaba realizar para Pablo y no podía hacerlo en persona.

Juan Knox sugiere que "Onésimo" era el nuevo "nombre cristiano" que Pablo le había dado en el momento de su conversión. Basa parcialmente esta conclusión en la construcción gramatical del lenguaje de Pablo en este punto.[62] No obstante, es una interpretación forzada de dicho lenguaje: Lo que Pablo quiere decir, más bien, es que con la nueva naturaleza que Onésimo recibió cuando creyó en Cristo, se ha transformado por primera vez fiel a su nombre.

12 Bueno, dice Pablo, lo envío de nuevo a ti, y es como si me arrancara el corazón. El lenguaje de Pablo pone de relieve la solidez del lazo de afecto mutuo que los unía a Onésimo y a él. La palabra que se traduce como "corazón" significa literalmente "entrañas" (como en el v. 7), y aparece ocasionalmente en la literatura griega con el sentido figurado de "descendencia";[63] pero sería un error atribuirle este sentido aquí. Pablo sin duda usó un lenguaje relacionado con la paternidad para describir su relación con Onésimo, pero emplea

---

59. Gr. ὀνήσιμος, de la raíz del verbo ὀνίνημι, "reportar provecho o ventaja a alguien" (cf. ὀναίμην en el v. 20). Cf. el nombre Onesíforo ("que da fruto") en 2Ti. 1:16; 4:19.

60. Cf. el nombre Cresto (Gr. χρηστός, adjetivo verbal de χράω, χράομαι), que Suetonio (*Claudius* 25.4) y otros confunden con Cristo (*Christus*, Χριστός).

61. Antes era ἄχρηστος pero ahora es εὔχρηστος (de χράω, χράομαι, "usar"); el segundo adjetivo se aplica a Marcos en 2Ti. 4:11.

62. Esta sería la conclusión natural si Pablo hubiera dicho ὃν Ὀνήσιμον ἐγέννησα. Pero él dice ὃν ἐγέννησα ἐν τοῖς δεσμοῖς, Ὀνήσιμον. El pronombre relativo masculino ὅν ha adoptado el género de Ὀνήσιμον en vez del género neutro de su antecedente τέκνου (ὅ). La ubicación de "Onésimo" al final de la cláusula adjetival resulta retóricamente eficaz: "estoy pidiéndote a mi hijo, a quien engendré mientras estaba preso; en pocas palabras, estoy pidiéndote a —¡Onésimo!".

63. LSJ cita a Artemidoro, *Onirocriticus* 1.44: οἱ παῖδες σπλάγχνα λέγονται ("a los hijos se les llama 'entrañas'"); cf. Sófocles, *Antigone* 1066: τῶν σῶν ... ἐκ σπλάγχνων ἕνα ("uno de tus propios lomos").

repetidamente la palabra que ahora nos ocupa para transmitir la idea del afecto,⁶⁴ porque las entrañas se consideraban la sede de las emociones más profundas. "Al enviarlo a ti",⁶⁵ Pablo quiere decir, "estoy enviando verdaderamente una parte de mí mismo".

13 Pablo ahora deja bien claro lo que está pidiéndole a Filemón que haga. Cuando dice, "me agradaría⁶⁶ retenerlo conmigo",⁶⁷ usa una forma verbal que pudiera significar simplemente "desearía retenerlo conmigo", pero admite el sentido más tímido de "me agradaría" o "me habría agradado". Sin embargo, Pablo no hubiera retenido consigo a Onésimo sin la aprobación de Filemón, no solo porque quebrantaría la ley si lo hacía, sino, y mucho más, porque eso violaría su amistad y comunión cristiana con Filemón. Onésimo probablemente ya había comenzado a serle útil a Pablo, pero el apóstol nunca le habría pedido que lo sirviera en nombre de Filemón sin que este supiera nada al respecto. Sin embargo, si Filemón volvía a enviárselo para que continuara sirviéndole, entonces, no solo sería Onésimo sino también Filemón los que le prestarían el servicio. Limitado como estaba en sus movimientos, Pablo dependía en gran medida de los servicios que le prestaran otras personas. Es cierto que Timoteo estaba con él, pero Timoteo era su agente en las labores pastorales y de evangelismo que a veces le hacían ausentarse por largo tiempo (como cuando fue enviado de Roma a Filipos para dar noticias del resultado, o probable resultado, de la comparecencia de Pablo ante el tribunal imperial).⁶⁸ Pero si Filemón le enviaba de nuevo a Onésimo, él estaría disponible todo el tiempo para atender a las necesidades personales de Pablo, y esto sería una contribución nada despreciable al servicio del evangelio.

El servicio de Onésimo a Pablo en nombre de Filemón puede asemejarse al de Epafrodito de Filipos. Epafrodito fue enviado a Roma por los hermanos de la iglesia filipense para entregarle un donativo monetario a Pablo y quedarse con él y atender a sus necesidades en nombre de ellos. (Pablo, sin embargo, lo envió de regreso para calmar la ansiedad de los cristianos filipenses por las noticias que habían recibido de una enfermedad casi fatal que Epafrodito había padecido durante su viaje).⁶⁹

---

64. Cf. 2Co. 6:12; 7:15; Fil. 1:8; 2:1; Col. 3:12.

65. El pronombre αὐτόν en ὃν ἀνέπεμψά σοι, αὐτόν no es necesario para completar el sentido, pero sí le añade énfasis (cf. pág. 194, n. 47).

66. Gr. ἐβουλόμην, como en Hch. 25:22, ἐβουλόμην ... ἀκοῦσαι, "Desearía oír" (cf. el imperfecto similar ηὐχόμην en Ro. 9:3, ηὐχόμην ... ἀνάθεμα εἶναι, "podía pedir ser maldecido"). C. F. D. Moule (*IBNTG*, pág. 9) lo llama el "imperfecto desiderativo"; menciona, no obstante, la posibilidad de que el tiempo en el caso que nos ocupa podría ser epistolar (este, a mi juicio, es menos probable). Este uso de ἐβουλόμην sin ἄν es clásico y también helenístico (cf. W. W. Goodwin, *Syntax of the Moods and Tenses of the Greek Verb* [Londres, 1929], § 425, págs. 157-58; E. D. Burton, *Syntax of the Moods and Tenses in New Testament Greek* [Edinburgh, 1898], § 33, págs. 15-16).

67. En cuanto al sentido de πρός in πρὸς ἐμαυτόν ("conmigo mismo") cf. Mr. 6:3; 9:19; 14:49; Jn. 1:1-2; 1 Ts. 3:4.

68. Fil. 2:19-23; cf. 1Co. 4:17-18; Hch. 19:22.

69. Fil. 2:25-30; 4:18 (cf. F. F. Bruce, *Philippians*, GNBC, págs. 70-75).

La carta a los Filipenses también ofrece similitudes con las alusiones de Pablo respecto a sí mismo como alguien que está (literalmente) "en las cadenas del evangelio"[70] —en Filipenses 1:7, donde los cristianos de Filipos, que son participantes de la gracia con él en sus cadenas, son por tanto participantes con él "en la defensa y confirmación del evangelio", y en Filipenses 1:13, donde él se regocija de que la guardia pretoriana completa y todos los demás oficiales que están relacionados de alguna manera con su caso han visto que sus cadenas son "en Cristo" —es decir, que su encarcelamiento es por causa del evangelio. "Las cadenas del evangelio" eran para Pablo una insignia honorífica, una "medalla por su destacado servicio" que le había sido otorgada por su comandante en jefe.

14 Filemón, pues, puede entender claramente lo que se espera de él, pero el favor que Pablo le pide debe concederlo de manera espontánea,[71] bajo la inspiración de la gracia cristiana. Solo así estaría feliz de recibirlo. Pablo podría haber retenido consigo a Onésimo y enviarle una carta a Filemón por conducto de Tíquico, diciéndole: "Lo retuve aquí para que me sirva en representación tuya, porque yo sé que eso es lo que tú desearías" —pero en ese caso, Filemón habría tenido un margen de opciones muy limitado; el servicio que le prestaría a Pablo sería "casi obligatorio".[72] Palabras muy similares se emplean en 2 Corintios 9:7 con relación a los fondos de socorro que se enviaron a la iglesia en Jerusalén —a los corintios se les animó a hacer sus contribuciones "de la manera en que cada uno eligiera, no de mala gana ni *por obligación*",[73] porque "Dios ama al dador alegre".[74] El corazón de Pablo se regocijaría si Filemón accediera a responder su petición alegremente; su consentimiento[75] espontáneo y genuino era, de hecho, fundamental.

IV. SE REAFIRMA LA PETICIÓN (15-20)

15 *Quizá la razón por la que se separó de ti por algún tiempo fue para que tú pudieras tenerlo contigo*[76] *para siempre,*
16 *no ya como un esclavo, sino como más que un esclavo —como un hermano*

---

70. Gr. ἐν τοῖς δεσμοῖς τοῦ εὐαγγαλίου
71. Gr. κατὰ ἑκούσιον.
72. Gr. ὡς κατ' ἀνάγκην.
73. Gr. μὴ ἐκ λύπης ἢ ἐξ ἀνάγκης.
74. Una cita de Pr. 22:8a LXX (ἄνδρα ἱλαρὸν καὶ δότην εὐλογεῖ ὁ θεός).
75. χωρὶς δὲ τῆς σῆς γνώμης, "pero sin tu consentimiento", dice Pablo, "no haría nada" (οὐδὲν ἠθέλησα ποιῆσαι, tal vez, aunque no necesariamente, un aoristo epistolar); respecto a γνώμη con el sentido de "consentir" o "aprobar", cf. Ignacio, *Polyc.* 5:2, "es adecuado que los hombres y las mujeres que se casan se unan con el consentimiento del obispo (μετὰ γνώμης τοῦ ἐπισκόπου)."
76. Gr. ἀπέχω, es un término compuesto enfático de ἔχω, que se usa (p. ej.) respecto a recibir un pago completo (como en Fil. 4:18), de ahí que se traduzca como "quédate tú con él", "retenlo contigo".

amado, especialmente amado para mí, y cuánto más para ti, tanto en tu relación terrenal como en el Señor.

17 Si me tienes, pues, por compañero, recíbelo como me recibirías a mí.

18 Y si de alguna forma te ha perjudicado, si te debe algo, cárgalo a mi cuenta.

19 Escribo esto de mi puño y letra: "Yo te lo pagaré, Pablo" (por no decirte que, en cuanto a ti,[77] te me debes a mí)[78]

20 Sí, hermano mío, permíteme tener este "provecho" de tu parte en el Señor; recrea mi corazón en Cristo.[79]

15 La "separación"[80] entre Onésimo y Filemón fue responsabilidad de Onésimo; el papel que desempeñó Filemón fue totalmente involuntario y pasivo. Pero Pablo se refiere a esa separación como si hubiera sido obra de Dios,[81] provocada, o al menos permitida, por él para el beneficio permanente de Filemón y de Onésimo por igual, y de hecho, para el beneficio de Pablo también.[82] De no ser por la separación, Onésimo habría permanecido con Filemón en calidad de esclavo hasta que su relación se disolviera de un modo o de otro —por emancipación, por redención, porque fuera vendido a otro amo, o por la muerte. En tal caso, la relación ya no existiría más. Pero, gracias a la separación, Onésimo era ahora un miembro de Cristo, al igual que ya lo era Filemón, y la relación nueva y más profunda que se estableció de esa manera entre ambos nunca llegaría a su fin.

16 Cualquiera que fuera su relación terrenal a partir de ahora, Onésimo era para siempre de Filemón (como también Filemón era de Onésimo). ¿Seguía siendo Onésimo un esclavo de Filemón (y Filemón, por ende, el amo de Onésimo?). Según la ley, sí; a no ser que Filemón tomara medidas para concluir esa relación. Pero Pablo le encomienda la persona de Onésimo a Filemón "ya no como esclavo", y le escribe como alguien que da por sentado que Filemón hará lo que es correcto —a saber, que dará los pasos jurídicos necesarios para cambiar la relación amo-esclavo. Pablo podía ejercer su autoridad apostólica y ordenarle a Filemón que liberara a Onésimo, pero no podía *obligarlo* a hacerlo: la responsabilidad y la iniciativa debían recaer sobre Filemón. Y en el caso de que él le ordenara liberar a Onésimo y Filemón obedeciera en contra de su voluntad, no habría ninguna virtud en ello, y dicha acción no promovería

---

77. Traduciendo la conjunción enfática καί.

78. D* añade ἐν κυρίῳ (como al final del v. 16).

79. En D y la mayoría de los manuscritos en cursivas se lee ἐν κυρίῳ.

80. J. Knox (*Philemon among the Letters*, p. 22) descubre (de manera tentativa) una conexión entre ἐχωρίσθη aquí y χωρὶς ... τῆς σῆς γνώμης en el v. 14; esto es bastante improbable.

81. El agente implícito en la forma pasiva ἐχωρίσθη es Dios.

82. "Por esta razón (διὰ τοῦτο), quizás, se separó de ti": en el NT (donde el pronombre ὅδε se usa en raras ocasiones) διὰ τοῦτο podría referirse a lo que antecede o a lo que sigue; aquí (*pace* J. Knox, *Philemon among the Letters*, pág. 22, n. 11) se interpreta de forma más natural como una referencia a lo que sigue, anticipando la cláusula con ἵνα. El "quizás" (τάχα) de Pablo prevé al menos la posibilidad de que Filemón se quede con Onésimo y no lo envíe de regreso, como Pablo sí espera que haga.

ningún sentimiento de amistad fraternal entre Filemón y Onésimo. Pero si Filemón dejaba a Onésimo en libertad como la expresión espontánea de la gracia de Dios que obraba en su corazón, ese acto sería para él una fuente de gozo verdadero, y de ese gozo también participaría Onésimo. Por ser hermanos cristianos, se pertenecían mutuamente por el tiempo y la eternidad.[83]

En lo que respecta al propio Pablo, él ya había comenzado a reconocer a Onésimo como "un hermano amado" —aunque prefería llamarlo su amado "hijo". Cuando él dice, "especialmente amado para mí", el sentido de su expresión debería interpretarse de forma natural como "más amado aún para mí que para ti", salvo por el hecho de que él dice inmediatamente "y cuanto más para ti".[84] Por ser Onésimo un miembro de la casa de Filemón (y, en caso de que fuera emancipado, continuaría como un liberto de Filemón), ya existía entre ellos una relación terrenal. Sin embargo, a esa relación terrenal ahora se añadía su nueva relación en el Señor.

Se ha elegido la frase "en vuestra relación terrenal" para traducir las dos palabras griegas que literalmente significan "en (la) carne".[85] Esto les ha sugerido a algunos lectores que los dos hombres estaban emparentados. Esa circunstancia no era nada inusual: si, por ejemplo, Onésimo era el hijo que el Padre de Filemón había tenido con una esclava, entonces Onésimo y Filemón serían medio-hermanos, pero Onésimo (a no ser que fuera emancipado) seguiría siendo un esclavo. En las palabras de Pablo, sin embargo, no hay nada que implique que esa era la situación: el lenguaje de Pablo indica que, aunque la relación amo-esclavo era una relación "en la carne", la nueva relación fraternal en la que los dos hombres habían entrado era una relación "en el Señor". Las relaciones "en la carne" estaban confinadas a la vida terrenal; las relaciones "en el Señor" duraban eternamente.

17 Pablo manifestó lo que sentía al enviarle de nuevo a Filemón su propio corazón, una parte de sí mismo (v. 12). Y ahora le pide a Filemón que corresponda a esto recibiendo a Onésimo, y espera que lo reciban con la bienvenida que le darían a él mismo. Aún al más perdonador de los amos cristianos le resultaría difícil omitir una palabra de desagrado al encontrarse otra vez con el siervo pródigo en el dintel de su puerta: no, dice Pablo, dale una misma cálida bienvenida que me darías a mí si apareciera inesperadamente a la

---

83. El adjetivo αἰώνιος (en ἵνα αἰώνιον αὐτὸν ἀπέχῃς) podría significar "de toda la vida"; pero dado que la hermandad "en el Señor" no concluye con la muerte, no es necesario restringir de esa manera su significado.

84. Gr. μάλιστα ἐμοί, πόσῳ δὲ μᾶλλον σοί. C. F. D. Moule (*ad loc.*) ve a μάλιστα como un adverbio elativo, pero menciona que Lightfoot observa en el lenguaje de Pablo una incongruencia apasionada: "sobre todo para mí —pero muchísimo más aún para ti". De manera menos satisfactoria, J. Knox, trata μάλιστα como un verdadero superlativo, y considera que μᾶλλον indica que Onésimo debe ser más amado que *antes* para su amo (*Philemon among the Letters*, págs. 23-24).

85. Gr. ἐν σαρκί, expresa la idea que más comúnmente se expone por medio de κατὰ σάρκα. En otros lugares de Pablo ἐν σαρκί significa "en un estado no regenerado" (p. ej., Ro. 8:8-9) o "en un cuerpo mortal" (p. ej., 2Co. 10:3). En cuanto al uso de κατὰ σάρκα para expresar relaciones terrenales, cf. Ro. 1:3; 9:3, 5, y especialmente (respecto a la relación amo/esclavo) Col. 3:22; Ef. 6:5.

puerta de tu casa. Pablo y Filemón eran "compañeros" al menos en esto, en que compartían la misma comunión de la gracia y la fe; y esta comunión le había dado cabida recientemente a Onésimo, que ahora era un miembro del círculo de amigos de Pablo. Al parecer, el compañerismo entre Pablo y Filemón no se debía simplemente a la fe cristiana que ambos profesaban; si Filemón era el "amado colaborador" de Pablo, es probable que participara junto con él en algún aspecto de su ministerio.[86] En atención a ese compañerismo, Pablo le pide a Filemón que reciba a Onésimo.

Recibir a los creyentes era un deber cristiano elemental: "recibíos los unos a los otros", dice Pablo a los romanos, "como Cristo también os recibió a vosotros, para la gloria de Dios" (Ro. 15:7). El verbo que Pablo usa en su petición a Filemón es el mismo que empleó en su exhortación a los romanos, y en un contexto adecuado significa "acéptalo como compañero".[87] Aquí tenemos indudablemente un contexto adecuado para este matiz. "Si me tienes por compañero", dice Pablo, "acéptalo como compañero también a él, por la misma razón que a mí". Cualquiera que fuera la función que desempeñaba Filemón en el ministerio de Pablo, le daba derecho a que el apóstol lo llamara "colaborador". Onésimo, que había comenzado a hacer una contribución valiosa al ministerio de Pablo, también era un "colaborador"; es por eso que Filemón y Onésimo debían considerarse mutuamente como compañeros en la obra de Cristo.

18 Pero antes que alguien pueda ser aceptado como socio, cabe esperar algún tipo de garantía de su solvencia económica.[88] Filemón, empero, no tiene por qué albergar dudas en este sentido respecto a Onésimo porque Pablo será su garante.

Sin embargo, esto tiene más implicaciones. Podría ser que Onésimo le hubiera causado algún perjuicio a Filemón desde el punto de vista jurídico, y no solamente privándolo de sus servicios.[89] Pablo menciona esta posibilidad

---

86. "Si me tienes, pues, por compañero", dice Pablo (εἰ οὖν με ἔχεις κοινωνόν); en cuanto a este sentido de ἔχω cf. (p. ej.) Mt. 14:5, ὡς προφήτην αὐτὸν εἶχον, "lo tenían por profeta". La fuerza de κοινωνός aquí es, al parecer, más específica que la de κοινωνία en el v. 6.

87. Gr. προσλαμβάνομαι (en voz media, como siempre en el NT); con προσλαβοῦ aquí cf. προσλαμβάνεσθε ... προσελάβετο en Ro. 15:7 (como también en Ro. 14:1, 3). Liddell y Scott en su léxico, citan varios ejemplos de las voces activa y media con el sentido de "acéptalo como ayudante o compañero", incluyendo a Aristóteles, *Politics* 5.8.19.1312b, προσλαβὼν τὸν δῆμον ("tras haberse ganado la voluntad del pueblo") y algunos casos de los papiros en la voz media, de los cuales *P. Fay.* 12.10 (προσλαβόμενος συνεργόν), c. 103 a.C., y *P. Amh.* 100.4 (προσελάβετο ... κοινωνόν), c. d.C. 200, resultan especialmente adecuados para el contexto presente.

88. Si es esto lo que Pablo quiere decir, lo dice en broma; Onésimo sería solvente o insolvente solo en el caso de que fuera emancipado. J. Knox (*Philemon among the Letters*, pág. 24, n. 13) hace referencia a *P. Oxy.* 1209.19, donde se describe a un esclavo en un contrato de venta como "exento de reclamos ajenos" (ἐκτὸς ὄντα ... ἐπαφῆς).

89. Gr. εἰ δέ τι ἠδίκησέν σε. J. Knox (*Philemon among the Letters*, págs. 31-33) observa una relación entre esta expresión y ὁ γὰρ ἀδικῶν κτλ en Col. 3:25, y la considera inexplicable a menos que "sea Onésimo... quien deba pagar por el mal que hizo, y no se hará ninguna excepción. Pablo se ha hecho cargo de sus obligaciones, pero eso no implica que él no tenga que cumplirlas". Es poco

con mucho tacto, pero nunca habría planteado ese asunto con claridad arriesgándose a sembrar sospechas gratuitas en la mente de Filemón si no hubiera tenido razones para saber que Onésimo lo había defraudado de alguna manera. Cuando abandonó el servicio de Filemón, ¿tomó consigo la cantidad suficiente de dinero para financiar su viaje? Dado que, según la ley, él mismo formaba parte de la propiedad de Filemón, un sofista podría argüir que, si se apropió de algún dinero de su amo, lo único que hizo fue trasladarlo de una parte a otra parte del dominio de su amo. Pero hasta un sofista consideraría ese argumento muy poco convincente si el esclavo al mismo tiempo hizo todo lo posible por apartarse de la jurisdicción efectiva de su amo. Dejando de lado la sofistería, era necesario hacer una restitución; esta constituiría una parte integral de la reconciliación que Pablo procuraba lograr. Pero Onésimo no estaba en condiciones de hacer, ni siquiera de garantizar, esa restitución. No importa, le dice Pablo a Filemón, "*si te debe algo, c*árgalo a mi cuenta".

19 Este es mi compromiso, mi "pagaré", continúa diciendo, escrito y firmado con mi propia mano: "yo lo cumpliré".[90] En este momento, a pesar de estar esposado, Pablo tomó la pluma del amanuense, escribió esta nota promisoria y la firmó con su nombre. No limita su alcance; cualquiera que sea la cantidad adeudada, que sea Filemón quien la fije, y será pagada. Cabría preguntar cómo sabía Pablo que dispondría de los recursos necesarios para honrar su compromiso; sin embargo, el tiempo que había servido al Señor le bastaba para estar seguro de que él siempre proporcionaba los recursos adecuados para que su obra pudiera realizarse, y Pablo no dudaba ni por un instante que la reconciliación de los dos hermanos creyentes era obra del Señor.

Agrega —de manera parentética, y no como parte del pagaré— que no era necesario que le recordara a Filemón la deuda que él tenía con Pablo.[91] Esa deuda era su nueva vida como un hombre en Cristo. No cabe duda de que Filemón habría aceptado de buena gana que la naturaleza y el valor de

---

probable que la iglesia de Colosas leyera tan minuciosamente entre líneas la carta que Pablo les había enviado.

90. Gr. ἐγὼ ἀποτίσω (el único ejemplo neotestamentario de ἀποτίνω), escrito como un χειρόγραφον (cf. Col. 2:14). El aoristo ἔγραψα es epistolar.

91. Respecto a Onésimo dijo εἰ δέ τι... ὀφείλει ("si te debe algo"); a Filemón le dice καὶ σεαυτόν μοι προσοφείλεις ("aún tú mismo te me debes a mí"). El prefijo προσ- en προσοφείλεις podría implicar: más allá de la deuda que te he mencionado (contraída por Onésimo), hay otra deuda a la que podría referirme si tuviera la intención de hacerlo (ἵνα μὴ λέγω, "por no decir", implica la mención de lo que no es preciso mencionar). O tal vez Pablo quiere decir: tú me debes el hecho de haber recuperado a Onésimo; permíteme recordarte otra deuda que tienes conmigo. De cualquier forma, el apóstol le recuerda a Filemón que él le debe su vida cristiana: Pablo es su padre espiritual. Si es correcto deducir a partir de Col. 2:1 que Pablo no había visitado el valle de Lico (véase la pág. 81), él y Filemón se habían conocido en otro lugar, posiblemente cuando Filemón estuvo de visita en Éfeso. Con respecto a la deuda de Onésimo, Pablo dijo alegremente τοῦτο ἐμοὶ ἐλλόγα ("cárgalo a mi cuenta"; "cóbramela a mí"), pero ¿quién podría saldar la deuda que Filemón tenía con Pablo? Nadie, por supuesto; solo Filemón podía hacer un reconocimiento práctico de la misma —otorgándole a Pablo el favor que no le pide abiertamente.

esa deuda superaban con creces cualquier deuda que Onésimo pudiera tener. Pablo se hará cargo de la deuda de Onésimo, pero ¿de qué manera puede saldar su deuda Filemón? Es muy sencillo, una lectura entre líneas nos da la respuesta: enviando de regreso a Onésimo para que continúe siendo útil a Pablo en el servicio del evangelio.

20 Esto es precisamente lo que Pablo está pidiendo y se pone claramente de relieve en el juego de palabras del apóstol cuando invita a Filemón a permitirle tener este "provecho" en el Señor, usando el verbo del que se deriva el nombre de Onésimo —un verbo que no aparece en ningún otro lugar en el NT.[92]

Cincuenta años después, Ignacio, obispo de Antioquía, que en otros aspectos revela su familiaridad con la carta a Filemón,[93] emplea el mismo juego de palabras. En su carta a la iglesia de Éfeso, Ignacio le atribuye mucha importancia al hecho de que el obispo de Éfeso se llamara Onésimo y, usando la misma forma verbal que Pablo utiliza aquí, dice: "Que pueda yo tener "provecho" de ti para siempre, si fuera digno de ello".[94]

Si a Pablo se le concedía tener este "provecho" en el Señor, entonces su corazón[95] se recrearía verdaderamente en Cristo. En algunas ocasiones podría haber una ligera diferencia de énfasis entre "en el Señor" y "en Cristo"; pero en este caso resulta difícil observar cualquier diferencia.[96]

Filemón había alcanzado una buena reputación consolando los corazones de los santos (v. 7). Aquí se le presenta una oportunidad inusual para realzar esa reputación consolando el corazón de Pablo como solo él podía hacerlo —a saber, enviándole de regreso a Onésimo. Si Filemón es el "amado colaborador" de Pablo, entonces, según comentó Teofilacto de Ácrida hace nueve siglos: "porque lo ama, le concederá el favor que pide; por ser un colaborador, no retendrá al esclavo, sino que lo enviará de regreso para el ministerio de la predicación, en el cual él también es un obrero".[97]

---

92. Gr. ὀναίμην, optativo de ὀνίνημι (Cf. pág. 197, n. 59).
93. Véase la pág. 183.
94. Ignacio, *Ef.* 2:2, ὀναίμην ὑμῶν διὰ παντός, ἐάνπερ ἄξιος ὦ (la construcción es la misma que presenta la expresión de Pablo ἐγώ σου ὀναίμην ἐν κυρίῳ).
95. Gr. σπλάγχνα, como en el v. 7 (cf. v. 12).
96. Cf. pág. 164, n. 178 (sobre Col. 3:18). "Si usamos el conocido cliché cristiano, '¡sé lo que eres!', podemos decir que lo que uno es, es 'en Cristo' y que en lo que debemos ser, es 'en el Señor'] (C. F. D. Moule, *The Origin of Christology* [Cambridge, 1977], pág. 59). La frase "en el Señor" aquí es equivalente a "en el servicio del Señor" (Moule, *op. cit.*, p. 54) o "para el servicio del evangelio" (E. Lohmeyer, *ad loc.*, citado con aprobación por J. Knox, *Philemon among the Letters*, p. 25).
97. Teofilacto, *Commentary on the Letter to Philemon* (*PG* 125.174B): εἰ ἀγαπητός, δώσει τὴν χάριν εἰ συνεργός, οὐ καθέξει τὸν δοῦλον, ἀλλὰ πάλιν ἀποστελεῖ πρὸς ὑπηρεσίαν τοῦ κηρύγματος, οὗ καὶ αὐτὸς ἐργάτης ἐστίν.

V. PROMESA DE UNA VISITA (21-22)

21 Te escribo confiado en tu obediencia; yo sé que tú harás aún más de lo que digo.

22 Y al mismo tiempo, por favor prepara un alojamiento para mí; espero que, gracias a tus oraciones, os seré concedido.

21 Si Pablo no le da órdenes a Filemón, espera al menos "obediencia" de parte de él, incluso cuando la obediencia solo sea la aquiescencia a una petición y no el cumplimiento de una exigencia.[98] Según dice el apóstol, él sabe que Filemón no se limitará a leer lo que le escribió en su carta, sino que leerá entre líneas lo que Pablo verdaderamente desea que él haga —y lo hará.

De acuerdo con su costumbre, Pablo escribe de su puño y letra las últimas oraciones: eso es todo lo que puede inferirse de sus palabras "te escribo".[99] Es concebible, sin duda, que después de escribir la nota de pagaré del v. 19, él todavía tuviera la pluma en la mano. Sin embargo, no hay ninguna razón para inferir, como sí lo hace Lightfoot, que él escribiera toda la carta —un procedimiento que habría sido "bastante excepcional", tal como admite Lightfoot (en sus notas sobre el v. 19). Con cadenas en sus muñecas, y con la ayuda de Timoteo como su amanuense, era mucho más natural que Pablo dictara la mayor parte de la carta.

22 La petición de que Filemón tenga listo un alojamiento[100] en preparación para una visita de Pablo en caso de que las oraciones de ellos fueran respondidas y él fuera puesto en libertad se ha interpretado como otra leve presión sobre Filemón; pero no tiene por qué ser así. Los defensores de un origen efesio o cesareo para esta carta y las otras dos que la acompañan han hecho referencia a esta petición para apoyar sus argumentos:[101] desde Roma, alegan, Pablo tenía la intención (en caso de ser liberado) de seguir hasta España. Pero hay indicios de que la situación en el campo misionero egeo de Pablo había cambiado hasta el punto de exigir una breve visita personal suya (si era posible) antes de ir a España. En la carta a los Filipenses (respecto a la cual las

---

98. Gr. ὑπακοή, se usa respecto a la obediencia que, en virtud de su autoridad apostólica, él exige de sus obstinados convertidos en Corinto (2Co. 7:15; 10:6); en última instancia, es una obediencia a Cristo (2Co. 10:5).

99. Véase la pág. 171, nn. 78, 79 (sobre Col. 4:18). El simple hecho de que usara la forma verbal ἔγραψα (aoristo epistolar, como en el v. 19) no implicaría forzosamente que él tuviera la pluma en la mano (esta conclusión no podría extraerse con naturalidad a partir de las dos veces que aparece ἔγραψα en 1Co. 5:9, 11 y sería un error extraerla de Ro. 15:15): *qui facit per alium facit per se*. Pero en la *clausura* de la carta cabría esperar la escritura del propio autor.

100. Gr. ξενία, que se usa en Hch. 28:23 con referencia al alojamiento de Pablo en Roma. Aquí no se dice expresamente que el alojamiento estaría en la casa de Filemón, pero en una casa que podía acomodar una iglesia local habría sin duda lugar para un apóstol cuyas exigencias eran muy modestas. Teodoreto, obispo de Ciro, 423-466 d.C., dice en el prefacio a su comentario sobre esta carta que la casa de Filemón todavía existía en su época (*PG* 82.871A).

101. Cf. M. Dibelius, *ad loc.*; véanse también las págs. 177-80 supra.

pruebas internas para un origen romano resultan especialmente convincentes) él expresa la esperanza de hacer pronto una visita a Filipos (Fil. 2:24).

A pesar de su declaración a los cristianos en Roma, al principio del año 57 d.C., de que "ya no le quedaban más lugares para la obra" en el mundo egeo (Ro. 15:23), y del informe de Lucas acerca de las palabras que les dijo a los ancianos de la iglesia de Éfeso uno o dos meses después, de que nunca más volverían a verlo (Hch. 20:25), no podía descartarse un cambio en su programa. Sus planes de viaje nunca eran inflexibles; siempre estaban sujetos a su convicción de la orientación divina. De hecho, su disposición a cambiarlos algunas veces les resultaban desconcertantes a sus amigos y les daba pie a sus adversarios para culparlo de inestabilidad (cf. 2Co. 1:15-2:1). Si existen otras razones para pensar en un origen romano para Filemón, la esperanza manifiesta de Pablo de visitar el valle de Lico no constituye un argumento decisivo en contra de dicho origen.

Cuando habla de "*vuestras* oraciones" y de "serles concedido", Pablo usa el pronombre de la segunda persona del plural:[102] en este asunto (en contraste con el cuerpo de la carta) se les da cabida también a los compañeros de Filemón.

A las secciones de este tipo en la correspondencia de Pablo, incluyendo la mención de una visita inminente, se les ha dado el nombre de "documental sobre viajes" o "*parusía* apostólica".[103]

VI. SALUDOS DE PARTE DE LOS COMPAÑEROS DE PABLO (23-24)

23 *Epafras, mi compañero de prisión, te envía sus saludos en Cristo Jesús;*
24 *también Marcos, Aristarco, Demas y Lucas, mis colaboradores.*

23 Es natural que a Epafras se le mencione en primer lugar entre los compañeros de Pablo que ahora envían saludos a Filemón.[104] A diferencia de los otros, es probable que Filemón lo conociera personalmente porque había sido un evangelista en el valle de Lico.[105] Pablo alude a él aquí como su "compañero de prisión";[106] y esto significa sin duda mucho más que "compañero cristiano",[107]

---

102. Gr. διὰ τῶν προσευχῶν ὑμῶν χαρισθήσομαι ὑμῖν, "os seré concedido", pero no por un juicio favorable del César sino por una respuesta de Dios a las oraciones de ellos.

103. Con respecto al término "documental sobre viajes", véase R. W. Funk, *Language, Hermeneutic and the Word of God* (Nueva York, 1966), págs. 264-74; en lo que respecta a "*parusía* apostólica", véase R. W. Funk, "The Apostolic *Parousia*: Form and Significance", en *Christian History and Interpretation*, ed. W. R. Farmer, C. F. D. Moule, y R. Niebuhr (Cambridge, 1967), págs. 249-68.

104. El pronombre de segunda persona vuelve a ser singular: ἀσπάζεταί σε.

105. Cf. Col. 1:7; 4:12.

106. Gr. συναιχμάλωτος, literalmente "compañero prisionero de guerra" (cf. pág. 163, sobre Col. 4:10).

107. "Mitchrist", dice M. Dibelius (*ad loc.*, y sobre Col. 4:10).

pero solo podemos conjeturar cuáles habían sido las circunstancias en las que Epafras se había ganado este título. Entre los amigos de Pablo, comparte ese título con Aristarco (Col. 4:10) y con Andrónico y Junias (Ro. 16:7). Es posible que estuviera preso junto con Pablo en la época en que se escribió esta carta, o un poco antes, y quizás fue él quien puso en contacto a Onésimo con Pablo. "Saludos en Cristo Jesús" son saludos que se envían a un compañero en la fe, a un miembro del cuerpo de Cristo.

24 Los otros cuatro colaboradores de Pablo que envían sus saludos a Filemón se unen de manera similar a Epafras para enviar saludos a la iglesia de Colosas (Col. 4:10-14). Aquí no se les cataloga como los "de la circuncisión" para diferenciarlos de los demás, como sí ocurre en Colosenses; pero sus nombres no siguen ningún orden especial. El único en la lista colosense cuyo nombre no aparece es Jesús Justo; tal vez se había mudado a otra parte en el momento en que fue escrita esta carta.[108] Si estos hombres son colaboradores de Pablo,[109] y Filemón también lo es (v. 1), Filemón y ellos también son colaboradores entre sí.

VII. BENDICIÓN FINAL (25)

25 *La gracia del Señor*[110] *Jesucristo sea con vuestro espíritu.*[111]

25 La bendición de gracia va dirigida a Filemón y a sus compañeros —a todos los que se saludan en el preámbulo, incluyendo a la iglesia que se reunía en su casa. La forma de la bendición aquí es idéntica a la que aparece en Filipenses 4:23 (y a la de Gá. 6:18, salvo que allí se añaden el vocativo "hermanos" y un "Amén" al final). "Con vuestro espíritu" es una variante de "con vosotros" (como en la bendición y su respuesta bien conocidos: "El Señor sea con vosotros / Y con tu espíritu").[112]

---

108. E. Amling, "*Eine Konjektur im Philemonbrief*," ZNW 10 (1909), 261-62, alegó que un escriba, por error, omitió el nombre de Jesús Justo en la lista actual.

109. Gr. συνεργοί, como en Col. 4:11.

110. Después de κυρίου, A C D Ψ y la mayoría de los manuscritos en cursivas con lat sir^pesh co insertan ἡμῶν ("nuestro").

111. En ℵ C D² Ψ y la mayoría de los manuscritos en cursivas con lat sir co^bo se añade ἀμήν al final. Al igual que en Col. 4:18 y otras cartas en las que probablemente no aparecía en el texto original, la inclusión del "amén" se debe a que esa era la respuesta de la congregación cuando se leía la carta en voz alta como parte del leccionario de la iglesia (cf. pág. 308 con n. 115).

112. Véase L. G. Champion, *Benedictions and Doxologies in the Epistles of Paul* (Oxford, 1934).

LA EPÍSTOLA
A LOS
EFESIOS

INTRODUCCIÓN A EFESIOS

I. EFESIOS Y EL CORPUS PAULINO

La Carta a los Efesios se ha descrito, y no injustificadamente, como "la quintaesencia del paulinismo".[1] Resume, en gran medida, los temas principales de los escritos paulinos, y a la vez, el motivo central del ministerio de Pablo como apóstol de los gentiles. Pero hace más que eso: lleva el pensamiento de las cartas anteriores a una nueva etapa. Por tanto, una descripción de la carta, aun mejor que la de "la quintaesencia del paulinismo" sería, según C. H. Dodd, "la corona del paulinismo".[2]

Efesios no es un documento que al estudiante del Nuevo Testamento le resulte fácil de asimilar. "En realidad, es un tratado expuesto de forma epistolar", dice R. H. Fuller.[3] Markus Barth la llama "una extraña a la puerta" del corpus paulino.[4] E. J. Goodspeed alude a ella, presagiosamente, como "el Waterloo de los comentaristas".[5] Pero, de manera más prometedora, la describió como "una rapsodia grandiosa de la salvación cristiana".[6] Cuando se lee, dijo además, "parece un comentario sobre las cartas paulinas"[7] —un modo bastante extraño de referirse a un documento que, unos renglones antes, se había comparado con "un mosaico de materiales paulinos".[8] Un mosaico compuesto de fragmentos de las obras de un autor no es el más indicado para ofrecer un comentario sobre ellas. Pero, aunque no sea un comentario, sí es sin duda una exposición de la misión y el mensaje paulino.

Efesios tiene una unidad estructural que no se diferencia de la del "edificio bien coordinado"[9] que la propia epístola menciona". Esta unidad estructural va

---

1. Así F. F. Bruce, *Paul: Apostle of the Free Spirit* (Exeter/Grand Rapids, 1977), pág. 424. La frase "la quintaesencia del paulinismo" fue el título de una conferencia de A. S. Peake en *BJRL* 4 (1917-18), 285-311, reimpresa en J. T. Wilkinson (ed.), *Arthur Samuel Peake* (Londres, 1958), págs. 116-42.

2. C. H. Dodd, "*Ephesians*", en *The Abingdon Bible Commentary*, ed. F. C. Eiselen, E. Lewis y D. G. Downey (New York, 1929), págs. 1224-25: "si la epístola es o no de Pablo, no cabe duda de que *su pensamiento es la corona del paulinismo*" (y Dodd consideró que este era el argumento más fuerte a favor de la autoría paulina de la carta).

3. R. H. Fuller, *A Critical Introduction to the New Testament* (Londres, 1966), pág. 66.

4. M. Barth, *The Broken Wall* (Londres, 1960), pág. 9.

5. E. J. Goodspeed, *The Meaning of Ephesians* (Chicago, 1933), pág. 15.

6. *The Meaning of Ephesians*, pág. 3.

7. *The Meaning of Ephesians*, pág. 9.

8. *The Meaning of Ephesians*, pág. 8.

9. Ef. 2:21 (RV).

acompañada de una unidad interna de concepción y ejecución; y la sublimidad del pensamiento que concibió y ejecutó hizo que Coleridge describiera el documento como "la composición más divina realizada por el hombre".[10]

"En cuanto a la forma", dijo Goodspeed, "es una encíclica".[11] Esta opinión generalizada, que cuenta con cierto apoyo de las pruebas textuales del preámbulo, pone en duda la mención de Éfeso como el lugar al que se envió la carta.[12] Podría decirse que se trata de una carta general a los cristianos gentiles, y de manera más particular, en la provincia de Asia —cristianos gentiles que (al igual que los lectores de 1 Pedro) necesitaban que se les mostrara cuáles eran las implicaciones del compromiso que habían contraído recientemente al aceptar el camino de Cristo. Pero Pablo no conocía personalmente a estos cristianos gentiles: había escuchado hablar de su fe y de su amor, y era obviamente de oídas que ellos lo conocían a él y su misión de predicarles el evangelio a los gentiles. Por tanto, si vivían en la provincia de Asia, no debemos buscarlos en Éfeso ni en sus alrededores, sino en alguna región de la provincia que Pablo nunca había visitado. Las afinidades especiales entre Efesios y Colosenses podrían sugerir que Efesios, al igual que Colosenses, iba dirigida a los cristianos en el valle de Lico. De ser así, cabría preguntar si esta pudiera haber sido la "carta de Laodicea" que se menciona en Colosenses 4:16.[13] Sabemos que en el *apostolikon* de Marción se hace referencia a ella como "la carta a los laodicenses";[14] pero no sabemos si él tuvo alguna razón más sustancial para titularla así aparte de la inferencia de Colosenses 4:16. Es posible que, al enviar una carta especial a la iglesia de Colosas, se usara al mismo mensajero para enviar otra carta en términos más generales a otras iglesias del distrito, incluyendo las de Hierápolis y Laodicea, y esta podría ser nuestra carta a los "Efesios". Más que esto no podemos decir.

Si en Colosenses se puso claramente de manifiesto el papel de Cristo como Señor del cosmos, Efesios no se aparta de ese mismo razonamiento cuando considera las implicaciones que esto tiene para la iglesia como cuerpo de Cristo. ¿Cuál es la relación de la iglesia con la función cósmica de Cristo, con los principados y los poderes, con el eterno propósito de Dios? Este cambio de perspectiva de Cristo hacia la iglesia podría llegar incluso a explicar los

---

10. S. T. Coleridge, *Table Talk*, May 25, 1830; véase H. N. Coleridge (ed.), *Specimens of the Table Talk of the late Samuel Taylor Coleridge* (Londres, 1835), pág. 88. "La Epístola a los Efesios", dijo Coleridge en esta ocasión, "es obviamente una epístola católica, dirigida a todo lo que podría llamarse la diócesis de San Pablo... Incluye todas las doctrinas del cristianismo; —en primer lugar, las doctrinas propias del cristianismo, y luego, los preceptos que tiene en común con la religión natural".
11. *The Meaning of Ephesians*, pág. 3.
12. Véanse las págs. 231-32 con las notas 4, 6, 10.
13. Véanse las págs. 169-70 con las notas 67, 68, 69, 70, 71, 72 y 73.
14. Tertuliano, *En contra de Marción* 5.17.

diferentes matices que se han observado en el uso de algunos términos como "plenitud" y "misterio" en Efesios en comparación con Colosenses.[15]

Aunque las características de Efesios son las que más se acercan a Colosenses entre las cartas paulinas, sus semejanzas con otras cartas de la colección son inconfundibles. Tiene similitudes manifiestas con 1 Corintios: en particular, la enseñanza sobre la iglesia que en la epístola anterior se aplica a la vida de una sola congregación local se universaliza en Efesios. Tampoco es posible pasar por alto sus vínculos con la enseñanza de Romanos. Si Pablo en Romanos señala que "no hay distinción" entre judíos y gentiles, ni "en Adán" ni "en Cristo" (Ro. 3:22; 10:12), en Efesios todas las bendiciones espirituales a las que tienen acceso los seres humanos "en la esfera celestial en Cristo Jesús" se ponen a disposición tanto de los judíos como de los gentiles, en igualdad de condiciones (Ef. 1:3; 2:6-7, 11-22; 3:6). Si Pablo en Romanos engrandece su ministerio como apóstol de los gentiles y da testimonio de la manera en que lo ha cumplido, haciendo que los gentiles obedezcan, "desde Jerusalén y por los alrededores hasta Ilírico" (Ro. 11:13; 15:15-21), Efesios presenta al apóstol como "un prisionero de Cristo Jesús" en favor de los gentiles y toma como una muestra asombrosa de la gracia divina el hecho de que él, de entre todas las demás personas, haya sido escogido "para anunciarles a los gentiles las buenas nuevas de las inescrutables riquezas de Cristo" (Ef. 3:1, 8). En Romanos 5:11 es a través de Cristo que "ahora hemos recibido la reconciliación"; en Efesios queda claro que esta reconciliación se llevó a cabo por medio de la cruz, y de una manera tan completa tanto para los judíos como para los gentiles, que ambos grupos son reconciliados no solo con Dios sino también entre ellos, "en un solo cuerpo" (Ef. 2:16). En ambas cartas los creyentes gentiles, injertados ahora en ese único cuerpo junto con sus hermanos creyentes de origen judío, no deben olvidar que los creyentes judíos estaban allí primero: en Romanos 11:18 se les dice a los cristianos gentiles que esa es la raíz que los sustenta, y no *viceversa*, mientras que en Efesios 2:19 se describen como conciudadanos de los santos (originales), de los primeros que pusieron su esperanza en Cristo (Ef. 1:12). El estatus de los judíos en el propósito divino no corre ningún peligro por la injerencia de los gentiles; al contrario, la gracia de Dios se magnifica en sus tratos tanto con los judíos como con los gentiles. El argumento de

---

15. En Col. 1:19; 2:9 la πλήρωμα (de la deidad) reside en Cristo; a partir de Ef. 1:23, suele afirmarse que la iglesia es la πλήρωμα de Cristo. Pero véase la exposición y las notas sobre el segundo pasaje (págs. 255-57); de cualquier manera, el sustantivo πλήρωμα tiene una amplia gama de significados y no hay por qué atribuirle un solo sentido técnico. Con respecto a μυστήριον, el μυστήριον de Dios es Cristo (Col. 2:2), el cual es la sustancia del evangelio (Ef. 6:19). Las dos cartas presentan aspectos diferentes, aunque relacionados, de este μυστήριον: en Col. 1:27 la verdad de que el Cristo que mora en el creyente es la esperanza de la gloria para su pueblo (gentiles y también judíos); en Ef. 3:2-12 la verdad de que en Cristo los gentiles son coherederos (de la gloria) con los creyentes judíos. Véanse los análisis en E. Percy, *Die Probleme der Kolosser- und Epheserbriefe* (Lund, 1946), págs. 384-86 (sobre πλήρωμα), 379-80 (sobre μυστήριον); C. L. Mitton, *The Epistle to the Ephesians* (Oxford. 1951), págs. 94-97, 245 (sobre πλήρωμα), 86-91, 245 (sobre μυστήριον).

Romanos llega a su clímax con la revelación de que el propósito de Dios incluye la incorporación de "la plenitud de los gentiles" y la salvación de "todo Israel" (Ro. 11:25-26); Efesios celebra el cumplimiento de este propósito y muestra que la comunidad nueva y unida que ha surgido por esa vía es el heraldo y el instrumento de la reconciliación cósmica que todavía no se ha hecho realidad (Ef. 1:9-10; 3:9-12).

A los ojos de muchos estudiantes del NT, Gálatas y Efesios ocupan los extremos opuestos del espectro paulino. Pero ambas cartas tienen en común algunos de los aspectos paulinos más característicos.[16] Al igual que en Gálatas 1:11-16 Pablo afirma que él no recibió el evangelio que se le ordenó predicar entre los gentiles de ningún maestro terrenal sino a través de la "revelación de Jesucristo" que se le otorgó en el momento de su conversión, y por ese motivo, en Efesios 3:3-10 habla del "misterio" que le fue revelado para que pudiera transmitirlo a los gentiles. Los términos "revelación" y "misterio" ponen de manifiesto el origen divino del evangelio de Pablo y del llamamiento que recibió para darles a conocer ese evangelio a los gentiles en particular. La consiguiente incorporación de los creyentes gentiles en la nueva comunidad en las mismas condiciones que los creyentes judíos fue algo por lo que Pablo tuvo que luchar en Gálatas, sin albergar una gran certeza de poder alcanzar la victoria. Por la época en que se escribió Efesios, unos doce años más tarde, la presencia —de hecho, el predominio— de los gentiles en la comunidad era un *fait accompli*, debido, en gran parte, a la actividad apostólica del propio Pablo. El propósito de Dios de crear una nueva humanidad de judíos y gentiles (Ef. 2:15) ahora estaba haciéndose realidad. Podían quedar tensiones, pero no eran exclusivamente entre los que habían sido judíos y los que habían sido gentiles. No hay ninguna razón para dudar de que la situación que se refleja en Efesios fuera algo diferente de lo que Pablo ya había experimentado en su propia vida. Cuando hizo su última visita a Jerusalén, los líderes de la iglesia madre admitieron sin reparos la legítima inclusión de los gentiles dentro de la iglesia. Las sospechas de los numerosos "zelotes de la ley" en la iglesia de Jerusalén no se habían disipado, pero ya no estaban en condiciones de poner en peligro el estatus de los creyentes gentiles (Hch. 21:20-25).

Ante todo, hay un concepto que permanece constante de Gálatas a Efesios —a saber, que la salvación es enteramente por gracia (o sea, que ha de recibirse por medio de la fe) y no por obras. "No es por las obras de la ley que el hombre es justificado, sino mediante la fe en Jesucristo", dice Pablo en Gálatas 2:16, y eso mismo dice también en Efesios 2:8-9. En Gálatas el apóstol dice que "el hombre es justificado", porque el tema de la justificación era esencial para la crisis gálata; en Efesios dice, usando un término más general, "habéis sido salvados", tal vez porque la justificación en el sentido más específico no era un asunto controvertido para los lectores de esta carta.

---

16. Véase M. Barth, "*Die Einheit des Galater- und Epheserbriefs*", *TZ* 32 (1976), 78-91.

II. LA PARUSÍA Y EL ESPÍRITU

Un rasgo que tienen en común Gálatas y Efesios y que las distingue de las principales cartas paulinas es sus escasas referencias a la *parusía*. Cada vez que se menciona la *parusía*, sin embargo, aparece relacionada, tanto en Gálatas como en Efesios, con el Espíritu Santo. En Gálatas 5:5 —la única alusión a la *parusía* en esa carta— "por el Espíritu aguardamos, por fe, la esperanza de justicia". Dos veces en Efesios se le llama a la parusía el día de la redención, y en ambas ocasiones está relacionada con el Espíritu. En Efesios 1:14 el Espíritu es "la garantía de nuestra herencia, hasta la redención de la posesión de Dios"; y otra vez en Efesios 4:30 es por "el Espíritu Santo de Dios" que los creyentes "*fueron* sellados para el día de la redención".

La doctrina del Espíritu desempeña un papel prominente en Efesios, en armonía con el lugar central que ocupa en la enseñanza de Pablo. Si se tiene en cuenta esta centralidad, y de manera especial, la estrecha relación que existe entre Efesios y Colosenses, resulta muy sorprendente que la doctrina esté ausente casi por completo en Colosenses.[17]

En el NT, en general, la presencia del Espíritu es una señal de que los últimos días han llegado, de acuerdo con la profecía de Joel 2:28-32 tal como se cita en Hechos 2:16-21: "Y sucederá en los últimos días, dice Dios, que derramaré de mi Espíritu sobre toda carne...". La presencia del Espíritu, además, es la prueba de que Jesús es verdaderamente el Mesías, el que (según dijo Juan el Bautista) bautizaría con el Espíritu (Mr. 1:8; Jn. 1:33). En otras palabras, la nueva era que inauguraron la pasión y la victoria de Jesús es la era del Espíritu que los profetas habían anunciado. Esta perspectiva impregna los escritos neotestamentarios, incluyendo los de Pablo, para quien la era del Espíritu había remplazado la era de la Torá.

Pero, además de la perspectiva cristiana general sobre el Espíritu que Pablo recibió, él hace al menos dos contribuciones propias: (1) El Espíritu Santo es la garantía actual de la resurrección y la gloria futuras; (2) en el Espíritu Santo el pueblo de Cristo ha sido bautizado para formar una entidad organizada. A estas dos contribuciones, de las que se habla extensamente en las epístolas "capitales" de Pablo, se les concede un lugar destacado en Efesios.

En Efesios 1:13 al Espíritu se le llama "el Espíritu Santo de la promesa" —no solo porque él es el Espíritu prometido, sino (tal como indica el contexto) porque para aquellos en los que habita él mismo es la promesa de la vida resucitada y de toda la herencia de gloria relacionada con ella. El *locus classicus* de esta enseñanza es Romanos 8:9-28. De acuerdo con este pasaje, "el Espíritu de aquel que resucitó a Jesús de entre los muertos", "dará vida" a los cuerpos mortales de los que creen en Jesús; en su papel de "Espíritu de adopción" los ayuda a entender sus privilegios y responsabilidades como hijos e hijas de Dios hasta el día en que se revele públicamente que lo son. Esta "revelación"

---

17. Véase la pág. 26.

(que, según Pablo, toda la creación aguarda ansiosamente para participar de "la libertad de la gloria de los hijos de Dios") coincide con "la redención de nuestros cuerpos", es decir, la resurrección. Y de esta consumación, los creyentes ya han recibido las "primicias" en la persona del Espíritu. En este mismo sentido, Pablo habla en 2Co. 5:5 respecto a la investidura futura de los creyentes con su "habitación celestial": "El que nos preparó para esto mismo es Dios, quien nos dio el Espíritu como garantía".

Esta es precisamente la doctrina del Espíritu en Efesios —la doctrina distintivamente paulina, no solo la doctrina cristiana más general. Los creyentes, tanto judíos como gentiles, hemos sido "sellados" con el Espíritu, el cual es la "garantía" de nuestra herencia, mientras aguardamos la redención de Dios de nuestra propia posesión (Ef. 1:13-14). Esta colocación de los términos "sello" y "garantía" ya había aparecido en 2 Corintios 1:22: "Dios nos selló y puso la garantía del Espíritu en nuestros corazones". Somos sellados en el mismo momento en que creemos; la ocasión es la que indica 1 Corintios 12:13, cuando "por un mismo Espíritu todos fuimos bautizados en un solo cuerpo —ya judíos o griegos, ya esclavos o libres— y a todos se nos dio a beber del mismo Espíritu".

Estas palabras de 1Co. 12:13 resumen el otro aspecto de la doctrina distintiva de Pablo sobre el Espíritu. El bautismo en el Espíritu (en el que bautiza es el propio Cristo) no es simplemente una experiencia individual; es el acto divino por el cual los creyentes en Cristo son incorporados a su cuerpo. La incorporación a Cristo está implícita en otros pasajes de Pablo, por ejemplo, cuando dice que el creyente ha sido "bautizado en Cristo" (Gá. 3:27; Ro. 6:3) o "revestido de Cristo" (Gá. 3:27; Ro. 13:14), pero es en 1 Corintios 12:13 que se revela claramente la función del Espíritu en esta experiencia. Esta es la enseñanza que subyace tras la orden de Efesios 4:3 de "conservar la unidad del Espíritu en el vínculo de la paz"; esta "unidad del Espíritu" es la unidad del cuerpo de Cristo en el cual los miembros de su pueblo son bautizados en su Espíritu, porque (según las palabras que siguen inmediatamente) "hay un solo cuerpo y un solo Espíritu" (Ef. 4:4).

III. IMAGINERÍA DE EFESIOS

Si bien el pensamiento de la iglesia como cuerpo de Cristo, animado por su Espíritu, impregna a Efesios, también se usan otras imágenes. En Efesios 2:19-22 la iglesia se describe como un edificio más que como un cuerpo (aunque así como en Ef. 4:12-16 se usa el vocabulario arquitectónico para referirse al cuerpo, en Ef. 2:21 se emplea el vocabulario biológico respecto al edificio); pero aquí también es "en el Espíritu" que el edificio va adquiriendo forma, a medida que los componentes individuales se unen en Cristo, la piedra angular. Y aquí también es en el "único Espíritu" que los creyentes judíos y gentiles por igual tienen acceso al Padre (cf. Ro. 5:2) o, cambiando de figura, constituyen una morada o templo santo para Dios (una idea que ya se había anticipado en 1Co. 3:16-17).

Estos conceptos del cuerpo de Cristo y el templo de Dios se entrelazan con el concepto del "nuevo hombre". En una mezcla de figuras arquitectónicas y biológicas, el hombre maduro, "la medida de la estatura de la plenitud de Cristo", se presenta en Efesios 4:13-16 como el clímax del desarrollo de la iglesia. El cuerpo de Cristo es "edificado", y crece hasta llegar al nivel de aquel que es su cabeza. Cristo, el segundo hombre, el postrer Adán, la cabeza y la personificación de la nueva creación, se nos da a conocer en Romanos 5:12-19 y 1 Corintios 15:20-28, 42-50. Para que el creyente pueda vestirse de Cristo, según se menciona en Romanos 13:14 y Gálatas 3:27, debe (como ya se ha dicho) estar incorporado a Cristo e imitarlo personalmente. Así pues, cuando leemos en Efesios 4:24 que el "nuevo hombre" es "creado según Dios en justicia y verdadera santidad" (cf. Col. 3:10, "renovado conforme a la imagen de su Creador para que pueda alcanzar un verdadero conocimiento"), el "nuevo hombre" o la "nueva humanidad" es el propio Cristo —pero no Cristo aislado de su pueblo sino Cristo en su pueblo, el mismo Cristo al que Pablo se refirió cuando les habló a sus convertidos gálatas de los dolores de parto que sufría hasta que "Cristo fuera formado" en ellos (Gá. 4:19).

Incluso la analogía que se establece entre la relación de Cristo con la iglesia y la relación de un marido con su esposa (Ef. 5:22-33) se prenuncia en 2 Corintios 11:2, donde Pablo se refiere a sí mismo como el *paranymphios* que le presenta la iglesia corintia a Cristo "como una virgen pura a su único esposo". (Esa misma analogía se hace patente en una corriente no paulina del cristianismo primitivo, tal como puede inferirse de la visión que aparece en Apocalipsis 21:2, donde Juan vio a la comunidad amada "que descendía del cielo de Dios, preparada como una novia ataviada para su esposo").[18]

Cuando nos percatamos de que los principales temas e imágenes de Efesios tienen su origen en las cartas paulinas anteriores, se torna prácticamente innecesario buscar fuentes ajenas para ellos. En una monografía publicada en 1930, Heinrich Schlier alegó que Efesios estaba en deuda por sus *temas* dominantes con el material común del cristianismo primitivo, solo en un grado menor, y en un grado mucho mayor, con las primeras fuentes gnósticas. Al material común del cristianismo primitivo le atribuyó los temas de la abnegación de Cristo por amor de su pueblo (Ef. 5:2, 25) y la acción de Dios al resucitarlo de entre los muertos y poner todas las cosas bajo sus pies (Ef. 1:20, 22). En cuanto al resto, derivó del universo del pensamiento gnóstico los temas de la ascensión del redentor al cielo, el muro celestial, el hombre celestial, la iglesia como el cuerpo de Cristo, el cuerpo de Cristo como un edificio celestial y la unión nupcial celestial.[19] Pero si tenemos en cuenta cuántos de esos temas

---

18. Existen antecedentes en el AT para ambas presentaciones de esta analogía, la paulina y la joánica (véase la pág. 359, n. 95).

19. H. Schlier, *Christus und die Kirche im Epheserbrief* (Tübingen, 1930); cf. K. L. Schmidt,

tienen sus raíces en el pensamiento de Pablo, tal como pueden atestiguarlo sus cartas más antiguas, y cuán escasas, e incluso inexistentes, son las pruebas que acreditan la presencia de dichos temas en el gnosticismo en cualquier período que parezca relevante, los argumentos de Schlier pierden parte de su contundencia. De hecho, veintisiete años después, en su excelente comentario sobre la epístola, Schlier presentó un argumento mucho más equilibrado (en el que, entre otras cosas, aceptaba de buena gana la autoría paulina).[20]

En 1960, K. G. Kuhn propuso un origen muy diferente para algunas de las características distintivas de la epístola.[21] Descubrió similitudes entre ella y la literatura de Qumrán en lo que respecta al vocabulario (p. ej., en el uso de la palabra "misterio"), al estilo (p. ej., una forma plerofórica de expresión) y a la parénesis (incluyendo la antítesis entre la luz y las tinieblas). El único tema de Efesios para el que no descubrió similitudes con los textos de Qumrán fue la cristología, "que, por supuesto, en Efesios también incluye la eclesiología" (que se expone en la imaginería de la cabeza y el cuerpo y la unión nupcial de Cristo y la iglesia); pero esto es algo que no cabría esperar encontrar en la literatura de una comunidad judía. En cuanto a las similitudes en las que Kuhn hizo hincapié, se ha ofrecido la explicación de que "o bien Pablo o bien un discípulo, al que se le encomendó, bajo su dirección, la redacción final de la epístola, tenía un conocimiento de primera mano de los escritos de Qumrán", y que Éfeso era un lugar en el que pudiera haber adquirido ese conocimiento.[22]

IV. CATOLICISMO INCIPIENTE

Se ha instado a tomar a Efesios como una carta claramente pospaulina por el catolicismo incipiente o emergente de su enseñanza acerca de la iglesia.[23] El elemento más prominente de ese catolicismo incipiente, en lo que respecta a Efesios, es la concepción de la iglesia en todo el mundo como una unidad.

Según vimos ya, Efesios universaliza la doctrina de la iglesia de 1 Corintios, pero el principio universal que se expresa claramente en Efesios está latente en 1 Corintios, la cual va dirigida no solo a "la iglesia de Dios que

---

TDNT 3, págs. 510-11 (*s.v.* ἐκκλησία).

20. H. Schlier, *Der Brief an die Epheser* (Düsseldorf, 1957).

21. K. G. Kuhn, "*Der Epheserbrief im Lichte der Qumrantexte*" *NTS* 7 (1960-61), 334-46 (basado en un artículo que se leyó en la Studiorum Novi Testamenti Societas en Aarhus, Dinamarca, en agosto 1960), E.T. "*The Epistle to the Ephesians in the Light of the Qumran Texts*", en *Paul and Qumran*, ed. J. Murphy-O'Connor (Londres, 1968), págs. 115-31.

22. P. Benoit, "*Qumran and the New Testament*," E.T. en *Paul and Qumran*, ed. J. Murphy-O'Connor, pág. 17. Cf. H. Koester, "*Gnomai Diaphoroi: The Origin and Nature of Diversification in the History of Early Christianity*", *HTR* 58 (1965), 279-318.

23. Véase E. Käsemann, "*Epheserbrief*", *RGG* 2, cols. 517-20; "*Ephesians and Acts*", en *Studies in Luke-Acts*, ed. L. E. Keck y J. L. Martyn (Nashville/New York, 1966), págs. 288-97 ("En el Nuevo Testamento la carta a los Efesios es la que marca con mayor claridad la transición de la tradición paulina a las perspectivas de la primera era católica").

está en Corinto", sino también a "todos los que en cualquier lugar invocan el nombre de nuestro Señor Jesucristo" (1Co. 1:1). En 1 Corintios 12:4-6 se pone de relieve el hecho de que la unidad de la iglesia es consecuencia del control que ejercen "el mismo Espíritu... el mismo Señor... y el mismo Dios" sobre la diversidad de ministerios que funcionan en ella. De igual manera, empero, la iglesia, dondequiera que esté, está compuesta por un solo pueblo de Cristo, en el que habita un solo Espíritu, que confiesa al único Señor, y por medio del cual adora al único Dios. Por consiguiente, el mismo argumento que se expuso en 1 Corintios 12:4-6 a favor de la unidad de la iglesia local se aplica en Efesios 4:4-6 a la unidad de la iglesia universal. Y la iglesia en la que, según 1 Corintios 12:28, Dios ha constituido apóstoles, profetas y otros ministros no puede limitarse a la comunidad cristiana en Corinto.

A priori podríamos haber esperado que Pablo considerara que los cristianos en todo su campo misionero formaban una unidad; de hecho, él fue más allá y fomentó un sentido de unidad práctica entre ellos y otras iglesias, sobre todo la iglesia de Jerusalén. El apóstol sabía que el "Israel según la carne" no estaba presente solo en las sinagogas locales, sino que constituía una realidad ecuménica. La sinagoga de cualquier ciudad era la manifestación local de toda la "congregación de Israel".[24] Era natural que Pablo pensara del mismo modo respecto a la nueva comunidad, e incluyera a judíos y gentiles por igual.

Además, todos los cristianos habían sido "bautizados en *Cristo*",[25] no solo en una comunidad local. Por consiguiente, formaban parte de una única unidad espiritual, a la que Pablo llama el cuerpo de Cristo. En el bautismo se habían unido con Cristo en su muerte, para resucitar con él en la semejanza de su resurrección y "andar en novedad de vida" (Ro. 6:3-5). A los cristianos de Corinto se les recuerda que ellos son el cuerpo de Cristo, y cada uno individualmente un miembro de él (1Co. 12:27); de manera similar a los de Roma se les dice que "nosotros"(o sea, no solo los cristianos romanos sino los cristianos romanos en comunión con Pablo y otros), "aunque muchos, somos un cuerpo en Cristo, e individualmente miembros los unos de los otros" (Ro. 12:5). Según la forma de pensar de Pablo, Cristo no podía estar dividido entre las facciones que había dentro de la iglesia de Corinto, y tampoco podía estar divido entre las diversas congregaciones.[26] La enseñanza explícita acerca de la iglesia universal en Efesios es un corolario de la forma en que Pablo entiende la frase "en Cristo" y todo lo que esta implica.

---

24. Sobre la analogía en este sentido entre la sinagoga y la iglesia, véase K. L. Schmidt, *TDNT* 3, págs. 524-26 (*s.v.* ἐκκλησία).

25. Gá. 3:27; Ro. 6:3.

26. El "un cuerpo" en el que, según les dice Pablo a los corintios, "todos nosotros fuimos bautizados en un solo Espíritu" (1Co. 12:13) no puede limitarse a la iglesia de Corinto. Cuando algún miembro de la iglesia de Corinto se trasladaba a otra ciudad y se unía a otra congregación (como ocurrió con Priscilla y Aquila cuando se trasladaron de Corinto a Éfeso y de allí nuevamente a Roma), seguía siendo un miembro del mismo cuerpo de Cristo.

INTRODUCCIÓN A EFESIOS

Un lenguaje como el que Pablo utiliza para hablarles a los cristianos corintios y romanos acerca de la membresía en el cuerpo de Cristo no podía restringirse a ninguna congregación local, aun cuando las situaciones que exigían las cartas a Corinto y Roma orientaran su aplicación a las condiciones de esas comunidades locales. Todos los creyentes —en Corinto y Roma, en Éfeso y Jerusalén, y en cualquier otro lugar— habían muerto junto con Cristo y habían resucitado con él;[27] y como participantes de su vida constituían una sola comunión universal.

Cuando se percibe un catolicismo incipiente en los documentos neotestamentarios, es lógico pensar que los rasgos que se ponen de relieve caracterizaron la vida y la teología de la iglesia posterior, y que la propia iglesia se consideraba el locus de salvación.[28] Pero Efesios está muy lejos de presentar a la iglesia universal como una institución cultual, con un sacerdocio que les dispensa los medios de gracia a los feligreses. Ni siquiera en los últimos documentos neotestamentarios se llegó tan cerca de ese nivel de desarrollo. El ministerio de la iglesia en Éfeso también es principalmente carismático: no está regulado, a diferencia de lo que ocurre en las pastorales. Los apóstoles y los profetas de Efesios 4:11 constituyen ministerios básicos (al igual que en Ef. 2:20); y en cuanto a los evangelistas, pastores y maestros, no se reservan el ministerio para sí mismos, sino que el Señor ascendido los da a la iglesia para que puedan ayudar a todos sus miembros a cumplir sus respectivos ministerios, y la función de cada uno de esos miembros redunda en el bienestar y el crecimiento de todo el cuerpo.[29]

En las cartas capitales de Pablo, el fondo de ayuda para socorrer a los "santos" en Jerusalén ofrece el único ejemplo de una sociedad entre iglesias. Para promover la recaudación y la transportación del dinero con este propósito el apóstol invitó a las iglesias contribuyentes (todas las iglesias gentiles que él mismo había establecido) a nombrar uno o dos delegados por cada una.[30] En Efesios no hay naturalmente ninguna referencia al fondo de ayuda (en el momento en que fue escrita la carta, hacía tiempo que eso había ocurrido), pero tampoco contiene ninguna indicación que haga pensar en cualquier otra sociedad entre iglesias. En Efesios la iglesia universal es un organismo, no una organización, al igual que la iglesia local en 1 Corintios. Aun así, a pesar de los indicios que aparecen en 1 Corintios de una unidad más amplia, sigue siendo cierto que el organismo que salta a la vista en esa carta es predominantemente

---

27. Aunque, según enseña Ro. 6:5, los que han participado (por medio del bautismo) de la muerte de Cristo, participarán en el futuro de su resurrección, en Ro. 6:11, sin embargo, se les exhorta a considerarse desde ahora "vivos para Dios en Cristo Jesús"; en ese sentido, ya han participado de su resurrección (cf. Col. 2:13; 3:1; Ef. 2:5-6).

28. Cf. E. Käsemann, "*Ephesians and Acts*", págs. 289-90.

29. Esto lo niega C. Masson, *L'Épître aux Éphésiens*, CNT (Neuchatêl/Paris, 1953), pág. 199.

30. 1Co. 16:3; 2Co. 8:18-23; 9:3-5.

la iglesia local, así como también es cierto que el organismo que se hace patente en Efesios es la iglesia universal.

¿Podría este cambio de una eclesiología local por una eclesiología universal, que se observa especialmente en la transición de 1 Corintios a Efesios, haber tenido lugar no solo en la vida de Pablo sino también en su pensamiento? La confianza con la que se han dado las respuestas "sí" y "no" a esta pregunta sugiere que el asunto no debe decidirse basándose en criterios estrictamente objetivos. Por un lado, pudiera citarse a W. G. Kümmel como representante de los que responden que "no". El hecho de que "en Efesios se use el término *ekklēsia* para referirse únicamente a la iglesia universal (1:22; 3:10, 21; 5:23-25, 27, 29, 32), mientras que en todas las epístolas paulinas, incluso en Colosenses, *ekklēsia* denota tanto las congregaciones individuales como la iglesia total" es uno de los varios argumentos que le hacen llegar a la conclusión de que "la teología de Efesios hace que la composición paulina de la epístola resulte completamente imposible".[31] Por otro lado, Henry Chadwick revisa los principales argumentos en contra de la autenticidad paulina del documento, y considera que no son concluyentes. A su juicio, "no hay razones suficientes" para pensar que Pablo no haya podido escribir Efesios, y en su breve comentario sobre la carta "el autor se llama Pablo sin pedir disculpas ni intentar probarlo".[32] El presente comentario sigue su misma línea de pensamiento.

Si los que rechazan la autoría paulina son más decididos en su rechazo que los que la afirman en su afirmación, la razón podría ser que los que la rechazan se oponen conscientemente a la tradición, mientras que los que la afirman saben que cuentan con el respaldo de la tradición.[33]

No resultaría de ninguna utilidad aquí dar los nombres de los defensores de ambos grupos rivales, pero sí podría hacerse especial mención de un académico cuyos estudios lo llevaron a abandonar uno de los grupos para adherirse al otro. Este hombre fue el difunto Heinrich Schlier, un miembro de la escuela Bultmann que compartía la perspectiva general de esa escuela que consideraba inadmisible la autoría paulina de Efesios —no solo por el catolicismo [universalidad] incipiente del documento sino también por la derivación gnóstica de su imaginería dominante (el tema de su susodicha monografía, *Christus und die Kirche im Epheserbrief*).[34] Sus constantes estudios sobre el tema lo llevaron a la convicción de que el catolicismo incipiente y otras

---

31. W. G. Kümmel, *Introduction to the New Testament*, E.T. (Londres, 1966). pág. 254.

32. H. Chadwick, "*Ephesians*", en *Peake's Commentary on the Bible* , ed. M. Black (Londres, 1962), pág. 982.

33. Pero "el argumento contra la tradición, por fuerte que pueda ser, se queda un tanto por debajo de la demostración que le atribuyen los que son demasiado entusiastas" (H. Chadwick, "*Ephesians*," pág. 982). H. J. Cadbury sugirió que los académicos a veces "responden la pregunta [sobre la autenticidad de la carta] de un modo u otro, y no porque estén claramente convencidos, más bien, porque no están dispuestos a admitir su indecisión" ("*The Dilemma of Ephesians*," NTS 5 [1958-59], 93).

34. Véase la pág. 218 supra, con las notas 20, 21.

características que él y sus colegas habían identificado como añadiduras post-apostólicas al mensaje original eran en realidad parte integrante del cristianismo primitivo auténtico. Su posterior publicación de un comentario sobre Efesios que aceptaba la autoría paulina de manera incuestionable consternó a algunos de sus amigos casi tanto como otra consecuencia de su cambio de perspectiva —a saber, su paso del luteranismo a la iglesia católico romana.[35]

V. NATURALEZA Y PROPÓSITO DE EFESIOS

Aparte del preámbulo (Ef. 1:1-2) y del saludo y las notas personales al final (Ef. 6:21-24), que le dan al documento la forma de una carta, Efesios se divide en dos partes:

(1) Una bendición y oración amplias, que conforman el marco para una celebración del cumplimiento del eterno propósito de Dios en Cristo — un propósito que incluye la incorporación de gentiles y judíos en igualdad de condiciones en una sola sociedad divina— y conducen a una doxología final (Ef. 1:3–3:21). El carácter litúrgico de esta parte es sin duda la causa del estilo plerofórico (en particular, el acopio de frases en genitivo)[36] que es una característica muy propia de Efesios.

(2) Una extensa parænesis (Ef. 4:1–6:20) de un tipo que debe haber sido de uso corriente en las iglesias gentiles. Se ve interrumpida por la cita de un salmo y la interpretación del mismo, en la que el AT predice el otorgamiento de dones por parte del Cristo ascendido a su iglesia (Ef. 4:7-16, citando el Sal. 68:18), e incluye un código doméstico que presenta la relación temporal entre marido y mujer como una analogía de la relación interminable entre Cristo y la iglesia (Ef. 5:21-33).

Más allá de la relación literaria que pueda existir entre Efesios y Colosenses,[37] Efesios es la continuación lógica de Colosenses, y expone la función cósmica de la iglesia, el cuerpo de Cristo, así como Colosenses expone la función cósmica de Cristo, que es la cabeza de su cuerpo, la iglesia, y a la vez "la cabeza de todo principado y poder" (Col. 1:18; 2:10).

El propósito de esta exposición, y el grupo para el que estaba destinada, han sido objeto de amplias y profundas especulaciones.

Una de las hipótesis más conocidas es la que expuso por primera vez E. J. Goodspeed y elaboraron de manera especial John Knox y C. L Mitton. Goodspeed tuvo que enfrentarse a la crítica consensuada de los que rechazaban la tradición de la autoría paulina pero no pudo encontrar ninguna *raison d'être*

---

35. Véase la evaluación de E. Käsemann sobre el comentario (1958): "*Das Interpretationsproblem des Epheserbriefes*," *TLZ* 86 (1961), cols. 1-8.

36. Por ejemplo, εἰς ἔπαινον δόξης τῆς χάριτος αὐτοῦ (Ef. 1:6); κατὰ τὴν ἐνέργειαν τοῦ κράτους τῆς ἰσχύος αὐτοῦ (Ef. 1:19); εἰς πάσας τὰς γενεὰς τοῦ αἰῶνος τῶν αἰώνων (Ef. 3:21).

37. Véase las págs. 27-30.

adecuada para la composición de un seudoepígrafo de ese tipo. Acerca del presunto autor Adolf Jülicher escribió: "es imposible determinar cuál puede haber sido su propósito o por qué hizo un uso tan particularmente completo de Colosenses, cuando él mismo no carecía de ideas independientes y también estaba familiarizado con otras epístolas paulinas".[38] Goodspeed se encargó de mostrar el propósito que Jülicher no pudo ver. En primer lugar, expuso su hipótesis brevemente: "Efesios fue escrita en la última parte del siglo I, no para una sola iglesia sino como una carta general. La epístola muestra la influencia de Colosenses y debe haber sido escrita en relación con el movimiento que se desarrolló para recolectar las cartas de Pablo, probablemente como una introducción a ellas".[39] Goodspeed elaboró esta sugerencia en una serie de obras posteriores.[40] A finales del siglo I, un cristiano que tal vez residía en el valle de Lico y que había leído y releído la carta a los Colosenses hasta aprendérsela casi de memoria, adquirió una copia de Lucas y Hechos. El estudio de esta obra despertó en él un vivo interés en Pablo que lo llevó a tratar de conseguir tantas cartas como pudiera del apóstol. Decidió poner entonces la colección de cartas de Pablo a disposición de la iglesia, y compuso Efesios como una introducción a la colección, exponiendo los aspectos principales de la enseñanza de Pablo en una forma adecuada a las necesidades de aquella época tardía.

John Knox aceptó esta hipótesis y argumentó que el coleccionista era Onésimo, el convertido de Pablo; lo identificó con el Onésimo que, como sabemos por Ignacio, fue obispo de Éfeso a principios del siglo II.[41] Goodspeed estaba convencido de que este perfeccionamiento de su propia hipótesis reflejaba la verdad.[42] Además, para explicar cómo Efesios perdió su lugar original al frente de las cartas de Pablo que se habían coleccionado, Knox alegó que cuando Marción promulgó su canon por el año 144 d.C., puso a Gálatas en primer lugar por razones de preferencia dogmática y a Efesios en el lugar que había ocupado previamente Gálatas.[43]

C. L. Mitton presentó un estudio comparativo detallado del texto de Efesios con Colosenses y las primeras cartas, con el efecto de colocar los principales elementos de la hipótesis de Goodspeed sobre una base más firme que la que el propio Goodspeed había establecido.[44] Él no cree que la lectura de Lucas y Hechos haya sido necesariamente lo que estimuló el interés del coleccionista en Pablo, pero sí considera probable que la publicación de Hechos fomentara un interés generalizado en el apóstol que le ofreció al coleccionista

---

38. A. Jülicher, *An Introduction to the New Testament*, E.T. (Londres, 1904), págs. 146-47.
39. E. J. Goodspeed, *The Formation of the New Testament* (Chicago, 1926), pág. 28.
40. Especialmente E. J. Goodspeed, *The Meaning of Ephesians* (Chicago, 1933); *The Key to Ephesians* (Chicago, 1956). Véase también la pág. 184, n. 27.
41. J. Knox, *Philemon among the Letters of Paul* (Londres, 1960), págs. 85-92. (La primera edición apareció en 1935.) Véanse las págs. 184-85 supra.
42. E. J. Goodspeed, *The Key to Ephesians*, págs. 14-15.
43. *Philemon among the Letters of Paul*, págs. 67-78.
44. C. L. Mitton, *The Epistle to the Ephesians* (Oxford, 1951).

INTRODUCCIÓN A EFESIOS

una coyuntura excepcional para publicar la colección de cartas con su propia introducción. Tal vez, sugiere Mitton, cuando el coleccionista leyó en Hechos 20:18-35 el discurso de Pablo en Mileto para los ancianos de la iglesia efesia, le prestó una atención especial y permitió que influyera en su composición de Efesios.[45] El coleccionista (ya sea Onésimo u otro) puede haberle presentado su obra al anciano Tíquico, uno de los antiguos colaboradores de Pablo, y Tíquico convino en que se trataba de una "exposición digna del mensaje de Pablo" y en agradecimiento por su aliento se incluyó su nombre en Efesios 6:21-22.[46]

En una monografía posterior, Mitton presentó entonces un informe acerca de la formación del corpus paulino, elaborado sobre la base de su importante obra sobre Efesios.[47]

Si la hipótesis de Goodspeed no tuvo una gran aceptación, a pesar de la destreza y el conocimiento con que la expusieron él y otros, no es porque alguna otra hipótesis resultara más convincente, sino simplemente porque no pudo ser suficientemente demostrada.

N. A. Dahl alegó que Efesios fue escrita (por el propio Pablo) para darles a conocer a los miembros de las iglesias gentiles recién establecidas el significado del bautismo que habían recibido. Cabe pensar que la bendición que comienza en Efesios 1:3 está basada en la bendición que se pronunciaba antes del acto bautismal; una bendición que, a su vez, es una adaptación cristiana de la fórmula que se usaba antes del baño ritual judío. Se les recuerda a los gentiles convertidos el estatus del que ahora gozan por su inserción en la comunidad del pueblo de Dios, creada por él como una nueva humanidad; y a la vez se les recuerda la obligación que tienen a partir de este momento de vivir de una manera digna de este estatus tan elevado al que Dios los ha llamado. ¿Qué ocasión podría ser más adecuada que su bautismo para hacerles un recordatorio como este?[48] (Se ha elaborado un argumento similar para considerar que 1 Pedro, o al menos, la mayor parte de ella es una alocución bautismal de forma escrita; la evidencia en 1 Pedro es más explícita que en Efesios).[49]

J. C. Kirby también admite la referencia bautismal en Efesios; sin embargo, está en desacuerdo con Dahl porque él considera que el bautismo de los lectores tuvo lugar en algún momento indefinido antes que se les enviara la carta. Se les pide a los lectores que adquieran consciencia del significado

---

45. *The Epistle to the Ephesians*, págs. 213, 217-20, 266-67.
46. *The Epistle to the Ephesians*, pág. 268.
47. C. L. Mitton, *The Formation of the Pauline Corpus of Letters* (Londres, 1955).
48. N. A. Dahl, "*Dopet i Efesierbrevet*," *STK* 21 (1945), 85-103; "*Adresse und Proömium des Epheserbriefes*", *TZ* 7 (1951), 241-64.
49. Véanse R. Perdelwitz, *Die Mysterienreligionen und das Problem des I. Petrusbriefes*, RVV 11.3 (Giessen, 1911); W. Bornemann, "*Der erste Petrusbrief, eine Taufrede des Silvanus?*" *ZNW* 19 (1919-20), 143-65; H. Preisker, en H. Windisch-H. Preisker, *Die katholischen Briefe*, HNT 15 (Tübingen, 1951), 156-62; F. L. Cross, *I Peter: A Paschal Liturgy* (Londres, 1954), con críticas de C. F. D. Moule, "*The Nature and Purpose of I Peter*," *NTS* 3 (1956-57), 1-11; T. C. G. Thornton, "*I Peter, A Paschal Liturgy?*" *JTS* n.s. 12 (1962), 14-26.

de su bautismo: y que así como en su bautismo se habían "despojado del hombre viejo" y "revestido del nuevo", deben continuar despojándose del uno y revistiéndose del otro.⁵⁰ Lo que se pretende, de hecho, es algo parecido a la ceremonia de la renovación del pacto de la que se da fe para la comunidad de Qumrán.⁵¹ Esta carta habría proporcionado una lectura adecuada para esa ceremonia que, si en realidad existió, "tenía lugar probablemente en la fiesta de Pentecostés".⁵² Hay otras características en la carta que podrían tener una referencia a Pentecostés: por ejemplo, el Salmo 68, que se cita y al que se le da una interpretación cristiana en Efesios 4:8-10, representa un salmo apropiado para el Pentecostés en la tradición litúrgica judía.⁵³ Kirby no permite que las pruebas excedan los límites debidos, pero le otorga con justicia "un alto grado de probabilidad" a su tesis de "que Efesios está estrechamente relacionada con las formas litúrgicas judías y también con las tradiciones judías y cristianas de Pentecostés".⁵⁴ Le asigna a la carta una fecha "probablemente en la década de los años 70", y la atribuye a un líder de la iglesia efesia que se proponía ofrecerles a sus lectores "una síntesis del pensamiento del apóstol" que esa iglesia había conservado en su memoria y en su adoración;⁵⁵ pero su tesis principal también podría aplicarse si la carta hubiera sido compuesta alrededor del año 60 d.C., y por Pablo, con la posible cooperación de los colaboradores con los que podía contar en ese momento.

Henry Chadwick supone que muchas personas en el entorno de Pablo se sentían un tanto avergonzadas por la idea de que la verdadera revelación de Dios, que el evangelio afirmaba manifestar, hubiera llegado tan tarde. "Una verdad generalmente reconocida en el mundo antiguo era que nada nuevo podía ser cierto".⁵⁶ En Efesios, por tanto, se pone de relieve la continuidad de la nueva comunidad con el pueblo de Dios en tiempos pasados; y no solo eso, sino que la nueva comunidad se percibe *sub specie æternitatis*. Fue divinamente escogida en Cristo antes de la fundación del mundo (Ef. 1:4), es el medio del que Dios se vale para cumplir su propósito eterno "en la plenitud de los tiempos" (Ef. 1:9-10), y actualmente, les ofrece una lección objetiva de la "multiforme sabiduría de Dios" a "los principados y potestades en la esfera celestial" (Ef. 3:10).

Si se lograba que los cristianos gentiles pudieran entender el lugar que ocupan, junto con los cristianos judíos, en el plan de Dios para las edades, y

---

50. J. C. Kirby, *Ephesians, Baptism and Pentecost* (Londres, 1968), págs. 145, 159.
51. *Ephesians, Baptism and Pentecost*, págs. 144-45 (cf. 1QS 1.16–3.12).
52. *Ephesians, Baptism and Pentecost*, pág. 145. Kirby sugiere además que el código doméstico, el "código de la sumisión", que no tiene parangón en la literatura de Qumrán, pudo haber entrado "en la iglesia por medio de la sinagoga" y "tal vez se añadió a la exhortación sobre el "Camino de la luz y las tinieblas", porque probablemente formaba parte de la enseñanza ética relacionada con el bautismo" (pág. 145).
53. Véanse las págs. 316-19.
54. *Ephesians, Baptism and Pentecost*, pág. 149.
55. *Ephesians, Baptism and Pentecost*, pág. 169.
56. H. Chadwick, "*Die Absicht des Epheserbriefes*," ZNW 51 (1960), 148.

reconocer la forma de vida que conviene a los que se les ha otorgado ese lugar, su vergüenza se disiparía. Su inclusión no era una idea tardía que se le había ocurrido a Dios para salvarlos, ni tampoco era un mecanismo para cubrir las vacantes que habían quedado en la comunidad a causa de la incapacidad de tantos judíos para confesar a Jesús como Señor y Cristo. Su salvación era fruto de la gracia divina, sin duda: pero también lo era la salvación de sus hermanos creyentes de origen judío.[57]

Hay al menos una prueba interna firme de que la carta se escribió para animar a los cristianos gentiles a valorar la dignidad de su llamamiento, y lo que este implica no solo respecto a su origen y destino celestiales sino también en relación con su conducta actual en la tierra, en calidad de herederos de Dios, sellados con su Espíritu. Que reconozcan, pues, de nuevo el compromiso práctico que contrajeron cuando invocaron por primera vez el nombre de Jesús como su único Señor, confesaron su única fe y sellaron su nueva alianza con su único bautismo. De esta manera, cumplirían el propósito de Dios, llevando vidas dignas de la vocación a la que él los había llamado.

Tíquico, de camino al valle de Lico (y posiblemente a otras partes del Asia proconsular) con copias de esta carta para las distintas iglesias a las que iba dirigida, es probable que pasara por Éfeso. Si les mostró a los cristianos efesios una copia de esta carta, con un contenido general y sin ningún mensaje privado, es posible que algunos desearan adquirir una copia (aunque a ellos, a diferencia de los destinatarios a los que iba dirigida, el apóstol sí los conocía bien). En esta copia se habría omitido cualquier indicación sobre los destinatarios.[58] Si, por otra parte, esta fue la copia que finalmente se usó en la compilación del *corpus paulinum*, el hecho de que perteneciera a los archivos de la iglesia efesia sería una razón para insertar las palabras "en Éfeso" en el preámbulo o para etiquetarla como "a los Efesios", con el fin de mantener la armonía con los demás documentos de la colección. Pero esto solo puede ser una suposición.

Sea como fuere, en 1 Corintios 2:6-10 Pablo les dice a los cristianos corintios que, aún con todas sus pretensiones de sabiduría, él tiene que alimentarlos con leche y no con comida sólida, porque son inmaduros espiritualmente. Su inmadurez se debía a una deficiencia pero no de la *gnōsis*

---

57. Chadwick alega además que un propósito secundario respecto a la escritura de Efesios era convencer a algunos miembros de las iglesias gentiles que no habían sido fundadas por Pablo para que, a pesar de ello, reconocieran su autoridad como el apóstol de Jesucristo legítimamente designado para todo el mundo gentil. "Había sin duda muchas iglesias gentiles así, que debían su existencia a misioneros que no pertenecían al círculo paulino" (*"Die Absicht des Epheserbriefes"*, pág. 153). Hay una sola iglesia, que incluye tanto a los creyentes judíos como a los gentiles; pero dentro de esta única iglesia, se les pide a las congregaciones gentiles, ya sean las establecidas por Pablo y sus colaboradores o por otros, que reconozcan a Pablo como su único representante y sean leales a él y a su misión. De ser así, entonces el destinatario de Efesios no debe buscarse exclusivamente en las iglesias del valle de Lico (que, al deberle su existencia a Epafras, se hallaban dentro de la esfera apostólica de Pablo) sino en un rango más amplio de iglesias gentiles.

58. Véase N. A. Dahl, *"Adresse und Proömium des Epheserbriefes"*, págs. 247-48.

(que a ellos les sobraba) sino del *agapē*. "No obstante", les asegura, "a los que son maduros les impartimos sabiduría —no la sabiduría de este siglo... sino la sabiduría de Dios en misterio, la sabiduría oculta ordenada desde antes de los siglos para nuestra gloria ... como está escrito:

> *Lo que el ojo nunca vio, lo que oído nunca oyó,*
> *Lo que nunca entró en el corazón humano,*
> *Lo que Dios preparó para los que lo aman—*

es lo que Dios nos ha revelado por medio del Espíritu". A los que pregunten si esta divina "sabiduría en misterio" se les imparte a los "maduros" en algún otro lugar en el corpus paulino, Heinrich Schlier les da una respuesta afirmativa: se imparte en la carta a los Efesios.[59] Y tiene razón.

---

59. H. Schlier, *Der Brief an die Epheser*, págs. 21-22.

ANÁLISIS DE EFESIOS

I. **PREÁMBULO (1:1-2)**
II. **LA NUEVA HUMANIDAD, UNA CREACIÓN DIVINA (1:3–3:21)**
   1. Bendición o acción de gracias preliminar (1:3-14)
      (1) Alabanza por la elección y la adopción (1:3-6)
      (2) Alabanza por la redención y la reconciliación final (1:7-10)
      (3) Alabanza por la seguridad de la herencia de los creyentes (1:11-14)
   2. Acción de gracias introductoria y oración de intercesión (1:15-23)
      (1) Acción de gracias por la fe y el amor de los lectores y oración por el aumento de su conocimiento (1:15-19)
      (2) La poderosa fuerza de dios demostrada en la resurrección de Cristo (1:20-23)
   3. La gracia salvadora de Dios (2:1-10)
      (1) La nueva vida en Cristo (2:1-7)
      (2) La nueva creación de Dios (2:8-10)
   4. La incorporación de los gentiles (2:11-22)
      (1) Su difícil situación anterior (2:11-12)
      (2) Su acceso actual (2:13-18)
      (3) Su membresía en la casa de Dios (2:19-22)
   5. Reanudación de la oración de intercesión (3:1)
   6. El misterio de Cristo (3:2-13)
      (1) La administración de Pablo (3:2-7)
      (2) El propósito eterno (3:8-13)
   7. Final de la oración de intercesión (3:14-19)
   8. Doxología (3:20-21)
III. **LA NUEVA HUMANIDAD EN LA VIDA TERRENAL (4:1–6:20)**
   1. Exhortación a la unidad (4:1-3)
   2. Confesión de fe (4:4-6)
   3. Provisión para la salud y el crecimiento espirituales (4:7-16)
   4. Conducta cristiana (4:17–5:20)
      (1) El viejo hombre y el nuevo (4:17-24)
      (2) Preceptos negativos y positivos (4:25-32)

(3) La imitación de Dios (5:1-2)
   (4) De las tinieblas a la luz (5:3-14)
   (5) "Sed llenos del Espíritu" (5:15-20)
5. "Someteos" (5:21–6:9)
   (1) Sumisión mutua (5:21)
   (2) Esposas y esposos (5:22-33)
   (3) Hijos y padres (6:1-4)
   (4) Esclavos y amos (6:5-9)
6. "Fortaleceos en el Señor" (6:10-17)
7. "Velad y orad" (6:18-20)

IV. FINAL DE LA CARTA (6:21-24)
1. Notas personales (6:21-22)
2. Bendición final (6:23-24)

TEXTO, EXPOSICIÓN Y NOTAS

EFESIOS 1

I. PREÁMBULO (1:1-2)

1   *Pablo, apóstol de Cristo Jesús[1] por la voluntad de Dios, a los santos[2] que están[3] [en Éfeso][4], creyentes en Cristo Jesús:*
2   *Gracia y paz a vosotros de parte de Dios nuestro Padre y del Señor Jesucristo.*

1 El preámbulo sigue el patrón paulino habitual. Al igual que en Romanos (y en las pastorales), el nombre de Pablo aparece solo: en sus otras cartas, menciona a uno o más colegas junto con él.[5] Del mismo modo que en los preámbulos de la mayoría de sus cartas, se identifica como apóstol de Cristo, y al igual que en 1 y 2 Corintios, en Colosenses y en 2 Timoteo, su apostolado es "por la voluntad de Dios". Recibe y cumple su ministerio bajo la dirección divina; se le dio un mandato y, tal como dice en 1 Corintios 9:16-17, no le corresponde a él decidir si debe obedecer o no de predicar el evangelio: es una necesidad que se le ha impuesto.

La identidad de los destinatarios plantea un problema textual harto conocido. El peso de las pruebas documentales indica que la frase "en Éfeso" no forma parte de la redacción original.[6] Esto es coherente con las pruebas

---

1. En cuanto a Χριστοῦ Ἰησοῦ, en $\aleph^2$ A F G Ψ y la mayoría de los manuscritos en cursivas, con lat$^{\text{vet vg.cl}}$ sir^{pesh}, se lee Ἰησοῦ Χριστοῦ.
2. Después de τοῖς ἁγίοις $\aleph$ A P 81 etc. lat$^{\text{b f vg}}$ co^{bo} añaden πᾶσιν.
3. Gr. τοῖς οὖσιν (en P^{46} D se omite τοῖς).
4. ἐν Ἐφέσῳ se omite en P^{46} $\aleph$* B* 6 424^c 1739. Al parecer, faltaba en el texto de Marción y, posiblemente, en el de Tertuliano (aunque en el título de Tertuliano se lee *Ad Ephesios* y no "a los laodiceos", como sí ocurre en Marción), y también en los textos que conocían Orígenes y Basilio.
5. Habitualmente por su nombre; en Gá. 1:2 se hace referencia a ellos de manera anónima como "todos los hermanos que están conmigo".
6. Cabría preguntar, de hecho, si las palabras "en Éfeso" se añadieron en una edición

internas de la carta: no hay nada en su contenido que sugiera que fue escrita para la iglesia de una ciudad en la que Pablo había pasado casi tres años. No se hace referencia a individuos ni a grupos entre los destinatarios, y tampoco se alude a ninguna característica ni a ningún problema de índole local. La propia carta a los colosenses, que fue enviada a una iglesia con la que Pablo no estaba personalmente relacionado, es más personal que Efesios desde este punto de vista.

En los manuscritos que omiten "en Éfeso" no se lee ninguna otra cosa en su lugar. En el canon de Marción la carta aparecía como "a los laodicenses", pero este destinatario no halló cabida en ninguno de los testigos que se conservan de Efesios 1:1. La construcción sin "en Éfeso" o cualquier frase similar resulta torpe: "a los santos que son también creyentes en Cristo Jesús"[7] no es una forma natural de dirigir una carta. Para Pablo y su círculo, "santos" y "creyentes en Cristo Jesús" son sinónimos. Esa torpeza, en cambio, no existe en la construcción "a los santos y fieles hermanos en Cristo" que aparece en Colosenses 1:2, puesto que los "santos" y los "fieles hermanos" son obviamente las mismas personas.[8] En Efesios 1:1 la construcción exige algún tipo de indicación toponímica,[9] y si se omite "en Éfeso", la mejor traducción es: "a los santos que están..., creyentes en Cristo Jesús". Se deja, pues, un espacio para la inserción de una indicación toponímica, que sería apropiada en una carta circular, salvo que esa herramienta, tan familiar en la actualidad, sea difícil de confirmar para el siglo I.[10]

La palabra "creyentes" podría traducirse "fieles" (con el sentido de "leales") pero, en contraste con Colosenses 1:2 (donde modifica al sustantivo "hermanos"), es más probable que el sentido aquí sea "creyentes". La frase "en Cristo Jesús" es constitutiva —es decir, no señala a Cristo Jesús como el objeto de la fe sino que implica que los santos y creyentes están unidos en él, y todos unidos participan de su nueva vida.[11]

---

temprana (no la primera edición) del *corpus Paulinum*, después de haber estado ausentes en el texto antes que la carta se incluyera junto con otras en una colección pública. Cuando se incluyó, fue necesario buscar un título para distinguirla de sus compañeras, y a partir del título Πρὸς Ἐφεσίους la frase correspondiente ἐν Ἐφέσῳ halló cabida en el preámbulo (Véase la nota 4 supra).

7. Gr. τοῖς ἁγίοις τοῖς οὖσιν καὶ πιστοῖς ἐν Χριστῷ Ἰησοῦ.

8. Véanse las págs. 34-35.

9. La frase de participio τοῖς οὖσιν prepara al lector para una indicación toponímica (cf. Ro. 1:7; Fil. 1:1, y τῇ οὔσῃ en armonía con τῇ ἐκκλησίᾳ en 1Co. 1:2; 2Co. 1:1). El participio de εἰμί en la posición atributiva tiene casi el sentido de "local" cuando se usa con ἐκκλησία —por ejemplo, respecto a la iglesia en Jerusalén (Hch. 11:22), a la iglesia en Antioquía (Hch. 13:1).

10. Pero G. Zuntz, quien señala que en el período helenístico solían enviarse muchas copias de cartas reales, con una redacción idéntica, a distintos destinatarios; concluye que esas cartas se basaban en un original "con el destinatario en blanco, y es muy probable que el espacio en blanco en la dirección de Efesios refleje ese original" (*The Text of the Epistles* [Londres, 1954], pág. 228, nota 1).

11. Cf. Col. 1:4 (pág. 37 con la nota 12).

2 El saludo "gracia y paz a vosotros" probablemente procedía del lenguaje de la adoración pública y Pablo y otros lo adoptaron como un saludo epistolar.[12] La referencia cristiana de la gracia y la paz se pone de relieve por medio de las palabras que se añaden "de Dios nuestro Padre y el Señor Jesucristo".[13] Que la verdadera gracia y la verdadera paz provienen de Dios es algo que Pablo habría aceptado de buen grado antes de su conversión. Ahora bien, la estrecha relación del Señor Jesucristo con Dios el Padre (bajo la regencia de una sola preposición)[14] revela el lugar que el cristiano Pablo le atribuye a su Señor —un lugar que (en su opinión) es coherente con el estatus al que Dios el Padre lo ha exaltado, compartiendo con él "el nombre que es sobre todo nombre" (Fil. 2:9). La gracia y la paz divinas se otorgan de manera suprema en la salvación que proclama el evangelio, y en la concesión de esta salvación, Dios y Cristo están unidos. A la gracia que subyace tras esta salvación (cf. Ef. 2:5, 8) se le llama indiscriminadamente "la gracia de Dios" (Gá. 1:6); a la paz que produce esta salvación (cf. Ef. 2:14-17; 6:15) se le llama indiscriminadamente "la paz de Dios" (Fil. 4:7) y "la paz de Cristo" (Col. 3:15).

II. LA NUEVA HUMANIDAD, UNA CREACIÓN DIVINA (1:3–3:21)

1. Bendición o acción de gracias preliminar (1:3-14)

(1) Alabanza por la elección y la adopción (1:3-6)

3   ¡Bendito sea el Dios y Padre[15] de nuestro Señor Jesucristo! Él nos ha bendecido con toda bendición espiritual en la esfera celestial en Cristo,

4   porque nos escogió en él[16] antes de la fundación del mundo, para que fuéramos santos y sin mancha delante de él en amor.

5   Nos predestinó para ser adoptados como hijos suyos por medio de Jesucristo, conforme al beneplácito de su voluntad,

6   para la alabanza gloriosa de su gracia, la cual[17] nos ha impartido gratuitamente en el Amado.[18]

---

12. Cf. Col. 1:2 (pág. 35 con las notas 4, 5).

13. Así (con mínimas variaciones) en Ro. 1:7; 1Co. 1:3; 2Co. 1:2; Gá. 1:3; Fil. 1:2; 2Ts. 1:2; cf. Tit. 1:4. En Col. 1:2 se omite "y el Señor Jesucristo"; en 1Ts. 1:1 se omite "de Dios nuestro Padre y el Señor Jesucristo". En 1Ti. 1:2 y 2Ti. 1:2 "gracia y paz" se amplía a "gracia, misericordia y paz".

14. Gr. ἀπὸ θεοῦ πατρὸς καὶ κυρίου Ἰησοῦ Χριστοῦ.

15. B omite "y Padre" (καὶ πατήρ).

16. En lugar de ἐν αὐτῷ en F G se lee ἑαυτῷ ("para sí").

17. Gr. ἧς, por atracción ática al caso del antecedente χάριτος, pero en א D (F) G Ψ y en la mayoría de los manuscritos en cursivas aparece la forma inafectada ἐν ("en la que" o "con la cual").

18. Gr. ἐν τῷ ἠγαπημένῳ, después de lo cual en D* F G 629 lat[vet vg.cl] sir[hcl**] co[sa] se añade υἱῷ αὐτοῦ ("en su Hijo amado").

3 En la mayoría de las cartas paulinas al preámbulo le sigue inmediatamente una acción de gracias preliminar ("doy gracias a Dios" o, con menor frecuencia, "damos gracias a Dios"). En 2 Corintios, sin embargo, el lugar de la acción de gracias preliminar lo ocupa una *eulogia*[19] o expresión de alabanza en tercera persona: "Bendito sea el Dios y Padre de nuestro Señor Jesucristo..." (2Co. 1:3). La expresión de alabanza que introducen estas palabras presenta una construcción diferente de la que puede observarse en la acción de gracias preliminar (en este respecto, véanse Col. 1:3-8 y Flm. 4-7, con la exposición y las notas acompañantes); se trata de una fórmula que procede de la adoración en la sinagoga judía y a la que normalmente se le llama la *beraká* (la palabra hebrea para "bendición"). En Efesios, sin embargo, la *beraká* no remplaza la acción de gracias preliminar, sino que la precede.[20] La acción de gracias preliminar sigue en los vv. 15-23.

La fórmula original de la *beraká* con una sola oración es bastante frecuente en el salterio del AT: "Bendito sea Dios..." (Sal. 66:20); "Bendito el Señor, Dios de Israel..." (Sal. 41:13, etc.). Pablo cristianiza la expresión, e identifica a aquel a quien se le tributa la alabanza como "el Dios y Padre de nuestro Señor Jesucristo". En una *beraká* veterotestamentaria típica, el nombre de Dios va seguido de un pronombre relativo y una cláusula adjetiva para exponer las razones por las que debemos bendecir a Dios: "Bendito sea Dios, que no rechazó mi oración..." (Sal. 66:20); "Bendito sea el Señor, el Dios de Israel, el único que hace maravillas" (Sal. 72:18).[21] Esa misma construcción se repite en el NT: "Bendito sea el Dios y Padre de nuestro Señor Jesucristo... quien nos consuela..." (2Co. 1:3-4); "Bendito sea el Dios y Padre de nuestro Señor Jesucristo, que... nos ha hecho nacer de nuevo..." (1Pe. 1:3).[22] Aquí también la razón para bendecir a Dios se expresa en una cláusula similar: "que nos ha bendecido...".[23] Se usa el mismo verbo para referirse a la acción de los seres humanos cuando bendicen a Dios y a la acción de Dios cuando los bendice a ellos, pero no en el mismo sentido. En el segundo caso el verbo denota una

---

19. Con respecto al término gr. εὐλογία ("acción de gracias", "bendición") cf. 1Co. 10:16 (τὸ ποτήριον τῆς εὐλογίας, puesto que sobre la copa se pronunciaban las palabras: "Bendito eres tú,... que creas el fruto de la vid"); Ap. 5:12-13; 7:12. Esta construcción recibe el nombre de *eulogia* porque comienza con el adjetivo verbal εὐλογητός (equivalente al término hebreo *bārûk*).
20. Véase P. T. O'Brien, "*Ephesians 1: An Unusual Introduction to a New Testament Letter*". *NTS* 25 (1978-79), 504-15, quien sugiere que, puesto que la gracia de Dios para los creyentes judíos se encomia en los vv. 3-12 antes que su gracia para los creyentes gentiles, la fórmula *beraká* preliminar resulta "ideal para este propósito".
21. Compárese con la oración judía de acción de gracias antes de comer: "Bendito eres tú, oh Señor nuestro Dios, Rey del universo, que creas el pan de la tierra" (Mishná *Berakot* 6.1), y de hecho, las dieciocho bendiciones de la *Amidá* en el culto de la sinagoga.
22. En estos dos textos neotestamentarios (y en otros) la construcción con el artículo definido y el participio (ὁ παρακαλῶν..., ὁ... ἀναγεννήσας) es equivalente a una cláusula adjetiva.
23. Gr. ὁ εὐλογήσας (un artículo con un participio; cf. la nota anterior). Dios puede ser el sujeto de εὐλογέω (como aquí) o el complemento (como en 1Co. 14:16; cf. la fuerza pasiva de εὐλογητός al principio de esta oración).

concesión de beneficios por parte de Dios; en el primero, denota un tributo de alabanza a Dios.

Dios, pues, debe ser alabado porque le ha conferido a su pueblo "en Cristo"[24] toda bendición espiritual. Las bendiciones espirituales han de distinguirse, probablemente, de las bendiciones materiales, que también son otorgadas por Dios —como por ejemplo, las bendiciones prometidas en Deuteronomio 28:1-14 para los que obedecen sus mandamientos. La naturaleza de las bendiciones espirituales a las que se hace referencia aquí está fuera de toda duda: dichas bendiciones se detallan en las palabras de la *beraká* que siguen. Entre ellas se cuentan la elección para santidad; la adopción como hijos e hijas de Dios, la redención y el perdón, el don del Espíritu Santo y la esperanza de gloria.

Estas bendiciones se disfrutan "en la esfera celestial". El adjetivo traducido como "celestial" aparece varias veces en el NT, pero en esta carta lo encontramos en cinco ocasiones, sin ningún sustantivo expreso, en una frase que literalmente podría traducirse como "en los celestiales".[25] Nada en esta forma del adjetivo sugiere si es masculino o neutro. Si es masculino, entonces la frase significa "entre los seres celestiales";[26] si es neutro, el significado es "en los lugares celestiales" o "en la esfera celestial".[27] Lo segundo se adapta mejor a los cinco contextos. La "esfera celestial" es la esfera a la que Dios resucitó a Cristo (v. 20) y a la que su pueblo, unido a él por la fe, fue resucitado con él (Ef. 2:6). Aunque todavía vivan en la tierra con sus cuerpos mortales, pueden disfrutar del bien de su herencia celestial aquí y ahora por medio del ministerio del Espíritu (vv. 13-14). No resulta sorprendente tampoco que estas bendiciones se otorguen y se disfruten "en Cristo". Los creyentes no son individuos aislados, participan de una vida común a través de la fe en Cristo, y esa vida común no es más que su vida resucitada. En otros pasajes de esta carta se expresa esta misma idea en función de su membresía común en el cuerpo de Cristo, como en el v. 23. Este es el entorno en el que Dios le concede a su pueblo toda bendición espiritual —desde la elección eterna hasta la gloria eterna.

4 Fue, pues, en Cristo que Dios escogió a su pueblo[28] "antes de la fundación del mundo". Esta frase (u otra similar) aparece en unos cuantos

---

24. La frase constitutiva ἐν Χριστῷ (las bendiciones que van a mencionarse a continuación no pueden disfrutarse fuera de Cristo). En cuanto al argumento de que ἐν Χριστῷ en Efesios "ya no es la fórmula que expresa la inclusión en Cristo, sino que se ha convertido en la fórmula que denota la acción de Dios por medio de Cristo", véase J. A. Allan, "*The 'In Christ' Formula in Ephesians*", *NTS* 5 (1958-59), 54-62.

25. Gr. ἐν τοῖς ἐπουρανίοις (cf. Ef. 1:20; 2:6; 3:10; 6:12). Véase A. T. Lincoln, "*A Reexamination of 'the Heavenlies' in Ephesians*". *NTS* 19 (1972-73), 468-83.

26. Cf. οἱ ἐπουράνιοι en 1Co. 15:48.

27. Una ambigüedad similar se le atribuye al genitivo plural ἐπουρανίων en Fil. 2:10 (cf. F. F. Bruce, *Philippians*, GNBC [San Francisco, 1983], pág. 55).

28. Gr. καθὼς ἐξελέξατο ἡμᾶς ("según nos escogió"). En cuanto a καθώς en las acciones de gracias cf. 2Co. 1:5; Fil. 1:7; Col. 1:6-7; 1Ts. 1:5; 2Ts. 1:3. P. Schubert va demasiado lejos cuando afirma que en un contexto así "se le atribuye a καθώς un significado formal y funcional muy definido

pasajes del NT, pero en el corpus paulino solamente aquí.[29] Indica que el acto divino de la elección tuvo lugar en la eternidad. El tiempo pertenece al orden creado: el hecho de que los creyentes disfruten ahora de las bendiciones otorgadas por Dios es el cumplimiento en el plano temporal del propósito que concibió en la eternidad de manifestarles su gracia. Así como el cumplimiento se experimenta "en Cristo", así también fue en él que se concibió el propósito. Si, tal como afirma Colosenses 1:16, todas las cosas fueron creadas "en él", aquí se nos asegura que, aún antes de eso, el pueblo de Dios ya había sido escogido "en él". Cristo es el Escogido de Dios *par excellence*;[30] es a través de la unión con él que, de acuerdo con el propósito divino que se cumplió a su debido tiempo, los demás son escogidos. Se le hacen muy poca justicia a estas palabras cuando se discute si Cristo es la fundación u origen, o simplemente el ejecutor de la elección. Él es la fundación, el origen y el ejecutor: todo eso está implícito en la elección y los frutos de esta dependen de él.[31]

Calvino toma la frase "en Cristo" como una "segunda confirmación de la libertad de elección" (la primera es la que tuvo lugar antes de la fundación del mundo). "Porque nuestra elección en Cristo está fuera de nuestro alcance. No es por nuestros méritos, sino porque nuestro Padre celestial nos ha injertado, por medio de la bendición de la adopción, en el Cuerpo de Cristo. En pocas palabras, el nombre de Cristo excluye cualquier mérito y todo lo que los hombres tengan de suyo; porque cuando dice que somos escogidos en Cristo, se desprende que en lo que a nosotros se refiere, somos indignos".[32]

En razón de la naturaleza del Dios que elige, la elección divina presenta inevitablemente una cualidad ética dominante. En 1 Pedro 1:15-16, donde se repiten las palabras del texto que nos ocupa, se hace referencia a esta elección con una cita de la ley veterotestamentaria de santidad: "como aquel que os llamó es santo, así también sed vosotros santos en toda vuestra manera de vivir; porque escrito está: 'Sed santos, porque Yo soy santo'".[33] Ninguna otra conducta

---

dentro del patrón de acción de gracias"; de hecho, él mismo modifica la afirmación admitiendo que "estas cláusulas que comienzan con καθώς difieren en cierta medida entre ellas en algunos detalles formales y también funcionales" (*Form and Function of the Pauline Thanksgivings* [Berlin, 1939], pág. 31).

29. Gr. πρὸ καταβολῆς κόσμου. La misma frase aparece en Jn. 17:24; 1Pe. 1:20 (y, con ἀπό en lugar de πρό, en Mt. 13:35; 25:34; Lc. 11:50; Heb. 4:3; 9:26; Ap. 13:8; 17:8); καταβολή es la acción de asentar o colocar (καταβάλλω) un cimiento (cf. Heb. 6:1).

30. Se le llama ὁ ἐκλελεγμένος en Lc. 9:35; el Mesías es el ἐκλεκτός de Dios en Lc. 23:35; Jn1:34, y Dios presenta a su Siervo en Is. 42:1 como ὁ ἐκλεκτός μου.

31. Cf. J. Murray, *Collected Writings*, IV (Edimburgo, 1983), 325-26. Véanse también T. F. Torrance, *"Predestination in Christ"*, *EQ* 13 (1941), 108-41; H. H. Rowley, *The Biblical Doctrine of Election* (Londres, 1950); K. Barth, *Church Dogmatics*, E.T., II.2 (Edimburgo, 1957), págs. 3-506; G. C. Berkouwer, *Divine Election*, E.T. (Grand Rapids, 1960); E. H. Trenchard y J. M. Martínez, *Escogidos en Cristo* (Madrid, 1966).

32. J. Calvino (*ad loc.*), *The Epistles of Paul the Apostle to the Galatians, Ephesians, Philippians and Colossians* (1548), E.T. (Edimburgo, 1965), pág. 125.

33. Cf. Lev. 11:44-45; 19:2; 20:7-8, 26.

es adecuada para los que han sido "escogidos y destinados por Dios el Padre y santificados por el Espíritu para obedecer a Jesucristo" (1Pe. 1:2). Aquí, pues, el propósito de Dios al escoger a su pueblo en Cristo es que sean "santos y sin mancha"[34] delante de él, ahora, durante su vida terrenal, y finalmente, cuando comparezcan ante su presencia. La perspectiva es la misma de Colosenses 1:22, donde el propósito de la obra reconciliadora de Cristo es presentar a su pueblo "santo, sin mancha e irreprochable delante de él". En Colosenses, comparecen delante de Cristo, mientras que aquí comparecen delante de Dios; pero en ambos casos se trata de un mismo y único acontecimiento: para Pablo, el tribunal de Cristo (2Co. 5:10) y el tribunal de Dios (Ro. 14:10) son el mismo tribunal. La "santidad sin la cual nadie verá al Señor" (Heb. 12:14) la desarrolla progresivamente el Espíritu en las vidas de los creyentes en la tierra, y será consumada en la gloria en la parusía, es decir, en el momento de la "redención" prevista en Efesios. 1:14; 4:30. Si la "santidad" expresa la cualidad positiva, la "irreprochabilidad" expresa su contraparte negativa: liberación de la mancha o la culpa.

Si se adjunta la frase "en amor" a lo que precede (como ocurre en el texto griego que se usa en este comentario), le añade entonces una cualidad específica a la santidad y a la irreprochabilidad: la consumación de la santidad es el amor perfecto. La preposición se entiende mejor si se le atribuye una fuerza "comitativa": el propósito de Dios es que su pueblo se distinga por la santidad y la irreprochabilidad, junto con el amor.[35]

5 Pero si la frase "en amor" se adjunta a lo que sigue (como ocurre en LBLA y en la NVI], expresa la actitud de Dios hacia su pueblo cuando los predestinó para ser adoptados como hijos suyos. "A los que de antemano conoció", según Romanos 8:29, "también predestinó a ser hechos conforme a la imagen de su Hijo, para que él sea el primogénito entre muchos hermanos". El cumplimiento de este propósito es la "adopción" que esperamos confiadamente los "que tenemos las primicias del Espíritu" (Ro. 8:23). Es esa "revelación de los hijos de Dios" lo que "la creación aguarda ansiosamente" (Ro. 8:19), su institución pública, su investidura y manifestación como miembros de esa familia en la que Cristo es el primogénito.[36] Pero, gracias a "las primicias del Espíritu", el gozo de la nueva relación como hijos de Dios ya es nuestro. El Espíritu es "el Espíritu de adopción"; por tanto, "cuando clamamos: '¡Abba! ¡Padre!', el Espíritu mismo da testimonio a nuestro espíritu de que somos hijos de Dios" (Ro. 8:15-16).[37]

---

34. Gr. ἁγίους καὶ ἀμώμους (cf. Ef. 5:27 respecto a la colocación de los dos mismos adjetivos con una perspectiva similar).

35. Así NEB: "él nos escogió ... para que nos consagremos, para que seamos sin mancha ante sus ojos, para que estemos llenos de amor". Cf. Ef. 6:24; Col. 1:6 (pág. 38 supra con la nota 17). Véase también K. G. Kuhn, "*The Epistle to the Ephesians in the Light of the Qumran Texts*" (1961), E.T. en *Paul and Qumran* (Londres, 1968), págs. 119-20.

36. Cf. Col. 1:18, πρωτότοκος ἐκ τῶν νεκρῶν.

37. Cf. Gá. 4:4-7. Véanse las págs. 246, 279 más adelante.

El proceso jurídico de la adopción aparentemente era desconocido en la sociedad hebrea. El matrimonio que promulgaba la ley del levirato, mediante el cual un difunto podía adquirir por poder un hijo póstumo que perpetuara su nombre y su herencia en Israel, no se menciona en ninguna otra parte en lo que respecta a la adopción.[38] Es posible que la adopción en la época patriarcal se practicara de un modo similar al que aparece confirmado en los textos de Nuzu —podría compararse la posible relación de Eliezer con Abraham (Gn. 15:2-3) o la de Jacob con Labán (Gn. 29:14ss.)—[39] pero no dejó ningún rastro ni en las leyes ni en las costumbres posteriores a la colonización. Sin embargo, algo análogo a la doctrina neotestamentaria de la adopción aparece en la relación de Yahvé con Israel: "Cuando Israel era niño, yo lo amé, y de Egipto llamé a mi hijo" (Os. 11:1). En un comentario sobre el lenguaje del profeta, G. A. Smith escribió: "Los ojos de Dios, pasando por alto a los príncipes de este mundo, se fijaron en este niño esclavo, y lo amó y le dio una carrera".[40] La conclusión de D. J. Theron de que "la metáfora de Pablo sobre la adopción... podría incluso haberse derivado de la liberación de Israel de la esclavitud en Egipto",[41] resulta muy probable por la referencia a los "israelitas, a los que pertenece la adopción" (Ro. 9:4).

En algunas de sus referencias a la adopción, podría decirse que Pablo establece una analogía entre el acto divino y el procedimiento jurídico vigente en Roma, con su exigencia de siete testigos de la transacción. Hay pocas pruebas de eso aquí, a menos que pueda discernirse una relación entre la adopción y la herencia del v. 14.[42]

Dado que la incorporación a la familia de Dios tiene lugar "por medio de Cristo", es decir, mediante la unión con el Hijo de Dios, la predestinación de su pueblo por parte de Dios para adopción es otro aspecto de su elección de ellos para santidad. Ser conformes a la imagen de Cristo es reflejar su carácter (cf. 2Co. 3:18). Por el hecho de haber sido elegidos en Cristo deben reproducir su imagen y participar de su santidad.

Tanto la elección como la predestinación de su pueblo por parte de Dios son "conforme al beneplácito de su voluntad". Dios es Dios, y por tanto, la única y primera causa de su propósito y sus acciones es él mismo. "La voluntad de Dios no tiene ningún "por qué", dijo Lutero.[43] Pero puesto que

---

38. Cf. R. de Vaux, *Ancient Israel*, E.T. (Londres, 1965), págs. 21-22, 37-38, 42, 51-52.

39. Véase C. J. Mullo Weir, "*Nuzi*", en *Archaeology and Old Testament Study*, ed. D. W. Thomas (Oxford, 1967), págs. 73-86.

40. G. A. Smith, *The Book of the Twelve Prophets*, II (Londres, 1928), 317.

41. D. J. Theron, "'*Adoption' in the Pauline Corpus*," *EQ* 28 (1956), 14. Véanse también F. Lyall, "*Roman Law in the Writings of Paul—Adoption*", *JBL* 88 (1969), 458-66; J. I. Cook, "*The Concept of Adoption in the Theology of Paul*", en *Saved by Hope: Essays in Honor of R. C. Oudersluys*, ed. J. I. Cook (Grand Rapids, 1978), págs. 133-44.

42. Véase F. F. Bruce, *The Epistle to the Galatians*, NIGTC (Grand Rapids/Exeter, 1982), págs. 192-98.

43. "Gottes Wille hat kein Warumbe" (citado por G. S. Hendry, *God the Creator* [Londres, 1937], pág. 141).

Dios, en su propia persona, es "el amor que mueve el sol y las demás estrellas",[44] su propósito y sus acciones expresan el amor divino. Más allá de la relación sintáctica de la frase "en amor" entre los vv. 4 and 5, fue en amor que Dios escogió a su pueblo antes de la fundación del mundo y los predestinó para que fueran hijos suyos por medio de Cristo.

6 Existe muy poca diferencia entre el amor de Dios y su gracia, salvo que la palabra "gracia" pone de relieve su característica de gratuidad y soberanía.[45] La gracia de Dios es su benevolencia eterna e incondicionada que se expresó de manera decisiva en el momento en que tuvo lugar la obra salvífica de Cristo. En esta obra salvífica, y en el efecto que surte en las vidas de los creyentes, Dios es glorificado: su gracia se manifiesta como digna de "alabanza gloriosa".[46] En el Salmo 66:2 se invita a toda la tierra a darle a Dios una "alabanza gloriosa";[47] si esta fue la respuesta adecuada por sus hechos de liberación en la vida nacional y personal que el salmista celebra, es una respuesta sumamente adecuada por su obra de liberación en Cristo. Esta nota de alabanza gloriosa se deja oír en repetidas ocasiones a lo largo de la *eulogia* de los vv. 3-14.

La gracia de Dios ha alcanzado a su pueblo y los ha envuelto: Dios los ha "agraciado", dice Pablo (usando un verbo derivado de la palabra griega para "gracia").[48] Pero, al igual que cualquier otra fase de los tratos de Dios con ellos, no reciben esta "gracia" [este "agraciamiento"] por sus propios méritos sino en Cristo: la gracia de Dios se les otorga gratuitamente "en el Amado". Esta designación señala a Cristo como el objeto supremo del amor del Padre —"el Hijo de su amor", tal como se le llama en Colosenses 1:13.[49] Una forma ligeramente diferente se usa en las palabras que la voz celestial dirigió a Jesús en su bautismo y en el monte de la transfiguración (Mr. 1:11; 9:7 y paralelos), pero el sentido es el mismo: Dios lo reconoce como "mi Hijo, el amado",[50] o, de acuerdo con la traducción habitual de las palabras en la antigua versión siriaca, "mi Hijo y mi Amado" (indicando dos títulos distintos). J. A. Robinson, analizando el uso literario, llegó a la conclusión de que es posible que los judíos hayan empleado "el Amado" como un título mesiánico antes que los cristianos comenzaran a usarlo con referencia a Jesús.[51]

---

44. Dante, *Paradiso* 33.145.

45. Cf. J. Moffatt, *Love in the New Testament* (Londres, 1929); *Grace in the New Testament* (Londres, 1931); N. P. Williams, *The Grace of God* (Londres, 1930); C. Spicq, *Agape in the New Testament*, E.T., I-II (St. Louis, 1963-66).

46. Lit., "para alabanza de la gloria" (εἰς ἔπαινον δόξης), interpretando el genitivo como un genitivo calificativo hebreo, al igual que en Col. 1:11, 27a (pág. 42, nota. 37; pág. 73, nota 197).

47. RSV "darle gloriosa alabanza" aparentemente toma $k\bar{a}\underline{b}\hat{o}\underline{d}$ en $\hat{s}\hat{i}m\hat{u}\ k\bar{a}\underline{b}\hat{o}\underline{d}\ t^{e}hill\bar{a}\underline{t}\hat{o}$ (lit., "hacer gloriosa su alabanza") como $k^{e}\underline{b}\hat{o}\underline{d}$, en un estado constructivo.

48. Gr. χαριτόω, de χάρις. La única otra aparición neotestamentaria del verbo es en Lc. 1:28, donde se aclama a María como κεχαριτωμένη (RSV "¡oh favorecida!").

49. Véase la pág. 46, nota 59.

50. Gr. ὁ υἱός μου ὁ ἀγαπητός donde ὁ ἀγαπητός es probablemente un reflejo de Is. 42:1 (ἀγαπητός es una lectura alternativa para ἐκλεκτός, véase en ese respecto la nota 30 supra).

51. J. G. Robinson, *Ephesians*, págs. 229-33; sugiere (con razón) que la designación ὁ

(2) Alabanza por la redención y la reconciliación final (1:7-10)

7 En él[52] tenemos nuestra redención, mediante su sangre, el perdón de nuestros delitos, según las riquezas de su gracia,[53]
8 que ha multiplicado para con nosotros con toda sabiduría y entendimiento.
9 Nos dio a conocer el misterio de su voluntad, según el[54] beneplácito que planeó en él,[55]
10 para ser administrado en la plenitud de los tiempos —a saber, reunir todas las cosas en Cristo, las que están en[56] el cielo y las que están en la tierra.

7 Los que fueron escogidos en Cristo antes de la fundación del mundo han sido redimidos en él a lo largo de la historia. La mención de la redención y del perdón se repite en Colosenses 1:14, y de hecho, podría depender de este versículo, con la salvedad de que el sustantivo "pecados" en Colosenses se sustituye por "delitos" aquí[57] y la referencia a la redención se amplía con la frase "mediante su sangre".[58] La sangre de Cristo, es decir, su muerte sacrificial, es el medio por el cual se ha logrado la redención de su pueblo. Una frase explicativa similar aparece en Romanos 3:25,[59] y aunque la sangre allí se relaciona más con la "expiación"[60] que con la "redención[61] (en el v. 24), el sentido del término puede aplicarse a ambas.

Pablo y otros escritores neotestamentarios utilizan los sustantivos "delitos" y "pecados" como sinónimos.[62] En Efesios 2:1 las dos palabras se emplean juntas para expresar una sola idea. Si "pecados" es la palabra que se usa en Colosenses 1:14, "delitos" se usa en Colosenses 2:13; en ambos lugares son el objeto del acto perdonador de Dios.

ἠγαπημένος (en la LXX para *Jesurún* en Dt. 32:15; 33:5, 26; Is. 44:2) se transfirió de Israel al Mesías (compárese con la transferencia del uso de "mi primogénito" para referirse a Israel en Éx. 4:22 al rey David en Sal. 2:7; 89:27). En cuanto al uso de ὁ ἠγαπημένος con relación a Cristo, véase también *Ep. Bern.* 3:6; 4:3, 8; ὁ ἀγαπητός se emplea de manera similar en *Asc. Is.* 3:13 *et pássim.*

52. En algunos testigos (incluyendo ℵ* D* Ψ 104 2495 y las versiones cópticas) aparece el aoristo ἔσχομεν ("hemos recibido") en lugar del presente ἔχομεν ("tenemos").

53. En lugar de χάριτος en A 365 y algunos otros testigos se lee χρηστότητος (bajo la influencia de Ro. 2:4).

54. αὐτοῦ se omite en D F G lat[b vg.codd] (tal vez porque se consideró redundante con el ἐν αὐτῷ que sigue).

55. En lugar de ἐν αὐτῷ en P aparece ἐν ἑαυτῷ ("en sí mismo").

56. Los testigos varían entre ἐπί (P[46] ℵ* B D etc.) y ἐν (ℵ[2] A F G K Ψ etc.); en el segundo caso, podría tratarse de una asimilación a Col. 1:20.

57. τὴν ἄφεσιν τῶν παραπτωμάτων en contraste con τὴν ἄφεσιν τῶν ἁμαρτιῶν (Col. 1:14); véase la pág. 48, nota 67.

58. Gr. διὰ τοῦ αἵματος αὐτοῦ (cf. Col. 1:20, διὰ τοῦ αἵματος τοῦ σταυροῦ αὐτοῦ).

59. ἐν τῷ αὐτοῦ αἵματι (cf. Ro. 5:9, δικαιωθέντες νῦν ἐν τῷ αἵματι αὐτοῦ).

60. Gr. ἱλαστήριον (Ro. 3:25).

61. Gr. ἀπολύτρωσις (Ro. 3:24); respecto a esta palabra, véase la pág. 47 con la nota 64.

62. Cf. Ro. 5:20,… ἵνα πλεονάσῃ τὸ παράπτωμά οὗ δὲ ἐπλεόνασεν ἡ ἁμαρτία κτλ.

"Riquezas" es un término que se usa repetidamente en esta carta con referencia a los atributos divinos: "las riquezas de su gracia"[63] se mencionan de nuevo en Efesios 2:7, "las riquezas de su gloria" en Efesios 1:18 y 3:16 (cf. también Ef. 3:8). Es una costumbre paulina: cf. "las riquezas de su bondad" en Romanos 2:4; "las riquezas de su gloria" en Romanos 9:23; "las riquezas de la sabiduría y el conocimiento de Dios"[64] en Romanos 11:33.

8 La gracia es una cualidad que exige relaciones personales para poder ejercitarla. La mención de las "riquezas" de la gracia de Dios implica que él se la ha otorgado en abundancia a los que la han recibido; de manera similar, la descripción de Dios como "rico en misericordia" (Ef. 2:4), implica que los beneficiarios de su misericordia la disfrutan hasta rebosar. Aquí, pues, no solo de manera implícita sino también explícitamente, se dice que él ha "multiplicado" su gracia para con su pueblo. La cláusula adjetival "que ha multiplicado"[65] es análoga a la del v. 6, "que nos ha impartido gratuitamente"; el antecedente de ambos pronombres relativos es la gracia de Dios. Pablo hizo hincapié en la sobreabundancia de su gracia en Romanos 5:20: "donde el pecado abundó, la gracia se multiplicó con más abundancia".[66]

La concesión generosa de la gracia de Dios va acompañada de otros dones espirituales; aquí se mencionan la sabiduría y el entendimiento por la relación que guardan con lo que sigue.[67] La sabiduría y el entendimiento son dones de Dios, pero hay que cultivarlos para que puedan demostrar su eficacia. Por tanto, no es incoherente que Pablo pida en oración, tal como lo hace en el pasaje paralelo en Colosenses 1:9, que los creyentes sean llenos "de toda sabiduría y entendimiento espiritual"[68] (usando para "entendimiento" una palabra diferente de la que emplea aquí). De hecho, un poco más adelante en esta misma carta ora para que los que han recibido sabiduría y entendimiento, junto con la abundante gracia de Dios, reciban el "espíritu de sabiduría y de revelación" (v. 17). Aquí, sin embargo, se pone de relieve el aspecto "ya" manifiesto del don celestial; en otros lugares, se alude al aspecto "aún no" manifiesto. El Espíritu que los creyentes han recibido es "el Espíritu de sabiduría y de revelación" (tal como se le llama en Is. 11:2), y es a través de su ministerio que debemos apropiarnos cada vez más de la sabiduría y el entendimiento que él imparte.

---

63. Gr. κατὰ τὸ πλοῦτος τῆς χάριτος αὐτοῦ.
64. En ᾧ βάθος πλούτου καὶ σοφίας καὶ γνώσεως θεοῦ los genitivos σοφίας y γνώσεως probablemente dependen de πλούτου, no de βάθος.
65. Gr. ἧς ἐπερίσσευσεν, donde ἧς (al igual que en el v. 6) es un ejemplo de atracción ática.
66. Gr. οὗ δὲ ἐπλεόνασεν ἡ ἁμαρτία, ὑπερεπερίσσευσεν ἡ χάρις (cf. Ro. 5:15, ἡ χάρις τοῦ θεοῦ ... εἰς τοὺς πολλοὺς ἐπερίσσευσεν).
67. Gr. ἐν πάσῃ σοφίᾳ καὶ φρονήσει, el ἐν es comitativo (cf. ἐν ἀγάπῃ, v. 4). La única otra aparición neotestamentaria de φρόνησις es en Lc. 1:17.
68. Gr. ἐν πάσῃ σοφίᾳ καὶ συνέσει πνευματικῇ (cf. Is. 11:2, LXX, donde el πνεῦμα σοφίας καὶ συνέσεως reposará sobre el príncipe prometido de la casa de David).

9 En la expresión "nos dio a conocer el misterio de su voluntad" sigue poniéndose de relieve el aspecto "ya" manifiesto de los procederes de Dios con su pueblo. En el v. 18 más adelante el apóstol ora para que sus lectores puedan conocer empíricamente (y disfrutar por adelantado) cosas que pertenecen al misterio de la voluntad de Dios —la esperanza a la cual él los llamó y la gloria inagotable de la herencia que él tiene reservada para ellos.

Como es habitual en el NT, un "misterio" es algo que había permanecido en secreto en el propósito de Dios pero ahora se ha revelado. En Colosenses 1:27 el aspecto de su propósito que ahora se ha dado a conocer a su pueblo se relaciona con su esperanza de gloria, la cual Cristo, que mora en ellos, les garantiza aquí y ahora.[69] Pero en otros pasajes, Pablo deja bien claro que la gloria futura del pueblo de Dios es solamente una parte de su propósito de gracia: toda la creación participará de los frutos de la obra redentora de Cristo, incluso de "la gloriosa libertad de los hijos de Dios" (Ro. 8:21). Aquí, pues, el universo tiene su lugar en el propósito secreto de Dios que ahora ha sido revelado. En Colosenses 1:20 el beneplácito de Dios era "reconciliar todas las cosas consigo" por medio de Cristo. Nada menos que eso se considera aquí en su "beneplácito", el eterno designio que él "planeó" en Cristo. (En este contexto, la frase "en Cristo" es una traducción mucho más adecuada que la que se lee en la RV60, "en sí mismo").[70]

10 Fue "en Cristo" (como se nos dijo en los vv. 4 y 5) que Dios escogió a su pueblo y los predestinó para instituirlos como miembros de su familia con plenitud de derechos, "conforme al designio de su voluntad"; es igualmente "en Cristo" que él planeó "reunir"[71] el universo fragmentado y enajenado. El verbo que se usa aquí como una alternativa para "reconciliar" aparece únicamente en otro pasaje de los escritos paulinos, en el que se dice que toda la ley se "resume" en un solo mandamiento, a saber, amar al prójimo (Ro. 13:9). Todas las cosas, pues, han de ser "reunidas o resumidas" en Cristo y presentadas como una totalidad coherente en él.

La reconciliación que se encomia en Colosenses es la reconciliación de "todas las cosas" con Dios (y de una manera más específica, la reconciliación de los seres humanos con él).[72] La reconciliación que se encomia en Efesios es la reconciliación de los seres humanos entre sí, como una etapa en la unificación de un universo dividido.[73] Esta es la unificación a la que se hace referencia aquí como el propósito del consejo determinante de Dios. La "administración" del beneplácito de Dios es "la manera en la que el propósito de Dios está cumpliéndose en la historia humana".[74] Eso dice J. A. Robinson,

---

69. Véanse las págs. 77-78 con las notas 212, 213, 214, y 215.
70. La RV 1960 y otras revisiones presupone la lectura ἐν ἑαυτῷ (véase la nota 55 supra).
71. Gr. ἀνακεφαλαιώσασθαι (la voz media hace hincapié en el interés y la iniciativa divinos). Véase J. B. Lightfoot, *Notes on the Epistles of St. Paul* (Londres, 1895), págs. 321-23.
72. Véase Col. 1:20-22 (págs. 66-71 con las notas 164-82).
73. Véase Ef. 2:14-18 (págs. 274-80).
74. J. A. Robinson, *Ephesians*, pág. 145. Véase también S. S. Smalley, "*The Eschatology of*

y añade que en la frase "en la plenitud de los tiempos" (lit. "de la plenitud de los tiempos"),⁷⁵ "plenitud" es un genitivo de mayor definición. Dado que, según Gálatas 4:4, Dios envió a su Hijo al mundo "cuando vino la plenitud del tiempo",⁷⁶ es decir, cuando llegó el momento adecuado para su venida, de igual manera, cuando llegue el momento adecuado para la consumación de su propósito, en su revocación providencial del curso del mundo, esa consumación se hará realidad.

La "administración" del beneplácito de Dios aquí tiene casi la misma fuerza que tiene la "administración" del misterio que estuvo oculto por mucho tiempo en Efesios 3:9.⁷⁷ En Efesios 3:9, sin embargo, la idea está estrechamente relacionada con la misión apostólica de Pablo, que, según se afirma allí, consistía en unir en un solo cuerpo de creyentes gentiles sobre la misma base que creyentes judíos. Esta reunión de judíos y gentiles en Cristo era, a los ojos de Pablo, la obra maestra de Dios en cuanto a la reconciliación, y prometía la llegada de un momento en el que no solo los judíos y los gentiles, sino también todos los elementos mutuamente hostiles en la creación,⁷⁸ estarían unidos en ese mismo Cristo. Pablo, pues, era un instrumento del que Dios se valdría para lograr su eterno propósito.⁷⁹

(3) Alabanza por la seguridad de la herencia de los creyentes (1:11-14)

11 Fue en Cristo, también, que fuimos designados por Dios como patrimonio suyo,⁸⁰ habiendo sido predestinados según el propósito⁸¹ de aquel que obra todas las cosas conforme al consejo de su voluntad,

12 a fin de que nosotros, que fuimos los primeros en poner nuestra esperanza en Cristo, seamos para su alabanza gloriosa.

13 En Cristo vosotros⁸² también fuisteis sellados con el Espíritu Santo de la

---

Ephesians," EQ 28 (1956), 152-57.

75. Gr. εἰς οἰκονομίαν τοῦ πληρώματος τῶν καιρῶν.

76. Gr. ὅτε δὲ ἦλθεν τὸ πλήρωμα τοῦ χρόνου. Véase F. F. Bruce, The Epistle of Paul to the Galatians, NIGTC, pág. 194. No hay ninguna diferencia material entre χρόνος allí y καιρός (καιροί) aquí.

77. Gr. ἡ οἰκονομία τοῦ μυστηρίου (véase la pág. 296 más adelante).

78. Tal como ocurre en Col. 1:16, 20, la frase τὰ πάντα se explica mejor cuando incluye las "cosas que están en el cielo y las cosas que están en la tierra". Desde Gen. 1:1 en adelante, "el cielo y la tierra" es la expresión veterotestamentaria que denota "el universo" o "toda la creación".

79. Cf. J. Munck, Paul and the Salvation of Mankind, E.T. (Londres, 1959), pág. 41.

80. En lugar de ἐκληρώθημεν en algunos testigos (A D F⁽*⁾ G) se lee ἐκλήθημεν ("fuimos llamados").

81. Después de κατὰ πρόθεσιν en D F G 81 104 365 1175 y en algunos otros testigos se inserta τοῦ θεοῦ ("de Dios").

82. La tendencia de los copistas a confundir ἡμεῖς y ὑμεῖς, sin tener en cuenta el sentido, se hace patente en algunos testigos (ℵ¹ A K L Ψ y en varios manuscritos en cursivas) donde aparece el pronombre discordante ἡμεῖς en vez del ὑμεῖς aquí (de manera similar, en K Ψ y en varios

promesa cuando oísteis el mensaje de la verdad, el evangelio de vuestra salvación, y creísteis—

14 *(el Espíritu Santo de la promesa, digo, porque) él[83] es la garantía de nuestra herencia, hasta la redención de la posesión de Dios, para su alabanza gloriosa.*

11 El verbo traducido como "fuimos designados... como patrimonio suyo"[84] se ha traducido más libremente en algunas de las versiones recientes. En la RSV se toma junto con el participio[85] siguiente y se traduce de forma conjunta como "... fuimos destinados y designados". La RVC, de un modo más libre, lo traduce como "participamos de la herencia". La NVI lo traduce como "fuimos escogidos [como nota al margen]". Pero estamos tratando con una forma pasiva del verbo que significa "designar por sorteo", "adjudicar", o "asignar", y es preciso poner de relieve el sentido pasivo a menos que exista un buen motivo para no hacerlo. La razón para traducirlo como "fuimos designados por Dios como patrimonio suyo" (en lugar de "se nos asignó nuestro patrimonio") es que esa traducción está en consonancia con el precedente veterotestamentario.[86] en el cántico de Moisés (Dt. 32:8-9) las naciones del mundo se les asignan a distintos seres angélicos ("los hijos de Dios"),[87] pero Yahvé retiene a Israel como su posesión personal:

"pues la porción del Señor es su pueblo,
Jacob es su herencia asignada" [NVI].

Aquí, pues, los creyentes en Cristo son el pueblo escogido de Dios, designados por él como su porción o herencia. Este sentido lo confirma la referencia en el v. 18 a "las gloriosas riquezas de su herencia en los santos".

El concepto de la predestinación divina del v. 5 se repite en este versículo. El apóstol dijo allí que Dios había predestinado a su pueblo "conforme al beneplácito de su voluntad"; aquí dice que esto forma parte de su gobierno eterno del universo, porque él "obra todas las cosas conforme al consejo de su voluntad". Su voluntad puede ser desobedecida, pero su propósito final no puede frustrarse, porque él se sirve incluso de la desobediencia de sus criaturas

---

manuscritos en cursivas se lee ἡμῶν en vez de ὑμῶν en la frase "vuestra salvación" que sigue). Cf. pág. 259, n. 2.

83. Gr. ὅ ἐστιν ἀρραβών, donde ℵ D Ψ y la mayoría de los manuscritos en cursivas remplazan ὅ por ὅς (una construcción de sentido, teniendo en cuenta la personalidad del Espíritu).

84. Gr. ἐκληρώθημεν.

85. Gr. προορισθέντες ("habiendo sido predestinados"); cf. la voz activa de προορίσας al principio del v. 5.

86. Cf. la conclusión bien fundada de J. A. Robinson de que "el significado tiene que ser *'hemos sido escogidos como la porción de Dios'"* (*Ephesians*, pág. 146).

87. Así la LXX (κατὰ ἀριθμὸν ἀγγέλων θεοῦ) y 4QDeut^q (*bny 'lhym*) en contraste con *bᵉnê yiśrā'ēl* en el TM.

para lograr sus objetivos. Es por eso que en Hechos 4:27-28 los apóstoles, en su alabanza y oración, reconocieron delante de Dios que Herodes, Poncio Pilato y los otros enemigos de Jesús habían conspirado juntos contra él "para hacer cuanto tu mano y tu propósito habían predestinado que sucediera".[88]

12 En el v. 5 la adopción de los creyentes como hijos e hijas de Dios, para lo cual fueron predestinados, redunda en "la alabanza gloriosa de su gracia"; aquí también "su alabanza gloriosa" es el objeto de su predestinación. Dios es honrado en presencia de los seres humanos y los poderes angélicos cuando los hombres y las mujeres, redimidos del pecado, viven de acuerdo con su voluntad y manifiestan el aire de familia que los identifica como hijos suyos. La expresión, "nosotros, que fuimos los primeros en poner nuestra esperanza en Cristo",[89] se refiere a los creyentes judíos, los miembros fundadores de la nueva comunidad, las primicias del pueblo de Dios en la era que Cristo inauguró por medio de su muerte y restauración.

13 Pero la porción de Dios no se limita a los creyentes judíos. A "nosotros, que fuimos los primeros en poner nuestra esperanza en Cristo" se nos han unido ahora "también vosotros"[90] —es decir, los creyentes gentiles. Es a los creyentes gentiles específicamente a los que va dirigida esta carta, asegurándoles que su participación en la herencia de Dios es tan plena y tan firme como la de sus hermanos y hermanas de origen judío. Los gentiles también escucharon el evangelio, y habían comprendido que la salvación que este anunciaba era para ellos al igual que para los judíos. El evangelio es "el mensaje de la verdad" —"el verdadero mensaje del evangelio", tal como se le llama en Colosenses 1:5 —al tener a Dios por autor; es "el evangelio de Dios" (Ro. 1:1). Los primeros creyentes emprendieron a regañadientes la tarea de anunciarles el evangelio a los gentiles, porque les costaba mucho admitir la idea de que el cumplimiento de las promesas de Dios para Israel pudiera incluir a personas ajenas en su entorno salvador. Aparte de Pedro, que tuvo necesidad de una revelación especial del cielo antes de decidirse a aceptar la invitación de Cornelio para que lo visitara y le explicara a él y a su familia el camino de la salvación,[91] la evangelización de los gentiles comenzó como resultado de una iniciativa privada, cuando algunos helenistas anónimos de Chipre y de Cirene fueron a Antioquía y les contaron tanto a gentiles como a judíos la historia de Jesús.[92] A partir de ese momento, a lo largo de las provincias de la región oriental del imperio romano, muchos más gentiles que judíos creyeron al evangelio, pero las condiciones que debían imponérseles para admitirlos se convirtieron

---

88. En una interpretación cristiana del Salmo 2:1-2, en la que se hacía alusión al plan divino de predestinación.

89. Gr. τοὺς προηλπικότας ἐν τῷ Χριστῷ (la única vez que aparece προελπίζω en el NT); en cuanto al uso de la forma simple ἐλπίζω para referirse al hecho de poner la esperanza en Cristo, cf. Ro. 15:12 (citando Is. 11:10); 1Co. 15:19.

90. Gr. καὶ ὑμεῖς.

91. Hch. 10:9-20; 11:5-17.

92. Hch. 11:19-21.

en un asunto de grave preocupación en la iglesia madre de Jerusalén. Cuando, según informa Lucas, "los apóstoles y los ancianos" en Jerusalén "se reunieron para considerar este asunto", Pedro alegó que sería prudente imitar el ejemplo de Dios, que había dado pruebas de su aceptación de los creyentes gentiles "dándoles el Espíritu Santo de la misma manera en que nos lo había dado a nosotros; y ninguna distinción hizo entre nosotros y ellos, purificando por la fe sus corazones" (Hch. 15:6-9).

Hay una semejanza notable entre el argumento de Pablo en el concilio de Jerusalén y lo que dice aquí. En cuanto los gentiles creyeron al evangelio, fueron "sellados"[93] con el Espíritu Santo de la promesa". Pablo usa la figura del sello respecto al Espíritu en 2Co. 1:22 donde asocia estrechamente a los convertidos corintios consigo mismo y con sus colegas y dice: "El que nos confirma junto con vosotros en Cristo y nos ungió es Dios; quien también nos selló y nos dio el Espíritu en nuestro corazón como garantía". De las tres figuras que usa —la unción, el sello y la garantía— dos reaparecen aquí: el sello y la garantía.

Los gentiles a los que se dirige esta carta recibieron el sello del Espíritu del mismo modo que lo habían recibido anteriormente los cristianos judíos —cuando creyeron. La forma verbal que se emplea es idéntica a la que aparece en Hechos 19:2, donde Pablo en Éfeso pregunta a un grupo de "discípulos" si habían recibido el Espíritu Santo cuando creyeron; es una forma participial que significa "habiendo creído" o "al creer".[94] Con la concesión del Espíritu a los creyentes, Dios los "sella" o marca como posesión suya. Al Espíritu se le llama indistintamente "el Espíritu de Dios" o "el Espíritu de Cristo"; "si alguno no tiene el Espíritu de Cristo, el tal no es de él" (Ro. 8:9). Aquí se le llama "el Espíritu Santo de la promesa".[95] Esto podría significar "el Espíritu Santo prometido" (cf. Hch. 2:33, "la promesa del Espíritu Santo");[96] pero más probablemente indica que cuando el Espíritu Santo se recibe, trae consigo la promesa de la gloria que aún está por venir. Es por eso que en Efesios 4:30 dice que los creyentes fueron sellados con el Espíritu "para el día de la redención" —una afirmación que resume las palabras que siguen en el contexto que ahora nos ocupa.

14 La palabra traducida como "garantía" es de origen semítico; es probable que los griegos la incorporaran a su lenguaje en las primeras etapas de su comercio con los fenicios. Era una palabra comercial que se usaba para referirse a una prenda —es decir, algún objeto que un comprador le entregaba a un vendedor hasta que el precio de la mercancía hubiera sido abonado en su

---

93. Gr. ἐσφραγίσθητε. Véase G. W. H. Lampe, *The Seal of the Spirit* (Londres, 1951).

94. Gr. πιστεύσαντες, se construye en ambos lugares como el participio aoristo "coincidente" (MHT I, p. 131, n. 1). En este lugar πιστεύω tiene el mismo sentido como ἐλπίζω en el compuesto προελπίζω en v. 12. La frase ἐν ᾧ antes de καὶ πιστεύσαντες ἐσφραγίσθητε, reanudado del comienzo del v. 13, está relacionado a ἐσφραγίσθητε en lugar de πιστεύσαντες.

95. Gr. τῷ πνεύματι τῆς ἐπαγγελίας τῷ ἁγίῳ.

96. Gr. τήν... ἐπαγγελίαν τοῦ πνεύματος τοῦ ἁγίου, donde πνεύματος es un genitivo de definición. En Hch. 1:4 a la misma promesa se le llama τὴν ἐπαγγελίαν τοῦ πατρός donde πατρός es un genitivo subjetivo.

totalidad. El término hebreo (idéntico al fenicio) se usa en Génesis 38:17-18 respecto a los bienes de su propiedad personal que Judá le entregó a Tamar de manera provisional, hasta que tuviera la oportunidad de enviarle el precio acordado.[97] En el NT se emplea únicamente en los escritos paulinos, y solo con referencia al Espíritu. En 2 Corintios 5:5, donde Pablo aguarda con ansiedad la "morada celestial" que ha de remplazar la tienda mortal presente, dice: "el que nos preparó para esto mismo es Dios, quien nos dio el Espíritu como garantía". El don del Espíritu, pues, es la garantía de la inmortalidad futura. Esta es una contribución propia de Pablo a la doctrina neotestamentaria del Espíritu Santo. Otro término que usa el apóstol para expresar la misma idea es "primicias";[98] en Romanos 8:23 el Espíritu es las "primicias" de la "adopción ansiosamente esperada,[99] la redención de nuestros cuerpos", que hace referencia a la resurrección del pueblo de Cristo en su *parusía*. La misma palabra para "redención" se usa allí y aquí,[100] y alude a la misma esperanza futura.

El Espíritu que se recibe conscientemente es "la garantía de nuestra herencia",[101] la prenda que Dios da a los creyentes para asegurarles que la gloria de la vida futura, prometida en el evangelio, es una esperanza bien fundada, una realidad y no una ilusión. La palabra "herencia"[102] se usa en este capítulo para referirse tanto al patrimonio de Dios en su pueblo (vv. 11, 18) como el patrimonio eterno que él ha reservado para ellos. Por tanto, pueden comenzar a disfrutar de este patrimonio eterno aquí y ahora mediante el ministerio del Espíritu. Poseen ya la salvación a través del sacrificio y la muerte de Cristo (v. 7), pero hay un aspecto de esa redención que todavía no se ha hecho realidad. El día de la resurrección Dios "redimirá" su propia posesión, y como prueba de que se compromete a hacerlo "sella" esa posesión con el Espíritu.

La palabra traducida como posesión[103] se usa con ese mismo sentido en 1 Pedro 2:9, donde a los creyentes (de nuevo aquí, creyentes gentiles) se les llama "raza escogida, sacerdocio real, nación santa, pueblo adquirido para posesión [de Dios]. El lenguaje que allí se aplica deliberadamente a los creyentes gentiles es el mismo que se usó en el AT para referirse al pueblo de Dios, Israel —sobre todo, en Éxodo 19:5, donde Yahvé llama a Israel "mi posesión[104] exclusiva entre todos los pueblos". El verbo que corresponde al sustantivo "posesión" se emplea con un sentido similar en Hechos 20:28, donde Pablo les indica a los ancianos de la iglesia de Éfeso que "apacienten la iglesia de Dios, cuya posesión

---

97. Heb. ʿērāḇôn (cf. ʿărubbāh, de la misma raíz, en 1Sa. 17:18; Pr. 17:18).
98. Gr. ἀπαρχή.
99. Cf. el v. 5 supra (págs. 237-38).
100. Gr. ἀπολύτρωσις, como en el v. 7 supra (pág. 240).
101. La ἀρραβών del Espíritu puede interpretarse como el pago inicial y también como la garantía.
102. Gr. κληρονομία (que se usa en Deut. 32:8 en la LXX, cf. pág. 263).
103. Gr. περιποίησις (en 1Pe. 2:9, λαὸς εἰς περιποίησιν).
104. Heb. (ʿam) sᵉgullāh, LXX λαὸς περιούσιος (cf. Éx. 23:22 LXX; Dt. 7:6; 14:2; 26:18; Tit. 2:14). En Mal. 3:17 sᵉgullāh se traduce como εἰς περιποίησιν.

él adquirió[105] por medio de la sangre de su propio [Hijo]". Estas palabras también reflejan un pasaje veterotestamentario —el Salmo 74:2, donde se le ruega a Dios: "Acuérdate de tu congregación, cuya posesión adquiriste desde los tiempos antiguos".[106] La aplicación de ese lenguaje a los creyentes antiguos pone de relieve la seguridad de su nueva posición dentro de la comunidad del propio pueblo de Dios, compartiendo plenamente las bendiciones presentes y la esperanza futura con sus hermanos creyentes de origen judío.

Así como los primeros que pusieron su esperanza en Cristo fueron designados por Dios "para su alabanza gloriosa", así "también vosotros" — creyentes de origen gentil. Es posible que aquí también haya un reflejo del lenguaje veterotestamentario —y en particular, de Isaías 43:20-21, donde Dios hace referencia a "mi pueblo escogido", el pueblo que yo he formado para mí, para que proclame mi alabanza".[107]

La nota litúrgica con la que comienza esta *eulogia* en el v. 3 se ha mantenido en todo momento, sobre todo por medio de la repetición de la frase "alabanza gloriosa". Un pasaje litúrgico así no se presta muy bien a un análisis comparativo en función del uso epistolar, ya sea de Pablo o de cualquier otro, pero sí marca el tono del resto de la carta, con su insistencia en la inclusión de los gentiles junto con los judíos en la nueva sociedad del pueblo de Dios

2. Acción de gracias introductoria y oración de intercesión (1:15-23)

(1) Acción de gracias por la fe y el amor de los lectores y oración por el aumento de su conocimiento (1:15-19)

15 Por tanto, habiendo oído de vuestra fe[108] en el Señor Jesús y vuestro amor[109] por todos los santos, yo, por mi parte

16 no ceso de dar gracias por vosotros, haciendo mención de vosotros[110] en mis oraciones.

17 ¡Que el Dios de nuestro Señor Jesucristo, el Padre todo glorioso, os[111] dé espíritu de sabiduría y revelación en el conocimiento de él!

---

105. Gr. τὴν ἐκκλησίαν τοῦ θεοῦ, ἣν περιεποιήσατο.
106. Sal. 73:2 LXX, τῆς συναγωγῆς σου, ἧς ἐκτήσω.
107. λαόν μου, ὃν περιεποιησάμην τὰς ἀρετάς μου διηγεῖσθαι en la LXX (citado en 1Pe. 2:9b).
108. Gr. τὴν καθ' ὑμᾶς πίστιν, cuyo sentido difiere poco o nada del de la expresión habitual τὴν πίστιν ὑμῶν. En cuanto a la frase que sigue, ἐν τῷ κυρίῳ Ἰησοῦ cf. Col. 1:4 (pág. 37 con la nota 12).
109. τὴν ἀγάπην *se omite en* P^{46} א A B P 33 365 1739 1881 *pc*.
110. Gr. μνείαν ποιούμενος, sobrentendiendo el pronombre ὑμῶν, que sí se añade en D F G Ψ y la mayoría de los manuscritos en cursivas.
111. Gk. ἵνα ὁ θεὸς... δῴη (δῷ B 1739 1881 *pc*) ὑμῖν πνεῦμα κτλ, expresando el objeto de sus oraciones.

18 ¡Que vuestros ojos espirituales sean iluminados, [112]para que sepáis cuál es la esperanza de vuestro llamamiento,[113] cuáles son las riquezas gloriosas de su herencia en los santos,
19 y cuál es la sobreabundante grandeza de su poder en nosotros[114] que creemos, conforme a la operación de la fuerza de su potencia!

15-16 La acción de gracias introductoria que (en contra de lo habitual) sigue a la *eulogia* está redactada en el característico estilo paulino.[115] Pablo les da testimonio a sus lectores de su incesante gratitud a Dios por las buenas noticias que ha recibido acerca de ellos, y les asegura su continua intercesión. La *eulogia* alaba a Dios por las bendiciones que el escritor y sus hermanos cristianos han recibido, pero la acción de gracias se ocupa más bien de la obra de Dios en la vida de los destinatarios.[116] El paralelismo de esta acción de gracias con la de Colosenses 1:3-4 en particular es inconfundible. En ambos lugares, la fe y el amor de los lectores son muestras de la gracia de Dios que han recibido —a menos que, de hecho, deba omitirse la frase "vuestro amor" aquí como una adición editorial al texto que se hizo bajo la influencia de Colosenses 1:4 ("vuestro amor en Cristo Jesús y el amor que tenéis por todos los santos").[117] Si realmente la frase "vuestro amor" debe omitirse, entonces ellos ejercitan su "fe" (incluyendo el sentido de fidelidad) dentro de la comunión cristiana ("en el Señor Jesús")[118] y de este modo, se pone de manifiesto en su trato para con todos sus hermanos creyentes. Con la enfática expresión "yo por mi parte" podría compararse la frase enfática "nosotros por nuestra parte" con la que se introduce la oración de intercesión en Colosenses 1:9.[119] La acción de gracias introductoria aquí es muy breve, y le da paso rápidamente a la oración de intercesión —o, más estrictamente, al informe sobre la oración.[120]

17 Así como en Colosenses 1:9 el objeto de la oración de intercesión es que los lectores "sean llenos del conocimiento de la voluntad de Dios con toda

---

112. Gr. πεφωτισμένους τοὺς ὀφθαλμοὺς τῆς καρδίας ὑμῶν (ὑμῶν, que de todas formas está implícito, se omite en P[46] B 6 33 1175 1739 1881 *pc*), acusativo dependiente de δῴη. Con respecto a καρδίας, en el TR, en consonancia con algunos manuscritos en cursiva, se lee el término menos metafórico διανοίας (de ahí la traducción de la RVR1960 "los ojos de vuestro entendimiento").
113. En ℵ D Ψ y la mayoría de los manuscritos en cursivas se inserta καί.
114. En lugar de ἡμᾶς en D* F G P 33 y en algunos manuscritos en cursivas, aparece ὑμᾶς. A diferencia de lo que ocurre en el v. 12, el pronombre ἡμᾶς aquí es inclusivo (refiriéndose a todos los creyentes, sean judíos o gentiles). El contexto sugiere que εἰς ἡμᾶς no significa simplemente "para con nosotros" sino "en nosotros" (cf. ἐν ἡμῖν, Ef. 3:20).
115. Véanse P. Schubert, *Form and Function of the Pauline Thanksgivings* (Berlín, 1939); P. T. O'Brien, *Introductory Thanksgivings in the Letters of Paul* (Leiden, 1977); "Thanksgiving within the Structure of Pauline Theology", en *Pauline Studies*, ed. D. A. Hagner y M. J. Harris (Grand Rapids/Exeter, 1980), págs. 50-66. (Véase también la pág. 36, nota 8.)
116. Cf. P. T. O'Brien, *Introductory Thanksgivings*, pág. 3, nota 5.
117. Véase la nota 110 supra.
118. Cf. la fuerza de ἐν Χριστῷ Ἰησοῦ en Col. 1:4 (pág. 41, nota 12).
119. Gr. κἀγώ (por contracción de καὶ ἐγώ); cf. Col. 1:9, καὶ ἡμεῖς.
120. Véase G. P. Wiles, *Paul's Intercessory Prayers* (Cambridge, 1974).

sabiduría y comprensión espiritual", aquí también se ofrece la oración para que a los lectores se les dé "espíritu de sabiduría y de revelación en el conocimiento de él" (es decir, de Dios). Más concretamente, la oración se ofrece para que el ideal expuesto en la *eulogia* se haga realidad en su experiencia —de manera perfecta en la resurrección pero en cierta medida en este tiempo presente a través del ministerio del Espíritu.[121]

Los versículos 17-19 muestran el contenido de la intercesión incesante de Pablo a favor de los lectores, aunque el solo hecho de informar acerca de la intercesión exige que tenga que repetirla mientras lo hace. El título que habitualmente usa para designar al Todopoderoso, "el Dios y Padre de nuestro Señor Jesucristo" (cf. v. 3), es más amplio aquí y se lee como "el Dios de nuestro Señor Jesucristo, el Padre todo glorioso" —literalmente, "el Padre de gloria". Este es el único lugar donde el apóstol alude al "Padre de gloria". Suele hablar de la gloria de Dios, y en una ocasión de "la gloria del Padre" (Ro. 6:4). Pero como Dios es la fuente de toda gloria verdadera, cabe bien llamarlo "el Padre de gloria" o, como ocurre en el Salmo 29:3 (LXX Sal. 28:3 LXX) y Hechos 7:2, "el Dios de gloria". En 1 Corintios 2:8 se hace referencia a Jesús como "el Señor de la gloria". En este versículo, al igual que en otras ocasiones anteriores (en los vv. 6, 12, 14), la frase "de gloria" se interpreta como un genitivo con función adjetiva.

Un "espíritu de sabiduría y revelación"[122] solo puede impartirlo la persona del Espíritu de sabiduría y revelación. En el v. 8 se dijo que Dios otorga su gracia abundante "con toda sabiduría y entendimiento". El entendimiento interpretado como "entendimiento espiritual" (Col. 1:9) es el resultado de la revelación; solo cuando Dios revela por medio de su Espíritu su pueblo puede entender por medio de ese mismo Espíritu. El objetivo de este don de sabiduría y de revelación es el conocimiento personal de Dios. Es por eso que en Colosenses 1:10, Pablo y Timoteo oran para que los cristianos colosenses, dando fruto en toda buena obra, puedan "crecer en el conocimiento de Dios".[123] Dicho conocimiento excede con mucho al simple conocimiento de Dios a partir de sus obras al que tenía acceso el mundo pagano (Ro. 1:21); este conocimiento experimental y personal de él supone una relación bidireccional de la que forman parte los que "conocen a Dios, o más bien, son conocidos por Dios" (Gá. 4:9), porque "si alguno ama a Dios, ese es conocido por él" (1Co. 8:3).

18 Pablo ora entonces para que sus ojos sean iluminados —"los ojos de vuestro corazón" o, menos literalmente, "percepción espiritual". El apóstol usó una expresión similar en 2 Corintios 4:6, donde dice que el Dios que creó la luz

---

121. Cf. H. Chadwick, "*Ephesians*," *PC*, ed. M. Black y H. H. Rowley (Londres, 1962), pág. 983.
122. Gr. πνεῦμα σοφίας καὶ ἀποκαλύψεως.
123. En Col. 1:10, al igual que aquí, el "conocimiento" es ἐπίγνωσις (cf. pág. 41, nota 30). Cf. Ef. 4:13 respecto al "conocimiento (ἐπίγνωσις) del Hijo de Dios".

resplandeció en los corazones de su pueblo para darles "la iluminación[124] del conocimiento de la gloria de Dios (el conocimiento glorioso de Dios) en la faz de Cristo". Aquí, como corolario del conocimiento del propio Dios, se ora para que ellos puedan entender sus caminos y su propósito, refiriéndose de manera especial a sus tratos con su pueblo: la esperanza a la que los ha llamado, la rica herencia que posee en ellos y la grandeza del poder con el que los energiza.[125]

La esperanza a la que los ha llamado[126] es la esperanza de la gloria, que les está garantizada aquí y ahora por medio del Cristo que mora en ellos (Col. 1:27) y el sello del Espíritu —"el pago inicial que promete el pago total en el futuro".[127] La "esperanza de la gloria de Dios" en la que se regocijan los creyentes (Ro. 5:2) es la esperanza de participar de esa gloria —la esperanza de ser manifestados en gloria con Cristo en su venida (Col. 3:4; cf. Ro. 8:17-30). Más adelante en esta carta el apóstol usa un lenguaje diferente para referirse a esta gloria y dice que Cristo en su *parusía* "se presentará a sí mismo la iglesia revestida de gloria, libre de toda mancha, arruga o cualquier cosa semejante, sino... santa e inmaculada" (Ef. 5:27).

"Las riquezas gloriosas de su herencia[128] en los santos" ya se mencionaron en el v. 11, según el cual los creyentes fueron "designados por Dios como su patrimonio" en Cristo, y en el v. 14, donde se indica que Dios redimirá su posesión en el día de la consumación. Si no se indicara con toda claridad que Dios había escogido desde el principio en Cristo a esta comunidad de pecadores y que los contemplaba en él,[129] a pesar de que después de haber sido redimidos de la perdición, todavía mostraban tantos rasgos de su condición anterior, podría parecer increíble que les otorgara tanto valor. En Colosenses y asimismo en esta carta, y de hecho, en toda la correspondencia paulina, se da testimonio del lugar supremo que Cristo ocupa en el amor y en el propósito de Dios:[130] el valor que Dios les da a los miembros del pueblo de Cristo, que están unidos a él por la fe y participan de su vida resucitada, es inevitablemente coherente con el valor que le da a Cristo. Pablo ora aquí para que sus lectores puedan comprender ese valor que Dios les concede, el plan que tiene de cumplir su eterno propósito valiéndose de ellos como primicias del universo reconciliado del futuro, a fin de que sus vidas estén en consonancia con este supremo llamamiento[131] y acepten con agradecida humildad la gracia y la gloria que de este modo se les han prodigado.

---

124. Gr. φωτισμός, derivado del verbo φωτίζω (que se usa aquí).
125. Con respecto a la construcción εἰδέναι... τίς ἐστιν ἡ ἐλπίς, cf. Ef. 3:9 (φωτίσαι τίς ἡ οἰκονομία), 18 (καταλαβέσθαι... τί τὸ πλάτος).
126. Gr. ἡ ἐλπὶς τῆς κλήσεως αὐτοῦ ("la esperanza de su llamamiento").
127. H. Chadwick, *"Ephesians", ibid.*
128. En cuanto a la κληρονομία de Dios cf. Dt. 32:9 LXX, σχοίνισμα κληρονομίας αὐτοῦ Ἰσραήλ (pág. 244 supra).
129. Cf. Col. 2:1-10.
130. Cf. Fil. 2:9-11.
131. Cf. Ef. 4:1.

19 Cuatro sinónimos aparecen en las construcciones del genitivo que usa Pablo cuando sigue orando para que sus lectores conozcan empíricamente "la sobreabundante grandeza del *poder* de Dios en las vidas de los creyentes, conforme a la *operación* de la *fuerza* de su *potencia*".[132] Si la muerte de Cristo es la demostración suprema del amor de Dios, tal como Pablo creía sin reservas (Ro. 5:8), la resurrección de Cristo es la demostración suprema de su poder. "Cristo fue levantado de entre los muertos por la gloria del Padre" (Ro. 6:4) —es decir, por "el ejercicio glorioso del poder de Dios".[133] Y el poder glorioso, con toda su "sobreabundante grandeza" está operando en el pueblo de Cristo: es "el Espíritu del que levantó a Jesús de entre los muertos" el que mora en ellos (Ro. 8:11), activando la nueva vida dentro de sus cuerpos mortales y convirtiendo así la esperanza de la resurrección en una realidad para ellos.

Aunque las palabras que siguen están estrechamente relacionadas con estas en la construcción gramatical, estas palabras concluyen efectivamente la presente oración de intercesión.[134] No obstante, la oración se reanuda en Efesios 3:1 y entonces (después de un largo paréntesis) termina en Efesios 3:14-19.

(2) La poderosa fuerza de Dios demostrada en la resurrección de Cristo (1:20-23)

20 *(Esta fue la fuerza poderosa) que él ejerció[135] en Cristo cuando lo resucitó de entre los muertos y lo sentó[136] a su diestra en la esfera celestial,[137]*

21 *muy por encima de todo principado y poder, potencia y dominio, y de todo nombre que se nombra, no solo en esta era actual sino también en la venidera.*

22 *Él "sometió todas las cosas bajo sus pies"[138] y lo dio por cabeza suprema[139] a la iglesia,*

---

132. Gr. τὸ ὑπερβάλλον μέγεθος τῆς δυνάμεως αὐτοῦ... κατὰ τὴν ἐνέργειαν τοῦ κράτους τῆς ἰσχύος αὐτοῦ. Cf. la construcción bastante menos elaborada de Col. 1:11, ἐν πάσῃ δυνάμει δυναμούμενοι κατὰ τὸ κράτος τῆς δόξης αὐτοῦ ("fortalecidos con todo poder según su gloriosa potencia").

133. C. E. B. Cranfield, *The Epistle to the Romans*, ICC, I (Edimburgo, 1975), 304.

134. Véase P. T. O'Brien, "*Ephesians 1: An Unusual Introduction to a New Testament Letter*", *NTS* 25 (1978-79), 505.

135. En lugar del aoristo ἐνήργησεν (el verbo es cognado con el antecedente del v. 19) en A B Ψ 81 *pc* aparece el perfecto ἐνήργηκεν.

136. ἐγείρας ("habiendo resucitado") y καθίσας ("habiéndose sentado"), en lugar de los cuales, en D F G y la mayoría de los manuscritos en cursivas se lee el indicativo ἐκάθισεν, son otros ejemplos del participio de aoristo "coincidente". Después de καθίσας en ℵ A 33 81 2464 *pc* insertan otro αὐτόν.

137. Gr. ἐν τοῖς ἐπουρανίοις, en vez de lo cual, en B 365 629 *pc* se lee ἐν τοῖς οὐρανοῖς ("en los cielos").

138. Una cita del Sal. 8:7 LXX: πάντα ὑπέταξας ὑποκάτω τῶν ποδῶν αὐτοῦ.

139. Gr. κεφαλὴν ὑπὲρ πάντα, lit., "cabeza sobre todas las cosas".

23 *la cual es su cuerpo, (de aquel que es) la plenitud de lo que está llenándose constante y completamente.*[140]

20 Desde el punto de vista sintáctico, este pasaje está unido al anterior: comienza como una cláusula adjetival que modifica al antecedente "operación" en el v. 19. En la NVI, el v. 20 continúa la misma oración del v. 19, sin siquiera una coma entre ellos.[141] No hay duda de que la cláusula adjetival proporciona la transición, pero el nuevo párrafo se convierte rápidamente en una declaración independiente de la resurrección y la entronización de Cristo que nos prepara para la declaración que sigue (Ef. 2:4-7) de la resurrección y la entronización junto con Cristo de "la iglesia, la cual es su cuerpo".

En la confesión y la predicación primitivas de la iglesia (cf. Ro. 8:34; Hch. 2:32-35, etc.) se afirmaba que Cristo resucitó de entre los muertos y fue entronizado a la diestra de Dios (de acuerdo con el oráculo del (Sal. 110:1).[142] Con su insistencia en la unión de los creyentes con el Cristo vivo por medio de la fe, Pablo aplicó la sustancia de esta confesión y de esta proclamación a la práctica de la fe y la vida cristianas. La resurrección de Cristo no solo fue las primicias de la futura resurrección de su pueblo (1Co. 15:20, 23), también les proporcionaba la razón para andar aquí y ahora "en novedad de vida" (Ro. 6:4). El Espíritu que moraba en ellos, que alimentaba la esperanza de su futura resurrección (Ro. 8:11), les daba además poder para vivir cada día como individuos que habían muerto con Cristo y habían resucitado con él (Ro. 6:6-11; 8:12-14). Hemos visto el principio claramente expuesto en Colosenses: "si habéis muerto con Cristo..." (2:20); "si habéis resucitado con Cristo..."(3:1), y volvemos a verlo ahora, y de un modo más elaborado, en Efesios 1:20-2:10.

El poder, pues, con el que Dios obra en las vidas de los creyentes es el poder por medio del cual él resucitó a Cristo de la muerte para que compartiera su trono. El trono de Dios está establecido en "la esfera celestial" —en esa esfera en la que, como ya se ha dicho, los que componen el pueblo de Cristo son dotados de "toda bendición espiritual" en él.[143]

21 La esfera celestial está compuesta obviamente por una serie de planos.[144] Es allí, como se nos dice más adelante, donde residen los "principados y los poderes" (Ef. 3:10; 6:12). Pero el trono de Dios, al que Cristo fue exaltado, está "muy por encima" de todos ellos: Cristo "ascendió mucho más arriba de todos los cielos" (Ef. 4:10).[145] Se usa la expresión de elevación espacial para simbolizar la trascendencia.

---

140. Gr. τὸ πλήρωμα τοῦ τὰ πάντα ἐν πᾶσιν πληρουμένου. En cuanto al significado de πλήρωμα y la voz de πληρουμένου véanse las págs. 255-57 más adelante.
141. "... conforme a la operación de su gran poder que él llevó a cabo en Cristo...."
142. Sal. 109:1 LXX: Κάθου ἐκ δεξιῶν μου, ἕως ἂν θῶ τοὺς ἐχθρούς σου ὑποπόδιον τῶν ποδῶν σου. Véase la pág. 119-20 con las notas 2, 3 y 4 (sobre Col. 3:1).
143. Ef. 1:3 (véanse las pág. 235, notas 25, 26 y 27).
144. Cf. págs. 24, 378.
145. Cf. Heb. 4:14, donde dice que Jesús "atravesó los cielos" (διεληλυθότα τοὺς οὐρανούς)

Se emplean varias designaciones de autoridad para poner de relieve la supremacía de Cristo. Cualesquiera que sean los grados de autoridad que pueda haber en el universo, todo ellos son inferiores a Cristo. Las autoridades que se mencionan aquí (no en ningún sentido técnico) —"principado y poder, potencia y dominio"[146] —se corresponden casi todas con las que aparecen en Colosenses 1:16—"tronos o dominios, principados o poderes"— aunque el orden es diferente ("potencia" en la presente lista ocupa el lugar de "tronos" en Colosenses). Con respecto a "todo nombre que se nombra",[147] podemos recordar que en el himno cristológico de Filipenses 2:6-11 Dios, al exaltar al Jesús humillado, le da "el nombre que es sobre todo nombre",[148] y ordena que al nombre de Jesús se le rinda un homenaje universal. El pasaje que estamos analizando ahora se hace eco de esa afirmación; la frase "todo nombre" aquí no implica la denominación convencional de la identidad personal sino más bien la designación del rango u honor. Ya sea que ese rango u honor lo posean seres humanos o sobrehumanos, o que lo ostenten "en esta era actual" o "en la era venidera",[149] pierde todo su valor en comparación con la gloria que Cristo ha recibido del Padre. La mención de la era venidera prepara al lector para lo que se dice después, en Efesios 2:7, respecto a las eras que están por venir. Y la insistencia en la supremacía de Cristo en esta era y en la venidera nos recuerda el hincapié que se hace en Colosenses 1:15-18 en su preeminencia en la vieja creación y en la nueva por igual: el primogénito de toda creación es también el primogénito de los muertos.

22 La afirmación "sometió todas las cosas debajo de sus pies" es una cita del Salmo 8:6.[150] En el salmo, que repite algunas expresiones del lenguaje relacionado con la creación del hombre en Génesis 1:26-28, el salmista expresa su adoración asombrada cuando contempla el honor que el Creador le ha otorgado al hombre al darle dominio sobre las obras de sus manos. Los escritores del NT aplican las palabras del salmo a Cristo, el postrer Adán, de manera especial, Pablo en 1 Corintios 15:27 y el autor de Hebreos en Hebreos 2:6-9. En 1 Corintios 15:24-28 las palabras del Salmo 8:6 se combinan con las del Salmo 110:1, "Siéntate a mi diestra, hasta que ponga a tus enemigos por estrado de tus pies",[151] y esos "enemigos" son identificados como "todo principado y todo poder y potencia".[152] Aquí no hay ninguna referencia expresa a la sujeción de enemigos debajo de los pies de Cristo; no obstante, la mención en el v. 20 de su sesión a la diestra de Dios hace probable que la cláusula que

---

para ser "exaltado sobre los cielos" (Heb. 7:26, ὑψηλότερος τῶν οὐρανῶν γενόμενος).
146. Gr. πάσης ἀρχῆς καὶ ἐξουσίας καὶ δυνάμεως καὶ κυριότητος.
147. Gr. παντός ὀνόματος ὀνομαζομένου.
148. Gr. τὸ ὄνομα τὸ ὑπὲρ πᾶν ὄνομα.
149. Gr. οὐ μόνον ἐν τῷ αἰῶνι τούτῳ ἀλλὰ καὶ ἐν τῷ μέλλοντι.
150. Sal. 8:7 LXX (véase la nota 139 supra).
151. Sal. 109:1 LXX (véase la nota 143 supra).
152. 1Co. 15:24, ὅταν καταργήσῃ πᾶσαν ἀρχὴν καὶ πᾶσαν ἐξουσίαν καὶ δύναμιν.

sigue inmediatamente, "siéntate a mi diestra", no estuviera lejos de la mente del escritor.

Cristo, pues, ejerce un señorío universal,[153] y en particular, Dios lo dio por "cabeza sobre todas las cosas" —es decir, "cabeza suprema"— a la iglesia. Si el término "cabeza" se interpreta como origen, entonces, Cristo fue designado por Dios como fuente de la vida de la iglesia, y junto con la insistencia en su señorío universal va la implicación de que él es también el Señor de la iglesia.[154] Las declaraciones que se leen en Colosenses de que Cristo es "la cabeza del cuerpo, la iglesia" (1:18) y la "cabeza de todo principado y poder" (2:10)[155] aparecen en contextos separados; aquí están juntas.[156] La palabra "cabeza" no se usa aquí de forma explícita (como sí ocurre en Col. 2:10) para referirse a su supremacía sobre los principados y potestades o el resto de la creación. Además, existe una diferencia de carácter entre su supremacía sobre lo segundo y su señorío sobre la iglesia. Los principados y potestades, como mínimo por ser hostiles, "están sometidos, abatidos por la fuerza, y puestos bajo los pies de Cristo por su victoria. Por otra parte, la iglesia es una con él, aun cuando esté sometida a él. La supremacía que él ejerce sobre ella es solo de santificación y amor, la fuerza no tiene ninguna cabida ahí".[157]

23 La palabra "cabeza" adquiere un nuevo sentido en cuanto la iglesia se define como "su cuerpo".[158] La relación orgánica entre la cabeza y el cuerpo sugiere la unión vital entre Cristo y la iglesia, partícipes de una vida común, que es su propia vida resucitada que él comunica a su pueblo. La iglesia aquí es la iglesia completa o universal —que se manifiesta visiblemente, sin duda, en las congregaciones locales (aunque en Efesios, a diferencia de lo que ocurre en los demás escritos paulinos, las congregaciones locales prácticamente no aparecen en escena). Si se dijera, junto con Heinrich Schlier, que el "cuerpo" más la "cabeza" es igual a "Cristo", se sobrepasarían los límites de lo que el argumento de Efesios autoriza a decir.[159] El único texto paulino del que podría

---

153. Cf. Mt. 28:18; Hch. 10:36.

154. Cf. Col. 1:18, con la exposición y notas *ad loc.*; véanse también H. Schlier, *TDNT* 3, págs. 679-81 (*s.v.* κεφαλή); F. Mussner, *Christus, das All und die Kirche* (Trier, 1955); P. Benoit, "Body, Head and *Pleroma* in the Epistles of the Captivity" (1956), E.T. en *Jesus and the Gospel*, II (Londres, 1974), 51-92; I. J. Du Plessis, *Christus as Hoof van Kerk en Kosmos* (Groningen, 1962); R. Yates, "A Re-examination of Ephesians 1:23", *ExT* 83 (1971-72), 146-51; G. Howard, "The Head-Body Metaphor of *Ephesians*", *NTS* 20 (1973-74), 350-56.

155. Véase la pág. 92, nota 52.

156. H. Schlier, *Der Brief an die Epheser*, pág. 89; el cual parece considerar que ὑπὲρ πάντα in κεφαλὴν ὑπὲρ πάντα τῇ ἐκκλησίᾳ denota el señorío de Cristo sobre el universo, comparándolo con la sujeción de τὰ πάντα a él en Heb. 2:8 (una interpretación cristológica del Sal. 8:6).

157. L. Cerfaux, *The Church in the Theology of St. Paul*, E.T. (New York, 1959), págs. 338-39.

158. Cf. R. H. Gundry, "*Sōma*" in Biblical Theology (Cambridge, 1976), págs. 223-44. Véanse las págs. 60-64, nn. 128-49.

159. *Der Brief an die Epheser*, pág. 90.

extraerse esa inferencia 1 Corintios 12:12 ("Porque así como el cuerpo es uno, y tiene muchos miembros ... así también es Cristo").

Para otro comentario sobre la expresión "la iglesia, la cual es su cuerpo", podría hacerse referencia a lo que se dijo antes respecto a Colosenses 1:18. Por el momento, debemos centrar nuestra atención en la frase que sigue, que hemos traducido como "la plenitud de lo que está llenándose constante y completamente". No hay ninguna razón para atribuirle a "plenitud" (gr. *plērōma*) un sentido gnóstico u otro sentido técnico. El término se apone claramente a uno de los sustantivos anteriores o bien, a la idea total de la frase precedente. Junto con esta cuestión de la relación del término "plenitud" hay otra cuestión que tiene que ver con el verbo en la siguiente cláusula adjetival: ¿debería traducirse como "llena" (sobrentendiendo la forma griega como una voz media) o "es llenado" (interpretándolo como una forma pasiva)?

Resulta tal vez más natural pensar que "plenitud" se apone al sustantivo inmediatamente anterior —"cuerpo". Si la analogía del cuerpo y la cabeza se mantiene, el cuerpo podría considerarse el complemento de la cabeza, y esta es una interpretación perfectamente aceptable de *plērōma*.[160] Pero *plērōma* puede referirse a "lo que llena" o a "lo que es llenado"; en el segundo caso la iglesia se tomaría como la que es llenada por Cristo con su vida, atributos y poderes. Esta es la interpretación que prefiere Ernest Best, el cual señala que lo que aquí se enuncia como un hecho forma parte de una oración en Efesios 3:19: "para que seáis llenos hasta (la medida de) la propia plenitud de Dios".[161]

Por otro lado, *plērōma* podría aponerse a la variante pronominal "lo" en la expresión "lo dio como cabeza suprema a la iglesia" (en griego, "lo" ocupa la posición enfática al principio de la cláusula, antes del verbo "dio").[162] Según C. F. D. Moule, a este punto de vista, que A. E. N. Hitchcock defendió en 1910,[163] se le ha hecho muy poca justicia".[164] Si Cristo es la *plērōma*, él es entonces la *plērōma* de Dios, en el sentido que se indica en Colosenses 1:19; 2:9: Dios, vale decir, es el "que llena el universo en todas sus partes" (NEB margen).

Pero quizás la descripción más satisfactoria de la construcción es el que ofrece Bengen en su obra "*Gnomon*": según él, *plērōma* "no se le atribuye a la iglesia, como casi todos piensan; ni, como otros han decidido, se relaciona sintácticamente con la forma verbal "dio"; sino que aparece absolutamente en caso acusativo (al igual que "testimonio" en 1Ti. 2:6). Es el toque final o el resumen (*epiphōnēma*) de lo que se ha dicho a partir del 20".[165] En ese

---

160. Cf. J. A. Robinson, *Ephesians*, págs. 42-44, 255-59. E. K. Simpson (*Ephesians*, pág. 43) concede que las razones para aceptar la exégesis de πλήρωμα propuesta por Robinson "sin duda predominan", pero no puede apoyar la otra idea de Robinson en cuanto a que Cristo es el que está siendo "lleno".

161. E. Best, *One Body in Christ* (Londres, 1955), págs. 141-44.

162. Gr. καὶ αὐτὸν ἔδωκεν κεφαλὴν κτλ.

163. A. E. N. Hitchcock, "*Ephesians i.23*", *ExT* 22 (1910-11), 91.

164. C. F. D. Moule, "*A Note on Ephesians i.22, 23*", *ExT* 60 (1948-49), 53.

165. J. A. Bengel, *Gnomon Novi Testamenti* (1773) (Londres: Williams and Norgate, 1862),

mismo sentido, H. Chadwick expresó más recientemente su preferencia por la interpretación que "considera que *plērōma* se apone a toda la idea de la expresión anterior, es decir, que Cristo es trascendente sobre e inmanente dentro de la iglesia".[166]

En cuanto al participio, que puede interpretarse como una voz media ("aquel que llena") o como una voz pasiva ("lo que está siendo llenado"), debemos admitir que es difícil encontrar usos paralelos en voz media. Pero si Dios fuera el sujeto del verbo llenar —si, tal como Bengel concluye, "el apóstol indica que en Cristo está la 'plenitud' del Padre que lo llena todo en todo"— entonces, la voz media resultaría obviamente más adecuada y podría decirse que Dios llena el universo para su propia gloria".[167] Si Cristo fuera el sujeto, entonces, a pesar de que J. A. Robinson alega que es una "idea un tanto sorprendente" (como él la llama)[168] describirlo como aquel "que todo en todo está cumpliéndose (voz pasiva), también sería necesario traducir el participio como "el que llena",[169] casi en el mismo sentido que Efesios 4:10, donde se lee que él ascendió mucho más arriba de todos los cielos, para poder llenarlo todo" (con el verbo en voz activa).[170]

Pero seguimos el uso actual y concluimos que el participio es pasivo tanto en el sentido como en la forma, no es necesario considerar que el sujeto sea Cristo o Dios, sino más bien la iglesia. Si *plērōma* se apone al sentido general de lo que precede, el sentido podría ser que Cristo, que es trascendente respecto a la iglesia, su cuerpo, también es inmanente en ella y la llena "hasta que llegue al máximo de su plenitud perfecta"[171] —es decir, hasta que esté totalmente llena. La plenitud de la deidad reside en él, y de esa plenitud su iglesia está siendo constantemente abastecida.[172]

---

pág. 699.

166. H. Chadwick, "*Ephesians*", pág. 983. Cf. su obra "*Die Absicht des Epheserbriefes*," ZNW 51 (1960), 152.

167. El uso de la voz media para denotar algo que se hace en beneficio propio.

168. J. A. Robinson, *Ephesians*, pág. 43; "resulta tan sorprendente que es improbable" (E. Best, *One Body in Christ*, pág. 143).

169. E. Best, sin embargo, no considera esto necesario: "el que llena la iglesia está él mismo siendo llenado" con el *plērōma* de la deidad (*One Body in Christ*, pág. 143). Cf. W. L. Knox, *St. Paul and the Church of the Gentiles* (Cambridge, 1939), págs. 164, 186.

170. Gr. ἵνα πληρώσῃ τὰ πάντα. Las versiones latinas consideran unánimemente que πληρουμένου en Ef. 1:23 está en voz pasiva (cf. Vulgata: "qui ómnia in ómnibus adimplétur"), al igual que las demás versiones antiguas salvo la Peshitta siríaca.

171. H. Chadwick, "*Die Absicht des Epheserbriefes*," pág. 152; "*Ephesians*," pág. 983: la relación de Cristo con la iglesia es análoga a la relación de Dios con la "jerarquía cósmica".

172. Cf. Jn. 1:16, ἐκ τοῦ πληρώματος αὐτοῦ ἡμεῖς πάντες ἐλάβομεν.

EFESIOS 2

3. La gracia salvadora de Dios (2:1-10)

(1) La nueva vida en Cristo (2:1-7)

1   A vosotros también (os resucitó), cuando estabais muertos a causa de vuestros delitos y pecados,¹
2   en los cuales anduvisteis en otro tiempo según el "eón" de este mundo, conforme al gobernante del dominio del aire, (el dominio) del espíritu que ahora opera en los desobedientes.
3   Entre ellos nosotros también,² todos nosotros, vivimos durante un tiempo, en nuestros deseos carnales, haciendo la voluntad de la carne, la voluntad de nuestras mentes; por naturaleza, de hecho, éramos tan merecedores de la ira divina como el resto de la humanidad.
4   Pero Dios, que es rico en misericordia, por causa de su³ gran amor con el que nos amó,⁴
5   nos dio vida juntamente con Cristo⁵ aunque estábamos muertos por nuestros delitos⁶ —es por gracia⁷ que habéis sido salvados—
6   y con él nos resucitó y con él nos sentó en la esfera celestial, en Cristo Jesús.
7   con el fin de mostrar en las eras venideras las sobreabundantes riquezas⁸ de su gracia, en su bondad para con nosotros en Cristo Jesús.

    1 "Vosotros" al principio del v. 1 probablemente significa "vosotros gentiles", en contraste con "nosotros también" —es decir, nosotros judíos—en el v. 3. "Vosotros" aparece en caso acusativo, pero no hay ningún verbo expreso para el que funcione como complemento. El verbo implícito es "resucitó", al igual que en Efesios 1:20 (Dios no solo resucitó a Cristo de entre los muertos;

---

    1. En lugar de ἁμαρτίαις en B aparece ἐπιθυμίαις (tal vez bajo la influencia del v. 3).
    2. En lugar de καὶ ἡμεῖς en A* D* 81 326 365 *pc* aparece la frase discordante καὶ ὑμεῖς ("vosotros también"); cf. pág. 263, nota 82.
    3. αὐτοῦ *se omite en* P⁴⁶ D* F G.
    4. En lugar de ἣν ἠγάπησεν en P⁴⁶, con el apoyo de unos cuantos testigos latinos, se lee ἠλέησεν ("tuvo misericordia de").
    5. En P⁴⁶ B 33, al igual que en algunos testigos latinos y cópticos, se lee ἐν τῷ Χριστῷ.
    6. En B se lee ἐν τοῖς παραπτώμασιν καὶ ταῖς ἐπιθυμίαις (cf. nota 1 supra); en D* se lee ταῖς ἁμαρτίαις, en P⁴⁶ τοῖς σώμασιν (!).
    7. Antes de χάριτι, en D* F G y en algunos testigos latinos y siriacos, se inserta οὗ ("por cuya gracia").
    8. τὸ ὑπερβάλλον πλοῦτος, interpretando el sustantivo como neutro; pero en D Ψ y en la mayoría de los manuscritos en cursivas aparece el masculino τὸν ὑπερβάλλοντα πλοῦτον.

a vosotros "también os resucitó"⁹ o (más probablemente) "dio vida"¹⁰ en el v. 5 más adelante. En el segundo caso, la construcción que comenzó en el v. 1 se interrumpió después de la sucesión de cláusulas adjetivales, y el sentido se retoma con la nueva oración, "pero Dios...", en los vv. 4 y 5. Los lectores tenían que ser resucitados porque estaban espiritualmente muertos, separados y alienados de Dios, la fuente de la verdadera vida. Su muerte espiritual era el resultado de sus "delitos y pecados"¹¹ —dos palabras que, como ya hemos dicho,¹² se emplean como sinónimos en los escritos paulinos. Desde el punto de vista etimológico, podrían significar respectivamente "apartarse" y "errar", pero en la práctica son intercambiables (al menos, en plural).¹³ Los paralelismos neotestamentarios con el uso del término "muertos" en un sentido espiritual aquí y en el v. 5, se encuentran en Romanos 11:15; Efesios 5:14; Colosenses 2:13.

2 En estas cosas¹⁴ (delitos y pecados) en otro tiempo vivieron —lit., "anduvieron"¹⁵— estas eran las cosas que los caracterizaban. Esta expresión repite claramente las palabras de Colosenses 3:7. Las dos frases que siguen, "según el 'eón' de este mundo" y "conforme al *archōn* del dominio del aire",¹⁶ se consideran naturalmente paralelas entre sí. Dado que *archōn* indudablemente significa "gobernante", es lógico concluir que *aiōn*, que normalmente significa "era", está personificado aquí. Resulta ciertamente difícil tomarlo en su sentido habitual: ¿qué significaría 'la era de este mundo'?¹⁷ La versión tradicional, "el curso de este mundo", tiene mucho sentido, pero le asigna a *aiōn* un significado forzado. En algunas ocasiones, Pablo usa la frase "este mundo (*kosmos*) como sinónimo de "esta era (*aiōn*)",¹⁸ la era actual dominada por la fuerza del mal (cf. "el presente siglo malo" en Gá. 1:4). Esta fuerza aparece personificada en 2 Corintios 4:4, donde el apóstol afirma que "el dios de esta era" ha cegado

---

9. Gr. καὶ ὑμᾶς (ἤγειρεν).
10. Gr. καὶ ὑμᾶς (συνεζωοποίησεν).
11. Calvino considera que el dativo τοῖς παραπτώμασιν καὶ ταῖς ἁμαρτίαις ὑμῶν expresa causa: "dice que *ellos estaban muertos*, y establece a la vez la causa de la muerte, a saber, *los pecados*". Pero prosigue diciendo: "todos nosotros nacemos muertos" (*Ephesians*, pág. 139).
12. Cf. pág. 240 con la nota 62.
13. El sustantivo singular ἁμαρτία puede referirse no solo a un pecado individual sino también al principio conceptual del pecado (cf. Ro. 5:12-13; 7:7ss.); el singular παράπτωμα no se usa con este último sentido.
14. Gr. ἐν αἷς ("en las cuales"), el pronombre relativo concuerda en género con el antecedente más cercano ἁμαρτίαις.
15. Gr. περιεπατήσατε (cf. Col. 3:7, ἐν οἷς καὶ ὑμεῖς περιεπατήσατέ ποτε, ὅτε ἔζητε ἐν τούτοις).
16. Gr. κατὰ τὸν αἰῶνα τοῦ κόσμου τούτου, κατὰ τὸν ἄρχοντα τῆς ἐξουσίας τοῦ ἀέρος.
17. El genitivo τοῦ κόσμου τούτου podría interpretarse como un genitivo de definición ("la era constituida por este mundo") o como un genitivo calificativo: "la era de este mundo" que es "la era caracterizada por el mundo pagano" (en contraste con la era futura, que tendrá un carácter diferente).
18. Cf. 1Co. 1:20; 2:12; 3:19; 7:31. Pero αἰών es el término preferido de Pablo, en consonancia con su esquema heredado de las dos eras: Juan, por otra parte, normalmente usa κόσμος para referirse al orden mundial que se opone a Dios (p. ej., 1Jn. 2:15-17; 4:4-6).

las mentes de los incrédulos.[19] (Compárese con 1Co. 2:6-8, donde dice que los "gobernantes [*archontes*] de esta era", por su ignorancia de la sabiduría divina, "crucificaron al Señor de gloria". La sugerencia de que "el *aiōn* de este mundo" en nuestro texto es idéntico al "dios de esta era" resulta atrayente, pero de ser así, este sería, con mucho, el ejemplo cierto más antiguo del uso cristiano del término *aiōn* en un sentido personal.[20] El uso plural del sustantivo en Efesios 3:9 y Colosenses 1:26, donde se hace mención del "misterio oculto desde los *aiōnes*", no debe aducirse como un paralelismo,[21] porque en esos pasajes el significado normal "siglos o eras" encaja perfectamente (y en Col. 1:26 este es el sentido que sin duda exigen las palabras que siguen, "y desde las generaciones pasadas").[22] Podría sugerirse que el término aquí está tomado del vocabulario pagano con el que anteriormente habían estado familiarizados los destinatarios de la carta: hubo, de hecho, un culto mistérico en honor del dios *Aiōn* (de origen iraní) en Alejandría por el año 200 a.c.[23] (confirmado en Eleusis en el siglo I a.C.).[24] Pero es muy improbable que algo tan específico como esto esté detrás de la presencia de *aiōn* aquí. Markus Barth, que traduce la frase como "esta era mundial", sugiere la posibilidad de que "Pablo pensara en una era mundial personificada,... una antagonista personal de la buena creación de Dios y del propio Dios", y considera que podrían haberse empleado mayúsculas y escribir "Era Mundial", como uno de los títulos del diablo.[25]

No cabe duda de que el ser descrito como "el gobernante del dominio del aire" es el diablo. La pregunta que surge se relaciona con el término "aire". La palabra griega (*aēr*) se usa para referirse al aire que respiran los mortales en contraste con el *aithēr*, el cielo. Pero es poco probable que aquí se pretenda establecer ese contraste; en primer lugar, porque el sustantivo *aithēr* no aparece en el NT. El ámbito o dominio (*exousia*, "autoridad") del aire y el "dominio de las tinieblas" en Colosenses 1:13 difieren muy poco en su significado, pero

---

19. Gr. ὁ θεὸς τοῦ αἰῶνος τούτου, idéntico sin duda a ὁ ἄρχων τοῦ κόσμου (τούτου) en Jn. 12:31; 14:30; 16:11 (cf. 1Jn. 5:19, ὁ κόσμος ὅλος ἐν τῷ πονηρῷ κεῖται).

20. En el siglo II el término αἰών aparece en el sistema valentiniano y en otros sistemas gnósticos para denotar una entidad o emanación divina (Ireneo, *Hær.* 1.1.1, etc.). En el Hermetismo se presenta como (*inter alia*) una hipóstasis divina (p. ej., *C.H.* 11.3, δύναμις δὲ τοῦ θεοῦ ὁ αἰων, ἔργον δὲ τοῦ αἰῶνος ὁ κόσμος).

21. Como sí lo hace R. Reitzenstein, *Das iranische Erlösungsmysterium* (Bonn, 1921), págs. 86 (nota 3), 235-36. El misterio oculto ἀπὸ τῶν αἰώνων fue oportunamente manifestado τοῖς αἰῶσιν, dice Ignacio (*Eph.* 19.2), refiriéndose más específicamente al misterio (o misterios) de la encarnación.

22. Cf. Ef. 3:5, ἑτέραις γενεαῖς οὐκ ἐγνωρίσθη ("en otras generaciones no se dio a conocer").

23. Pseudo-Calístenes, *Alejandro* 30.6; Epifanio, *Pan.* 51.22.

24. W. Dittenberger, *SIG* 1125.8 (74/73 B.C.). Con respecto al origen iraní de este concepto cf. W. Bousset, *Hauptprobleme der Gnosis* (Göttingen, 1907), págs. 139-44; S. G. F. Brandon, "*Time as God and Devil*", *BJRL* 47 (1964-65), 12-31; *History, Time and Deity* (Manchester, 1965), págs. 31-64; A. D. Nock, *Essays on Religion and the Ancient World* (Oxford, 1972), I, 377-96.

25. M. Barth, *Ephesians*, pág. 214. H. Sasse, *TDNT* 1, pág. 207 (*s.v.* αἰών), tras haber dicho que "la idea de un Αἰών personal... es ajena al NT", concede que "podría encontrarse quizás por única vez en Ef. 2:2".

sería peligroso suponer que se trata de un resurgimiento del uso homérico o hesiódico del término *aēr* en el sentido de "niebla" o "neblina". Tampoco podemos pensar en el uso figurado que le damos a la palabra "aire" como cuando hablamos de una idea en el aire o de la atmósfera de la opinión. Filón emplea la palabra aquí tal como es cuando explica la escalera de Jacob como una figura de lenguaje para el aire (*aēr*), que se desplaza hacia arriba desde la superficie de la tierra hasta la esfera de la luna (la más baja de las zonas celestiales). El aire, según él, "es el hogar de las almas incorpóreas..., que los demás filósofos llaman 'demonios', pero a las que el registro sagrado suele llamar "ángeles".[26] El "dominio del aire", de hecho, es otra forma de denotar la "esfera celestial" que, de acuerdo con Efesios 6:12, es la morada de esos principados y potestades, "gobernantes de este mundo de tinieblas" y "huestes espirituales de maldad" contra los cuales el pueblo de Cristo libra una guerra.[27]

En cuanto al "espíritu que ahora opera en los desobedientes", el sustantivo "espíritu" (*pneuma*) aparece en caso genitivo, y por tanto, se considera naturalmente regido por uno de los dos sustantivos anteriores —"gobernante" o "dominio". Resultaría extraño hablar del "gobernante del espíritu que ahora opera"; pero si traducimos la cláusula como "el dominio del espíritu que ahora opera", entonces, o este espíritu es idéntico al "gobernante del dominio del aire", el poder maligno que ciega las mentes de los incrédulos, o el término "espíritu" se opone a "aire"[28] y podría denotar (como no lo haría "aire") la atmósfera o clima de pensamiento que influye en las mentes de las personas para predisponerlas contra Dios.[29] Los "desobedientes" (lit., "hijos de desobediencia",[30] al igual que en Ef. 5:6) son los que se rebelan contra la autoridad de Dios, sensibles a las instigaciones del mayor de los rebeldes. El verbo traducido como "operar" (*energeō*) es el mismo que se usa en Efesios 3:20 con referencia al poder que opera en nosotros"[31] (es decir, en los creyentes); la diferencia entre los dos poderes opuestos que moran en los seres humanos se pone de relieve en 1 Corintios 2:12, "no hemos recibido el espíritu del mundo sino el Espíritu que procede de Dios".

3 Tras haberles recordado a los lectores la forma de vida pagana que tenían antes de recibir la nueva vida en Cristo, el apóstol concede de buena gana que la situación de los judíos no era nada mejor: "nosotros también" estábamos incluidos entre los desobedientes. Es por eso que después de la exposición detallada de la bancarrota moral del mundo pagano en Romanos 1:18-32, queda demostrado que los judíos no están mejor en ese sentido:

---

26. Filón, *Sobre los sueños* 1.134-35, 141; cf. *Sobre los gigantes* 6, donde se lee que los "ángeles de Dios" (Gn. 6:2 LXX) son "almas que vuelan por el aire" (κατὰ τὸν ἀέρα). Cf. W. Foerster, *TDNT* 1, pág. 165 (*s.v.* ἀήρ).
27. Véase la pág. 378.
28. Así H. Schlier, *Der Brief an die Epheser*, pág. 104.
29. La palabra alemana *Zeitgeist* sería un equivalente sumamente acertado.
30. Gr. υἱοὶ τῆς ἀπειθείας.
31. Gr. κατὰ τὴν δύναμιν τὴν ἐνεργουμένην ἐν ἡμῖν.

"todos, tanto judíos como griegos, están bajo el poder del pecado" (Ro. 3:9) y tienen necesidad igualmente de la gracia justificadora de Dios si ha de haber alguna esperanza para ellos.[32]

"Entre ellos" —es decir, muy probablemente, entre los desobedientes—[33] nosotros los judíos también vivíamos[34] conforme a "los deseos de nuestra carne". Aunque el término "carne" tiene diversos significados en los escritos paulinos, Pablo lo usa distintivamente para referirse a ese elemento egocéntrico de la naturaleza humana que se ha corrompido desde su origen, y que se caracteriza por apetitos y tendencias que, si no se controlan, producen "las obras de la carne" enumeradas en Gálatas 5:19-20.[35] Estas incluyen no solo varias formas de impureza corporal y excesos sino también cosas como pendencia, envidia, enemistad, ira descontrolada y ambición egoísta. El "deseo de la carne"[36] que, de acuerdo con Gálatas 5:16, solo podemos vencer cuando vivimos en el poder del Espíritu, abarca todo lo que se opone a la voluntad de Dios. La "mente de la carne"[37] —la perspectiva no regenerada— está en guerra contra Dios y es incapaz de someterse a su ley (Ro. 8:7). Así que, según Pablo, nuestra conducta en otro tiempo estaba de acuerdo con los deseos de nuestra mente no regenerada; obedecíamos los dictados de nuestra carne, de nuestras mentes.[38] El apóstol añade "nuestras mentes" tal vez con el fin de destacar que los dictados de la carne no son simplemente deseos físicos sino que incluyen cualidades como el orgullo y el egoísmo, los cuales presentaron una tentación mayor en su juventud, cuando se esforzaba por superar a sus contemporáneos en su celo por las tradiciones ancestrales (Gá. 1:14), que lo que los vicios del mundo pagano le pudieron ofrecer.[39]

---

32. Obsérvese el uso doble de ἡμεῖς para enfatizar en Gá. 2:15-16, "*nosotros* que por naturaleza somos judíos..., también hemos creído en Cristo Jesús..." (es decir, tanto para nosotros como para ellos la fe en Cristo es la única manera de lograr la justificación delante de Dios).

33. El antecedente de ἐν οἷς se encuentra en τοῖς υἱοῖς τῆς ἀπειθείας (contrástese con ἐν αἷς al principio del v. 2, y en ese respecto véase la pág. 280, nota 14).

34. Gr. ἀναστρέφομαι, que aquí tiene casi el mismo sentido que περιπατέω en el v. 2 (cf. el sustantivo relacionado ἀναστροφή, "manera de vivir", en Ef. 4:22).

35. Véanse E. Schweizer, *TDNT* 7, págs. 98-151 (*s.v.* σάρξ); A. Sand, *Der Begriff "Sarx" in den paulinischen Hauptbriefen* (Regensburg, 1967); R. Jewett, *Paul's Anthropological Terms* (Leiden, 1971); F. F. Bruce, *Galatians*, págs. 242-50.

36. La frase en singular ἐπιθυμία σαρκός de Gá. 5:16 incluye los múltiples ἐπιθυμίαι τῆς σαρκὸς ἡμῶν de Ef. 2:3.

37. Gk. τὸ φρόνημα τῆς σαρκός (Ro. 8:6-7), en contraste con τὸ φρόνημα τοῦ πνεύματος (Ro. 8:27).

38. Gr. τὰ θελήματα τῆς σαρκὸς καὶ τῶν διανοιῶν. Para el plural θελήματα cf. Hch. 13:22. Con respecto a este sentido de διάνοια (que por lo general tiene el significado más noble de "inteligencia") cf. Ef. 4:13; Col. 1:21. El plural del sustantivo es inusual; cf., sin embargo, Nm. 15:39 LXX: οὐ διαστραφήσεσθε ὀπίσω τῶν διανοιῶν ὑμῶν, "no te desviarás siguiendo tus propios impulsos" (Heb. *l^ebabkem*, "tu corazón"). Los θελήματα de las διάνοιαι no son un conjunto de deseos diferentes de los de la σάρξ.

39. Cf. la lista de dotes y logros de los que Pablo en otro tiempo se enorgullecía (Fil. 3:4-6), aunque si se jactara de esas cosas ahora, dice él, "hablaría como un necio" (2Co. 11:21).

Pablo alude a Pedro y a sí mismo en otros lugares como judíos "por naturaleza",[40] que solo puede significar "de nacimiento" (Gá. 2:15); aquí dice que él y sus compatriotas judíos eran "por naturaleza tan hijos de ira" como los gentiles. Esta grave situación de la humanidad, de judíos y gentiles por igual, fue heredada, según Pablo, de aquel único hombre por medio del cual "el pecado entró en el mundo... y así también la muerte se extendió a todos los hombres, porque todos pecaron" (Ro. 5:12). Si la "transgresión de ese único hombre dio como resultado la condenación de todos los seres humanos", tal como Pablo lo plantea en Romanos 5:18 (por cuanto en ese único hombre estaba incluida toda la humanidad), eso equivale a decir que todos los seres humanos inherentemente están ("por naturaleza") sujetos a condenación. Este uso del modismo hebreo "hijos de ira"[41] puede compararse con la denuncia que hizo el rey David del rico que se apoderó de la oveja de su vecino pobre: "el hombre que hizo esto es un 'hijo de muerte'",[42] es decir, "merece morir" (2Sa. 12:5).

4 Cuando Pablo habla de los resultados de la desobediencia de un solo hombre, también declara que los seres humanos pueden librarse de la *damnosa hereditas* que han recibido, por medio de la obediencia de otro hombre que otorga justicia y vida a los que están unidos a él (Ro. 5:18-21). Esa es, básicamente, la misma idea que se expresa aquí aunque con un lenguaje diferente. Hay una vía para liberarse de la desesperación que produce la existencia alienada de Dios —una existencia que no es mejor que la muerte— y él nos ha proporcionado esa vía porque es "rico en misericordia". Esta caracterización de Dios es frecuente en el AT: "abundante en misericordia" (Éx. 34:6; Sal. 103:8; Jon. 4:2, etc.);[43] de hecho, él "se complace en la misericordia" (Mi. 7:18). Su misericordia va unida a su amor: "el gran amor con el que él nos amó"[44] —a los gentiles junto con los judíos. El pronombre "nos" aquí es inclusivo, no exclusivo —no es "a nosotros a diferencia de vosotros" sino "a nosotros junto con vosotros", "a todos nosotros por igual". Los seres humanos, hombres y mujeres, deben su salvación a la misericordia y al amor de Dios. "Dios demuestra su amor para con nosotros, en que siendo aún pecadores, Cristo murió por nosotros" (Ro. 5:8).

5 Estábamos muertos en nuestros delitos, dice Pablo (los judíos y los gentiles por igual), pero Dios nos libró de esa condición de muerte dándonos

---

40. Gr. φύσει, al igual que aquí (cf. también Ro. 2:14; Gá. 4:8).
41. Gr. τέκνα... ὀργῆς. Cf. υἱοὶ τῆς ἀπειθείας (Ef. 2:2; 5:6); τέκνα φωτός (Ef. 5:8). (En los escritos paulinos, υἱοί y τέκνα son intercambiables; cf. Ro. 8:14, 16.) Cf. J. Mehlmann, *Natura Filii Iræ*, AnBib 6 (Rome, 1957).
42. Heb. *ben māwet̲* (LXX υἱὸς θανάτου).
43. He is *rab̲ ḥesed̲* (LXX πολυέλεος).
44. Gr. διὰ τὴν πολλὴν ἀγάπην αὐτοῦ ἣν ἠγάπησεν ἡμᾶς (un buen ejemplo del acusativo interno; se usa la misma construcción respecto a un tipo diferente de ἀγάπη en 2Sa. [2 Reyes LXX] 13:15).

vida juntamente con Cristo.⁴⁵ Pablo sí enseña en otros lugares que los creyentes en Cristo "han sido trasladados de la muerte a la vida" con él (p. ej., en Ro. 6:13), pero allí, la muerte de la que han sido trasladados a la vida es la muerte de ellos con Cristo. Por medio de su unión con él a través de la fe han muerto con él a su antigua existencia y han resucitado con él a una existencia nueva. "Si hemos muerto con Cristo, creemos que también viviremos con él" (Ro. 6:8). De manera similar en Colosenses, "fuisteis resucitados con Cristo" (3:1) es la consecuencia de "habéis muerto con Cristo" (2:20). Pero en Efesios, el hecho de ser resucitados con Cristo es la consecuencia de haber estado espiritualmente muertos —muertos por causa de nuestros delitos y no muertos con Cristo.⁴⁶ Esto, por supuesto, está de acuerdo con el lenguaje general del NT: "este mi hijo era muerto, y ha resucitado" (Lc. 15:24); "el que oye mi palabra y cree al que me envió... ha pasado de muerte a vida" (Jn. 5:24). Pero se aparta del uso *marcadamente* paulino.

En cambio, la afirmación de que la salvación depende por completo de la gracia divina sí está totalmente de acuerdo con el pensamiento de Pablo. Los seres humanos, que no tienen esperanza o posibilidad de obtener la aprobación de Dios por sus propios esfuerzos o méritos, "son justificados gratuitamente por su gracia por medio de la redención que es en Cristo Jesús" (Ro. 3:24). Pablo prefiere decir que son justificados; la salvación es un término más general que se refiere más específicamente a la liberación de la sentencia adversa de Dios que se dictará en el momento del fin. Si los creyentes somos justificados aquí y ahora por la sangre de Cristo, "¡con cuánta más razón seremos salvos de la ira (venidera) por medio de él!" (Ro. 5:9).⁴⁷ En el pensamiento de Pablo, la mayor parte de la salvación pertenece al futuro: está "más cerca de nosotros ahora que cuando creímos" (Ro. 13:11). En un lugar, de hecho, se alude a ella en tiempo pasado, pero aún allí su ubicación junto a la esperanza le otorga una referencia futura: "en esperanza hemos sido salvos"⁴⁸ (Ro. 8:24). Aquí, sin embargo, la salvación es algo ya cumplido y experimentado: tiene prácticamente la misma fuerza que tiene la justificación en las epístolas capitales: "es por gracia que habéis sido salvos"⁴⁹ (tiempo perfecto). La declaración aquí es parentética: se adelanta a la afirmación más completa del v. 8. Pero el hecho de que a esas personas que estaban muertas en pecado se les conceda participar de la vida resucitada de Cristo es una demostración tan grande de la gracia divina que exige un reconocimiento inmediato de dicha gracia.

6 En la exposición de Pablo en Romanos 6:3-11 acerca de los creyentes que mueren y resucitan con Cristo, esa resurrección con Cristo es una experiencia futura que (por medio del poder del Espíritu) se anticipa en el

---

45. Cf. Col. 2:13, καὶ ὑμᾶς νεκροὺς ὄντας [ἐν] τοῖς παραπτώμασιν ... συνεζωοποίησεν (pág. 98).
46. En Colosenses se mencionan ambos tipos de muerte (2:13, 20).
47. Cf. 1Ts. 1:10; 5:9.
48. Gr. τῇ γὰρ ἐλπίδι ἐσώθημεν (aoristo pasivo).
49. Gr. χάριτί ἐστε σεσῳσμένοι.

presente. "Si nos hemos unido a él en una muerte como la suya, ciertamente lo seremos también en una resurrección como la suya" (Ro. 6:5), pero el propósito y el efecto de nuestra unión por fe con un Cristo resucitado es que aquí y ahora "nosotros también andemos en novedad de vida" (Ro. 6:3). En Colosenses y Efesios, sin embargo, se hace hincapié en el aspecto "cumplido" de la resurrección de los creyentes con Cristo: "habéis resucitado con Cristo", se les recuerda a los colosenses (Col. 3:1); Dios "nos resucitó con él", se les dice a los lectores de Efesios. De hecho, no solo Dios resucitó a los creyentes con Cristo, en el sentido de que los trasladó de la muerte a la vida; sino que los elevó hasta su trono y los sentó allí con Cristo "en la esfera celestial".[50] Esto va más allá de lo que leemos en Colosenses, donde los creyentes, resucitados a una nueva vida con Cristo, permanecen en la tierra ahora, pero saben que su vida está segura con Cristo, entronizado ya a la diestra de Dios, y que ellos participarán de su gloria en el día futuro de su manifestación (3:1-4). Aquí, en cambio, los creyentes ya están entronizados con él. Si consideramos esta afirmación de forma aislada, podría expresar una escatología ya cumplida.[51] Sin embargo, se ve equilibrada por la doctrina absolutamente paulina del Espíritu que se pone de relieve en otros lugares de esta epístola: el Espíritu es la garantía presente de la herencia futura, y sella al pueblo de Dios para el día futuro de la redención (Ef. 1:13-14; 4:30). La idea de que Dios ya sentó a su pueblo con Cristo en la esfera celestial no aparece en ningún otro lugar del corpus paulino. Podría interpretarse mejor como una declaración del propósito de Dios para su pueblo —un propósito cuyo cumplimiento es tan cierto que puede hacerse referencia a él como algo que ya ha ocurrido: "a los que justificó, también los glorificó" (Ro. 8:30).[52]

La frase que se agrega "en Cristo Jesús" aclara el significado. La entronización con Cristo en la esfera celestial no forma parte todavía de la experiencia de los creyentes,[53] pero esa es su ubicación correcta porque ellos se encuentran incluidos en él. Su verdadero hogar es donde está Cristo; su ciudadanía está en el cielo (Fil. 3:20). La comunidad a la que pertenecen ahora, aunque "milita aquí en la tierra", es celestial en cuanto a su origen, carácter y destino. H. Schlier, que sugiere un entorno bautismal para Efesios, cita

---

50. Gr. ἐν τοῖς ἐπουρανίοις, como en Ef. 1:20, etc.

51. Ese tipo de escatología totalmente cumplida (o "sobrecumplida") tal vez contaba con el apoyo de algunos miembros de la iglesia corintia (1Co. 15:12; cf. 2Ti. 2:17-18), y se expone en la "*Epístola a Regino sobre la Resurrección*" (uno de los tratados de Nag Hammadi) escrita por Valentín, el cual considera que Pablo enseñó que "el Salvador anuló la muerte" y que "nosotros sufrimos con él, y resucitamos con él y fuimos al cielo con él" (45.14ss.).

52. Gr. οὓς δὲ ἐδικαίωσεν, τούτους καὶ ἐδόξασεν. El indicativo de aoristo ἐδόξασεν puede tener la fuerza del perfecto profético hebreo (cf. Judas 14, ἦλθεν κύριος, citando a 1 Enoc 1:9). En lo que respecta a la experiencia de los creyentes, a partir de Ro. 8:17, εἴπερ συμπάσχομεν ἵνα καὶ συνδοξασθῶμεν, es obvio que la glorificación de ellos todavía pertenece al futuro.

53. Se le ofrece como una promesa al vencedor en Ap. 3:21 ("Le concederé sentarse conmigo en mi trono, como yo también vencí y me senté con mi Padre en su trono").

estas palabras de Orígenes: "Los que son regenerados por medio del divino bautismo son colocados en el paraíso —es decir, en la iglesia".[54]

7 Al prodigarles de esa manera su misericordia a los pecadores, permitiéndoles participar de la vida resucitada de Cristo y de su exaltación, Dios tiene un propósito adicional —a saber, que muestren su gracia en todas las "eras venideras".[55] "Las eras venideras" es un concepto más general que "la era venidera" de Efesios 1:21, que solo refleja la división tradicional del tiempo en dos eras (la era actual y la era de la resurrección). La expresión "las eras venideras" implica que una era sigue a otra como las olas sucesivas del mar, y que esto se prolonga en el futuro tanto como podamos imaginar. Dios predispuso que a través del tiempo y por la eternidad, la iglesia, esta sociedad de rebeldes perdonados, fuera la obra maestra de su bondad. Para la formación del universo reconciliado del futuro,[56] la iglesia le proporcionará el modelo que habrá de copiar. Él es "rico en misericordia" —"su compasión, sobre todas sus obras" (Sal 145:9) —pero "las sobreabundantes riquezas de su gracia"[57] se ponen de manifiesto en "su bondad"[58] para con nosotros en Cristo Jesús". La "sobreabundante grandeza de su poder" que ejerció al resucitar a Cristo (Ef. 1:19-20)[59] equivale a las "sobreabundantes riquezas de su gracia" en sus tratos con los que pertenecen a Cristo. Por el hecho de estar "en Cristo Jesús", hace con ellos lo mismo que hizo con él.[60] La reivindicación y la exaltación que Cristo recibió son suyas por derecho; pero la participación de esa vindicación y exaltación que se les otorga a los creyentes en Cristo es de ellos por la misericordia, la gracia y la bondad divinas.[61]

---

54. οἱ ἀναγεννώμενοι διὰ τοῦ θείου βαπτίσματος ἐν τῷ παραδείσῳ τίθενται—τουτέστιν ἐν τῇ ἐκκλησίᾳ (*Select Notes on Genesis*, 2:13). J. H. Bernard, "*The Odes of Solomon*", *JTS* 12 (1910-11), 1-31, señala que los padres orientales frecuentemente expresan la idea de que a los bautizados se les han restaurado el paraíso y sus privilegios; cita a Basilio (*Hom.* 13.2) y a Gregorio de Nisa (*Sermón sobre el bautismo de Cristo*) en este sentido, y también las *Odas de Salomón* (11.14; 20.7), que él considera himnos bautismales. Schlier, además de citar a Orígenes, cita las *Odas de Salomón* como evidencia de que "la concepción del bautismo como un viaje hacia el cielo está... generalizada en el cristianismo primitivo" (*Der Brief an die Epheser*, pág. 111).

55. No hay ninguna razón para darle a los αἰῶνες aquí una interpretación que no sea temporal —para traducir ἐν τοῖς αἰῶσιν τοῖς ἐπερχομένοις como "entre los eones [hostiles] que atacan", una versión que M. Barth cita aunque no acepta (*Ephesians*, págs. 222-23). Véase la pág. 261 supra, con las notas 20, 21.

56. Ef. 1:9-10 (pág. 241).

57. Gr. τὸ ὑπερβάλλον πλοῦτος τῆς χάριτος αὐτοῦ (cf. Ef. 1:7).

58. Gr. χρηστότης.

59. Véase la pág. 252, nota 132.

60. Cf. Juan Bunyan: "Pecador, tú piensas que a causa de tus pecados y debilidades yo no puedo salvar tu alma, pero he aquí que mi Hijo está a mi lado, y es a él a quien yo miro y no a ti, y haré contigo lo mismo que me place hacer con él" (*Grace Abounding*, § 258).

61. Gr. ἔλεος (v. 4), χάρις (vv. 5, 7, 8), χρηστότης (v. 7).

(2) La nueva creación de Dios (2:8-10)

8 Es por esta gracia que habéis sido salvos, por medio de la fe,[62] y esto no procede de vosotros; es don de Dios.
9 no es por obras, para que nadie tenga ocasión de gloriarse.
10 Somos hechura suya, creados en Cristo Jesús para buenas obras, las cuales Dios preparó de antemano, para que conduzcamos nuestras vidas en ellas.

8 Por tanto, es esta gracia indescriptiblemente rica de Dios la que les garantiza la salvación a los seres humanos.[63] Al igual que en el v. 5, la expresión "habéis sido salvos" es equivalente a "habéis sido justificados". Lo que Pablo dice aquí respecto a la salvación es lo mismo que dice en otros pasajes respecto a la justificación —a saber, que es gratuitamente otorgada por la gracia de Dios (Ro. 3:24) y se recibe "no a causa de las obras de la ley sino mediante la fe en Jesucristo" (Gá. 2:16). La frase "por medio de la fe" aquí implica que Jesucristo es el objeto de esa fe, como también lo es explícitamente en Gálatas 2:16 y Romanos 3:22, 26.[64]

Las palabras "y esto no procede de vosotros; es don de Dios", insertadas en la afirmación de que la salvación se recibe "por medio de la fe... no por obras", probablemente deben considerarse parentéticas. Los intérpretes han discrepado en cuanto a la referencia precisa del pronombre demostrativo "esto". Si el pronombre griego fuera femenino, del mismo género que "fe", entonces, sería obvio que se refiere a la fe, y la declaración podría interpretarse como: incluso la fe por medio de la cual han sido salvos no es obra de ustedes; no podrían haberla ejercitado si Dios no se las hubiera dado. Pero el pronombre es neutro,[65] y no *necesariamente* se refiere a la fe. Aun así, podría referirse, en términos generales, a la fe: "la diferencia de género no es fatal para ese punto de vista" (J. A. Robinson).[66] Muchos exégetas han opinado que sí hace referencia a la fe,[67] entre ellos, Agustín,[68] C. Hodge (que alega que

---

62. Gr. διὰ πίστεως. En A D Ψ y en la mayoría de los manuscritos en cursivas se inserta τῆς antes de πίστεως.
63. El artículo en τῇ γὰρ χάριτι ἐστε σεσῳσμένοι apunta a la χάρις que ya se mencionó en los vv. 5 y 7.
64. Es decir, διὰ πίστεως tiene la misma fuerza que la expresión más completa διὰ πίστεως Ἰησοῦ Χριστοῦ en Gá. 2:16, donde Ἰησοῦ Χριστοῦ es un genitivo objetivo (véase F. F. Bruce, *Galatians*, págs- 138-39). Cf. pág. 299, nota 69.
65. Gr. καὶ τοῦτο (acusativo adverbial), "y en esto, y especialmente" (BDF § 290 (5)); cf. Ro. 13:11; 1Co. 6:6, 8; Fil. 1:28.
66. J. A. Robinson, *Ephesians*, pág. 157; "pero el contexto", añade él, "exige la referencia más amplia... 'la salvación por gracia'".
67. H. Schlier (que particularmente prefiere la referencia más amplia) cita, como defensores de que se hace referencia a la fe, a Crisóstomo, Teodoreto, Beza, Estius, Bengel, Westcott, Staab (*Der Brief an die Epheser*, pág. 115, nota 1).
68. Agustín, *Enchiridión* 31; *Sobre la predestinación de los santos* 12.

el pasaje es tautológico en cuanto a cualquier otra interpretación)[69] y E. K. Simpson ("esta fe tampoco es un producto de la tierra, sino un don que Dios imparte desde lo alto acompañado de un cambio de corazón").[70] Entre los que consideran que se hace referencia a la salvación (impartida por gracia y aceptada por fe) se encuentra Calvino, según el cual, la expresión "no proviene de vosotros" es paralela a "no es por obras" (v. 9) y la expresión "es don de Dios" es paralela a "por gracia (de Dios)".[71] Esta palabra particular traducida como "don" (*dōron*), a pesar de ser muy común, no aparece en ningún otro lugar del corpus paulino; otras palabras con un significado casi igual se usan para denotar el don divino de la justicia y la vida en Cristo (Ro. 5:15-17; 6:23).[72] Tal vez sea mejor considerar que "y esto" se refiere a la salvación en general, sin excluir la fe mediante la cual se recibe.

9 "No es por obras" —por supuesto que no, porque "si es por gracia, ya no puede ser por obras; de otra manera la gracia ya no sería gracia" (Ro. 11:6). Si la salvación está basada en obras, los que la recibiesen podrían atribuirse algún mérito. "Si Abraham fue justificado por las obras, tiene de qué jactarse"[73] (Ro. 4:2), pero fue la *fe* de Abraham la que "le fue contada por justicia" (Gn. 15:6, citado en Ro. 4:3; Gá. 3:6). "Es por esta razón que se basa en la fe, para que esté de acuerdo con la gracia" (Ro. 4:16). Y donde la gracia divina opera, no hay lugar para el mérito humano, ni para la jactancia humana (Ro. 3:27).[74] Esa jactancia no tiene cabida en la presencia de Dios; "para que, como está escrito, 'el que se jacta, que se jacte en el Señor'" (1Co. 1:29, 31, citando Jer. 9:24).

10 La obra de gracia que ha transformado a los que estaban espiritual y moralmente muertos en hombres y mujeres nuevos, vivos con la vida resucitada de Cristo, es una obra de Dios de principio a fin: "somos hechura suya". La palabra traducida así[75] aparece en otro lugar en los escritos paulinos —en Romanos 1:20, donde hace referencia (en número plural) a las obras creadas por Dios.[76] Aquí, sin embargo, se refiere a la nueva creación de la que habla Pablo en más de una ocasión. Esta nueva creación (tal como se subraya en el v. 15) trasciende las distinciones naturales del antiguo orden: en ella "ni la circuncisión vale nada, ni la incircuncisión, sino una nueva creación (Gá. 6:15); "si alguno está en Cristo, es una nueva creación; ¡lo viejo ha pasado,

---

69. C. Hodge, *Ephesians*, págs. 119-20.
70. E. K. Simpson, *Ephesians*, pág. 55.
71. J. Calvino, *Ephesians*, pág. 144.
72. Gr. δωρεά (Ro. 5:15, 17), δώρημα (Ro. 5:16), χάρισμα (Ro. 5:15-16; 6:23).
73. Gr. ἔχει καύχημα, un sustantivo derivado del verbo καυχάομαι (que se usa aquí, ἵνα μή τις καυχήσηται).
74. ποῦ οὖν ἡ καύχησις ἐξεκλείσθη.
75. Gr. ποίημα (de ahí el término español "poema"; pero esto no ofrece ninguna base para la versión imaginativa "nosotros somos su poema").
76. "Sus cualidades invisibles, a saber, su eterno poder y divinidad, se perciben claramente, siendo entendidas por medio de las obras de la creación" (τοῖς ποιήμασιν νοούμενα).

ha llegado ya lo nuevo!", (2Co. 5:17). El cielo nuevo y la tierra nueva de los que habló un profeta veterotestamentario (Is. 65:17; 66:22) ya se han hecho realidad en el nuevo orden, "creados en Cristo Jesús". Los que pertenecían al antiguo orden estaban muertos a causa de sus delitos y pecados, pero los que pertenecen a la nueva creación se distinguen por sus "buenas obras",[77] obras que realizan no para garantizar su salvación sino como fruto de su salvación. Dios, según se nos dice, "preparó" estas buenas obras "de antemano", para que ellas caracterizaran el modus vivendi de su pueblo.[78] Esas buenas obras reflejan el carácter y la acción del propio Dios. Dios le dio a su pueblo la ley para que ellos fueran semejantes a él: "Yo soy el Señor tu Dios... seréis, pues, santos, porque yo soy santo" (Lv. 11:44-45). De manera similar, Jesús enseñó a sus discípulos a comportarse de una manera adecuada a los hijos de Dios, que fueran misericordiosos como su Padre es misericordioso (Lc. 6:35-36).[79] Pero para vivir así, para realizar las buenas obras que Dios preparó para sus hijos, necesitamos el empoderamiento del don de su Espíritu. Las buenas obras habían sido promulgadas desde hacía mucho tiempo, pero gracias al acto salvador de Dios "el requisito justo de la ley" se cumplió en los que "no andamos conforme a la carne, sino conforme al Espíritu" (Ro. 8:4).[80] Su nueva creación "en Cristo Jesús" se hace realidad por la acción del Espíritu, y por la acción del Espíritu la promesa del nuevo pacto cobra vigencia cuando los seres humanos se hallan "haciendo la voluntad de Dios de todo corazón" (Ef. 6:6).[81]

4. La incorporación de los gentiles (2:11-22)

(1) Su difícil situación anterior (2:11-12)

11 *Por tanto, recordad que en otro tiempo vosotros erais gentiles de nacimiento,[82] llamados "incircuncisión" por la tal llamada circuncisión externa[83], hecha por manos humanas—*

---

77. La cita de Orígenes en la pág. 267 (nota 54) continúa de la siguiente manera: "... para que produzcan las obras espirituales que hay en ella" (ἐργάζεσθαι τὰ ἔνδον ὄντα ἔργα πνευματικά).
78. Cf. Col. 1:10, ἐν παντὶ ἔργῳ ἀγαθῷ καρποφοροῦντες. El plural ἔργα ἀγαθά o ἔργα καλά aparece en varias ocasiones en las epístolas pastorales; cf. 1Ti. 2:10; 5:10, 25; 6:18; Tit. 2:7, 14; 3:8, 14. Mientras que aquí Dios ha preparado buenas obras para que su pueblo "ande en ellas", en las pastorales es su pueblo el que debe estar preparado "para toda buena obra" (2Ti. 2:21; 3:17; Tit. 3:1).
79. Cf. Mt. 5:45, 48.
80. Cf. 2Co. 3:4-18.
81. Gr. ἐκ ψυχῆς (véase la pág. 371). La aplicación neotestamentaria del oráculo del nuevo pacto de Jer. 31:31-34 también se basa en la profecía de Ezequiel sobre el corazón y el espíritu nuevos que recibirá el pueblo de Dios en la era de la restauración (Ez. 11:19-20; 36:25-27).
82. Gr. ἐν σαρκί, "en la carne"; σάρξ puede denotar aquí su cuerpo de carne, que era incircunciso, o su existencia regenerada (tal vez ambas ideas estén presentes).
83. Gr. ἐν σαρκὶ χειροποιήτου, aquí se refiere claramente a su cuerpo de carne. Cf. Ro. 2:28, ἡ ἐν τῷ φανερῷ ἐν σαρκὶ περιτομή. Para χειροποιήτου véase la pág. 94, nota 62 (sobre Col. 2:11).

EFESIOS 2:11

12 *(recordad, digo) que en ese tiempo vosotros estabais sin Cristo, alienados[84] de la comunidad de Israel y ajenos a los pactos (que representaban) la promesa;[85] privados de esperanza y vivíais en el mundo sin Dios.[86]*

11 Los creyentes gentiles en Cristo se mostrarían mucho más agradecidos por los privilegios que ahora disfrutaban si recordaran la forma de vida de la que habían sido liberados. Los judíos piadosos no olvidaban nunca los privilegios que habían heredado: le daban gracias a Dios todos los días por no haberlos hecho gentiles. El verdadero Dios se les había revelado a ellos y a su pueblo de una manera excepcional: no había "hecho así con ninguna otra nación"; ninguna otra nación "conocía sus ordenanzas" (Sal. 147:20). La señal externa de la relación especial de los judíos con Dios era la circuncisión, es decir, el sello del pacto que él había establecido con su antepasado Abraham (Gn. 17:9-14). Aunque los judíos no eran la única nación que practicaba la circuncisión,[87] la forma en que la realizaban era tan peculiar en el mundo greco-romano que los llamaban categóricamente la "circuncisión", mientras que ellos, a su vez, se referían categóricamente a los que no eran judíos como la "incircuncisión".[88] La circuncisión de los judíos podía constituir un motivo de reproche contra ellos por parte de sus vecinos gentiles,[89] pero la incircuncisión de los gentiles, a los ojos de los judíos, era una señal inequívoca de su alejamiento de Dios. Esa desventaja religiosa solo podía superarse si el gentil se convertía en un prosélito de la fe judía y aceptaba la circuncisión y la consiguiente obligación de guardar la ley de Moisés. (El hecho de que solo los varones pudieran llevar en sus cuerpos el sello del pacto les otorgaba mayores prerrogativas religiosas que las que disfrutaban las mujeres: el varón que daba gracias a Dios todos los días por no haber nacido gentil también le daba gracias por no haber nacido mujer).[90]

---

84. Gr. ἀπηλλοτριωμένοι, "alienados" (participio perfecto pasivo); pero traducirlo así podría sugerir (erróneamente) que en otro tiempo eran miembros de la πολιτεία τοῦ Ἰσραήλ pero posteriormente habían separados de ella.

85. Gr. τῶν διαθηκῶν τῆς ἐπαγγελίας donde el genitivo τῆς ἐπαγγελίας es epexegético de διαθηκῶν, y tiene una fuerza similar a la que tiene en Ef. 1:13 (τῷ πνεύματι τῆς ἐπαγγελίας).

86. Gr. ἄθεοι ἐν τῷ κόσμῳ. Esta es la única vez que se lee ἄθεος en el NT (el término apareció en la literatura a partir de Esquilo). Los paganos adoptaron la palabra para referirse a los cristianos, y los cristianos para referirse a los paganos (*Mart. Pol.* 3:2; 9:2, donde αἶρε τοὺς ἀθέους, "¡Fuera los ateos!" se repite en ambos sentidos).

87. En épocas veterotestamentarias anteriores, otros grupos semíticos y los egipcios practicaron la circuncisión, pero era conocido que los filisteos no y esto hizo que se les conociera distintivamente como "los incircuncisos" (p. ej., 1Sa. 31:4; 2Sa. 1:20).

88. Para el uso de ἀκροβυστία ("incircuncisión") y περιτομή ("circuncisión") como sustantivos colectivos cf. Ro. 3:30; Gá. 2:7.

89. Cf. Apión, según Josefo, *Apion* 2.137 (τὴν τῶν αἰδοίων χλευάζει περιτομήν); Horacio, *Sat.* 1.9.70 (*hodie tricesima sabbata; vin tu/curtis Iudæis oppedere?*); Juvenal, *Sat.* 14.99 (*mox et præputia ponunt*).

90. "En Cristo Jesús", según Pablo, estas dos desigualdades religiosas desaparecen, y también la que existe entre el esclavo y la persona libre (Gá. 3:28; cf. F. F. Bruce, *Galatians*, págs. 187-90).

Pablo, que antes de su conversión se enorgullecía de haber sido "circuncidado al octavo día" (Fil. 3:5) y era un ardiente proselitista que invitaba a los gentiles a someterse a la circuncisión para poder formar parte del pueblo del pacto (cf. Gá. 5:11), se había dado cuenta ahora de que la circuncisión en la carne, desde el punto de vista religioso, era irrelevante.[91] A esta "circuncisión externa hecha por manos humanas" que ahora despreciaba, en un lugar la descarta alegando que no era más que una mutilación (Fil. 3:2).[92] Lo que importaba a los ojos de Dios era la circuncisión o limpieza del corazón de la que hablaron Moisés y los profetas (Dt. 10:16; 30:6; Jer. 4:4), la "circuncisión que no se hace con las manos" o "circuncisión de Cristo" como él la llama en Colosenses 2:11.[93] A esta "circuncisión" espiritual tienen acceso los judíos y los gentiles por igual, hombres y mujeres. En el nuevo orden que el evangelio ha inaugurado no hay lugar para el desdén mutuo entre los circuncidados y los incircuncisos.

12 Los privilegios religiosos heredados por los judíos eran sustanciales: no solo "se les confiaron los oráculos de Dios" (Ro. 3:2), sino que, tal como Pablo destaca en Romanos 9:4-5, "a ellos pertenecen la adopción como hijos,[94] la gloria,[95] los pactos,[96] la promulgación de la ley, la adoración[97] y las promesas;[98] de ellos son los patriarcas, y de su linaje, según la carne, es el Cristo". Los gentiles habían estado privados de todos esos privilegios. Eran extranjeros y no miembros del pueblo escogido. Los pactos con los patriarcas, que contenían la promesa de una gran bendición para ellos y su posteridad, mencionaban a "todas las naciones de la tierra" y las consideraban de alguna manera implícitas en esa bendición;[99] pero no fue hasta la venida de Cristo y la libre proclamación del evangelio que los gentiles creyentes pudieron, sin hacerse primeramente judíos, "ser bendecidos con el creyente Abraham" (Gá. 3:9). Los gentiles no compartían la esperanza de Israel,[100] no conocían al Dios de Israel y no parecía posible que el Mesías de Israel tuviera algún significado para ellos.

Hay otro lugar en la correspondencia paulina donde se describe a los "que no conocen a Dios" como personas que "no tienen esperanza" (1Ts. 4:5, 13). Allí la esperanza de la que carecen los paganos no es simplemente la esperanza de Israel sino la esperanza de la resurrección con la nueva perspectiva

---

91. Cf. Gá. 5:6; 1Co. 7:19.
92. βλέπετε τὴν κατατομήν.
93. Véase la pág. 95. Cf. Ro. 2:29, περιτομὴ καρδίας ἐν πνεύματι οὐ γράμματι.
94. "Israel es mi primogénito" (Éx. 4:22; cf. Os. 11:1).
95. Es decir, la gloria divina (la *shejiná*) que mora en el santuario en medio del pueblo (Éx. 40:34-35; 1Re. 8:11).
96. El que hizo con Abraham (Gn. 15:18), el que hizo con Israel en el desierto (Éx. 24:8) y el que hizo con David (Sal. 89:28-37).
97. Incluyendo el sacerdocio, el santuario y el sacrificio, de conformidad con la legislación levítica.
98. Sobre todo las que les hizo a los patriarcas (Gn. 12:2-3; 18:18; 22:17-18; 26:3-5; 28:13-14).
99. Cf. J. Schreiner, "*Segen für die Völker in der Verheissung an die Väter*", *BZ* 6 (1962), 1-31.
100. La esperanza de Israel, de acuerdo con la enseñanza que había recibido Pablo, incluía la esperanza de la resurrección (Hch. 24:15; 26:6-8; 28:20).

que adquiere para los que "creen que Jesús murió y resucitó". La ausencia de esperanza ante la muerte está ampliamente confirmada en la literatura y la epigrafía del mundo greco-romano de aquella época.¹⁰¹ Pero la referencia aquí es más general: Dios es "el Dios de la esperanza" (Ro. 15:13) y cuando no tenemos a Dios carecemos de toda esperanza real incluso en este mundo, por no hablar del que está por venir.

(2) Su acceso actual (2:13-18)

13 Pero ahora en Cristo Jesús, vosotros, que en otro tiempo estabais lejos, habéis sido acercados por la sangre de Cristo.
14 Porque él mismo es nuestra paz: él nos hizo un solo pueblo, y derribó la pared intermedia que constituía una barrera entre nosotros.
15 En su carne abolió la hostilidad, la ley de los mandamientos, ordenanzas y todo lo demás,¹⁰² para crear en sí mismo¹⁰³ de los dos un nuevo¹⁰⁴ ser humano, estableciendo (así) la paz,
16 y para reconciliar a ambos con Dios en un solo cuerpo a través de la cruz, habiendo dado muerte por medio de ella¹⁰⁵ a la hostilidad.
17 Entonces vino y proclamó paz a vosotros que estabais lejos, y paz¹⁰⁶ a los que estaban cerca.
18 Es por medio de él que tenemos acceso en un mismo Espíritu al Padre.

13 El nuevo orden "en Cristo Jesús" ha cambiado ahora toda la situación. Los gentiles, que en otro tiempo estaban "lejos" de Dios (en contraste con los israelitas, que habían sido aceptados en su pacto), ahora han sido "acercados". La referencia a los gentiles como "personas que están lejos" podría derivarse del uso veterotestamentario (compárese la cita de Is. 57:19 en el v. 17 más adelante);¹⁰⁷ aparece en otros lugares en el NT —de forma implícita, por ejemplo, en el mensaje apostólico de Hechos 2:39 ("la promesa es para vosotros y para vuestros hijos y para todos los que están lejos") y de

---

101. Véase F. F. Bruce, *1 and 2 Thessalonians*, WBC (Waco, 1982), pág. 96.
102. Gr. ἐν δόγμασιν (omitido en P^{46} lat$^{vg.cod}$), traducido aquí como τοῖς δόγμασιν en Col. 2:15, aunque podría traducirse perfectamente como "que consistía en ordenanzas" (véase la pág. 106, nota 81). Cf. pág. 277, nota 119.
103. Leyendo ἐν ἑαυτῷ con $\aleph^2$ D G Ψ y la mayoría de los manuscritos en cursivas, o considerando que la variante αυτῷ (P^{46} $\aleph^*$ A B *al*) lleva el espíritu áspero (αὑτῷ).
104. En lugar de καινόν ("nuevo") en P^{46} F G se lee κοινόν ("común"); en K aparece καὶ μόνον, "(uno) y único (ser humano)."
105. Leyendo ἐν αὐτῷ, en lugar de lo cual en F G *pc* (respaldados por las versiones latinas) se lee ἐν ἑαυτῷ ("por sí mismo").
106. La segunda aparición de εἰρήνην se omite en Ψ y en la mayoría de los manuscritos en cursivas y en la versión siriaca harcleana.
107. Cf. Is. 5:26, ἀρεῖ σύσσημον ἐν τοῖς ἔθνεσιν τοῖς μακράν.

manera expresa en la misión que el Señor le dio a Pablo y que se lee en Hechos 22:21 ("te enviaré lejos a los gentiles").

El apóstol declara que el medio por el cual los creyentes gentiles han sido "acercados" es "la sangre de Cristo". La sangre de Cristo, su muerte sacrificial, a la que ya se hizo referencia con anterioridad como la vía por la que obtuvieron su redención (Ef. 1:7), es también la vía por la que lograron su reconciliación con Dios (cf. Col. 1:20-22; Ro. 5:10). Existe un notable paralelismo entre el lenguaje que se emplea aquí y el de Hebreos 10:19-22, donde se anima a los creyentes a "tener confianza para entrar en el santuario [celestial] por la sangre de Jesús" y de ese modo, "acercarse" a Dios. Es posible que en Hebreos los destinatarios fueran cristianos judíos, mientras que en este contexto se trate más específicamente de creyentes gentiles; pero "en Cristo Jesús" la razón del acercamiento para ambos grupos es la misma.

14 "Porque él mismo es nuestra paz"[108] en un sentido doble —no solo reconcilió a los miembros de su pueblo con Dios por medio de su muerte, sino que también los reconcilió entre ellos; en particular, reconcilió a los de origen judío con los de origen gentil. La expresión "él es nuestra paz" expone la verdad de un modo más contundente que la expresión él "hizo la paz" (v. 15) o "anunció paz" (v. 17). Es en él, que su pueblo, como miembros de su cuerpo, disfruta de esta doble paz. Es él quien ha logrado establecer entre grupos anteriormente hostiles una unidad nueva, en la que ha quedado atrás la antigua distinción entre judío y gentil.[109] Mientras que los judíos solían dividir a los seres humanos entre judíos y gentiles, Pablo los clasifica en tres categorías: judíos, griegos (gentiles) y la iglesia de Dios (1Co. 10:32), y esta última incluye a los que antes eran judíos y a los que eran gentiles. No es extraño, pues, que los cristianos se refirieran a sí mismos como una "tercera raza" o una "nueva raza", que ya no era judía ni gentil.[110]

Cristo demolió la barrera que anteriormente separaba a los judíos y a los gentiles. Esta barrera tradicional no solo era religiosa sino también sociológica. Las palabras que siguen dejan bien claro que la barrera era la ley judía, y más particularmente, los elementos de la ley que diferenciaban a los judíos de los gentiles —la circuncisión y las restricciones alimentarias, por ejemplo.[111] En

---

108. Con respecto a algunos esfuerzos que se han hecho para encontrar una estructura hímnica en los vv. 14-18 véase G. Schille, *Frühchristliche Hymnen* (Berlín, 1965), págs. 24-31; J. Gnilka, "*Christus unser Friede—ein Friedens-Erlöserlied in Eph 2, 14-17*", en *Die Zeit Jesu*, ed. G. Bornkamm y K. Rahner (Freiburg, 1970), págs. 190-207; H. Merklein, "*Zur Tradition und Komposition von Eph 2, 14-18*", *BZ* 17 (1973), 79-102; cf. J. T. Sanders, *The New Testament Christological Hymns* (Cambridge, 1971), págs. 14-15, 88-92.

109. "La enseñanza paulina sobre la reconciliación adquiere una nueva dimensión al aplicarla a las personas dentro de una comunidad" (R. P. Martin, *Reconciliation: A Study of Paul's Theology* [Londres, 1981], pág. 198).

110. Cf. *Preaching of Peter*, citado en Clemente de Alejandría, *Strom.* 6.5.41.6: "los que adoramos a Dios de una manera nueva, como la tercera raza (τρίτῳ γένει), como cristianos"; *Ep. Diog.* 1, "esta nueva raza" (καινὸν τοῦτο γένος).

111. De no haber sido por la visión que Pedro tuvo en Jope (Hch. 10:28), las restricciones

el orden del evangelio esos elementos fueron remplazados. La circuncisión o la incircuncisión ya no tienen ninguna relevancia religiosa: algunos temas, como los que tenían que ver con la observancia de algunos días especiales o la abstención de ciertos tipos de alimentos, pasaron en lo sucesivo al ámbito de la consciencia personal; respecto a esos temas, todas las personas debían estar "plenamente convencidas en su mente", y nadie podía condenarlas o despreciarlas por su decisión (Ro. 14:5-12).

Varios comentaristas han sugerido, sin embargo, que la analogía para esta descripción de la ley judía sí fue provocada por alguna barrera real. Una opinión, defendida por Heinrich Schlier y otros, es que la analogía tuvo su origen en la barrera que, en algunos esquemas de pensamiento gnósticos y de otro tipo, separaba el mundo inferior del mundo superior de la *plērōma*.[112] La forma gnóstica de este concepto no cuenta con pruebas tan antiguas que permitan aceptar con algún margen de confianza la idea de que influyó en el lenguaje del pasaje que estamos analizando.[113] Un ejemplo no gnóstico aparece en la obra bajo el pseudónimo "Hechos de Tadeo", preservada por Eusebio, según la cual el apóstol Tadeo le predicó el evangelio a Agbar, rey de Edesa, y le explicó que Jesús, después de haber sido crucificado, "descendió al Hades y partió en dos la barrera que había permanecido intacta desde la eternidad, y resucitó a los muertos: él descendió solo, pero ascendió a su Padre con una gran multitud".[114] El concepto de esta barrera horizontal podría ser relevante para el pasaje acerca del descendimiento y la ascensión de Cristo en Efesios 4:8-10, pero la barrera

---

alimentarias le habrían impedido aceptar la hospitalidad de Cornelio. Cf. *Letter of Aristeas* 139: "Nuestro legislador… nos cercó (περιέφραξεν) con murallas inexpugnables y paredes de hierro, para que no pudiéramos mezclarnos con ninguna otra nación, y nos mantuviéramos puros en cuerpo y alma".

112. H. Schlier, *Christus und die Kirche im Epheserbrief* (Tübingen, 1930), págs. 18-26; *Der Brief an die Epheser*, págs. 126-33.

113. Esto es particularmente válido respecto a los pasajes de la literatura mandea que Schlier aduce de R. Reitzenstein, *Das mandäische Buch des Herrn der Grösse und die Evangelienüberlieferung* (Heidelberg, 1919), pág. 32; *Das iranische Erlösungsmysterium* (Bonn, 1921), págs. 60, 267. Los textos mandeos que se conservan datan de los siglos V y posteriores, aun cuando dan fe de conceptos más antiguos. Aparte de los textos mandeos, Schlier aduce paralelismos con la barrera celestial procedentes del Valentinianismo (*apud* Iren., *Hær.* 1.1.2), en el cual se le llamaba indistintamente ὅρος y σταυρός, y de los *Hechos de Tomás* 32, donde la serpiente afirma "haber atravesado la barrera (φραγμός) y entrado en el paraíso"; cf. G. Bornkamm, *Mythos und Legende in den apokryphen Thomas-Akten* (Göttingen, 1933), pág. 29; A. F. J. Klijn, *Los Hechos de Tomás* (Leiden, 1962), pág. 225.

114. Eusebio, *HE* 1.13.20 (καὶ κατέβη εἰς τὸν ᾅδην, καὶ διέσχισε φραγμὸν τὸν ἐξ αἰῶνος μὴ σχισθέντα, καὶ ἀνήγειρεν νεκρούς, καὶ κατέβη μόνος, ἀνέβη δὲ μετὰ πολλοῦ ὄχλου πρὸς τὸν πατέρα αὐτοῦ). Hay un pasaje marcadamente similar en la reseña (post-ignaciana) más extensa de las cartas de Ignacio (*Trall.* 9:4): καὶ κατῆλθεν εἰς ᾅδην μόνος, ἀνῆλθεν δὲ μετὰ πλήθους καὶ ἔσχισεν τὸν ἀπ' αἰῶνος φραγμὸν καὶ τὸ μεσότοιχον αὐτοῦ ἔλυσεν ("Descendió al Hades solo, pero ascendió con una multitud; y quebró la barrera que había existido desde la eternidad y destruyó su pared intermedia"). La aparición de los términos φραγμός y μεσότοιχον juntos en el pseudo Ignacio deja entrever cierta dependencia de nuestro pasaje de Efesios (τὸ μεσότοιχον τοῦ φραγμοῦ λύσας), aunque la figura de aplica de manera diferente.

entre judíos y gentiles no era horizontal, ni separaba a los que estaban arriba de los que estaban debajo, sino más bien una barrera vertical.

Una barrera vertical así era la que se hallaba en el recinto del templo en Jerusalén para impedir que los gentiles pasaran del atrio exterior ("el atrio de los gentiles") a cualquiera de los atrios interiores. Josefo explica que esta barrera rodeaba el nivel más alto donde estaban los atrios interiores y mostraba a intervalos avisos en griego y latín para advertirles a los gentiles que no debían ir más lejos bajo pena de muerte.[115] Esta era, sin duda, una barrera material que mantenía separados a los judíos y a los gentiles. No puede decirse con seguridad que proporcionó la analogía para la redacción de nuestro texto, pero habría sido una analogía más adecuada que cualquier barrera horizontal. De hecho, cabría preguntar si los lectores de esta epístola se dieron cuenta de esa alusión.[116] Tal vez no; pero habrían tenido mayores dificultades para reconocer la alusión a la barrera que separaba el mundo superior del inferior. Sin embargo, más allá de lo que los lectores hayan reconocido o no, debemos recordar que la barrera del templo desempeñó un papel importante en la cadena de acontecimientos que hicieron que Pablo se convirtiera en el "prisionero de Cristo Jesús por amor de vosotros los gentiles" (como se le llama en Ef. 3:1). Porque, según Hechos 21:27-36, arrestaron a Pablo porque lo acusaron de haber ayudado e instigado el paso ilegal de un cristiano gentil a través de la barrera del templo. Aunque la acusación no pudo sostenerse cuando llegó al tribunal por cuanto no había ningún testigo, no liberaron a Pablo sino que lo mantuvieron bajo custodia, primero en Cesarea y luego en Roma. En esta situación, habría sido fácil recordar aquella "pared intermedia de separación" literal, es decir, la señal externa y visible de la antigua grieta entre judíos y gentiles.[117]

15 Cabría preguntar si la "hostilidad" debe tomarse como un segundo complemento después de "derribó", en aposición con "pared", o como el primer complemento de "abolió", en aposición con "ley". Dada la relación tan estrecha que existe entre "pared", "hostilidad" y "ley", la interpretación no afecta materialmente el sentido, pero el equilibrio entre las cláusulas se mantiene mejor si preferimos la segunda opción.[118] La barrera entre judíos y

---

115. Josefo, *BJ* 5.194. Se han descubierto dos de estos dos avisos en griego —uno en 1871 (ahora en al Museo Arqueológico, Estambul) y uno en 1934 (ahora en el Museo Rockefeller, Jerusalén). Véase C. S. Clermont-Ganneau, "*Une stèle du Temple de Jérusalem*", *RA* 13 (1872), 214-34, 290-96 (cf. *CIJ* 2.1400); J. H. Iliffe, "The *Thanatos* Inscription from Herod's Temple: Fragments of a Second Copy", *QDAP* 6 (1938), 1-3.

116. La pregunta fue formulada por M. Dibelius, *An die Kolosser, An die Epheser, An Philemon* (Tübingen, 1953), pág. 69. E. J. Goodspeed ve la barrera de Jerusalén aquí, pero considera que el uso figurado de la misma en este contexto fue sugerido por su destrucción real en el año 70 d.C. (*The Meaning of Ephesians* [Chicago, 1933], pág. 37).

117. Para el significado más completo de la remoción de la barrera en el argumento de la epístola, véase M. Barth, *The Broken Wall* (Londres, 1960).

118. "De todas formas, es más simple tomar τὴν ἔχθραν junto con καταργήσας, aunque la elección de ese verbo fue una idea tardía con la intención de aplicarlo especialmente a τὸν νόμον κτλ. Cualquiera que sea la interpretación que se adopte, el sentido sigue siendo el mismo". (J. A.

gentiles era mayormente psicológica y se basaba en la antipatía que despertaba la separación de los judíos, acompañada, como ocurría con frecuencia, de un sentido de superioridad por parte de ellos. Pero según se afirma aquí, Cristo abolió esta antipatía "en su carne" —es decir, por medio de su muerte (compárese con la expresión más completa de Col. 1:22, "en el cuerpo de su carne, por medio de su muerte"). ¿Cómo? Porque por su muerte él abolió lo que separaba a los judíos de los gentiles, "la ley de los mandamientos, ordenanzas y todo lo demás".[119]

Lo que se abolió en Cristo no fue la ley como revelación del carácter y la voluntad de Dios. Si interpretamos el término en ese sentido, la pregunta y la respuesta de Romanos 3:31 mantienen su validez: "¿Anulamos entonces la ley[120] por medio de esta fe? ¡De ningún modo! Al contrario, confirmamos la ley". La justicia que exige la ley de Dios puede lograrse más plenamente por medio del empoderamiento interno del Espíritu —en los judíos y en los gentiles por igual— de lo que era posible bajo el antiguo pacto. Pero la ley como un código escrito, que amenazaba con la muerte en lugar de impartir vida, fue abolida en Cristo, tal como Pablo alega en 2 Corintios 3:6-15.[121] Y cuando la ley, en ese sentido, se elimina, también se elimina la barrera entre judíos y gentiles; la particularidad de los judíos y la exclusión de los gentiles quedan en el pasado. En otro lugar Pablo explica que un solo mandamiento de la ley, del que un hombre o una mujer llegue a adquirir un conocimiento consciente, puede constituir un instrumento que le dé entrada al pecado, con lo cual el resultado que se alcanza es lo contrario de lo que el mandamiento ordena (Ro. 7:7-11). En referencia a la ley aquí, "es como un código de múltiples preceptos, expresados en ordenanzas definidas, que él declara que ha sido abolido" (J. A. Robinson).[122]

La frase que aparece aquí como "ordenanzas y todo lo demás" podría traducirse como "que consta de ordenanzas" o "que contiene ordenanzas"; la versión que propusimos supra está en consonancia con la analogía de Colosenses 2:14 (aunque la frase griega allí no es exactamente la misma que aquí).[123]

Ahora que la barrera se ha eliminado, ya no hay necesidad de que las comunidades que mantuvo separadas permanezcan separadas. El propósito de la obra de Cristo es que ellas alcancen una unidad nueva. En lugar de la antigua hostilidad, él ahora ha hecho la paz. Donde en otro tiempo hubo dos grupos

---

Robinson, *Ephesians*, pág. 161).

119. Gr. τὸν νόμον τῶν ἐντολῶν ἐν δόγμασιν καταργήσας. En "*Jewish Christian-Gentile Relations: A Discussion of Ephesians 2:15a*", ZNW 74 (1983), 81-89, C. J. Roetzel alega que ἐν δόγμασιν es una glosa tardía (cf. pág. 273, nota 102).

120. Gr. νόμον οὖν καταργοῦμεν…; (el mismo verbo que aquí).

121. En 2Co. 3:6-15 καταργέω se usa repetidamente (vv. 7, 11, 13, 14) para referirse a la abolición de la ley en este sentido.

122. J. A. Robinson, *Ephesians*, pág. 161.

123. Véase la pág. 273, nota 102; también la pág. 97, nota 80.

opuestos que se enfrentaban entre sí, él ha creado "en sí mismo" —"en Cristo Jesús" (v. 13)— una nueva humanidad, de hecho, un nuevo ser humano.[124]

Dado que este ser humano —el pueblo de Cristo unido en él como miembros de su cuerpo— es una nueva creación, no es necesario buscar analogías ya existentes para él. Una analogía de ese tipo es la que presenta el *anthrōpos* celestial del mandeísmo y otras formas de gnosticismo.[125] Su origen se remonta, al menos en parte, a la figura avéstica de *Gayōmart*, el primer hombre.[126] Pero el nuevo *anthrōpos* de este pasaje y de Efesios 4:24 es una entidad colectiva, la contraparte en el orden del evangelio del "viejo *anthrōpos*" que, de acuerdo con Romanos 6:6, fue "crucificado con" Cristo. Si esa vieja entidad murió en la muerte de Cristo, la nueva entidad ha resucitado en su resurrección. Un origen más adecuado para esta idea que el que pueda extraerse de cualquier fuente ajena es el que proporciona Pablo cuando les dice a sus convertidos gálatas que él sufre dolores de parto hasta que (tal como él lo expresa) "Cristo sea formado en vosotros" (Gal. 4:19).

16 La reconciliación "en un suelo cuerpo" de los que antes eran judíos y gentiles es el resultado de su reconciliación con Dios. El instrumento de esta doble reconciliación es la cruz de Cristo. En Colosenses 1:20 dice que Cristo "hizo la paz por medio de la sangre de su cruz" en cuanto a que reconcilió con Dios una creación que estaba alejada de él; aquí es mediante esa misma cruz que los que por ella fueron reconciliados también se reconcilian los unos con los otros. Así como fue necesario vencer la hostilidad humana hacia Dios —"cuando éramos enemigos fuimos reconciliados con Dios por la muerte de su Hijo" (Ro. 5:10)— también fue necesario vencer la hostilidad dentro de la familia humana (y dentro de la creación en general). Cristo tuvo que "matar" ambas formas de hostilidad por medio de su muerte en la cruz.[127] Ese ideal, sin

---

124. Gr. εἰς ἕνα καινὸν ἄνθρωπον.

125. Cf. H. Schlier, *Chrisus und die Kirche im Epheserbrief*, págs. 27-37, donde se aducen paralelismos tomados de los *Hechos de Felipe* 122, de textos maniqueos y de la doctrina naasenia a la que hacen referencia Ireneo (*Hær.* 1.6.3; 1.28.1) e Hipólito (*Ref.* 5.7). Pero todos esos paralelismos son derivados de la enseñanza neotestamentaria.

126. En el *Avesta* al primer hombre se le llama *Yima* (cf. el *Yama* védico), mientras que *Gaya-maretán* (que significa "vida mortal") aparece ocasionalmente como el ancestro de los arios y el primer creyente en la enseñanza de Ahúra Mazda. Pero en el *Bundahišn* y otros textos zoroástricos del siglo VII a.C. y posteriormente *Gayōmart* desempeña un papel importante en el drama cósmico como un ser celestial, el primer hombre, el hijo de Ohrmazd (el avéstico *Ahúra Mazda*); lucha con Ahrimán (el avéstico *Angra-mainyu*), el poder maligno, por un ciclo de 3,000 años, al final del cual es vencido y muerto. A partir de él, después de su muerte, surge la raza humana y cuando, al final de los tiempos, aparezca Saošyant ("el salvador") para resucitar a los muertos, *Gayōmart* resucitará primero y será ascendido al rango de arcángel. Este mito tuvo una larga carrera en la tradición oral antes que recibiera una forma literaria, pero no puede asignársele una fecha anterior a la era sasánida (226 d.C.) y no guarda ninguna relación con la enseñanza del NT. Véanse R. Reitzenstein, *Das iranische Erlösungsmysterium*, págs. 119, 134; J. M. Creed, "*The Heavenly Man*", *JTS* 26 (1924-25), 113-36.

127. ἀποκτείνας τὴν ἔχθραν ἐν αὐτῷ. La lectura ἐν αὐτῷ significa "por medio de la cruz"; si se prefiere ἐν ἑαυτῷ (véase la pág. 273, nota 105), la frase "en sí mismo" sería paralela a la del v. 14,

duda, no ha alcanzado todavía su cumplimiento total en la experiencia; pero esta epístola pone de relieve que este ideal se convertirá un día en una realidad mundial manifiesta en virtud de la consumación del sacrificio reconciliador de Cristo.

17 "La palabra que Dios envió a Israel, predicando buenas nuevas de paz por medio de Jesucristo (él es Señor de todos)", se puso también a disposición del mundo gentil por primera vez cuando Pedro predicó esas buenas nuevas en la casa de Cornelio" (Hch. 10:36). El predicador aquí es el propio Cristo (obrando a través de su Espíritu en sus mensajeros): "él vino y proclamó la paz". El lenguaje es el mismo de Isaías 57:19, "Paz, paz al que está lejos y al que está cerca, dice el Señor", [128] cuando le promete sanidad y restauración a su pueblo, a los que se encontraban en el lejano exilio y a los que estaban cerca. El caluroso recibimiento del mensajero del Señor se hace patente en Isaías 52:7, "¡Cuán hermosos son sobre los montes los pies del que trae buenas nuevas, del que anuncia la paz" —palabras que Pablo ya había repetido en Romanos 10:15 y volverá a usar más adelante en Efesios 6:15. Pero para Pablo y sus colegas predicadores los que están "lejos" ya no son, o al menos no son solamente, los judíos de la lejana dispersión: son gentiles, que "en otro tiempo estaban lejos" pero que ahora han "sido acercados por la sangre de Cristo" (v. 13), "acercados" al propio Dios, y se les garantiza que la bienvenida que él les dará será igual a la que recibieron sus hermanos creyentes de origen judío, cuyas razones para acercarse a él no son diferentes de las suyas.

18 Porque es por medio de Cristo que los creyentes judíos y gentiles por igual tienen acceso al Padre.[129] Es en Cristo que han sido constituidos miembros de su familia, y cuando se dirigen a él por el nombre familiar "¡Abba, Padre!" (el nombre por el que Jesús se dirigía a él), dan testimonio de que en ellos mora uno y el mismo Espíritu,[130] el Espíritu del Hijo de Dios (Gá. 4:6). Dentro de su familia el Padre no hace diferencia entre los hijos que son de origen judío y los que son gentiles. Para nosotros, la abolición de la barrera que separaba a los judíos y a los gentiles tal vez no sea tan revolucionaria como lo fue para Pablo y sus colegas; pero hay otras divisiones dentro de la familia humana que son igualmente irrelevantes ante los ojos de Dios y deben ser irrelevantes a los ojos de sus hijos.

"en su carne". Cristo mató la hostilidad tomándola sobre sí mismo y permitiendo que ella lo llevara a la cruz. En cuanto a la ἔχθρα véase W. Rader, *The Church and Racial Hostility: A History of the Interpretation of Ephesians 2:11-22*, BGBE 20 (Tübingen, 1978).

128. LXX εἰρήνην ἐπ᾽ εἰρήνην τοῖς μακρὰν καὶ τοῖς ἐγγὺς οὖσιν. Con respecto al uso de la frase οἱ μακράν en los profetas para referirse a los judíos dispersos, cf. Zac. 6:15, καὶ οἱ μακρὰν ἀπ᾽ αὐτῶν ἥξουσιν καὶ οἰκοδομήσουσιν ἐν τῷ οἴκῳ κυρίου.

129. Con respecto a προσαγωγή cf, Ef. 3:12; cf. también Ro. 5:2, donde dice que "hemos obtenido acceso (προσαγωγή) por medio de Cristo a nuestro estado actual de gracia".

130. Cf. Ro. 8:15-16 (citado en la pág 237). Para "un mismo Espíritu", así como para la frase "un cuerpo" del v. 16, véase Ef. 4:4 (pág. 311).

Se mencionó anteriormente el paralelismo entre esta enseñanza del libre acceso a Dios y la enseñanza de Hebreos 10:19-22. Otro paralelismo se encuentra en las palabras de Jesús a la mujer samaritana acerca de la naturaleza de la verdadera adoración: "Ha venido la hora en la que ni en este monte [Gerizim] ni en Jerusalén adoraréis al Padre... Dios es Espíritu, y los que le adoran deben adorarle en espíritu y en verdad" (Jn. 4:21-24).[131]

(3) Su membresía en la casa de Dios (2:19-22)

19   Así pues,[132] ya no sois extraños ni extranjeros, sino que sois[133] conciudadanos de los santos y miembros de la casa de Dios;
20   habéis sido edificados sobre el fundamento de los apóstoles y profetas, siendo Cristo Jesús mismo la piedra angular,[134]
21   porque es en él que toda la estructura[135] está bien unida y crece para ser un templo santo en el Señor;
22   es en él que también estáis siendo edificados juntamente para morada de Dios[136] en el Espíritu.

19   Los primeros creyentes gentiles que fueron admitidos en una iglesia compuesta por cristianos judíos podrían haberse sentido incómodos; era deseable hacer que se sintieran como en su propia casa. La iglesia tenía una base judía; sus miembros tenían presuposiciones judías, y habría sido muy fácil que los cristianos gentiles hicieran o dijeran algo que se considerara fuera de lugar. ¿Cuál era en realidad su estatus en una comunidad así? ¿Se toleraba acaso su presencia, en calidad de visitantes, del mismo modo que ocurría con los gentiles temerosos de Dios que asistían a la sinagoga en las ciudades de la dispersión? ¿Se asemejaba su posición a la de los extranjeros residentes en una ciudad griega, o a la de los *peregrini* en Roma?[137] En una crisis como la

---

131. Véase H. Merklein, *Christus und die Kirche: Die theologische Grundstruktur des Epheserbriefes nach Eph 2, 11-18* (Stuttgart, 1973).
132. Gr. ἄρα οὖν (οὖν *se omite en* P^{46vid} F G Ψ 1739 1881 etc.).
133. En lugar de ἐστέ (que se omite en D Ψ y en la mayoría de los manuscritos en cursivas) en 1739 y 1881 se lee καί.
134. Gr. ἀκρογωνιαίου, a lo cual se añade λίθου (que de todas formas se sobrentiende) en D* F G 629 y Orígenes.
135. πᾶσα οἰκοδομή (א* B D F G Ψ con la mayoría de los manuscritos en cursivas); πᾶσα ἡ οἰκοδομή (א¹ A C P 6 81 326 1739$^{v.l.}$ 1881 *pc*).
136. En lugar de τοῦ θεοῦ en B aparece erróneamente τοῦ Χριστοῦ.
137. Ya no son ξένοι ni πάροικοι, este segundo término hace referencia a los extranjeros residentes, al igual que μέτοικοι ("metecos") en griego ático. Heb. 11:13 indica que los patriarcas reconocían que ellos eran ξένοι καὶ παρεπίδημοι en la tierra (una alusión a la manera en que Abraham se designa a sí mismo como ξένος καὶ παρεπίδημος en Gn. 23:4); en 1Pe. 2:11 a los "exiliados de la dispersión" se les llama πάροικοι y παρεπίδημοι. Pero allí se perciben como individuos que se han "desvinculado" de los lazos de este mundo; aquí se les exhorta como individuos que han sido

que surgió en Antioquía cuando Pedro y otros abandonaron la práctica de compartir la mesa con los cristianos gentiles, estos deben haber tenido la impresión de que, en el mejor de los casos, eran simplemente ciudadanos de segunda clase. Pablo protestó vigorosamente contra esta obvia degradación de los cristianos gentiles en Antioquía (Gá. 2:11-14), y es esa actitud de Pablo la que se expresa resueltamente aquí. Los cristianos gentiles no son ni adeptos ni visitantes ni ciudadanos de segunda clase en la comunidad de los creyentes; son miembros en plena comunión. Si la comunidad se considera una ciudad, ellos son ciudadanos, no extranjeros residentes. Los "santos" de los cuales son conciudadanos son los "santos" originales —"los primeros en poner nuestra esperanza en Cristo", tal como se les llama en Efesios 1:12. Los creyentes gentiles se cuentan ahora entre los "santos" —no solo entre los seguidores de Jesús sino entre los miembros del pueblo de Dios de todos los tiempos. En otro tiempo los gentiles no tenían cabida en el pueblo de Dios, pero ahora ha surgido una nueva situación —una situación a la que Pablo ya aplicó algunas palabras tomadas del libro de Oseas:

"A los que no eran mi pueblo los llamaré 'pueblo mío',
y a la que no era amada la llamaré 'amada mía'.
Y en el mismo lugar donde se les dijo: 'Vosotros no sois mi pueblo',
serán llamados 'hijos del Dios viviente'" (Ro. 9:25-26).[138]

Si la comunidad se considera una casa o un hogar, los creyentes gentiles son miembros de pleno derecho de la familia —no son siervos domésticos sino hijos e hijas, con todos los derechos hereditarios que disfrutan los hijos y las hijas. El Padre a quien tienen acceso es el mismo Padre al que tienen acceso sus hermanos y hermanas de origen judío —es por el mismo Espíritu que sus hijos gentiles y judíos por igual lo reconocen como Padre suyo.

En su carta a los cristianos de Roma, Pablo insinúa que algunos de los gentiles entre ellos tendían a desdeñar a sus hermanos cristianos de origen judío como parientes pobres que habían sido misericordiosamente rescatados de una nación apóstata, y desaconseja semejante actitud: "recuerda que tú no eres el que sustenta la raíz, sino que la raíz es la que te sustenta a ti" (Ro. 11:18). Ellos habían sido desgajados del olivo silvestre, la raíz infructífera a la que pertenecían originalmente, y habían sido injertados en el buen olivo para que participaran de la savia y la fertilidad del verdadero pueblo de Dios. El mérito no era de ellos; se lo debían por completo a la misericordia de Dios. En la

---

socialmente reinsertados entre los nacionales de la ciudad de Dios (cf. Fil. 3:20). Véase F. Lyall, *"Roman Law in the Writings of Paul—Aliens and Citizens"*, *EQ* 48 (1976), 3-14.

138. Una cita de Os. 2:23 y 1:10. Estos pasajes de Oseas, que originalmente se relacionaban con una situación dentro de Israel, se aplican de manera similar a los convertidos gentiles en 1Pe. 2:10. El principio enunciado en el mensaje de Oseas se desarrolló a nivel mundial en los días apostólicos, cuando los que no tenían ningún derecho a la misericordia del pacto Dios fueron adoptados en su familia. Véase F. F. Bruce, *This is That: The New Testament Development of Some Old Testament Themes* (Exeter/Grand Rapids, 1968), págs. 66-67.

epístola que estamos analizando no hay nada que sugiera que sus destinatarios gentiles necesitaran esa advertencia; lo que se les ofrece es un apoyo total para que magnifiquen la gracia de Dios que los rescató del lugar que ocupaban antes como forasteros y el que les dio entre sus hijos.

20 Si la comunidad se considera un edificio, los creyentes gentiles son partes integrantes de la estructura. Esta es una de las figuras que usa Pablo en su carta a la iglesia corintia: "vosotros sois labranza de Dios", dice primero, y luego, cambia la metáfora a "vosotros sois edificio de Dios" (1Co. 3:9). Allí se alude a sí mismo como el "perito arquitecto" que puso el fundamento —y este fundamento es el propio Jesucristo (1Co. 3:10-11). Aquí se conserva la figura del edificio, pero las figuras para ciertas partes del mismo cambian: el fundamento ahora está compuesto por apóstoles y profetas, y Cristo es la piedra angular. Estos cambios en la metáfora no constituyen por sí mismos ninguna prueba de que se trate de autores diferentes: las metáforas pueden alterarse para poner de relieve una lección u otra.

En consonancia con la NEB, no cabe duda de que es posible leer "el fundamento puesto por los apóstoles y profetas";[139] pero resulta más natural interpretar que el fundamento está compuesto por los apóstoles y profetas. Estos profetas, al igual que en otros lugares de esta epístola donde se mencionan conjuntamente con los apóstoles (Ef. 3:5; 4:11), son profetas cristianos (el hecho de que el artículo definido no se repita antes de "profetas" no implica que los profetas y los apóstoles sean idénticos).[140] Apóstoles y profetas[141] son los ministerios fundamentales en la iglesia, no solo en Efesios sino también

---

139. Traduciendo el θεμέλιος τῶν ἀποστόλων καὶ προφητῶν de esta manera, la NEB puede continuar diciendo: "y el propio Cristo Jesús es la piedra fundacional" (pero "piedra fundacional" es una traducción forzada de ἀκρογωνιαῖος, a pesar de lo que pueda decirse del origen veterotestamentario de la palabra).

140. Véanse la pág. 292, nota 29.

141. Al igual que en Ef. 3:5 y 4:11, el término "apóstoles" tal vez se usa aquí en el sentido bastante amplio en el que Pablo suele emplear la palabra. Para Pablo, la designación no está limitada a los que Jesús envió durante su ministerio terrenal (en ese caso no podría haberla usado respecto a él mismo); incluye también a otros que recibieron algún mandato especial del Cristo resucitado, como (probablemente) Jacobo, el hermano del Señor (Gá. 1:19). "Todos los apóstoles", a los que se hace referencia junto con Jacobo en 1Co. 15:7 entre aquellos a quienes el Señor se apareció en la resurrección, constituyen obviamente un grupo más numeroso que "los doce" (1Co. 15:5). La mención de Andrónico y Junias en Ro. 16:7 como individuos "que se destacan entre los apóstoles" (ἐπίσημοι ἐν τοῖς ἀποστόλοις) sugiere que ellos también eran "apóstoles". Véase la pág. 34 con la nota 2 (sobre Col. 1:1) para otras observaciones y bibliografía. Para profetas cristianos, véanse G. Friedrich, *TDNT* 6, págs. 828-61 (*s.v.* προφήτης); É. Cothenet, *DBSupp.* 8, cols. 1222-1337 ("*Prophétisme dans le Nouveau Testament*"); T. M. Crone, *Early Christian Prophecy* (Baltimore, 1973); U. B. Müller, *Prophetie und Predigt im Neuen Testament* (Gütersloh, 1975); J. Panagopoulos (ed.), *Prophetic Vocation in the New Testament and Today* (Leiden, 1977); E. E. Ellis, *Prophecy and Hermeneutic in Early Christianity* (Tübingen/Grand Rapids, 1978); D. Hill, *New Testament Prophecy* (Londres/Richmond, VA, 1979); W. A. Grudem, *The Gift of Prophecy in 1 Corinthians* (Washington, D.C., 1982); D. E. Aune, *Prophecy in Early Christianity and the Ancient Mediterranean World* (Grand Rapids, 1983).

en 1 Corintios: "Y en la iglesia Dios ha designado: primeramente, apóstoles; en segundo lugar, profetas..." (1Co. 12:28). Los apóstoles y los profetas, pues, podrían muy bien considerarse las primeras piedras que deben colocarse en el nuevo edificio".[142] (La probabilidad de que Pablo use ese lenguaje, a la luz de su propio apostolado especial, será evaluada de diversas maneras).

Pero, ¿qué se entiende por piedra angular? La fraseología (al igual que la de 1Pe. 2:6) está tomada de Isaías 28:16. La palabra traducida como "piedra angular" (*akrogōniaios*) aparece en la versión de la Septuaginta de ese texto, pero resulta desconocida en la literatura griega clásica. En el contexto de Isaías 28:16 el profeta lanza una advertencia acerca del diluvio inminente de una invasión asiria que barrerá el "refugio de la mentira" en el que el rey y el pueblo de Judá habían puesto su esperanza. Aunque la estructura existente de la nación judía se había vuelto ineficaz para el cumplimiento del propósito divino, quedaba una pequeña minoría de almas fieles que constituirían la base de una nueva comunidad y garantizarían el cumplimiento de ese propósito. El oráculo anuncia la fundación de esta comunidad:

"*He aquí, pongo en Sión por fundamento
una piedra, una piedra probada,
una piedra angular preciosa, de cimiento firme:
'El que crea no se apresurará'*".

La fraseología hebrea no deja ninguna duda de que la piedra que se coloca es una piedra de fundamento: "He aquí, pongo por fundamento... un fundamento bien fundado".[143] Sin embargo, en cierto sentido, esta piedra de fundamento es una piedra angular,[144] que une toda la estructura. Y no solo eso: es también una "piedra de prueba",[145] lo cual podría referirse a una que fue probada y se halló que era auténtica, pero aquí alude con mayor probabilidad a una que somete a prueba la obra para mostrar si se ha llevado a cabo conforme a las especificaciones del arquitecto.

La aplicación neotestamentaria del oráculo a Cristo cuenta, en cierta medida, con el apoyo de la fraseología de la Septuaginta;[146] una interpretación similar apareció más tarde en el *Tárgum de Jonatán*: "He aquí, voy a establecer en Sión un rey, un rey poderoso..." (a saber, el Mesías). En Qumrán, la piedra, en consonancia con la intención original, se interpretaba como el núcleo inicial

---

142. Compárese con la proclamación de Pedro en Mt. 16:18 como la πέτρα sobre la que Jesús planeaba edificar su iglesia.

143. Heb. *hinn⁽ᵉ⁾nî yissaḏ ... mûsāḏ mûssāḏ* (en lugar de *yissaḏ* se lee *m⁽ᵉ⁾yassēḏ* en consonancia con 1QIsᵃ).

144. Se le llama *pinnaṯ yiqraṯ*, "una (piedra) angular preciosa".

145. Heb. ʾeḇen bōḥan.

146. A ὁ πιστεύων ("el que cree") la LXX agrega ἐπ' αὐτῷ (*se omite en* B), "en ella" o (tal como el NT lo interpreta en Ro. 9:33; 10:11; 1Pe. 2:6) "en él" (i.e., en Cristo).

de la comunidad del pacto: [147] "Esta es la pared probada, la piedra angular preciosa; sus cimientos no temblarán ni serán movidos de su lugar".[148]

El traductor de la Septuaginta observó que se trataba de una piedra de fundamento y lo hizo doblemente explícito: "He aquí, pongo para el fundamento de Sión... sí para su fundamento".[149] Pero, después de hacerlo, usó la palabra *akrogōniaios*, que no es una designación adecuada para una piedra de fundamento. En cuanto a *akrogōniaios*, hasta donde es posible determinar, no se refiere a una piedra angular, sino a una piedra que corona el edificio, como la "piedra superior" del templo de Zorobabel, la última piedra que se instaló —que instaló el propio Zorobabel, quien había comenzado la obra colocando la piedra de fundamento (Zac. 4:7, 9).[150] Aunque la Septuaginta usa el término *akrogōniaios* solamente en Isaías 28:16, en la versión griega posterior de Símaco aparece en 2 Reyes (4 Reyes) 25:17[151] y además en el Salmo 118 (117 LXX):22, donde denota la piedra que ha venido a ser la "cabeza del ángulo"[152] —en otras palabras, la cima del frontón.

En otros pasajes del NT la piedra angular de Isaías 28:16 se combina con la piedra desechada del Salmo 118 (117):22 (y también con la piedra de tropiezo de Is. 8:14-15) para formar un *testimonium* compuesto (cf. 1Pe. 2:6-8).[153] Pero aquí no hay ninguna combinación ni se corre el riesgo de confundir el fundamento con la piedra angular: los apóstoles y profetas constituyen el fundamento, y Cristo es la piedra angular.

21 El lugar adecuado que se les asigna a las demás partes del edificio está directamente relacionado con la piedra angular. En el margen de la NEB,

---

147. El 'ăṣaṯ hayyaḥaḏ estaba compuesto por doce laicos y tres sacerdotes (1QS 8.1); véanse E. E. Sutcliffe, *The Monks of Qumran* (Londres, 1960), págs. xi, 152-53; A. R. C. Leaney, *The Rule of Qumran and its Meaning* (Londres, 1966), págs. 210-12.

148. 1QS 8.7-8.

149. ἰδοὺ ἐγὼ ἐμβαλῶ εἰς τὰ θεμέλια Σιων λίθον... εἰς τὰ θεμέλια αὐτῆς.

150. Con respecto a ἀκρογωνιαῖος (que es un adjetivo que modifica a λίθος, aun cuando dicho sustantivo sea tácito) el *léxico del griego patrístico* (ed. G. W. H. Lampe) comenta: *"(una piedra) como ángulo superior o punta* de una pirámide, obelisco, etc., que es cortada antes de colocarla en su sitio, y que es la última en instalarse, no encajaría si la construcción no fuera real". Véase, no obstante, R. J. McKelvey, "*Christ the Cornerstone*", *NTS* 8 (1961-62), 352-59, en defensa del significado *Grundstein*.

151. Con respecto al "capitel" de una columna (Heb. *kōṯereṯ*), tres veces en un solo versículo.

152. Heb. *rōʾš pinnāh* (εἰς κεφαλὴν γωνίας en la LXX).

153. Is. 8:14-15 y 28:16 se combinan en Ro. 9:32-33. En Lucas 20:17-18 la piedra desechada que se convirtió en cabeza del ángulo (cf. Mr. 12:10-11) se combina no solo con la roca de tropiezo de Is. 8:14-15 sino también con la piedra del sueño de Nabucodonosor (Dn. 2:34-35). Una combinación de Is. 28:16 con Salmo 118 (117 LXX):22 aparece en la exposición naasenia que cita Hipólito (*Ref.* 5.7.35-36), en la que se hace referencia a Adamas, el hombre celestial (cf. pág. 278 con la nota 125), como "la piedra angular que ha venido a ser la cabeza del ángulo". H. Schlier (*Christus und die Kirche im Epheserbrief*, págs. 47-48) intuyó en esta exposición un trasfondo para Ef. 2:19-21, pero no hay ninguna buena razón para asignarle una fecha precristiana a esta exposición ni a una etapa anterior de especulación gnóstica que supuestamente subyace detrás de ella y de la doctrina mandea del "Adán secreto". Si buscamos un trasfondo para la aplicación presente de Isaías 28:16, la aplicación que se citó antes tomada de 1QS 8.7-8 es un candidato más fuerte.

a Cristo se le llama la "piedra angular", que mantiene unida la estructura completa.[154] Bajo su dirección, todo el edificio "crece" para formar un santuario. La importación del lenguaje biológico en la figura arquitectónica puede compararse con la importación del lenguaje arquitectónico en la figura biológica de Efesios 4:16.[155] Este pasaje no significa que "todos los edificios" crecen juntos para formar un gran edificio complejo, como si se tratara de múltiples iglesias locales que se unen para formar la iglesia universal.[156] La iglesia universal se contempla aquí como una estructura completa en sí misma, de manera similar a lo que ocurre con la iglesia local en 1 Corintios 3:9-17. Además, así como la iglesia local es el santuario de Dios, la morada de su Espíritu (1Co. 3:16-17), también lo es la iglesia universal.

Una base sólida para la concepción de la comunidad como un santuario es la que proporciona Qumrán, donde la comunidad constituía "una morada santísima para Aarón... y una casa de perfección y verdad en Israel".[157] ("Aarón" representa a los miembros sacerdotales de la comunidad e "Israel" a los miembros laicos: la comunidad, en otras palabras, se consideraba un santuario viviente en el que el laicado era el lugar santo y el sacerdocio el lugar santísimo. Cualquier distinción así entre el laicado y el sacerdocio es ajena a la concepción neotestamentaria de la iglesia).

22 Si los apóstoles y profetas eran los miembros fundadores de este santuario viviente y otros creyentes judíos se encontraban entre las primeras "piedras" que se colocaron en su armazón, lo que ocurría ahora era que la cantidad de creyentes gentiles ("vosotros también") que se añadían a la estructura era cada vez mayor.[158] La nueva comunidad, la compañía de los reconciliados con Dios, trasciende todas las distinciones de raza, condición y sexo. Los cristianos gentiles —correctamente orientados hacia la única piedra angular y basados en el fundamento de los apóstoles y profetas— junto con sus hermanos creyentes de origen judío, formaban parte también de la santa casa de Dios. Así como el Dios de Israel en otro tiempo había habitado en el tabernáculo del desierto y más adelante en el templo de Jerusalén por medio

---

154. Una traducción de ἀκρογωνιαῖος mejor que "piedra de fundamento". (En la misma nota marginal "el fundamento de los apóstoles y profetas" se ofrece como una alternativa del "fundamento puesto por los apóstoles y profetas").

155. El participio pasivo de συναρμολογέω ("ajustado"), que así se usa en la figura arquitectónica, se usa también en la figura biológica en Ef. 4:16.

156. En πᾶσα οἰκοδομή el sustantivo οἰκοδομή podría referirse al proceso de construcción y no a la estructura en sí. Véase también la pág. 301, nota 80.

157. 1QS 8.5-6. Véanse R. A. Cole, *The New Temple* (Londres, 1950); B., Gärtner, *The Temple and the Community in Qumran and the New Testament* (Cambridge, 1965), págs. 60-66; R. J. McKelvey, *The New Temple: The Church in the New Testament* (Oxford, 1969), págs. 108-23.

158. Hay poca base en el contexto para tratar συνοικοδομεῖσθε como imperativo ("sed juntamente edificados"); cf. 1Pe. 2:5, οἰκοδομεῖσθε οἶκος πνευματικός, que algunos desean traducir: "sed edificados como casa espiritual".

de su nombre[159] y su gloria,[160] ahora también por medio de su Espíritu, elige por morada la comunión de los creyentes, judíos y gentiles por igual. No se le otorga ningún privilegio al pueblo de Dios del que los gentiles no disfruten en igualdad de condiciones.

---

159. Dt. 12:5; 1Re. (3 Reinos en la LXX) 8:29, etc.
160. Éx. 40:34-35; 1Re. (3 Reinos en la LXX) 8:11, etc.

EFESIOS 3

5. Reanudación de la oración de intercesión (3:1)

1   Por esta razón yo Pablo, prisionero de Cristo[1] por amor de vosotros los gentiles, [doblo mis rodillas en oración].[2]

1 Aquí se reanuda la oración de intercesión de Efesios 1:15-19, que había pasado a una declaración de la exaltación de Cristo y de su pueblo con él, seguida de la celebración de la gracia de Dios a los gentiles. Sin embargo, se interrumpe casi inmediatamente para darle paso a un relato del ministerio particular de Pablo. El sujeto "yo Pablo" se deja sin verbo hasta que la oración se retoma en el v. 14: "Por esta razón, doblo mis rodillas...".

La locución "yo Pablo" denota un énfasis especial. En 1 Tesalonicenses 2:18 (en una carta de varios autores) introduce una declaración personal en un contexto en el que Pablo y sus colaboradores hablan en primera persona del plural; en 2 Corintios 10:1 y Gálatas 5:2 le da paso a un ruego o advertencia solemne; en Filemón 19 introduce un compromiso formal de pagar una deuda; en Colosenses 1:23 hace hincapié en el llamado especial de Pablo al ministerio del evangelio,[3] y aquí se hace un hincapié similar. Es Pablo, el predicador de los gentiles *par excellence*, el que ora por los creyentes gentiles.

Al igual que en Filemón 1 y 9, se llama a sí mismo "prisionero de Cristo Jesús";[4] aquí, sin embargo, agrega que su encarcelamiento es "por amor de vosotros los gentiles". La situación que condujo al arresto de Pablo y su posterior detención en Jerusalén, Cesarea y Roma fue provocada directamente por su ministerio gentil. Mientras estaba en Jerusalén con los representantes de las iglesias gentiles que llevaban las dádivas de sus respectivas iglesias a la iglesia madre fue acusado de violar la santidad del templo por haber introducido a uno de esos representantes dentro de los límites prohibidos. Esta acusación, y otras relacionadas con ella, aún pendían sobre él mientras esperaba en Roma que la corte suprema fijara una fecha para su audiencia de apelación. Si Hechos 21:17-36 se lee a la luz de Romanos 15:14-32, donde se revelan algunas de las ideas de Pablo respecto a su misión, resultaría muy difícil dudar de que él era realmente un prisionero por amor de los gentiles. Y, si Filipenses 1:12-18 se refiere al mismo encarcelamiento que Efesios 3:1, ese encarcelamiento estaba

---

1. τοῦ Χριστοῦ Ἰησοῦ (Ἰησοῦ se omite en ℵ* D* F G y en algunos otros testigos).
2. El v. 14 (κάμπτω τὰ γόνατά μου) proporciona el verbo que falta. Aquí πρεσβεύω es suministrado por D 104* *pc*, κεκαύχημαι por 2464 *pc*.
3. Véase la pág. 73.
4. Véanse las págs. 189-90.

siendo activamente invalidado por el avance del evangelio en el corazón del mundo gentil.

Lucas cuenta que Pablo, poco después de su llegada a Roma, invitó a los líderes de los judíos locales a visitarlo, "porque", como él mismo dice, "es por causa de la esperanza de Israel que llevo esta cadena" (Hch. 28:20). Era natural que él adaptara su lenguaje a los destinatarios, pero no hay ninguna contradicción entre las dos declaraciones sobre la razón de su encarcelamiento: en su opinión, "la esperanza de Israel" anhelaba la venida del Mesías y la resurrección de los muertos, que se había cumplido en el Señor resucitado que él proclamaba. Pero como Pablo había sido llamado específicamente a predicarles este Señor resucitado a los gentiles, su encarcelamiento era una consecuencia directa de su misión gentil.

6. El misterio de Cristo (3:2-13)

(1) La administración de Pablo (3:2-7)

2   Habéis oído — ¿no es cierto? [5] —de la administración de la gracia de Dios que me fue dado para vosotros
3   que por revelación me fue dado a conocer[6] el misterio, tal como antes escribí brevemente.
4   (En referencia a lo que escribí[7] podéis discernir, al leerlo, mi comprensión del misterio de Cristo).
5   En otras generaciones este misterio no se dio a conocer a los hijos de los hombres como ahora ha sido revelado en el Espíritu a los santos apóstoles[8] y profetas de Dios—
6   a saber, que los gentiles son coherederos, miembros del mismo cuerpo, copartícipes de la promesa[9] (cumplida) en Cristo Jesús mediante el evangelio.
7   De este evangelio fui hecho ministro conforme al don de la gracia de Dios que se me ha concedido[10] según la eficacia de su poder.

5. Gr. εἴ γε ἠκούσατε, "si en verdad habéis oído", "si al menos habéis oído". (En cuanto a εἴ γε cf. Ef. 4:21; Col. 1:23.)
6. Gr. ὅτι κατὰ ἀποκάλυψιν ἐγνωρίσθη μοι (ὅτι se omite en P[46] B F G al, mientras que en F G se inserta γάρ después de ἀποκάλυψιν). En lugar de ἐγνωρίσθη, en la mayoría de los manuscritos en cursivas se lee ἐγνώρισε ("él dio a conocer").
7. Gr. πρὸς ὅ ("en referencia a lo cual").
8. ἀποστόλοις se omite en B lat[b] Ambrosiastro (dejando τοῖς ἁγίοις αὐτοῦ καὶ προφήταις, "a sus santos y profetas").
9. En D[1] F G Ψ y la mayoría de los manuscritos en cursivas se añade αὐτοῦ después de ἐπαγγελίας ("su promesa").
10. En lugar de τῆς δοθείσης (en conformidad con χάριτος) en Ψ y la mayoría de los manuscritos en cursivas se lee τὴν δοθεῖσαν (en conformidad con δωρεάν).

2 El paréntesis con el que se interrumpe la oración inicial de la reanudada intercesión se transforma en una digresión sustancial. Las palabras con la que comienza la digresión —"si en realidad habéis oído..." o "contando con que habéis oído..."— implican que entre los destinatarios había al menos algunos que no conocían personalmente al apóstol. A sus amigos en Éfeso es muy probable que les hubiera dicho: "Vosotros sabéis...".

El propósito de la digresión es explicar con más detalle la descripción de Pablo como prisionero del Señor "por amor de vosotros los gentiles" (la construcción se interrumpe inmediatamente después de la palabra "gentiles"). Pablo recibió, por designación divina, una responsabilidad especial respecto a la evangelización del mundo gentil. "Se me ha confiado una tarea",[11] les dice a los corintios (1Co. 9:17); a los creyentes gentiles de Colosas les habla de "la administración de Dios que me fue dada para beneficio vuestro" (Col. 1:25). Allí, al igual que aquí, la administración incluye la revelación y la explicación de un "misterio"; de manera similar, en 1 Corintios 4:1 alude a sí mismo y a otros predicadores como "administradores de los misterios de Dios".

Cuando habla de su administración como "la administración de la gracia de Dios", no se refiere principalmente a la gracia del apostolado (que menciona más adelante en el v. 7) sino más bien, a la gracia de Dios reflejada y proclamada en el evangelio ("las buenas nuevas de la gracia de Dios, tal como se le llama en Hch. 20:24). La misión distintiva de Pablo es darles a conocer a los gentiles este evangelio que le fue revelado en el camino a Damasco.

3 La "revelación" mediante la cual se le dio a conocer a Pablo el misterio divino no puede divorciarse de la "revelación de Jesucristo" que recibió en el camino a Damasco —cuando, tal como él mismo dice, "Dios... tuvo a bien revelar a su Hijo en mí" (Gá. 1:12, 15-16).[12] En aquella ocasión el apóstol no comprendió cabalmente todo lo que estaba implícito en la revelación: una vida entera de servicio apostólico apenas le bastó para sondear sus profundidades. Pero de una cosa sí se dio cuenta en el acto: que su llamamiento, de ahí en adelante, era proclamar entre los gentiles al Hijo de Dios que acababa de revelársele. Lo que ese llamamiento conllevaba lo aprendería solo por medio de la experiencia, pero el llamamiento como tal lo recibió en la revelación.

¿Dónde Pablo "escribió antes brevemente"[13] acerca de la revelación del misterio? Presumiblemente en algún documento al que aquellos lectores tenían acceso, ya fuera esta carta u otra. En lo que respecta a esta carta, podría pensarse en la mención del misterio del propósito divino en Efesios 1:9-10, o en la creación en Cristo del "nuevo hombre" que se describe en Efesios 2:14-

---

11. Gr. οἰκονομίαν πεπίστευμαι.
12. Véanse G. Bornkamm, "*The Revelation of Christ to Paul on the Damascus Road and Paul's Doctrine of Justification and Reconciliation*", en *Reconciliation and Hope*, ed. R. J. Banks (Exeter/Grand Rapids, 1974), págs. 90-103; S. Kim, *The Origin of Paul's Gospel* (Tübingen/Grand Rapids, 1981/82), págs. 22-25, etc.
13. Gr. καθὼς προέγραψα ἐν ὀλίγῳ (un sentido del verbo diferente del que tiene Gá. 3:1).

16.[14] O bien, si tenemos en cuenta el criterio (probable por otras razones) de que Efesios iba dirigida (entre otras personas) a los cristianos del valle de Lico, cabría pensar en Colosenses 1:25-27, donde la administración de Pablo incluye la revelación a los gentiles del contenido de ese rico misterio "oculto durante siglos y generaciones".[15] La declaración de Colosenses 1:25-27 es sin duda "breve" comparada con la declaración más amplia de Efesios 3:2-13. La certeza, empero, es inalcanzable, y ninguna interpretación única de las palabras "escribí antes brevemente" está libre de dificultades.

4 Cualquiera que fuera la importancia exacta del breve relato escrito anterior, la referencia a él permitiría que los lectores discernieran la "comprensión del misterio de Cristo" que tenía Pablo. E. J. Goodspeed explicó la expresión "a medida que leéis"[16] basándose en su propio punto de vista respecto al carácter y propósito de esta carta. Si Efesios se escribió después que las otras cartas de la colección paulina para usarla como una introducción a la misma, entonces todos los demás componentes de la colección ya se habían escrito. Pablo hizo referencia en reiteradas ocasiones en sus cartas a la revelación que había recibido y a su llamamiento para darla a conocer, pero cada una de esas referencias era "breve" en comparación con la exposición del tema en Efesios. "Se esperaba que los lectores de Efesios leyeran las cartas de Pablo, y encontraran en ellas, tal como había ocurrido con el escritor de Efesios, la prueba de su profunda comprensión de la fe cristiana".[17]

El "misterio de Cristo" que a Pablo le fue dado comprender de una manera tan excepcional es el contenido de la "revelación de Jesucristo" a la que él hace referencia en Gálatas 1:12.[18] "El misterio de Dios" es el propio Cristo (Col. 2:2; cf. Col. 1:26-27) por cuanto el Dios invisible se revela plenamente en él; "el misterio de Cristo" puede entenderse mejor como el misterio que se encierra en Cristo, el misterio que se revela en él.[19] Este misterio es proclamado en el evangelio, al que, de hecho, se le llama "el misterio de Dios" en 1 Corintios 2:1.[20]

14. Así H. Schlier, *Der Brief an die Epheser*, pág. 149.
15. "La única explicación posible sobre la base de la autoría paulina es, al parecer, la que aplica la palabra a Colosenses, que, según se cree, fue escrita antes de Efesios, pero no es tan probable que llegara a los destinatarios de Efesios antes que ellos hubieran leído su propia epístola" (C. L. Mitton, *The Epistole to the Ephesians* [Oxford], 1951, pág. 234).
16. El participio ἀναγινώσκοντες probablemente significa "leyéndolo" (o escuchando su lectura) en alta voz en las reuniones de la iglesia.
17. E. J. Goodspeed, *The Meaning of Ephesians* (Chicago, 1933), pág. 42.
18. Según H. Merklein, el μυστήριον aquí corresponde al εὐαγγέλιον de Gá. 1:12, 15-16. "El contenido del misterio de Ef. 3:6 es la interpretación eclesiológica de la revelación de Jesucristo en su manifestación externa en la historia de la salvación. Cuando el autor hace de la manifestación externa en la historia de la salvación del ἀποκάλυψις de Jesucristo (1) el tema principal del propio ἀποκάλυψις, su misterio adquiere un contenido eclesiológico" (*Das kirchliche Amt nach dem Epheserbrief* [Munich, 1973], pág. 208).
19. Es decir, en τῷ μυστηρίῳ τοῦ Χριστοῦ el genitivo τοῦ Χριστοῦ es epexegético (genitivo de definición).
20. En 1Co. 2:1 las pruebas textuales están bastante equilibradas entre τὸ μυστήριον τοῦ θεοῦ (es decir, el propio evangelio) y τὸ μαρτύριον τοῦ θεοῦ, "el testimonio de Dios" (es decir, la

Pablo usa a veces el término "misterio" para referirse a un elemento específico de su mensaje —la transformación de los creyentes en cuerpos espirituales al sonido de la última trompeta (1Co. 15:51) o la restauración final de Israel como el objetivo de su relegación temporal en beneficio de los gentiles (Ro. 11:25). Pero el uso que hace del término en Efesios para denotar el evangelio en toda su plenitud está en consonancia con su práctica general.[21] El evangelio que recibió en el camino a Damasco por "revelación de Jesucristo" era el evangelio libre de la ley que estuvo predicando el resto de su vida; y precisamente por estar libre de la ley era aplicable tanto a gentiles como a judíos (a los que la barrera de la ley había mantenido separados). La inclusión de los gentiles junto con los judíos en el nuevo pueblo de Dios —por medio de la gracia y a través de la fe— estaba implícita en ese evangelio. Esta inclusión es el aspecto del "misterio de Cristo" que aquí se pone de relieve.

5 Se trata de un misterio por cuanto nunca se les dio a conocer a los seres humanos en otras generaciones. Un lenguaje similar se usa en la doxología que aparece al final de la carta a los Romanos, donde se lee que el evangelio de Pablo, "la predicación de Jesucristo", es "la revelación del misterio que se mantuvo en secreto desde tiempos eternos" (Ro. 16:25),[22] y en Colosenses 1:25-27, donde a "la palabra de Dios" que a Pablo se le ordena que dé a conocer se le llama "el misterio que ha estado oculto durante siglos y generaciones".[23] En Colosenses 1:27 este misterio se resume en Cristo, que mora en los corazones de los creyentes gentiles y es su esperanza de gloria.

En otros lugares Pablo insiste en que su evangelio no es nada nuevo. Los profetas ya lo habían prometido de antemano en las santas Escrituras (Ro. 1:2); se le predicó a Abraham con antelación (Gá. 3:8). La fe como el principio por el que Dios justificaría a hombres y a mujeres, a gentiles y a judíos, no había sido una verdad oculta en las generaciones pasadas. Es una verdad confirmada, según Pablo, en la ley, los profetas y las Escrituras.[24] Las pruebas que él aduce de la ley, los profetas y las Escrituras[25] tienen por objeto demostrar que Cristo vino no solo "para confirmar las promesas dadas a los patriarcas" respecto a sus descendientes sino también "para que los gentiles glorificaran a Dios por su misericordia" (Ro. 15:8-12), y en estas pruebas él encuentra la base escrituraria para su misión a favor de los gentiles.

---

proclamación del evangelio).

21. Compárese con "el misterio de su voluntad" (Ef. 1:9); respecto a su relación con la exposición presente del misterio divino, véase la pág. 296 más adelante.

22. La procedencia de la doxología de Ro. 16:25-27 sigue siendo un tema de debate; véase C. E. B. Cranfield, *The Epistle to the Romans* (Edimburgo, 1973-79), págs. 5-11, 808-09; E. Käsemann, *Commentary on Romans*, E.T. (Grand Rapids, 1980), págs. 421-28.

23. Véanse las págs. 77-78.

24. Cf. su cita de Gn. 15:6 (Ro. 4:3; Gá. 3:6), Hab. 2:4b (Ro. 1:17; Gá. 3:11), y el Sal. 32 (31 en la LXX):1-2 (Ro. 4:7-8).

25. De la ley: Dt. 32:43; de los profetas: Is. 11:10; de las Escrituras: Sal. 18 (LXX 17):49; 117 (LXX 116): 1.

Por consiguiente, el hecho de que Dios bendijera a los gentiles no era ninguna revelación nueva. ¿Cuál era, entonces, la revelación nueva, el misterio que hasta ahora había permanecido oculto? Era esta: que la bendición de Dios para los gentiles implicaría la obliteración de la antigua línea demarcatoria que los separaba de los judíos y la inclusión de los creyentes gentiles junto con los creyentes judíos, sin ningún tipo de discriminación, en la comunidad nueva y abarcadora del pueblo escogido de Dios.

Esto no estaba previsto, pero ahora les ha sido "revelado en el Espíritu a los santos apóstoles y profetas de Dios". En Ro. 16:26 lo que se había mantenido en secreto durante tanto tiempo "ahora ha sido revelado y por medio de los escritos proféticos... se ha dado a conocer a todas las naciones". En Col.1:26 el misterio que antes estaba oculto "ahora ha sido manifestado a sus santos". Se ha dado a conocer ahora a todas las naciones en el mundo entero mediante la predicación del evangelio; se ha dado a conocer al pueblo santo de Dios porque ellos eran los destinatarios naturales de su revelación; se ha dado a conocer a los apóstoles y profetas porque ellos fueron los ministros que les transmitieron la verdad de Dios a sus hermanos creyentes. Se desprende casi inmediatamente que entre esos ministros el propio Pablo es el que tiene la primacía.

Pero la forma de las palabras —"santos apóstoles y profetas" de Dios[26]— le da que pensar al lector. El tono de distanciamiento que se percibe en esas palabras sugiere que las escribió una mano que no fue la de Pablo. Si Pablo hubiera usado el plural aquí, probablemente habría escrito "a nosotros los apóstoles" (cf. 1Co. 4:9); tal como está, la forma de las palabras, y especialmente el adjetivo reverente "santo",[27] habría provenido con más naturalidad de alguien que no era ni apóstol ni profeta —y no necesariamente un escritor posterior, sino posiblemente un colega de Pablo. "La Iglesia está edificada sobre el doble fundamento de apóstoles y profetas..., los apóstoles como representantes de la autoridad del testimonio de primera mano de los hechos del evangelio, mientras que los profetas representan la guía viva del Espíritu a través del cual se comprenden el significado y el alcance de esos hechos de manera más plena".[28] Por medio de estos dos ministerios —los apóstoles con el poder que les otorga el Espíritu de Cristo y los profetas inspirados por el mismo Espíritu[29]— estaba llevándose a efecto el propósito divino que por tanto tiempo había permanecido oculto.

---

26. Gr. τοῖς ἁγίοις ἀποστόλοις αὐτοῦ καὶ προφήταις.

27. El uso de ἅγιος como adjetivo tiene un matiz diferente de su uso como sustantivo en plural para referirse al pueblo de Dios en general, los "santos". Los pocos testigos textuales que omiten ἀποστόλοις aquí hacen que la redacción se conforme a la de Col. 1:26 (pero añaden "profetas" a "santos"). Los profetas veterotestamentarios son calificados como "santos" en Lc. 1:70; Hch. 3:21.

28. C. H. Dodd, *The Johannine Epistles* (Londres, 1946), pág. 105.

29. Aquí y en Ef. 2:20 ἀπόστολοι y προφῆται están regidos por un artículo common, pero "la primera regla de Granville Sharp" no puede forzarse en este caso para hacer que los profetas y los apóstoles sean las mismas personas, puesto que en Ef. 4:11 (cf. 1Co. 12:28) son distintos órdenes de ministerio.

6 Lo que ahora se ha revelado es el plan de Dios para que los seres humanos sin distinción —tanto gentiles como judíos— sean, sobre la base común de la fe, hijos e hijas suyos en Cristo. "Si hijos, también herederos" (Ro. 8:17). Dios le había prometido a Abraham un patrimonio grandioso de bendición, y de ese patrimonio los descendientes de Abraham eran los herederos. En su discurso a los judíos en Jerusalén en los primeros días de la iglesia, Pedro les había dicho: "vosotros sois los hijos de los profetas y del pacto que Dios hizo con vuestros padres, diciéndole a Abraham: 'y en tu posteridad serán benditas todas las familias de la tierra'" (Hch. 3:25).[30] Pero ahora se ha revelado el plan divino —que "todas las familias de la tierra" a través del evangelio no solo sean bendecidas en la posteridad de Abraham, sino que sean contadas entre su posteridad como hijos de Abraham por cuanto comparten la fe de Abraham, que "es el padre de todos nosotros" (Ro. 4:16). Los creyentes gentiles, por tanto, junto con los creyentes judíos son "coherederos" de todas las bendiciones prometidas a Abraham y a sus descendientes —"herederos de Dios", de hecho, "y coherederos"[31] con Cristo", tal como Pablo lo expresa en otro lugar (Ro. 8:17). Porque, según se les había dicho ya a los lectores de esta carta, es en Cristo que los creyentes reciben su herencia y fueron sellados con el Espíritu como garantía de su futura posesión de la misma (Ef. 1:13-14).

Además, los creyentes gentiles han sido incorporados al mismo cuerpo que los creyentes judíos; todos son miembros del cuerpo de Cristo. Esta es la primera vez (y la única en el NT) que aparece el adjetivo compuesto que significa "perteneciente al mismo cuerpo";[32] al parecer, solo lo usan los escritores cristianos. Podría considerarse apropiado que se acuñara una palabra nueva para expresar un concepto tan revolucionario como la inclusión de los gentiles en el pueblo de Dios en las mismas condiciones que los judíos. Incluso a los prosélitos, que procedían del paganismo y abrazaban la fe judía, se les privaba de algunos privilegios menores que estaban reservados para los que eran israelitas de nacimiento.[33] En la nueva comunidad no existían esas restricciones (de hecho, hubo ocasiones en las que fue necesario recordarles a los miembros gentiles que sus hermanos cristianos de origen judío tenían los mismos derechos que ellos).

Al añadir que los gentiles eran "copartícipes[34] de la promesa en Cristo Jesús mediante el evangelio", Pablo pone de relieve una verdad que ya había explicado con cierto detalle en Gálatas 3:6-29. La promesa se le hizo a Abraham pero fue cumplida en Cristo, la simiente de Abraham *par excellence*, "para que lo que se prometió por la fe en Jesucristo se les concediera a los que creen" (Gá. 3:22). "Si sois de Cristo", continúa Pablo, no importa que seáis judío o gentil,

---

30. Una cita libre de Gn. 22:18 (12:3; 18:18; 26:4).
31. Gr. συνκληρονόμοι, el mismo término compuesto que se usa aquí. Cf. 1Pe. 3:7.
32. Gr. σύσσωμος. Véase E. Preuschen, "σύνσωμος Eph. 3, 6", *ZNW* 1 (1900), 85-86.
33. Véase mishná *Bikkurim* 1.4.
34. Gr. συμμέτοχος, se usa de nuevo en Ef. 5:7.

esclavo o libre, hombre o mujer, "sois descendencia de Abraham, herederos según la promesa" (Gá. 3:29).[35] Por medio del evangelio, que se le predicó de antemano a Abraham y ahora se ha cumplido en Cristo, se han eliminado las barreras que existían entre porciones de la familia humana.

7 "De este evangelio", dice Pablo, repitiendo lo que hacía poco les había escrito a los colosenses (Col. 1:23), "fui hecho ministro"[36] —y el encargo que había recibido de proclamar ese evangelio era, a sus ojos, el honor más elevado imaginable (y aún más elevado teniendo en cuenta su historial anterior como enemigo de ese evangelio). Si antes se observó un tono de distanciamiento respecto a la referencia a los "santos apóstoles y profetas" de Dios, el tono ahora es de pleno compromiso personal.

Al describir su tarea de predicar el evangelio como "el don de la gracia de Dios",[37] Pablo percibe en ella una faceta de esa gracia que lo transformó de perseguidor en un receptor agradecido de "la justicia de Dios por medio de la fe en Jesucristo para todos los que creen" (Ro. 3:22). En repetidas ocasiones hace referencia a su ministerio apostólico como "la gracia de Dios que me fue dada" (1Co. 3:10, etc.).[38] No solo en el llamamiento inicial de parte de Dios sino también en la capacitación posterior que recibió a lo largo de su carrera, Pablo experimentó "la eficacia de su poder"[39]—"su poder que obra poderosamente en mí" tal como les había dicho a los colosenses (Col. 1:29).

Pablo era ambas cosas, apóstol y profeta, pero fue en el ejercicio de su apostolado que hizo efectivo en la práctica el plan divino que se le dio a conocer por revelación.

(2) El propósito eterno (3:8-13)

8   A mí, el menor[40] de todos los santos,[41] se me concedió esta gracia, llevarles a los gentiles las buenas nuevas[42] de las insondables riquezas de Cristo,
9   y hacer que todos entiendan[43] cuál es la administración del misterio que estuvo oculto desde la eternidad en Dios, el Creador de todas las cosas,[44]

---

35. Cf. F. F. Bruce, *Galatians*, págs. 175-91.
36. Cf. 1Ti. 1:12-16; 2Ti. 1:11-12.
37. Gr. κατὰ τὴν δωρεὰν τῆς χάριτος τοῦ θεοῦ.
38. Cf. Ro. 1:5 (donde χάριν καὶ ἀποστολήν tal vez deba interpretarse como una endíadis, "[la] gracia del apostolado"); 12:3; 15:15; Gal. 2:9.
39. Gr. κατὰ τὴν ἐνέργειαν τῆς δυνάμεως αὐτοῦ. Cf. Ef. 1:19 (pág. 252, nota 132).
40. Gr. ἐλαχιστότερος, una combinación acuñada del superlativo ἐλάχιστος con el sufijo comparativo -ότερος (la traducción "el menor" es también una combinación acuñada por analogía con "el inferior").
41. ἁγίων se omite después de πάντων en P^{46} Tertuliano.
42. τοῖς ἔθνεσιν εὐαγγελίσασθαι. En D F G y la mayoría de los manuscritos en cursivas y las versiones latinas se lee ἐν antes de τοῖς ἔθνεσιν ("entre los gentiles").
43. φωτίσαι πάντας ("y aclararles a todos"). πάντας *se omite en* ℵ* A 6 1739 1881 *pc* Ambrosiastro Agustín.
44. ἐν τῷ θεῷ τῷ τὰ πάντα κτίσαντι. ἐν se omite en ℵ* 614 Mcion ("oculto por Dios"); διὰ

10 *a fin de que la multiforme sabiduría de Dios se dé a conocer ahora⁴⁵ por medio de la iglesia a los principados y los poderes en la esfera celestial.*
11 *Ese fue el propósito eterno⁴⁶ que él formó⁴⁷ en Cristo Jesús nuestro Señor,*
12 *en quien tenemos libertad de acceso⁴⁸ con confianza⁴⁹ por medio de la fe en él.*
13 *Por tanto, os ruego que no desmayéis⁵⁰ a causa de mis aflicciones por vosotros; pues ellas son sin duda vuestra gloria.⁵¹*

8 Cuando piensa en su tarea de ser apóstol de Cristo para los gentiles y el instrumento para que sean incorporados al "único cuerpo", Pablo se llena de profunda humildad ante el honor que se le ha concedido a él entre todas las personas. En una carta anterior, refiriéndose a la aparición que había recibido del Señor resucitado, dijo: "Yo soy el más insignificante de los apóstoles, que no soy digno de ser llamado apóstol, pues perseguí a la iglesia de Dios. Pero por la gracia de Dios soy lo que soy, y su gracia para conmigo no resultó vana" (1Co. 15:9-10).

Algunos han dicho que el desprecio de sí mismo que connota la frase "el menor de todos los santos" (para traducir una frase acuñada por otra) es tan exagerado y, de hecho, tan artificial que no puede ser auténtico. Se trata inevitablemente de un juicio subjetivo. Más denigrante aún es la descripción que Pablo hace de sí mismo como "el primero de los pecadores" en in 1Timoteo 1:15, que algunos atribuyen a un autor posterior,⁵² pero otros la toman como una señal segura de autenticidad (sobre todo en el uso del tiempo presente "yo soy" en lugar de "yo era").⁵³ Si se preguntara si un paulinista hubiera usado ese

---

Ἰησοῦ Χριστοῦ se añade después de κτίσαντι en D y la mayoría de los MS en cursivas y en sir^(hcl)**.

45. νῦν *se omite en* F G 629 lat sir^(pesh) Tert M. Vict.
46. κατὰ πρόθεσιν τῶν αἰώνων. En Clem. Alex. aparece πρόγνωσιν en lugar de πρόθεσιν.
47. Gr. ἣν ἐποίησεν, respecto a la formación del propósito y no a su cumplimiento.
48. Si se traduce como παρρησίαν καὶ προσαγωγήν es una endíadis.
49. ἐν πεποιθήσει, donde es mejor tratar ἐν como una preposición comitativa; cf. Ef. 1:4 (pág. 237, nota 35). En lugar de πεποιθήσει en D* aparece la notable variante τῷ ἐλευθερωθῆναι ("siendo liberados").
50. En lugar de ἐγκακεῖν en C D¹ F G Ψ y la mayoría de los manuscritos en cursivas aparece el sinónimo ἐκκακεῖν.
51. Gr. ἥτις ἐστὶν δόξα ὑμῶν ("lo cual es vuestra gloria"), donde el relativo ἥτις adopta el género y el número de δόξα en lugar de concordar con su antecedente θλίψεσιν. En 1175 1881 ἥτις está dividido ἥ τίς ("¿o qué es vuestra gloria?").
52. Cf. B. S. Easton, *The Pastoral Epistles* (Londres, 1948), pág. 117: "'yo soy menos que el más pequeño de todos los santos'... muestra la influencia de una fraseología devocional formalizada y 'yo soy el primero de los pecadores' [ἁμαρτωλοῦς ... ὧν πρῶτός εἰμι ἐγώ] es una expresión puramente formal; en estos dos casos los escritores posteriores a Pablo exaltan a su héroe exagerando su humildad —con la implicación de que un hombre tan humilde debe haber sido sin duda muy santo".
53. Cf. C. Spicq, *Saint Paul: Les Épîtres Pastorales* (Paris, 1969), pág. 344 (él lo compara con el publicano de Lc. 18:13 y pregunta: "¿Se habría atrevido un seudo-epigrafista a ennegrecer a su héroe hasta ese punto?").

lenguaje tan denigrante para referirse al apóstol, no podría responderse con certeza. El verdadero Pablo de todas formas era consciente del gran contraste que ofrecía su antigua carrera como perseguidor de la iglesia con el encargo que se le había dado de ser heraldo de aquel a quien había perseguido (en la persona de sus seguidores), y en este contraste reconocía la asombrosa gracia de Dios. La gracia "especial" que se le dio para llevar a cabo su apostolado formaba parte de la gracia más completa que lo había convertido en lo que era.[54]

Cuando leemos que su misión era "anunciarles a los gentiles las buenas nuevas de las insondables riquezas de Cristo", esas palabras son simplemente una fraseología más retórica de su declaración en Gálatas 1:16, a saber, que el Hijo de Dios se le reveló en el camino a Damasco con el propósito de "que yo lo predicara entre los gentiles". Pero el lenguaje de esta ampliación retórica sí es paulino. En Romanos 11:32-33 Pablo ve en el hecho de que Dios encerrara a todos (judíos y gentiles por igual) en desobediencia "para mostrarles su misericordia a todos" (a judíos y a gentiles por igual), una prueba de las profundas riquezas de su sabiduría y conocimiento.[55] Y en el mismo contexto el adjetivo que se traduce aquí como "insondables" se usa para referirse a los "inescrutables caminos" de Dios.[56] Las riquezas de la gracia y de la gloria divinas reveladas en el evangelio se resumen en Cristo. La proclamación de ese Salvador al mundo fue un servicio que Pablo sin duda "honró", como él mismo señala en Romanos 11:13.[57]

9 La misión de Pablo también incluía la demostración pública de su administración —no solo la administración de la gracia de Dios (v. 2) sino también la administración del misterio que se mantuvo oculto durante mucho tiempo.[58] Estas dos administraciones, empero, no son diferentes, porque el misterio de Dios es la revelación de su gracia. A medida que Pablo llevaba a cabo su misión predicándoles el evangelio a los gentiles, y cuando por su predicación los gentiles eran atraídos a la fe en Cristo y se incorporaban a la comunión de la iglesia junto con los creyentes de origen judío, el misterio que había estado oculto se hacía patente ante los ojos de hombres y mujeres. La comunión de la iglesia en la que los creyentes gentiles y judíos estaban unidos no era una simple inscripción ni un registro de membresía; suponía la unión de cada uno de ellos con Cristo por medio de la fe y por ende, su unión con los demás miembros de su cuerpo. La "tercera raza"[59] estaba surgiendo de forma visible: algo que no se había visto ni siquiera imaginado antes era ahora una cuestión tangible. Antes de todos los siglos el propósito no revelado de Dios

---

54. Véase la pág. 294, nota 38.
55. En esta carta πλοῦτος se usa respecto a la gracia (Ef. 1:7; 2:7) y a la gloria de Dios (Ef. 1:18[?]; 3:16); cf. πλούσιος ὢν ἐν ἐλέει (Ef. 2:4).
56. Gr. ἀνεξιχνίαστος (de ἴχνος "huella", "rastro"), no aparece en el NT fuera de estas dos ocasiones.
57. … ἐθνῶν ἀπόστολος, τὴν διακονίαν μου δοξάζω.
58. Cf. v. 4 (pág. 290 con la nota 18); también Col. 1:26 (pág. 80 con la nota 196).
59. Cf. p. 274, nota 110.

había estado presente en su mente; pero ahora su cumplimiento era obvio no solo para los seres humanos en la tierra sino también para "los principados y potestades en la esfera celestial".

El título de Dios en este contexto como "el creador de todas las cosas" podría tener por objeto refutar ciertas formas gnósticas de pensamiento que marcaban una distinción entre el Creador y el Redentor.[60] El evangelio nos explica la manera en que Dios efectuó la redención de su pueblo y los reconcilió por medio del sacrificio de Cristo no solo con él sino también entre ellos.[61] Pero el Dios que actuó así en gracia es el Dios que creó todas las cosas. Antes de la fundación del mundo él escogió en Cristo a los que habrían de constituir su pueblo y los predestinó por amor para que fueran hijos e hijas suyos;[62] y antes de la fundación del mundo también, él concibió este plan, que habría de entrar en vigor en el momento adecuado, de crear una comunidad que diera testimonio práctico en la tierra de su obra de reconciliación. La creación no milita en contra de la redención ni de la reconciliación: ayuda a su realización, puesto que ambas tienen lugar "según el propósito de aquel que obra todas las cosas conforme al consejo de su voluntad" (Ef. 1:11).

Cuando coloca su propia vida y ministerio en el contexto del propósito divino y su cumplimiento, Pablo manifiesta que es consciente de su propia importancia escatológica. Este reconocimiento se expresa de manera especial en Romanos 11:13-21, un pasaje sobre el cual Johannes Munck no exagera cuando dice que "Pablo, como el apóstol de los gentiles, se convierte en la figura central en la historia de la salvación".[63] Esta importancia central Pablo no la había buscado: al darse cuenta del papel exclusivo que él desempeñaba en la obra de Dios para hacer realidad su plan de salvación, solo podía maravillarse ante la gracia que lo había escogido para tal ministerio.

10 Esta comunidad nueva e integral debe ser para todo el universo una lección objetiva de la sabiduría de Dios —su "multiforme" sabiduría. El adjetivo compuesto que se usa aquí tiene un origen poético: aparece por primera vez en la tragedia ática.[64] En Sabiduría 7:22-23 se expone detalladamente la variedad de la sabiduría divina (sin usar este adjetivo específico): "Porque en ella hay un espíritu que es inteligente, santo, único, múltiple, sutil, móvil, claro, impoluto, diferente, invulnerable, amador de lo bueno, perspicaz, irresistible, benéfico, compasivo, estable, seguro, libre de ansiedad, que todo lo puede, todo lo ve, y penetra a través de todos los espíritus que son inteligentes y puros y muy

---

60. Así H. Schlier, *Der Brief an die Epheser*, págs. 154-55. Schlier compara la enseñanza gnóstica atribuida a Simón el mago (*apud* Iren. *Hær.* 2.8.2, etc.), Menandro (*apud* Iren. *Hær.* 1.17) y Satornilo (*apud* Iren. *Hær.* 1.18); pero desearíamos tener alguna prueba firme de que esa enseñanza se conocía en los círculos en los que se compuso y leyó Efesios.

61. 2Co. 5:18-19.

62. Ef. 1:4-5.

63. J. Munck, *Paul and the Salvation of Mankind*, E.T. (Londres, 1959), pág. 49.

64. Gr. πολυποίκιλος, confirmada por primera vez en un pasaje lírico en Eurípides, *Iphigeneia in Tauris* 1149 (donde se aplica a φάρεα, "capas multicolores").

sutiles".⁶⁵ "El ser de Dios", dice Schlier, "se revela a sí mismo en la economía de la gracia como una única sabiduría en diversas formas y maneras, una después de la otra —como la sabiduría predestinada, como la sabiduría manifestada en la creación, en Cristo, la Sabiduría personal, y por último en la iglesia, como la sabiduría que es *multiformi specie* y aun así, una sola, en Cristo".⁶⁶ La "sabiduría oculta" de Dios, predestinada desde antes de los siglos para gloria de su pueblo, a la que Pablo se refiere brevemente en 1 Corintios 2:6-10, es la que se expone aquí para los lectores de Efesios.⁶⁷

No es necesario limitar los "principados y potestades" en un contexto de este tipo a las fuerzas hostiles.⁶⁸ Todas las inteligencias creadas se ponen de relieve aquí. La intención aquí es comunicarnos algo similar a lo que leemos en 1 Pedro 1:12 en cuanto a que la predicación y el cumplimiento de la salvación cristiana son "cosas que los mismos ángeles desean contemplar". La sabiduría de Dios revelada en la cruz de Cristo y en su eficacia salvadora en las vidas de los creyentes trastorna las nociones convencionales acerca de la sabiduría y exige que esas nociones sean reevaluadas en las mentes de los que espiritualmente son maduros (1Co. 1:18-2:6).

La iglesia les muestra a los "principados y potestades" que ellos también tienen un lugar en el plan de Dios. La reconciliación entre judíos y gentiles en esta nueva creación es una señal de la reconciliación en la que ellos, a su vez, deben ser incluidos. En Colosenses 1:19-22 la reconciliación cósmica que Dios planeó se anticipa en la experiencia de los creyentes en Cristo, a quienes "él ahora ha reconciliado" —y el medio de reconciliación tanto en un caso como en el otro es la obra salvadora de Cristo, que ha "hecho la paz por medio de la sangre de su cruz". Podría decirse, pues, que la iglesia es el proyecto piloto para el universo reconciliado del futuro, el misterio de la voluntad de Dios "será administrado en la plenitud de los tiempos", cuando "las cosas que están en el cielo y las cosas que están en la tierra" sean reunidas en Cristo (Ef. 1:9-10).⁶⁹ Otra implicación probable es que Dios predestinó a la iglesia, el producto de su obra reconciliadora hasta aquí, para que sea su intermediario (que sí existe "en Cristo") para llevar a cabo la reconciliación final. De ser así, entonces Pablo, que es el instrumento directo de Dios en la creación de la comunidad actual

---

65. H. Schlier aduce esta explicación de la πολυποικιλία de la sabiduría divina en un breve excurso, Ἡ πολυποίκιλος σοφία τοῦ θεοῦ (*Der Brief an die Epheser*, págs. 159-66), en el que menciona la posibilidad de que el pasaje de Sabiduría 7:22-23 sea una réplica al lenguaje de una aretalogía de Isis.

66. *Der Brief an die Epheser*, pág. 165. Adopta la frase *multiformi specie* de la aretalogía de Isis de Apuleyo, *Metamorphoses* 11.5.

67. Así H. Schlier, *Der Brief an die Epheser*, págs. 21, 156.

68. Cf. H. Schlier, *Der Brief an die Epheser*, pág. 155: "Las ἀρχαὶ καὶ ἐξουσίαι no son *sancti angeli*, como presuponen muchos expositores, sino poderes 'malignos'". Entre ellos se cuentan sin duda los *kosmokratores* de Ef. 6:12 (cf. los *archontes* de 1Co. 2:8, que antes ignoraban el propósito divino), pero no existe ninguna razón por la que incluso los ángeles de la presencia no tengan que aprender lecciones acerca de los caminos de Dios a partir de la realización de su propósito salvador.

69. Véase la pág 242.

de reconciliación, es, de forma indirecta, su instrumento para la reconciliación universal del futuro.

11 El propósito divino, que será consumado en Cristo, fue originalmente concebido en él. Los creyentes judíos y gentiles que ahora han sido reconciliados en él fueron escogidos en él "antes de la fundación del mundo" (Ef. 1:4), y lo que es válido para la iglesia es válido para el universo: su reconciliación final fue predestinada en Cristo conforme al "propósito eterno" de Dios. Y en la realización de este "propósito de los siglos" al pueblo de Cristo se le asigna un papel esencial.

12 Es a través de Cristo, como ya se les ha asegurado a los lectores, que los creyentes judíos y gentiles por igual tienen acceso "en un mismo Espíritu al Padre" (Ef. 2:18). Esta seguridad se repite ahora. Por medio de la fe en Cristo[70] ellos están unidos a él, y en él, por tanto, disfrutan de "libertad de acceso con confianza". Dado que el lugar de Cristo en la presencia de Dios es incambiable, el de ellos también lo es, porque ellos están "en él".

La palabra traducida como "libertad" (*parrhēsia*) se usa más adelante, en Efesios 6:19, con referencia a la libertad de expresión que Pablo desea para proclamar el evangelio —de manera especial, tal vez, en su próxima comparecencia ante el tribunal imperial. Se ha intentado encontrar el mismo tipo de referencia aquí,[71] pero el contexto sugiere una libertad de otro tipo — la libertad a la que se alude en dos ocasiones valiéndose de la misma palabra en la carta a los Hebreos, en la que se anima a los cristianos a acercarse con "confianza" (*parrhēsia*) al trono de la gracia (Heb. 4:16) y a entrar en el santuario celestial con "confianza" (*parrhēsia*) por medio de la sangre de Jesús (Heb. 10:19).

13 En calidad de prisionero de Cristo Jesús por amor de los gentiles, pues, Pablo les expone el propósito eterno de Dios, el lugar que ellos ocupan en ese propósito y su propio lugar en él. Para Pablo, ser un prisionero de Cristo es una condición honorable.[72] Desde el momento en que recibió su llamado en el camino a Damasco, comenzó a desempeñarse como apóstol de Cristo, atento a sus orientaciones y dispuesto a obedecerle sin reservas. No era él quien elegía si debía cumplir su tarea en los caminos del imperio y en sus centros principales de comunicación, o (como ahora) bajo arresto domiciliario en Roma: si ahora se hallaba encarcelado, estaba donde Cristo quería que estuviera, y él se mantenía obediente a las órdenes de su comandante, quien lo

---

70. διὰ τῆς πίστεως αὐτοῦ, tomando el genitivo αὐτοῦ como objetivo. Véase, no obstante, M. Barth (*Ephesians*, pág. 347) para la traducción "a causa de su fidelidad"; el artículo τῆς antes de πίστεως, según él, "distingue 3:12 de los pasajes paralelos Gá. 2:16; 3:22; Ro. 3:22; Fil. 3:9" (en las págs. 224-25 hace una sugerencia similar acerca de διὰ [τῆς] πίστεως en Ef. 2:8).

71. Cf. W. C. van Unnik, "*The Christian's Freedom of Speech in the New Testament*", *BJRL* 44 (1961-62), 475, donde se apela a la insistencia de los versículos anteriores en la tarea de Pablo de predicar el evangelio.

72. Véase Flm. 1, 9 (págs. 189-90, 195).

había puesto allí "para la defensa del evangelio" (Fil. 1:16), y por consiguiente, estaba conforme.

Pero muchos de sus amigos tal vez no contemplaban su encarcelamiento desde esa perspectiva. Los cristianos gentiles, que lo reconocían como su apóstol, el campeón de su libertad, se sentían desanimados cuando pensaban que estaba encadenado, privado de la libertad de movimiento de la que antes gozaba para extender el evangelio y fortalecer a las iglesias. Sin embargo, no debían desanimarse porque a pesar de sus presentes limitaciones, seguía ocupándose de los intereses de ellos con tanto empeño como cuando se hallaba en libertad. De hecho, si pudieran entender el significado de su arresto y encarcelamiento, se darían cuenta de que, en la providencia de Dios, lejos de perjudicar sus intereses, estas cosas los favorecían; y entonces, en vez de sentirse desconcertados y desanimados, se regocijarían. Si para Pablo era un honor ser el prisionero de Cristo por amor de los gentiles, era también un honor para los propios gentiles. Pablo aceptaba sus "aflicciones" porque, según él, "completaban" lo que faltaba de las aflicciones de Cristo que aún habría de soportar, "por amor de su cuerpo, que es la iglesia" (Col. 1:24-25).[73] Eso debería alentar a los miembros del cuerpo de Cristo. Además, Pablo sabía que las aflicciones que en ese momento padecía estaban preparándole "un eterno peso de gloria que sobrepasa toda comparación" (2Co. 4:17): esa gloria, que era una participación de la gloria de Cristo (Ro. 8:17), la compartirían también las personas por amor de las cuales estaba padeciendo esas aflicciones ahora. Por consiguiente, las aflicciones de Pablo debían suscitar en sus amigos una doxología tan sincera como la que suscitaban en él mismo.

7. Final de la oración de intercesión (3:14-19)

14 *Por esta razón doblo mis rodillas ante el Padre,*[74]
15 *de quien recibe nombre toda paternidad en el cielo*[75] *y en la tierra,*
16 *(orando) que os conceda, conforme a las riquezas de su gloria, ser fortalecidos con poder por medio de su Espíritu en vuestro hombre interior,*
17 *para que Cristo more por la fe en vuestros corazones, y que vosotros, arraigados y cimentados en amor,*
18 *seáis capaces de comprender con todos los santos cuál es la anchura y la longitud y la altura y la profundidad,*[76]

---

73. Véanse las págs. 73-76.
74. πρὸς τὸν πατέρα, después de lo cual se añade τοῦ κυρίου ἡμῶν Ἰησοῦ Χριστοῦ en ℵ D F G Ψ y en la mayoría de los manuscritos en cursivas y en la versión latina y en la siriaca.
75. En lugar de οὐρανοῖς en P 81 104 365 945 1175 y en algunos otros manuscritos en cursivas aparece el singular οὐρανῷ.
76. ὕψος y βάθος aparecen en orden inverso en ℵ A Ψ y en la mayoría de los manuscritos en cursivas.

19 *y de conocer el amor de Cristo, que sobrepasa el conocimiento, para que seáis llenos hasta la medida de toda la plenitud de Dios.*[77]

14 La oración de intercesión, que ya había comenzado, se reanuda ahora y en esta ocasión, llega a su final. En esta oración se pide que a los lectores se les otorgue conocimiento —pero no el tipo de conocimiento que se cultivaba en muchas escuelas de pensamiento gnostizante, sino el conocimiento que alcanza su punto más alto en el conocimiento del amor de Cristo. Para conocer el amor de Cristo es preciso tener un conocimiento personal del propio Cristo, ese conocimiento personal que Pablo ambicionaba adquirir más que cualquier otra cosa (Fil. 3:8, 10). Pablo pide que sus lectores sean dotados de todos los recursos de fortaleza espiritual que son necesarios para lograr este conocimiento, y dirige su oración al Padre. El pueblo de Cristo, ya ha dicho, tiene acceso por medio de él "en un mismo Espíritu al Padre" (Ef. 2:18); y Pablo se aprovecha de este acceso para interceder por sus amigos.

15 El Padre a quién Jesús dirigía sus plegarias, y en quién sus discípulos debían confiar con la confianza implícita de los hijos, se presenta aquí como el Padre arquetípico: todas las demás paternidades en el universo se derivan de la suya. En las otras dos ocasiones en las que aparece el sustantivo que aquí tradujimos como "paternidad" se traduce como "familia" —un grupo que comparte un padre común (Lc. 2:4; Hch. 3:25).[78] Aquí también la palabra suele traducirse como "familia" —"toda familia en el cielo y en la tierra" (LBLA)— pero, ¿en qué sentido, podría preguntarse el lector, toda familia "recibe nombre" de él? El sustantivo griego (*patria*) se relaciona obviamente con la palabra que significa "padre" (*patēr*) y tiene mucho sentido decir que cada *patria* recibe nombre del *patēr* celestial. De igual manera, tiene mucho sentido decir que cada *paternidad* recibe nombre del *Padre* celestial.[79] ¡Claro está!, si se traduce como "familia", puede decirse que "familia" implica "paternidad"; pero la relación entre las dos palabras griegas se conserva mejor si se usan "Padre" y "paternidad" en español.[80]

---

77. En lugar de πληρωθῆτε εἰς en P^{46} B 33 1175 y en algunos otros manuscritos en cursivas aparece πληρωθῇ ("para que pueda completarse toda la plenitud de Dios"); después de πᾶν τὸ πλήρωμα τοῦ θεοῦ en 33 se añade εἰς ὑμᾶς ("para con vosotros").

78. Gr. πατριά. En Lc. 2:4 dice que José pertenecía a la πατριά de David (los que alegaban que descendían de David); en Hch. 3:25 se lee que todas las πατριαί de la tierra serán benditas en la posteridad de Abraham (véase la pág. 293, nota 30).

79. La vulgata traduce con mucho acierto: *ad patrem... ex quo omnis paternitas... nominatur.* Cf. Tyndale, Coverdale, *Great Bible*: "el padre... que es padre sobre todo lo que se llama padre en el cielo y en la tierra". Véase G. Schrenk, *TDNT* 5, 1016-19 (*s.v.* πατριά).

80. "Toda la familia" (KJV y nota al margen en LBLA) es una interpretación errónea de πᾶσα πατριά. Es muy poco probable que "toda πατριά" signifique "toda familia, sea judía o gentil": los judíos y los gentiles, por medio de la fe, ya han sido hechos miembros de una sola familia (Ef. 2:19, οἰκεῖοι τοῦ θεοῦ). C. L. Mitton, en consonancia con E. J. Goodspeed (*The Meaning Ephesians*, págs. 48-49), sugiere que la referencia es a "toda iglesia local". Dado que el término ἐκκλησία en esta carta se usa únicamente para referirse a la iglesia universal, era preciso emplear otra palabra para

EFESIOS 3:16

De acuerdo con el pensamiento rabínico, los ángeles constituyen la "familia de arriba", y los hombres y mujeres en la tierra —ya sea el pueblo de Israel en particular o la raza humana como tal— constituyen la "familia de abajo".[81] Al igual que en la referencia a Dios como "el creador de todas las cosas" en el v. 9, aquí también se excluye toda idea gnostizante de una deidad o demiurgo inferior que tenga que ver con la tierra y no con la esfera celestial.

A este Padre, pues, Pablo dirige su oración a favor de los que han sido constituidos miembros de su familia en Cristo —los que ponen claramente de manifiesto que han recibido "el Espíritu de su Hijo" por cuanto llaman a Dios "¡Abba! ¡Padre!" (Gá. 4:6).

16 El apóstol ora para que ellos reciban una dotación interna de fortaleza espiritual, y no escasamente, sino "conforme a las riquezas de la gloria de Dios", o tal vez "conforme a sus gloriosas riquezas".[82] En la oración intercesora que acompañaba a la acción de gracias inicial de esta carta, le pidió a Dios que iluminara los ojos espirituales de los lectores para que pudieran conocer cuáles eran "las riquezas gloriosas de su herencia en los santos" (Ef. 1:18).[83] Ese era un solo aspecto de sus "riquezas gloriosas" (o de "las riquezas de su gloria"). La gloria de Dios puede considerarse la suma total de todos sus atributos. Dios es infinito y eterno, y por ende, su gloria es inagotable, y establece la medida de su generosidad cuando otorga sus dones. Los recursos de Dios son inagotables, por tanto, no puede empobrecerse cuando los comparte con sus hijos.

Tratar de comprender el ser de Dios exige un gran esfuerzo mental; se necesita una dotación especial de poder espiritual[84] para intentarlo siquiera. Pablo pide en oración que a través del Espíritu — es decir, el medio por el cual se les imparte el poder divino a los seres humanos— ellos reciban esta dotación. El "hombre interior"[85] es la nueva creación que engendra internamente el

---

que cumpliera esa misma función respecto a la iglesia local, y se eligió πατριά con este propósito (*The Epistle to the Ephesians*, págs. 237-38; de manera similar, se propone que el ναὸς ἅγιος de Ef. 2:21 es la iglesia universal, mientras que πᾶσα οἰκοδομή es cada iglesia local).

81. La $p^e m\hat{\imath}ly\hat{a}$ $šel\ ma\,'ăl\bar{a}h$ y la $p^e m\hat{\imath}ly\hat{a}$ $šel\ ma\underline{t}\underline{t}\bar{a}\underline{h}$ (TB B^e rākôt 16b, etc.). Pero $p^e m\hat{\imath}ly\hat{a}$ es un préstamo del latín (*familia*), que incluye no solo a los hijos sino también a los siervos domésticos, respecto a los cuales Dios no es padre ('ā$\underline{b}$) sino amo (*ba 'al habbayi$\underline{t}$*, οἰκοδεσπότης). Véase H. Odeberg, *The View of the Universe in the Epistle to the Ephesians*, AUL, NF 1, 29, 6 (1934), pág. 20. E. Percy (*Probleme*, pág. 277, nota 30) alega que no se alude específicamente a algún tipo de contraste entre la familia celestial y la familia terrenal, lo único que se indica es que "no existe absolutamente ninguna relación paternal que no tenga su prototipo en Dios".

82. Gr. κατὰ τὸ πλοῦτος τῆς δόξης αὐτοῦ. La pregunta es si el genitivo τῆς δόξης se desempeña como un sustantivo o si debe considerarse un adjetivo, en consonancia con el modismo hebreo (cf. pág. 239, nota 46). Sin embargo, este tema es para los académicos puesto que los recursos infinitos de la sabiduría, el poder y el amor de Dios pueden interpretarse como su "riqueza" o su "gloria" (Cf. Fil. 4:19, κατὰ τὸ πλοῦτος αὐτοῦ ἐν δόξῃ ἐν Χριστῷ Ἰησοῦ.)

83. Véase la pág. 250.

84. Gr. δυνάμει κραταιωθῆναι (para κραταιόω cf. 1Co. 16:13, γρηγορεῖτε, στήκετε..., ἀνδρίζεσθε, κραταιοῦσθε).

85. Gr. εἰς τὸν ἔσω ἄνθρωπον, tomando εἰς en el sentido de ἐν. M. Barth traduce "'para crecer' hacia el hombre interior", donde el "hombre interior" es el ἀνὴρ τέλειος de Ef. 4:13. Pero los

Espíritu en los que están unidos con Cristo por la fe. Esa nueva creación está en sintonía con la mente de Dios y se deleita en su ley (Ro. 7:22); se renueva de día en día aun cuando la naturaleza mortal "externa" vaya decayendo (2Co. 4:16).[86] Esa personalidad inmortal es la que constituye aquí y ahora la simiente de la plena inmortalidad que se hará manifiesta en la era de la resurrección. Las especulaciones gnósticas acerca del "hombre interior" no nos ayudan a entender la manera en que Pablo usa la frase;[87] Pablo es su propio intérprete.

17 El "hombre interior" puede considerarse el locus del Espíritu que mora en nosotros. Pero el ministerio del Espíritu consiste en hacer que las personas en las que él mora pueden experimentar de forma real la presencia y el poder del Cristo resucitado: de ahí que la presencia del Espíritu y la presencia de Cristo en el creyente sean la misma experiencia. La petición de que Cristo more por la fe en sus corazones es análoga a la petición de que ellos sean fortalecidos en el hombre interior por el Espíritu de Dios. El tiempo aoristo del verbo podría sugerir la traducción: "para que Cristo more en vuestros corazones".[88] Esto resultaría muy adecuado en una exhortación dirigida a nuevos cristianos con una fe de origen reciente. Pero al acto inicial de fe, por el que el creyente se une a Cristo, le sigue la vida de fe, en la que se mantiene esa unión, o en la que, cambiando la forma de las palabras, Cristo continúa morando en los corazones de su pueblo,[89] proporcionándoles fuerza espiritual para el presente y la esperanza de gloria en el más allá. "Si Cristo está en vosotros", aunque vuestros cuerpos estén muertos a causa del pecado, vuestros espíritus están vivos a causa de la justicia" y "el que resucitó a Cristo Jesús de entre los muertos, también dará vida a vuestros cuerpos mortales por medio de su Espíritu que habita en vosotros" (Ro. 8:10-11). Aunque esta nota de esperanza no se haga explícita en la presente oración de intercesión (como sí ocurre en el informe de oración de Ef. 1:18), está implícita en la idea del Cristo morador.[90]

Aquellos en cuyos corazones Cristo ha fijado su morada están "arraigados y cimentados en amor".[91] Aquí encontramos otro ejemplo de la combinación

---

demás usos paulinos de ὁ ἔσω ἄνθρωπος están en contra de esta interpretación (Ro. 7:22; 2Co. 4:16).

86. Cf. 1Pe. 3:4, "el hombre interno del corazón" (ὁ κρυπτὸς τῆς καρδίας ἄνθρωπος).

87. H. Schlier (*Christus und die Kirche im Epheserbrief*, pág. 32) la compara con la enseñanza naasenia que cita Hipólito, *Ref.* 5.7.35-36), donde la "piedra" de Is. 28:16 y Dn. 2:45 (cf. pág. 306, nota 154) se interpreta como el "hombre interior" que descendió de Adamas, el hombre arquetípico de arriba, y quedó aprisionado en el cuerpo humano, dentro del ἕρκος ὀδόντων ("el cerco de los dientes") al que hace referencia Homero. Cuando R. Reitzenstein observa que el "hombre interior", al igual que el "nuevo hombre", se menciona repetidamente en los fragmentos maniqueos de Turfán (*Das iranische Erlösungsmysterium*, pág. 153, nota 2), no arroja ninguna luz sobre el origen de las frases paulinas.

88. Gr. κατοικῆσαι τὸν Χριστόν, donde el infinitivo de aoristo pudiera ser ingresivo (cf. posiblemente Col. 1:19; véase la pág. 65 con la nota 159); aunque no tiene forzosamente que ser así.

89. Cf. Gá. 2:20, ζῇ δὲ ἐν ἐμοὶ Χριστός.

90. Cf. Col. 1:27 (pág. 78).

91. Gr. ἐν ἀγάπῃ ἐρριζωμένοι καὶ τεθεμελιωμένοι.

de una figura biológica con una arquitectónica, comparable a la advertencia en Colosenses 2:7 de andar "arraigados y edificados" en Cristo.[92] Si estamos "arraigados y cimentados" en Cristo estamos "arraigados y cimentados en amor". Este amor es el amor de Dios revelado en Cristo y que el Espíritu ha derramado en los corazones de los miembros de su pueblo,[93] para que ellos, a su vez, lo pongan de manifiesto los unos para con los otros y para con todos.[94]

18 El resultado del fortalecimiento espiritual por el que ora el apóstol, junto con la experiencia de la morada de Cristo en el corazón, les resultarán esenciales para que puedan comprender la revelación de Dios en su totalidad — su "anchura, longitud, altura y profundidad". La referencia exacta de este lenguaje dimensional ha sido objeto de diversos e interminables análisis;[95] pero no tendría sentido examinar todas las interpretaciones que se han propuesto.[96] La mejor analogía se encuentra en pasajes de la literatura sapiencial en la que se hace hincapié en el alcance infinito de la sabiduría divina. De esta sabiduría (equivalente a "las cosas profundas de Dios"), Zofar naamatita dijo (Job 11:8-9):

"Es más alta que el cielo — ¿qué puedes hacer tú?
Más profunda que el Seol — ¿qué puedes tú saber?
Su dimensión es más extensa que la tierra,
y más ancha que el mar."[97]

La "sabiduría de Dios en un misterio"[98] que es insondable para la inteligencia mortal, se encarnó en Cristo y fue revelada a sus siervos —sobre todo a Pablo, cuya misión es dar a conocer a todos "el misterio que estuvo oculto desde la eternidad en Dios" (v. 9). Comprender esta revelación en su totalidad no se logra en un momento —el propio Pablo, hacia el final de su carrera apostólica, no creía que la había comprendido en toda su plenitud— pero comprenderla sí era su ambición personal, y oró para que sus amigos cristianos pudieran compartir y alcanzar esa ambición.[99] Ese era un ejercicio espiritual que les impondría muchas exigencias a lo largo de sus vidas.

Pero el apóstol tampoco está pensando solamente en el círculo inmediato de sus convertidos y amigos: él pide que sus lectores sean fortalecidos para

---

92. Véase la pág. 85. Cf. Ef. 2:21; 4:16.
93. Cf. Ro. 5:5.
94. Cf. 1Ts. 3:12; 5:15.
95. Véase el resumen de las interpretaciones en M. Barth, *Ephesians*, págs. 395-97.
96. Cuando analizamos analogías gnósticas y similares debemos tener en cuenta que es probable que se emplee un lenguaje dimensional para una variedad de temas que no guardan relación entre sí; cf. la invocación de la luz en K. Preisendanz, *Papyri Graecae Magicae*, I (Leipzig, 1928), 4.978-79, "Te conjuro, luz santa, rayo santo de luz, anchura, profundidad, longitud, altura (πλάτος, βάθος, μῆκος, ὕψος)…". Cuando no se mencionan las dimensiones literalmente medibles, la expresión es otra forma de referirse a la "plenitud".
97. Cf. Jb 28:12-14, 21-22; Sir. 1:3; también Dt. 30:11-14, que se cita en Ro. 10:6-8. Pablo incluye ὕψωμα y βάθος en una lista de fuerzas creadas en Ro. 8:38-39.
98. 1Co. 2:7 (véase la pág. 298 con la nota 67).
99. Cf. Fil. 3:12-16.

que puedan comprender el misterio eterno junto con "todos los santos".[100] La revelación de este misterio es la herencia de todo el pueblo de Dios: es adecuado, pues, que hagan una valoración inteligente del mismo.[101] Cabría alegar también que los hijos de Dios suelen entender mejor las cosas profundas de Dios cuando están en comunión los unos con los otros que cuando se encuentran aislados. La idea de que los seguidores de la vida solitaria tienen más probabilidades de recibir la iluminación espiritual goza de una aceptación muy generalizada: Pablo no parece haber estado a favor de ella ni respecto a sí mismo ni respecto a sus amigos cristianos.[102]

19 La versión de la NEB del v. 18b —"cuál es la anchura y la longitud y la altura y la profundidad del amor de Cristo"— refleja una interpretación popular, confirmada ya por Orígenes,[103] pero no es exactamente lo que dice el texto. Sin embargo, no constituye una tergiversación del sentido general, porque es imposible entender el propósito divino en todas sus dimensiones sin conocer el amor de Cristo —y este conocimiento solo puede adquirirse por medio de la experiencia. La revelación del misterio eterno no es el fruto de una simple comprensión intelectual, aunque sí exige que contemos con todo el caudal del poder del intelecto; demanda un conocimiento personal con el revelador, cuya naturaleza es el amor perfecto. "Si alguno ama a Dios, ese es conocido por él" (1Co. 8:3) —y el hecho de ser conocido por él antecede a nuestro conocimiento de él. Si Pablo estaba dispuesto a sacrificarlo todo por "el incomparable valor de conocer a Cristo, mi Señor" (Fil. 3:8), al que él hace referencia de esa manera es el que describe en otro lugar como "el Hijo de Dios, que me amó y se entregó a sí mismo por mí" (Gá. 2:20). Tanto el conocimiento como el amor son mutuos, y en ambos es Dios en Cristo el que toma la iniciativa. Para conocer[104] el amor de Cristo debemos conocer al propio Cristo, en una experiencia cada vez más amplia, y hacer que su amor abierto y abnegado se refleje en nosotros. Si él mora en su pueblo y su pueblo en él, no podría ser de otro modo.

---

100. Gr. ἵνα ἐξισχύσητε καταλαβέσθαι σὺν πᾶσιν τοῖς ἁγίοις... (esta es la única vez que aparece el verbo compuesto ἐξισχύω en el NT). La frase "con todos los santos" excluye, de hecho, la noción de una revelación de una verdad superior (cf. Col. 1:28, con la repetición de πάντα ἄνθρωπον).

101. "La 'anchura, longitud, altura y profundidad' solo puede referirse... a lo que esencialmente es el objeto del conocimiento cristiano —todo el plan divino de la salvación, que constituye el tema central de la presentación del apóstol hasta aquí" (E. Percy, *Probleme*, p. 310).

102. M. Barth señala que el principio se aplica a los comentaristas bíblicos, que no deben ignorar lo que sus predecesores pensaron y dijeron sobre los mismos textos (*Ephesians*, pág. 395, nota 112).

103. Orígenes, *Catenæ* 6.162; cf. Tomás de Aquino, *Comentario sobre Efesios*, 3.5; J. Calvin, *Ephesians*, pág. 168 ("Por medio de estas dimensiones Pablo se refiere únicamente al amor de Cristo, del que habla más adelante").

104. Si κατοικῆσαι (v. 17) es un aoristo ingresivo, podría decirse lo mismo de γνῶναι (en γνῶναί τε τὴν ὑπερβάλλουσαν τῆς γνώσεως ἀγάπην τοῦ Χριστοῦ), pero no es ingresivo en la declaración de Pablo acerca de su anhelo: τοῦ γνῶναι αὐτόν (Fil. 3:10).

Decir que conocemos algo que "sobrepasa el conocimiento" resulta deliberadamente paradójico; pero por mucho que conozcamos del amor de Cristo, siempre habrá algo más que debemos conocer: es inagotable.

Por medio del conocimiento del amor de Cristo, y solo así, podemos ser llenos hasta la medida de la plenitud del propio Dios.[105] Esto, podríamos decir, es una hipérbole: ¿cómo puede lo finito llegar al infinito? Pero el Cristo cuyo amor debemos conocer es el Cristo en quien "reside toda la plenitud de la deidad" y en quien los miembros de su pueblo han hallado su plenitud (Col. 2:9-10).[106] Por medio del conocimiento de su amor, y solo así, pueden albergar la esperanza de alcanzar la plenitud divina —en la medida en que eso es posible para los seres creados. En "la cumbre de este vuelo... Pablo ha reunido todo lo que es más fuerte, más intenso y más 'cósmico' de su vocabulario", dice P. Benoit. Dios, que es la fuente y el fin de todas las cosas, es la fuente y el fin de la obra de Cristo; es en Dios, "en su plenitud total, que se logra la salvación: este es el último término al que llegan los salvados, llenos de una plenitud que los integra a toda la plenitud de Dios".[107] Más lejos que esto no podría haber llegado la intercesión apostólica.

8. Doxología (3:20-21)

20 *Y a aquel que puede hacer mucho más abundantemente de todo[108] lo que pedimos o pensamos, según el poder que obra en nosotros—*
21 *a él sea la gloria en la iglesia y[109] en Cristo Jesús por todas las generaciones de la eternidad. Amén.*

20 ¿Era acaso demasiado lo que Pablo le había pedido a Dios para sus hermanos creyentes al orar para que fueran llenos hasta la medida de la plenitud divina? Tal vez lo pensaron cuando escucharon la lectura en voz alta de esta carta, pero Pablo los tranquiliza diciéndoles que a Dios es imposible pedirle demasiado. Su capacidad de dar excede con mucho la capacidad de su pueblo de pedir —o incluso de imaginar.

---

105. ἵνα πληρωθῆτε εἰς πᾶν τὸ πλήρωμα τοῦ θεοῦ. La traducción de εἰς por medio de "con" (tal como ocurre en la RSV: "para que seáis llenos con toda la plenitud de Dios") no resulta satisfactoria. (La NEB es mejor: "Para que podáis alcanzar la plenitud del ser, la plenitud del propio Dios").
106. Véanse las págs. 91-92.
107. P. Benoit, "Body, Head and *Pleroma* in the Epistles of the Captivity", E.T. en *Jesus and the Gospel*, II (Londres, 1974), 91.
108. ὑπὲρ πάντα ποιῆσαι ὑπερεκπερισσοῦ (ὑπέρ se omite en P^{46} D F G lat —la alabanza se atribuye entonces "a aquel que puede hacer con muchísima más abundancia todo lo que pedimos o pensamos").
109. ἐν τῇ ἐκκλησίᾳ καὶ ἐν Χριστῷ Ἰησοῦ (καί se omite en D Ψ junto con la mayoría de los manuscritos en cursivas y en varias versiones, y es probable que la idea resultante sea "en la iglesia por Cristo Jesús", tal como aparece en RV1909).

La contemplación del propósito eterno de Dios y su cumplimiento en el evangelio exige una doxología. Una doxología adopta la forma básica de "a Dios sea la gloria", pero puede ampliarse de distintas maneras con detalles sobre la ocasión inmediata por la que se le tributa gloria a Dios.[110] Otras doxologías que siguen este mismo patrón en los escritos paulinos aparecen en Romanos 11:36; 16:25-27; Gálatas 1:5; Filipenses 4:20; 1 Timoteo 1:17; 2 Timoteo 4:18. Estos tributos, acompañados de ciertas expresiones como "¡Alabado sea Dios!"[111] o "¡Bendito sea Dios!" eran frecuentes en la adoración del templo y de la sinagoga y fueron incorporados a la liturgia de la iglesia.[112]

Aquí, a la luz de la oración trascendental que acaba de ofrecerse, Dios se describe como el único "que puede hacer mucho más abundantemente de todo lo que pedimos o pensamos". El poder del que se vale para hacerlo es el poder que él ha implantado en su pueblo[113] —"la extraordinaria grandeza de su poder en nosotros que creemos" que, tal como se dijo en Efesios 1:19-20, es nada menos que "la operación de la fuerza de su potencia" que ejerció en la resurrección de Cristo. Por medio del Espíritu que les imparte este poder a los creyentes resulta posible entonces el cumplimiento pleno del propósito misericordioso de Dios para ellos y en ellos.

21 La fraseología "a él sea la gloria en la iglesia y en Cristo Jesús" es inusual, pero no implica que "la iglesia" y "Cristo Jesús" se encuentren al mismo nivel. Dios debe ser glorificado en la iglesia porque esta, que incluye a judíos y a gentiles, es la obra maestra de su gracia. Es por medio de la iglesia que su sabiduría se dio a conocer a las fuerzas espirituales de la esfera celestial. "Los cielos declaran la gloria de Dios", pero una gloria incluso más grande es la que pone de manifiesto la obra de sus manos en la comunidad de la reconciliación. Esta comunidad, además, se compone de seres humanos que están unidos en Cristo, miembros de su cuerpo, en los que Cristo mora: la gloria de Dios "en la iglesia" no puede separarse de su gloria "en Cristo Jesús". La "gloria de Dios en la faz de Cristo" ha iluminado los corazones de su pueblo (2Co. 4:6) y se refleja en la gloria que, a través de sus vidas y de sus palabras, ellos le tributan a Dios por medio de Cristo.

Este tributo de gloria no tendrá fin: no solo ahora sino "en los siglos venideros las sobreabundantes riquezas de su gracia" continuarán mostrándose

---

110. Un buen ejemplo veterotestamentario es el Sal. 29: cf. 1Cr. 29:11; Oración de Manasés 15; 4Mac. 18:24. En el NT véase Ap. 1:6; 5:13; 7:12; 19:1.

111. Cf. los salmos de Aleluya (Sal. 146-150, etc.).

112. Cf. las bendiciones que aparecen al final de los primeros cuatro libros del salterio (Sal. 41:13; 72:18-19; 89:52; 106:48) o la *Amidá* (las dieciocho bendiciones) en la liturgia de la sinagoga judía; también el *Benedicite* (Dn. 3:52-90 gr.) y el exordio del *Benedictus* (Lc. 1:68). Otros ejemplos paulinos, aparte de Ef. 1:3, son Ro. 1:25; 9:5; 2Co. 1:3; 11:31.

113. Gr. κατὰ τὴν δύναμιν τὴν ἐνεργουμένην ἐν ἡμῖν. Al igual que en Col. 1:29, la respuesta a la pregunta sobre si ἐνεργουμένην debe interpretarse como una voz media ("obra") o pasiva ("es obrado") debería tal vez favorecer a la voz media, según el uso paulino (véase la pág. 80, nota 224).

"en su bondad para con nosotros en Cristo Jesús" (Ef. 2:7), y ofrece la ocasión para una alabanza eterna.[114]

El "Amén" que sigue a la doxología sería la respuesta de la congregación tras oír su lectura.[115] Es por medio de Cristo, tal como dice Pablo en otra carta, que su pueblo "dice Amén para la gloria de Dios" (2Co. 1:20). Con este "Amén" en voz alta concluye la primera mitad de la presente carta.

---

114. La expresión εἰς πάσας τὰς γενεὰς τοῦ αἰῶνος τῶν αἰώνων ("por todas las generaciones por los siglos de los siglos"), en el estilo característico de Efesios, no tiene precedentes en el NT; es más común encontrar la frase repetida εἰς τοὺς αἰῶνας τῶν αἰώνων (Ro. 16:27; Gá. 1:5; Fil. 4:20; 1Ti. 1:17; 2Ti. 4:18; y especialmente frecuente en Apocalipsis). La presencia de γενεά en esa locución refleja el uso similar del término hebreo *dôr*, como, por ejemplo, en el Sal. 145:13, *bᵉkol dôr wāḏōr*, LXX (144:13) ἐν πάσῃ γενεᾷ καὶ γενεᾷ.

115. Sobre el ἀμήν como respuesta, véase 1Co. 14:16.

EFESIOS 4

III. LA NUEVA HUMANIDAD EN LA VIDA TERRENAL (4:1-6:20)

1. Exhortación a la unidad (4:1-3)

1   Por tanto, yo, prisionero en el Señor, os ruego que viváis de una manera diga del llamamiento con el que habéis sido llamados,
2   con toda humildad y mansedumbre, con paciencia, soportándoos unos a otros en amor.
3   Haced todo lo posible por preservar la unidad del Espíritu en el vínculo de la paz.

1 Al igual que en las demás cartas paulinas, la doctrina expuesta en la primera parte debe manifestarse a través de una conducta que esté de acuerdo con las orientaciones prácticas que se ofrecen en la segunda parte, y para marcar la transición de una parte a la otra se utiliza el adverbio "por tanto".[1] A los lectores, miembros de la nueva humanidad, se les ha recordado ya cuál es el propósito para el que Dios los ha llamado: la esperanza de su llamamiento (Ef. 1:18) exige que vivan en consonancia con la excelsitud de su destino. Pablo, en calidad de "prisionero en el Señor",[2] les pide que se comporten consecuentemente.

Al referirse a sí mismo como "prisionero en el Señor", se asocia con ellos de una manera muy diferente de la que está implícita en Efesios 3:1, donde él aparece como prisionero de Cristo por amor de ellos. Les habla como alguien que pertenece a su misma comunidad: estar "en el Señor" implica que él es un prisionero; ¿qué debería implicar esa misma frase para ellos?[3] No hay nada indigno del llamamiento cristiano en el hecho de que Pablo se hallara ahora bajo custodia si era ahí donde el Señor quería que estuviera; sigue siendo el embajador del Señor, aun cuando, por el momento, fuera un "embajador en cadenas" (Ef. 6:20).

---

1. Ef. 4:1 comienza, al igual que Ro. 12:1, con παρακαλῶ οὖν ὑμᾶς (cf. 1Co. 4:16). En cuanto a esta posición de οὖν en una carta cf. Col. 3:5. Con respecto a παρακαλῶ véase C. J. Bjerkelund, *Parakalô: Form, Funktion und Sinn der Parakalô-Sätze in den paulinischen Briefen* (Oslo, 1967).
2. Gr. ὁ δέσμιος ἐν κυρίῳ.
3. Véase la pág. 150, nota 178 (sobre Col. 3:18).

Un lenguaje similar acerca de la conducta correcta se emplea en Colosenses 1:10, donde se les habla a los cristianos de Colosas de la oración que hacen Pablo y Timoteo por ellos para que anden "como es digno del Señor, para que le agraden en todo".[4] Una amonestación de este tipo es mucho más trascendente que cualquier colección de normas detalladas, porque afecta ciertas áreas de la vida para las que resultaría difícil formular reglas. Así como los miembros de una reputada familia tienen en cuenta el buen nombre de la familia cuando se conducen públicamente, los miembros de la sociedad cristiana deben tener presente no solo la reputación de dicha sociedad en el mundo sino también el carácter de aquel que la fundó y el fin que se propuso con ello.

2 Se ofrecen algunas pautas para ejemplificar en qué consiste el mandato de vivir de manera digna: las relaciones mutuas entre los miembros de la sociedad ocupan el lugar prominente en la mente del escritor. Es por eso que se les insta, al igual que a la iglesia de Colosas en Colosenses 3:12-13, a mostrar humildad y mansedumbre en el trato de los unos con los otros, y asimismo, paciencia, y amabilidad y tolerancia mutuas.[5] En pocas palabras, se les insta a dejar que el fruto del Espíritu se haga manifiesto en sus vidas. "En amor" podría interpretarse como una frase adverbial con el imperativo que sigue "haced todo lo posible", pero sería más coherente con el estilo de la carta adjuntar la expresión a las palabras precedentes.[6]

3 "En un solo Espíritu", se les dijo a los corintios, "todos fuimos bautizados en un solo cuerpo, ya judíos o griegos, ya esclavos o libres" (1Co. 12:13); de esto se derivaron algunas consecuencias prácticas, no solo para los cristianos de Corinto sino también para los miembros de otras iglesias. La unidad del Espíritu, que debe preservarse, no es el hecho de que solo existe un Espíritu: esa realidad no puede verse afectada por nada que hagan los seres humanos. Pero el único Espíritu, en quien los creyentes fueron bautizados en un solo cuerpo, les imparte unidad a los que así son bautizados: son miembros de un solo cuerpo, y por ende, deben vivir en unidad los unos con los otros. En este mismo sentido se les recuerda a los colosenses que fue a la "paz de Cristo" que "fuisteis llamados en un solo cuerpo" (Col. 3:15). Esta es la paz a la que se hace referencia en la presente exhortación a "preservar la unidad del Espíritu en el vínculo de la paz"; si viven en paz los unos con los otros la unidad del Espíritu será preservada. De hecho, si el propio Cristo es su paz (Ef. 2:14),[7] sería ilógico que no vivieran en paz los unos con los otros. Aquí se habla

---

4. Véase la pág. 42 con las notas 33, 34 y 35.

5. Véanse los comentarios y las notas respecto a estas cualidades (ταπεινοφροσύνη, πραΰτης, μακροθυμία, ἀνεχόμενοι ἀλλήλων) en la exposición de Col. 3:12-13 (págs. 138-41 con las notas 125-34).

6. ἐν ἀγάπῃ podría ser perfectamente adverbial ("soportándolos los unos a los otros con amor") o ἐν podría ser comitativa (véase la pág. 38, nota 17).

7. Sobre todo porque él fue quien hizo la paz entre judíos y gentiles; en la sección presente, también, la unidad y la paz entre los creyentes judíos y gentiles podría estar implícita de manera

del "vínculo de la paz", y en Colosenses 3:14 dice que el amor es "el vínculo perfecto"; sin embargo, no existe ninguna discordancia entre ambos: el amor y la paz son ambos fruto del Espíritu (Gá. 5:22). "La mente del Espíritu es vida y paz" (Ro. 8:6).

2. Confesión de fe (4:4-6)

4   *Hay un solo cuerpo y un solo Espíritu (así como también vosotros fuisteis llamados[8] en una misma esperanza de vuestra vocación);*
5   *un solo Señor, una sola fe, un solo bautismo;*
6   *un solo Dios y [9] Padre de todos, que está sobre todos, por medio de todos y en todos.*[10]

4 La naturaleza de esta sección es la de un *credo* cristiano primitivo, que aunque no carece de precedentes en los escritos paulinos, es más detallado que sus credos anteriores. "Para nosotros", dice Pablo en 1 Corintios 8:6, "hay un solo Dios, el Padre, de quien proceden todas las cosas y para quien nosotros existimos; y un solo Señor, Jesucristo, por quien son todas las cosas y por medio del cual existimos nosotros". A este *credo* binario le sigue, más adelante en esa misma carta, un patrón triádico de palabras que enmarca "el mismo Espíritu... el mismo Señor... el mismo Dios" (1Co. 12:4-6). De igual forma, la estructura de la fraseología de Efesios 4:4-6 gira en torno a "un solo Espíritu... un solo Señor... un solo Dios". Este es el prototipo de los credos orientales, con su marcada repetición del número "uno";[11] así, pues, en contraste con el antiguo credo romano,[12] "creo en Dios, Padre Todopoderoso...", tenemos el credo niceno (que sigue el patrón de los credos orientales más antiguos): "Creemos en un solo Dios, Padre Omnipotente... y en un solo Señor Jesucristo..." (algunas ampliaciones posteriores añaden, "... una sola iglesia católica y apostólica... un solo bautismo para el perdón de los pecados").[13]

---

especial (por cuanto se menciona explícitamente en 1Co. 12:13).

8. Gr. καθὼς καὶ ἐκλήθητε (καί se omite en B y en algunos otros testigos).

9. Gr. εἷς θεὸς καὶ πατὴρ πάντων (καί se omite en unos cuantos testigos).

10. Gr. ἐν πᾶσιν después de lo cual se añade ἡμῖν ("nosotros") en D F G Ψ con la mayoría de los manuscritos en cursivas y en la versión latina y en la siriaca. Algunos otros testigos, seguidos por el TR, añaden ὑμῖν (de ahí que en la RV1909 se lea "y en todos vosotros").

11. Véase R. R. Williams, "Logic *versus* Experience in the Order of Credal Formulæ". *NTS* 1 (1954-55), 42-44.

12. En caso de que el credo romano no haya sido el antecesor del credo de los apóstoles, tal como alegó (p. ej.) A. E. Burn (*The Apostles' Creed* [Londres, 1914]), sí fue un representante anterior de la misma tradición occidental (véase J. N. D. Kelly, *Early Christian Creeds* [Londres, 1950], págs. 404-34).

13. Véase J. N. D. Kelly, *Early Christian Creeds*, págs. 215-16, 297-98.

En la confesión que nos ocupa, "un solo Espíritu", "un solo Señor" y "un solo Dios" aparecen sucesivamente ampliados. La frase "un solo cuerpo y un solo Espíritu" evoca las palabras de 1 Corintios 12:13 (citado anteriormente), que confirman la relación entre estos dos: los miembros del pueblo de Cristo fueron bautizados en el mismo Espíritu en un solo cuerpo, y ese Espíritu es el principio vivificador del cuerpo colectivo de Cristo. La unidad del Espíritu se mantiene cuando los miembros del cuerpo trabajan juntos y en armonía en pro del bienestar de todo el conjunto. Esta es la enseñanza que presenta 1 Corintios 12:12-26 en relación con la iglesia local; ese mismo principio se aplica aquí, pero de forma más general. De todos modos, la intención nunca fue aplicarla a una sola iglesia local: dondequiera que estuviera el pueblo de Cristo, allí estaba su cuerpo,[14] del que cada uno de ellos era un miembro.[15]

La cláusula parentética, "así como también vosotros fuisteis llamados en una misma esperanza de vuestra vocación" podría adjuntarse a "un solo cuerpo y un solo Espíritu" porque los que Dios "llamó, no solo de entre los judíos sino también de entre los gentiles" (Ro. 9:24), fueron llamados "en un solo cuerpo" (Col. 3:15) —es decir, como miembros de un solo cuerpo. A la "misma esperanza" que comparten en virtud de ese llamamiento (Ef. 1:18) se le llama también "la esperanza del evangelio" (Col. 1:23) porque se expone en el mensaje de salvación, y "la esperanza de la gloria" (Col. 1:27) porque se hará realidad cuando se manifieste la gloria venidera. Y de esa gloria venidera el "único Espíritu" es aquí y ahora la garantía (Ef. 1:13-14).

5 No resulta difícil entender por qué "una sola fe" y "un solo bautismo" pueden adjuntarse a "un solo Señor": él es el objeto de la fe de su pueblo (Ef. 3:12) y es en él que ellos han sido bautizados (Ro. 6:3; Gá. 3:27). La frase "una sola fe" no se refiere al conjunto de creencias que comparten (aun cuando estas se mencionen en el contexto de un credo) sino a su fe común en Cristo.[16] El Dios de los judíos y de los gentiles, tal como Pablo les recordó a los cristianos de Roma, es uno solo, "y él justificará a los circuncisos en virtud de su fe y a los incircuncisos por medio de su fe" (Ro. 3:29-30) —una sola fe, centrada en un solo Señor.

En cuanto a "un solo bautismo", no viene al caso preguntar si se trata del bautismo en agua o del bautismo del Espíritu: es el bautismo cristiano —el bautismo "en el nombre del Señor Jesús" (Hch. 8:16; 19:5; cf. 1Co. 1:13-15)—

---

14. Cf. Ignacio, *Smyrnæans* 8:2 ("dondequiera que esté Jesucristo, allí está la iglesia católica"). En otro lugar, Ignacio hace hincapié en "la unidad de la iglesia" (*Philadelphians* 3:2), que es idéntica a "la unidad de Jesucristo" (*Philadelphians* 5:2). "En Efesios y Hebreos la unidad y la unicidad, la unidad y la absolutidad, y la unidad y la perfección se entrelazan en patrones muy cercanos de pensamiento. De ahí que la teología de la ἑνότης (Ef. 4:4-5) esté tan estrechamente relacionada con la de ἐφάπαξ (Heb. 9:12) en el NT" (O. Michel, *TDNT* 3, pág. 624, n. 2, *s.v.* καταντάω).

15. Cf. 1Co. 12:27.

16. No está claro si el término πίστις se emplea alguna vez en el NT (fuera de Jud. 3, 20) para referirse a un credo o a un conjunto de creencias, aunque hay algunos usos de la palabra en las pastorales a los que podría atribuírseles este sentido.

que sin duda incluía la aplicación del agua, de conformidad con el bautismo de Juan, pero (tal como pone de relieve su inauguración en el día de Pentecostés) estaba íntimamente relacionado con el don del Espíritu.[17]

6 El tercer artículo en este *credo*, "un solo Dios y Padre de todos", no se amplía por medio de la adición de otros aspectos de la experiencia cristiana, sino por medio de una cláusula adjetival, al igual que en el *credo* de 1 Corintios 8:6.

En cuanto al genitivo "de todos", es probable que su significado más específico sea "de todos —tanto judíos como gentiles". "¿No tenemos todos un mismo Padre?", preguntó un profeta hebreo: "¿No nos ha creado un mismo Dios?" (Mal. 2:10). El profeta formuló esas preguntas para abordar una situación que había surgido dentro de Israel, en la que el pueblo de Dios estaba violando el vínculo del pacto que los mantenía unidos. Aquí se aplica el mismo principio pero en un contexto más amplio: el pueblo de Dios está compuesto ahora por los "elegidos de cada nación".

La cláusula adjetival adjunta a "un solo Dios, el Padre" en 1 Corintios 8:6 lo reconoce como el creador y el fin supremo de todos, pero la cláusula adjetival aquí lo describe como trascendente, omnipresente e inmanente. Sin embargo, ¿cómo debemos interpretar ese "todos" sobre quienes (o los cuales) él es trascendente, por medio de quienes (o los cuales) él es omnipresente, en quienes (o los cuales) él es inmanente? En lo que respecta a las formas gramaticales, el género podría ser masculino o neutro, pero lo más probable es que debamos atribuirle a la palabra un sentido personal, del mismo modo que en la frase anterior: "un solo Dios y Padre de todos".[18] No es necesario destacar que él es trascendente sobre todos sus hijos. Él existe "por medio" de ellos, tal vez porque ellos son los instrumentos o los agentes de los que él se vale para obrar.[19] "Hay diversidad de operaciones, pero es el mismo Dios el que hace todas las cosas en todos"[20] (1Co. 12:6). En cuanto a que él está "en"

---

17. Hasta donde lo requiere la exégesis de Efesios, no es necesario decir nada más sobre la relación entre el bautismo en agua y el Espíritu. (Si la intención fuera referirse específicamente a los candidatos bautismales, se habría hecho un hincapié especial en la inclusión de "un solo bautismo" en la séptuple unidad). El propio J. D. G. Dunn, que minimiza la relación del bautismo en agua y el bautismo del Espíritu hasta el punto de decir que ellos "siguen siendo diferentes e incluso antitéticos", acepta que el bautismo en agua "simboliza la limpieza espiritual que produce el Espíritu" (*Baptism in the Holy Spirit* [Londres, 1970], págs. 227-28). En Hechos, al bautismo cristiano normalmente le sigue (2:38; 8:14-17; 19:5-6) o incluso le precede (10:44-48) el don del Espíritu: el tiempo transcurrido entre el bautismo de los samaritanos convertidos y su recepción del Espíritu (Hch. 8:14-17) es anómalo y exige una explicación. Véase G. W. H. Lampe, *The Seal of the Spirit* (Londres, 1951), págs. 70-72 *et passim*.

18. El sentido personal se hace explícito en las pruebas textuales posteriores en las que aparece "en todos nosotros" o "en todos vosotros" (cf. pág. 311, nota 10).

19. Cf. H. Schlier, *Der Brief an die Epheser*, pág. 189.

20. Gr. διαιρέσεις ἐνεργημάτων εἰσίν, ὁ δὲ αὐτὸς θεὸς ὁ ἐνεργῶν τὰ πάντα ἐν πᾶσιν (cf. ἐν πᾶσιν aquí al final del v. 6).

ellos,[21] esto podría tomarse casi en el mismo sentido, pero es más probable que tenga relación con la declaración de Efesios 2:22, a saber, que el pueblo de Dios es su "morada en el Espíritu". Cuando se trata de la inmanencia divina en los corazones de los individuos, el sujeto normalmente es el Espíritu o el Cristo que mora en el interior del creyente: la frase "en todos" aquí podría referirse al pueblo de Dios de forma colectiva. La presencia de Dios en medio de ellos es una realidad de la que otras personas también pueden dar fe, como cuando un incrédulo entra en una reunión de la iglesia y, oyendo la revelación del pensamiento de Dios en el poder del Espíritu, se postra y confiesa: —"¡Dios está entre vosotros!" (1Co. 14:24-25).

Si se preguntara por qué aparece aquí el orden inusual de "un solo Espíritu... un solo Señor... un solo Dios", la respuesta sin duda es (al igual que en 1Co. 12:4-6) que el Espíritu se mencionó en la oración inmediatamente anterior (v. 3; cf. 1Co. 12:3), y por tanto, la transición natural es a "un solo Espíritu" antes de "un solo Señor" y "un solo Dios". La confesión de fe en los vv. 4-6 interrumpe la sección parenética que comenzó en los vv. 1-3 y que no se reanuda hasta el v. 17. Se ha sugerido además, que esta confesión remplaza el "orden lógico, metafísico y apologético" (Padre-Hijo-Espíritu) por el "orden basado en la experiencia". Al igual que en 1 Corintios 12:4-6 Pablo "se desplaza 'hacia arriba'... pasa del hecho obvio y presente de los dones del Espíritu al servicio de Cristo que esos dones hacen posible, y de ahí al origen primordial de toda la actividad divina, el poder creador de Dios", es por eso que Efesios 4:4-6 nos muestra que "la unidad del Espíritu" emana "de las unidades profundas y subyacentes de la fe cristiana". Incluso en la actualidad, la conclusión es que "los catecúmenos y los convertidos deben conducirse según esta *scala sancta* cada vez que sea posible". Ofrece más esperanza que el orden metafísico, el cual deriva su poder de un contacto *experiencial* previo con las realidades que trata de explicar".[22]

3. Provisión para la salud y el crecimiento espirituales (4:7-16)

7   Pero a cada uno de nosotros se nos ha dado la gracia[23] conforme a la medida del don de Cristo.

8   Por tanto, dice:
    "Cuando ascendió a lo alto llevó cautiva la cautividad;

---

21. Es poco probable que el presente texto exprese la idea del autor del himno: "En toda vida vives tú, la verdadera vida de todos" (el correlato de las palabras citadas en Hch. 17:28, ἐν αὐτῷ γὰρ ζῶμεν καὶ κινούμεθα καὶ ἐσμέν).
22. R. R. Williams, "Logic *versus* Experience in the Order of Credal Formulæ", págs. 43-44.
23. ἡ χάρις (ἡ se omite en B D* F G L P* 082 6 326 1739 1881).

EFESIOS 4:7

dio dones a los seres humanos".²⁴
9 *Pero, ¿qué significa eso de que "ascendió", sino que también descendió²⁵ a las partes más bajas de la tierra?²⁶*
10 *El que descendió es el mismo que también "ascendió" por encima de todos los cielos, a fin de llenar el universo.*
11 *Él es también el que "dio"²⁷ a algunos como apóstoles y a algunos como profetas, a algunos como evangelistas y algunos como pastores y maestros.*
12 *Los dio para preparar a los santos para la obra del ministerio, para la edificación del cuerpo de Cristo,*
13 *hasta que todos lleguemos a la unidad de la fe y el conocimiento del Hijo²⁸ de Dios, y alcancemos las dimensiones de un hombre plenamente maduro, la medida de la estatura de la plenitud de Cristo.*
14 *No seamos ya ninos,²⁹ sacudidos y llevados de aquí para allá por todo viento de doctrina, por la astucia y las artimañas humanas que tienen por objeto conducir a la gente por sendas equivocadas;³⁰*
15 *hablemos más bien la verdad³¹ con amor y crezcamos en todas las cosas hacia aquel que es la³² cabeza —esto es, Cristo.³³*
16 *Es de él que todo el cuerpo, bien ajustado y unido por medio de la cohesión que proporciona cada ligamento, crece eficazmente³⁴ conforme a la medida que corresponde a cada parte,³⁵ para que sea edificado³⁶ en amor.*

7   Dentro de la unidad del cuerpo cada miembro tiene un papel específico que debe desempeñar, un servicio específico que debe realizar, para que todo el conjunto funcione eficazmente. A la capacidad para llevar a

---

24. ἔδωκεν δόματα τοῖς ἀνθρώποις (καί aparece antes de ἔδωκεν en ℵ² B C* D² Ψ y en la mayoría de los manuscritos en cursivas). Antes de τοῖς ἀνθρώποις se lee la preposición ἐν en F G 614 630 2464 *pc* (cf. Sal. 67:19 LXX: ἐν ἀνθρώπῳ).
25. κατέβη, después de ese verbo aparece πρῶτον en ℵ² B C Ψ y en la mayoría de los manuscritos en cursivas con las versiones lat^vg sir^pesh (para expresar lo que de todos modos está implícito).
26. εἰς τὰ κατώτερα μέρη τῆς γῆς (μέρη se omite en P⁴⁶ D* F G y en varios testigos latinos).
27. ἔδωκεν (aoristo), que en P⁴⁶ se sustituye por δέδωκεν (perfecto).
28. τοῦ υἱοῦ *se omite en* F G lat^b (dando como resultado la lectura: "el conocimiento de Dios").
29. Gr. ἵνα μηκέτι ὦμεν νήπιοι, "para que ya no seamos niños".
30. πρὸς τὴν μεθοδείαν τῆς πλάνης ("por las artimañas del error"), a lo que A añade τοῦ διαβόλου ("del diablo").
31. ἀληθεύοντες δέ, parafraseado en F G como ἀλήθειαν δὲ ποιοῦντες (cf. lat^vg *ueritatem autem facientes*).
32. ἡ κεφαλή (ἡ se omite en D* F G 6 1739 1881 pc).
33. Χριστός, delante de lo cual en ℵ² D F G Ψ y en la mayoría de los manuscritos en cursivas aparece ὁ (en P⁴⁶ se lee τοῦ Χριστοῦ).
34. κατ' ἐνέργειαν, se omite en F G lat^vet (en P⁴⁶ se lee καὶ ἐνεργείας).
35. μέρους, que en A C Ψ 365 *pc* se sustituye por μέλους ("miembro", "extremidad").
36. εἰς οἰκοδομὴν ἑαυτοῦ, "para la edificación de sí mismo" (en lugar de ἑαυτοῦ en ℵ D* F G *pc* se lee αὐτοῦ).

EFESIOS 4:8

cabo este servicio se le llama aquí la "gracia" que le es dada a cada uno. Pablo hizo referencia anteriormente a la "gracia" especial que se le había concedido a él —la gracia del apostolado (Ef. 3:7-8),[37] la cual debía ejercitar no en una sola iglesia local sino a lo largo del mundo gentil. Pero los demás miembros del cuerpo tenían sus respectivas variedades de "gracia"; porque "nosotros, aunque muchos, somos un solo cuerpo en Cristo", les dice Pablo a los romanos, por tanto, "teniendo dones[38] que difieren según la gracia que nos ha sido dada, usémoslos" (Ro. 12:5-6).[39]

En 1 Corintios 12:7-11 es por medio del Espíritu que las diversas "manifestaciones" se conceden "para el bien común" junto con el poder para ejercitarlas, pero aquí se dan "conforme a la medida del don de Cristo".[40] Puesto que Cristo es el que bautiza a su pueblo con el Espíritu,[41] no resulta incoherente atribuirle también la concesión de los dones del Espíritu: esta es una de las diferencias en cuanto a la importancia y la fraseología entre el tratamiento de este tema en otros lugares de los escritos paulinos y su tratamiento en Efesios.[42] La asignación proporcional de los dones se pone de relieve constantemente, pero si en 1 Corintios 12:11 el Espíritu es el que "reparte a cada uno como él quiere", la distribución aquí, al igual que la concesión general, es obra del Cristo ascendido.

8 Esto está confirmado por la aplicación de un texto veterotestamentario, introducido por la fórmula "por tanto se dice" (lit., "por tanto dice",[43] esto es, "la Escritura dice" o "Dios dice"). Esta fórmula precisa aparece una vez más en esta carta (en Ef. 5:14, donde se usa para introducir algo que no puede reconocerse como una cita de la Escritura) pero en ningún otro lugar del corpus paulino;[44] no obstante, no se le atribuye ningún significado particular ("dice" o "él dice" aparece con bastante frecuencia en Pablo cuando se cita la Escritura, cualquiera que sea el adverbio o la conjunción que lo acompañe).[45]

---

37. Véase la pág. 294 con la nota 38.
38. Gr. χαρίσματα (que también se usa en 1Co. 12:4, 9, 28, 30-31), es un término que no aparece en Efesios, donde la palabra "don" con este sentido es δωρεά (Ef. 3:7; 4:7) o δόμα (en la cita del AT en el v. 8).
39. Cf. 1Pe. 4:10, "según el don (χάρισμα) que cada uno ha recibido, úselo en beneficio de los demás, como buenos administradores de la multiforme gracia de Dios" (ὡς καλοὶ οἰκονόμοι ποικίλης χάριτος θεοῦ).
40. Gr. κατὰ τὸ μέτρον τῆς δωρεᾶς τοῦ Χριστοῦ. Cf. Ro. 12:3, "según la medida de fe que Dios le ha dado a cada uno" (ἑκάστῳ ὡς ὁ θεὸς ἐμέρισεν μέτρον πίστεως).
41. Mr. 1:8; Jn. 1:33, etc. En Lc. 24:49; Jn. 15:7, 26; 16:7 dice que Cristo "envía" el Espíritu.
42. Otra diferencia es la designación como "dones" de los propios individuos que reciben y ejercitan los dones del Espíritu (v. 11 más adelante).
43. Gr. διὸ λέγει.
44. Aparece en Stg. 4:6 (para introducir la cita de Pr. 3:34).
45. Véase E. E. Ellis, *Paul's Use of the Old Testament* (Grand Rapids, 1981), pág. 23: "Para Pablo, 'la Escritura dice', 'Dios dice' e "Isaías dice" son solo distintas formas de expresar la misma idea" (en cuanto a λέγει sin ningún sujeto cuando se introduce una cita veterotestamentaria, cf. Ro. 9:25; 10:21; 15:10; Gá. 3:16). Véase también B. B. Warfield, *The Inspiration and Authority of the Bible* (Filadelfia, 1948), págs. 299-348.

El texto que se cita es Salmo 68:18 (19 en el TM). Una versión bastante literal del texto hebreo es:

"Tú has ascendido a lo alto;
tú has llevado cautiva la cautividad;
tú has recibido dones entre los hombres—
sí, incluso los rebeldes, para que Yah pueda morar (allí como) Dios".

La enigmática referencia a los "rebeldes" (a los que tal vez les molesta que Yahvé haya elegido a Sión por morada) no tiene por qué detenernos porque no está incluida en la cita. Las primeras tres cláusulas del versículo aparecen traducidas palabra por palabra a un griego no idiomático en la LXX (Sal. 67:19).[46]

El salmo, en general, o al menos esta sección del mismo, es, tal como Calvino lo llamó, un *epinikion*, un canto de victoria.[47] Podríamos imaginar a un líder militar que regresa a Jerusalén al frente de sus seguidores, tras haber derrotado un ejército enemigo y tomar muchos prisioneros. La procesión victoriosa, seguida por los cautivos, llega al monte del templo, precedida por el arca sagrada, que simboliza la presencia invisible del Dios de Israel. Cuando la procesión traspase los límites del templo, se le ofrecerá a Dios un sacrificio de alabanza, y le consagrarán el tributo que recibió el vencedor del enemigo vencido. Se hace referencia a este tributo como los "dones" que recibió el vencedor "entre los hombres" —es probable que los traductores de la RVR1995 y la NVI hayan tenido razón al traducir la frase como "de los hombres".[48]

En la presente cita la segunda persona del singular original (que alude a Yahvé o a su rey ungido) se cambia por la tercera persona para adaptar la construcción al argumento contextual. Este, empero, es un cambio menor: el cambio mayor es el remplazo de la forma verbal "recibió" por su antónimo "dio". Ese cambio no cuenta con el apoyo ni de la redacción hebrea ni de la griega (al menos en las copias que se conservan); pero sí aparece como una versión targúmica.[49]

---

46. De este modo εἰς ὕψος representa al término *lammārôm* (RSV "el monte alto"), ᾐχμαλώτευσας αἰχμαλωσίαν representa a *šābîtā šebî* (donde el sustantivo abstracto "cautividad" funciona como un nombre colectivo y significa "cautivos", al igual que ἀκροβυστία y περιτομή denotan respectivamente los ἀπερίτμητοι y los περιτετμημένοι en Ef. 2:11), y ἐν ἀνθρώπῳ representa a *bā'ādām* (donde el término hebreo 'ādām tiene un sentido colectivo ajeno al sustantivo griego singular ἄνθρωπος).

47. Calvino, *Efesios*, pág. 174.

48. Si el término hebreo *bᵉ* puede tomarse aquí en el mismo sentido del término ugarítico *bᵉ*, "de". M. Dahood va más allá y lee aquí *bᵉ'ādēm*, "de sus manos" (*Psalms* II, AB [Garden City, NY, 1968], 143; cf. *Psalms* I, AB [Garden City, NY, 1966], 95); T. H. Gaster se le adelantó en *Thespis* (New York, 1950), pág. 458. Pero obsérvese la salvedad que hace J. Barr en *Comparative Philology and the Text of the Old Testament* (Oxford, 1968), págs. 175-77.

49. Calvino, sin conocer las lecturas aramea y siriaca, llegó a la conclusión de que "Pablo cambió a propósito la palabra" ("recibió" por "dio") para intensificar la gloria de la ascensión de Cristo, "porque para un conquistador es más excelente dispensarles generosamente su bondad a todos que reunir el botín de los vencidos" (*Efesios*, págs. 175-76).

Una versión targúmica temprana se encuentra en la Peshitta:[50]

"*Tú has ascendido a lo alto;
tú has llevado cautiva la cautividad;
tú has dado dones a los hombres.*"

Una ampliación posterior aparece en el tárgum tradicional sobre el salterio que presenta el texto con un entorno muy alejado de Jerusalén bajo la monarquía:

"*Tú has ascendido al firmamento, profeta Moisés;
tú has llevado cautiva la cautividad;
tú has enseñado las palabras de la ley;
tú has dado dones a los hombres*".

En algunas ocasiones, Pablo y otros escritores del NT muestran claramente que están usando versiones targúmicas (o versiones que nosotros conocemos ahora solamente a partir de los tárgumes), y sobre todo cuando esas versiones se adaptan mejor al argumento al que se aplican que la redacción hebrea o la de la Septuaginta.[51] Aunque el tárgum escrito sea bastante reciente,[52] las versiones que presenta a menudo tuvieron una larga prehistoria oral. Por más que "tú has dado dones a los hombres" se desvíe de "tú has recibido dones entre (de) los hombres", se reconoció como una interpretación aceptable en el siglo I d.C.[53] (Podría decirse que un conquistador, después de recibir "dones" del enemigo derrotado, se los otorga con generosidad a los espectadores que bordean la ruta procesional; pero no tenemos forma de conocer si esta consideración conciliadora se usó para salvar la brecha entre el texto original y la interpretación).

9 La versión targúmica se explica como una referencia a la ascensión de Cristo y su concesión de dones a la iglesia. El método que se emplea para explicarlo es lo que comúnmente se llama *pesher*, debido a su uso regular (bajo esa palabra hebrea) en los comentarios bíblicos de Qumrán.[54] Se cita una sección de texto bíblico, y a continuación se da su explicación (*pesher*), palabra por palabra o frase por frase, pero no en función de su entorno original sino del entorno al que está aplicándose. Dos verbos aquí se seleccionan del

---

50. Véase E. Nestle, "*Zum Zitat in Eph 4, 8*," *ZNW* 4 (1903), 344-45. P. E. Kahle veía la Peshitta veterotestamentaria como un tárgum arameo oriental preparado en primer lugar para los prosélitos de Adiabene en el siglo I d.C. (*The Cairo Geniza* [Oxford, 1959], págs. 270-73).

51. Cf. la versión targúmica de Dt. 32:35 ("Mía es la venganza; yo pagaré") en Ro. 12:19 (y Heb. 10:30); de Is. 6:10 ("y sea perdonado") en Mr. 4:12; de Isa. 6:1 ("yo vi la gloria de Dios") en Jn. 12:41.

52. El tárgum sobre los salmos aparentemente no es posterior al año 476 d.C., porque reconoce las divisiones occidental y oriental del imperio romano.

53. Presumiblemente en una forma griega; la cita en el v. 8 parece ser una desviación deliberada de la redacción de la LXX.

54. Cf. F. F. Bruce, *Biblical Exegesis in the Qumran Texts* (Londres, 1960), págs. 7-19. En el AT, el término hebreo $p^e\check{s}er$ aparece en Ec. 8:1; el equivalente arameo $p^e\check{s}ar$ se lee en Dn. 2:4ss.; 4:6ss. (3ss. M); 5:7ss.; 7:16.

pasaje veterotestamentario tal como aparece citado y se les da su explicación adecuada: "ascendió" y "dio".

La expresión "él ascendió" se aplica al regreso de Cristo desde la tierra a lo más alto del cielo que ya se mencionó en Efesios 1:20-21. En ese pasaje el sujeto era Dios: él resucitó a Cristo de entre los muertos y "lo sentó... en la esfera celestial". Aquí, sin embargo, el sujeto es Cristo: él es el que ascendió. Se considera que la expresión "él ascendió" implica que primero "descendió". En el cuarto evangelio aparece esa misma secuencia de "ascendió/descendió". "Nadie ascendió al cielo sino el que descendió del cielo" (Jn. 3:13; cf. Jn. 6:38, 62, donde el que afirma que "descendió del cielo, no para hacer mi voluntad, sino la voluntad del que me envió", les pregunta a sus escandalizados oyentes: —"¿Pues qué si vierais al Hijo del Hombre ascender adonde antes estaba?"). En el cuarto evangelio, la ascensión es de la tierra al cielo y, por consiguiente, el descenso anterior del cielo a la tierra; y así también ocurre aquí. Es decir, la frase "las partes más bajas de la tierra" debe entenderse como "la tierra abajo".[55]

Pero esta frase, "las partes más bajas de la tierra", se ha interpretado tradicionalmente como una alusión a la morada de los muertos,[56] y el pasaje se ha usado como uno de los pocos textos bíblicos que prueban el horrendo descenso de Cristo al infierno —es decir, la idea de que entre su muerte y su resurrección Cristo invadió la morada de los muertos y libertó a los hombres y mujeres de Dios que, desde Adán en adelante, habían estado retenidos allí, "llevando" así "cautiva la cautividad".[57] En este *pesher* no se ofrece ninguna explicación acerca de la multitud de cautivos que se llevó el conquistador en el Salmo 68:18; pero es más natural que las palabras se refirieran a los prisioneros de guerra del ejército enemigo y no a los súbditos legítimos del conquistador que habían sido librados del control indeseado del líder enemigo. (Si a la multitud de cautivos se le hubiera dado una interpretación cristológica, los principados y los poderes de Col. 2:15 habrían resultado más adecuados en este sentido).[58]

---

55. En τὰ κατώτερα τῆς γῆς el genitivo τῆς γῆς es epexegético después de τὰ κατώτερα (genitivo de definición). La frase significa casi lo mismo que τὰ κατώτατα τῆς γῆς en el Sal. 138:15 LXX (139:15 en el TM). "Se establece una comparación, no entre una parte de la tierra y otra, sino entre toda la tierra y el cielo; como si él hubiera dicho: 'Desde aquella elevada morada descendió a nuestro profundo abismo" (J. Calvino, *Efesios*, pág. 176).

56. Esta interpretación no está extinguida; cf. F. Büchsel, *TDNT* 3, págs. 641-42 (*s.v.* κάτω κτλ), cuyos argumentos de que aquí se hace referencia a "la esfera del inframundo, el lugar de los muertos", demostraron ser tan ponderosos que persuadieron a J. Schneider para que flaqueara en su opinión de que la referencia es "a la carrera terrenal del Redentor, no a su descenso al Hades", la cual había mantenido en *TDNT* 1, p. 523 (*s.v.* καταβαίνω), y concediera que cualquiera de las dos interpretaciones era defendible (*TDNT* 4, pp. 597-98, *s.v.* μέρος). Pero sus primeras ideas eran correctas.

57. Otro texto que prueba esta tradición es 1Pe. 3:19-20, donde, sin embargo, τὰ ἐν φυλακῇ πνεύματα son probablemente los ángeles díscolos de Gn. 6:1-4 (cf. Jud. 6; 2Pe. 2:4). (En forma similar, los καταχθόνιοι de Fil. 2:10 son probablemente espíritus o demonios y no seres humanos muertos).

58. Esta era la opinión de Ireneo: "por medio del término *cautividad* él se refiere a la destrucción del gobierno de los ángeles apóstatas" (*Epideixis* 83). Cf. H. Traub, *TDNT* 5, págs.

10 Después de descender a la tierra en la encarnación, Cristo entonces "ascendió" al cielo —de hecho, "por encima de todos los cielos". De manera similar, en la carta a los Hebreos dice que él "traspasó los cielos" para ser "exaltado por encima de los cielos" (Heb. 4:14; 7:26). Ascendió allá, se nos dice ahora, a fin de "llenar todas las cosas" —para penetrar el universo con su presencia. Esto está en consonancia con una posible interpretación de Efesios 1:23, de que él es el que "llena el universo en todas sus partes". Allí se pone de relieve especialmente su relación con "la iglesia, la cual es su cuerpo": y aquí, ese "llenado" del universo que se inauguró en su ascensión se lleva a efecto ahora de una manera más particular porque él le proporciona a la iglesia todo lo necesario para promover el crecimiento del cuerpo hasta que llegue a la medida de su propia plenitud.

En el AT y en otra literatura derivada de él el llenado del universo es una propiedad divina: "¿No lleno yo el cielo y la tierra?, dice el Señor" (Jer. 23:24).[59] Ahora, parte de la exaltación que el Padre le confirió al Hijo es la participación del Hijo en la ubicuidad del Padre.

11 En la declaración del texto veterotestamentario, "dio dones a los hombres", se hace patente que el que dio los dones es el mismo que ascendió: y se los dio precisamente porque ascendió.[60] En Hechos 2:33 dice algo semejante respecto a su concesión del Espíritu: "Así que, exaltado a la diestra de Dios, y habiendo recibido del Padre la promesa del Espíritu Santo, ha derramado esto que vosotros veis y oís" (a saber, el don del Espíritu con las manifestaciones que lo acompañan). Si se hubiera considerado necesario tener en cuenta en la interpretación tanto la lectura original como la targúmica (un procedimiento sobradamente confirmado en los comentarios de Qumrán), podría haberse dicho de los dones del Espíritu, y también del don del propio Espíritu, que Cristo los "recibió" del Padre y luego se los otorgó a los hombres. Una idea así puede haber estado detrás del uso de la preposición "para" en la traducción del

---

525-26 (*s.v.* οὐρανός): El viaje de Cristo a la tierra y el regreso al cielo destruyó el poder de las fuerzas hostiles que controlaban las zonas celestiales e impedían que los seres humanos tuvieran acceso a Dios. H. Schlier supuso que el lenguaje, por no decir el pensamiento, de este pasaje estuvo influenciado por el relato gnóstico del descenso y el ascenso del redentor redimido, coincidiendo su ascenso con la regeneración (ἀναγέννησις) del "hombre perfecto" (*Christus und die Kirche im Epheserbrief*, pág. 33); pero, como ya se dijo antes, resulta difícil encontrar pruebas de la circulación precristiana de este relato. Con respecto al pasaje en general, véase G. B. Caird, "*The Descent of Christ in Ephesians 4, 7-11*", *SE* 2 = *TU* 87 (Berlín, 1964), 535-45.

59. H. Schlier (*Der Brief an die Epheser*, págs. 193-94) indica que esta idea veterotestamentaria se refleja repetidamente en Filón con un lenguaje estoicizante; cf. *Leg. Alleg.* 3.4 ("Dios ha llenado y penetrado todas las cosas, y no ha dejado nada vacío ni carente de él mismo"); *On Dreams* 2.221; *Life of Moses* 2.238.

60. Cf. Justino, *Diálogo* 39.2-4, donde un resumen de 1Co. 12:8-10, que Trifón cuestiona, es defendido apelando al Sal. 68:18: "estaba profetizado que, después de la ascensión de Cristo al cielo, él nos llevaría cautivos liberándonos del (dominio del) error y nos daría dones".

EFESIOS 4:11

Salmo 68:18 en la Biblia Coverdale y en la KJ: "tú has recibido dones para los hombres". Pero eso ni siquiera se insinúa aquí.[61]

Si bien en 1 Corintios 12:4-11 las "variedades de dones"[62] son los diversos ministerios que el Espíritu les asigna a los miembros de la iglesia, junto con la capacidad para ejercitarlos, los "dones" aquí son las personas que ejercitan esos ministerios y de las que se dice que el Cristo ascendido se las "dio" a su pueblo para que este pudiera funcionar y desarrollarse en la forma debida. No se sugiere que esos "dones" sean solo para los que se mencionan específicamente; los mencionados ejercitan sus ministerios con el fin de ayudar a otros miembros de la iglesia a ejercitar sus propios ministerios (no hay ningún miembro que no tenga algún tipo de servicio que deba realizar).

De los "dones" a los que se hace referencia, hay tres que se mencionan por orden de prioridad en 1 Corintios 12:28, donde leemos que Dios puso en la iglesia "primeramente, apóstoles; en segundo lugar, profetas; en tercer lugar, maestros". Aquí, los evangelistas aparecen entre los profetas y los maestros, y a los maestros se les da el doble título de "pastores y maestros".

Ambas listas asienten a colocar a los apóstoles primero y a los profetas después de ellos. Los apóstoles y los profetas, tal como se indicó en Efesios 2:20, se consideran los "dones" fundamentales en la iglesia, y lo que se dijo antes respecto a ellos en la exposición y en las notas no es necesario repetirlo aquí.[63]

En cuanto a los evangelistas, no aparecen en el catálogo de ministerios en 1 Corintios 12:4-11; de hecho, no se mencionan en ninguna otra parte del corpus paulino aparte de 2 Timoteo 4:5, donde a Timoteo se le insta a "hacer la obra de evangelista". La única otra vez que aparece dicho sustantivo en el NT es en Hechos 21:8, donde a Felipe (al que también se le identifica como "uno de los siete" de Hch. 6:3-6) se le llama "Felipe, el evangelista".[64] No debe hacerse demasiado hincapié en la infrecuencia del sustantivo en el NT (podría ciertamente tratarse de una acuñación cristiana);[65] el verbo que significa

---

61. Según Calvino, "lo que exponen algunos en cuanto a que Cristo recibió del Padre lo que habría de distribuirnos a nosotros, resulta forzado, y es totalmente ajeno al argumento" (*Efesios*, pág. 176).

62. Gr. διαιρέσεις ... χαρισμάτων (ninguna de las dos palabras se usa en Efesios).

63. Véanse las págs. 282-84 con la nota 141.

64. En su explicación del presente texto, Crisóstomo piensa en los evangelistas contemporáneos de Pablo, pero en lugar de Felipe menciona a Priscila y Aquila, "que no andaban por todas partes, sino que solo predicaban el evangelio" (*Homilías sobre Efesios* 11 [*PG* 62, 82D]). (No cabe duda de que ellos predicaron el evangelio, pero entre las diversas formas de servicio cristiano que, según Pablo y Lucas, ellos realizaron en Corinto, Éfeso o Roma, no se hace mención explícita de este). En otros lugares, junto con el masculino εὐαγγελιστής Crisóstomo usa una forma femenina, εὐαγγελίστρια, de la que se vale para designar a la mujer cananea de Mt. 15:21-28 (*On the Dismissal of the Canaanite Woman* 4 [*PG* 52, 452A]) y a la mujer samaritana de Jn. 4:7-42 (*Diverse Homilies* 7.1 [*PG* 63, 493C]).

65. A la aparición no cristiana del término en una inscripción de Rodas (*IG* XII. 1.675.6), de un repartidor de oráculos, H. Achelis le asignó un origen cristiano en "*Spuren des Urchristentums*

"evangelizar" o "predicar el evangelio", del cual se deriva, aparece a menudo en los escritos de Pablo y de Lucas.[66]

Una de las funciones principales —de hecho, la función más importante— de un apóstol (según el uso especialmente cristiano de la palabra) era la predicación del evangelio.[67] Los apóstoles, como un orden de ministerio en la iglesia, no se perpetuaron más allá de la era apostólica,[68] pero las distintas funciones que ellos desempeñaban no caducaron con su muerte, sino que otros continuaron realizándolas —sobre todo los evangelistas y los pastores y maestros que se mencionan aquí.

Es posible que los evangelistas no estén incluidos entre los ministerios establecidos por Dios "en la iglesia" en 1 Corintios 12:28 porque, estrictamente hablando, ellos no ejercían su ministerio específico en la iglesia sino afuera, en el mundo. La iglesia es la comunidad de los que han oído la predicación del evangelio y han respondido a ella con fe; esas personas ya no necesitan ser evangelizadas. El evangelio se les predica a los incrédulos, para atraerlos a la fe en Cristo y sean así incorporados a la comunidad de los creyentes. El ministerio del evangelista no se ejerce "en la iglesia", pero no cabe duda de que sí se ejerce *para* la iglesia; sin embargo, sin el ministerio del evangelista, la iglesia se extinguiría muy pronto. Los apóstoles predicaban el evangelio antes de establecer las iglesias y les daban a sus convertidos otras enseñanzas; ellos eran, de hecho, evangelistas (al igual que pastores y maestros) aunque no se les llamara así de manera específica. Los evangelistas que el Cristo ascendido había provisto continuaban ejerciendo el aspecto de la predicación del evangelio del ministerio apostólico para que la iglesia pudiera crecer en las generaciones posteriores por medio de la adhesión de nuevos creyentes.

Los nuevos creyentes que se incorporan a la iglesia exigen un ministerio adicional (al igual que los creyentes más antiguos): necesitan ser "pastoreados" y enseñados. El sustantivo "pastor"[69] no se usa en ningún otro lugar en el NT para referirse a un ministerio de la iglesia, pero el verbo derivado "apacentar"[70]

---

auf den griechischen Inseln?" ZNW 1 (1900), 87-100; A. Dieterich, "εὐαγγελιστής," ZNW 1 (1900), 336-38, expone argumentos en sentido contrario.

66. εὐαγγελίζομαι (la forma activa εὐαγγελίζω en el NT se encuentra solo en Apocalipsis). Con respecto al campo semántico de εὐαγγέλιον, véase H. Schniewind, *Euangelion* I-II (Gütersloh, 1927-31).

67. Gá. 2:7, etc.

68. En la medida en que ἀπόστολος se corresponda con el término hebreo šālîaḥ, resulta oportuno recordar que la autoridad del šālîaḥ terminaba con la conclusión de la obra que se le había confiado y no podía transferírsela a otro; T. W. Manson lo compara con la máxima de la legislatura inglesa: *delegatus non potest delegare* (*The Church's Ministry* [Londres, 1948], pág 37). La autoridad del apóstol (en el sentido de 1Co. 15:3-9) estaba vinculada con una aparición especial y un encargo del Cristo resucitado, pero a pesar de que la autoridad no podía transmitirse, hubo otros que continuaron las diversas actividades del apóstol.

69. Gr. ποιμήν (se usa respecto a Cristo en Mr. 14:27 par. [cita de Zac. 13:7]; Jn. 10:11, 14, 16; Heb. 13:20; 1Pe. 2:25).

70. Gk. ποιμαίνω, Pablo lo usa en sentido literal en 1Co. 9:7, τίς ποιμαίνει ποίμνην ...;

sí se emplea en varias ocasiones en este sentido, y el término "rebaño" (derivado también del sustantivo que significa "pastor")[71] se usa respecto a la iglesia. Aunque el verbo "apacentar" ["pastorear"] y el término "rebaño" no aparecen con este sentido en las cartas paulinas, en Hechos 20:28 Pablo en Mileto les pide a los ancianos de la iglesia efesia que tengan "cuidado... de todo el rebaño [la grey], en medio del cual el Espíritu Santo os ha hecho obispos para pastorear la iglesia de Dios...". Los "pastores" pueden identificarse fácilmente con los ministros a los que en otros lugares se les llama "ancianos" (*presbyteroi*) u "obispos" (*episkopoi*, "pastoread el rebaño de Dios" es el mandato que les da a los "ancianos" un "anciano colega" en 1Pe. 5:2). (Es adecuado que este mandato se le atribuya al apóstol que recibió como última tarea de parte del Señor, según Juan 21:15-17, "apacienta mis ovejas").[72]

El obispo, según 1 Timoteo 3:2, debe ser "apto para enseñar".[73] La enseñanza es una parte esencial del ministerio pastoral; es correcto, pues, unir los dos términos "pastores y maestros"[74] para denotar un solo orden de ministerio. Mateo 28:19-20 presenta al Cristo resucitado ordenándoles a los once que "hagan discípulos de todas las naciones" y con ese fin, que les enseñen "a guardar todo lo que os he mandado". La diferencia entre *kērygma* y *didachē*, que C. H. Dodd[75] y otros líderes del movimiento de teología bíblica popularizaron en 1930, no es una diferencia tan mutuamente excluyente como a veces se ha insinuado, sino que, en general, el evangelista proclamaba el *kērygma* mientras que el maestro impartía la *didachē* (de hecho, puesto que *didachē* es simplemente "enseñanza", la segunda declaración sería tautológica). El contenido de la enseñanza era muy diverso: incluía la enseñanza de Jesús con sus implicaciones para la fe y la conducta cristianas. En Hechos 2:42 se hace referencia a ella como "las enseñanzas de los apóstoles", a las que, según se dice, la iglesia de Jerusalén se dedicaba continuamente. En Hechos 13:1 se mencionan los nombres de cinco líderes de la iglesia en Antioquía de Siria (incluyendo a Bernabé y Pablo) y se describen como "profetas y maestros". El aumento en el número de iglesias nuevas exigió la presencia de más maestros que les impartieran a los nuevos convertidos las enseñanzas básicas que necesitaban. En su carta a Roma, Pablo da por sentado que la "forma de enseñanza"[76] que los cristianos de aquella ciudad habían recibido era tan clara

---

71. Gr. ποίμνη, como en 1Co. 9:7, citado en la nota anterior: en Jn. 10:16 (μία ποίμην) se usa para referirse al rebaño de Cristo, el buen pastor. En Hch. 20:28-29; 1Pe. 5:2-3, se emplea el sinónimo ποίμνιον.

72. βόσκε τὰ ἀρνία μου ... ποίμαινε τὰ πρόβατά μου ... βόσκε τὰ πρόβατά μου.

73. Gr. διδακτικός.

74. Gr. ποιμένες καὶ διδάσκαλοι.

75. C. H. Dodd, *The Apostolic Preaching and its Developments* (Londres, [1936] 1944), págs. 1-2; J. I. H. MacDonald, *Kerygma and Didache* (Cambridge, 1980). Pero διδαχή se emplea a veces con un sentido más amplio que incluye el κήρυγμα. La "enseñanza (διδαχή) del Señor" que tanto impresionó a Sergio Paulo (Hch. 13:12) incluyó la predicación del evangelio.

76. Gr. εἰς ὃν παρεδόθητε τύπον διδαχῆς (Ro. 6:17).

e integral que podían detectar y rechazar cualquier propaganda que fuera incompatible con ella (Ro. 6:17; 16:17). A Timoteo se le ordena no solo que él mismo desempeñe un ministerio de enseñanza sino también que les transmita lo que él ha aprendido a "hombres fieles que sean idóneos para enseñar también a otros" (1Ti. 4:13, 16; 2Ti. 2:2); de este modo, se garantizaría la continuidad de la enseñanza en las próximas generaciones.

12 Estas variadas formas de ministerios les fueron concedidas a los miembros del pueblo de Dios con el fin de prepararlos para los distintos servicios que debían prestar en la comunidad, para que esta en su conjunto — es decir, "el cuerpo de Cristo"— fuera edificada. Las tres frases preposicionales en este versículo no están coordinadas entre sí, como podría sugerirlo la traducción de la RV09 ("para la capacitación [perfección] de los santos, para la obra del ministerio, para la edificación del cuerpo de Cristo");[77] La segunda frase y la tercera dependen de la primera, tal como lo indica el uso de una preposición diferente de la primera para introducirlas.[78]

13 La "edificación" del cuerpo (un término tomado tal vez de la figura arquitectónica de Ef. 2:21-22) supone su crecimiento hasta la plena madurez, hasta alcanzar las dimensiones de un "hombre perfecto". Esta mención de un "hombre perfecto" les ha recordado a algunos estudiantes al "hombre perfecto" que imaginaba el gnosticismo naasenio, el hombre primigenio que cayó de su entorno celestial pero que será redimido y restaurado a su perfección original.[79] A la luz de esta analogía se ha argumentado que Cristo, habiendo ascendido como el hombre celestial, ha otorgado desde el cielo los diversos ministerios mencionados para edificar su cuerpo hasta que sus miembros colectivamente alcancen el nivel que él ocupa en el mundo celestial.[80] Pero la analogía resulta inverosímil: de hecho, la expresión que se traduce como "hombre perfecto"

---

77. La preposición πρός (πρὸς τὸν καταρτισμὸν τῶν ἁγίων) introduce la primera frase, εἰς (εἰς ἔργον διακονίας, εἰς οἰκοδομὴν τοῦ σώματος τοῦ Χριστοῦ) la segunda y la tercera. En una construcción de este tipo estas dos preposiciones son intercambiables, pero la variación sugiere que las tres frases no están coordinadas, y esto está confirmado por el sentido de la oración.

78. Con respecto al ministerio en la iglesia primitiva véanse (además de las obras que se mencionan en la pág. 34, nota 2, y en la pág. 282, nota 141) J. B. Lightfoot, "*The Christian Ministry*", en *St. Paul's Epistle to the Philippians* (Londres, 1868), págs. 181-269 = *Dissertations on the Apostolic Age* (Londres, 1892), págs. 137-246; T. M. Lindsay, *The Church and the Ministry in the Early Centuries* (Londres, 1902); H. B. Swete (ed.), *The Early History of the Church and the Ministry* (Londres, 1921); B. H. Streeter, *The Primitive Church* (Londres, 1929); C. Gore (ed.), *The Church and the Ministry* (Londres, 1936); J. V. Bartlet, *Church-Life and Church-Order during the First Four Centuries* (Oxford, 1943); K. E. Kirk (ed.), *The Apostolic Ministry* (Londres, 1946); T. W. Manson, *The Church's Ministry* (Londres, 1948); A. Ehrhardt, *he Apostolic Ministry* (Edinburgh, 1958); E. Schweizer, *Church Order in the New Testament*, E.T. (Londres, 1961); K. Kertelge, *Gemeinde und Amt im Neuen Testament* (München, 1972); H. Merklein, *Das kirchliche Amt nach dem Epheserbrief* (München, 1973).

79. Cf. Hipólito, *Ref.* 5.8.10. Véase la pág. 299, notas 126, 127.

80. Cf. H. Schlier, *Christus und die Kirche im Epheserbrief*, págs. 28-37 (véase la pág. 344, nota 58 supra). Véanse también J. Schneider, *TDNT* 2, págs. 942-43 (*s.v.* ἡλικία); G. Bornkamm, *TDNT* 4, págs. 811-13 (*s.v.* μυστήριον); E. Percy, *Probleme*, págs. 316-27.

aquí no es idéntica a la que cita Hipólito del "misterio" naasenio (aunque este mundo no sería importante si pudiera establecerse una relación material entre ambos).[81] La nueva humanidad en la tierra, en la que se hace hincapié aquí, debe crecer hasta llegar a la madurez del adulto para vencer todas las fuerzas adversas que atentan contra su salud y eficacia.

Esta madurez se caracteriza por "la unidad de la fe y el conocimiento del Hijo de Dios", y estas dos cosas se logran aceptando los distintos ministerios disponibles. La unidad de la fe es en realidad la unidad del Espíritu que a los lectores se les pidió anteriormente que conservaran; es la unidad que mantiene vinculados a los que comparten la misma fe en Cristo. (Al igual que en el v. 5, donde la frase "una sola fe" anticipa la presente "unidad de la fe", es poco probable que se refiera a un conjunto de creencias). Es por la fe que el pueblo de Cristo está unido a él, y unidos a él, efectivizan su propia unidad entre ellos. El "conocimiento del Hijo de Dios" es el conocimiento personal de él que procede de la experiencia. No debe diferenciarse del conocimiento "del amor de Cristo, que sobrepasa el conocimiento" que el apóstol mencionó en su oración por ellos, cuando él desea que por ese conocimiento sean "llenos de toda la plenitud de Dios" (Ef. 3:19). El conocimiento personal de Cristo que había sido el logro que más fervientemente había procurado para sí mismo (Fil. 3:10), lo procura ahora también para todos sus hermanos creyentes.

La plena madurez espiritual que es preciso alcanzar se define más específicamente como "la medida de la estatura de la plenitud de Cristo".[82] El Cristo glorificado ofrece el modelo al que su pueblo debe aspirar: el Cristo colectivo no puede conformarse con una medida de perfección inferior a la del Cristo personal.

14 Aunque lo que se ha puesto de relieve es la madurez del cuerpo de Cristo, a cada miembro del cuerpo se nos impone una obligación, a saber, "que ya no seamos niños". En más de una ocasión los escritores del NT usan el término "niños"[83] para referirse a la inmadurez espiritual —una inmadurez que se torna culpable cuando ha transcurrido el tiempo suficiente para que los que así se describen hayan dejado atrás la niñez. Pablo les dice a los cristianos

---

81. El "hombre perfecto" naasenio es τέλειος ἄνθρωπος, mientras que la expresión en Ef. 4:13 es εἰς ἄνδρα τέλειον (se usa el término ἀνήρ en lugar de ἄνθρωπος, tal vez porque quien realmente es el "hombre perfecto" es Cristo).

82. Las dos frases, εἰς ἄνδρα τέλειον y εἰς μέτρον ἡλικίας τοῦ πληρώματος τοῦ Χριστοῦ, expresan la misma idea, pero se expone con más detalle en la segunda frase, una construcción de genitivo típica del estilo de Efesios. La πλήρωμα de Cristo no debe interpretarse en ningún sentido técnico (ni gnóstico ni de otro tipo); denota su plena madurez. De hecho, el genitivo τοῦ πληρώματος podría considerarse un genitivo adjetival después de ἡλικίας, y de ese modo "la medida de la estatura de la plenitud de Cristo" significaría "la medida de la plena estatura de Cristo". Es probable que ἡλικία aquí tenga el significado de "estatura" (cf. Lc. 19:3) y no su sentido más antiguo "tiempo de vida" (cf. Jn. 9:21, 23, ἡλικίαν ἔχει, "edad tiene"), pero ninguno de los dos resultaría apropiado.

83. Gr. νήπιοι. En cuanto a la niñez natural como una parábola de la niñez espiritual, véase Gá. 4:1, 3. Véase W. Grundmann, "Die νήπιοι in der urchristlichen Paränese", *NTS* 5 (1958-59), 188-205.

corintios que, a pesar de todos sus esfuerzos por adquirir "conocimiento" no podía dirigirse a ellos como hombres y mujeres espirituales porque eran "niños" en Cristo y necesitaban que se les alimentara con leche y no con alimento sólido (1Co. 3:1-2). De manera similar, el autor de Hebreos les dice a sus lectores que "todo el que toma solo leche, es inexperto en la palabra de justicia, porque es niño" (Heb. 5:13). No se les atribuye ninguna culpa a los que Pedro se dirige en su primera carta por ser "niños recién nacidos",[84] porque se habían convertido hacía poco; pero sí se les insta a despertar su apetito por "la leche espiritual pura" y de ese modo "crecer para salvación" (1Pe. 2:2). Es posible que los destinatarios de Efesios hubieran sido "niños" en este sentido hasta ese momento, pero no debían conformarse con permanecer en esa condición. Los niños están indefensos, no pueden protegerse a sí mismos; en la vida espiritual constituyen una presa fácil para los falsos maestros y otras personas que quisieran desviarlos del sendero de la verdad. Como naves en el mar que carecen de medios adecuados de dirección, son arrastrados por las olas y llevados de aquí para allá de acuerdo con el viento predominante.[85] La madurez trae consigo la capacidad para evaluar las diversas formas de enseñanza, para aceptar lo que es verdadero y rechazar lo que es falso. El maduro "tiene sus facultades ejercitadas por la práctica para distinguir el bien del mal" (Heb. 5:14).

Los "vientos de doctrina" que amenazan con desviar a los inmaduros del sendero correcto proceden de motivos impuros: la falsa doctrina es fomentada por "la astucia y los engaños que intentan descarriar a las personas".[86] Esto podría tener relación con la advertencia de Pablo a los ancianos de la iglesia efesia en Hechos 20:30 cuando les dijo que de sus propias filas, en los días venideros, "se levantarán algunos que hablarán cosas perversas para arrastrar a los discípulos tras ellos". De manera más general, las severas palabras de Pablo acerca de los "obreros fraudulentos" que se habían infiltrado en la iglesia de Corinto y predicaban a "otro Jesús" y un "evangelio diferente" inventado por ellos ofrecen un paralelismo: para él estaba claro que a esos intrusos en Corinto los movía la ambición de ganar adeptos para sí mismos (2Co. 11:4, 13, 20).

15 Para hacerle frente a esa falsa enseñanza, deben abrazar y seguir la verdad. Algunos testigos occidentales del texto muestran una lectura que

---

84. No νήπιοι sino ἀρτιγέννητα βρέφη. Cabe la posibilidad de que los destinatarios de 1 Pedro fueran más jóvenes en la fe que los de Efesios.

85. Gr. κλυδωνιζόμενοι (de κλύδων, "onda, ola", "aguas bravas"); cf. Stg. 1:6, κλύδωνι θαλάσσης ἀνεμιζομένῳ καὶ ῥιπιζομένῳ ("una ola del mar que es llevada de acá para allá por el viento").

86. Gr. ἐν τῇ κυβείᾳ τῶν ἀνθρώπων ἐν πανουργίᾳ πρὸς τὴν μεθοδείαν τῆς πλάνης, "por estratagema de hombres, con astucia, que emplean las artimañas del error" (ASV), donde "estratagema" representa a κυβεία ("jugar a los dados"), "astucia" representa a πανουργία ("bribonada") y "artimañas" representa a μεθοδεία ("planificación, método") —otro cúmulo de sinónimos. En cuanto a πλάνη ("error," "extravío") como la antítesis de ἀλήθεια ("verdad") cf. 2Ts. 2:11-12; 1Jn. 4:6.

significa "hacer la verdad",[87] y es posible que "hacer la verdad" así como decirla esté incluido en el sentido del mandato. "Hacer la verdad" (o "actuar con verdad") es una expresión veterotestamentaria que se usa especialmente cuando se trata de la fidelidad entre dos partes.[88] Ya sea que se exprese de forma oral o a través de la acción, la verdad nunca debe disociarse del amor. La confesión de la fe cristiana puede resultar fría y poco atractiva si no va acompañada del espíritu del amor cristiano. Tal vez no sea irrelevante recordar el testimonio del cuarto evangelista, cuando dice que "la gracia y la verdad"[89] vinieron por Jesucristo" (Jn. 1:17).

Se exhorta, pues, a los lectores que, en verdad y en amor juntos, crezcan en todos los aspectos de su ser para que el cuerpo de Cristo pueda estar correctamente proporcionado en relación con la cabeza. Esta idea del crecimiento del cuerpo de Cristo hasta igualarse a la cabeza se ha comparado con el desarrollo normal del cuerpo humano: en la infancia el cuerpo es pequeño en comparación con la cabeza, pero crece hasta que alcanza las proporciones que el cuerpo guarda con la cabeza en un ser humano adulto.[90] Esta analogía puede ser útil hasta cierto punto, pero lo que se lee aquí acerca de la relación entre el cuerpo y la cabeza está condicionado por la relación que existe entre Cristo y su pueblo. Los miembros de su pueblo crecen hasta la medida de su plena estatura, pero al mismo tiempo, es de él que extraen los recursos necesarios para crecer. Cristo es la cabeza, pero el hombre completo consta de cabeza y cuerpo, y por tanto, Cristo, la cabeza, es también, desde otro punto de vista, un Cristo colectivo.[91]

16 Es de él que el cuerpo, en todas sus partes, deriva su vida. Por medio de su poder está "bien ajustado"[92] —un participio que se usó en Efesios 2:21 respecto al edificio que va creciendo para ser "un templo santo en el Señor"— de manera que, a través de todas sus coyunturas o ligamentos, los medios necesarios para su desarrollo fluyen desde la cabeza hasta cada miembro y cada órgano. La idea es idéntica a la de Colosenses 2:19 (cuya fraseología sin duda guarda una estrecha semejanza): de la cabeza, dice Pablo allí, "todo el cuerpo, nutrido y bien ajustado por las coyunturas y ligamentos,[93] crece con el

---

87. Véase la pág. 315, nota 31.
88. Por ej., Gn. 47:29; Jos. 2:14; Jue. 9:16, 19.
89. χάρις καὶ ἀλήθεια, que tal vez se deriva de la revelación del nombre divino en Éx. 34:6. (Cf. Col. 1:6, τὴν χάριν τοῦ θεοῦ ἐν ἀληθείᾳ.)
90. Cf. R. A. Knox, *Saint Paul's Gospel* (Londres, 1953), pág. 84.
91. Cf. H. Schlier, *Christus und die Kirche im Epheserbrief*, págs. 38-39.
92. Gr. συναρμολογούμενον.
93. Gr. πᾶν τὸ σῶμα διὰ τῶν ἁφῶν καὶ συνδέσμων ἐπιχορηγούμενον καὶ συμβιβαζόμενον. De estas palabras o frases, πᾶν τὸ σῶμα y ἁφή aparecen en ambos pasajes; al participio ἐπιχορηγούμενον en Col. 2:19 le corresponde el sustantivo ἐπιχορηγία aquí (en nuestra traducción supra el genitivo τῆς ἐπιχορηγίας se trata de forma adjetival después de διὰ πάσης ἁφῆς, "por medio de la cohesión que proporciona cada ligamento"). En cuanto a συμβιβαζόμενον, que también es común a ambos pasajes, en Col. 2:19 tiene casi la misma fuerza que συναρμολογούμενον aquí ("unido"); por analogía podría tomarse aquí como un doblete de συναρμολογούμενον.

crecimiento que procede de Dios". No es de la cabeza, por importante que esta sea, que el cuerpo natural recibe todo lo que precisa para su salud y desarrollo; sino que es en realidad del Cristo vivo que su pueblo recibe (por medio del Espíritu) todo lo que necesita para hacerlo verdaderamente pueblo suyo.

Esto es cierto respecto a su pueblo en general, y es cierto también respecto a cada creyente individual. El cuerpo "crece eficazmente"[94] —crece por la fuerza interna que él suministra— "conforme a la medida que corresponde a cada parte".[95] Cada una de ellas funciona mejor en unión con él y con los demás. El vínculo que une a los miembros entre sí es el vínculo del amor —el amor de Cristo los constriñe (2Co. 5:14)[96]— y por ende, solo por medio del amor el cuerpo puede ser edificado hasta alcanzar su estatura.

4. Conducta cristiana (4:17-5:20)

(1) El viejo hombre y el nuevo (4:17-24)

17 *Esto, pues, es lo que digo y afirmo en el Señor: que ya no debéis vivir como viven los[97] gentiles, en la futilidad de sus mentes,*

18 *entenebrecidos[98] en su entendimiento, alienados de la vida de Dios por causa de su ignorancia profundamente arraigada,[99] por la dureza de sus corazones.*

19 *Habiendo perdido toda sensibilidad moral,[100] se entregaron al libertinaje, a la práctica de toda clase de impurezas con avidez.[101]*

20 *Pero en cuanto a vosotros, esa no fue la lección que aprendisteis en la escuela de Cristo[102]*

---

94. Gr. κατ' ἐνέργειαν (en cuanto a ἐνέργεια con referencia al poder divino cf. Ef. 1:19; 3:7). En lugar del verbo αὐξάνει o αὔξει ("crece" de forma intransitiva, como en Col. 2:19; el acusativo τὴν αὔξησιν allí es interno), se usa la perífrasis τὴν αὔξησιν... ποιεῖται ("produce el crecimiento," es decir, "hace crecer", activo): "el cuerpo" es el sujeto y a la vez el complemento de la cláusula ("de quien todo el cuerpo... produce el crecimiento del cuerpo").

95. Aunque en lugar de μέλους debe leerse μέρους (véase la pág. 315, nota 35), μέρος aquí tiene el sentido de μέλος. Las dos palabras están enlazadas como los dobletes desde Platón en adelante (cf. J. Horst, *TDNT* 4, págs. 555, 566 nota 81, *s.v.* μέλος).

96. ἡ γὰρ ἀγάπη τοῦ Χριστοῦ συνέχει ἡμᾶς.

97. τὰ ἔθνη. En ℵ² D¹ Ψ y en la mayoría de los manuscritos en cursivas y en las versiones siriacas se inserta λοιπά entre el artículo y el sustantivo ("los otros gentiles", RVR60).

98. ἐσκοτωμένοι (de σκοτόω); en D F G y en la mayoría de los manuscritos en cursivas se lee ἐσκοτισμένοι (la forma correspondiente de σκοτίζω).

99. διὰ τὴν ἄγνοιαν τὴν οὖσαν ἐν αὐτοῖς ("a causa de la ignorancia que hay en ellos").

100. ἀπηλγηκότες, en lugar de lo cual en D F G P y en algunos manuscritos en cursivas, con las versiones latinas (*desperantes*) y sir^pesh, se lee ἀπηλπικότες.

101. En lugar de ἐν πλεονεξίᾳ (ἐν comitativa) en D F G y en algunos manuscritos en cursivas aparece καὶ πλεονεξίας.

102. ὑμεῖς δὲ οὐκ οὕτως ἐμάθετε τὸν Χριστόν ("pero vosotros no aprendisteis así a Cristo").

21 *porque supongo que habéis oído acerca de él[103] y habéis sido enseñados en él el camino de la verdad tal y como está en Jesús.[104]*
22 *Esto significa que tenéis que despojaros de vuestra anterior manera de vivir,[105] el "hombre viejo" que está corrompido por los deseos engañosos,[106]*
23 *y tenéis que renovaros[107] en el espíritu[108] de vuestra mente*
24 *y vestiros[109] del "hombre nuevo", que ha sido creado según Dios en justicia y verdadera santidad.[110]*

17 La parénesis ética, que comenzó en el v. 1 y se vio interrumpida después del v. 3 por la digresión sobre la existencia de un solo cuerpo, se reanuda ahora y prosigue hasta Efesios 5:20 (o tal vez hasta 6:20). Habían sido formados según el estilo de vida pagano; que ahora debe ser abandonado. El lado más oscuro de ese estilo de vida se describe en las cláusulas siguientes, que reproducen, y de forma más concisa, la imagen de la bancarrota ética del paganismo contemporáneo que el apóstol presenta en Romanos 1:18-32. "Se hicieron vanos en sus razonamientos y sus mentes insensatas fueron entenebrecidas" (Ro. 1:21). Los términos "vano" y "vanidad" se usan en algunas ocasiones en el NT para denotar idolatría,[111] y aunque la "vanidad" de la mente pagana en el presente contexto no puede limitarse a la idolatría, sí es el resultado del condicionamiento idólatra de esa mente (tal como se argumenta extensamente en Ro. 1:18-32, las conductas equivocadas se derivan de ideas equivocadas acerca de Dios). Incluso en el ámbito ético, es fácil sobrentender,

---

103. εἴ γε… ἠκούσατε, "si al menos oísteis" "suponiendo que habéis oído" (εἴ γε como en Ef. 3:2).
104. καὶ ἐν αὐτῷ ἐδιδάχθητε, καθώς ἐστιν ἀλήθεια ἐν τῷ Ἰησοῦ "y fuisteis enseñados en él, tal y como la verdad está en Jesús"). Dado que en los manuscritos más antiguos en muy raras ocasiones aparecía la iota como subíndice o después de la palabra, es posible leer el dativo ἀληθείᾳ en lugar del nominativo ἀλήθεια, y algunos comentaristas lo hacen así ("como él es en verdad, en Jesús").
105. κατὰ τὴν προτέραν ἀναστροφήν ("conforme a vuestra anterior manera de vivir").
106. κατὰ τὰς ἐπιθυμίας τῆς ἀπάτης ("conforme a los deseos del engaño"); en lugar del plural τὰς ἐπιθυμίας en D aparece el singular τὴν ἐπιθυμίαν.
107. En lugar del infinitivo ἀνανεοῦσθαι en P^{46} D^1 K 33 y en algunos manuscritos en cursivas aparece el imperativo ἀνανεοῦσθε.
108. τῷ πνεύματι. En P^{46} 49 B 33 y en algunos manuscritos en cursivas se lee ἐν τῷ πνεύματι.
109. En vez del infinitivo ἐνδύσασθαι en P^{46} ℵ B* D^2 K y en varios manuscritos en cursivas aparece el imperativo ἐνδύσασθε.
110. En lugar de ὁσιότητι τῆς ἀληθείας ("santidad de verdad") en D* F G y en algunos otros testigos se lee ὁσιότητι καὶ ἀληθείᾳ ("santidad y verdad"); cf. καὶ πλεονεξίας en lugar de ἐν πλεονεξίᾳ en el v. 19 (nota 101).
111. Los gentiles andan, se dice, ἐν ματαιότητι τοῦ νοὸς αὐτῶν. (Esta ματαιότης es más específica que aquella a la que, según Ro. 8:20, toda la creación fue sometida). En 1Pe. 1:18 (en una parénesis similar a esta) dice que los paganos convertidos fueron redimidos de la vana manera de vivir que habían heredado (ἐκ τῆς ματαίας ὑμῶν ἀναστροφῆς πατροπαραδότου); tanto allí como aquí μάταιος/ματαιότης podría tener casi la misma fuerza que en Hch. 14:15, donde se les pidió a los paganos de Listra que se volvieran "de estas vanidades" (ἀπὸ τούτων τῶν ματαίων) para servir al Dios vivo (cf. 1Ts. 1:9-10).

los esfuerzos más tajantes de los paganos resultan vanos porque carecen del poder interno que les permite vivir a la altura de sus ideales más elevados.

18 Porque están "entenebrecidos en su entendimiento", hacen, según se dijo en Efesios 2:3, la "voluntad de sus mentes" y eso los conduce por senderos que solo acarrean la retribución divina. Su "ignorancia profundamente arraigada" se debe al hecho de que no "tuvieron a bien reconocer a Dios" (Ro. 1:28). En consecuencia, estaban "lejos y eran de ánimo hostil" (Col. 1:21), alienados de la vida de Dios, que es la fuente de todo lo que hace que valga la pena vivir, y por tanto, como ya se les había dicho antes, "muertos a causa de sus delitos y pecados" (Ef. 2:1, 5). La "dureza"[112] de sus corazones es la incapacidad progresiva de la conciencia para convencerlos de sus delitos. La conciencia, como Pablo dijo en Romanos 2:15, es la que da testimonio de la ley de Dios implantada en el corazón del hombre, pero el desconocimiento habitual de las señales de advertencia que ella envía le impide cumplir adecuadamente su función; de acuerdo con la figura tan elocuente de 1 Timoteo 4:2,[113] una conciencia así está "cauterizada".

19 Esta idea de la "dureza de sus corazones" continúa en las palabras que declaran que "han perdido toda sensibilidad moral" —una expresión clásica que significa principalmente que la piel del individuo se ha encallecido y ya no siente dolor.[114] El libertinaje, la impureza y la avidez a las que, en consecuencia, se han entregado resumen la delincuencia moral que se describe con más detalles en la carta a los romanos —aunque allí el elemento de la retribución divina se pone de relieve cuando se plantea que Dios los entregó a esta forma de vida por haberse negado a aceptar lo que él les había revelado acerca de sí mismo (Ro. 1:24, 26, 28).[115]

El "libertinaje"[116] es el desenfreno —un vicio que lleva al individuo a desechar todas las restricciones y alardear de sus acciones, "sin dejarse intimidar por la vergüenza o el temor" y sin tener en cuenta el respeto que se debe a él mismo, los derechos y sentimientos de los demás o la decencia pública. La "impureza" tiene una amplia variedad de significados: incluye la conducta sexual indebida, pero se aplica a diversas formas de perversidad moral, como se señaló en el comentario sobre Col. 3:5, donde forma parte de la lista de prácticas que los creyentes tienen que "dejar".[117] La "avidez" aparece

---

112. Gr. πώρωσις, al igual que en Mr. 3:5; Ro. 11:25 (el verbo πωρόω se emplea de forma similar en Mr. 6:42; 8:17; Jn. 12:40; Ro. 11:7; 2Co. 3:14). El sustantivo πῶρος se usa para referirse a un tipo de piedra ligera, y también, a diversas formaciones líticas en las coyunturas, la vejiga u otras partes del cuerpo.
113. Gr. κεκαυστηριασμένων τὴν ἰδίαν συνείδησιν.
114. Gr. ἀπηλγηκότες, participio perfecto de ἀπαλγέω, que significa, en el uso clásico, "alejar o quitar el dolor" pero también "estar desanimado" (cf. la variante ἀπηλπικότες aquí, que se mencionó en la nota 100 anteriormente). En cuanto a la fuerza de la palabra aquí, cf. ἀπάλγησις, "dejar de sentir dolor", en Heliodorus Eroticus 6.5 (siglo III d.C.).
115. Con ἑαυτοὺς παρέδωκαν aquí cf. παρέδωκεν αὐτοὺς ὁ θεός en Ro. 1:24, 26, 28.
116. Gr. ἀσέλγεια, una de "las obras de la carne" en Gá. 5:19.
117. Véase la pág. 130, notas 62, 63.

como el clímax de esa lista; otra advertencia contra ella se encuentra en Efesios 5:5 (donde constituye el clímax de una lista similar).[118] Podría pensarse que la palabra aquí modifica la práctica de los vicios que se mencionaron previamente: "ávidos de practicar todo tipo de inmundicia" (RSV).[119] Pero lo más probable es que se mencione como un tercer vicio, junto con el libertinaje y la impureza.

20 "No es así cómo habéis aprendido a Cristo"[120] dice Pablo, de forma sucinta: esta no es la lección que aprendisteis en la escuela de Cristo. Cuando les escribía a los que lo conocían personalmente, les recordaba el ejemplo que les había dado: él también había sido un discípulo diligente en la escuela de Cristo y procuraba —a través de sus acciones y también de sus palabras— compartir con los demás las lecciones que había aprendido allí. Es por eso que les dice a los cristianos corintios va a enviarles a Timoteo para que los visite y que él "les recordará mis caminos en Cristo, tal como enseño en todas partes, en cada iglesia" (1Co. 4:17). El significado también podría ser que, dado que Cristo es la verdad, ellos "aprendieron a Cristo" cuando aprendieron la verdad —y esa verdad abarcaba la conducta correcta y la creencia correcta. Así pues, en Colosenses 2:6, de aquellos a quienes se les entregó la tradición de la fe y la práctica se dice que "recibieron a Cristo Jesús el Señor".[121]

21 Si Pablo estuviera escribiéndoles a sus propios convertidos, no les diría: "supongo que habéis oído acerca de Cristo y habéis sido enseñados en él..." —como tampoco les diría que suponía que habían oído hablar de la misión apostólica especial que se le había encargado (Ef. 3:2). Lejos de expresar dudas respecto a las enseñanzas que recibieron, da por hecho que ellos sí habían aprendido algo de la conducta cristiana. Aun en el caso de que estas palabras se dirigieran a creyentes nuevos con ocasión de su bautismo, estarían precedidas, al parecer, por alguna enseñanza preliminar. Cristo era el tema principal de esa enseñanza, junto con las implicaciones éticas del hecho de estar "en Cristo"; el que es enseñado en Cristo es enseñado en el entorno de la comunión cristiana. Resulta difícil descubrir alguna diferencia en las prioridades entre "en Cristo" y "en Jesús"; sin embargo, la diferencia podría consistir en que la verdad que se les impartía a los nuevos convertidos era la verdad que se había escuchado de labios del Jesús histórico, se había preservado en la "tradición apostólica" y se les había entregado a los que, uno tras otro, fueron añadiéndose a la comunidad de fe.[122] Fue de Epafras que los cristianos colosenses "llegaron a conocer la gracia de Dios en verdad" (Col. 1:6-7); y sea de él o de otros, los cristianos de

---

118. Véase la pág. 130-31, nota 66.

119. Esta traducción toma ἐν πλεονεξίᾳ al final de la oración como una frase adverbial que modifica a παρέδωκαν, pero es preferible tratar la preposición ἐν como comitativa (cf. p. 237, n. 35).

120. La expresión "implica la plena aceptación de Cristo y de su obra, incluso en lo que respecta a la dirección de la vida" (K. H. Rengstorf, *TDNT* 4, pág. 410, *s.v.* μανθάνω).

121. Véanse las págs. 84-85 con las notas 20, 21 y 22.

122. H. Schlier discierne una reacción opuesta a la tendencia gnóstica de hacer una escisión entre "Cristo y Jesús" (cf. 1Jn. 4:2-3; 5:1, 6): estar en el Cristo [ascendido] implica estar "en el Jesús [histórico]" (*Der Brief an die Epheser*, pág. 217).

la presente carta habían alcanzado el mismo conocimiento salvador. Y que no se diga (podría estar implícito) que la enseñanza que recibieron los cristianos gentiles era un ápice menos genuina acerca de "la verdad tal como está en Jesús" que la enseñanza que recibieron los "primeros en poner su esperanza en Cristo" (Ef. 1:12).

22 La enseñanza adoptó la misma forma catequética que la que se evidencia en la carta compañera a los colosenses: sus directrices éticas se expresaban en función de "despojarse" y "vestirse". Se les enseñó a "despojarse" de su estilo de vida pagano —es decir, "el viejo hombre", la persona que eran anteriormente. Aunque la expresión que aparece en Colosenses 3:9 es equivalente, existe una diferencia.[123] Allí se les recuerda a los creyentes colosenses que ellos habían desechado el viejo hombre; aquí se les enseña a los lectores a despojarse de él. Esta tensión entre el indicativo y el imperativo, entre el "ya" y el "todavía no", es frecuente en las cartas paulinas; se resume en la advertencia: "¡Sed lo que sois! —Sed en la práctica lo que el llamamiento de Dios ha hecho de vosotros.[124] El pueblo de Dios ha sido llamado a ser santo, y por tanto, debe ser santo en su vida. Pero el cambio del indicativo al imperativo tal como ocurre entre Colosenses y Efesios podría tener otra explicación. Colosenses iba dirigida a cristianos consolidados, cuyo bautismo había representado el abandono de sus viejas costumbres; si la carta a los Efesios se dirige a cristianos nuevos en ocasión de su bautismo, los imperativos "despojaos... vestíos" resultarían muy adecuados. El "viejo hombre" es la suma total de las prácticas, tendencias y actitudes que ellos tenían antes, y es presa de los deseos dañinos que seducen a las personas y las arrastran al pecado y al error. La corrupción y la destrucción, por consiguiente, se hacen patentes en el viejo hombre; deben darle un largo y último adiós.

23 No solo hay que abandonar las viejas costumbres, también se exige una renovación, y esta renovación debe ser interna. La nueva vida no debe estar regulada por ninguna norma externa; su origen se halla en el interior, "en el espíritu de vuestra mente". Es por eso que Pablo les pide a los cristianos romanos: "No os conforméis a este mundo sino transformaos por la renovación de vuestra mente" (Ro. 12:2). Esta renovación interna es una obra del Espíritu Santo, que va transformando progresivamente a los creyentes en la imagen de Cristo, "de un grado de gloria a otro" (2Co. 3:18).[125] Es también por el poder del Espíritu que "el ser interior ser renueva cada día", sea cual sea el desgaste al que pueda estar expuesto el cuerpo (2Co. 4:16), hasta que lo mortal "sea absorbido por la vida" —una consumación de la que el Espíritu es ahora la garantía (2Co. 5:4-5).

---

123. Véase la pág. 133 con la nota 77 respecto al παλαιὸς ἄνθρωπος.
124. Véanse las págs. 130, 204, nota 95.
125. En 2Co. 3:18 así como en Rom. 12:2 el verbo que se traduce como "transformarse" es μεταμορφοῦσθαι.

24 En el texto paralelo en Colosenses 3:10, el "nuevo hombre" es el que "va renovándose conforme a la imagen de su Creador".[126] Aquí el mandato de "renovarse en el espíritu de la mente" se repite con otros términos en el mandato de "vestirse del hombre nuevo". Y otra vez, el imperativo remplaza el indicativo de Colosenses 3:10;[127] pero ese uso del imperativo no constituye ninguna innovación en el modo en que Pablo lo emplea, incluso cuando los destinatarios son cristianos consolidados: la parénesis ética de Romanos 12:1–13:14 se sintetiza en el mandato: "Vestíos del Señor Jesucristo". El "nuevo hombre" es básicamente el Señor Jesucristo —o al menos, el Señor Jesucristo viviendo en su pueblo, que, en virtud de la nueva creación, ha sido incorporado a la nueva humanidad de la cual él es la cabeza. Es a esta nueva creación a la que se hace referencia cuando se plantea que el "nuevo hombre" ha sido "creado según Dios en justicia y verdadera santidad".[128] La frase "según Dios" significa "conforme a la imagen de Dios"; por tanto, en Colosenses 3:10, el "hombre nuevo" se "renueva conforme a la imagen de su Creador con el fin de lograr el verdadero conocimiento". Cristo, el Hijo de Dios, es el único ser increado; pero la reproducción de su semejanza en su pueblo es un acto de creación divina. Si, en Colosenses, se alega que la meta de esta divina renovación es el logro del "verdadero conocimiento", aquí las cualidades que se manifiestan en la nueva creación son "justicia y verdadera santidad" (o "verdadera justicia

---

126. En Col. 3:10 el nuevo (νέος) hombre va renovándose (ἀνακαινοῦται, con el cual cf. ἀνακαίνωσις en Ro. 12:2 y ἀνακαινοῦται en 2Co. 4:16); aquí "renovarse" es ἀνανεοῦσθαι y "el nuevo hombre" es ὁ καινὸς ἄνθρωπος. En este caso, de todas formas, no puede hacerse ninguna diferencia entre καινός y νέος.

127. Los infinitivos ἀποθέσθαι, ἀνανεοῦσθαι y ἐνδύσασθαι en los vv. 22, 23 y 24 deben tomarse como complementarios a ἐδιδάχθησαν y virtualmente, como mandatos indirectos: se les enseñó a "despojarse... a renovarse... a vestirse...". En algunas ocasiones, sin embargo, se han tratado como declaraciones indirectas; cf. J. N. Darby, *The New Testament: A New Translation* (Londres, 1871): "habéis sido enseñados en él...; [a saber] a despojaros...; y a renovaros...; y a vestiros...". De manera similar, J. Eadie (*Commentary on the Greek Text of Ephesians* [Londres, 1861]) y T. W. Peile (*Annotations on the Apostolical Epistles* [Londres, 1848-52]), cuya traducción "que os habéis despojado... y os habéis vestido..." es mencionada por W. Kelly. A pesar de toda su devoción hacia Darby, el sentimiento de Kelly por el uso griego era demasiado sensible para que pudiera aceptar su traducción: se refiere a ella con respeto pero prefiere traducir "para que os despojéis... y os renovéis... y os vistáis...", con comentarios en consecuencia (*The Epistle to the Ephesians* [Londres, 1870], págs. viii, 223-24). Los infinitivos ἀποθέσθαι y ἐνδύσασθαι son aoristos, porque se pone de relieve una acción (¿bautismal?); ἀνανεοῦσθαι es presente, porque sugiere un modo de vida continuo.

128. Lit., "santidad de verdad" (ὁσιότητι τῆς ἀληθείας); ὁσιότης no se encuentra en ningún otro lugar en el corpus paulino. El adjetivo ὅσιος se halla en 1Ti. 2:8 (ὁσίους χεῖρας) y en Tit. 1:8 (donde aparece entre δίκαιος y ἐγκρατής en una lista de requisitos para los ancianos de la iglesia), y el adverbio ὁσίως en 1Ts. 2:10 (ὁσίως καὶ δικαίως καὶ ἀμέμπτως, en relación con la conducta de Pablo y sus compañeros). En cuanto a la ubicación de δικαιοσύνη con ὁσιότης aquí, cf. (además de 1Ts. 2:10 y Tit. 1:8 que recién se citaron) Lc. 1:75, ἐν ὁσιότητι καὶ δικαιοσύνη. En griego clásico la diferencia entre ὅσιος y δίκαιος es que el primero tiene que ver con la actitud del individuo hacia Dios y el segundo con la actitud del individuo hacia los demás seres humanos. En la LXX ὅσιος traduce el término hebreo *ḥāsîd* ("leal", "pío") mientras que ἅγιος es la traducción del término hebreo *qāḏôš* ("apartado [para Dios]").

y santidad"). El conocimiento de Dios nunca está divorciado de una vida que sigue sus pasos: conocerlo es ser como él, justo como él es justo, santo como él es santo.

(2) Preceptos negativos y positivos (4:25-32)

25 Por tanto,[129] dejad la falsedad. *"Que cada uno de vosotros hable verdad con su prójimo", porque somos miembros los unos de los otros.*
26 *"Airaos pero no pequéis"; no permitáis que el sol se ponga sobre vuestro enojo,*
27 *y no deis oportunidad al diablo.*
28 *Que el ladrón no robe más; sino más bien, que trabaje, realizando una labor honesta con sus propias manos,[130] para que tenga qué compartir con el que tiene necesidad.*
29 *Que ninguna palabra corrompida salga de vuestra boca, sino la que sea buena para la edificación mutua, según la necesidad,[131] para que pueda impartir gracia a los que escuchan.*
30 *No entristezcáis al Espíritu Santo de Dios, por el cual fuisteis sellados para el día de la redención.*
31 *Quítense de vosotros la aspereza, la ira, el enojo, los gritos, la maledicencia y todo tipo de malicia;*
32 *sed, más bien,[132] amables y misericordiosos los unos con los otros, perdonándoos unos a otros, así como también Dios os perdonó a vosotros en Cristo.*[133]

En lugar de una lista de vicios que es preciso desechar y otra lista de virtudes que deben cultivarse, este párrafo contrarresta con una virtud cada vicio que se menciona: la falsedad debe remplazarse por la verdad, la ira desenfrenada por una reconciliación oportuna, el robo de la propiedad de otras personas por el compartimiento generoso de lo que tenemos, el lenguaje obsceno por palabras útiles, la animosidad por la bondad.

25 La falsedad era una característica del "hombre viejo"; el pueblo de Cristo debe estar formado por hombres y mujeres de verdad. *"Que cada uno de vosotros hable verdad con su prójimo"* es una cita clara de Zacarías 8:16,[134] donde se insta a los miembros de la comunidad de Judá posterior al exilio a cumplir

---

129. διό *se omite en* P^{46} *al.*
130. ταῖς ἰδίαις χερσίν (cf. 1Co. 4:12); ἰδίαις *se omite en* $P^{46, 49}$ ℵ² B L P Ψ y en la mayoría de los manuscritos en cursivas.
131. 'Gr. χρείας, en cuyo lugar en D* F G *pc* lat^{vet} aparece πίστεως.
132. δέ *se omite en* P^{46} B 6 1739* 1881; en lugar de δέ en D* F G 1175 se lee οὖν.
133. ὑμῖν, que en P^{49} B D Ψ y en la mayoría de los manuscritos en cursivas se remplaza por ἡμῖν ("a nosotros").
134. LXX λαλεῖτε ἀλήθειαν ἕκαστος πρὸς τὸν πλησίον αὐτοῦ.

el pacto en su relación mutua. Aquí, pues, se exige sinceridad de corazón dentro de la comunidad, "porque somos miembros los unos de los otros";[135] pero está claro que en sus relaciones con el mundo en general los cristianos deben destacarse por su veracidad, por ser hombres y mujeres que mantienen su palabra. Esto formaba parte de la sabia conducta que a los colosenses se les instó a practicar para con los de afuera (Col. 4:5): "no mintáis los unos a los otros" (Col. 3:9) es tan válido en el contexto más amplio como en el más estrecho. Las implicaciones éticas que tiene para los cristianos el hecho de ser "miembros los unos de los otros" ya habían sido expuestas en cartas paulinas anteriores (Ro. 12:4-5; 1Co. 12:14-26); pero se ven reforzadas en Colosenses y en Efesios por la consideración de que el cuerpo del cual son miembros es el cuerpo de Cristo:[136] la gracia y la verdad de él deben hacerse patente en ellos.

26 La ira aparece tanto en Colosenses como en Efesios en las listas de los vicios que el cristiano tiene que abandonar.[137] Nuestro Señor mismo les advirtió a sus discípulos que "todo el que se enoje con su hermano será culpable de juicio" (Mt. 5:22). En lo que respecta a Dios, el sustantivo que habitualmente se traduce como "ira" tiene el sentido de "castigo",[138] pero eso es irrelevante en el contexto inmediato. ¿Cómo es posible "airarse sin pecar" (tal como se les ordena a los lectores con palabras extraídas del Sal. 4:4)?[139] Existe sin duda un lugar adecuado para la indignación justa; pero también nos vemos sutilmente tentados a considerar que nuestra ira es una indignación justa y que la ira de las demás personas es puro mal genio. Aquí se sugiere que es posible impedir que la ira degenere en pecado si se le pone un límite estricto de tiempo: "no permitáis que el sol se ponga sobre vuestro enojo". Que la reconciliación tenga lugar antes del anochecer, si es posible.[140] Si no es posible —si la persona con la que estamos airados no está accesible, o si se niega a reconciliarse— entonces al menos el corazón debe despojarse de su animosidad encomendando el asunto a Dios. En una situación no muy diferente, Pablo desaprueba todo lo que pueda parecerse a una venganza privada: "dejadlo a la ira de Dios" (Ro.

---

135. Cf. Ro. 12:5, τὸ δὲ καθ' εἷς ἀλλήλων μέλη.
136. Cf. Ef. 5:30 (pág. 364 con la nota 126).
137. Cf. Col. 3:8; Ef. 4:31.
138. Cf. Col. 3:6; Ef. 2:3; 5:6.
139. LXX (4:5) ὀργίζεσθε καὶ μὴ ἁμαρτάνετε. La NEB traduce el TM (*rig^{e}zû w$^{e'}$al teh^{e}ṭā'û*) "Por muy airados que estén vuestros corazones, no hagáis nada malo"; cf. G. Stählin, *TDNT* 5, pág. 421 (*s.v.* ὀργή), el cual traduce Ef. 4:26, "Si estáis airados, procuren no pecar", y añade: "a la ira no se le llama pecado aquí, pero en el fondo subyace la idea de que cuando uno está airado, el pecado está acechando a la puerta".
140. A. D. Nock, "*Early Gentile Christianity and its Hellenistic Background*", *Essays on Religion and the Ancient World*, ed. Z. Stewart, I (Oxford, 1972), 127, lo compara con la descripción que hace Plutarco de los pitagóricos que "cuando movidos por la ira decían palabras abusivas, se tomaban de las manos, se abrazaban y se reconciliaban antes de la puesta del sol" (*On Brotherly Love* 17, 448B). Cf. de manera más general, la declaración de Josefo de que los esenios eran ὀργῆς ταμίαι δίκαιοι, θυμοῦ καθεκτικοί, "administradores justos de la ira, que mantenían controlado su genio" (*BJ* 2.135).

12:19).¹⁴¹ Si es necesario un castigo, que Dios se ocupe del asunto: su castigo será justo y estará libre de motivaciones egoístas.

27 "Saborear nuestra ira para mantenerla viva" no es recomendable como una política sabia, y mucho menos para los cristianos, porque aumenta el resentimiento, hace que la reconciliación resulte más difícil y destruye las relaciones amistosas. "Forzando la ira se produce contienda" (Prov. 30:33) es una opinión que se repite en diversas formas en la literatura sapiencial de Israel. El que "siembra discordia entre hermanos" (o hermanas) es abominable a los ojos de Dios (Pr. 6:19), y el principal promotor y explotador de esa discordia es el diablo. Esa es una de sus artimañas contra la que más adelante se les ordena a los lectores de esta carta que estén armados (Ef. 6:11). El propio Pablo se mantenía siempre atento para no darle ningún resquicio cuando se tensaban las relaciones entre él y sus convertidos, o entre sus convertidos. Cuando anima a la iglesia corintia a perdonar y a restituir a uno de sus miembros que había cometido un delito, aparentemente contra Pablo en particular, les dice: "A quien vosotros perdonéis, yo también lo perdono. Lo que he perdonado, cuando he tenido algo que perdonar, lo he hecho por vosotros en la presencia de Cristo, para impedir que Satanás tome ventaja sobre nosotros; porque no ignoramos sus ardides" (2Co. 2:10-11).

En el corpus paulino la palabra "diablo" (*diabolos*) aparece solo en Efesios y en las pastorales; ¹⁴² en las demás cartas siempre se hace referencia a él como "Satanás" (y así también en 1Ti. 1:20; 5:15).¹⁴³

28 Si un ladrón se convierte a la fe en Cristo, huelga decir que debe abandonar el hábito de robar. El mandamiento "no hurtarás" (Éx. 20:15; Dt. 5:19) expresa uno de los principios éticos más elementales; se repite en los resúmenes neotestamentarios del decálogo (Mr. 10:19 y los pasajes paralelos; Ro. 13:9), y Pablo incluye a los ladrones entre algunos otros "malhechores" que no pueden "heredar el reino de Dios" (1Co. 6:10). Pero si el ladrón se convierte a Cristo, no solo dejará de robar, sino que hará lo que pueda para ganarse la vida de un modo honesto y tener algo que darles a los que tienen necesidad. En lugar de considerar *tuum* como *suum*, tratará *suum* como *tuum*. La gracia de la generosidad es parte integrante de la conducta cristiana (Lc. 6:29-36; 2Co. 8:1-15; 9:6-12), pero cuando la practica un antiguo ladrón marca un contraste absoluto con su antigua forma de vida. "Trabajar con las propias manos" es una expresión favorita de Pablo (cf. 1Co. 4:12; 1Ts. 4:11); cuando les recomienda esa actividad a los demás, él se pone como ejemplo (cf. Hch. 20:34).¹⁴⁴

---

141. δότε τόπον τῇ ὀργῇ (en cuanto a este sentido de ὀργή cf. nota 137); podría contrastarse este mandato con μηδὲ δίδοτε τόπον τῷ διαβόλῳ en Ef. 4:27.

142. Cf. Ef. 6:11; 1Ti. 3:6-7, 11; 2Ti. 2:26; 3:3; Tit. 2:3; también Hch. 13:10, donde Pablo se dirige a Elimas el mago como υἱὲ διαβόλου.

143. Gr. Σατανᾶς (Cf., además de 2Co. 2:11, Ro. 16:20; 1Co. 5:5; 7:5; 2Co. 11:14; 12:7; 1Ts. 2:18; 2Ts. 2:9). El término hebreo śāṭān significa "adversario" o en un contexto forense, "acusador", "fiscal"; en este último sentido, su equivalente en griego es διάβολος, "calumniador".

144. Véase R. F. Hock, *The Social Context of Paul's Ministry: Tentmaking and Apostleship*

29 No es solo de la mentira que los cristianos deben mantener libres sus labios: cualquier expresión soez es inadecuada en los labios que confiesan a Cristo como Señor. A los colosenses se les dijo que apartaran ese tipo de lenguaje "de sus bocas" (Col. 3:8); esa misma advertencia se hace ahora en la carta hermana. Por lenguaje soez[145] podría entenderse en este contexto no solo una vulgaridad obscena sino también las palabras calumniosas o despectivas, cualquier palabra que vaya en detrimento de las personas a las que se dirige o de las que se habla. En una expresión notablemente aleccionadora nuestro Señor declaró que los seres humanos tendrán que dar cuenta en el día del juicio de cada palabra descuidada que pronuncien (Mt. 12:36); el cristiano debe escoger muy bien sus palabras y decirlas "siempre con gracia, sazonadas con sal" (Col. 4:6), para que contribuyan a la edificación de la vida común en Cristo y les sirvan de medios de gracia a los que las oyen.[146] La conversación de algunos cristianos es una verdadera bendición, y eso mismo debería ser cierto con respeto a la conversación de todos los cristianos. El tema es tan importante que vuelve a abordarse en Efesios 5:4.

30 La conversación que ayuda a edificar la vida común en Cristo es un instrumento propicio que el Espíritu Santo usa con este fin. Por otra parte, la conversación (o cualquier otra actividad) que ponga en peligro la unidad del cuerpo de Cristo "entristece" al Espíritu Santo.[147] Marius Victorinus reconoció la referencia colectiva de esta cláusula: "no lo entristezcáis —ni en vosotros mismos, con el uso de un lenguaje obsceno, ni en los que os escuchan".[148] Otro padre latino, de fecha e identidad inciertas, conoce el *logion* como parte de un pareado:

No entristezcáis al Espíritu Santo que está en vosotros,
ni extingáis la luz que ha sido encendida en vosotros.[149]

Un lenguaje similar se encuentra en Isaías 63:10, donde se lee que el pueblo de Israel se "rebeló y "entristeció a su Espíritu Santo"[150] —pero allí el mandamiento

---

(Filadelfia, 1980).

145. Gr. λόγος σαπρός, "lenguaje 'corrompido'"; cf. αἰσχρολογία, Col. 3:8 (y αἰσχρότης en Ef. 5:4).

146. Véase la pág. 160 con la nota 21. La expresión πρὸς οἰκοδομὴν τῆς χρείας se traduce como "la que edifique donde sea necesario" en BAG (*s.v.* χρεία), τῆς χρείας es tratado como un genitivo objetivo. J. A. Findlay sugirió que χρεία debe tomarse aquí en su sentido retórico de "dicho ingenioso" o "buena historia", y tradujo el versículo: "Que ninguna expresión impura salga de vuestros labios, sino las palabras ingeniosas que sean útiles para la edificación, y dejen una impresión agradable en los que las escuchan" ("*Ephesians iv.29,*" *ExT* 46 [1934-35], 429).

147. "Entristecer" al Espíritu Santo no es lo mismo que "apagarlo" (1Ts. 5:19), lo cual implica la supresión del don de la profecía.

148. Victorinus, *In Epistulam ad Ephesios, ad loc.* (*PL* 8.1282A).

149. Pseudo Cipriano, *De Aleatoribus (sobre los jugadores)* 3.

150. La traducción de la LXX αὐτοὶ δὲ ἠπείθησαν καὶ παρώξυναν τὸ πνεῦμα τὸ ἅγιον αὐτοῦ (el verbo en Ef. 4:30 es λυπεῖτε, que también podría haber servido para traducir el término hebreo ʿiṣṣēḇ).

que Dios había dado por medio de sus profetas había sido desobedecido. De la misma manera el documento de Damasco habla de israelitas que "profanaron el espíritu santo de ellos" al despreciar las ordenanzas del pacto.[151] Que los creyentes, tanto gentiles como judíos, fueron "sellados" con el Espíritu Santo "para el día de la redención" ya se señaló en Efesios 1:14, donde la "redención" se refiere más explícitamente a la redención de Dios de su propia posesión —es decir, de su pueblo.[152] El recordatorio de para qué fueron "sellados" debe ser un incentivo para vivir y hablar correctamente, junto con el hecho de que el Espíritu con el que fueron sellados es el Espíritu Santo de Dios.[153]

31 Está claro que la mención del entristecimiento del Espíritu Santo alude especialmente al lenguaje indigno; y a continuación se explica con más detalles en qué consiste ese lenguaje indigno. Es un discurso que tiene cierta cualidad de "malicia"[154] —un discurso que se caracteriza por "la aspereza, la ira, el enojo, los gritos y la maledicencia".[155] Junto con la propia "malicia", en Col. 3:8 se mencionan la ira, el enojo y la calumnia como cosas que deben desecharse.[156] Esta mención de la ira como algo que es malo sin otro calificativo, inmediatamente después del v. 26, sugiere que airarse sin pecar es tan infrecuente como difícil. La aspereza o amargura es una actitud que a los esposos se les prohíbe en su trato con sus esposas en Colosenses 3:19;[157] aquí a los cristianos en general se les prohíbe en el trato de los unos con los otros. La palabra traducida como "gritos"[158] se usa para denotar todo tipo de gritería; el contexto aquí muestra que se trata de peleas o gritos pendencieros. En la versión de Isaías 42:1-4 que adopta el primer evangelista, dice que el Siervo del Señor "no contenderá ni gritará"[159] (Mt. 12:19); la proximidad a la contienda sugiere que se refiere a una gritería pendenciera o contenciosa, tal como resulta obvio aquí.

Existe un gran parecido entre este versículo y 1 Pedro 2:1 "desechad toda malicia y todo engaño, e insinceridad, envidia y toda difamación", aunque el único término estrictamente común a ambos pasajes es "malicia".[160] De manera similar, existe un gran parecido entre la exhortación positiva del v. 32 y 1 Pedro 3:8, "tened unidad de espíritu, compasión, amor hacia los hermanos,

---

151. CD 5.12; 7.4.
152. Véase la pág. 246-47.
153. Cf. El hincapié que se hace en τὸ ἅγιον en 1Ts. 4:8 (τὸν καὶ διδόντα τὸ πνεῦμα αὐτοῦ τὸ ἅγιον εἰς ὑμᾶς); cf. también 1Co. 6:19.
154. Gr. κακία.
155. Gr. πικρία καὶ θυμὸς καὶ ὀργὴ καὶ κραυγὴ καὶ βλασφημία.
156. Véanse las págs. 132-33, notas 72, 73, 74 y 75.
157. Gr. μὴ πικραίνεσθε πρὸς αὐτάς (véase la pág. 150 con la nota 181).
158. Gr. κραυγή, solo aquí en el corpus paulino.
159. οὐκ ἐρίσει οὐδὲ κραυγάσει (véase P. E. Kahle, *The Cairo Geniza* [Oxford, 1959], págs. 250-51); cf. LXX οὐ κεκράξεται οὐδὲ ἀνήσει.
160. En 1Pe. 2:1 "maledicencia" es καταλαλιά ("murmuración"), no βλασφημία.

un corazón misericordioso y una mente humilde", aunque aquí también hay un solo término ("misericordioso") en común.[161]

32 Se recomienda ahora todo lo contrario a las actitudes nada agraciadas del v. 31: un espíritu amable, misericordioso y perdonador. A los lectores de Colosenses 3:12-13 se les insta a "revestirse"[162] de todas estas gracias, y de otras estrechamente relacionadas con ellas. "Como el Señor os perdonó", les dice Pablo a los colosenses, "perdonad vosotros también". Cabría preguntar si "el Señor" en Colosenses 3:13 es Dios el Padre o Cristo, aunque el uso paulino sugiere que se trata de Cristo. En la práctica eso carece de importancia porque en toda la obra de la redención el Padre y el Hijo actúan en perfecta unidad. Pero aquí, el planteamiento no deja lugar a ningún tipo de ambigüedad: "Dios os perdonó a vosotros en Cristo".[163] Es en Cristo que Dios le ha dado a su pueblo la redención "mediante su sangre, el perdón de sus pecados" (Ef. 1:7),[164] y del mismo modo, es en Cristo que Dios estuvo "reconciliando el mundo consigo mismo" (2Co. 5:19). La versión KJV, "así como Dios por amor de Cristo os ha perdonado", se remonta a Tyndale, de quien la adoptaron sucesivamente la Biblia de Coverdale, la de Ginebra y la de los obispos; expresa un parte muy importante del sentido apostólico, pero no todo.

Con ocurre tan constantemente en la enseñanza de Jesús, la gracia inmerecida del amor perdonador del Padre es el patrón que sus hijos deben imitar para perdonarse mutuamente.[165]

---

161. Gr. εὔσπλαγχνοι.
162. Véanse las págs. 140-41 con las notas 121-34. El sustantivo χρηστότης en Col. 3:12 se corresponde con el adjetivo χρηστός aquí; σπλάγχνα οἰκτιρμοῦ se corresponde con εὔσπλαγχνος.
163. El verbo es χαρίζομαι como en Col. 3:13, y también en Col. 2:13 (véanse las págs. 98-99 con las notas 86, 89). Pablo lo usa para referirse a su propio perdón en 2Co. 2:10 (que ya se citó en la pág. 362).
164. Véase la pág. 237.
165. Véanse Mt. 6:12, 14-15; 18:23-35; Mr. 11:25; Lc. 7:41-47; 11:4.

EFESIOS 5

(3) La imitación de Dios (5:1-2)

1   Por lo tanto, haceos imitadores de Dios como (sus) hijos amados,
2   y vivid en amor, así como Cristo también nos amó¹ y se entregó a sí mismo por nosotros,² ofrenda y sacrificio a Dios que produce un olor fragante.

1 Se les insta, pues, a los lectores a imitar a su Padre celestial mostrándoles a los demás el mismo perdón de corazón que él les ha mostrado a ellos; esto hará patente que son hijos suyos que reproducen el parecido familiar.

La imitación es un tema recurrente en Pablo. En más de una ocasión les propone su propio ejemplo a sus convertidos para que lo imiten —pero sobre todo por haberse esmerado tanto en ser un imitador de Cristo (en especial cuando se trataba de anteponer los intereses de los demás a los suyos propios, como en 1Co. 10:33–11:1).³ La mayor parte de sus convertidos no habían visto ningún ejemplo de conducta cristiana antes que él y sus compañeros se pusieran en contacto con ellos y los evangelizaran; para enseñarles la manera en que deben vivir los cristianos hizo uso tanto de la práctica como del precepto (el precepto verbal, al fin y al cabo, habría sido inútil si la práctica apostólica lo hubiera contradicho). A los que no había evangelizado directamente y con los que no había trabado un conocimiento personal no pudo proponerles su propio ejemplo del mismo modo. Pero cuando creyeron al evangelio habían experimentado la gracia perdonadora de Dios, y ese era, sin duda, el ejemplo más excelso de la gracia del perdón: que imiten, pues, a Dios en este aspecto, y mucho más ahora que habían sido adoptados en su familia.⁴

Jesús había seguido esa misma pauta al enseñar a sus discípulos: si les mostraban amor a sus enemigos y les hacían bien, entonces, les dijo: "seréis hijos del Altísimo; porque él es bondadoso para con los ingratos y los egoístas. Sed misericordiosos, así como vuestro Padre es misericordioso" (Lc. 6:35-36; cf. Mt. 5:44-48).⁵

---

1. ὑμᾶς ("vosotros") remplaza a ἡμᾶς en ℵ* A B P *al* lat^{vet} co.
2. ὑμῶν remplaza a ἡμῶν en B *pc* lat$^{b.m}$* co.
3. Cf. (con μιμέομαι, μιμητής ο συμμιμητής) 1Co. 4:16; Fil. 3:17; 1Ts. 1:6; 2Ts. 3:7, 9; también (en otros términos) Fil. 4:9. Véase W. P. DeBoer, *The Imitation of Paul* (Kampen, 1962).
4. La imitación no está divorciada del reconocimiento de la autoridad: la imitación de Dios es la imitación que hacen los hijos de su Padre; la imitación de Cristo es la imitación que hacen los discípulos de su Señor; la imitación de Pablo es la imitación que hacen los convertidos de su apóstol. Véanse W. Michaelis, *TDNT* 4, págs. 666-73 (*s.v.* μιμέομαι κτλ); E. Schweizer, *Lordship and Discipleship*, E.T. (Londres, 1960); H. D. Betz, *Nachfolge und Nachahmung Jesu Christi im Neuen Testament* (Tübingen, 1967).
5. Cf. Targ. Ps.-Jon. Lv. 22:28, "Así como que vuestro Padre es compasivo en el cielo, sed vosotros compasivos en la tierra", y, de manera más general, el tema recurrente del "código de santidad" en Levítico: "Sed santos, porque yo, el Señor vuestro Dios, soy santo" (Lv. 19:2, etc.).

2 Junto con el ejemplo de Dios se exhorta a imitar el ejemplo de Cristo: la vida de los creyentes debe caracterizarse por el amor, como ocurrió con la de Cristo, el cual mostró su amor entregándose a la muerte por ellos; la implicación práctica es clara, aun cuando Pablo no lo exprese tan detalladamente como Juan: "en esto conocemos el amor: en que él puso su vida por nosotros; y nosotros debemos poner nuestra vidas por los hermanos" (1Jn. 3:16).[6]

En una carta anterior Pablo manifiesta su gratitud personal por este amor cuando habla del "Hijo de Dios, que me amó y se entregó a sí mismo por mí" (Gá. 2:20). Todos los creyentes podrían usar ese mismo lenguaje: Cristo amó a cada uno de ellos individualmente y se entregó a sí mismo por ellos, del mismo modo que amó a toda la iglesia de forma colectiva y se entregó a sí mismo por ella (Ef. 5:25). Pablo afirma que Cristo se entregó a sí mismo (cf. Gá. 1:4)[7] y que el Padre lo entregó a él (cf. Ro. 8:32); en todo el *ordo salutis* el Padre y el Hijo actúan en perfecta unidad. Cuando se dice que el Hijo se entregó a sí mismo, se hace patente el lenguaje del sacrificio. La obediencia continua de Cristo fue un sacrificio aceptable a Dios: la obediencia voluntaria es el único tipo de sacrificio que Dios desea.[8] Su acto culminante de obediencia al decir: "No se haga mi voluntad, sino la tuya" (Mr. 14:36 y los pasajes paralelos), y al aceptar la cruz en ese espíritu, fue preeminentemente aceptable. El escritor de Hebreos alude invariablemente a la obra de Cristo en términos de sacrificio: Pablo lo hace de vez en cuando.[9] El "olor fragante" de todos los principales tipos de sacrificios en el ritual levítico auguraban su aceptación por parte de Dios;[10] en el NT el lenguaje, así como el concepto del sacrificio en su totalidad, es transferido a la esfera espiritual y personal. Se usa para referirse a la ofrenda perfecta de sí mismo que hizo Cristo y a la dedicación por parte de su pueblo de ellos mismos y de sus recursos. El único otro lugar en los escritos paulinos en el que aparece esta frase —"olor fragante"— es en Filipenses 4:18, donde Pablo la usa respecto a la dádiva que sus amigos en Filipos le habían enviado: "olor fragante, sacrificio aceptable, agradable a Dios".

---

6. Seguir el ejemplo de Cristo es un tema que impregna el NT; cf. Mt. 10:24 par. Lc. 6:40; Mr. 8:34 y los pasajes paralelos; Jn. 15:12; Heb. 12:2; 1Pe. 2:21; 1Jn. 2:6; Ap. 14:4.

7. El verbo compuesto que se usa comúnmente es παραδίδωμι (como aquí). En Gá. 1:4 se emplea el verbo simple: τοῦ δόντος ἑαυτὸν ὑπὲρ τῶν ἁμαρτιῶν ἡμῶν.

8. Compárese el tratamiento del Sal. 40:6-8 en Heb. 10:5-10, donde se dejan de lado los sacrificios animales y el sacrificio de Cristo es la consumación de su tarea: "He aquí que he venido para hacer tu voluntad, oh Dios".

9. Cf. Ro. 3:25, donde Dios lo presenta como expiación (ἱλαστήριον); Ro. 8:3, donde Dios lo envía como un sacrificio por el pecado (περὶ ἁμαρτίας); 1Co. 5:7, donde "Cristo, nuestro cordero pascual, ha sido sacrificado" (ἐτύθη). En cuanto al doblete προσφορὰ καὶ θυσία ("ofrenda y sacrificio") cf. Sal. 40:6 (39:7 en la LXX), que se cita en Heb. 10:5 (θυσίαν καὶ προσφορὰν οὐκ ἠθέλησας).

10. Gr. ὀσμὴ εὐωδίας (que se emplea para traducir el término hebreo *rêaḥ nîḥōaḥ*, el cual aparece por primera vez en Gn. 8:21); se usa para referirse al holocausto (Lv. 1:9, etc.), a la ofrenda de cereal (Lv. 2:2, etc.), a la ofrenda de paz (Lv. 3:5, etc.) y a la ofrenda por el pecado (Lv. 4:31).

(4) De las tinieblas a la luz (5:3-14)

3   En cuanto a la fornicación y toda forma de impureza o de avaricia, ni siquiera se mencionen entre vosotros: tal (reticencia) conviene a un pueblo santo.
4   No participéis de conversaciones vergonzosas ni discursos tontos ni frivolidades: tales cosas no son adecuadas. (Que vuestra conversación se caracterice) más bien por la acción de gracias.
5   Estad bien seguros de esto: que ningún fornicario ni impuro ni avaro (que es idólatra)[11] tiene herencia en el reino de Cristo y de Dios.[12]
6   Que nadie os engañe con argumentos vanos: pues por causa de estas cosas la ira de Dios viene sobre los desobedientes.
7   Por tanto, no seáis partícipes con ellos.
8   En otro tiempo erais tinieblas, pero ahora sois luz en el Señor: vivid como hijos de la luz—
9   porque el fruto de la luz[13] (consiste) en toda bondad, justicia y verdad—
10 y aprobad lo que es agradable al Señor.[14]
11 No participéis de las obras infructuosas de las tinieblas, sino más bien, exponedlas,
12 porque resulta vergonzoso mencionar siquiera las acciones que hacen en secreto,
13 pero todas ellas son expuestas cuando son reveladas por la luz. Porque "todo lo que es revelado es luz".
14 Por tanto, como se ha dicho,
    Despierta, tú que duermes
    Y levántate de entre los muertos,
    y Cristo brillará sobre ti.[15]

3   A continuación aparece otra lista de vicios que deben evitarse, algunos de los cuales coinciden con los que ya se mencionaron, aunque aquí no es simplemente la práctica de los mismos lo que se censura, sino la sola mención de ellos. El mandato, "que esas cosas ni siquiera se nombren entre vosotros", no

---

11. ὅ ἐστιν εἰδωλολάτρης. En lugar de ὅ en A D y la mayoría de los manuscritos en cursivas se lee ὅς "el cual (es idólatra)".

12. ἐν τῇ βασιλείᾳ τοῦ Χριστοῦ καὶ θεοῦ. En lugar de τοῦ Χριστοῦ καὶ θεοῦ en P^{46} y en Tertuliano se lee simplemente τοῦ θεοῦ, en F G Ambst aparece τοῦ θεοῦ καὶ Χριστοῦ, en 1739* se lee τοῦ Χριστοῦ τοῦ θεοῦ ("del Cristo de Dios").

13. En lugar de φωτός en P^{46} D Ψ la mayoría de los manuscritos en cursivas, con sir[hcl], se lee πνεύματος (bajo la influencia de Gá. 5:22).

14. En lugar de κυρίῳ en D* F G 81* pc lat se lee θεῷ.

15. ἐπιφαύσει σοι ὁ Χριστός, en lugar de lo cual, en D* lat[b] junto con Marius Victorinus, Ambrosiastro y Jerónimo aparece ἐριψαύσεις τοῦ Χριστοῦ ("tú tocarás a Cristo"). Véase la pág. 349, nota 43.

supone un tímido rechazo a llamar las cosas por su nombre,[16] al estilo de algunas versiones modernas de la Biblia[17] (de ser así los vicios no se mencionarían de un modo tan claro como ocurre en esta y en otras listas similares); implica más bien que esas cosas indignas no deben ser temas de conversación entre los que Dios ha llamado a ser santos. La fornicación, la impureza y la avaricia se incluyen en la lista de cinco vicios en Colosenses 3:5.

4 En lo que respecta a temas de conversación, se ofrecen más directrices en esta área de la vida. Una "conversación vergonzosa"[18] podría ser el lenguaje soez, o podría ser una plática acerca de cosas vergonzosas (como tal vez indica el v. 12). En el mejor de los casos, el "discurso tonto"[19] es una pérdida de tiempo, pero podría conducir a graves problemas. La vida es un asunto serio, y ofrece un vasto material para el análisis reflexivo y provechoso. El término traducido como "frivolidad" Aristóteles lo define como "insolencia culta"; y considera que es una cualidad propia de los jóvenes a los que les "gusto mucho reírse".[20] Pero aquí, se trata de una cualidad que no es adecuada para el pueblo de Dios. A los colosenses se les instó a mostrarse como personas agradecidas (Col. 3:15); los creyentes han recibido tantas bendiciones de parte de Dios, en cuanto a la gracia y a la naturaleza, que la acción de gracias debe ser una nota dominante tanto en sus conversaciones como en sus pensamientos.[21]

5 En cuanto a los que practican los vicios que se mencionan en el v. 3, no tienen parte ni suerte en el reino celestial. No se les deja, no obstante, sin ninguna esperanza; la puerta del arrepentimiento sigue abierta. Pero los que persisten en esas prácticas —aun cuando, por alguna desafortunada casualidad, lleven el nombre de cristianos— demuestran de esa manera que están excluidos de la vida eterna. Pablo consideró necesario advertir a sus convertidos en repetidas ocasiones acerca de esto. A los corintios les recuerda que "los injustos no heredarán el reino de Dios", y para explicar quiénes son "los injustos" enumera a los practicantes de diez vicios (incluyendo los tres que se mencionaron en Ef. 5:3, 5) cuya conducta les impide entrar en el reino de Dios.[22] Sin embargo, añade una nota de esperanza: "Y eso mismo erais algunos

---

16. La actitud que se recomienda no es la que consiguió la sociedad romana, la cual consideraba que una palabra como *crux* ("cruz") era innombrable para oídos decentes (Cicerón, *Pro C. Rabirio* 16).
17. Las que, por ejemplo, persisten en traducir de manera vaga el término tan explícito πορνεία como "inmoralidad" o "impureza".
18. Gr. αἰσχρότης, con el cual cf. αἰσχρολογία en Col. 3:8.
19. Gr. μωρολογία (solo aquí en el NT).
20. Aristóteles, *Rhetoric* 2.12.1389b.11; εὐτραπελία, dice él, es πεπαιδευμένη ὕβρις. En *Nicomachean Ethics* 2.7.1108a.24 se le llama el punto medio entre la bufonería (βωμολοχία) y la ordinariez (ἀγροιότης).
21. Orígenes (*Commentary, ad loc.*) interpretó εὐχαριστία aquí como εὐχαριτία (un término acuñado que puede entenderse como "la señal de una buena formación"); cf. O. Casel, "Εὐχαριστία—εὐχαριτία (5, 3 f)," *BZ* 18 (1929), 84-85. J. A. Robinson (*Ephesians*, pág. 8) tiene una nota valiosa en la que demuestra que el comentario de Jerónimo *ad loc.* (*PL* 26, 552D-53B) depende de Orígenes.
22. N. A. Dahl ("*Der Epheserbrief und der erste Korintherbrief*," en *Abraham unser Vater*,

de vosotros", dice él, "pero habéis sido lavados, habéis sido santificados, habéis sido justificados en el nombre del Señor Jesucristo y en el Espíritu de nuestro Dios" (1Co. 6:9-11). No obstante, el hecho de que haya tenido que advertirles contra tales vicios muestra lo fuerte que era, en un ambiente pagano, la tentación de caer en ellos incluso después de la conversión. La advertencia aquí se torna más enfática con el doble uso del verbo que la introduce: "Estad bien seguros de esto", o más probablemente, "vosotros sabéis muy bien".[23]

Si, tal como afirma Col. 3:5, los malos deseos y la avaricia son idolatría, se desprende que el que alberga esos malos deseos o el avaro es un idólatra, según dice aquí: adora las cosas creadas (sea cual sea el objeto de su deseo o de su codicia) y no al Creador.

El reino en el que esas personas no tienen ninguna herencia se describe, más detalladamente que en otros lugares, como "el reino que es de Cristo y de Dios". Existe cierta tendencia en las cartas paulinas a reservar la frase "el reino de Dios" para referirse a la fase futura y eterna del reino celestial y a considerar que el reino de Cristo es la fase actual, la cual está destinada a fusionarse con la fase futura.[24] Pero aquellos cuyas vidas se ven empañadas por los vicios que se mencionaron antes no pueden ser en ningún sentido coherederos junto con el Cristo que está reinando ahora hasta que sus enemigos sean subyugados, y tampoco pueden aspirar a ser admitidos en el reino eterno: ellos mismos se han excluido del reino en todas sus fases —del reino que es de Cristo y de Dios.

6 En aquel tiempo, al igual que ahora, existían sofisterías que fomentaban la tolerancia ética; por tanto, se les advierte a los lectores que no se dejen engañar por ellas, por cuanto son "argumentos vanos" que no tienen más sustancia que la "hueca ilusión" de otra índole en contra de la cual se había prevenido a los cristianos colosenses (Col. 2:8).[25] Esas sofisterías no tienen en cuenta a Dios, e ignoran el hecho de que él ha establecido sus leyes contra las prácticas y actitudes mencionadas —no por la imposición de una prohibición

---

ed. O. Betz, M. Hengel y P. Schmidt [Leiden/Köln, 1963], págs. 65-77) compara Ef. 5:5-11 con lo que aprendemos en 1Co. 5:9-11 acerca de la carta "anterior" de Pablo a Corinto, y llega a la conclusión de que ambos pasajes reproducen, de una forma u otra (como también lo hacen 1Co. 6:9-10; 2Co. 6:14–7:1), aspectos de la catequesis paulina, incluyendo la advertencia de que los que practican los vicios mencionados resignan toda su participación en el reino de Dios; cf. además Gá. 5:21. (Según la *Mishná, Sanhedrin* 10.1-4, "todos los israelitas tienen una parte en la era venidera" con ciertas excepciones específicas, incluso aquellos que niegan la resurrección de los muertos o el origen celestial de la Torá).

23. Gr. ἴστε γινώσκοντες, "(vosotros) sabéis, sabiendo." Con ἴστε, segunda persona del plural del indicativo o imperativo de οἶδα, cf. ἴσασιν, tercera persona del plural del indicativo, en Hch. 26:4; los sustitutos helenísticos habituales para estas formas clásicas son οἴδατε, οἴδασιν. El problema en cuanto a si ἴστε debe tomarse como indicativo o como imperativo aquí podría resolverse comparándolo con ἢ οὐκ οἴδατε...; (1Co. 6:9) y προλέγω ὑμῖν, καθὼς προεῖπον (Gá. 5:21), donde la advertencia sobre la imposibilidad de heredar el reino de Dios va precedida de un recordatorio de que a los lectores ya se les había dicho esto con anterioridad. Por tanto, aquí ἴστε γινώσκοντες puede traducirse como "vosotros sabéis muy bien".

24. Cf. 1Co. 15:24, 28; Col. 1:13 (pág. 47 con la nota 61).

25. Con las κενοὶ λόγοι aquí cf. el κενὴ ἀπάτη de Col. 2:8.

arbitraria sino implantando su ley dentro de la constitución humana, de tal manera que los que la desafían recogen una cosecha de retribución. Si lo más importante en la mente del apóstol es el proceso continuo de retribución (como en Ro. 1:18-32) o la "ira venidera" en el momento del fin (como en 1Ts. 1:10; 5:9), sigue siendo cierto (tal como se dijo en Col. 3:6) que estas son las cosas que acarrean la ira de Dios. Los individuos sobre los que esta viene son "los desobedientes" (lit., "los hijos de desobediencia"), como ya se les llamó en Efesios 2:2.[26] Son desobedientes a la ley de Dios, ya sea que la conozcan de forma codificada o como si estuviera "escrita en sus corazones" y confirmada por la voz de la conciencia (Ro. 2:15).

7 "No seáis partícipes con ellos", se les advierte a los lectores. Lo que se prohíbe no es el simple hecho de juntarse con ellos (tal como dice la RVC); los que se juntan con ellos corren el riesgo de participar de su herencia, que se encuentra lo más lejos posible de "la herencia de los santos en luz" en la que el pueblo de Cristo tiene su parte (Col. 1:12). La palabra traducida como "partícipes" literalmente es "copartícipes"; [27] es la palabra que se usa en Efesios 3:6 para poner de relieve la plena participación de los creyentes gentiles en las promesas que Dios cumple en atención a la fe. Estas dos formas de "coparticipación" son mutuamente excluyentes.

8 "¿Qué comunión tiene la luz con las tinieblas?", pregunta Pablo en otra carta (2Co. 6:14) —la respuesta obviamente implícita es "¡ninguna!".[28] Si los creyentes pudieran ser copartícipes con los "hijos de desobediencia", entonces, los hijos de la luz tendrían comunión con los hijos de las tinieblas —una imposibilidad moral.

A los cristianos colosenses se les recordó que Dios los había rescatado del dominio de las tinieblas y los había trasladado al reino de su Hijo. Esto era igualmente cierto respecto a los destinatarios de esta carta compañera. Ellos también habían estado en otro tiempo bajo el dominio de las tinieblas pero ahora eran "luz en el Señor". Por más característico que sea el vocabulario de la luz y las tinieblas del pensamiento y la literatura de la comunidad de Qumrán,[29] no es necesario concluir que el uso de este vocabulario aquí implique cualquier influencia directa de Qumrán.[30] En el NT el vocabulario de la luz y las tinieblas es un rasgo especial de los escritos joánicos, pero no está ausente en los de

---

26. Véase la pág. 131 con las notas 67, 68.
27. Gr. συμμέτοχοι.
28. Esta es una de una serie de preguntas retóricas introducidas por la advertencia: "No os unáis en yugo desigual (ἑτεροζυγοῦντες) con los incrédulos."
29. Cf. 1QS 3.18-25, donde se divide a la raza humana en dos grupos: el grupo del príncipe de la luz y el del ángel de las tinieblas, de manera que los "hijos de la luz" practican la verdad y la justicia mientras que "los hijos de las tinieblas" practican la falsedad y la iniquidad; también 1QM, que establece la "regla" para la guerra del fin de los tiempos entre los hijos de la luz y los hijos de las tinieblas.
30. Menos necesario aún es detectar la influencia del dualismo zoroástrico aquí (cf. R. Reitzenstein, *Das iranische Erlösungsmysterium*, págs. 6, 55 [nota 1], 112, 135-39).

Pablo. "Todos vosotros sois hijos de la luz e hijos del día", se les dice a los cristianos tesalonicenses, "no somos de la noche ni de las tinieblas" (1Ts. 5:5); a los cristianos filipenses se les ordena que "resplandezcan como luminares en el mundo" (Fil. 2:15).[31]

El uso en Qumrán del vocabulario de la luz y las tinieblas tiene esto en común con el uso neotestamentario: un contenido totalmente ético. No hay nada aquí del dualismo sustancial que normalmente expresa el dualismo de la antítesis entre la luz y las tinieblas en la enseñanza gnóstica. En el NT, al igual que en el Qumrán, la antítesis es entre hacer el bien y hacer el mal. Los hijos de la luz hacen la voluntad de Dios; eso es lo que da a entender el mandato: "vivid como hijos de la luz".

9 Las vidas de los hijos de la luz producirán el "fruto de la luz" —es decir, "toda bondad, justicia y verdad". El fruto de la luz, de hecho, es idéntico al "fruto del Espíritu" en Gálatas 5:22-23; no es extraño que la segunda lectura haya llegado al texto de Efesios 5:9 en muchos manuscritos (incluyendo el manuscrito paulino más antiguo que se conserva). Este sentido ético del "fruto", al parecer, no lo conocían los escritores de Qumrán.

La bondad, la justicia y la verdad son cualidades morales básicas. La bondad forma parte del "fruto del Espíritu" en Gálatas 5:22 donde, como una virtud específica entre otras, podría significar algo semejante a la "generosidad", pero su gama de significados es tan amplia como la del adjetivo "bueno". Podría pensarse en las "buenas obras" para las que, según Efesios 2:10, Dios creó a su pueblo en Cristo Jesús; de manera similar, Pablo ora para que los colosenses "den fruto en toda buena obra" (Col. 1:10). En cuanto a la justicia, según se describió anteriormente, el "hombre nuevo" ha sido creado en justicia" (Ef. 4:24). Pablo pide en oración que sus amigos filipenses sean "llenos del fruto de justicia" (Fil. 1:11), y el escritor de Hebreos habla de la disciplina que produce "fruto apacible de justicia para los que han sido ejercitados por medio de ella" (Heb. 12:11). La verdad es la antítesis de la falsedad, que a los lectores ya se les pidió que "abandonaran"; la verdad que se les exhorta a hablar entre ellos (Ef. 4:25) debe ser la expresión de la "verdad interna" que está divinamente implantada en los hijos de la luz.

10 Los seguidores de Cristo desearán de manera natural hacer lo que a él le agrada. Esta era la propia ambición de Pablo, y albergaba esa misma ambición para sus amigos cristianos (1Co. 4:4; 2Co. 5:9).[32] No solo deben "averigüen bien lo que agrada al Señor" (NTV) sino tener sus mentes tan sintonizadas con la suya que, en cuanto sepan qué es lo que le agrada, lo aprueben. El mismo verbo,[33] que admite ambos matices de significado, se usa en Romanos 12:2, donde la renovación de las mentes de los creyentes los lleva a "comprobar —y con ello, también a aprobar— cuál es la voluntad de Dios,

---

31. Con "ahora sois luz en el Señor" cf. Mt. 5:14-16.
32. Cf. Col. 1:10, εἰς πᾶσαν ἀρέσκειαν. Véase también la pág. 352, nota 54.
33. Gr. δοκιμάζω.

todo lo que es bueno y aceptable y perfecto". Pablo, de manera semejante, pide en oración que la iglesia de Filipos reciba discernimiento espiritual para "aprobar lo que es excelente" (Fil. 1:9-10).[34]

11 Las "obras de las tinieblas" se describen como "infructuosas" porque, a diferencia de las obras que caracterizan a los hijos de la luz, esas son muertas y estériles. Podemos comparar esto con la antítesis entre "las *obras* de la carne" y "el *fruto* del Espíritu" en Gálatas 5:19, 22. (En otros contextos la imagen del "fruto" se usa de manera diferente, como por ejemplo, en Ro. 6:21, donde hace referencia al resultado de una vida pecaminosa). No hay ninguna diferencia en la práctica entre el hecho de ser copartícipe con los hijos de las tinieblas y participar de sus obras.[35] Esas obras no deben ser condonadas ni excusadas, sino expuestas como lo que realmente son.

No es necesario coincidir con K. G. Kuhn y reconocer aquí una "continuidad" de la tradición esenia, pero sí ilustra con mucho acierto la exigencia de la literatura de Qumrán de exponer las obras de las tinieblas. En dicha literatura se establece como un deber de cada miembro de la comunidad "que vea a otro miembro quebrantar un mandamiento de Dios... reprender al individuo en cuestión, o sea, decirle, 'lo que has hecho o estás haciendo no es bueno a los ojos de Dios'. No debe reprenderlo con enojo, ni con orgullo ni con odio, sino más bien 'con verdadera fidelidad, humildad y amor misericordioso'. Pero sí debe hacer que ese individuo adquiera conciencia de su pecado ese mismo día y no posponer el asunto hasta el día siguiente, de lo contrario, se le hará responsable ante Dios de cualquier pecado que pueda cometer el otro".[36] Cabe recordar que en Mateo 18:15 se estableció ese mismo procedimiento para la comunidad de los discípulos de Jesús.[37] Pero no solo deben reprenderse los pecados de los miembros de la comunidad: Kuhn agrega que "cuando, según se lee en Marcos 6:18, Juan el Bautista comparece ante Herodes y le dice, '...no te es lícito tener la mujer de tu hermano', tenemos un ejemplo de la práctica esenia de la 'corrección'".[38] (Pero Juan se mantuvo firme en la auténtica tradición profética de Israel al señalarle de ese modo a un gobernante el error de su proceder).

12 Si "resulta vergonzoso mencionar siquiera las acciones que hacen en secreto", ¿por qué sacarlas a la luz? Tal vez porque sacarlas a la luz es el mejor modo de hacer que se marchiten y mueran. Schlier sugiere que Pablo alude quizás a los ritos libertinos de muchas religiones místericas:[39] si se hacían públicos, podían perder su encanto (así como los hechizos de los especialistas en magia efesios

---

34. δοκιμάζειν τὰ διαφέροντα (cf. Ro. 2:18).
35. μὴ συγκοινωνεῖτε ... (Pablo usa el verbo en un buen sentido en Fil. 4:14).
36. K. G. Kuhn, "*The Epistle to the Ephesians in the Light of the Qumran Texts*", en *Paul and Qumran*, ed. J. Murphy-O'Connor (Londres, 1968), págs. 122-25.
37. "Si tu hermano comete un pecado..." (εἰς σέ, "contra ti", probablemente no es parte del original).
38. K. G. Kuhn, "*The Epistle to the Ephesians*", pág. 124, nota 8.
39. H. Schlier, *Der Brief an die Epheser*, pág. 239.

perdían su eficacia cuando se divulgaban abiertamente, según Hch. 19:18). Esto podría ser cierto, pero no hay nada en el contexto que exija una referencia a las religiones mistéricas. Sin embargo, no es accidental que el término *orgia*, que se usa con relación a las religiones mistéricas, haya evolucionado semánticamente hasta convertirse en nuestra palabra "orgías", que, en el sentido que conlleva para nosotros, puede representar en gran medida lo que se intenta comunicar aquí: cosas que son "indescriptiblemente vergonzosas".[40]

13 Que todas las cosas "se ponen de manifiesto cuando son reveladas por la luz" adopta la forma de un dicho proverbial parecido al de Lucas 8:17, "porque no hay nada oculto que no haya de ser manifestado, ni secreto que no haya de ser conocido y salga a la luz". Las palabras de Juan 3:20-21 también resultan pertinentes: "Porque todo el que hace lo malo odia la luz, y no viene a la luz para que sus acciones no sean expuestas. Pero el que practica la verdad viene a la luz, para que sus acciones sean manifestadas que han sido hechas en Dios".

Con respecto a la colocación de los verbos ser "expuestos" y "revelados por la luz", K. G. Kuhn hace referencia a un pasaje en el documento de Damasco respecto a un miembro díscolo de la comunidad de Qumrán: "cuando sus obras son reveladas por la luz, será alejado de la congregación como alguien cuya herencia no se encuentra entre los 'enseñados por Dios'. De acuerdo con su pecado, algunos hombres de discernimiento expondrán (corregirán) al individuo, hasta el día en que vuelva a comparecer ante el cónclave de los hombres de perfecta santidad".[41] Pero, al parecer, lo que dice Efesios 5:13 no tiene que ver principalmente con hermanos cristianos ni con sus obras indignas. Si ellos cometen cosas que desacreditan el nombre de cristiano, su conducta sin duda exige una reprensión; pero la referencia aquí es más amplia.

14 La parénesis sobre la luz y las tinieblas concluye con una cita, que si bien no puede identificarse con ningún texto bíblico, aparece introducida por la misma fórmula[42] que se usó para introducir la cita del Salmo 68:18 en Efesios 4:8. Las palabras citadas sin duda reflejan uno o dos pasajes veterotestamentarios —Isaías 26:19 ("¡Moradores del polvo, despertad y dad gritos de júbilo!") e Isaías 60:1 ("Levántate, resplandece; porque ha llegado tu luz y la gloria del Señor ha amanecido sobre ti"), y quizás incluso Jonás 1:6 ("¿Qué te pasa, dormilón? ¡Levántate!...") —pero el reflejo, especialmente en griego, es lejano. La cita, que sería mejor interpretar como un himno bautismal primitivo, es una estrofa de tres líneas en la que la congregación saluda al nuevo convertido cuando emerge sacramentalmente del sueño de la muerte espiritual y entra en la luz de la vida.[43] La advertencia ética es reforzada por

---

40. J. A. Robinson, *Ephesians*, pág. 201.
41. K. G. Kuhn, "*The Epistle to the Ephesians*", pág. 125, con referencia a CD 20.3-5 (los verbos hebreos son el jifil de *yāpa'*, "hacer brillar" y el jifil de *yāḵaḥ*, "condenar", "recriminar").
42. διὸ λέγει.
43. Véase, no obstante, B. Noack, "*Das Zitat in Ephes. 5:14*", *ST* 5 (1951), 52-64, en cuanto a que se trata principalmente de un himno de resurrección (aunque aplicable, de forma secundaria, al bautismo), con un comentario de R. P. Martin, "*Aspects of Worship in the New Testament Church*",

un llamado dirigido a los lectores para que recuerden el bautismo que ellos también recibieron y su significado, del mismo modo que en Romanos 6:3-4 Pablo apeló a la experiencia bautismal de los cristianos de Roma para refutar la sugerencia de que debemos "continuar en pecado para que la gracia abunde", y les dijo: "¿No sabéis que todos los que hemos sido bautizados en Cristo Jesús fuimos bautizados en su muerte? Fuimos sepultados con él por medio del bautismo para muerte, a fin de que como Cristo resucitó de entre los muertos por la gloria del Padre, así también nosotros andemos en novedad de vida". Si en alguna ocasión los lectores de esta carta se sentían tentados a olvidar que, aunque en otro tiempo habían sido hijos de las tinieblas, ahora eran hijos de la luz, debían recordar, pues, su bautismo y las palabras que habían oído entonces, y no tendrían ninguna duda respecto a su estatus actual y sus implicaciones morales.

Se ha intentado reforzar la identificación de la estrofa como un himno bautismal alegando que su ritmo coincide con el de las fórmulas de iniciación de varios cultos helenísticos. La fórmula que se aduce más comúnmente es una que cita Julio Fírmico Materno y que pronunciaba la persona recién iniciada en el misterio de Atis.[44] Esos paralelismos formales son difíciles de establecer, y no arrojan ninguna luz sobre el significado de lo que, en cuanto al contexto y al contenido, es una composición explícitamente cristiana. Clemente de Alejandría cita esta estrofa y le agrega otra estrofa que amplía la referencia a Cristo en la tercera cláusula:

El sol de la resurrección,
Engendrado antes de la estrella de la mañana,
Que ha dado vida con sus propios rayos.[45]

VE 2 (1963), 30. Noack hace referencia a Jerónimo (*Commentary on Ephesians*, ad loc. [*PL* 26, 559A]), el cual interpreta que las palabras Cristo se las dirigió a Adán cuando lo libró del Hades (con la lectura de la tercera línea de la estrofa como *et continges Christum*, "y tú tocarás a Cristo"; véase la pág. 343, n. 15). Jerónimo, al igual que Epifanio (*Pan.* 1.3.46.5 [*PG* 41, 843D-45B]), dice que Adán estuvo preso exactamente debajo del lugar en el que Cristo fue crucificado, derivándose el nombre Gólgota de la calavera de Adán, que estaba esperando ser sepultada allí.

44. Fírmico Materno, *Sobre el error de las religiones profanas* 18.1:

ἐκ τυμπάνου βέβρωκα,
ἐκ κυμβάλου πέπωκα,
γέγονα μύστης Ἄττεως

("He comido del tambor, he bebido del címbalo, me he convertido en un iniciado de Atis"). Véase E. Peterson, ΕΙΣ ΘΕΟΣ (Göttingen, 1926), pág. 132; F. Cumont, *Les religions orientales dans le paganisme romain* (Paris, 1929), pág. 226, nota 46. Fírmico cita otras fórmulas rítmicas de diversos cultos mistéricos, pero con métricas diferentes de ésta. H. Schlier menciona llamados similares a despertarse del sueño, de la embriaguez o de la muerte en *Odas de Salomón* 8.3-5; *Hechos de Tomás* 110.43-48; *Corpus Hermeticum* 1.27. Son, empero, demasiado recientes para tener mucha relevancia; más recientes aún son las analogías mandeanas que él aduce (*Der Brief an die Epheser*, págs. 240-41). Lo mismo se aplica a los paralelismos maniqueos que R. Reitzenstein cita de los textos turfanos, *Das iranische Erlösungsmysterium*, págs. 3. 11-12; H. Jonas, *The Gnostic Religion* (Boston, 1963), pág. 83.

45. Clemente, *Protrepticus* 9.84.2:

(5) "Sed llenos del Espíritu" (5:15-20)

15 Ahora bien, tened cuidado de vuestra conducta:[46] no viváis como insensatos sino como sabios,
16 aprovechando la oportunidad actual, porque los días son malos.
17 Por tanto, no seáis necios, sino discernid[47] cuál es la voluntad del Señor.[48]
18 No os embriaguéis con vino —pues eso conduce a la disolución— sino sed llenos del Espíritu,
19 hablando entre vosotros con salmos, himnos y cánticos inspirados por el Espíritu, cantando[49] y alabando en vuestros corazones[50] al Señor,
20 dando siempre gracias por todo a nuestro Dios y Padre[51] en el nombre de nuestro Señor Jesucristo.

15 Comienza ahora un nuevo párrafo parenético en el que se exponen más principios generales para la conducta cristiana. Al igual que a los colosenses, se les pide a los destinatarios de esta carta que se comporten de manera sabia en el mundo (Col. 4:5). Por ser una pequeña minoría, su estilo peculiar de vida será objeto del escrutinio de las demás personas: la reputación del evangelio está estrechamente relacionada con su conducta pública. De ahí la necesidad de cuidado y de sabiduría, para que la causa cristiana no se vea involuntariamente perjudicada por cualquier palabra o acción irreflexiva por parte de los cristianos.

16 La orden de "aprovechar la oportunidad actual"[52] es una repetición de Colosenses 4:5; en ambos lugares se refiere especialmente al testimonio cristiano en el mundo. De la declaración de que "los días son malos" podría inferirse que, por muchas que sean las dificultades que aparezcan en el camino del testimonio cristiano ahora, su número aumentará con el paso del tiempo.

ὁ τῆς ἀναστάσεως ἥλιος,
ὁ πρὸ ἑωσφόρου γεννώμενος,
ὁ ζωὴν χαρισάμενος ἀκτῖσιν ἰδίαις.
(Con la segunda línea cf. Ps. 110 [109 LXX]:3.)

46. βλέπετε οὖν ἀκριβῶς πῶς περιπατεῖτε. Las palabras ἀκριβῶς πῶς invierten su orden y aparecen como πῶς ἀκριβῶς en D F G Ψ y en la mayoría de los manuscritos en cursivas (de ahí que en JBS "Mirad, pues, cómo andéis avisadamente"), también en ℵ A 629 *pc* lat^{vg} co^{bo}, en los que se inserta ἀδελφοί antes de πῶς ἀκριβῶς.

47. En lugar del imperativo συνίετε, en Ψ y en la mayoría de los manuscritos en cursivas aparece el participio συνιέντες.

48. τὸ θέλημα τοῦ κυρίου. En ℵ* se lee φρόνημα en lugar de θέλημα, en A 81 y varios manuscritos en cursivas aparece θεοῦ en lugar de κυρίου, mientras que en P^{46} se lee Χριστοῦ.

49. Antes de "cantando" (ᾄδοντες) en A se inserta ἐν χάριτι (cf. Col. 3:16).

50. Los códices varían entre τῇ καρδίᾳ (P^{46} ℵ* B 1739 1881), ἐν τῇ καρδίᾳ (Ψ y la mayoría de los manuscritos en cursivas) y ἐν ταῖς καρδίαις (ℵ A D F G P *al*); esta segunda lectura está influenciada por Col. 3:16.

51. En lugar de τῷ θεῷ καὶ πατρί, en P^{46} D F G *pc* lat^{vet} se lee τῷ πατρὶ καὶ θεῷ.

52. ἐξαγοραζόμενοι τὸν καιρόν (véase la pág. 160, nota 17).

Debemos tener siempre presente no solo que el tiempo actual sigue siendo un "siglo malo" (Gá. 1:4) aun cuando haya sido invadido por los poderes del siglo venidero, sino también que, tal como se les advirtió a los corintios, "el tiempo ha sido acortado" (1Co. 7:29), y por tanto, es preciso aprovechar las oportunidades mientras estas duren.[53] La perspectiva sobre el fin de los tiempos no ha cambiado radicalmente desde las últimas cartas de Pablo; además, desde Roma hasta Judea había señales de que la relativa libertad de agresión que disfrutaban los cristianos en ese momento era probable que muy pronto se viera reducida.

17 Es necesario que el pueblo de Cristo conozca y haga en todo momento su voluntad —a los lectores ya se les había pedido que "aprobaran lo que es agradable al Señor" (v. 10)[54]— pero resulta doblemente necesario en la situación actual. Hacemos su voluntad no por un impulso irracional sino como resultado de una reflexión y una acción inteligentes.

18 "No os embriaguéis con vino" es otra cita del AT, de Proverbios 23:31 (LXX).[55] No se introduce aquí en primer lugar por el valor que pueda tener (aunque una advertencia de esta índole nunca resulta inoportuna) sino en atención al mensaje que presenta su antítesis: "sed llenos del Espíritu". El uso excesivo del vino conduce a la disolución, que no es buena ni para el bebedor ni para los demás; la plenitud del Espíritu, en cambio, es útil para los que son llenos de él y para las personas con las que ellos se relacionan. El sustantivo traducido como "disolución" aparece también en Tito 1:6 (donde se advierte que los hijos de los ancianos de la iglesia no deben estar acusados de disolución) y en 1 Pedro 4:4 (con referencia al libertinaje que caracterizaba la vida antigua de los recién convertidos del paganismo al cristianismo); el adverbio correspondiente se usa para referirse a la "vida desenfrenada" en la que el hijo pródigo malgastó sus bienes (Lc. 15:13).[56]

"Sed llenos del Espíritu" literalmente es "sed llenos en el espíritu"; [57] esto ha generado dudas en cuanto a si se trata del espíritu del creyente o del Espíritu de Dios. La misma frase, "en el espíritu", aparece en otros tres lugares en esta carta —en Efesios 2:22, respecto a la nueva comunidad de los creyentes como la morada de Dios, en 3:5, acerca de la revelación del "misterio" de la nueva

---

53. Cf. Ef. 6:13, ἐν τῇ ἡμέρᾳ τῇ πονηρᾷ (en Gá. 1:4 y aquí en Ef. 5:16 el adjetivo también es πονηρός).

54. Con τί τὸ θέλημα τοῦ κυρίου aquí y τί ἐστιν εὐάρεστον en el v. 10 cf. Ro. 12:2, τί τὸ θέλημα τοῦ θεοῦ, τὸ... εὐάρεστον.

55. μὴ μεθύσκεσθε οἴνῳ, una paráfrasis de la expresión hebrea 'al tēre' yayin ("no miréis el vino...").

56. ἀσωτία (ἀσώτως en Lc. 15:13).

57. πληροῦσθε ἐν πνεύματι. El Espíritu Santo es "a la vez el Inspirador y la Inspiración", dice J. A. Robinson (*Ephesians*, págs. 203-04); analiza la fuerza de la preposición ἐν (ya sea que denote la instrumentalidad o la esfera) y encuentra apoyo para afirmar que denota la instrumentalidad (o agencia) en 1Co. 12:3, 13; Ro. 15:16. Considera que debe interpretarse como "que vuestra plenitud sea la que viene por medio del Espíritu Santo", pero concluye que la traducción "sed llenos del Espíritu", aunque "no es estrictamente precisa, basta para transmitir el sentido general del pasaje".

comunidad a los "santos apóstoles y profetas" de Dios, y en 6:18, en lo tocante a la vida de oración de los cristianos. En esos tres lugares ciertamente se hace alusión al Espíritu Santo, y es igualmente cierto que aquí también se alude a él. El Espíritu Santo se les da a los creyentes para que él los llene con su presencia y poder. La elección de la embriaguez como una antítesis de la plenitud del Espíritu no carece de precedentes: cuando el Espíritu Santo llenó a todos los discípulos el día de Pentecostés, el fenómeno resultante hizo que algunos de los espectadores dijeran burlonamente que estaban "llenos de mosto" (Hch. 2:13),[58] y Pablo tuvo que advertirles a los corintios que si un extranjero entraba en el lugar donde estaban reunidos cuando todos estaban ejercitando el don espiritual de las lenguas al mismo tiempo, llegaría a la conclusión de que estaban locos (1Co. 14:23). Pero el Espíritu que Dios les da a sus hijos es el Espíritu "de poder y de amor y de dominio propio" (2Ti. 1:7),[59] bajo cuyo control el ejercicio normal de la inteligencia no se eclipsa sino que se potencia.

La antítesis entre el vino y el Espíritu no sugiere que el Espíritu sea una especie de fluido del que el individuo pueda ser lleno, así como tampoco la colocación del "bautismo en agua" con el "bautismo en el Espíritu" sugiere que el Espíritu sea una especie de fluido en el que el individuo pueda ser sumergido.[60] Más allá de las construcciones gramaticales que se usen, el Espíritu opera como un ser personal, "el Señor que es el Espíritu" (2Co. 3:18).

19 Si el Espíritu es la fuente de su plenitud, entonces, en lugar de entonar canciones que celebren las alegrías de Baco, sus bocas estarán llenas de palabras que edifiquen las vidas de los demás y glorifiquen al Dios vivo y verdadero. La referencia a "salmos, himnos y cánticos inspirados por el Espíritu" es una repetición de Colosenses 3:16.[61] La construcción de las cláusulas es muy diferente, pero el tenor general es el mismo. Las reuniones de aquellos primeros cristianos deben haber sido eventos musicales, no solo cantaban y salmodiaban al Señor, en sus corazones y con sus lenguas, sino que se ayudaban y se bendecían mutuamente por medio de composiciones que ya conocía la comunidad o con canciones que improvisaban en el momento por inspiración. En la exposición y las notas sobre Colosenses 3:16 se citaron testimonios del predominio de la música en su comunión y adoración. Uno de estos testimonios —el informe de Plinio sobre los cánticos antifonales dirigidos "a Cristo como Dios"[62]— guarda relación con ambas cláusulas en este versículo, donde el cántico es antifonal ("hablando entre vosotros") y se

---

58. Gr. γλεύκους μεμεστωμένοι εἰσίν.
59. Gr. πνεῦμα... δυνάμεως καὶ ἀγάπης καὶ σωφρονισμοῦ.
60. O que pueda ser derramado sobre el individuo, como en Hch. 2:17-18, 33; Tit. 3:6 (ἐκχέω); cf. 1Co. 12:13b (ποτίζω). Los verbos que se usan principalmente en referencia a líquidos tienen un sentido figurado cuando se usan respecto al Espíritu.
61. Véanse las págs. 144-45 con las notas 148-57 para un análisis más completo.
62. Plinio, *Epístolas* 10.96.7, *carmenque Christo quasi deo dicere secum inuicem* ("y cantaban unos y otros, de forma alternada, un himno a Cristo como a Dios"). Véase la pág. 144, nota 153.

ofrece "al Señor". El himno citado en el v. 14 podría constituir un ejemplo de esa "conversación entre ellos". Si las palabras "cantando y alabando en vuestros corazones *al Señor*" en el presente contexto son paralelas a las que se leen en Colosenses 3:16, "cantando y dando gracias en vuestros corazones *a Dios*", nos recuerdan que en la iglesia, desde los primeros días, la alabanza se tributaba a Dios y a Cristo por igual. Así pues, en el Apocalipsis, donde la adoración que presentan los santos ante el trono celestial y es secundada por la iglesia en la tierra, "Digno eres, Señor y Dios nuestro... porque tú creaste todas las cosas" (Ap. 4:11) tiene su equivalente en el "cántico nuevo": "Digno eres... porque tú fuiste inmolado y con tu sangre efectuaste la redención" (Ap. 5:9), mientras que tanto Dios como Cristo están unidos en la doxología: "Al que está sentado en el trono, y al Cordero, ¡sea la alabanza, la honra, la gloria y el dominio por los siglos de los siglos!" (Ap. 5:13).

20 Vuelve a hacerse un llamado a la acción de gracias (cf. el final del v. 4) de una manera muy amplia, con un lenguaje que refleja Colosenses 3:17.[63] Las palabras "siempre... por todo" resumen la expresión "todo lo que hacéis, de palabra o de obra" en el pasaje de Colosenses, mientras que "... en el nombre del Señor Jesús, dando gracias por medio de él a Dios el Padre" allí tiene como equivalente aquí: "dando gracias ... a nuestro Dios y Padre en el nombre de nuestro Señor Jesucristo".[64] Una vida llena de esa acción de gracias se expresará espontáneamente mediante salmos, himnos y cánticos espirituales.

5. "Someteos" (5:21-6:9)

(1) Sumisión mutua (5:21)

21 *Someteos unos a otros en el temor de Cristo.*[65]

21 El código doméstico que sigue (Ef. 5:22-6:9) es una aplicación especial de la virtud cristiana de la sumisión;[66] se introduce por medio de esta exhortación general a la sumisión mutua. Los cristianos no deben ser obstinados ni tratar de salirse con la suya. Tal como se les dijo a los creyentes filipenses, deben ser tan humildes que consideren a los demás mejores que ellos mismos y que antepongan los intereses de los otros a los suyos propios, conforme al ejemplo de Cristo, que "se vació a sí mismo"; "se humilló" y "se hizo obediente", incluso cuando el sendero de la obediencia conducía a la muerte en la cruz (Fil. 2:3-8). Por reverencia a su Señor, que sentó ese precedente,

---

63. Véase la pág. 146 con las notas 160, 161, y 162.
64. Es por medio de Cristo (Ef. 2:18) o en su nombre que su pueblo tiene a acceso a Dios para todo propósito, incluyendo (como aquí) la acción de gracias.
65. En muchos manuscritos en cursivas (incluyendo 6 81 614 630 1881) se lee θεοῦ for Χριστοῦ (cf. RV60 y otras "en el temor de Dios").
66. En cuanto a códigos domésticos, véanse las págs. 146-49.

sus seguidores deben ponerse a disposición de las demás personas, y vivir de tal modo que su tolerancia sea reconocida públicamente (Fil. 4:7), aun cuando eso pueda hacer que otros se sientan estimulados a aprovecharse de ellos (1Co. 6:7). Incluso los que ocupan posiciones de responsabilidad y honor en la comunidad cristiana, a los que a sus hermanos creyentes se les pide que rindan sumisión y respeto amoroso (1Co. 16:16; 1Ts. 5:12-13), se ganan ese reconocimiento por ser siervos, no señores (cf. 1Pe. 5:3). A pesar de las veces que tuvo que ejercer su autoridad apostólica cuando la situación lo requería, Pablo invita a sus convertidos a considerarlos a él y a sus colegas "esclavos suyos por amor de Jesús" (2Co. 4:5).[67]

(2) Esposos y esposas (5:22-33)

22 *Mujeres, (someteos)[68] a vuestros maridos como al Señor,*
23 *porque el marido es cabeza de su mujer, como también Cristo es cabeza de la iglesia, siendo él mismo[69] el salvador del cuerpo.*
24 *Pero así como[70] la iglesia está sometida a Cristo, así también las mujeres deben estarlo a sus maridos en todo.*
25 *Maridos, amad a vuestras mujeres,[71] así como también Cristo amó a la iglesia y se dio a sí mismo por ella,*
26 *para santificarla, purificándola por el lavamiento de agua con (la) palabra,*
27 *a fin de presentársela a sí mismo revestida de gloria, libre de mancha, arruga o cualquier cosa semejante, sino santa y sin mancha.*
28 *Así también[72] los maridos deben amar a sus mujeres como a sus propios cuerpos. El que ama a su mujer, a sí mismo se ama.*
29 *Nadie aborreció jamás su propia carne sino que la sustenta y la cuida, así como también Cristo a la iglesia.[73]*
30 *porque somos miembros de su cuerpo.[74]*

---

67. Cf. Ro. 12:10, τῇ τιμῇ ἀλλήλους προηγούμενοι. A los cristianos se les recuerda repetidamente que en este respecto, tienen un ejemplo supremo en su Señor (cf. Mr. 10:45; Lc. 22:27; Jn. 13:12-17).

68. El verbo tácito en esta cláusula aparece en א A I P Ψ y en muchos manuscritos en cursivas (ὑποτασσέσθωσαν, "que [las mujeres] se sometan") y en D F G y en la mayoría de los manuscritos en cursivas (ὑποτάσσεσθε, "someteos").

69. En א² D² Ψ y en la mayoría de los manuscritos en cursivas αὐτός se amplía y se lee καὶ αὐτός ἐστιν.

70. ὡς se omite en B Ψ y en algunos otros testigos.

71. ἀγαπᾶτε τὰς γυναῖκας, a lo que se añade ὑμῶν en F G y ἑαυτῶν ("vuestras propias mujeres") en D Ψ en la mayoría de los manuscritos en cursivas.

72. οὕτως ὀφείλουσιν καὶ οἱ ἄνδρες (en א Ψ y en la mayoría de los manuscritos en cursivas se omite καί).

73. En lugar de ὁ Χριστός en D² y en la mayoría de los manuscritos en cursivas se lee ὁ κύριος.

74. En א² D F G Ψ y en la mayoría de los manuscritos en cursivas se añade ἐκ τῆς σαρκὸς αὐτοῦ καὶ ἐκ τῶν ὀστέων αὐτοῦ, basándose aparentemente en Gn. 2:23 (cf. RV60).

31 *"Por esto, dejará el hombre a su padre y a su madre[75] y se unirá a su mujer,[76] y los dos se volverán una sola carne".*

32 *Grande es este misterio: pero yo digo esto con referencia a Cristo y a la iglesia.*[77]

33 *Pero en cuanto a vosotros, individualmente, que cada hombre ame a su propia mujer como se ama a sí mismo, y que la mujer reverencie a su marido.*

Aunque el código doméstico se introduce por medio de una petición de sumisión mutua,[78] la sumisión que exige el propio código no es mutual. Al igual que en el código paralelo a este que aparece en Colosenses 3:18-4:1, a las mujeres se les ordena que estén sujetas a sus maridos, a los hijos que sean obedientes a sus padres y a los esclavos a sus amos, pero la sumisión no es recíproca: a los maridos se les pide que amen a sus mujeres, a los padres que eduquen a sus hijos de manera sensata y a los amos que traten a sus esclavos con consideración. En cuanto a la sección que tiene que ver con las mujeres y a los maridos, la característica distintiva en Efesios es que la relación entre el marido y la mujer se considera análoga a la que existe entre Cristo y la iglesia.

22 En el v. 22 no hay ningún verbo expreso, el imperativo "someteos" (un participio en el texto griego) se sobrentiende del v. 21.[79] No se hace ningún hincapié especial en el pronombre "propios" en la frase "vuestros propios maridos" (como si quisiera establecerse un contraste entre los maridos de ellas y los maridos de otras mujeres); podría decirse que aquí tenemos un ejemplo del uso "agotado" de este pronombre, pero, al parecer, era un rasgo característico de los códigos domésticos.[80]

75. τὸν πατέρα καὶ τὴν μητέρα (el artículo se omite antes de πατέρα y de μητέρα en B D* F G).

76. πρὸς τὴν γυναῖκα αὐτοῦ, en lugar de lo cual en ℵ A P 33 81 y en algunos testigos aparece el dativo τῇ γυναικὶ αὐτοῦ.

77. εἰς Χριστὸν καὶ εἰς τὴν ἐκκλησίαν (en B K y algunos testigos se omite la preposición antes de τὴν ἐκκλησίαν).

78. Podría, de hecho, alegarse que la petición de sumisión mutual (v. 21) guarda relación con el párrafo anterior porque el participio ὑποτασσόμενοι armoniza con λαλοῦντες... ᾄδοντες καὶ ψάλλοντες (v. 19) y con εὐχαριστοῦντες (v. 20). Sin embargo, se relaciona más estrechamente con lo que sigue proporcionando el verbo tácito en el v. 22. En cuanto al participio con función de imperativo ὑποτασσόμενοι, véase D. Daube, *"Participle and Imperative in 1 Peter"*, en E. G. Selwyn, *The First Epistle of St. Peter* (Londres, 1946), págs. 467-88. Con respecto a la unidad literaria de los vv. 21-33 véase J. P. Sampley, *"And the Two shall become One Flesh": A Study of Traditions in Ephesians 5:21-33* (Cambridge, 1971), págs. 104, 109-47.

79. ὑποτασσόμεναι (femenino, en consonancia con γυναῖκες, se sobrentiende de ὑποτασσόμενοι en el v. 21. Aunque la ὑποταγή es recíproca en el v. 21 y unilateral en el v. 22, sería precario tomar el v. 21 "como la crítica del autor de la postura fundamental de la forma de Haustafel en la que a un grupo se le ordena someterse a otro grupo investido con autoridad sobre él" (Sampley, *"And the Two,"* pág. 117); la sumisión recíproca es un elemento básico en la tradición ética cristiana, mientras que el esquema, al menos, de la "forma de Haustafel" no es exclusivamente cristiano.

80. Con respecto al ἴδιος "agotado", véase G. A. Deissmann, *Bible Studies*, E.T. (Edimburgo, 1909), págs. 123-24; MHT I, 87-90. El ἴδιος característico de los códigos domésticos ha dejado

EFESIOS 5:23

En Colosenses 3:18 se les ordena a las mujeres que estén sujetas a sus maridos "como conviene en el Señor", pero la frase aquí "como al Señor"[81] tiene un sentido muy diferente. "El Señor" sin duda es Cristo y no el marido (a pesar de la analogía de 1Pe. 3:6); el sustantivo singular no se encuentra en aposición al plural "maridos". Lo que implica la frase, más bien, es que la sumisión de las mujeres cristianas a sus maridos es un aspecto de su obediencia al Señor. Esto resulta más adecuado cuando la sumisión a sus maridos se ve como un equivalente de la sumisión de la iglesia a Cristo.

23 El principio de que "el marido sea cabeza de su mujer" fue establecido como parte de la ordenanza de la creación en 1 Corintios 11:3, aunque allí el sentido probablemente es que "la cabeza de la mujer es el hombre" (LBLA), y el sustantivo "cabeza" significa "fuente" u "origen".[82] La referencia es a la narración de Génesis 2:21-24, donde la mujer es formada a partir del hombre (una narración que ha influenciado también el pensamiento y el lenguaje del pasaje que nos ocupa). Así como Adán fue el origen de la existencia de su mujer, el marido es "cabeza" de la mujer. Pero en este contexto la palabra "cabeza" lleva aparejada la idea de autoridad en consonancia con la analogía de la primacía de Cristo sobre la iglesia. Al igual que en 1 Corintios 11:3-15 el argumento depende de una oscilación entre el sentido literal y el figurado del sustantivo "cabeza",[83] y por tanto, en el presente argumento de la analogía participan diferentes sentidos de la palabra. Pero cuando se dice que Cristo es "cabeza de la iglesia", eso implica la figura correlativa de la iglesia como su cuerpo (Ef. 1:22-23; 4:15-16; cf. Col. 1:18; 2:19) —una figura que está ausente en la relación entre el marido y la mujer.[84] (Este no es el sentido de "sus propios cuerpos" en el v. 28 ni el de "su propia carne" en el v. 29).

La pertinencia de la afirmación adjunta de que el mismo Cristo es el "salvador del cuerpo"[85] no es obvia. El hecho de que Cristo es el Salvador de su pueblo es la esencia del evangelio, pero ¿se da a entender que en algún sentido el marido sea el "salvador" de la mujer? En Tobías 6:18 (17) aparece una analogía en la que Rafael, hablando con Tobías acerca de su prima Sara, que va a ser su esposa, le dice, "tú la salvarás" —pero se refiere a la liberación de Sara de las visitas desastrosas del demonio Asmodeo. Según W. Foerster, la condición de Cristo como "salvador del cuerpo" se aclara en los vv. 25-27, y se indica que por medio del sacrificio de su propia persona él purificó a la iglesia

---

huellas en 1Ti. 6:1; Tit. 2:5, 9; 1Pe. 3:1, 5.

81. ὡς τῷ κυρίῳ (en comparación con ὡς ἀνῆκεν ἐν κυρίῳ en Col. 3:18).

82. En el mismo contexto dice que la cabeza de cada hombre es Cristo, y que la cabeza de Cristo es Dios. En cuanto al sentido de "origen" o "fuente", véase S. Bedale, "The Meaning of κεφαλή in the Pauline Epistles," *JTS* n.s. 5 (1954), 211-15.

83. Por consiguiente, en 1Co. 11:3-15 la deshonra de la cabeza literal del hombre implica la deshonra de Cristo; la deshonra de la cabeza literal de la mujer implica la deshonra de su marido.

84. Cuando se dice que el marido es cabeza de la mujer, eso no implica que la mujer sea su cuerpo. Incluso en el v. 29 no dice eso.

85. αὐτὸς σωτὴρ τοῦ σώματος (véase la nota 69 supra).

para presentársela a sí mismo en toda su gloria en la consumación, y la conducta de los maridos para con sus mujeres debe "en cierto sentido" asemejarse a esta conducta por parte de Cristo.⁸⁶ Pero, cabría preguntar, ¿en qué sentido? Podría quizás estar implícita una referencia a la función del marido como protector de su mujer, pero algo más detallado resulta difícil de discernir. En el polo opuesto, J. P. Sampley opina que en este caso particular hay un contraste entre Cristo y el marido terrenal: "Cristo, a diferencia del marido, es el salvador de su propio cuerpo".⁸⁷ Pudiera considerarse que la partícula adversativa "pero" al principio del v. 24 indica que va a señalarse un contraste, pero aun cuando fuera así, no está claro que el contraste sea este.

24 En referencia a "muchos comentaristas" que le conceden un sentido adversativo total a la conjunción "pero" al principio del versículo porque consideran que las palabras precedentes "tienen por objeto destacar que la potestad de Cristo como cabeza es inmensamente superior a la del marido" (con lo cual la conjunción significaría "pero a pesar de esta diferencia"), J. A. Robinson señala que la conjunción no necesita tener ningún sentido adversativo. Se usa aquí, más bien, "para fijar la atención en el punto especial de interés inmediato". El apóstol, después de haber indicado de manera general que "la función de la cabeza es planificar la seguridad del cuerpo, protegerlo del peligro y garantizar su bienestar", desiste de hacer una exposición más completa y reanuda su principal línea de razonamiento: *"pero —porque este es el tema en cuestión— como la iglesia está sometida a Cristo, así también las mujeres deben estarlo a sus maridos en todo".*⁸⁸ Este es el relato más satisfactorio de la relación entre los vv. 23 y 24, porque el v. 24 es en gran medida una reanudación del v. 22, añadiendo una referencia a la sumisión de la iglesia a Cristo como el patrón para la sumisión de la mujer a su marido. Que las mujeres tienen que someterse a sus maridos "en todo"⁸⁹ se desprende del hecho indudable —demasiado indudable para exigir una mención específica— de que la iglesia está sometida a Cristo en todo.⁹⁰

---

86. W. Foerster, *TDNT* 7, pág. 1016 (*s.v.* σωτήρ); señala con razón que el pronombre enfático αὐτός antes de σωτὴρ τοῦ σώματος "demuestra que el autor no va a explicar qué significa κεφαλὴ τῆς ἐκκλησίας sino que quiere señalar un nuevo punto".

87. Sampley, *"And the Two.,"* pág. 125.

88. J. A. Robinson, *Ephesians*, págs. 124, 205. El compara este uso de ἀλλά en el v.24 con el de πλήν en el v. 33 más adelante.

89. Gr. ἐν παντί. Para frases similares que se usan en referencia a Cristo, cf. Ef. 1:22 (ὑπὲρ πάντα), 23 (ἐν πᾶσιν, respecto a las cuales véanse también Col. 1:18; 4:15 (τὰ πάντα). Cuando se le ordena a la mujer una sumisión ἐν παντί, no se menciona la posibilidad de que la obediencia a su marido pueda chocar a veces con la obediencia "al Señor".

90. En cuanto a la ὑποταγή de las mujeres a sus maridos, véanse también Tit. 2:5; 1Pe. 3:1, 5; de manera similar, las instrucciones eclesiásticas en estado embrionario en el NT exigían la ὑποταγή de la mujer en la enseñanza y en otros ejercicios ἐν ἐκκλησίᾳ (1Co. 14:34; 1Ti. 2:11). No resulta fácil, sin embargo, reconciliar esa ὑποταγή con la ἐξουσία con la que está investida la mujer en 1Co. 11:10 o, en general, con la libertad con la que Cristo la hizo libre (Gá. 5:1).

25 Al igual que en Colosenses 3:19, a los maridos se les exhorta a amar a sus mujeres, pero aquí el amor abnegado de Cristo por la iglesia se establece como el modelo para el amor del marido por su mujer. Esto no supone una concepción más noble de la institución del matrimonio que la que se expresó en las cartas paulinas anteriores; en ellas incluso Pablo se muestra como un "filogamista",[91] porque ve el matrimonio como la norma para la mayoría de los cristianos y lo recomienda como un estilo de vida santificado por Dios (1Co. 7:3-14). En 2 Corintios 11:2-3 él ya había usado la figura de la relación matrimonial para ilustrar la unión entre Cristo y la iglesia; en el presente código doméstico esta figura se expone con más detalle. En algunas ocasiones se señala que la palabra griega para "novia" no aparece ni aquí ni en 2 Corintios 11:2-3[92] —como si fuera necesaria su aparición cuando el lenguaje nupcial se usa de manera tan clara. En ambos pasajes se utiliza el lenguaje nupcial a través de un símil; no hay, pues, ninguna razón para darle un estatus ontológico a una figura de lenguaje. La comunidad de los creyentes se compara aquí con una doncella por la que Cristo entregó su vida para poder hacerla su esposa. En el v. 2 de este capítulo Pablo dijo que "Cristo nos amó y se dio a sí mismo por nosotros";[93] y ahora, repite la expresión, salvo que en lugar de "nosotros" el complemento es "la iglesia", a la que se hace referencia por medio de la forma femenina del pronombre correspondiente a la tercera persona del singular ("su"). El amor de Cristo por la iglesia es un amor abnegado, y así mismo, se sobrentiende, ha de ser el amor de los maridos por sus mujeres. La idea de la abnegación no es inherente al verbo "amar", sino a su contexto.[94]

26 Antes de presentarle la novia al novio, ella recibía un baño purificador y a continuación, se ataviaba con sus galas nupciales. Esto constituye una parte de la imaginería en el relato de Yahvé sobre su trato hacia la expósita en Ezequiel 16:6-14, donde él le recuerda que, cuando llegó a la edad núbil, "te lavé con agua... te vestí con tela bordada... y te engalané con adornos".[95] Del mismo modo, según dice aquí, el propósito de Cristo al entregarse por la iglesia era santificarla y limpiarla con agua. Se ha señalado que el verbo hebreo "santificar" se usa, en los contextos adecuados, con el significado de desposarse ("apartar a alguien para uno mismo como esposa"), y por tanto, el pasaje que nos ocupa podría significar: "se dio a sí mismo para desposarla consigo".[96] Pero

---

91. El término es de J. M. Ford; cf. su libro "*St. Paul, the Philogamist*", *NTS* 11 (1964-65), 326-48.

92. Gr. νύμφη no aparece en los escritos paulinos. En 2Co. 11:2 la NTV traduce παρθένος ("virgen") como "novia" ("Los prometí como una novia pura a su único esposo: Cristo.").

93. Cf. también Gá. 2:20 (véase la pág. 342 supra).

94. Hay muchas opiniones desinformadas sobre la supuesta calidad superior de ἀγαπάω y de ἀγάπη sobre otros tipos de amor (cf. pág. 150, nota 180; pág. 285, nota 44).

95. La expósita es Jerusalén. El lenguaje nupcial se usa de forma similar respecto a Yahvé y a Israel en Jer. 2:2; Os. 2:14-15. En Is. 62:4-5 es la nación y no el pueblo la que está desposada ($b^{e\,\prime}$ûlāh) con Yahvé.

96. Con respecto al uso de la conjugación pi'el de *q-d-š* véase M. Jastrow, *Dictionary of the Targumim, the Talmud*, etc. (Londres, 1926), págs. 1319-20; K. G. Kuhn, *TDNT* 1, págs. 97-98 (*s.v.*

no es necesario atribuirle este significado especial aquí: el verbo "santificar" anticipa el adjetivo "santo" hacia el final del v. 27.

La santificación tiene lugar mediante la purificación "por el lavamiento de agua con la palabra". El verbo "purificar" o "limpiar" aparece en 2 Corintios 7:1, en la exhortación: "limpiémonos[97] de toda inmundicia del cuerpo y del espíritu, perfeccionando la santidad en el temor de Dios". Pero aquí no son los creyentes los que se purifican a sí mismos, sino que es Cristo quien los purifica, al igual que en Tito 2:14 (el único otro lugar en el que se usa el verbo en el corpus paulino), donde se lee que él se entregó "por nosotros para redimirnos de toda iniquidad y purificar para sí un pueblo de su propiedad, celoso de buenas obras".[98] Cuando a los creyentes se les exhorta a purificarse, se sugiere algo que tiene que ver con la naturaleza de la disciplina ética; pero cuando se dice que Cristo los purifica (como en el pasaje que nos ocupa ahora y en Tit. 2:14), se hace referencia probablemente a su acción como bautizador.[99]

El sustantivo traducido como "lavamiento" aparece solamente en otro lugar en el NT —en Tito 3:5, donde se lee que Cristo salvó a su pueblo "por medio del lavamiento de la regeneración[100] y la renovación por el Espíritu Santo". Esas palabras hacen referencia a la iniciación cristiana, en la que la concesión del Espíritu y el bautismo en agua juegan un papel esencial —el bautismo no solo incluye el lavamiento externo, sino que también interviene la gracia que ese lavamiento representa. Cuando Ananías de Damasco le dijo a Pablo: "levántate y bautízate, y lava[101] tus pecados, invocando su nombre" (Hch. 22:16), dio a entender que el lavamiento externo simbolizaba la limpieza interior del pecado, que es la más importante. Y la cláusula de participio, "invocando su nombre"[102] (es decir, el nombre de Cristo), esclarece la frase "con la palabra" o "con una palabra" en nuestro presente texto: la "palabra" o la "declaración" es la confesión por parte del convertido del nombre de Cristo

---

ἅγιος); J. P. Sampley, *"And the Two"*, págs. 42-43.

97. καθαρίσωμεν ἑαυτούς. Con respecto a los problemas críticos de 2Co. 6:14–7:1 véase F. F. Bruce, *1 & 2 Corinthians*, NCB (Londres, 1971), págs. 213-16. Véase también la pág. 344, nota 22.

98. ἵνα ... καθαρίσῃ (en Ef. 5:26 se usa el participio de aoristo καθαρίσας, epexegético de ἵνα ... ἁγιάσῃ).

99. Así también en 1Co. 6:11, ἀλλὰ ἀπελούσασθε, ἀλλὰ ἡγιάσθητε, ἀλλὰ ἐδικαιώθητε... (donde el verbo ἀπολούω se usa con el sentido de καθαρίζω). En la iglesia romana del siglo IV se citaba Tit. 2:14 en la oración eucarística de oblación: "purifica para ti un pueblo de tu propiedad (extrañamente traducido en latín como *populum circumuitalem*, celoso de buenas obras" (Marius Victorinus, *Adversus Arium* 1.30; 2.8 [*PL* 8, 1063B, 1094D]).

100. διὰ λουτροῦ παλιγγενεσίας. El sustantivo λουτρόν aparece tres veces en la LXX: en Cant. 4:2; 6:6, con referencia a las ovejas que "suben del lavadero" (ἀπὸ τοῦ λουτροῦ), y en Sir. 34:25, donde se lee que el hombre que se contamina después de lavarse, de nada le sirvió haberse lavado (τῷ λουτρῷ αὐτοῦ). Hay testimonios de esto ya en Homero, el cual usa la forma contraída λοετρόν, siempre en plural (p. ej., θερμὰ λοετρά, "un baño caliente" *Iliad* 22.444).

101. Ambos imperativos están en voz media, βάπτισαι καὶ ἀπολουσαι, donde βάπτισαι podría significar "hazte bautizar" o (como ocurre con los verbos relacionados con el aseo) "bautízate".

102. Gr. ἐπικαλεσάμενος τὸ ὄνομα αὐτοῦ, una locución (con Joel 2:32 como precedente) común en Hechos y en Pablo (Hch. 2:21; 9:14, 21; Ro. 10:13; 1Co. 1:2).

cuando se le administra el bautismo.[103] En 1 Pedro 3:21 aparece una afirmación similar, aunque con un lenguaje ligeramente diferente: "el bautismo... ahora os salva, no porque quite la suciedad de la carne, sino como una promesa que le hacemos a Dios de tener una buena conciencia [una conciencia limpia de pecado], mediante la resurrección de Jesucristo". La "promesa"[104] con la que la conciencia purificada del convertido responde a la acción salvífica de Dios en Cristo es la "palabra" que aquí acompaña al "lavamiento del agua".

Si "el bautismo es un sacramento, en el que el lavamiento con agua en el nombre del Padre, y del Hijo y del Espíritu Santo, indica y sella nuestra injerencia en Cristo... y nuestro compromiso de pertenecer al Señor",[105] el compromiso, que se hace en el corazón pero se expresa con los labios, es la "palabra" de Efesios y la "promesa" de 1 Pedro. "Cada miembro de la iglesia se había dedicado a Dios en el momento de su purificación simbólica del pecado; y se dice que lo que le sucedió a cada individuo por separado le sucedió a toda la Nueva Sociedad";[106] es por eso que puede afirmarse que la iglesia entera, personificada como una novia, ha sido verdaderamente lavada... santificada... justificada en el nombre del Señor Jesucristo y en el Espíritu de nuestro Dios (1Co. 6:11).[107]

27 En su analogía nupcial anterior (2Co. 11:2) Pablo alude a sí mismo como el *paranymphios* cuya función es "presentarle" la iglesia a Cristo "como una virgen pura".[108] Es posible que estuviera familiarizado con la concepción judía de Moisés cuando desempeñó un papel similar al presentar a Israel como una novia para Yahvé (aunque la literatura no dio testimonio de esto hasta más tarde).[109] Sin la imaginería nupcial el apóstol habla en Colosenses 1:28 de su propósito de "presentarlos a todos perfectos en Cristo".[110] Allí, al igual que en 2 Corintios 11:2, esa presentación tendrá lugar probablemente en la *parusía* de Cristo; y aquí, es obvio que será en su *parusía* que Cristo planea "presentarse a sí mismo la iglesia".[111] Pero aquí, Cristo es su propio *paranymphios*, y a la vez, el

---

103. Gr. ἐν ῥήματι (donde ἐν es comitativa). Otra posibilidad es que la ῥῆμα fuera la invocación del nombre de Cristo por parte del bautizador sobre la persona que estaba bautizando (cf. Hch. 15:17 [citando Am. 9:12]; Stg. 2:7); así opina H. Schlier, *Der Brief an die Epheser*, p. 257.

104. Gr. ἐπερώτημα. En cuanto al significado de "promesa", véase LSJ; cf. también G. C. Richards, "*I Peter iii.21*", *JTS* 32 (1931), 77; E. G. Selwyn, *The First Epistle of St. Peter*, págs. 205-06. H. Greeven, *TDNT* 2, págs. 688-89 (*s.v.* ἐπερώτημα) defiende la traducción "oración a Dios por una buena conciencia".

105. *Westminster Shorter Catechism*, respuesta a la pregunta 94.

106. A. Borland, "*Baptism in Ephesians*", *The Believer's Magazine* 64 (1954), 174.

107. Véase la nota 99 supra.

108. Véase la nota 92 supra. El sustantivo παρανύμφιος (ο παράνυμφος) no aparece en el NT; es sinónimo de la frase φίλος τοῦ νυμφίου que se usa para referirse a la relación de Juan Bautista con Cristo en Juan 3:29.

109. El *Mejiltá* sobre Éx. 19:17; *ExR* 46.1 sobre Éx. 34:1. El término hebreo es šôš^{e}ḇîn.

110. Cf. Col. 1:22 (véanse las págs. 71-72). El verbo es παρίστημι/παριστάνω, respecto al cual véase B. Reicke, *TDNT* 5, págs. 840-41.

111. Véase J. Jeremias, *TDNT* 4, págs. 1104-05 (*s.v.* νύμφη).

que hizo todo lo que era necesario con el objetivo de que la iglesia estuviera lista para presentársela a sí mismo como su novia —santificada y purificada y ahora (en la *parusía*) "revestida de gloria".[112] Es por eso que en el Apocalipsis Juan vio que la novia, la santa Jerusalén, "tenía la gloria de Dios" (Ap. 21:9-11). El Salmo 45:13 describe a la novia real como "toda gloriosa, cubierta de hermosos vestidos bordados en oro"; el adorno de la iglesia glorificada es la perfección de carácter con la que su Señor la ha dotado, para que esté "libre de mancha, arruga o cualquier cosa semejante".[113] La ley veterotestamentaria preveía la situación en la que un hombre, "después de haberse casado con una mujer, podía hallar "algo reprochable"[114] en ella (Dt. 24:1); pero esa posibilidad no existe para la iglesia glorificada, a quien su Señor la ha preparado para sí mismo y la ha adornado con toda la "virtud" que podía desear hallar en ella. Las manchas, las arrugas[115] y otras cosas semejantes son marcas físicas que podrían hacer que una novia terrenal le resultara desagradable a su novio; aquí, son defectos espirituales y éticos que la obra santificadora y purificadora del Señor eliminó.

Por consiguiente, el propósito de su obra santificadora y purificadora se ha cumplido —a saber, que la iglesia sea "santa y sin mancha". En Efesios 1:4 dice que Dios escogió a los miembros de su pueblo en Cristo "antes de la fundación del mundo" con el propósito de que fueran santos y sin mancha delante de él".[116] De manera similar, en Colosenses 1:22 se les dice a los creyentes que Cristo los ha reconciliado con Dios por medio de su muerte "a fin de presentaros santos, sin mancha e irreprochables delante de él" —y allí, cabe señalar que (al igual que en Ef. 5:27), Cristo es el que los presenta. Los adjetivos que se usan en plural en ambos pasajes para describir a los creyentes individuales se usan aquí en singular para describir a la iglesia.[117]

Para esta imagen de la iglesia presentada a Cristo como su esposa se ha encontrado analogía en el "sagrado matrimonio"[118] del ritual antiguo y en la "sizigia celestial"[119] de algunos esquemas gnósticos. Pero las analogías

---

112. ἵνα παραστήσῃ αὐτὸς ἑαυτῷ ἔνδοξον τὴν ἐκκλησίαν.
113. El lino fino con el que está vestida la novia del Apocalipsis simboliza "las acciones Justas de los santos" (Ap. 19:8).
114. Heb. ʿerwaṯ dāḇār (LXX ἄσχημον πρᾶγμα en la LXX), acerca de cuya interpretación diferían las escuelas rabínicas.
115. Las palabras griegas con σπίλος (cf. 2Pe. 2:13, σπίλοι καὶ μῶμοι, la única otra vez que aparece en el NT) y ῥυτίς (que en la Biblia griega se lee solo aquí).
116. Véase la pág. 236.
117. Gr. ἁγία καὶ ἄμωμος. Con respecto al término μῶμος ("mancha") cf. Cnt. 4:7, ὅλη καλὴ εἶ, ἡ πλησίον μου, καὶ μῶμος οὐκ ἔστιν ἐν σοί.
118. En cuanto al ἱερὸς γάμος véase H. Schlier, *Der Brief an die Epheser*, págs. 264-76; también R. A. Batey, *"Jewish Gnosticism and the 'Hieros Gamos' of Eph. v.21-33"*, *NTS* 10 (1963-64), 121-27; "The μία σάρξ Union of Christ and the Church", *NTS* 13 (1966-67), 270-81.
119. *"Die himmlische Syzygie"* es el título del capítulo 6 de la obra H. Schlier *"Christus und die Kirche im Epheserbrief"* (págs. 60-75). Podríamos compararlo con el "misterio de la cámara nupcial" en el *Evangelio de Felipe* (68, etc.) y otros tratados del Nag Hammadi; aparentemente, era una reunificación sacramental del andrógino original. Al parecer, un sacramento similar a este lo celebraban los marcosianos (Ireneo, Hær. 1.14.2) y los simonianos (Hipólito, *Ref.* 6.18.2-19.5).

de ese tipo son fortuitas; e indudablemente no son conscientes. El sagrado matrimonio de los cultos de la fertilidad tenía por objeto asegurar la producción de fruto; pero esa idea no está presente aquí. Es probable que la "sizigia" gnóstica le deba algo a la terminología nupcial del presente pasaje y de los textos neotestamentarios relacionados. Si buscamos un origen para esta terminología, la representación veterotestamentaria de Israel como la novia de Yahvé nos ofrece la base que necesitamos.[120]

28 La declaración de que los "maridos deben amar a sus mujeres como a sus propios cuerpos" aplica a esta relación especial el mandamiento más general de Levítico 19:18, "amarás a tu prójimo como a ti mismo."[121] Existe una razón para usar la frase "sus propios cuerpos" en lugar de "a sí mismos", pero resulta casi imposible pasar por alto el reflejo del segundo de los dos grandes mandamientos. En más de un lugar del Talmud se cita este mandamiento como una razón para que el marido se comporte con su mujer apropiadamente, "para que no encuentre algo repulsivo en ella".[122] Y la misma palabra traducida como "prójimo", en su forma femenina, la usa repetidamente el amante en el Cantar de los Cantares cuando se dirige a su amada o habla acerca de ella con otras personas (Cnt. 1:9, 15; 2:2, 10, 13; 4:1, 7; 5:2; 6:4).[123]

La locución "como a sus propios cuerpos" en lugar de "como a sí mismos" se debe a la influencia de Génesis 2:24, el texto que se cita en el v. 31. Puesto que el marido y la mujer son "una sola carne" o un solo cuerpo, el amor de un hombre hacia su propia mujer es mucho más que el amor que un individuo debe profesarle a su prójimo como a él mismo; el que ama a su mujer, de hecho, se ama a sí mismo. Adán reconoció a Eva como "hueso de mis huesos y carne de mi carne" (Gn. 2:23); al amarla, por tanto, estaba amando una parte de él mismo. De ahí que "el que ama a su propia mujer a sí mismo se ama".

29 Es natural que un individuo se ame a sí mismo. Esta realidad se hace claramente patente en la manera en que la mayoría de las personas cuidan de sí mismas, y especialmente de sus cuerpos. Los alimentan, los visten y hacen todo lo que pueden por su bienestar. En respuesta a la afirmación de que "nadie aborreció jamás su propia carne" podría alegarse que algunas personas sí han tratado sus cuerpos con mucha severidad, privándolos de los alimentos necesarios, sometiéndolos a toda clase de incomodidades, flagelándolos, etc. Pero esa "severidad para con el cuerpo" no es natural; se censura en Colosenses 2:23 por su ineficacia para promover la verdadera humildad. Lo que se tiene

---

120. Véase la pág 359 con la nota 95. Con respecto a la iglesia como la novia de Cristo, véanse C. Chavasse, *The Bride of Christ* (Londres, 1940), págs. 72-85; P. S. Minear, *Images of the Church in the New Testament* (Philadelphia, 1960), págs. 54-56, 218-20; E. Best, *One Body in Christ* (Londres, 1955), págs. 169-83.

121. El reflexivo simple (ὡς ἑαυτόν) se usa en el v. 33 más adelante.

122. P. ej., TB *Qiddušin* 41a; *Niddāh* 17a (en ambos lugares "algo repulsivo" es *dᵉḇar mᵉgînāh*).

123. La llama su *raʿyātî* (LXX ἡ πλησίον μου), como en la cita de la nota 117 supra; en correspondencia, ella lo llama *rēʿî* (LXX πλησίον μου) en Cnt. 5:16.

en cuenta en el presente contexto es una conducta natural: la comodidad y el bienestar que el hombre procura para sí mismo, debe procurarlos también para su mujer. Una vez más, se cita a Cristo como el ejemplo perfecto: él proporciona todo lo que necesita la iglesia. No es necesario decir que la expresión "su propia carne" no tiene nada que ver con el uso paulino característico del término "carne" como el elemento básicamente pervertido en la naturaleza humana que se pone a sí mismo en el lugar de Dios;[124] se trata simplemente de un sinónimo de "su propio cuerpo" (bajo la influencia de la frase "una sola carne" en Gn. 2:24).[125]

30 Por ser "miembros de su cuerpo", y colectivamente, "su cuerpo", Cristo nos "sustenta y nos cuida". La iglesia como cuerpo de Cristo y la iglesia como novia de Cristo son dos conceptos que tienen orígenes diferentes, pero un vínculo entre ambos se encuentra en Génesis 2:24, donde el marido y la mujer se convierten en "una sola carne". Tras el hecho de que "nadie aborreció jamás su propia carne" subyace la máxima de que debemos amar a nuestro prójimo —y sobre todo a nuestra esposa— *como a nosotros mismos*. El amor de Cristo por su "prójimo", y preeminentemente por la iglesia, es el paradigma del amor de un marido por su mujer; el paradigma aumenta su eficacia si le incorporamos el concepto de la iglesia como cuerpo de Cristo, que ya se expuso con anterioridad en esta carta, junto con la idea de los creyentes individuales como miembros de su cuerpo.[126]

La frase "de su cuerpo" se amplió posteriormente por medio de la expresión epexegética "de su carne y de sus huesos" (como en la RVR60 y otras). Estas palabras adicionales proceden obviamente de Génesis 2:23. H. Schlier tal vez tiene razón cuando detecta una tendencia antignosticista en la inserción de las mismas aquí y señala que Ireneo las usa como un argumento antignóstico.[127]

31 Lo que se ha dicho hasta aquí respecto a la unidad del marido y la mujer se refuerza ahora por medio de una cita veterotestamentaria. En Génesis 2:24, después de describir la manera en que la mujer fue extraída del costado del hombre para ser su compañera, el narrador añade este comentario: "Es por eso que un hombre[128] dejará a su padre y a su madre y se unirá a su mujer, y los

---

124. Véase Ef. 2:3 (págs. 262-64).
125. Cf. 1Co. 6:16, donde εἰς μίαν σάρκα se cita de Gn. 2:24 LXX (al igual que en el v. 31 más adelante), pero en la aplicación del texto se usa ἓν σῶμα en lugar de μία σάρξ. Véase R. H. Gundry, "*Sōma*" en Biblical Theology, págs. 64-65.
126. Véase J. Horst, *TDNT* 4, págs. 561-67, especialmente la pág. 566 (*s.v.* μέλος). De manera similar, Pablo les dice a los corintios que sus cuerpos son τὰ μέλη τοῦ Χριστοῦ (1Co. 6:15). Un paralelismo puramente verbal es la exposición por parte de Séneca de un principio estoico: "omne ... quo diuina et humana conclusa sunt, unum est: membra sumus corporis magni" (*Epistulæ Morales* 15.95.52).
127. H. Schlier, *Der Brief an die Epheser*, pág. 261, nota 1, citando a Ireneo, *Hær.* 5.2.3 (y Tertullian, *De anima* 11). Cf. Lc. 24:39, donde el Cristo resucitado dice, "un espíritu no tiene carne ni huesos como veis que yo tengo".
128. Gr. ἄνθρωπος, en consonancia con la LXX, donde ἀνήρ (para traducir el término hebreo ’îš) habría resultado más adecuado, ahora que se había establecido una distinción en el sustantivo

dos se volverán una sola carne". En la respuesta de Jesús a una pregunta acerca del divorcio en Marcos 10:6-8 se adjunta este comentario a la afirmación de que "desde el principio de la creación 'Dios los hizo varón y hembra'" (Gn. 1:27);[129] los dos textos juntos constituyen un argumento en contra del divorcio: "Lo que Dios ha unido, ningún hombre lo separe" (Mr. 10:9). (En el pasaje paralelo en Mt. 19:4-5 el comentario de Gn. 2:24 se cita como una declaración de Dios: "el que los creó, desde el principio los hizo varón y hembra, *y añadió*, 'por esta razón un hombre dejará a su padre y a su madre...')".[130]

La unión sexual del marido y la mujer es obviamente lo que permite considerar que ambos se vuelven "una sola carne"; de hecho, en 1 Corintios. 6:16 Pablo aplica el texto de Génesis 2:24 a la relación sexual más casual con una prostituta: "¿No sabéis que el que se une a una ramera es un cuerpo con ella? (Se ha dicho que al adoptar esta postura, Pablo "muestra una concepción psicológica de la sexualidad humana que era totalmente excepcional para los estándares del siglo I", y señala que la relación sexual es un acto "que, por razón de su propia naturaleza, compromete y expresa toda la personalidad, y por ende, constituye un modo exclusivo de sinceramiento y compromiso voluntario").[131] En 1 Corintios 6:17, por analogía (y contraste) con la unión en "una sola carne" o "un solo cuerpo" del hombre y la mujer, se dice que la unión del creyente con el Señor es una unión del espíritu: "el que se une al Señor un espíritu es con él". Pero el lenguaje relacionado con el cuerpo en Efesios hace que resulte lógico que la unión tanto del hombre con la mujer como la de Cristo y la iglesia se expresen igualmente en función de "un solo cuerpo".

En relación con el uso de Génesis 2:24 en la halajá rabínica como una base para justificar el divorcio, J. P. Sampley pregunta: "¿Sería posible que el autor de Efesios se hubiera visto obligado a rescatar Génesis 2:24 como una justificación para el matrimonio y no para el divorcio?"[132]

32 La expresión "grande es este misterio" se refiere aparentemente a la escritura que acaba de citarse (Gn. 2:24). Se ha intentado atribuirle al término "misterio" aquí un sentido similar al que se le atribuyó anteriormente en Efesios,[133] pero no resulta fácil. El "misterio" de Efesios 3:3-4, que se le dio a conocer a Pablo y que él hizo manifiesto por medio de su ministerio, se relaciona más específicamente con la inclusión de los gentiles creyentes junto

---

original ἄνθρωπος (ʾāḏām) entre ἀνήρ (ʾîš) y γυνή (ʾiššāh).

129. En CD 4.21-5.1 estas palabras de Gn. 1:27 (descritas como $y^e sôḏ\ habb^e rîʾāh$, equivalentes a la frase ἀρχὴ κτίσεως de Mr. 10:6) se combinan con Gn. 7:9 para crear un argumento contra la pluralidad de las esposas.

130. Cf. J. W. Wenham, *Christ and the Bible* (Londres, 1972), pág. 28.

131. D. S. Bailey, *Sexual Relation in Christian Thought* (New York, 1959), págs. 9-10. La introducción de la pregunta en 1Co. 6:16 por medio de la frase ἢ οὐκ οἴδατε podría implicar que los cristianos corintios ya habían recibido instrucciones orales en este respecto.

132. *"And the Two"*, pág. 57, nota 2; él hace referencia a M. R. Lehmann, "Gen 2, 24 as the Basis for Divorce in Halakhah and New Testament", *ZAW* 31 (1960), 263-67.

133. Tal como hizo, por ejemplo, J. P. Sampley, *"And the Two,"* págs. 86-96.

con los judíos creyentes como miembros del único cuerpo de Cristo. Si bien el concepto de la iglesia como cuerpo de Cristo se hace claramente patente en el presente contexto, la representación de la iglesia como su novia es incidental, y la inclusión de los gentiles y los judíos en el cuerpo ni siquiera se menciona aquí. Lo que aquí se pone de relieve en primer lugar no es el plan eterno de Dios para la salvación en Cristo sino la relación de vida y amor entre Cristo y la iglesia, de la que la relación entre el marido y la mujer se toma como una parábola.[134] De hecho, se ha sugerido que el "misterio" en este versículo tiene casi el mismo sentido que "parábola"; pero es preferible considerarlo una referencia al texto veterotestamentario que se reprodujo en el versículo precedente.[135]

De hecho, aquí tenemos un ejemplo del principio exegético que se encuentra regularmente en los comentarios de Qumrán y que no es desconocido en el NT. Para los comentaristas de Qumrán un texto de la escritura era un misterio, un *rāz*, como ellos lo llamaban en hebreo.[136] Trataban toda las escritura veterotestamentaria como profética, y creían que, cuando Dios les dio a conocer su propósito a los profetas, él reveló una gran parte, pero retuvo otra (especialmente la que se relacionaba con el momento en que habría de cumplirse).[137] Por consiguiente, aunque el texto de la escritura encarnaba una revelación divina, seguía siendo un misterio hasta que Dios le daba a conocer a otro su interpretación. (Según la creencia de la comunidad de Qumrán, este "otro" era el Maestro de Justicia, "a quien Dios le reveló todos los misterios de las palabras de sus siervos los profetas",[138] y de ese modo, lo capacitó "para que les mostrara a las generaciones más recientes lo que había hecho en la última generación").[139] Por tanto, el texto de Génesis 2:24 —que, a primera vista, explica por qué un hombre debe dejar el hogar de sus padres y vivir con su mujer— transmite aquí un significado oculto más profundo, un "misterio", que no pudo entenderse hasta que Cristo, que amó a su pueblo desde la eternidad, se entregó a sí mismo por ellos cuando llegó el cumplimiento del tiempo. A la luz de su obra salvífica, el significado oculto de Génesis 2:24 ahora comienza a manifestarse: su pueblo es su novia, que está unida a él en "un solo cuerpo". La formación de Eva para ser la compañera de Adán prefigura, pues, la creación

---

134. Cf. W. Munro, *Authority in Paul and Peter*, pág. 34.
135. Véanse también G. Bornkamm, *TDNT* 4, p. 823 (*s.v.* μυστήριον); R. E. Brown, "The Semitic Background of the New Testament *Mysterion*, II," *Biblica* 40 (1959), 70-87, sobre todo 83-84.
136. Véase F. F. Bruce, *Biblical Exegesis in the Qumran Texts* (Grand Rapids/Londres, 1960), págs. 7-11. La palabra *rāz* es de origen persa; en el AT aparece solamente en la sección de Daniel escrita en arameo (2:18-19, 27-30, 47; 4:9), donde las versiones griegas lo traducen como μυστήριον.
137. 1QpHab 7.1-2 (sobre Hab. 2:2). Así, en 1Pe. 1:10-11 a los profetas veterotestamentarios no se les dijo "qué persona ni qué tiempo" indicaban los oráculos que ellos proclamaban bajo inspiración; y no fue hasta que se cumplieron que se entendió que la persona era Jesús y el tiempo era ahora (cf. Pedro en Hch. 2:16).
138. 1QpHab 7.4-5 (sobre Hab. 2:2, "para que corra el que lo lea").
139. CD 1.11-12.

de la iglesia para ser la novia de Cristo. Este, al parecer, es el gran "misterio" contenido en el texto, que ya no sigue siendo un misterio para los que han recibido su interpretación.[140]

Las palabras que siguen, "pero *yo* digo esto con referencia a Cristo y a la iglesia", contrastan, al parecer, la interpretación preferida del escritor con otras interpretaciones: el pronombre "yo" se usa solo para dar énfasis.[141] Pero es difícil determinar cuáles podrían ser las interpretaciones rivales del texto, o quiénes podrían haberlas propugnado. "Es posible", dice J. P. Sampley, "que hayan sido los destinatarios de Efesios los que eligieron Génesis 2:24 y sacaron conclusiones sobre la relación entre el marido y la mujer o tal vez sobre la relación entre Cristo y la iglesia" —conclusiones que se consideraron "peligrosas y dignas de ser refutadas"[142]—pero en cuanto a esto, no hay ninguna certeza. Lo que sí parece cierto es que Génesis 2:24 se aplica aquí a la relación entre Cristo y la iglesia.

33 El párrafo que trata acerca de los deberes y las responsabilidades mutuos del marido y la mujer, que se ha lanzado hacia la esfera en la que la cristología abarca la eclesiología, concluye ahora con un resumen hortatorio en el que se recapitulan brevemente estos deberes y responsabilidades mutuos. "¿Entendéis al menos esto..."[143] —la lección práctica que debe extraerse del excurso sobre Cristo y la iglesia— que el marido debe amar a su mujer como a sí mismo (otro reflejo del mandamiento acerca del amor al prójimo en Levítico 19:18), y que la mujer debe reverenciar a su marido?[144] El verbo "reverenciar" es el verbo común que significa "temer"; el v. 21 sugiere cuál es la naturaleza de ese "temor": "Someteos unos a otros en el temor de Cristo".[145] El "temor" con el sentido de terror no cabe en el contexto aquí: "en el amor no hay temor" (1Jn. 4:18),[146] y también se excluye en la exhortación a las mujeres cristianas en 1 Pedro 3:6, donde se les asegura que son verdaderas hijas de Sara "si hacéis el bien y no os dejáis atemorizar por ninguna intimidación".[147] (Sara, como ha recordado 1Pe. 3:6, le mostró a su marido reverencia llamándolo "mi señor",[148]

---

140. Cf. J. Coppens, "'*Mystery*' *in the Theology of St. Paul and its Parallels at Qumran*", E.T. en *Paul and Qumran*, ed. J. Murphy-O'Connor (Londres, 1968), págs. 132-58, sobre todo las págs. 146-50.

141. ἐγὼ δὲ λέγω εἰς Χριστὸν καὶ εἰς τὴν ἐκκλησίαν. M. Smith (*Tannaitic Parallels to the Gospels* [Filadelfia, 1951], pág. 28) señala que la frase repetida ἐγὼ δὲ λέγω de Mt. 5:22-44 encuentra paralelismos en los dichos rabínicos del período tanaítico cuando se introduce "una opinión jurídica que contradice la que generalmente se acepta".

142. "*And the Two*", pág. 100, nota 2.

143. Así J. A. Robinson, *Ephesians*, pág. 209; considera que el uso de πλὴν en πλὴν καὶ ὑμεῖς aquí es "muy similar" al de ἀλλά en el v. 24 (véase la pág. 358 con la nota 88).

144. La conjunción ἵνα en ἵνα φοβῆται τὸν ἄνδρα tiene un sentido imperativo.

145. ἐν φόβῳ Χριστοῦ.

146. φόβος οὐκ ἔστιν ἐν τῇ ἀγάπῃ.

147. ... καὶ μὴ φοβούμεναι μηδεμίαν πτόησιν.

148. Gn. 18:12, donde ella llama a Abraham ʾăḏōnî (ὁ... κύριός μου).

pero la narración patriarcal no implica en ningún lugar que ella viviera temiéndolo: la historia de su vida se caracteriza por la risa[149] y no por el terror).

---

149. Gn. 18:12; 21:6.

EFESIOS 6

(3) Hijos y padres (6:1-4)

1 Hijos, obedeced a vuestros padres en el Señor;[1] porque esto es correcto
2 "Honra a tu padre y a tu madre" —ese es[2] el primer mandamiento que va acompañado de una promesa—
3 "para que te vaya bien, y para que tengas larga vida sobre la tierra".
4 Padres, no hagáis enojar a vuestros hijos, sino educadlos en la disciplina e instrucción del Señor.

1 Las orientaciones para los hijos y para los padres son muy similares a las que aparecen en Colosenses 3:20-21, aunque la de los hijos se reafirma por medio de una cita veterotestamentaria.

Existen dudas respecto a la autenticidad de la frase "en el Señor. De todos modos, es obvio que se trata de un hogar cristiano; no cabe ninguna duda aquí de que a los hijos cristianos se les ordena que obedezcan a sus padres (posiblemente no cristianos) a no ser que esa obediencia se oponga a sus deberes "en el Señor".[3] Los esfuerzos que se han hecho por establecer la dependencia del pasaje de Efesios de su homólogo en Colosenses, o *viceversa*, no son para nada concluyentes.[4]

2-3 Este mandato está respaldado por la cita del quinto mandamiento del decálogo de conformidad con la versión de Deuteronomio 5:16 y no de Éxodo 20:12, donde no aparece la cláusula "para que te vaya bien" (por otro lado, en esta cita falta una parte de Dt. 5:16).[5] La "promesa" que acompaña este mandamiento[6] es la promesa de prosperidad y larga vida; no se adjunta ninguna promesa de este tipo a ninguno de los cuatro mandamientos anteriores. En la

---

1. ἐν κυρίῳ *se omite en* B D* F G lat[b] Marción Clemente de Alejandría Cipriano Ambrosiastro
2. ἥτις ἐστίν (en B se omite ἐστίν).
3. Véase la exposición de Col. 3:20 (pág. 151).
4. C. L. Mitton (*The Epistle to the Ephesians*, págs. 70-71) alega que la "doble adaptación" de Col. 3:25 —el cambio de la "nota severa de advertencia" ("el que hace lo malo...") por una "expresión de estímulo" ("cualquier cosa buena que cada uno haga..." y el traslado de la declaración sobre la "ausencia de favoritismos" del mandato a los esclavos al mandato a los amos— "se explica mejor como una modificación posterior por parte del escritor de Efesios". Por otra parte, W. Munro (*Authority in Paul and Peter*, pág. 31) alega que Col. 3:18–4:1 es posterior a Efesios en general y a Ef. 5:21–6:9 en particular, porque (entre otras cosas) Col. 3:20 parece ser una combinación en la que se mezcla Ef. 5:10 con 6:1."
5. En Dt. 5:16 la cláusula imperativa principal va seguida de "como el Señor tu Dios te ha mandado" (que presumiblemente es una referencia a Éx. 20:12). En la LXX (la versión que se sigue aquí) se trasponen las cláusulas del TM "para que sean prolongados tus días" y "para que te vaya bien".
6. ἐν ἐπαγγελίᾳ, donde la preposición ἐν es comitativa.

forma original del mandamiento (tanto en Éx. 20:12 como en Dt. 5:16) la larga vida debe disfrutarse "en la tierra que el Señor tu Dios te da", es decir, en la tierra de Israel; esa limitación resultaría inapropiada en un contexto cristiano gentil, por ese motivo, la última cláusula adjetiva se omite y la frase "en la tierra" se interpreta como "sobre la tierra".[7] El versículo 3 podría tener como principal objetivo indicar en qué consiste la promesa adjunta; pero no es posible decir con certeza en qué sentido podía asegurárseles a los cristianos la prosperidad y una vida larga en el imperio romano en la segunda mitad del siglo I d.C. El aspecto fundamental de la cita del quinto mandamiento tal vez sea confirmar que la obediencia a los padres es "buena"[8] porque la ley de Dios la exige.

Jesús citó el quinto mandamiento como un ejemplo de una ordenanza divina cuya práctica fue anulada por una decisión rabínica, vigente en sus días, respecto a la ley de los votos (Mr. 7:9-13).[9]

4 Al igual que en Colosenses 3:21, se les pide a los padres (o cabezas de familia) que no reafirmen su autoridad sobre los hijos de un modo que tienda a provocar en ellos enojo en lugar de estimularlos a obedecer con diligencia. El verbo que expresa esa conducta poco razonable de los padres es diferente del que se usa en el pasaje paralelo, pero el sentido general es el mismo.[10] Donde Colosenses 3:21 añade la cláusula "para que no se desalienten", el mandato de Efesios recomienda una táctica mejor: "educadlos en la disciplina y la instrucción del Señor".[11] La "disciplina y la instrucción del Señor" implicaría seguir el ejemplo de Cristo, prestando la debida atención a su "mansedumbre y benignidad" (2Co. 10:1), y también implicaría poner en práctica sus preceptos. Y los hijos aprenderán con mayor facilidad estas lecciones si los propios padres les muestran el camino —siguiendo el ejemplo de Cristo y practicando sus preceptos. La única otra vez que aparece la palabra griega para "disciplina" en el corpus paulino es en 2 Timoteo 3:16, donde dice que la escritura inspirada es "útil" (entre otras cosas) "para instruir en justicia".[12] En Hebreos 12:5-11 aparece cuatro veces como "disciplina" o el sentido de "castigo". La palabra "instrucción" también se usa respecto a las escrituras veterotestamentarias — en 1 Corintios 10:11, donde se afirma que el historial de la rebelión de Israel en el desierto fue "escrito para nuestra instrucción".[13] El término conlleva el sentido de admonición y a veces de advertencia, como en Tito 3:10, donde se

---

7. Gr. ἐπι τῆς γῆς (omitiendo ἧς κύριος ὁ θεός σου δίδωσίν σοι).

8. Gr. τοῦτο γάρ ἐστιν δίκαιον (mientras que en Col. 3:20 esa obediencia es εὐάρεστον... ἐν κυρίῳ).

9. La norma que Jesús criticó, según la cual el dinero que un individuo podría haber usado para ayudar a sus padres no debía usarlo con ese propósito si ya lo había dedicado a Dios (*qorbān*), fue, de hecho, anulada antes del final del primer siglo por Eliezer ben Hircano y sus colegas (Mishná, Nᵉdārîm 9.1).

10. Aquí μὴ παροργίζετε, en comparación con Col. 3:21 μὴ ἐρεθίζετε.

11. Gr. ἐν παιδείᾳ καὶ νουθεσίᾳ κυρίου.

12. πρὸς παιδείαν τὴν ἐν δικαιοσύνῃ.

13. ἐγράφη δὲ πρὸς νουθεσίαν ἡμῶν.

aconseja que "después de la primera y segunda advertencia", no debe perderse más tiempo con el hombre que cause divisiones.[14]

J. A. Robinson contrasta la orden que se le da a un padre de familia en *Didajé* 4.9: "No retirarás tu mano de tu hijo ni de tu hija, sino que desde su infancia les enseñarás el temor del Señor"[15] Solamente, en los códigos domésticos neotestamentarios no se dice nada (explícitamente, al menos) acerca de un castigo corporal.

(4) Esclavos y amos (6:5-9)

5 Esclavos, obedeced a vuestros amos terrenales con temor y temblor, con la sinceridad de vuestro corazón,[16] como (obedecéis) a Cristo,
6 no para ser vistos, como los que quieren agradar a los hombres, sino como esclavos de Cristo, haciendo de corazón la voluntad de Dios,
7 prestando servicio de buena voluntad, como al Señor[17] y no a los hombres.
8 sabiendo que, cualquier cosa buena que uno haga, eso es lo que recibirá del Señor, sea esclavo o libre.
9 En cuanto a vosotros, amos, haced lo mismo con ellos; dejad las amenazas, porque vosotros sabéis que el amo de ellos y de vosotros está en el cielo, y que con él no hay favoritismos.

5 Las directrices a los esclavos y a los amos se asemejan mucho a las que aparecen en Colosenses 3:22–4:1, y la mayor parte de la explicación de esos versículos será aplicable aquí también. "Con temor y temblor" es una frase recurrente en Pablo (cf. 1Co. 2:3; 2Co. 7:15; Fil. 2:12); aparece en varios pasajes de la Septuaginta.[18] Aquí probablemente actualiza la frase "en el temor de Cristo" en Efesios 5:21.[19] Es a Cristo, y no a sus amos terrenales, a quien los esclavos deben temer, aunque el temor de Cristo les enseñará a mostrarles la reverencia y el respeto debidos a sus amos terrenales (lit., sus "amos según la carne", como en Col. 3:22). Al servir a sus amos terrenales, deben recordar que están sirviendo principalmente a Cristo.[20]

---

14. αἱρετικὸν ἄνθρωπον μετὰ μίαν καὶ δευτέραν νουθεσίαν παραιτοῦ.

15. Gr. ἀπὸ νεότητος, con lo cual cf. ἐκ νεότητος, Mr. 10:20 par. Lc. 18:21; Hch. 26:4; también 2Ti. 3:15, ἀπὸ βρέφους. Este pasaje de la *Didajé* pertenece a un código doméstico truncado, del que solo se reproducen las directrices a los padres, los amos y los esclavos (4.9-11). Véanse las notas 20, 33 más adelante.

16. ἐν ἁπλότητι τῆς καρδίας (τῆς *se omite* en א 1739 1881 *al*, en conformidad con Col. 3:22).

17. ὡς τῷ κυρίῳ (ὡς *se omite* en K L Ψ *al*, tal vez en consonancia con Col. 3:24, τῷ κυρίῳ Χριστῷ δουλεύετε).

18. Gr. μετὰ φόβου καὶ τρόμου, se usa aquí, al igual que en Fil. 2:12, respecto al verdadero espíritu de reverencia cristiana.

19. Cf. Col. 3:22, φοβούμενοι τὸν κύριον.

20. En *Didajé* 4.11 a los esclavos se les ordena que se sometan sus amos "como al representante de Dios" (ὡς τύπῳ θεοῦ).

David usó las palabras "con sinceridad de corazón" con referencia a él mismo en la versión de la Septuaginta de 1 Crónicas 29:17, donde el texto hebreo significa "en la rectitud de mi corazón". [21] J. B. Lightfoot sugiere la traducción aquí y en Colosenses 3:22: "con total dedicación";[22] y lo compara con el exordio del libro de la Sabiduría, donde se invita a los gobernantes de la tierra a buscar al Señor "con sinceridad de corazón".[23]

6 "No para ser vistos, como los que quieren agradar a los hombres" es prácticamente una repetición Colosenses 3:22: "no para ser vistos, como los que quieren agradar a los hombres". J. B. Lightfoot vio en las palabras "servir para ser vistos" una "expresión alegre" y pensó que podía tratarse de una acuñación del propio apóstol".[24] Pablo también contrasta el hecho de ser un esclavo de Cristo y un individuo que agrada a los hombres en relación con su propia experiencia, en Gálatas 1:10.[25]

En realidad, hay un lugar en sus cartas donde él alude a sí mismo como alguien que procuraba "agradar a todos en todo", pero lo que deseaba señalar con esas palabras era que él anteponía las preferencias de otras personas antes que las suyas por el bien del evangelio, "no buscando mi propio beneficio, sino el de muchos, para que sean salvos" (1Co. 10:33).

El hacimiento de la voluntad de Dios "de corazón" —desde el corazón o el alma[26]— se contrasta (al igual que en Col. 3:23, "todo lo que hagáis, hacedlo de corazón") con el servicio que se presta para ser vistos.

7 Cuando se trabaja para un amo terrenal, el servicio que se presta para ser visto puede aceptarse por algún tiempo, pero el Señor juzga según el corazón y no de acuerdo con apariencias externas. Pero aun en el caso en que la obra que se hace por un amo terrenal fuera tediosa y molesta, si el esclavo cristiano la contempla como un servicio que le presta "al Señor y no a los seres humanos", esa perspectiva transformaría su actitud hacia ella y le ayudaría a hacerla con "una voluntad bien dispuesta, que no espera a que nadie la obligue" (J. A. Robinson).[27]

---

21. Heb. $b^e y\bar{o}šer\ l^e \underline{b}\bar{a}\underline{b}\hat{i}$.
22. J. B. Lightfoot, *Colossians and Philemon*, pág. 228.
23. Sabiduría 1:1, ἐν ἁπλότητι καρδίας.
24. "Al menos no hay rastros del mismo anteriormente"; lo compara con ὀφθαλμόδουλος en *Apostolic Constitutions* 4.12 (*Colossians and Philemon*, pág. 228). Véase la pág. 154, nota 206. No debe atribuírsele ninguna importancia a la variación preposicional entre κατ' ὀφθαλμοδουλίαν aquí y ἐν ὀφθαλμοδουλίᾳ en Col. 3:22 (cf. W. Munro, *Authority in Paul and Peter*, pág. 32).
25. W. Munro llega a la conclusión de que este pasaje es una combinación Gá. 1:10 con Ef. 1:18 (πεφωτισμένους τοὺς ὀφθαλμοὺς τῆς καρδίας ὑμῶν), y Col. 3:22 depende de Ef. 6:6 (*Authority in Paul and Peter*, págs. 28-29). Esto es muy improbable.
26. Gr. ἐκ ψυχῆς, al igual que en Col. 3:23. Podríamos tal vez forzar demasiado la expresión si dijéramos que hacer la voluntad ἐκ ψυχῆς es el resultado de tener la ley escrita en el corazón, en el sentido de Jer. 31:33.
27. J. A. Robinson, *Ephesians*, pág. 211.

8 "Sabiendo",[28] añade el apóstol —y con ello implica que lo que va a decir es una enseñanza cristiana conocida— que cada uno recibirá del Señor una recompensa por lo que ha hecho, sea esclavo o libre.[29] A partir de otras referencias paulinas, esa recompensa, al parecer, será otorgada en el momento de la venida de Cristo, cuando su pueblo comparezca antes su tribunal.[30] En Colosenses 3:25 el que hace lo malo recibirá el pago del mal que ha hecho; aquí es la buena obra la que será debidamente recompensada. La enseñanza paulina refleja el dicho del Señor de Mateo 16:27, el cual declara que cuando el Hijo del Hombre venga en gloria, "entonces recompensará a cada uno según lo que haya hecho".[31]

9 Cuando a los amos se les ordena que "hagan lo mismo" con sus esclavos,[32] lo que se les pide es que traten a los esclavos con consideración cristiana, la misma actitud con la que los esclavos cristianos han de obedecer a sus amos. Deben procurar que a sus esclavos les resulte fácil trabajar parar ellos de buena voluntad. Si los amenazan con castigarlos, o emplean un lenguaje y una conducta severos con ellos, eso podría garantizarles una obediencia externa, pero difícilmente la obediencia que nace "del corazón". No se dice nada acerca de la abolición de la institución de la esclavitud, pero cuando los amos y los esclavos son miembros de un hogar cristiano su relación debe ser mutuamente provechosa. Al igual que en Colosenses 4:1, se les recuerda a los amos cristianos que ellos también sirven a un Amo celestial, y él les pedirá cuentas del trato que les dispensen a sus esclavos. La declaración de que "con él no hay favoritismos" se adjunta a las recomendaciones que se les hacen a los esclavos en el código doméstico de Colosenses (Col. 3:25).[33]

---

28. εἰδότες, como al principio de Col. 3:24 (véase la pág. 155, nota 208).
29. En εἴτε δοῦλος εἴτε ἐλεύθερος W. A. Meeks entreví "una alusión a la reunificación por medio del bautismo de individuos en posiciones opuestas", como en Gá. 3:28; Col. 3:11 (véase la pág. 136, nota 95); cf. 1Co. 7:13; 12:13 ("*The Image of the Androgyne: Some Uses of a Symbol in Earliest Christianity*", *History of Religions* 13 [1973-74], 205).
30. Cf. 2Co. 5:10, donde las buenas y las malas obras por igual (εἴτε ἀγαθὸν εἴτε φαῦλον) reciben la retribución adecuada ante el tribunal de Cristo.
31. Cf. Ro. 2:6, donde Dios "pagará a cada uno conforme a sus obras" (ἀποδώσει ἑκάστῳ κατὰ τὰ ἔργα αὐτοῦ).
32. τὰ αὐτὰ ποιεῖτε πρὸς αὐτούς.
33. Véase la pág. 156, nota 215. En *Didajé* 4.10 se les pide que no pierdan de vista el temor de Dios en su trato hacia los esclavos, "porque él no viene a escoger personas con parcialidad" (κατὰ πρόσωπον). C. L. Mitton le llama a la transferencia de esta declaración de su contexto en Colosenses al lugar que ocupa aquí "una sabia adaptación, porque en una carta general como Efesios la insistencia en la imparcialidad de Dios es más relevante para los amos que para los esclavos; puesto que es a los amos con posiciones sociales elevadas, y no a los esclavos, a los que normalmente es necesario recordarles que los favores especiales por razones de importancia terrenal no deben esperarse de Dios" (*The Epistle to the Ephesians*, págs. 70-71).

6. "Fortaleceos en el Señor" (6:10-17)

10 Por lo demás,³⁴ sed fuertes³⁵ en el Señor y en su grandioso poder.³⁶
11 Revestíos con la armadura de Dios para que podáis estar firmes contra las asechanzas del diablo;
12 porque no es contra carne y sangre que luchamos,³⁷ sino contra los principados, contra los poderes, contra los gobernantes mundiales de este dominio oscuro,³⁸ contra las fuerzas espirituales de maldad en la esfera celestial.³⁹
13 Por tanto, tomad la armadura de Dios, para que podáis resistirlos en el día malo y, habiéndolo hecho todo, manteneros firmes.
14 Estad, pues, firmes, con el ceñidor de la verdad alrededor de vuestra cintura, revestidos con la coraza de la justicia
15 y calzados vuestros pies con el apresto del evangelio de la paz.
16 Y además de todas estas cosas,⁴⁰ tomad el escudo de la fe, con el que podréis apagar todos los dardos encendidos del maligno;
17 y tomad⁴¹ el yelmo de la salvación, y la espada del Espíritu, que es la palabra de Dios.

10 "Sed fuertes en el Señor" podría traducirse de un modo más literal como "fortaleceos en el Señor". Esta expresión tiene precedentes veterotestamentarios. En medio de una situación crítica en la vida de David, la Escritura dice que él "se fortaleció en el Señor su Dios" (1Sa. 30:6). En una fecha posterior el Dios de Israel profetizó acerca del regreso de su pueblo del

---

34. Gr. τοῦ λοιποῦ (como en Gá. 6:17); en ℵ² D F G Ψ y en la mayoría de los manuscritos en cursivas aparece τὸ λοιπόν (como en Fil. 3:1; 4:8; 2Ts. 3:1). La frase va seguida de ἀδελφοί (μου) en ℵ² A F G Ψ en la mayoría de los manuscritos en cursivas con la versión latina y la siriaca (posiblemente bajo la influencia de Fil. 3:1). Aparte de esta dudosa lectura, el uso paulino característico del vocativo ἀδελφοί no aparece ni en Colosenses ni en Efesios (contrástese con el singular ἀδελφέ en Flm. 7, 20). En "*Zur Frage der Echtheit des Kolosser- und des Epheserbriefes*," ZNW 47 (1956), 287, E. Schweizer analiza las implicaciones que esto tiene para la autoría de Colosenses y Efesios.
35. ἐνδυναμοῦσθε (δυναμοῦσθε P^{46} B 33).
36. Lit., "en el poder de su fortaleza" (ἐν τῷ κράτει τῆς ἰσχύος αὐτοῦ, como en Ef. 1:19).
37. "Carne y sangre" literalmente es "sangre y carne" (αἷμα καὶ σάρξ); cf. Heb. 2:14 (para la expresión más común σάρξ καὶ αἷμα cf. 1Co. 15:50; Gá. 1:16). El orden de las palabras no tiene ningún significado especial; la frase (de cualquier forma) significa "seres humanos", "humanidad (mortal)". "Luchamos" literalmente es "nuestra lucha es" (ἔστιν ἡμῖν ἡ πάλη, pero en P^{46} B D* F G Ψ 81 *al* lat^vet sir^pesh aparece ὑμῖν en lugar de ἡμῖν).
38. τοῦ σκότους τούτου, se amplía a τοῦ σκότους τοῦ αἰῶνος τούτου en ℵ² D² Ψ y en la mayoría de los manuscritos en cursivas.
39. En P^{46} se omite ἐν τοῖς ἐπουρανίοις —se trata probablemente de una enmienda por parte del editor debida a su reticencia a asociar el mal con la esfera celestial.
40. ἐν πᾶσιν (ἐν comitativa), en lugar de lo cual en A D F G Ψ y en la mayoría de los manuscritos en cursivas se lee ἐπὶ πᾶσιν.
41. δέξασθε (*se omite en* D* F G lat^{b m*}).

exilio y dijo: "Los fortaleceré en el Señor" (Zac. 10:12).[42] Pero la idea de la impartición divina de la fuerza se expresa frecuentemente sin la adición de la frase "en el Señor"; la exhortación dirigida a Josué, "sé fuerte y muy valiente" (Jos. 1:7),[43] se les hace a muchos otros personajes en el AT, y se refleja en el NT. "Estad alerta, permaneced firmes en la fe, sed valientes, sed fuertes", les dice Pablo a los corintios (1Co. 16:13),[44] y estas palabras se repiten aquí.

El "grandioso poder" de Dios en el que sus hijos deben fortalecerse —literalmente, "el poder de su fortaleza"— ya se mencionó en esta carta. Es "la extraordinaria grandeza de su poder en nosotros que creemos"; es la "operación de la fuerza de su potencia" por medio de la cual él resucitó a Cristo de entre los muertos (Ef. 1:19-20); es el poder con el que Pablo pidió en oración que sus lectores fueran fortalecidos por el Espíritu de Dios en su ser interior (Ef. 3:16).[45] Aquí se les expone una manera en la que este poder puede demostrar su eficacia en sus vidas —a saber, capacitándolos para resistir las fuerzas mundanas que son hostiles a su bienestar y se oponen al evangelio.

11 La fortaleza y la resolución que tienen ellos por naturaleza no son suficientes para resistir esas fuerzas. Necesitan, por tanto, la "armadura de Dios". La palabra griega para "armadura", que aparece varias veces en la Septuaginta, se encuentra una sola vez en el NT fuera del presente pasaje — en la parábola del hombre armado de Lucas 11:21-22, donde uno que incluso más fuerte viene lo despoja de su "armadura" —"la armadura en la que él confiaba". El término denota un equipo completo de armas de uso personal para defenderse y para atacar.[46]

"Aunque vivimos en el mundo", les dice Pablo a los corintios", "no libramos batallas mundanas, porque las armas con que luchamos no son del mundo, sino que tienen el poder divino para derribar fortalezas (2Co. 10:3-4). Pero ahí, no es en una armadura corporal en lo que Pablo está pensando, sino en armas de asedio, con las que intenta "destruir especulaciones y todo razonamiento altivo que se levanta contra el conocimiento de Dios", con el propósito de "llevar cautivo todo designio y someterlo a la obediencia de Cristo" (2Co. 10:5).

Aquí, son las "asechanzas"[47] del diablo a las que hay que oponer resistencia. Estas pueden ser incluso más sutiles que "la astucia y las artimañas

---

42. En 1Sa. 30:6 (1Re. 30:6 LXX) el verbo griego es κραταιόω (ἐκραταιώθη); en Zac. 10:12 es κατισχύω.

43. ἴσχυε καὶ ἀνδρίζου en la LXX (cf. Dt. 31:6-7, 23).

44. γρηγορεῖτε, στήκετε ἐν τῇ πίστει, ἀνδρίζεσθε, κραταιοῦσθε.

45. Véanse las págs. 251-52, 302-03.

46. Polibio (*History* 6.23) menciona las distintas partes de la πανοπλία de un legionario romano, incluyendo el escudo (θυρεός, *scutum*), el peto o coraza (θώραξ, *lorica*), las grebas (προκνημῖδες, *ocreæ*), el yelmo o casco (περικεφαλαία, *galea* o *cassis*), la espada (μάχαιρα, *gladius*) y dos jabalinas (ὑσσοί, *pila*). Véase A. Oepke, *TDNT* 5, págs. 295-315 (*s.v.* πανοπλία).

47. Gr. μεθοδεία, como en Ef. 4:14 (véase la pág. 326, nota 86). Por un curioso descuido, P^{46} sustituye ἀρχάς por μεθοδείας inmediatamente después, en el v. 12.

humanas que tienen por objeto conducir a la gente por sendas equivocadas" contra las que se emitió una advertencia en Efesios 4:14. En esta carta ya se mencionó una de esas asechanzas del diablo: su disposición a aprovecharse de las relaciones tensas y los sentimientos de enojo entre los creyentes para dañar su bienestar y su testimonio de manera personal o colectiva (Ef. 4:27). Hombre prevenido vale por dos.

12 No son solo los creyentes los que tienen que estar en guardia contra las asechanzas del diablo. Todo el clima de opinión en el mundo greco-romano de la época apostólica era adverso a los principios del evangelio. "El dios de esta siglo" que "ha cegado el entendimiento de los incrédulos, para que no vean el resplandor del evangelio de la gloria de Cristo (2Co. 4:4), cuenta con un ejército de aliados, principados y potestades, a los que aquí se alude como "los gobernantes mundiales de este dominio oscuro" (lit., "estas tinieblas") y "las fuerzas espirituales de maldad en la esfera celestial".

Las referencias anteriores a los principados y potestades en esta carta han sido neutrales, no se ha dicho nada explícito acerca de su naturaleza. En Efesios 1:21 Cristo fue exaltado por encima de ellos; según Efesios 3:10 la iglesia debe darles a conocer algo de la "multiforme sabiduría" de Dios. No hay necesidad de concluir a partir de la referencia que nos ocupa ahora que todos los principados y potestades sean malos u hostiles a la causa de Cristo. Pero los que se mencionan aquí ciertamente se consideran hostiles,[48] y cabría preguntar si deberíamos identificarlos con los principados y potestades que Cristo despojó en el cuadro tan descriptivo de Colosenses 2:15. Si son idénticos, ¿de qué manera esos poderes despojados podrían seguir constituyendo una amenaza? La respuesta es que no constituyen ninguna amenaza para los que están unidos por la fe al Cristo victorioso y usan los recursos que él les ofrece —los recursos que aquí se describen metafóricamente como "la armadura de Dios". Pero para los que descuidan esos recursos, y especialmente para los que están dispuestos a darle solo cierto espacio en sus vidas, esos poderes sí continúan representando una amenaza.

El término "gobernantes mundiales"[49] aparece solo aquí en el NT, pero resulta difícil separarlos de los "gobernantes de este siglo" que, según 1 Corintios 2:6, 8, van desapareciendo porque su incapacidad para entender la sabiduría eterna de Dios hizo que "crucificaran al Señor de gloria". En el cuarto evangelio la forma singular, "el gobernante de este mundo", aparece tres veces (Jn. 12:31; 14:30; 16:11); este "gobernante" (*archōn*) se esfuerza por aprovecharse de Cristo a medida que va acercándose su pasión, pero no encuentra ninguna vía para hacerlo: por el contrario, es juzgado y echado

---

48. W. Carr, concluye que son hostiles solo aquí en el corpus paulino y alega que este versículo es una interpolación de mediados del siglo II (*Angels and Principalities* [Cambridge, 1981], págs. 104-10).

49. Gr. κοσμοκράτορες. Véase W. Michaelis, *TDNT* 3, págs. 913-14 (*s.v.* κοσμοκράτωρ). Cf. los ἄρχοντες τοῦ αἰῶνος τούτου en 1Co. 2:6, 8.

fuera. La misma figura maligna se menciona como "el gobernante del dominio del aire" en Efesios 2:2.[50]

Al parecer, el término "gobernantes mundiales" (*kosmokratores*) se aplicó originalmente a los planetas,[51] pero también se usaba para referirse a algunas de las deidades más importantes, y posteriormente, al emperador romano, que en el plano humano era sin duda el "gobernante mundial".[52] Se consideraba un préstamo lingüístico en el hebreo rabínico, con referencia al emperador romano y a otros potentados humanos y también a ciertos poderes espirituales como, por ejemplo, el ángel de la muerte.[53] En el *Testamento de Salomón* (siglos II y III d.C.) los demonios que acuden a Salomón se presentan a sí mismos como *stoicheia*,[54] "los gobernadores mundiales de este dominio oscuro" (18:2)[55] —pero estas palabras probablemente dependen del presente texto.

El título de gobernadores de "este dominio oscuro" los vincula con el "dominio de las tinieblas" del que, según Colosenses 1:13, Cristo ha rescatado a su pueblo.[56] Ellos harán todo lo que puedan para recuperar al pueblo de Cristo y hacerlos volver a su propio dominio, pero sus esfuerzos serán inútiles si el pueblo de Cristo les ofrece resistencia con los recursos espirituales que ahora se han puesto a su disposición. Solo los recursos espirituales pueden prevalecer contra ellos, porque son "fuerzas espirituales", y fuerzas del mal además.[57] La esfera celestial[58] en la que se hallan ubicados es la misma a la que se hizo referencia anteriormente como la esfera en la que los "principados y potestades" aprenden lecciones acerca de la sabiduría divina (Ef. 3:10); y en la que se ha hecho sentar a su pueblo junto con él (Ef. 2:6). Podríamos imaginar la esfera celestial como una sucesión de niveles, con el trono de Dios en el más alto y las fuerzas hostiles en el más bajo.[59] El nivel que estas ocupan es probablemente idéntico al "dominio del aire", que está gobernado (según Ef. 2:2) por "el espíritu que ahora opera en los desobedientes".[60] De cualquier forma, son fuerzas realmente del mal que se encuentran en la esfera espiritual

---

50. Véase la pág. 262. Cf. R. Reitzenstein, *Das iranische Erlösungsmysterium*, pág. 235.

51. Sobre todo en los escritores astrológicos, como Vettius Valens (171.6; 360.7, etc.).

52. El primer emperador romano al que se le dio ese título parece ser Caracalla (211-17 d.C.); cf. *Archiv Für Papyrusforschung*, ed. U. Wilcken, 2 (1903), pág. 449, no. 83.

53. Heb. *qôzmôqrātôr*, que se usó (p. ej.) para referirse a José como gobernador de todo Egipto en *Pesiqta Rabbati* 3.

54. Véase la pág. 89, nota 40 (sobre Col. 2:8).

55. οἱ κοσμοκράτορες τοῦ σκότους τοῦ αἰῶνος τούτου, en consonancia con la lectura más completa de Ef. 6:12 (véase la pág. 374, nota 38). En *Test. Sal.* 8:2 siete demonios (en contraste con los treinta y seis de 18:2) indican más concisamente: ἡμεῖς ἐσμεν στοιχεῖα κοσμοκράτορες τοῦ σκότους.

56. ἡ ἐξουσία τοῦ σκότους (véase la pág. 51 con las notas 54, 55 y 56). Cf. Ef. 5:8.

57. Gr. τὰ πνευματικὰ τῆς πονηρίας.

58. Véanse las págs. 235-36 con las notas 25, 26 y 27.

59. Véase la pág. 23 con las notas 103, 104, 105 y 106.

60. Véase H. Traub, *TDNT* 5, pág. 540, nota 14 (*s.v.* ἐπουράνιος).

y a las que es preciso oponer resistencia. El espíritu de la época —de cualquier época— rara vez se alía con el Espíritu de Cristo.

13 La armadura de Dios, pues, está disponible para que sus hijos la tomen y la usen. El "día malo" (al igual que el "siglo malo" de Gá. 1:4) es el período que está dominado por las fuerzas del mal,[61] y hace especial hincapié, tal vez, en las ocasiones en que la hostilidad del mal que se experimenta tiene un poder excepcional, y la tentación de ceder es fuerte. Es entonces que la armadura de la gracia y la fortaleza divinas resultan indispensable, porque ayudan al creyente a resistir la presión y permanecer firme. Un centurión romano, según Polibio, tenía que ser la clase de hombre en el que podía confiarse, que no se daba por vencido y permanecía incólume por más fuertes que fueran las presiones a las que se veía sometido;[62] y esas mismas cualidades son necesarias en la batalla espiritual. J. A. Robinson interpreta la expresión "habiéndolo hecho todo" como "habiendo cumplido todo lo que exige vuestro deber".[63] Cuando se ha cumplido todo eso, lo único que se necesita es mantenerse firme.

14 "Estad, pues, firmes", reza la orden; y a continuación, se describe detalladamente la armadura de Dios, identificando cada una de sus partes con algún don divino de virtud.

Existen antecedentes literarios de este uso metafórico de la armadura. En Isaías 59:17 el Dios de Israel, molesto porque no había nadie que se mostrara dispuesto a defender la justicia, se arma a sí mismo para defender la causa de la verdad:

Se puso la justicia como coraza,
 y un yelmo de salvación en su cabeza;
se puso ropas de venganza como vestidura,
 y se envolvió de ira como de un manto.

Con una dependencia parcial de este pasaje el autor del libro de la Sabiduría describe la acción de Dios en defensa de los justos cuando son oprimidos (5:17-20):

El Señor tomará su celo como armadura,
 y armará a toda la creación para vengarse de sus enemigos;
se vestirá de justicia como una coraza,
 y se pondrá por casco una justicia imparcial;
empuñará la santidad como un escudo invencible,
 y afilará la espada de su cólera implacable,
y la creación a su lado
 luchará contra sus desenfrenados adversarios.

---

61. Véase G. Harder, *TDNT* 6, págs. 554, 566 (*s.v.* πονηρός, πονηρία).
62. Polibio, *History* 6.24.
63. J. A. Robinson, *Ephesians*, pág. 214.

Pablo usa el lenguaje militar de vez en cuando para describir su propio ministerio.[64] Un paralelismo más cercano al presente pasaje se encuentra en la exhortación a "protegernos como con una coraza con la fe y el amor, y cubrirnos, como un casco, con la esperanza de la salvación" (1Ts. 5:8 DHH). Pero lo que tenemos aquí es más elaborado. La verdad debe ser su cinturón o ceñidor (lit., "habiendo ceñido[65] vuestros lomos con la verdad"); esto podría ser un reflejo de Isaías 11:5, donde se alude al futuro "retoño del tronco de Isaí" y dice que "la justicia será el ceñidor de su cintura, y la fidelidad ("verdad" en la LXX) el ceñidor de sus lomos". La verdad en Efesios sigue siendo el ceñidor[66] pero la justicia pasa a ser la coraza, del mismo modo que en Isaías 59:17 y Sabiduría 5:18. Sin embargo, la verdad y la justicia en estos dos pasajes deben tomarse como cualidades éticas, y no como la verdad de la doctrina y la justificación por medio de la fe; aun cuando estas no son ajenas a las cualidades éticas.[67]

15 La designación del calzado militar (las *caligæ*, si usamos el término romano) como "el apresto del evangelio de la paz" es obviamente un préstamo de Isaías 52:7: "¡Cuán hermosos son sobre los montes los pies del que trae buenas nuevas, que publica la paz" —palabras que Pablo aplica, de forma condensada, a los que son enviados a predicar el mensaje cristiano (Ro. 10:15). Su intención es "indicar la presteza del portador de las buenas nuevas", dice J. A. Robinson,[68] quien señala que el sustantivo griego que significa "preparación" se usa en la Septuaginta para referirse a un cimiento o base.[69] Los que han de mantenerse firmes a toda costa deben contar con una base segura; en el conflicto espiritual, esta base la ofrece el evangelio, debidamente consignado y proclamado.

16 Después del equipo defensivo que se usaba sobre el cuerpo venía el escudo, que se llevaba en el brazo izquierdo y se empleaba para evitar diversos tipos de ataques, incluyendo los "dardos con puntas de fuego"[70] u otros proyectiles encendidos destinados a producir daños personales o materiales. Aun cuando el escudo atrapara algunos de esos misiles y le impidiera entrar en el cuerpo, dice Livy, causaba pánico, porque cuando lo lanzaron estaba bien encendido y su movimiento a través del aire le había hecho arder con más ferocidad, para que el soldado se sintiera tentado a deshacerse de su escudo incendiado y quedara expuesto a las lanzadas del enemigo.[71] Pero el "escudo de la fe" no solo atrapa los artefactos incendiarios sino que los extingue. Los

---

64. Al igual que en 1Co. 9:7; 2Co. 6:7; 10:3-4; cf las ὅπλα φωτός de Ro. 13:12 (que podrían considerarse una declaración más resumida de la πανοπλία del presente pasaje). Véase A. Harnack, *Militia Christi* (Tübingen, 1905).

65. περιζωσάμενοι (cf. Is. 11:5, ἐζωσμένος) Véase A. Oepke, *TDNT* 5. págs. 304-08 (*s.v.* ζώννυμι, ζώνη).

66. La verdadera palabra para "ceñidor" (ζώνη, lat. *Cingulum* no se usa aquí.

67. Cf. C. Hodge, *Ephesians*, págs. 383-84; E. K. Simpson, *Ephesians*, págs. 147-48.

68. J. A. Robinson, *Ephesians*, pág. 215.

69. Gr. ἑτοιμασία (Cf. Esdras [LXX 2 Esdr.] 2:68; 3:3; Zac. 5:11).

70. Gr. βέλη ... πεπυρωμένα.

71. Livy, *History* 21:8. El proyectil encendido penetraba el revestimiento de cuero y las cubiertas de lino del escudo y se clavaba en su corazón de madera, prendiéndole fuego.

"dardos encendidos del maligno" son las "asechanzas del diablo" que ya se mencionaron; la fe en Dios es la mejor defensa contra ellas. Aquí también cabría formular una pregunta: ¿la fe de la que habla aquí es la fe en Dios o la fidelidad a Dios? En 1 Pedro 5:8-9, donde se usa una figura de lenguaje diferente para describir los asaltos del enemigo ("merodea como un león rugiente, buscando a quién devorar"), vuelve a recomendarse la fe como el mejor medio de defensa contra él: "resistidles firmes en vuestra fe". Allí, tal como dice E. G. Selwyun, lo que se exige es "una resolución sólida como un pedernal";[72] una resolución así es el resultado de una fe inconmovible en Dios.

Hay una referencia en sentido figurado a misiles de fuego en los *Himnos de acción de gracias* de Qumrán, donde el orador habla de los hombres poderosos que lo rodean con sus armas de guerra:

"Han dejado volar flechas
  contra las que no hay ninguna cura,
y la llama de (sus) jabalinas
  es como un fuego consumidor entre los árboles".

Pero su lealtad hacia el pacto de Dios lo protege: su "pie permanece sobre tierra firme [como en el Salmo 26:12]".[73]

17 El "yelmo de la salvación" está tomado de Isaías 59:17, donde es Yahvé quien lo lleva puesto.[74] En ese contexto podría tratarse perfectamente del yelmo de victoria (cf. RVC: "y se cubrió la cabeza con un yelmo de victoria"), porque el Dios de Israel no recibe salvación; él la otorga. Aquí también cabría llamar al "yelmo de la salvación" que se le recomienda el yelmo de la victoria, porque la victoria de Dios es la salvación de su pueblo. En 1 Tesalonicenses 5:8 "la esperanza de salvación" sirve de yelmo, porque en esa carta la salvación es algo que los creyentes están "destinados... a obtener... por medio de nuestro Señor Jesús" —en su *parusía*. Sin embargo, en esta carta se considera que la salvación ya se ha alcanzado —"por gracia habéis sido salvados" (Ef. 2:5) —por tanto, la función del "yelmo de la salvación" es proteger a los creyentes.

La única arma ofensiva que se incluye en el equipo es la espada. Se trata de la "espada del Espíritu", la espada del aliento de Dios. En Isaías 11:4 dice que el príncipe esperado de la casa de David "herirá la tierra con la vara de su boca, y con el soplo de sus labios matará al impío". Esta profecía vuelve a mencionarse en la imagen vívida de la Palabra vencedora de Dios en Apocalipsis 19:15: "De su boca sale una espada afilada para herir con ella a las naciones".[75] Pero

---

72. E. G. Selwyn, *The First Epistle of St. Peter*, pág. 238.

73. 1QH 2.25-26, 29 (G. Vermes, *The Dead Sea Scrolls in English* [Harmondsworth, 1962], págs. 155-56).

74. περιέθετο περικεφαλαίαν σωτηρίου ἐπὶ τῆς κεφαλῆς en la LXX (heb. $kôḇa'$ $y^e šû'āh$ $b^e rō'šô$); aquí τὴν περικεφαλαίαν τοῦ σωτηρίου δέξασθε.

75. Pero en Ap. 19:15 la espada es una ῥομφαία (cimitarra) oriental, no una μάχαιρα romana, como aquí.

ahora la espada no se usa para herir la tierra ni para matar al impío, sino para ahuyentar a los enemigos espirituales del pueblo de Dios. "La palabra de Dios" es lo que él expresa —"toda palabra que procede de la boca de Dios" (Dt. 8:3 LXX). Es a través de su Espíritu que su palabra se proclama y es recibida en la tierra. Tal vez el mejor ejemplo del uso de su palabra para ahuyentar a los enemigos espirituales es el que ofrece Jesús cuando emplea el texto que acaba de citarse (Dt. 8:3) para repeler al tentador en el desierto.[76] El dicho divino, el producto del Espíritu, está fácilmente disponible para que el creyente que lo ha atesorado en su corazón[77] lo emplee de manera eficaz en el momento del peligro contra cualquier intento de seducirlo y apartarlo de su lealtad a Cristo.

Las piezas de la armadura que se mencionan incluyen la mayoría de las que podían verse en un soldado romano en esa época. La omisión más obvia sería las grebas, que se usaban para proteger la parte delantera de las piernas.[78] Cuando Juan Bunyan describió el equipo que Cristiano recibió en la armería de la Casa Hermosa y usó con buenos resultados contra Apolión en la siguiente etapa de su viaje, se basó en este pasaje de Efesios, y señaló que no se había proporcionado ninguna armadura para la espalda; por esa razón, al acercarse a Apolión Cristiano no tuvo más opción que "aventurarse y mantenerse firme".[79]

Este relato del conflicto espiritual y la armadura de Dios ha inspirado a otros escritores a desarrollar el tema, en especial, a Bunyan en *"La guerra santa"* (*la guerra santa librada por Shaddai contra Diabolus para la recuperación de la metrópoli del mundo o la pérdida y reconquista de la ciudad de Mansul*, 1682) —una obra que, si el mismo autor no hubiera escrito *"El progreso del peregrino"*, habría sido elogiada como la mayor alegoría en idioma inglés. Entre veinte y veinte siete años antes de la publicación de *"La guerra santa"*, otro puritano, William Gurnall, ministro de Lavenham, Suffolk, produjo su exposición enciclopédica de estos versículos (Ef. 6:10-20), *El cristiano con toda la armadura de Dios* (1655-62), que en su reimpresión en el siglo XX (Londres: El estandarte de la verdad, 1964) tiene unas 1.200 páginas de doble columna —un cuerpo completo de divinidad práctica.[80]

7. "Velad y orad" (6:18-20)

18 *Orad en el Espíritu en todo tiempo con toda oración y súplica, y para este propósito, velad con toda perseverancia y súplica por todos los santos,*

---

76. Mt. 4:4 (la cita es más corta en Lc. 4:4).

77. Cf. Sal. 119:11; también Col. 3:16a.

78. Más particularmente, la pierna derecha. En una época posterior (la imperial) las *ocreæ* probablemente las usaban solo los centuriones.

79. *El progreso del peregrino*, parte 1.

80. Para un equivalente moderno (y posterior), véase D. M. Lloyd-Jones, *The Christian Warfare* (Edimburgo, 1976) y *The Christian Soldier* (Edimburgo, 1977), dos de una serie de volúmenes expositivos sobre Efesios.

19 y también por mí: orad para que me sea dada palabra cuando abra la boca para dar a conocer el evangelio⁸¹ con libertad de expresión.

20 Es por el bien del evangelio que soy un embajador —¡un embajador en cadenas! Orad para que pueda tener libertad en este respecto,⁸² y hablar como debo.

18   Este párrafo guarda una semejanza muy estrecha con su homólogo en Colosenses 4:2-5, pero no es posible demostrar que ninguno de ellos dependa del otro. Ambos reflejan una situación común que existía en el momento y en el lugar en que fueron escritos.

En el texto griego no hay ninguna separación obvia entre esta exhortación a orar y el llamado precedente a combatir los enemigos espirituales.⁸³ El imperativo "orad" (en nuestra versión supra) traduce el participio griego "orando".⁸⁴ Este podría ser otro ejemplo del uso del participio en función imperativa;⁸⁵ pero, en lo que respecta a la construcción, "orando" (junto con el "velando" que sigue) forma parte, al parecer de la serie de participios que dependen del imperativo "estad" al principio del v. 14 ("habiendo ceñido", "habiendo calzado", "habiendo tomado").⁸⁶

Orar "en el Espíritu" significa orar bajo la influencia del Espíritu y con su ayuda. "Oraré con el espíritu⁸⁷ y oraré también con la mente", dice Pablo (1Co. 14:15), como respuesta, al parecer, a algunos que creían que orar en una "lengua" ininteligible tanto para el que hablaba como para los oyentes era orar "en el Espíritu". No es ningún criterio del poder del Espíritu que la persona que ora no entienda su propia oración. Por otra parte, hay oraciones y aspiraciones del corazón que no es posible formular bien; pero sí pueden ofrecerse en el Espíritu, el cual, tal como dice Pablo, "intercede por nosotros con gemidos que son demasiado profundos para expresarlos con palabras" (Ro. 8:26).

En cuanto a su propia práctica y también la de sus convertidos y otras personas, Pablo insiste en la necesidad de la oración constante —orando "en todo tiempo" (como se traduciría literalmente aquí).⁸⁸ "Orad sin cesar", les exhorta a los cristianos tesalonicenses (1Ts. 5:17), y a sus lectores les asegura

---

81. τοῦ εὐαγγελίου *se omite en* B F G lat^(b m) M. Vict Ambst.

82. ἐν αὐτῷ, en lugar de lo cual, en P^{46} B 1739 1881 se lee αὐτό.

83. De ahí que cuando el Cristiano de Bunyan se vio asediado en el valle de la sombra de muerte por fuerzas contra las que su otra armadura resultó ser inútil, "tuvo que guardar su espada y echar mano de otra arma, llamada 'toda oración'" (*El progreso del peregrino*, parte 1).

84. προσευχόμενοι.

85. Véase la pág. 356, nota 78 (sobre Ef. 5:21, ὑποτασσόμενοι).

86. περιζωσάμενοι... ἐνδυσάμενοι... ὑποδησάμενοι. Para una serie similar de participios, concluyendo con un participio posiblemente en función imperativa, cf Ef. 5:19-21 (pág. 356, nota 78).

87. Gr. προσεύξομαι τῷ πνεύματι, donde πνεῦμα es ambiguo: τὸ πνεῦμά μου en el versículo anterior podría sugerir que se trata del espíritu del propio Pablo, pero lo que subraya a lo largo del capítulo es que esos ejercicios devocionales son eficaces solo si se realizan a través del Espíritu de Dios (cf. 1Co. 12:7-11).

88. Gr. ἐν παντὶ καιρῷ, tal vez "en cada oportunidad."

en repetidas ocasiones que él mismo ora incansablemente por ellos (cf. Col. 1:3. Aquí se usa la palabra general para oración, junto con "súplica", el término que pone de relieve el elemento de petición o ruego en la oración.[89]

Al igual que en Colosenses 4:2, se hace hincapié en la importancia de la vigilancia, de mantenerse espiritualmente alerta. Aquí se usa una palabra diferente para referirse al hecho de permanecer despierto[90] —la misma palabra que aparece en una exhortación similar en Lucas 21:36, donde Jesús, advirtiéndoles a sus discípulos sobre la crisis inminente, los insta a "velar en todo tiempo, orando para que podáis prevalecer... y estar en pie delante del Hijo del Hombre".[91] El matiz escatológico no se hace explícitamente patente en Colosenses ni en Efesios, pero puede discernirse dondequiera que se exija vigilar y perseverar.[92]

A los lectores ya se les había encomiado por su amor "por todos los santos" (Ef. 1:15); una manera de continuar mostrando este amor es perseverar en elevar súplicas por ellos.

19 La exhortación a orar "por todos los santos" va acompañada de una petición especial para orar por Pablo en particular. Su lenguaje es muy parecido al de Colosenses 4:3-4. Si el contexto real de la carta era el encarcelamiento de Pablo en Roma, donde esperaba con ansia su comparecencia ante el tribunal supremo, entonces, era justo que pidiera oración mientras trataba de aprovechar cada oportunidad que surgiera de dar testimonio del evangelio en la situación tan restringida en que se hallaba, y sobre todo cuando llegara el momento (como esperaba) de testificar ante el propio César.[93] Muchas cosas podrían depender de lo que Pablo dijera en esa ocasión y del modo en que lo dijera —no tanto para su propia seguridad (un asunto de menor importancia para él) como para el progreso del evangelio en el mundo romano. Ya había dado a conocer en las provincias orientales el "misterio"[94] que se le había confiado en el camino a Damasco; pero la inminente oportunidad de darlo a conocer en el propio centro de la administración imperial conllevaba una gran responsabilidad, aunque él la acogía con suma aceptación. De ahí que pidiera

---

89. Gr. διὰ πάσης προσευχῆς καὶ δεήσεως (en cuanto a la colocación de los dos sustantivos, véase Fil. 4:6).

90. ἀγρυπνοῦντες, en contraste con γρηγοροῦντες en Col. 4:2 (véase la pág. 158, nota 9). Para ἀγρυπνέω cf. también Heb. 13:17.

91. Cf. Mr. 13:33, βλέπετε, ἀγρυπνεῖτε.

92. Aquí se hace hincapié en la perseverancia en ἐν πάσῃ προσκαρτερήσει. Cf. Col. 4:2, τῇ προσευχῇ προσκαρτερεῖτε (también Ro. 12:12). Véase la pág. 158, nota 8.

93. Pablo no podía estar seguro de que el propio emperador en persona escucharía su apelación; podía asignarle esa tarea a un diputado. Véase F. F. Bruce, *Paul: Apostle of the Free Spirit* (Exeter, 1977), págs. 366-67.

94. En Col. 4:3, se le llama "el misterio de Cristo". Aquí τοῦ εὐαγγελίου (véase la nota 81 supra) es un genitivo epexegético después de τὸ μυστήριον —el misterio es el evangelio. Véanse las págs. 157, 288-94.

las oraciones de sus hermanos cristianos, para que pudiera decir lo correcto y de la manera correcta,[95] y hacerlo sin inhibiciones.

20 En esta solicitud de oración el apóstol manifiesta dos veces el deseo de que se le conceda libertad de expresión al dar a conocer el evangelio.[96] No es posible separar esta libertad de expresión de la libertad interior del espíritu que hace que el individuo pueda hablar con sinceridad. Su sentido de la libertad era aún mayor porque sabía que lo que tenía que dar a conocer no era su propio mensaje sino el del Señor. Él no era más que un embajador; Cristo era el soberano en cuyo nombre debía hablar. No albergaba ninguna duda respecto a la tarea que se le había asignado: tal como le dijo a Filemón, él era el prisionero de Cristo Jesús, pero al mismo tiempo, era el embajador de Cristo Jesús[97] —y un embajador a pesar de que, como dice aquí, era "un embajador en cadenas".[98]

Si es a la vista de su apelación a lo que se refiere 2 Timoteo 4:17, entonces en ese versículo se da testimonio de la respuesta a la oración solicitada aquí: "el Señor estuvo conmigo y me fortaleció para que proclamara el mensaje cabalmente, y que todos los gentiles lo oyeran". "Todos los gentiles" no pudieron estar presentes en el tribunal cuando Pablo hizo su defensa, pero este es un ejemplo del "universalismo representativo" de Pablo;[99] lo que se dijo en público en el centro del imperio retumbaría hasta en las más lejanas fronteras.

IV. FINAL DE LA CARTA (6:21-24)

1. Notas personales (6:21-22)

21 *Para que también vosotros podáis conocer mis asuntos y lo que estoy haciendo, todo os lo hará saber Tíquico, mi hermano amado y un siervo fiel en el Señor.*

22 *a quien os estoy enviando con este propósito, para que sepáis de nosotros y para que él consuele vuestros corazones.*

21-22 Esta nota sobre Tíquico reproduce el contenido de Colosenses 4:7-8 casi palabra por palabra. Lo que puede deducirse de la nota es que a Tíquico se le confió esta carta junto con la que iba destinada a la iglesia de

---

95. ὡς δεῖ με λαλῆσαι, como en Col. 4:4.
96. ἐν παρρησίᾳ γνωρίσαι... (v. 19), ἵνα ἐν αὐτῷ παρρησιάσωμαι (v. 20). Para παρρησία cf. Ef. 3:12 (con pág. 299, nota 71); Fil. 1:20 (ἐν πάσῃ παρρησίᾳ); para παρρησιάζομαι cf. 1Ts. 2:2 (ἐπαρρησιασάμεθα... λαλῆσαι... τὸ εὐαγγέλιον τοῦ θεοῦ).
97. Véase la pág. 195 con las notas 53, 54 y 55.
98. ὑπὲρ οὗ πρεσβεύω ἐν ἁλύσει. El antecedente de οὗ es τοῦ εὐαγγελίου (si se conserva en el texto), de lo contrario τὸ μυστήριον. Cf. Col. 4:3, δι' ὃ καὶ δέδεμαι (y el antecedente de ὃ es τὸ μυστήριον).
99. Véase J. Munck, *Paul and the Salvation of Mankind*, E.T. (Londres, 1959), págs. 330-34.

Colosas, y la entregaría en su viaje al valle de Lico —y tal vez en el propio valle de Lico. Las palabras al principio del v. 21, "para que *también* vosotros podáis conocer mis asuntos", lo más probable es que signifiquen "para que vosotros, además de otros que reciben noticias de mí, conozcan mis asuntos".[100] Esto sería lógico si Colosenses y Efesios se escribieron y se enviaron al mismo tiempo.

Tíquico, que obviamente estaba en compañía de Pablo en el momento en que este escribió la carta, podría ofrecer más información sobre él de forma oral.

Si esta carta es pseudónima, entonces la referencia a Tíquico es un préstamo literario de Col. 4:7-8, y cabría preguntar por qué se consideró oportuna aquí una referencia a Tíquico en particular. Cualquier respuesta a esta pregunta tiene que ser forzosamente especulativa.[101]

2. Bendición final (6:23-24)

23 *Paz sea a los hermanos,[102] y amor[103] con fe, de Dios el Padre y del Señor Jesucristo.*
24 *La gracia y la inmortalidad sean con todos los que aman al Señor Jesucristo.[104]*

23 La gracia y la paz que aparecieron en el saludo inicial reaparecen aquí en la bendición final, pero en orden inverso y más alejadas. La "paz" se menciona de forma similar al final de la carta a los gálatas (Gá. 6:16);[105] y con mayor amplitud, la presencia del "Dios de paz" es la sustancia de las bendiciones de Romanos 15:33 (cf. 16:20); Filipenses 4:9; 1 Tesalonicenses 5:23,[106] del "Señor de paz" en 2 Tesalonicenses 3:16, y del "Dios del amor y la paz" en 2 Corintios 13:11.

---

100. Gr. ἵνα δὲ εἰδῆτε καὶ ὑμεῖς τὰ κατ' ἐμέ. Otro significado posible de καὶ ὑμεῖς sería "vosotros, por vuestra parte" —"para que vosotros, por vuestra parte, podáis conocer mis asuntos, así como yo, por mi parte, he oído acerca de vosotros" (cf. Ef. 1:15). Véase J. A. Robinson, *Ephesians*, pág. 217.
101. W. L. Knox (*St. Paul and the Church of the Gentiles* [Cambridge, 1939], pág. 203) percibió aquí un indicio de que Tíquico fue el verdadero autor de Efesios. C. L. Mitton (*The Epistle to the Ephesians*, p. 268) sugiere que la propuesta de escribir la carta en nombre de Pablo se le presentó a Tíquico ("cuando ya era un anciano y vivía en el vecindario de Éfeso") y él dio su aprobación por cuanto esta transmitía el mensaje paulino. G. H. P. Thompson (*Ephesians, Colossians, Philemon*, CBC [Cambridge, 1967], págs. 18-19) sugiere que Efesios es un "manifiesto" compuesto por Tíquico con la autorización de Pablo.
102. En lugar de ἀδελφοῖς en P^{46} aparece ἁγίοις.
103. En lugar de ἀγάπη en A aparece ἔλεος.
104. Al final de la carta en $\aleph^2$ D Ψ y en la mayoría de manuscritos en cursivas se añade ἀμήν.
105. Cf. 1Pe. 5:14; 3Jn 15.
106. Cf. Heb. 13:20.

El "amor con fe" es el amor acompañado de la fe. El término "amor" en una bendición final no resulta sorprendente, ya sea el amor de Dios (como en 2Co. 13:14) o el amor del propio Pablo (como en 1Co. 16:24). Pero, ¿cuál es el sentido del término "fe"? Lo más probable es que su colocación aquí junto con el amor refleje la acción de gracias de Efesios 1:15, en la que el apóstol expresa su agrado por las noticias sobre la fe o fidelidad de los lectores como miembros de la comunión cristiana y el amor que han demostrado por "todos los santos".[107] Al final de la carta él ora para que estas cualidades continúen caracterizándolos. Dichas cualidades constituirían su respuesta a la paz y la gracia que Dios les había otorgado; al igual que todas las virtudes cristianas, estas tienen su origen en Dios —"Dios el Padre y el Señor Jesucristo" (cf. Ef. 1:2).

24 "La gracia sea con vosotros", al igual que en Colosenses 4:18, es la bendición fundamental de Pablo al final de una carta; por lo general, se amplía de diversas maneras. Aquí aparece redactada en tercera persona (del mismo modo que "a los hermanos" en el v. 23).[108] "Esto", dice J. A. Robinson, "está en consonancia con la naturaleza de esta epístola como una carta circular"—es posible que sea así, pero su naturaleza circular no impidió el uso de la segunda persona en los vv. 21-22.

La presente ampliación nos habla de la gracia sobre "todos los que aman a nuestro Señor Jesucristo". Este es un equivalente positivo de la cláusula negativa "si alguno no ama al Señor" de 1Co. 16:22[109] (que tal vez refleja una palabra de amonestación eucarística).[110] La construcción de las últimas dos palabras en el texto griego de la carta —"en inmortalidad" o "con inmortalidad"[111]— resulta dudosa. Su posición podría sugerir que deben tomarse como una frase adverbial que modifica el verbo "amar": de ahí la redacción de la NVI: "todos los que aman a nuestro Señor Jesucristo con amor imperecedero" (de manera similar NBV, CST, BLP, BLPH).[112] La RVA le atribuyó a la palabra griega *aphtharsia* un sentido moral y tradujo "... que aman al Señor Jesucristo en sinceridad" (la JBS, con excesiva literalidad, "en incorrupción"). Pero J. A. Robinson consideró

---

107. Véanse las págs. 248-49 con la nota 108 respecto a la posibilidad de que la frase "vuestro amor por los santos" halló cabida en el texto de Ef. 1:15 bajo la influencia de Col. 1:4.

108. Con respecto a la posibilidad de que "los hermanos" sean un grupo específico dentro de la comunidad completa de "todos los que aman a nuestro Señor Jesucristo", véase E. E. Ellis, "*Paul and his Co-Workers*", *NTS* 17 (1970-71), 445-51: Ellis alega que "los hermanos" son predicadores que colaboraban con Pablo (cf. 1Co. 16:20; Gá. 1:2; Fil. 4:21; Col. 4:15). Sugiere (pág. 446, nota 3) que la bendición adicional de gracia del v. 24 es "el saludo de Pablo de su puño y letra" (cf. pág. 171 supra con la nota 79).

109. εἴ τις οὐ φιλεῖ τὸν κύριον. No hay ninguna distinción material entre φιλέω y ἀγαπάω en ese tipo de expresiones, aunque ἀγαπάω, no φιλέω, es la palabra de Pablo; la implicación es que la cláusula hipotética de 1Co. 16:22 es una cita de un conjunto vigente de palabras.

110. Véase J. A. T. Robinson, "*The Earliest Christian Liturgical Sequence?*" in *Twelve New Testament Studies* (Londres, 1962), págs. 154-57.

111. ἐν ἀφθαρσίᾳ.

112. Cf. Ignacio, *Rom.* 7.3, donde la sangre de Cristo se describe como ἀγάπη ἄφθαρτος, "amor incorruptible".

imposible "aducir cualquier pasaje de los escritores del siglo II" en el que la palabra "se usara para referirse a la incorrupción moral, aunque... sí era bastante común que se empleara con el sentido usual de inmortalidad". Consideró además que "la disposición de la oración" era "fatal" para la versión adoptada supra, en la que la palabra va unida a "gracia".[113] La justificación para adoptar esta versión se basa principalmente en el predominio a lo largo de esta carta de la preposición "en" con un sentido "comitativo", para adjuntar la palabra que sigue a una o más de las precedentes con el fin de completar una serie.[114] Cf. NEB ("La gracia de Dios sea con todos los que aman a nuestro Señor Jesucristo, gracia e inmortalidad"; la Biblia de Jerusalén ("Que la gracia y la vida eterna sean con todos los que aman a nuestro Señor Jesucristo").

---

113. J. A. Robinson, *Ephesians*, págs. 219-20.
114. En cuanto a la ἐν comitativa, véase la pág. 237 con la nota 35. Cf. Ef. 1:4, 8; 3:12; 4:19; 6:2, 16.

ÍNDICE DE TEMAS PRINCIPALES

Acceso a Dios, 18, 280, 320, 354
Acción de gracias: introductoria, 35-40, 191-194, 233-239
Adopción, 233, 235-238, 245, 247
Agradecimiento, 36, 44, 69, 85, 125, 137, 143, 146, 155, 184, 196, 224, 249. Véase también Gratitud.
Alabanza: gloriosa, 233, 239, 243-245
Alejandro Magno, 3
Aliento, 162, 224, 380
Alojamiento (para Pablo), 177-179, 205
Amabilidad, 160, 310
Amor, 20, 40, 43, 82, 142, 150-151, 191-192, 194-195, 237, 239, 248, 300-301, 327-328, 338, 366-367, 385-386
Ángeles, culto a los ángeles, 16-25, 42, 108. Véase también Herejía: colosense.
Antíoco I, 6
Antíoco II, 5, 8
Antíoco III, 3-5, 8, 9
Apia, 183, 189-190
Apóstol(es), apostolado, 34, 283, 289, 294, 296, 316
Apresto del evangelio, 379
Aqueo, 3, 5, 8
Aristarco, 39, 163-165, 206-207
Armadura de Dios (panoplia), 374-376, 378, 381
Arquipo, 82, 164, 167, 170, 175, 182-184, 189-190
Ascetismo, 17, 22, 31, 86, 104, 106, 109, 113-114, 116-118
Atalo III, 4
Augusto, 10

Bautismo, 17, 93-96, 113-114, 120, 125, 224-226, 239, 267, 311-313, 331-332, 349-350, 360-361. Véanse también Morir con Cristo; Resucitados con Cristo; Sepultados con Cristo.
Bendición, 171, 207, 385-387
Bendición (*berak*á), 234-235
Benignidad, 141-142, 370
Bernabé, 13, 33, 75, 163-164, 323
Bondad, 347

Calendario: sagrado, 90, 104-105
Calumnia, 132, 338
Cantar, 144-145
Carta de Laodicea, 167-169, 183-184, 212
Catolicismo: incipiente, 218-221
Celestiales, 24, 38, 57, 90, 235, 262, 320
César, Julio, 10
Cinturón de la verdad, 379
Circuncisión, 17, 93-96, 270-272
Ciro el grande, 3
Ciro el joven, 4
Codicia, 131, 345, 356
Códigos: domésticos, 29, 149, 151, 153, 155, 157, 181, 354, 356, 371
Colosas, 3-5, 7, 13, 14, 16-18, 27, 33-34, 37-39, 46, 57, 66, 90-91, 94, 104, 162, 166-170, 177-179, 181-184, 190, 207, 212, 385
Colosenses:
    análisis, 31-32;
    algunos temas críticos, 26-30;
    autoría, 26-28;
    enseñanza, 24-26;
    estilo, 28-29;

ÍNDICE DE TEMAS PRINCIPALES

fecha y lugar, 6, 30;
preámbulo, 33-35
Compasión, 140
Conducta: cristiana, 42, 44, 58, 83, 143, 146-147, 159, 229, 328, 331, 336, 341
Confesión de fe, 311-314
Conocimiento:
verdadero, 40-41, 79, 83, 127, 133, 135, 217, 333;
falso, 19, 27, 46, 82, 94, 135
Coraza de la justicia, 374
Corazón, 204, 227
Cristo, Jesucristo:
actúa como mediador, 59, 91;
agente en la creación, 31, 49, 51-59;
agente en la reconciliación, 31, 49, 64-69;
Amado, 239;
ascendido, 119, 220, 222, 316-318, 321-322, 324, 331;
cabeza de la iglesia, 31, 49, 59-64, 355, 357;
cósmico, 51, 54-55;
ejemplo, 341-342;
el misterio de Dios, 73, 78, 81, 83, 290, 296;
encarnado, 87, 91, 123;
esperanza de gloria, 26;
exaltado, 119;
imagen de Dios, 25, 51-53;
meta de la creación, 58;
mora en el creyente, 213, 303;
piedra angular, 63-64, 94, 216, 280, 282-285;
plenitud de Dios, 24, 66, 256, 301, 306:
preexistencia, 54-55, 59;
primogénito de entre los muertos, 49;
primogénito de la creación, 53, 254;
resucitado, 19, 265;
sabiduría de Dios, 51, 53-54, 83;
sacrificio, 106, 247, 279, 297, 342;
segundo Adán, 63, 134-135;
Señor del universo, 31, 49, 59;
supremo, 66, 87, 108;
todo en todos, 127;
todo suficiente, 44, 67;
triunfo de, 31, 96-103
Cuerpo de Cristo, 60-64

Delitos y pecados, 97, 240, 259-260, 264-265, 270, 330
Demas, 163, 166-167
Despojarse-vestirse/revestirse, 32, 95, 100, 125-126, 132, 133-134, 138, 217, 332-333, 335, 339
Diablo, 99, 101, 261, 315, 334, 336, 374-376

Dios:
Creador, 294;
el amor de, 252;
el Padre 300, 311, 313, 320, 339, 342, 354;
el Padre de Jesucristo, 35, 234;
el Padre todo glorioso, 248, 250;
el poder de, 80, 93, 119, 133;
la ira de, 126;
la misericordia de, 281;
la sabiduría de, 297-298;
la voluntad de, 33-34, 40-41, 69-70, 231, 259;
nuestro Padre, 33, 189;
propósito eterno, 294-300.
Dones: espirituales/del Espíritu, 241, 302, 314, 316-318, 320-321. Véase también Ministerios.
Doxología, 306-308

Efesios:
análisis, 229-230;
autoría, 218-222;
estilo, 218-220;
y Colosenses, 26-27;
y el corpus paulino, 211-214;
imaginería, 216-218;
naturaleza y propósito, 222-227;
preámbulo, 231-233.
Éfeso, 6, 13-15, 82, 84, 111, 159, 163, 168-169, 177-179, 184-186, 203-204, 212, 218-220, 231
Elección, 229, 233-239
Elogio, 251-67
En Cristo, 56, 194-195, 199, 204, 206-207, 216, 218, 220, 222, 229, 232-233, 235-240, 242-243, 244-246, 257, 266-269, 277, 299, 304-308
En el Señor, 123, 137, 148-151, 159, 167, 182, 192, 200-201, 204, 230, 248-249, 280, 374
Enojo, 126, 132, 334-335, 338, 348
Entendimiento, 81, 240-241, 250
Epafras, 13-14, 25-26, 34, 36-37, 39-40, 82, 84, 162-164, 166, 169, 179, 181, 192, 206-207, 226, 331
Era: actual/presente, 76, 129, 252, 254, 260, 267
Esclavo, esclavitud, 176-177, 200-201, 373;
vs. libre, 135-138;
y amos, 152-156, 371-373
Escatología:
futura, 47, 78, 106, 166, 215, 242, 247-248, 253, 265, 266, 345;
realizada, 37, 46, 266
Escitas, 135-136
Escudo de la fe, 379
Espada del Espíritu, 380

ÍNDICE DE TEMAS PRINCIPALES

Esperanza, 36, 251, 312
Espíritu, Espíritu Santo, 26, 34, 40-41, 80, 85, 112, 124, 166, 215, 235, 243-244, 246-247, 320, 323, 332, 334, 337-338, 352-353, 361-361
Esposas y esposos, 148, 150, 230, 355
Estoicismo, 43, 56, 58, 60, 138
Evangelio, 36-39, 51-52, 195, 244-247, 288-294, 296-297, 300, 383-384
Evangelistas, 321-322

Fe, 35, 82, 96, 124, 192, 215, 253, 290, 303, 311, 314, 325, 379-380
Felipe (el evangelista), 15, 321
Filemón (carta a):
  análisis, 186;
  autoría, 189-191;
  fecha y procedencia, 177-180;
  naturaleza y propósito, 182-186;
  preámbulo, 189-191
Filemón (persona), 13, 82, 137, 157, 162-163, 168-170, 175-177, 180-185
Flaco, Lucio, 9
Formas indicativas e imperativas, 129, 134, 252, 266, 332-333, 345
Fornicación, 126, 128, 130-131, 343-344
Frigia, 3-6, 8-13, 16, 21, 87, 165, 181, 185, 190
Fuerzas elementales (*stoicheia*), 17, 25, 58, 86, 88-89, 108, 113, 115

Gentiles, 44-45, 75-78, 212-214, 218, 222, 245, 288-300, 312-313, 338, 385. Véase también judíos y gentiles.
Gnosticismo, 19-20, 23, 26, 28, 66, 83, 87, 218, 278, 324
Gobernantes mundiales (*kosmokratores*), 90, 376-377
Gozo, 43, 192-193
Gracia, 33, 35-36, 38-39, 44, 125, 160, 182, 199, 207, 229, 233-234, 239-243, 259, 288-289, 386-387
Gratitud, 44, 125. Véase también Acción de gracias.

Herejía: Colosense, 16-24, 26, 57, 66, 71, 87-88, 90, 102, 109, 113, 117, 133, 140, 179
Herencia, 40-41, 44-45, 47, 124, 153, 155, 215-216, 229, 251
Hermano(s) en Cristo, 33, 137, 181, 232
Hierápolis, 3, 6-7, 11, 14-15, 39, 82, 163, 166, 212
Hijos y padres, 32, 151-156, 230, 369-370
Himno a Cristo, 69, 353

Hombre:
  nuevo, 53, 126-127, 133-135, 138-139, 217, 289, 303, 329, 333, 347;
  viejo, 127, 133, 225, 329, 334
Hurtar, 336
Humildad, 140, 310;
  falsa, 107

Iglesia:
  cuerpo de Cristo, 60-64, 71, 76, 78, 106, 112, 207, 212, 216-127, 236, 293, 324-325, 366;
  edificación de la, 315, 324;
  edificio de Dios, 282;
  novia de Cristo, 63, 363-364, 367;
  función cósmica, 222;
  nueva comunidad, 214, 219, 225, 245, 283, 285, 293, 352;
  obra maestra de su gracia, 267, 307;
  plenitud de Cristo, 217, 253, 301;
  templo de Dios, 217;
  tercera raza, 274, 296;
  unidad de la, 219, 213;
  universalidad de la, 221.
  Véase también Iglesia en casas.
Iglesias en casas, 147, 162, 168, 190, 206
Ignacio, 15, 184-185, 199, 204, 223, 261, 275, 312, 386
Imaginería:
  arquitectónica, 95, 217, 285, 304, 324;
  biológica, 95, 217, 285, 304.
  Véase también Efesios: imaginería.
Imitación de Dios, 341
Impureza, 130, 330, 344
Inclusión de los creyentes gentiles, 78, 214, 248, 291-293, 365-366. Véase también: Gentiles; Judíos y gentiles.
Iniciación: Isis, 18-19, 87, 111, 116
Inmortalidad, 386-387
Ira, 131-132, 335

Jerjes, 4, 6, 15
Jerusalén, 38, 213, 246, 287
Jesús Justo, 163, 165, 207
Judas Macabeo, 8
Judíos, 8-12, 44;
  y gentiles, 66, 71, 136, 213-214, 216, 218, 243, 264, 274, 276-279, 286, 296, 298-299, 310. Véase también Gentiles.
Juicio, 155, 335, 337
Justicia, 333, 347
Justificación, 27, 70

ÍNDICE DE TEMAS PRINCIPALES

Laodicea, 3-4, 6-7, 9-10, 14-16, 39, 81-82, 109, 161, 163, 166-170, 183-184, 212
Ley, 11, 25, 28, 98-99, 114, 276-277
Liberación:
de las normas alimentarias, 103-106;
de las normas relacionadas con las festividades, 106-109.
Véase también Libertad: cristiana.
Libertad: cristiana, 25, 103-113, 115, 194-196.
Véase también Liberación.
Lucas, 166-168, 206
Luz, 44-47, 343. Véase también Tinieblas-luz.

Madurez, 66, 79-80, 112, 115, 132, 142, 324-326
Malicia, 132, 338
Marcos, 163-165, 206
Mentira, 133
Miguel (arcángel), 109
Ministerios, 321-322, 324-325
Misterio: el, 73, 76-78, 80, 157-158, 213-214, 229, 240, 242-243, 261, 289-292, 383. Véase también Cristo: el misterio de Dios.
Misticismo: *mercavá*, 20-24, 87
Mitrídates VI, 4, 9
Montanismo, 16
Morir con él, 115;
muertos con él 119.
Véase también Bautismo.

Neo-pitagorismo, 18, 20
Ninfas, 147, 167-168
Noé, 12
Nuevo hombre. Véase Hombre: nuevo.
Nueva vida. Véase Vida: nueva.

Obediencia:
de los esclavos para los amos 147-148;
de los hijos para los padres, 151-152, 356
Obras, 42, 214, 268-270
Onésimo, 29-30, 137, 156, 161-162, 169-170, 175-186, 190-192, 194, 196-204, 223
Oración:
de intercesión, 40-48, 82, 158, 171, 191, 229, 248-250, 252, 287, 289, 300-301, 383;
intercesora, 36, 193, 302

Paciencia, 40, 43-44, 138, 140-141, 151, 309-310
Pablo:
amigos, 163, 166-170;
apóstol de Cristo Jesús, 33, 231;

autógrafo, 174-177, 211;
compañeros, 32-33, 160-167, 206-207, 341;
encarcelamiento 178-180, 196, 199, 287-288, 300, 383;
experiencia mística, 22-23, 111;
Filemón, 157, 168-170, 175-177;
mensajeros, 161-162;
ministerio, 73-80, 297;
misionero de los gentiles, 20, 165, 205, 211, 213, 219, 297;
y Onésimo, 175, 180-182.
Véase también Apóstol; Colosenses: autoría; Efesios: autoría; Onésimo; Filemón (carta a): autoría; Filemón (persona); Oración: intercesora; Roma.
Palabra de Cristo, 143-144
Paredes: derribadas, 136, 273, 275-276, 284.
Véase también Judíos y gentiles; Reconciliación: horizontal; Esclavo vs. libre.
Palabras:
severas, 326;
corteses, 158, 337, 353;
soeces, 132, 362, 370
Parusía, 37, 47, 71-72, 76, 79-80, 123, 206, 215, 237, 247, 251, 361-362, 380
Pasión, 130, 215
Pastores, 321-323
Paz, 35, 139, 189, 233, 273, 273-274, 277-279, 309-311, 385-386
Pecados. Véase Delitos y pecados.
Perdón de pecados, 41, 45-46, 48, 94, 97-99, 339
Pérgamo, 3-6, 9, 42
Perseverancia, 43-44, 72, 141, 381-382
Personalidad: corporativa, 62, 74
Pitagóricos, 18, 117, 142, 335
Plenitud (*plērōma*), 19, 23, 66, 255-257, 275, 306. Véase también Cristo: plenitud de Dios; la iglesia: plenitud de Cristo.
Primer Adán, 133-134
Principados y potestades, 25, 46, 49, 57-58, 68, 92-93, 97-98, 101-103, 108, 112, 115, 122, 225, 253-255, 262, 295, 297-298, 376-377.
Véase también Ángeles.
Procesión: triunfal, 98; victoriosa, 317
Profetas, 282, 282-285, 289-290, 292, 321

Qumrán, 20-21, 38, 40, 44-46, 77, 87, 105, 108-109, 218, 225, 237, 283-285, 318, 320, 346, 349, 366

ÍNDICE DE TEMAS PRINCIPALES

Reconciliación:
 cósmica, 67, 69, 214, 298;
 personal, 69
Redención: cósmica, 103
Regulaciones, 11, 103-105, 113, 115, 146
Reino de Cristo, 47, 343, 345
Reino de Dios, 47, 159, 163, 165-166, 336, 344-345
Religión mistérica: iraníes, 18, 21, 127, 261
Resucitados con Cristo, 31, 96, 114, 119, 121-122, 253, 265-266. Véase también Bautismo.
Roma, romanos, 4, 6, 9-10, 15, 21, 38, 47, 60, 66, 144, 159, 162-164, 178-179, 202, 213-215, 296

Sabiduría, 40-41, 44, 46, 51-54, 79, 81, 83, 160, 225-227, 240-241
Saludos:
 de Pablo, 170-171;
 de compañeros de Pablo, 163-167, 206-207
Sangre de la cruz, 48, 68, 75, 278, 298
Santidad, 134, 139, 235-238, 329, 333, 378
Santos, 24, 34-35, 41, 44-45, 47, 191-192, 204, 220, 232, 280-281, 305, 382
Seleuco I, 8
Sepultados con Cristo, 95, 114
Severa, Julia, 11
Siglos venideros, 307
Sujeción, sumisión, 130, 225, 230, 254-255, 354

Templo en Jerusalén, 276

Tiempo: uso del, 160-161, 295
Timoteo, 14, 28, 30, 33-34, 36, 39, 41, 79, 158, 175-176, 182, 189, 196, 198, 205, 321, 324
Tinieblas-luz, 343, 346-350
Tolerancia, 141, 310
Tradición:
 de Cristo, 31, 84-85;
 humana, 16-17, 25, 84-85, 89, 116
Tíquico, 25, 161-162, 169, 182, 199, 224, 226, 384-385

Unidad: exhortación a la, 309-311. Véase también Iglesia, unidad de la.

Valentinianismo, 19, 26, 66, 91, 100, 275, 278, 324. Véase también Gnosticismo.
Valle de Lico, 3-16, 30, 81-83, 177-178, 190, 206, 385
Verdad, 305, 314, 326-329, 331-335
Vicios y virtudes: lista de, 37, 127-129, 130-132, 263, 331, 334-335, 343-345, 386
Vida: nueva, 95-96, 98, 119, 122, 229, 259,
Viejo hombre. Véase Hombre, viejo.
Vigilancia, 383
Virtudes: catálogo de, 37, 334, 386

Yelmo de la salvación, 380

Zoroastrismo, 45, 278, 346

ÍNDICE DE AUTORES

Abbott, T. K., 74, 107
Achelis, H., 321
Alejandro Polihistor, 18
Alexander, P. S., 30
Allan, J. A., 235
Ambrosio, 114
Ambrosiastro, 33, 126, 127, 138, 157, 288, 294, 343, 369
Amling, E., 207
Anderson, C. P., 169
Anderson, R., 151, 152
Apión, 271
Apolinar, Claudio, 15
Apiano, 196
Apuleius, 19, 86, 91, 111, 116
Apuleyo, 298
Aqiba, 22, 56
Aquino, T., 305
Argyle, A. W., 53
Aristéneto, 88
Aristófanes, 110, 117, 136
Aristóteles, 132, 137, 202, 344
Arrio, 59
Artemidoro, 99, 197
Atanasio, 54
Agustín, 63, 114, 268
Aune, D. E., 282

Bacon, B. W., 169
Bailey, D. S., 365
Bammel, E., 34, 50
Bandstra, A. J., 24, 90, 91, 99
Banks, R. J., 50, 97, 147
Barr, J., 317

Barrett, C. K., 34
Bartchy, S. S., 154
Barth, K., 236
Barth, M., 211, 214, 261, 267, 276, 299, 302, 304, 305
Bartlet, J. V., 324
Basil, 231, 267
Bassler, J. M., 155
Bate, H. N., 107, 110, 117
Batey, R. A., 362
Bauckham, R. J., 76
Baur, F. C., 176
Beasley-Murray, P., 50
Beckwith, R. T., 105
Bedale, S., 62, 357
Beda, 105
Behm, J., 68, 112
Bengel, J. A., 256, 268
Benoit, P., 50, 51, 65, 74, 218, 255, 306
Bentley, R., 138, 196
Berkouwer, G. C., 236
Bernard, J. H., 267
Best, E., 62, 63, 64, 75, 76, 137, 256, 257, 363
Betz, H. D., 43, 341
Bevan, E., 43
Beza, 268
Bjerkelund, C. J., 309
Black, M., 21, 55, 134, 221
Blaiklock, E. M., 176
Blanchette, O., 99
Blinzler, J., 90
Bonhöffer, A., 43
Borland, A., 361
Bornemann, W., 224

ÍNDICE DE AUTORES

Bornkamm, G., 37, 72, 78, 90, 91, 113, 117, 127, 274, 275, 289, 324, 366
Bousset, W., 127, 261
Brandon, S. G. F., 261
Brice, W. C., 7
Brown, R. E., 366
Brox, N., 167
Bruce, F. F., 26, 77, 85, 86, 120, 136, 159, 198, 211, 235, 238, 243, 263, 268, 271, 273, 281, 294, 318, 360, 366, 383
Bruce, I. A. F., 10
Büchsel, F., 47, 67, 319
Bultmann, R., 41, 43, 62, 102
Bunyan, J., 133, 267, 381, 382
Burch, V., 94
Burgon, J. W., 110
Burn, A. E., 311
Burney, C. F., 53, 54
Burton, E. D., 34, 198

Cadbury, H. J., 166, 221
Cadoux, C. J., 14
Caird, G. B., 57, 92, 126, 150, 153, 169, 193, 320
Cairns, D., 64
Calvino, J., 18, 236, 260, 269, 317, 319, 321
Campenhausen, H. von, 34
Carr, W., 57, 93, 98, 101, 113, 376
Carrington, P., 126
Casel, O., 344
Casey, P. M., 55
Celsus, 23
Cerfaux, L., 92, 255
Cerinto, 90
Chadwick, H., 27, 83, 221, 225, 226, 250, 251, 257
Champion, L. G., 207
Chavasse, C., 63, 363
Crisóstomo, 268, 321
Cicerón, 6, 9, 160, 171, 344
Clark, S. B., 150
Clarke, W. K. L., 148
Clemente de Alejandría, 23, 89, 125, 274, 350, 369
Clermont-Ganneau, C. S., 276
Cole, R. A., 285
Coleridge, S. T., 212
Colson, F. H., 180
Cook, J. I., 185, 238
Coppens, J., 367
Corssen, P., 15
Cothenet, E., 282

Courcelles, E. de, 110
Coutts, J., 29
Cranfield, C. E. B., 48, 131, 252, 291
Creed, J. M., 278
Crone, T. M., 282
Cross, F. L., 224
Crouch, J. E., 148
Cullmann, O., 85, 87, 94, 124, 168
Cumont, F., 350

Dahl, N. A., 128, 224, 226, 344
Dahood, M., 317
Dante, 239
Darby, J. N., 81, 333
Daube, D., 141, 356
Davies, W. D., 34, 47, 54, 62, 83, 121, 124, 134, 142
DeBoer, W. P., 341
Deichgräber, R., 50, 145
Deissmann, G. A., 36, 42, 48, 63, 71, 99, 100, 117, 123, 131, 143, 153, 159, 165, 167, 169, 171, 356
Delling, G., 90, 117
Demóstenes, 130, 167
Denney, J., 68
Dequeker, L., 45
Dibelius, M., 19, 57, 65, 78, 82, 86, 88, 90, 91, 110, 111, 112, 116, 128, 146, 192, 205, 206, 276
Dibelius, M., y Greeven, H., 190
Diels, H., y Kranz, W., 18
Dieterich, A., 322
Dilschneidder, O. A., 27
Dionisio de Halicarnaso, 116
Dittenberger, W., 261
Dodd, C. H., 44, 124, 126, 134, 148, 149, 163, 177, 178, 193, 211, 292, 323
Draper, C. M., 122
Duncan, G. S., 177, 178, 179, 180
Dunn, J. D. G., 54, 313
DuPlessis, I. J., 60, 274
Dupont, J., 42, 67, 92

Eadie, J., 333
Easton, B. S., 295
Edmundson, G., 164
Ehrhardt, A., 64, 324
Eleazar, hijo del rabino Simeón, 53
Eliezer ben Hircano, 370
Ellis, E. E., 166, 282, 316, 386
Eltester, F. W., 53
Epicteto, 7, 42, 43, 138
Epifanio, 90, 261, 350

ÍNDICE DE AUTORES

Ernst, J., 66
Erskine, T., 44, 125
Esquilo, 271
Esser, H. H., 90
Estius, 268
Estobeo, 148, 152
Estrabón, 5, 6, 7, 9, 12
Eurípides, 297
Eusebio, 15, 16, 76, 105, 109, 137, 275
Evans, C. A., 24

Farmer, G., 106
Farmer, W. R., 206
Field, F., 81, 100, 107, 110
Filón, 10, 42, 52, 54, 56, 59, 89, 94, 133, 142, 180, 262, 320
Filodemo, 42
Filson, F. V., 54
Findlay, J. A., 337
Finkelstein, L., 105
Fírmico Materno, 350
Fison, J. E., 37
Focio, 106
Foerster, W., 19, 262, 357
Ford, J. M., 359
Foster, J., 150
Fox, A., 169
Francis, F. O., 19, 24, 57, 86, 111
Fridrichsen, A., 34
Friedrich, G., 35, 282
Fuller, R. H., 211
Funk, R. W., 206

Gabathuler, H. J., 50
Gagniers, J. des, 14
Galen, 6
Galloway, A. D., 102
Gardner, E. A., 15
Gärtner, B., 285
Gaster, T. H., 317
Glover, T. R., 39
Gnilka, J., 274
Goetzmann, J., 112
Goldstein, J. A., 9
Goodenough, E. R., 180
Goodspeed, E. J., 29, 169, 183, 184, 185, 211, 212, 222, 223, 224, 276, 290, 301
Goodwin, W. W., 198
Gore, C., 324
Grant, R. M., 19, 66

Greeven, H., 182, 361
Gregorio de Nisa, 145, 267
Grotius, H., 106
Grudem, W. A., 282
Grundmann, W., 325
Gundry, R. H., 63, 255, 364
Gurnall, W., 381

Hamerton-Kelly, R. G., 55
Hanson, A. T., 54, 101
Hanson, R. P. C., 85
Harder, G., 50, 69, 378
Harnack, A. von, 166, 169, 170, 379
Harris, J. R., 15, 54, 94, 110, 117
Harris, M. J., 50, 74, 249
Harrison, P. N., 29, 169, 177, 178, 184
Hartland, E. S., 122
Hauck, F., 83
Haupt, E., 56
Hay, D. M., 120
Hedley, P. L., 118
Hegermann, H., 50
Heliodorus Eroticus, 97, 330
Henderson, I., 57
Hendry, G. S., 238
Hengel, M., 15, 50, 128, 145, 345
Hennecke, E., 170
Herbert, G., 148
Hermas, 107
Herodoto, 4, 7, 136
Heron, R. W., 34
Hesiódico, 262
Hilario, 69, 81, 114
Hill, D., 282
Hipólito, 19, 21, 26, 88, 278, 284, 303, 324, 325, 362
Hitchcock, A. E. N., 256
Hobart, W. K., 166
Hock, R. F., 336
Hockel, A., 53
Hodge, C., 269, 379
Hollenbach, B., 117
Holtzmann, H. J., 28, 29, 78
Homero, 303, 326, 360
Hooker, M. D., 16, 51, 55
Horacio, 43, 136, 271
Horsley, G. H. R., 11, 181, 185
Horst, J., 328, 364
Hort, F. J. A., 108, 110
Hoshaiah, 56

ÍNDICE DE AUTORES

Howard, G., 255
Hunter, A. M., 37, 55, 64, 68, 126, 142
Ignacio, 15, 76, 134, 145, 154, 184, 185, 199, 204, 223, 261, 275, 312, 386

Iliffe, J. H., 276
Ireneo, 15, 19, 26, 48, 66, 261, 278, 319, 362, 364
Iverach, J., 115

Jastrow, M., 359
Jaubert, A., 105
Jenofonte, 5, 13, 147
Jeremias, J., 361
Jerónimo, 81, 114, 343, 344, 350
Jervell, J., 52
Jewett, P. K., 150
Jewett, R., 263
Johnson, A, R., 95
Johnston, G., 62
Jonas, H., 350
Josefo, 8, 9, 10, 89, 94, 140, 271, 276, 335
Jülicher, A., 223
Justino Mártir, 94, 128, 160, 161, 320
Juvenal, 108, 271

Kahle, P. E., 318, 338
Käsemann, E., 34, 48, 50, 60, 62, 64, 95, 98, 131, 218, 220, 222, 291
Kehl, N., 50, 60
Kelly, J. N. D., 311
Kelly, W., 81, 333
Kertelge, K., 324
Kim, S., 52, 289
Kirby, J. C., 225
Kirk, K. E., 64, 324
Klein, G., 34, 126
Kleinknecht, H., 132
Klijn, A. F. J., 275
Knabenbauer, J., 169
Knox, J., 29, 70, 169, 170, 176, 182, 190, 196, 200, 201, 202, 204, 223
Knox, J., y Greeven, H., 182
Knox, R. A., 327
Knox, W. L., 38, 41, 60, 62, 98, 133, 257, 385
Koester, H., 218
Kolb, F., 6
Krause, M., 19
Kremer, J., 74
Krishna Pal, 100

Kuhn, K. G., 38, 40, 71, 218, 237, 348, 349, 359
Kümmel, W. G., 221

Laercio, Diógenes, 90
Lampe, G. W. H., 96, 246, 284, 313
Larsson, E., 50
Law, R., 20
Leaney, A. R. C., 18, 44, 116, 117, 284
Lehmann, M. R., 365
Lewis, C. S., 107
Lietzmann, H., 92
Lightfoot, J. B., 20, 34, 41, 52, 53, 74, 85, 92, 97, 98, 106, 110, 116, 117, 118, 128, 133, 161, 163, 165, 166, 168, 169, 170, 176, 193, 196, 201, 205, 242, 324, 372
Lillie, W., 148
Lincoln, A. T., 125, 235
Lindsay, T. M., 324
Livy, 60, 379
Lloyd-Jones, D. M., 381
Lohmeyer, E., 35, 50, 81, 92, 98, 99, 106, 159, 179, 192, 196, 204
Lohse, E., 34, 44, 97, 190
Luciano, 110
Lührmann, D., 148
Lutero, M., 121, 238
Lyall, F., 238, 281
Lyonnet, S., y Sabourin, L., 47

McClellan, J. B., 107, 109, 110
McCown, W., 50
MacDonald, J. I. H., 323
Macgregor, G. H. C., 98, 102
Machen, J. G., 55
McKelvey, R. J., 284, 285
Macridy, T., 111
Magie, D., 5, 6
Manen, W. C. van, 176, 177
Manson, T. W., 34, 55, 64, 110, 164, 169, 322, 324
Marción, 169, 170, 212, 223, 231, 232
Marco Aurelio, 58
Marshall, A. J., 9
Marshall, I. H., 72
Martin, R. P., 30, 34, 50, 51, 67, 97, 98, 145, 274, 349
Martínez, J. M., 236
Mascall, E. L., 63
Masson, C., 28, 29, 70, 88, 128, 220
Maurer, C., 50
Meecham, H. G., 141

398

ÍNDICE DE AUTORES

Meeks, W. A., 19, 57, 86, 90, 127, 136, 150, 153, 155, 373
Megas, G., 99
Mehlmann, J., 264
Menandro, 42, 152, 297
Merklein, H., 274, 280, 290, 324
Metzger, B. M., 13, 56, 81
Michaelis, W., 57, 68, 75, 341, 376
Michel, O., 312
Michl, J., 68
Mill, J., 169
Milton, J., 53, 57
Minear, P. S., 363
Mitton, C. L., 30, 78, 112, 213, 222, 223, 224, 290, 301, 369, 373, 385
Moffatt, J., 89, 113, 142, 193, 239
Moltmann, J., 37
More, A., 110
Morgenstern, J., 105
Morris, L., 47, 68, 74
Morton, A. Q., 175
Mosbech, H., 34
Moule, C. F. D., 37, 59, 67, 74, 76, 83, 97, 99, 107, 112, 118, 133, 141, 150, 154, 165, 167, 181, 183, 198, 201, 204, 206, 224, 256
Moule, H. C. G., 123
Moulton, J. H., 141, 168
Müller, D., y Brown, C., 34
Müller, U. B., 282
Mullo Weir, C. J., 238
Munck, J., 34, 38, 72, 76, 80, 155, 165, 243, 297, 384
Munro, W., 29, 30, 148, 153, 366, 369, 372
Murray, J., 135, 236
Mussner, F., 255

Nestle, E., 318
Niebuhr, R. R., 206
Nieder, L., 126
Noack, B., 349, 350
Nock, A. D., 90, 111, 261, 335
Norden, E., 50
Noth, M., 45

O'Brien, P. T., 36, 45, 68, 92, 95, 191, 193, 234, 249, 252
Odeberg, H., 23, 302
Oepke, A., 98, 375, 379
Ollrog, W.- H., 166
Orígenes, 23, 68, 231, 267, 270, 280, 305, 344,

Panagopoulos, J., 282
Papías, 15
Parrott, D. M., 19
Peake, A. S., 29, 72, 128, 211
Pearson, J., 100
Peile, T. W., 333
Pelagio, 81, 114
Percival, H. R., 16
Percy, E., 48, 58, 63, 66, 68, 71, 78, 90, 91, 96, 97, 98, 107, 108, 110, 118, 159, 213, 302, 305, 324
Perdelwitz, R., 224
Peterson, E., 350
Pfitzner, V. C., 81
Phillips, J. B., 160, 196
Picirelli, R. E., 41
Pinnock, C. H., 26
Platón, 20, 117, 132, 328
Plinio el Joven, 144, 176, 381
Plinio el Viejo, 5, 7
Plutarco, 92, 99, 110, 116, 150, 335
Pohlenz, M., 43
Polibio, 4, 8, 116, 375, 378
Policarpo, 14, 15
Pongrácz, J., 179
Pope, A., 61
Pope, R. M., 160
Preisendanz, K., 23, 304
Preisker, H., 224
Preuschen, E., 293
Pseudo Calístenes, 261
Pseudo Cipriano, 337
Pseudo Dionisio, 18
Pseudo Ignacio, 275
Pseudo Jerónimo, 81

Quinn, J. D., 167
Quispel, G., 87

Rader, W., 279
Ramsay, W. M., 5, 6, 11, 12, 13, 15, 107, 109, 110, 111, 164
Rawlinson, A. E. J., 63
Regul, J., 15
Reicke, B., 30, 87, 117, 361
Reitzenstein, R., 18, 37, 90, 127, 261, 275, 278, 303, 346, 350, 377
Renan, E., 175, 176
Rengstorf, K. H., 34, 331
Richards, G. C., 361

ÍNDICE DE AUTORES

Richardson, A., 157
Riesenfeld, H., 34
Robinson, D. W. B., 34
Robinson, H. W., 62
Robinson, J. A., 41, 137, 239, 242, 244, 256, 257, 268, 277, 344, 349, 352, 358, 367, 371, 372, 378, 379, 385, 386, 387
Robinson, J. A. T., 47, 63, 76, 95, 97, 98, 99, 112, 113, 118, 138, 386
Robinson, J. M., 19, 50, 91, 100
Roetzel, C. J., 277
Rogerson, J. W., 63
Roller, O., 171
Rostovtzeff, M., 8
Rowland, C., 22, 24
Rowley, H. H., 95, 236
Rudwick, M. J. S., y Green, E. M. B., 14
Rutherfurd, J., 169

Sampley, J. P., 356, 358, 360, 365, 367
Sand, A., 115, 263
Sanders, J. T., 50, 145, 274
Sasse, H., 261
Satornilo, 297
Schaeder, H. H., 90
Schäfer, P., 30
Schalit, A., 8
Schille, G., 274
Schlatter, A., 89
Schlier, H., 57, 62, 101, 217, 218, 221, 227, 255, 262, 266, 267, 268, 275, 278, 284, 290, 297, 298, 303, 313, 320, 324, 327, 331, 348, 350, 361, 362, 364
Schmidt, K. L., 109, 217, 219
Schmidt, T., 62
Schmithals, W., 34
Schnackenburg, R., 34, 126
Schneemelcher, W., 170
Schneider, J., 117, 319, 324
Schneider, J., y Brown, C., 47
Schniewind, H., 322
Schoeps, H.-J., 105
Scholem, G. G., 20, 22, 23, 87
Schrage, W., 148
Schrenk, G., 301
Schroeder, D., 148
Schubert, P., 36, 235, 249
Schulz, S., 105
Schütz, J. H., 34
Schweitzer, A., 62

Schweizer, E., 18, 26, 28, 45, 60, 64, 90, 94, 98, 106, 115, 117, 263, 324, 341, 374
Scott, C. A. A., 45, 54, 98
Scott, E. F., 129, 138, 142
Scott, R. B. Y., 59
Scroggs, R., 150
Seeberg, A., 126
Seitz, O. J. F., 148
Selwyn, E. G., 126, 141, 148, 158, 356, 361, 380
Séneca, 116, 364
Sharp, D. S., 43
Shreiner, J., 272
Simón el Mago, 297
Simplicio, 142
Simpson, E. K., 47, 74, 92, 122, 256, 269, 379
Singer, S., 100
Smalley, S. S., 242
Smallwood, E. M., 10, 11
Smith, G. A., 238
Smith, M., 367
Sócrates (historiador eclesiástico), 105
Sófocles, 197
Souter, A., 169
Spicq, C., 239, 295
Staab, G., 268
Stählin, G., 131, 335
Stewart, J. S., 96, 102, 123
Strack, H. L., y Billerbeck, P., 106
Streeter, H. B., 324
Strobel, A., 167
Strugnell, J., 109
Stuhlmacher, P., 148
Suetonio, 6, 185, 197
Sutcliffe, E. F., 284
Swete, H. B., 324
Synge, F. C., 29

Tácito, 6
Taylor, C., 110
Tertuliano, 138, 145, 169, 212, 231, 294, 343
Teodoreto, 109, 205, 268
Teofilacto, 204
Theron, D. J., 238
Thompson, G. H. P., 385
Thornton, L. S., 64
Thornton, T. C. G., 224
Torrance, T. F., 64, 236
Traub, H., 319, 377
Trenchard, E. H., 236

ÍNDICE DE AUTORES

Unnik, W. C. van, 195, 299

Valens, Vettius, 377
Vaux, R. de, 238
Venema, H., 65
Vermes, G., 380
Victorinus, Marius, 337, 343, 360
Vincent, M. R., 192
Vögtle, A., 130
Vos, G., 47

Wagenführer, H. A., 60
Wambacq, B. N., 68
Warfield, B. B., 47, 316
Weber, G., 14
Weidinger, K., 148
Weiss, J., 29

Wenham, J. W., 365
Westcott, B. F., 268
Whiteley, D. E. H., 63
Wibbing, S., 130
Wilcken, U., 377
Wiles, G. P., 36, 191, 249
Williams, A. L., 109
Williams, R. R., 311, 314
Wilson, R. McL., 170
Wilson, S. G., 167
Wünsche, A., 23

Yamauchi, E. M., 20, 87, 136
Yates, R., 74, 255

Zuntz, G., 232
Zwei Werblowsky, R. J., 21

ÍNDICE DE REFERENCIAS BÍBLICAS

ANTIGUO TESTAMENTO

Génesis
1:1	53, 54, 56, 243
1:4	46
1:6-8	83
1:26	135
1:26-27	52
1:26-28	254
1:26-30	135
1:27	133, 365
2:7	134
2:21-22	62
2:21-24	357
2:23	355, 363, 364
2:24	363, 364, 365, 366, 367
6:1-4	319
6:2	262
7:9	365
8:21	342
11:2	53
12:2-3	272
12:3	293
15:2-3	238
15:6	269, 291
15:18	272
17:9-14	271
18:12	367, 368
18:16	133
18:18	272, 293
19:1	133
21:6	368
22:17-18	272
22:18	293
23:4	280
26:3-5	272
26:4	293
28:13-14	272
29:14ss.	238
38:17-18	247
47:29	327

Éxodo
4:22	240, 272
19:5	247
19:17	361
20:12	369, 370
20:15	336
23:21	108
23:22	247
24:3	99
24:8	272
34:1	361
34:6	39, 141, 264, 327
40:34-35	272, 286

Levítico
1:9	342
2:2	342
3:5	342
4:31	342
11:24ss.	116
11:44	139
11:44-45	236, 270
19:2	236, 341
19:15	156
19:18	142, 195, 363, 367
20:7-8	236
20:26	236
22:28	341

Números
10:10	105
11:12	56
12:3	140
15:39	263
25:4	101
28:11-15	105
36:11	164

Deuteronomio
5:16	369, 370
5:19	336
6:4-5	195
7:6	247
7:6-11	139
8:3	381
10:16	94, 272
12:5	286
14:2	247
23:15-16	180
24:1	362
26:18	247
27:14-26	99
28:1-14	235
28:15-68	11
30:6	94, 272
30:11-14	304
31:6-7	375
31:23	375
32:8	247
32:8-9	244

ÍNDICE DE REFERENCIAS BÍBLICAS

32:9	251	29:14	132	118:22	284
32:15	240	31:2	44	119:11	381
32:35	318			132:9	132
32:43	291	**Salmos**		139:15	319
33:5	240	2:1-2	245	145:9	267
33:26	240	2:7	240	145:13	308
		4:4	335	146-150	307
Josué		7:8	108	147:20	271
1:7	375	8:4-6	135		
2:14	327	8:6	254, 255	**Proverbios**	
5:2-3	94	18:49	145, 291	1:7	42
24:31	84	19:4	38	3:34	316
		24:1	66	6:19	336
Jueces		26:12	380	8:22	53, 64
2:7	84	29	307	8:22-31	54
6:12-24	108	29:3	250	8:30	56, 59
9:16	327	32:1	48	9:10	42
9:19	327	32:1-2	291	17:18	247
		33:6	56	19:11	43
1 Samuel		34:8	140	22:8	199
17:18	247	35:26	132	23:31	352
30:6	375	37:11	141	30:33	336
31:4	271	40:6	342		
		40:6-8	342	**Eclesiastés**	
2 Samuel		41:13	234, 307	1:2	124
1:20	271	45:13	362	8:1	77, 318
12:5	264	53:4	154		
13:15	264	66:2	239	**Cantares**	
19:43	53	66:20	234	1:9	363
22:50	145	68	225	1:15	363
		68:18	222, 317, 319, 320,	2:2	363
1 Reyes			321, 349	2:10	363
8:11	272, 286	72:17	55	2:13	363
8:29	286	72:18	234	4:1	363
		72:18-19	307	4:2	360
2 Reyes		74:2	248	4:7	362, 363
25:17	284	82:1	108	5:2	363
		89:27	53, 240	5:16	363
1 Crónicas		89:28-37	272	6:4	363
29:11	307	89:52	307	6:6	360
29:17	372	92	106		
		103:8	264	**Isaías**	
Esdras		106:48	307	5:26	273
2:68	379	109:29	132	6:1	318
3:3	379	110	120	6:3	24
		110:1	120, 253, 254	6:10	318
Job		110:3	351	7:13	81
11:8-9	304	111:10	42	8:14-15	284
28:12-14	304	112:1	107	11:2	241
28:21-22	304	117:1	291	11:4	380

ÍNDICE DE REFERENCIAS BÍBLICAS

11:5	132, 379	2:34-35	284	2:4	291
11:10	245, 291	2:37-45	77	2:7	71
24:21	69	2:45	303		
26:19	349	2:47	366	**Sofonías**	
28:16	283, 284, 303	4:6ss.	318	1:2-6	136
29:13	116	4:9	366	2:4-6	136
40:13	82	5:7ss.	318		
41:27	65	7:9-10	23	**Zacarías**	
42:1	236, 239	7:13	134	4:7	284
42:1-4	338	7:13-14	120	4:9	284
43:20-21	248	7:16	318	5:11	379
44:2	240	7:18	45	6:15	279
45:3	83	7:22	45	8:16	334
49:3	75	7:27	45	10:12	375
49:6	75, 77	8:11	5	13:7	322
52:7	109, 279, 279	10:21	5	14:5	44
57:15	140	12:1	5		
57:19	273, 279	12:10	21	**Malaquías**	
59:17	132, 378, 379, 380			2:10	313
60:1	349	**Oseas**		3:17	247
62:4-5	359	1:10	281		
63:10	337	2:14-15	359		
65:17	134, 270	2:20	41	**NUEVO TESTAMENTO**	
66:22	270	2:23	281		
		6:3	41	**Mateo**	
Jeremías		6:6	41	4:4	381
1:14-15	136	11:1	238, 272	5:5	141
2:2	359			5:9	68, 139
4:4	94, 272	**Joel**		5:13	160
4:5-31	136	2:28-32	215	5:14-16	347
9:24	269	2:32	360	5:21-22	129
23:24	320			5:22	335
31:31-34	94, 270	**Amós**		5:22-44	367
31:33	372	9:12	361	5:27-29	129
				5:32	130
Ezequiel		**Abdías**		5:43-48	142
1:15-26	22	20	8	5:44-48	341
1:26	52, 87			5:45	270
1:26-28	87	**Jonás**		5:48	270
9:4	155	1:6	349	6:12	142, 339
11:19-20	270	2:3-10	95	6:14-15	142, 339
16:6-14	359	4:2	264	9:16	66
36:25-27	94, 270			10:11	160
		Miqueas		10:24	342
Daniel		6:8	140	10:37	42
2:4ss.	318	7:18	264	11:29	140, 141
2:8	160			12:19	338
2:18-19	366	**Habacuc**		12:28	47
2:27-30	366	2:2	366	12:29	46, 101
2:31-35	77	2:3	21	12:36	337

ÍNDICE DE REFERENCIAS BÍBLICAS

13:35	236	10:9	365	12:12	160
14:5	202	10:19	336	12:50	95
15:21-28	321	10:20	371	14:34-35	160
16:18	283	10:38-39	95	15:13	352
16:27	373	10:45	355	15:20	140
18:15	348	11:25	142, 339	15:24	265
18:22	141	12:10-11	284	18:1	158
18:23-35	142, 339	12:29-31	195	18:7	141
19:4-5	365	12:35-37	120	18:13	295
19:9	130	13:11	160	18:21	371
19:28	122	13:26	134	19:3	325
25:34	236	13:33	383	20:17-18	284
26:28	48	14:27	322	20:21	156
26:64	120	14:36	342	20:36	45
28:18	255	14:38	158	21:15	160
28:19-20	323	14:49	198	21:36	383
		14:58	94	22:27	355
Marcos		14:61-62	120	22:53	46
1:4	48	14:62	134	22:69	120
1:8	215, 316			23:35	236
1:11	239	**Lucas**		24:27	48
1:13	135	1:2	85	24:39	364
2:21	66	1:17	241	24:49	316
3:5	330	1:28	239		
3:27	46, 91	1:46-55	145	**Juan**	
4:8	38	1:68	307	1:1	59
4:12	318	1:68-79	145	1:1-2	55, 98
6:3	198	1:70	292	1:1-5	51
6:18	348	1:75	333	1:3	56
6:34	140	1:77	48	1:3-4	56
6:42	330	2:4	301	1:14	39
6:43	66	2:21	95	1:15	53
7:4	93	2:29-32	145	1:16	66, 92, 257
7:6-7	116	2:32	77	1:17	39, 327
7:8	84, 89	3:3	48	1:18	123
7:9-13	370	4:4	381	1:33	215, 316
7:19	104	6:29-36	336	1:34	236
7:22	131	6:35	140	3:13	319
8:1	140	6:35-36	270, 341	3:15-16	65
8:17	330	6:36	139	3:19	150
8:20	66	6:40	342	3:20-21	349
8:33	122	7:41-47	339	3:29	361
8:34	342	7:42	99	3:36	65
9:7	239	8:17	349	4:7-42	321
9:19	198	9:35	236	4:21-24	280
9:22	140	10:33	140	5:24	265
9:49-50	160	11:4	142, 339	6:38	319
9:50	143	11:20	47, 91	6:51	65
10:6	365	11:21-22	101, 375	6:62	319
10:6-8	365	11:50	236	8:58	55

ÍNDICE DE REFERENCIAS BÍBLICAS

9:21	325	6:4	158	19:2	246
9:23	325	6:10	160	19:5	312
10:11	322	6:14	85	19:5-6	313
10:14	322	7:2	250	19:10	13
10:16	322, 323	7:55-56	120	19:18	349
10:27-28	65	7:58	132	19:22	198
11:25-26	65	8:14-17	313	19:29	163
12:31	46, 101, 261, 376	8:16	312	20:4	161, 163
12:40	330	9:4	63	20:18-35	224
12:41	318	9:14	360	20:24	289
13:12-17	355	9:16	74	20:25	206
13:17	125	9:21	360	20:28	247, 323
14:9	52	10:9-20	245	20:28-29	323
14:15	195	10:28	274	20:29-30	14
14:23	195	10:34	156	20:30	326
14:30	46, 101, 261, 376	10:36	255, 279	20:31	158
15:1-8	64	10:43	48	20:32	45
15:7	316	10:44-48	313	20:34	336
15:12	342	11:5-17	245	21:8	321
15:26	316	11:19-21	245	21:8-14	15
16:7	316	11:22	232	21:17-36	287
16:11	46, 101, 261, 376	12:12	168	21:20-25	214
17:24	236	13:1	232, 323	21:25	130
21:15-17	323	13:10	336	21:27-36	276
		13:12	323	22:7	63
Hechos		13:13	164	22:14	41
1:4	246	13:14-14:4	13	22:16	360
1:14	158	13:22	263	22:21	274
1:23	165	13:38	48	24:15	272
2:1	66	13:47	75, 77	25:22	198
2:9-11	13	14:8-20	33	26:4	345, 371
2:10	13	14:15	329	26:6-8	272
2:13	353	14:27	159	26:14	63
2:16	366	15:5	86	26:18	45, 48
2:16-21	215	15:6-9	246	27:2	163
2:17-18	353	15:17	361	27:5-6	163
2:21	360	15:20	130	28:16	164
2:32-35	253	15:29	130	28:20	272, 288
2:33	246, 320, 353	15:36-40	164	28:23	205
2:33-35	120	15:39	165	28:30	180
2:38	48, 313	16:1-3	34	28:30-31	159, 166
2:39	273	16:3	165		
2:42	158, 323	16:4	85	**Romanos**	
3:13	75	16:6	13	1:1	245
3:21	292	16:15	147, 168	1:2	291
3:25	293, 301	16:25	43	1:3	201
4:27-28	245	16:40	168	1:4	65
4:36	164	17:28	314	1:5	294
5:31	48, 120	18:23	13	1:7	35, 232, 233
6:3-6	321	19:1	13	1:8	38, 146

ÍNDICE DE REFERENCIAS BÍBLICAS

1:8-9	36	5:1-11	71, 78	7:14-25	115
1:8-10	73	5:2	78, 216, 251, 279	7:21-26	111
1:9	36	5:3	73	7:22	303
1:14	136	5:5	40, 304	7:23	128
1:16	135	5:8	252, 264	7:24	128
1:17	291	5:9	240, 265	7:25	146
1:18-32	131, 262, 329, 346	5:10	67, 274, 278	8:3	71, 342
1:18-3:20	99	5:11	67, 213	8:3-4	115
1:20	52, 92, 269	5:12	264	8:4	115, 270
1:21	143, 250, 329	5:12-13	260	8:6	311
1:24	130, 330	5:12-19	62, 135, 217	8:6-7	111, 263
1:25	307	5:15	241, 269	8:7	263
1:26	130, 330	5:15-16	269	8:8-9	201
1:28	41, 42, 330, 330	5:15-17	269	8:9	91, 246
1:29-31	130	5:16	269	8:9-28	215
1:30	114	5:17	269	8:10	121
2:4	43, 73, 140, 141, 241, 240	5:18	264	8:10-11	78, 303
		5:18-21	264	8:11	26, 40, 65, 252, 253
2:6	373	5:20	240, 241	8:12	133
2:8	38, 132	6:1-11	98, 121	8:12-14	253
2:9-10	135	6:1-14	114	8:13	127, 129
2:11	156	6:3	64, 114, 216, 219, 266, 312	8:14	264
2:14	264			8:14-16	26
2:15	330, 346	6:3-4	95, 350	8:15-16	237, 279
2:18	41, 348	6:3-5	219	8:15-17	40
2:28	270	6:3-11	265	8:16	264
2:28-29	94	6:3-14	95	8:17	266, 293, 300
2:29	272	6:4	43, 96, 250, 252, 253	8:17-30	251
3:2	272	6:4-5	96	8:18	117
3:9	135, 263	6:5	96, 98, 220, 266	8:19	37, 78, 123, 124, 237
3:20	41	6:6	95, 128, 133, 278	8:19-21	44, 55
3:22	136, 213, 268, 294, 299	6:6-7	129	8:19-23	67
		6:6-11	122, 253	8:20	124, 329
3:24	240, 265, 268	6:8	265	8:21	42, 103, 124, 242
3:24-25	48	6:11	127, 129, 220	8:23	26, 237, 247
3:25	48, 240, 342	6:13	265	8:24	265
3:26	268	6:16-23	115	8:26	382
3:27	269	6:17	85, 323, 324	8:27	263
3:29-30	312	6:18	129	8:29	65, 237
3:30	271	6:19	128, 130	8:29-30	125
3:31	277	6:19-21	132	8:30	47, 266
4:2	269	6:21	348	8:32	342
4:3	269, 291	6:22	129	8:34	120, 253
4:7	48	6:23	98, 269	8:38-39	103, 304
4:7-8	291	7:1-6	115	9:3	198, 201
4:16	269, 293	7:4	127	9:4	238
4:19	127	7:5	115, 130	9:4-5	272
4:25	75	7:7ss.	260	9:5	201, 307
5:1	143	7:7-11	277	9:22	43, 141
5:1-5	37	7:7-13	131	9:23	73, 241

ÍNDICE DE REFERENCIAS BÍBLICAS

9:24	312	13:14	95, 132, 134, 139, 216	1:13-15	312
9:25	316	14:1	202	1:18–2:6	298
9:25-26	281	14:3	103, 202	1:20	260
9:32-33	284	14:5-6	104	1:24	54, 135
9:33	283	14:5-12	275	1:29	269
10:2	41	14:10	71, 237	1:30	54
10:6-8	304	14:10-12	155	1:31	269
10:11	283	14:13-21	104	2:1	290
10:12	136, 213	14:15	137	2:3	371
10:13	360	14:17	47, 166	2:6	376
10:15	279, 379	14:20-21	17	2:6-8	261
10:16	38	15:7	202	2:6-10	226, 298
10:17	144	15:8-12	291	2:6-16	42
10:18	38, 72	15:9	145	2:7	78, 159, 304
10:21	316	15:9-12	77	2:7-10	77
11:6	269	15:10	316	2:8	73, 101, 250, 298, 376
11:7	330	15:12	245	2:12	260, 262
11:12	66	15:13	273	2:16	82
11:13	72, 213, 296	15:14	42, 144	3:1-2	326
11:13-21	297	15:14-32	287	3:1-3	112
11:15	67, 260	15:15	205, 294	3:2	42
11:18	213, 281	15:15-21	213	3:9	282
11:22	140	15:16	352	3:9-17	285
11:25	66, 76, 291, 330	15:19	76	3:10	294
11:25-26	214	15:23	206	3:10-11	282
11:32	136	15:29	66	3:11	63, 72
11:32-33	296	15:30-32	158	3:12-17	155
11:33	241	15:33	385	3:16-17	217, 285
11:36	58, 307	16:1-2	168	3:19	260
12:1	42, 117, 125, 140, 309	16:3-16	168	4:1	289
12:1-2	117	16:5	168	4:4	347
12:1–13:14	126, 333	16:7	164, 207, 282	4:4-5	155
12:2	41, 42, 111, 133, 332, 333, 352	16:17	324	4:9	292
		16:20	336, 385	4:12	80, 334, 336
12:3	294, 316	16:21	167	4:14	196
12:4-5	61, 335	16:23	168	4:16	309, 341
12:5	61, 219, 335	16:25	77, 291	4:17	196, 331
12:5-6	316	16:25-27	291, 307	4:17-18	198
12:9-16	147	16:26	292	4:20	47
12:9-19	141	16:27	146, 308	5:1	130
12:10	355	**1 Corintios**		5:3-5	83
12:12	157, 158, 383	1:1	219	5:5	336
12:18	143	1:2	232, 360	5:7	342
12:19	318, 336	1:3	35, 233	5:7-8	106, 121, 129
13:9	242, 336	1:4	36	5:9	205
13:9-10	142	1:6	42	5:9-11	345
13:10	66, 195	1:8	85	5:10-11	131
13:11	37, 141, 265, 268	1:9	143	5:11	130, 205
13:12	128, 132, 379	1:11	147	5:12-13	159
				6:6	268

409

ÍNDICE DE REFERENCIAS BÍBLICAS

6:7	355	10:19-30	104	15:7	282
6:8	268	10:26	66	15:9-10	72, 295
6:9	345	10:31	146	15:10	80
6:9-10	47, 130, 131, 345	10:32	135, 274	15:12	266
6:9-11	132, 345	10:33	372	15:19	245
6:10	336	10:33–11:1	341	15:20	65, 253
6:11	360, 361	11:2	85	15:20-28	217
6:13	116	11:3	62, 150, 357	15:21-22	62
6:15	61, 364	11:3-15	357	15:23	65, 123, 253
6:15-20	116	11:7	52	15:24	47, 254, 345
6:16	364, 365	11:10	358	15:24-28	59, 121, 254
6:17	61, 365	11:11	149	15:26	101
6:18	130	11:23	85	15:27	254
6:19	338	11:29	61	15:28	68, 345
7	149	11:29-32	155	15:42-50	217
7:1	18, 116	12:3	314, 352	15:45-49	62, 134
7:3-4	150	12:4	316	15:48	235
7:3-14	359	12:4-6	219, 311, 314	15:50	47, 374
7:5	336	12:4-11	321	15:51	291
7:6	195	12:6	313	15:53-54	132
7:11	67	12:7-11	316, 382	15:58	80
7:12-16	148	12:8-10	320	16:3	220
7:13	373	12:9	316	16:9	159
7:15	143	12:11	316	16:13	158, 302, 375
7:19	272	12:12	256, 262	16:16	355
7:20-24	181	12:12-26	312	16:17	74
7:21	154	12:12-27	61	16:19	168
7:21-22	154, 177	12:13	61, 135, 138, 216, 219, 310, 311, 312, 352, 353, 373	16:20	386
7:22	150			16:21	171
7:29	352	12:14-26	335	16:22	386
7:31	260	12:21	61	16:24	386
7:32-34	149	12:27	61, 219, 312		
7:39	150	12:28	219, 283, 292, 310, 316, 321, 322	**2 Corintios**	
8:1	82			1:1	232
8:1-2	20	12:30-31	316	1:2	35, 233
8:1-13	104	13:4	43, 141	1:3	140, 234, 307
8:3	250, 305	13:9	79	1:3-4	234
8:6	55, 56, 58, 311, 313	13:10	80	1:5	74, 235
8:7-13	104	13:12	80	1:15–2:1	206
8:12	61	13:13	37, 142	1:20	83, 308
8:13	17	14:15	145, 382	1:21	85
9:6	164	14:16	234, 308	1:22	216, 246
9:7	322, 323, 379	14:23	353	2:10	98, 339
9:16-17	231	14:24-25	314	2:10-11	336
9:17	76, 289	14:26	144	2:11	336
9:24	107	14:34	358	2:12	159
9:25	81	15:1	85	2:14	98
10:11	370	15:3	85	3:4-18	270
10:16	234	15:3-9	322	3:5-6	44
10:16-17	61, 63	15:5	282	3:6-15	277

ÍNDICE DE REFERENCIAS BÍBLICAS

3:7	277	10:5	205, 375	3:6	269, 291
3:11	277	10:6	205	3:6-29	293
3:13	277	11:2	63, 71, 217, 359, 361	3:8	77, 291
3:14	277, 330	11:2-3	359	3:9	272
3:18	80, 124, 133, 238,	11:4	326	3:11	291
	332, 353	11:6	42	3:13	74
4:4	42, 51, 260, 376	11:9	74	3:16	316
4:4-6	52	11:13	326	3:18	155
4:5	355	11:14	336	3:19	90
4:6	42, 52, 250, 307	11:20	326	3:22	293, 299
4:10-12	114	11:21	263	3:23-4:7	115, 146
4:14	71	11:23	80	3:24	91
4:16	133, 303, 332, 333	11:25ss.	179	3:26	37
4:17	76, 78, 300	11:27	80	3:27	64, 134, 216, 217,
5:1	94	11:31	307		219, 312
5:2-4	132	12:2-3	23	3:27-28	61
5:4-5	332	12:2-9	22	3:28	94, 127, 135, 137,
5:5	26, 216, 247	12:3-4	111		271, 373
5:9	347	12:7	87, 111, 336	3:29	294
5:10	155, 237, 373	13:11	143, 385	4:1	325
5:14	61, 328	13:14	386	4:1-7	155
5:16	122			4:3	17, 18, 89, 90, 325
5:17	122, 134, 270	**Gálatas**		4:4	66, 87, 243
5:18	67	1:2	231, 386	4:4-7	237
5:18-19	67, 297	1:3	35, 233	4:6	279, 302
5:18-20	69	1:4	160, 342, 352, 378	4:8	264
5:19	67, 339	1:5	307, 308	4:8-10	115
5:20	67, 195	1:6	233	4:9	17, 18, 68, 90, 101,
6:5	80	1:9	85		250
6:7	379	1:10	154, 372	4:9-10	17, 104
6:12	198	1:11-16	214	4:10	90
6:14	46, 346	1:12	85, 158, 289, 290	4:11	80
6:14-7:1	345, 360	1:14	263	4:14	61
7:1	360	1:15-16	34, 77, 289, 290	4:19	196, 217, 278
7:15	198, 205, 371	1:16	158, 296, 374	5:1	358
8:1-15	336	1:19	282	5:2	287
8:2	73	2:5	38	5:5	215
8:7	42	2:6	156	5:5-6	37
8:8	195	2:7	271, 322	5:6	37, 142, 192, 272
8:9	55	2:9	294	5:7	38
8:18-23	220	2:11-14	281	5:11	272
9:3-5	220	2:14	38, 113	5:13-26	126
9:6	193	2:15	264	5:14	142, 195
9:6-12	336	2:15-16	263	5:16	129, 263
9:7	199	2:16	214, 268, 299	5:19	130, 330, 348
9:8	43, 79, 191, 193	2:19	115	5:19-20	263
9:12	74	2:20	95, 114, 303, 305,	5:19-21	130
10:1	141, 287, 370		342, 359	5:21	47, 345
10:3	201	3:1	289	5:22	43, 140, 141, 142,
10:3-4	375, 379	3:3	115		143, 311, 343, 347, 348

ÍNDICE DE REFERENCIAS BÍBLICAS

5:22-23	347	1:15-19	248-52, 287	2:11-12	270-73
5:23	140	1:15-23	234, 248-57	2:11-18	280
5:24	95	1:16	36	2:11-22	213, 270-86
5:25	121	1:17	241, 249, 249-50	2:12	70, 272-73
6:11	171	1:18	42, 72, 241, 242,	2:13	67, 273, 278, 279
6:15	122, 134, 269		244, 247, 250-51,	2:13-18	273-80
6:16	385		296, 302, 303, 309,	2:13-22	70
6:17	374		312, 372	2:14	83, 274-76, 278, 310
6:18	207	1:19	222, 252, 253, 294,	2:14-16	289
			328, 374	2:14-17	233, 273
Efesios		1:19-20	267, 307, 375	2:14-18	35, 242, 273
1	231-57	1:19-23	96	2:15	68, 97, 138, 214,
1:1	169, 231-32, 232	1:20	43, 120, 217, 235, 253,		269, 273, 276,
1:1-2	222, 231-33		254, 256, 259, 266		276-78
1:2	35, 233, 386	1:20-21	122, 319	2:16	61, 67, 71, 213, 278
1:3	213, 224, 234, 233-35,	1:20-23	252-57	2:17	77, 273, 279
	248, 250, 253, 307	1:20–2:10	253	2:18	279, 299, 301, 354
1:3-6	234-39	1:21	253-54, 267, 376	2:19	34, 40, 45, 213, 280-
1:3-14	234-48, 239	1:22	112, 217, 221, 254-55,		82, 301
1:3–3:21	222, 234-308		256, 358	2:19-21	284
1:4	56, 123, 139, 225,	1:22-23	357	2:19-22	216, 280-86
	235-37, 241, 295,	1:23	61, 66, 79, 112, 213,	2:20	63, 220, 282-84,
	299, 362, 387		235, 255, 255-57,		292, 321
1:4-5	239, 242, 297		256, 257, 320, 358	2:21	211, 216, 284-85,
1:5	237-39, 244, 245, 247	2	259-86		302, 304, 327
1:6	222, 239, 241, 250	2:1	240, 259, 330	2:21-22	324
1:7	41, 48, 73, 99, 240-	2:1-7	259-67	2:22	285, 314, 352
	41, 247, 267, 274,	2:1-8	99	3	287-308
	296, 339	2:1-10	259-70	3:1	189, 213, 252, 276,
1:7-10	240-43	2:2	131, 260-62, 261,		287-288, 287, 309
1:8	241, 250, 387		263, 264, 346, 377	3:2	76, 289, 296, 329,
1:9	242, 291	2:3	42, 131, 259, 262-64,		331
1:9-10	123, 214, 225, 267,		263, 330, 335, 364	3:2-6	72
	289, 298	2:4	241, 264, 267, 296	3:2-7	288-94
1:10	58, 66, 67, 242-43	2:4-5	260	3:2-12	78, 213
1:11	244-45, 247, 251, 297	2:4-7	253	3:2-13	288-300, 290
1:11-14	243-48	2:5	233, 260, 264-65,	3:3	289-90
1:12	213, 245, 246, 249,		267, 268, 330, 380	3:3-4	365
	250, 281, 332	2:5-6	220	3:3-10	214
1:12-13	44	2:6	96, 235, 265-67, 377	3:4	290-91, 296
1:13	37, 215, 245-46,	2:6-7	213	3:5	261, 282, 291-92,
	246, 271	2:7	73, 241, 254, 267,		352
1:13-14	26, 40, 216, 235,		268, 296, 308	3:6	213, 290, 293-94,
	266, 293, 312	2:8	233, 265, 267, 268-		293, 346
1:14	124, 155, 215, 237,		69, 299	3:7	80, 289, 294, 316,
	238, 246-48, 250,	2:8-9	214		328
	251, 338	2:8-10	268-70	3:7-8	72, 316
1:15	36, 37, 192, 383, 385,	2:9	269	3:8	73, 76, 213, 241,
	386	2:10	269-70, 347		295-96
1:15-16	249	2:11	94, 115, 271-72, 317	3:8-13	294-300

ÍNDICE DE REFERENCIAS BÍBLICAS

3:9	73, 76, 123, 243, 251, 261, 296-97, 302, 304	4:12	61, 324	5:8-14	46
		4:12-16	216	5:9	347
3:9-12	214	4:13	66, 80, 250, 263, 302, 324-25, 325	5:10	347-48, 352, 369
3:10	58, 101, 221, 225, 235, 253, 297-99, 376, 377			5:11	348
		4:13-16	217	5:12	344, 348-49
		4:14	325-26, 375, 376	5:13	349
3:11	299	4:15	83, 326	5:14	145, 260, 316, 349, 349-350, 354
3:12	195, 279, 299, 312, 384, 387	4:15-16	29, 112, 357		
		4:16	61, 82, 112, 285, 304, 327-28	5:15	160, 351
3:13	299-300			5:15-16	160
3:14	287, 301	4:17	112, 314, 329-30	5:15-20	351-54
3:14-19	252, 300-06	4:17-24	328-34	5:16	351-52, 351
3:15	301 02	4:17-5:20	328-54	5:17	352
3:16	42, 241, 296, 302-03, 375	4:17-6:18	126	5:18	352-53
		4:18	70, 330	5.19	139, 144, 145, 353-54, 356
3:17	85, 303, 305	4:19	38, 130, 131, 328, 330-31, 387		
3:17-18	82			5:19-21	382
3:18	251, 304-05, 305	4:20	331	5:20	146, 329, 354, 356
3:19	66, 256, 305-06, 325	4:21	288, 331-32	5:21	354-55, 354, 356, 367, 371, 382
		4:22	128, 132, 263, 332		
3:20	80, 249, 262, 306-07	4:22-24	95, 129	5:21-22	147
		4:23	112, 133, 332	5:21-33	222, 356, 362
3:20-21	306-08	4:24	134, 217, 278, 333, 333-35, 347	5:21-6:9	29, 30, 354-73, 369
3:21	221, 222, 307			5:22	149, 356, 356-57, 358
4	309-39	4:25	128, 132, 334, 347		
4:1	125, 189, 251, 309, 309-10, 329	4:25-32	334-39	5:22-32	63
		4:26	132, 335-36, 335, 338	5:22-33	217, 355-68
4:1-3	309-11, 314	4:27	336, 376	5:22-6:9	148, 149, 354
4:1-6:20	222, 309-84	4:28	336	5:23	61, 357-58
4:2	141, 310	4:29	126, 160, 337	5:23-24	150, 358
4:2-3	141	4:30	215, 237, 246, 266, 337, 337-38	5:23-25	221
4:3	112, 138, 142, 216, 310-11, 314, 329			5:24	358, 358, 367
		4:31	335, 339	5:25	149, 217, 342, 359
4:4	27, 61, 143, 216, 279, 311-12	4:32	98, 138, 139, 142, 338, 339	5:25-27	357
				5:26	360, 359-61
4:4-5	312	5	341-68	5:27	71, 221, 237, 251, 360, 361-63, 362
4:4-6	219, 311, 311-14, 314	5:1	139, 341		
4:5	312-13, 325	5:1-2	341-42	5:28	357, 363
4:6	58, 313-14, 313	5:2	130, 217, 342, 359	5:28-31	63
4:7	315-16, 316	5:3	131, 343, 344	5:29	221, 357, 363-64
4:7-11	320	5:3-4	130	5:30	61, 335, 364
4:7-16	222, 314-28	5:3-14	343-50	5:31	263, 364, 364-65
4:8	316, 316-318, 318, 349	5:4	148, 337, 344, 354	5:32	221, 365-67
		5:5	47, 130, 155, 331, 344, 344-45	5:33	358, 363, 367-68
4:8-10	225, 275			6	369-87
4:9	318-19	5:5-11	345	6:1	150, 369
4:9-10	95	5:6	126, 131, 262, 264, 335, 345	6:1-4	369-71
4:10	121, 253, 257, 320			6:2	387
4:11	220, 282, 292, 316, 320-24	5:7	293, 346	6:2-3	369-70
		5:8	264, 346-47, 377	6:3	370

ÍNDICE DE REFERENCIAS BÍBLICAS

6:4	151, 152, 370-71	1:20	384	4:21	386
6:5	154, 155, 201, 371-72	1:21	123	4:23	207
6:5-9	177, 371-73	1:23	130		
6:6	153, 154, 270, 372	1:28	268	**Colosenses**	
6:7	153, 372	1:30	81	1	33-80, 50
6:8	155, 373	2:1	140, 198	1:1	33-34, 158, 165, 282
6:8-9	155	2:3-4	147	1:1-2	33-35
6:9	153, 156, 157, 373	2:3-8	354	1:1-5	28
6:10	46, 374	2:5-11	145	1:2	34-35, 37, 45, 191,
6:10-17	374-81	2:6-7	55		192, 232, 233
6:10-20	381	2:6-11	145, 254	1:3	28, 35-36, 41, 158,
6:11	336, 375-76	2:9	233		383
6:12	58, 235, 253, 262,	2:9-11	251	1:3-4	249
	298, 375, 376-78,	2:10	235, 319	1:3-8	35-40, 234
	377	2:10-11	69, 121	1:3-23	35-72
6:13	352, 378	2:12	371	1:4	37, 192, 232, 248,
6:14	378-79, 382	2:13	80		249, 386
6:15	233, 279, 379	2:15	347	1:5	37-38, 245
6:16	379-80, 387	2:16	80	1:6	28, 35, 38-39, 42,
6:17	380-81	2:19-23	198		72, 237, 327
6:18	158, 353, 382-83	2:20-21	165	1:6-7	235, 331
6:18-20	381-84	2:20-22	34	1:7	13, 28, 34, 35, 39,
6:19	157, 158, 159, 195,	2:24	206		162, 166, 206
	213, 299, 383-84,	2:25	39, 164, 190	1:8	26, 28, 37, 39, 41
	384	2:25-30	198	1:9	28, 40-42, 82, 133,
6:20	195, 196, 309, 329,	2:30	74		193, 241, 249, 250
	384	3:1	374	1:9-14	40-48
6:21	385	3:2	272	1:9-25	29
6:21-22	161, 224, 384-85,	3:3	94	1:10	28, 42, 191, 250,
	384, 386	3:4-6	263		270, 310, 347
6:21-24	222, 384-87	3:5	272	1:10-11	40
6:22	82	3:8	301, 305	1:11	42-43, 46, 73, 141,
6:23	385-86, 386	3:9	299		239, 252
6:23-24	385-87	3:10	42, 74, 301, 305, 325	1:12	44-45, 45, 85, 346
6:24	237, 386, 386-87	3:12-16	304	1:13	28, 40, 45-47, 166,
		3:14	107		239, 261, 345, 377
Filipenses		3:17	341	1:13-14	49
1:1	232	3:19-20	131	1:13-20	35
1:2	35, 233	3:20	266, 281	1:14	47-48, 99, 240
1:3-4	36	3:20-21	124	1:15	50, 51-55, 53, 65, 83,
1:6	47	4:6	383		133
1:7	199, 235	4:7	139, 143, 233, 355	1:15-16	50, 51-59, 59
1:8	198	4:8	374	1:15-17	65
1:9	41	4:9	85, 341, 385	1:15-18	51, 54, 254
1:9-10	42, 348	4:11-13	43	1:15-20	25, 28, 30, 49-69,
1:11	347	4:14	348		50, 51, 52, 60, 91,
1:12-18	159, 287	4:15	14		92, 145
1:13	199	4:18	39, 198, 199, 342	1:16	25, 50, 55-59, 56,
1:16	300	4:19	302		58, 67, 92, 98, 236,
1:17	165	4:20	307, 308		243, 254

ÍNDICE DE REFERENCIAS BÍBLICAS

Ref	Páginas
1:17	51, 53, 59
1:17-18	50, 59-65
1:18	50, 51, 56, 59-65, 65, 112, 222, 237, 255, 256, 357, 358
1:18-20	50, 51, 59-69
1:19	50, 66, 65-67, 91, 213, 256, 303
1:19-20	28
1:19-22	298
1:20	25, 35, 50, 67, 67-69, 68, 71, 240, 242, 243, 278
1:20-22	242, 274
1:21	68, 69, 69-70, 101, 263, 330
1:21-22	67, 96, 143
1:21-23	28, 69-72
1:22	67, 70-71, 71, 79, 87, 95, 237, 277, 361, 362
1:23	28, 37, 72, 287, 288, 294, 312
1:24	73-76, 74, 76
1:24-25	300
1:24-29	73-80
1:24–2:7	73-85
1:25	28, 76, 289
1:25-27	290, 291
1:26	77, 261, 292, 296
1:26-27	78, 159, 290
1:27	26, 37, 40, 42, 47, 77-78, 123, 213, 239, 242, 251, 291, 303, 312
1:28	40, 41, 71, 79-80, 305, 361
1:29	28, 80, 81, 96, 294, 307
2	81-118
2:1	3, 13, 28, 81, 166, 203
2:1-3	41, 81-83
2:1-5	81-84
2:1-10	251
2:2	28, 29, 73, 78, 82-83, 82, 123, 157, 158, 213, 290
2:3	83
2:4	28
2:4-5	83-84, 83
2:5	28, 37
2:6	28, 84-85, 89, 116, 331
2:6-7	84-85
2:7	28, 29, 85, 304
2:8	16, 18, 25, 28, 58, 85, 86, 88-91, 345, 377
2:8-10	88-93
2:8-15	86-103
2:8-23	29
2:8–3:4	86-125
2:9	28, 66, 68, 91-92, 91, 213, 256
2:9-10	306
2:9-15	91
2:10	58, 60, 92-93, 93, 112, 222, 255
2:11	17, 28, 71, 93-95, 97, 98, 113, 128, 129, 133, 142, 270, 272
2:11-12	93-96, 96, 114
2:11-22	133
2:12	95-96, 98, 119
2:12-14	28
2:13	48, 91, 97, 98, 98-99, 99, 220, 240, 260, 265, 339
2:13-15	98-103, 99
2:14	97, 99, 99-100, 203, 277
2:14-15	25, 97
2:15	57, 58, 68, 93, 95, 97, 98, 100-03, 101, 133, 195, 273, 319, 376
2:16	17, 28, 90, 103-05
2:16-17	103-06
2:16-19	103-12
2:17	28, 92, 105-06
2:17-23	113
2:18	17, 19, 22, 23, 24, 25, 28, 40, 90, 106-12, 107, 109, 110, 111, 113, 140, 143
2:18-19	106-13
2:19	29, 37, 82, 112, 327, 328, 357
2:20	17, 18, 20, 86, 91, 98, 113, 114-15, 129, 253, 265
2:20-23	113-18
2:20-3:4	118
2:21	18, 28, 114, 115, 146
2:21-23	18, 116, 117
2:22	28, 116-117
2:23	17, 28, 108, 110, 113, 115, 117-18, 117, 363
3	119-56
3:1	96, 98, 113, 119-22, 122, 220, 253, 265, 266
3:1-4	37, 119-25, 125, 266
3:2	122
3:3	28, 98, 122, 129
3:4	78, 123-25, 251
3:5	127-31, 129, 132, 309, 330, 344, 345
3:5-11	126, 127-38
3:5–4:6	127-61, 125
3:6	131, 132, 335, 346
3:7	131-32, 260
3:8	127, 132, 133, 335, 337, 338, 344
3:9	95, 97, 129, 133, 332, 335
3:9-10	95
3:10	41, 53, 133-35, 217, 333
3:11	79, 94, 135-38, 138, 154, 162, 373
3:12	28, 43, 107, 127, 130, 139-41, 194, 198, 339
3:12-13	310, 339
3:12-17	126, 138-47, 147
3:13	28, 48, 98, 141, 144, 339
3:14	112, 142, 311
3:14-16	29
3:15	44, 106, 112, 142-43, 146, 233, 310, 312, 344
3:16	107, 141, 143-46, 351, 353, 354, 381
3:17	28, 146, 354
3:18	148, 149-50, 151, 194, 204, 309, 357
3:18-19	149-51
3:18–4:1	29, 30, 126, 149-57, 147, 148, 356, 369
3:19	150-51, 338, 359

ÍNDICE DE REFERENCIAS BÍBLICAS

3:20	148, 150, 151, 152, 369, 370	1:2	35, 36	1:2	35, 233
3:20-21	151-52, 369	1:3	37	1:3	36, 235
3:21	151, 370	1:4	139	1:5	47
3:22	151, 201, 371, 372	1:5	235	1:10	78
3:22-24	152-55	1:6	341	1:11	36
3:22-25	177	1:8	38	2:1	123
3:22–4:1	152-57, 371	1:9-10	329	2:8	123
3:23	372	1:10	265, 346	2:9	336
3:24	155, 371, 373	2:2	81, 384	2:11-12	326
3:25	155-56, 202, 369, 373	2:3	130	2:13	139
4	157-71	2:6	34	2:14	78
4:1	155, 157, 373	2:9	80	2:15	85
4:2	38, 158, 383	2:10	333	2:17	82, 191
4:2-5	28, 382	2:12	42, 47, 78, 143	3:1	374
4:2-6	126, 157-61	2:13	85	3:1-2	158
4:3	159, 383, 384	2:17	130	3:6	85
4:3-4	158-59, 383	2:18	72, 287, 336	3:7	341
4:4	384	2:19	123	3:8	80
4:5	159, 335, 351	2:19-20	79	3:9	341
4:6	160-61, 337	3:4	198	3:16	385
4:6-8	28	3:5	80	3:17	171
4:7	35, 39, 150, 161	3:10	36		
4:7-8	25, 384, 385	3:12	304	**1 Timoteo**	
4:7-9	161-62, 175	3:13	44, 123	1:2	35, 196, 233
4:7-14	33	4:1	85	1:12-14	72
4:7-17	161-70	4:1-12	126	1:12-16	294
4:8	82, 162	4:3	130	1:14	37
4:9	35, 162, 169, 181, 183, 190, 191	4:5	130, 272	1:15	295
		4:6	131	1:17	307, 308
		4:8	338	1:20	336
4:10	39, 163-65, 206, 207	4:11	336	2:6	256
4:10-11	28	4:12	159	2:8	333
4:10-14	163-67, 175, 207	4:13	272	2:10	270
4:11	47, 165-66, 190, 207	4:15	123	2:11	358
4:12	28, 39, 81, 206	4:17	130	3:2	323
4:12-13	166	5:5	46, 347	3:6-7	336
4:13	3	5:6	158	3:7	159
4:13-15	28	5:8	37, 132, 379, 380	3:11	336
4:14	82, 166-67	5:9	265, 346	3:13	37
4:15	147, 167, 358, 386	5:12-13	355	3:16	145
4:15-16	3	5:13	143	4:2	330
4:15-17	167-70	5:14	141	4:10	81
4:16	82, 168, 169, 168-70, 183, 184, 212	5:15	304	4:13	324
		5:17	382	4:16	324
4:17	82, 85, 150, 170, 182, 183, 190	5:19	337	5:10	270
		5:23	79, 123, 124, 385	5:15	336
4:18	170-71, 205, 207, 386	5:25	158	5:25	270
				6:1	357
1 Tesalonicenses		**2 Tesalonicenses**		6:1-2	148, 154
1:1	35, 123, 233	1:1	123	6:12	81

ÍNDICE DE REFERENCIAS BÍBLICAS

6:14	123	3:5	360	1:2-3	51, 59
6:18	270	3:6	353	1:3	52, 120
6:21	171	3:8	270	1:4-14	109
		3:10	370	1:13	120
2 Timoteo		3:12	162	2:2	109
1:2	35, 196, 233	3:14	270	2:5	109
1:7	353			2:5-9	135
1:10	123	**Filemón**		2:6-9	254
1:11-12	294	1	189-90, 207, 287, 299	2:8	103, 255
1:13	37	1-3	189-91	2:9	109
1:15	14, 179	2	164, 170, 190-91	2:14	101, 374
1:16	197	3	35, 190, 191	2:14-15	65
2:2	324	4	36, 191-92, 191	2:16	109
2:11	114	4-6	194	3:6	72
2:17-18	266	4-7	191-94, 234	4:3	236
2:21	270	4-21	183	4:9	106
2:26	336	5	191	4:14	253, 320
3:3	336	6	42, 191, 192-93, 193,	4:16	299
3:6	88		202	5:12	89, 144
3:15	37, 371	7	191, 194, 197, 204, 374	5:13	326
3:16	370	8	195	5:14	326
3:17	270	8-14	194-99	6:1	236
4:1	47, 123	9	190, 191, 194, 195-	6:2	93
4:5	321		96, 287, 299	6:11	72
4:7	81	10	196-97	7:26	254, 320
4:8	123	11	197	8:1	120
4:10	150	12	194, 197, 201, 204	8:5	105
4:10-11	167	12-14	157	9:10	93
4:11	164, 165, 197	13	198-99	9:12	312
4:12	162	14	191, 199, 200	9:26	236
4:17	76, 384	15	199-200	9:28	75
4:18	307, 308	15-20	199-204	10:1	105
4:19	197	16	137, 150, 154,	10:5	342
4:22	171		200-01	10:5-9	55
		17	191, 194, 201-02	10:5-10	342
Tito		18	155, 202-03	10:12	120
1:4	35, 196, 233	19	13, 171, 190, 203,	10:19	299
1:6	352		205, 287	10:19-22	274, 280
1:8	333	20	184, 192, 194, 197,	10:22-24	37
2:1-10	148		204, 374	10:23	72
2:3	336	21	205	10:30	318
2:5	149, 357, 358	21-22	205-06	10:30-31	156
2:7	270	22	178, 190, 191, 205-06	11:8-16	45
2:9	357	23	13, 39, 164, 206-07	11:12	127
2:9-10	154	23-24	175, 189, 206-07	11:13	280
2:10	155	24	163, 167, 207	11:23	151
2:13	123	25	190, 191, 207	11:40	44
2:14	247, 270, 360			12:1	132
3:1	270	**Hebreos**		12:2	120, 342
3:3	132	1:2	53, 55, 56	12:5-11	370

ÍNDICE DE REFERENCIAS BÍBLICAS

12:11	347	2:21	342	5:6	331
12:14	237	2:22-25	75	5:19	261
12:28	146	2:25	322		
13:1-17	126	3:1	141, 149, 357, 358	**3 Juan**	
13:17	383	3:4	303	3	193
13:20	322, 385	3:5	357, 358	6	42
		3:6	357, 367	15	385
Santiago		3:7	293		
1:2–4:12	126	3:7-9	141	**Judas**	
1:6	326	3:8	338	3	85, 312
1:19-20	132	3:15	161	6	319
1:21	128, 132	3:19-20	319	14	125, 266
1:27	109	3:21	361	20	312
2:1	156	3:22	120		
2:7	361	4:1-5	132	**Apocalipsis**	
2:9	156	4:4	352	1:5	49, 53, 65
4:4	167	4:8	59	1:6	307
4:6	316	4:10	316	1:7	134
5:12	59	4:17	155	1:11	82
5:13	145	5:2	323	1:13	134
		5:2-3	323	1:17	55, 65
1 Pedro		5:3	355	2:7	135
1:1	165	5:8	158	2:8	55, 65
1:2	139, 237	5:8-9	380	2:26-28	135
1:3	65, 234	5:13	165	3:2-3	158
1:4	45	5:14	385	3:8	159
1:10	77			3:14	51, 56
1:10-11	366	**2 Pedro**		3:14-22	14, 82
1:12	298	2:4	319	3:15-19	169
1:13	72	2:13	362	3:18	6
1:13–4:11	126	2:15	150	3:21	120, 266
1:14	131	2:21	85	4:4	57
1:15-16	236	3:10	89	4:8	24
1:18	89, 329	3:12	89	4:11	354
1:20	236			5:1-7	100
1:21-22	37	**1 Juan**		5:9	354
2:1	128, 132, 338	2:6	342	5:12-13	234
2:2	326	2:15	150, 167	5:13	67, 307, 354
2:3	140	2:15-17	260	7:12	234, 307
2:5	285	2:20	79	12:5	135
2:6	283	3:2	80, 124	13:8	236
2:6-8	284	3:3	72	14:4	342
2:9	247, 248	3:8	65	17:8	236
2:10	281	3:16	342	19:1	307
2:11	280	4:2-3	331	19:8	362
2:13–3:7	148	4:4-6	260	19:15	380
2:18	141	4:6	326	21:2	217
2:18-20	154	4:18	367	21:9-11	362
2:18-25	153	4:20-21	192	22:13	55, 65
2:18–3:8	153	5:1	331	22:16	55